유 고 집

한국의
종교와
종교사

윤이흠 저

박문사

목차

한국의 종교와 종교사

한국의
종교와
종교사

제1장

서론
: 한국의 종교와 종교사

1. 한국종교사의 특성과 개관

　상고대로부터 한국종교는 각 시대마다 세계종교사적 의미를 지니고 나타난 종교문화의 유산을 두루 수용하고 보존하면서 오늘에 이르렀다. 아득한 과거로부터 오늘에 이르기까지 세계종교사의 주 무대는 유라시아 대륙이 차지해 왔다. 따라서 한국종교는 유라시아 대륙에서 일어난 의미 있는 종교문화전통을 거의 모두 수용하면서 오늘에 이르렀다. 이러한 과정에서 한국종교는 한편으로는 세계종교문화의 보존창고 역할을 담당하게 되었고, 또 다른 한편으로는 세계종교사에서 그 유례를 찾아보기 어려운 다종교사회(多宗敎社會)에 이르게 된 것이다. 현재 한국 사회에는 유교, 불교, 기독교와 같은 전형적 고전(古典) 또는 세계 종교, 그리고 천도교, 대종교, 원불교와 같은 우리나라 자생 한국민족종교와 함께 구석기시대에서부터 전해 내려오는 무속이라 불리는 샤머니즘 등이 공존하고 있으면서도, 그 가운데 어떤 종교전통도 우리나라의 종교문화를 대표하지 못하고 있다. 이는 시간적으로는 아득한 구석기시대로부터 시작하여 오늘에 이르기까지 인류문화사의 전 시간대에 속하는 종교들, 그리고 공간적으로는 동서양의 중요한 모든 종교가 오늘의 한국 사회안에 공존하고 있는 다종교상황[1]을 이루고 있다는 사실을 말해준다. 이러한 상황은 이웃나라 일본이나 중국 그리고 서양의 어떤 사회에서도 찾아볼 수 없다. 예컨대, 일본에서는 기독교와 유교가 사회적 의미를 지니지 못하고, 중국에는 기독교가 문화사적 지분을 지니지 못한다. 인도에 허다한 종교들이 공존하고 있다고 하지만, 그 곳에는 중국종교가 전무하다고 말할 수 있고, 기독교는 의미가 없다. 서구사회에는 동양문화가 다만 지적호기심의 대상이라는 범위를 넘지 못하는 것이 현실이다. 이처럼 한국의 다종교상황은 실로 세계종교사에서 유례를 찾아볼 수 없으며, 따라서 중요한 종교사적 의미와 특성을 지니고 있다.

고대로부터 유라시아 대륙은 세계문화사의 중심이었으며, 세계인구의 절대다수가 이 대륙에서 살아왔고, 문화와 기술의 고급인력 가운데 절대다수를 유라시아 주민이 담당해 왔다. 이는 앞으로도 쉽게 바꾸어지지 않을 것이다. 이러한 유라시아 대륙의 동단에 한반도가 자리 잡고 있다. 유라시아 대륙은 석기시대로부터 오늘에 이르기까지 다양한 문화가 동과 서로 각각 이동하면서 활발하게 상호교류를 유지하여 왔다. 장구한 역사적 과정을 거쳐 활발하게 교류되어온 동서 문화유산은 그 원형을 잃지 않은 채 한반도에 차곡차곡 보관되었다. 이처럼 세계종교사의 보관창고

---

1 윤이흠, 「Ⅳ. 종교적 상황과 정책」, 『한국종교연구』 권1, 집문당, 1991, 247-262쪽.

역할을 하는 지역은 한반도를 제외하면 쉽게 찾아보기 어렵다. 다시 말해서, 한국종교사는 세계종교사의 주요 문화전통을 보존하는 중요한 기능을 하고 있다.

예컨대 인도유럽인의 한 지파인 스키타이인(Scythian)이 기원전 7세기경 동북아시아 깊숙이 바이칼 호와 내몽고 지역까지 이동하면서 남긴 황금문화 전통이 신라 금관에서도 나타난다. 스키타이는 고대 메소포타미아 문화의 영향을 받았으며, 스키타이인들은 결과적으로 메소포타미아 문화유산을 동쪽으로 옮기는 역할을 한 것이다. 이러한 맥락에서 볼 때, 신라 금관은 우리의 고대문화가 만주와 한반도를 포함한 극동이라는 제한된 지역의 범위를 넘어, 이미 상고대로부터 활발하게 진행되던 동서 문화교류의 맥락에서 이루어졌다는 사실이 분명해진다. 이에 관하여 우리는 후에 다시 살펴보기로 하고, 여기서 이 사실을 지적하는 것으로 만족하기로 한다. 또한 알렉산더 대왕(BC 356-323)의 동방원정은 인도 불교에 중요한 전통을 남겨주었다. 알렉산더 원정 이후 인도의 서북부 간다라 지역에 불상을 조성하는 불교미술 전통이 일어났다. 희랍전통을 담고 전해오는 그 허다한 세계의 불상들 가운데 경주 석굴암의 "석가여래상"과 백제의 "미륵반가상"은 실로 세계 불교미술의 백미라 하지 않을 수 없다. 한마디로 그 불상들은 희랍 조형미술의 형식과 불교의 "깨달음" 사상이 담겨져 절묘한 조화를 이룬 불교미술 작품들이다. 그런데, 그 조화는 한국인의 미적 감각이라는 그릇에 담겨 비로소 구체적인 예술로 표현될 수 있었다. 다시 말해서, 유라시아의 동쪽 끝, 신라와 백제의 문화감각에 이른바 고대 서역의 문화내용이 담겨 절묘한 불교미술로 나타나게 된 것이다.

이처럼 한국종교사는 겉으로는 매우 간단하고 단순하게 보이지만, 그 내용에 가까이 다가갈수록 세계종교사에서 찾아보기 어려운 복합성을 지니고 있다는 사실을 발견하게 된다. 한마디로 말해서 한국종교사는 그 외형과 내용이 다른 이중성을 지니고 있다. 그래서 조금만 주의를 기울여 보면 많은 문제에 봉착하게 된다. 예컨대, 고대로부터 우리나라에는 많은 종교전통들이 공존했으며, 특히 현대 한국사회는 세계에서 가장 대표적인 다종교사회를 이루고 있다는[2] 사실을 인정하는 순간, 우리가 일상생활에서 흔히 "한국종교"라고 말할 때, 우리는 과연 무엇을 의미하는가 자문하면서, 스스로 머뭇거리지 않을 수 없게 된다. 그만큼 한국종교에는 기대하지 못했던 복합성이 내재되어 있다는 뜻이 된다. 그 복합성은 한마디로 많은 종교가 공존하는 이른바 다종교상황이 유지되고 있다는 사실에서 비롯된다.

종교는 절대 신념 체계(絕對信念體系)이다. 따라서 다종교사회는 곧 절대 신념 체계가 여럿이 공존하는 상황을 의미한다. "절대"는 하나밖에 있을 수 없는 것이기 때문에, 절대 신념 체계를 갖고 있는 특정 종교는 타자(他者)의 절대성을 인정할 수 없다. 이런 관계로 다종교상황에서 종교 간의 갈등과 마찰이 불가피해진다. 그러므로 어떤 형태로든지 문화적 자제력이 동원되지 않는 한, 다종교사회는 갈등과 마찰을 벗어나지 못하게 된다. 그런데 우리 민족은 고대로부터 다종교상황에서 비롯되는 극한적 갈등과 마찰을 잘 극복해왔다. 우리 민족의 장구한 역사를 통하여 종교 때문에 왕조를 바꾸는 경우가, 고려에서 조선으로 넘어올 때 단 한번 있었지만, 종교 때문에 민족이 분열하는 경우는 없었다. 이는 세계종교사에서는 찾

---

2 이러한 문제기를 위한 사건과 주제들은 바로 이어서 구체적으로 재론하기로 한다.

아 보기 힘든 일이다. 더구나 오늘날 종교 때문에 엄청난 갈등과 마찰을 겪고 있는 한국 가정의 경우에도, 종교 때문에 가족이 헤어지는 것을 원하는 사람은 없다. 이처럼 역사적으로 한국인은 민족과 가정의 가치를 종교적 신념에 못지않게 귀중하게 여기고 있다는 사실을 보여준다. 이 두 가지 사례는 한국의 종교사를 이해하는데 중요한 사실을 시사한다.

고대로부터 한국인은 민족과 가정의 가치관이 하나의 혈연관계로 묶여진 이른바 "단일민족의식(單一民族意識)"을 지녔다. 이러한 단일민족의식이 언제부터 어떻게 시작되었는가를 밝히는 것은 쉽지 않다. 그러나 고대로부터 우리 민족이 단일민족이라는 확고한 민족공동체의식을 분명히 지니고 살아왔다는 것만은 부정할 수 없는 사실이다. 적어도 이 사실은 기록을 남기기 시작한 삼국시대부터는 다양한 형태의 역사적 기록에서 드러나고, 또한 그 이전의 고조선 시대에는 단군신화를 통하여 그 당시의 단일민족의식을 신화적 논리형태로 잘 표현하고 있다.[3] 이처럼 상고대로부터 민족공동체가 "단일민족"이라는 혈연관계의 집약된 형태로 정착되고 또 전수되었으며, 이는 결과적으로 다종교사회에서 야기되는 종교 간의 갈등이 사회적으로 확산되는 것을 막을 수 있는 문화적 자제력으로 기능하게 된 것이다. 이러한 문화적 자제력을 갖고 있었기 때문에, 우리 민족이 고대로부터 다종교사회에 살면서도 종교적 갈등과 마찰을 비교적 성공적으로 극복할 수 있었던 것이다.

역사적 경험을 통하여 체득한 문화적 자제력이 한국인의 고유한 포용력과 절제력으로 다듬어지고, 그것이 다시 우리의 고유한 문화감각과 사상

---

3 그리고 "단군신화"는 단일민족의식을 역사신화의 형식으로 보존하는 원형을 제공하고 있다. 민족의식에 관해서는 후에 다시 언급하기로 한다.

그리고 정서로 자리 잡게 되었다. 다시 말해서, 한국인의 문화적 자제력은 곧 다종교상황에서 체득한 한국인의 고유한 사상이며, 정서이고, 종교관이라 말할 수 있다.

거시적 안목에서 우리는, 한국종교사에서 두 가지를 지적할 수 있다. 첫째는, 한국종교사가 한국문화사의 특성을 담고 있다는 점이다. 한국종교사에는 한국인이 상고대부터 믿었던 고유종교 뿐만 아니라 외부로부터 들어온 종교들이 한 자리에 공존하고 있다. 특히 외부에서 들어온 고전(古典) 종교들은 모두 한국문화의 핵심에 자리 잡고 있다. 결과적으로 한국종교사는 세계종교사에서 중요한 종교전통과 그 문화가 모두 자리 잡고 있다. 이는 그대로 한국문화의 현실을 말해준다. 바꾸어 말해서, 한국종교문화가 한국문화의 요체를 이루고 있는 것이다. 따라서 잘 정비된 한국종교사의 이해는 곧 한국문화의 역사적 흐름과 현실을 보다 구조적이면서 동시에 분석적으로 이해하는 길을 열어줄 것이다.

둘째는, 한국종교사에는 우리 민족이 역사적으로 추구해온 정신적 꿈이 담겨있다. 종교는 절대 신념 체계이다. 따라서 다양한 종교가 공존하는 한국의 다종교사회에 존재하는 종교 가운데 어떤 종교가 문자 그대로 "절대 신념 체계"인가 라는 문제가 제기된다. 이는 종교 간의 비교를 요구하는 문제이다. 그런데 "어떤 종교가 다른 종교보다 우월하다는 객관적 근거를 제시할 수 없다"는 것이 종교학의 입장이다. 그러므로 이 질문은 "모두가 절대적"이든가 "모두가 상대적"이라는 해답 가운데 하나에 귀결된다. 그러나 한국종교사의 맥락에서, 우리는 "모두가 절대적"이라는 점을 택해야 할 것이다. 왜냐하면 한국종교사에서 모든 종교는 나름대로 각 시대마다 이상과 꿈을 한국인에게 안겨주었기 때문이다. 다시 말해서 종교는 "꿈의 체계"이다. "사람이 사람답게 살아가는 것"은 그가 "꿈"을 추구할 때이다. 이와 반대로, "꿈을 잃고" 단순히 "존재하는" 극단의 경우가 병상의 식물인간이다. 그러므로 두 팔을 벌리고 무지개를 잡으려 풀밭을 달려가는 열 살 난 어린 소년이 어떤 면에서는 가장 아름다운 삶의 모습을 보여준다. 손에 잡힐 듯하지만 결코 잡을 수 없는 무지개와 같은 것이 바로 "꿈"이다. 꿈은 곧 현실이 아닌 것을 추구하는 열정이기도 하다. 총체적 삶의 가치를 제시하는 종교적 이상, 그것이야말로 인간답게 살아가는 가치를 제시하는 인간의 꿈인 것이다. 종교적 꿈을 "이상"으로 추구할 때 인간문화의 총체로서의 아름다운 종교문화가 창조되고, 그렇지 못하고 꿈을 "욕심"으로 바꿀 때 부패한 종교의 모습을 한국종교의 역사가 잘 보여준다. 다만, 이 글에서 우리는 우리 민족이 시대마다 어떻게 그들의 정신적 꿈을 추구했는가를 파악할 것이다.

한국종교사는 한국민족이 그들의 꿈과 이상을 추구해온 과정을 말한다. 그런데 각 시대마다 우리 민족은 하나의 종교만이 아니라 여러 종교가 공존하는 다종교의 복합성을 경험하였다. 따라서 한국종교사의 전체적 맥락에서 특수 종교전통만을 독립적으로 이해하는 경우 중요한 점을 놓칠 수밖에 없다. 예컨대, 삼국시대 종교의 경우 유교와 불교 그리고 도교에 관한 연구결과를 병렬적으로 나열하는 것은 삼국종교 연구의 자료를 제시하는 수준의 작업임을 의미한다. 삼국의 종교는 이러한 자료 이외에 무속을 포함한 기타 당시의 우리 민족의 고유 전통종교의 자료를 종합한 총체적 자료와 당시의 사회 문화 상황을 종합한 이른바 총체적 연구가 요청된다. 그 까닭은 어떤 종교현상도 독립된 단독현상으로 존재하는 것이 아니라, 문화현상 가운데 가장 복합적인 형태로 존재하기 때문이다. 다시 말해서 어떤 종교전통도 그것이 한국 사회에서 기능하고 있는 한, 한국인의 전통적인 사유형식과 당대에 공존하고 있는 타종교 전통의 문화적 영향을 완전히 벗어날 수는 없기 때문이다. 그 예는 아마도, 한국의 개신교가 전통적 혼령(魂靈)의 관념과 그에 관한 의례를 거부하려 하면서도, 상례 가운데 입관절차는 현재도 전통 절차를 따르고 있다는 사실에서 잘 드러난다. 같은 예로, 불교가 1990년대 대중의 예불절차에서 기독교의 찬송가에 못지않은 찬불가를 수용하게 되었다는 점에서도 나타난다.

이를 종합할 때 한국종교사를 종합적으로 이해하기 위하여, 너무나 당연한 일이지만, 다음과 같은 사실을 지적하지 않을 수 없다. 한국종교사는 첫째, 종교의 역사적 변화를 밝혀야 한다. 한국종교사 역시 역사이기 때문에 종교의 역사적 변화를 밝히는 것은 필수적이다. 둘째, 종교 자체의 이해가 필요하다. 예컨대, "종교는 가장 복합적 문화현상"이라는 사실을 인정한다면, 종교를 이념이나 사회조직 등과 같은 개별 문화현상으로 축소 또는 환원하여 사상이나 사회정치적 현상 등으로 해석하는 것은 환원주의(reductionism)에 빠진다는 사실을 말해준다. 이러한 환원주의는 종교를 그것이 지닌 복합성 가운데 한 측면으로 축소시켜 이해하는 것을 의미한다. 그러기 때문에, 환원주의를 극복하고 복합적 현상으로서의 종교를 있는 그대로 보아야 한다. 셋째, 다종교상황을 이해하여야 한다. 우리 민족은 고대로부터 다종교상황에서 "문화적 자제력"을 키워오면서 한국문화의 주체성을 갖게 되었다. 넷째, 다종교상황의 역사를 통하여 한국인의 종교관 또는 전통 종교의 신념체계, 한국문화 주체의식의 특성을 보다 선명하게 밝혀야 한다. 이러한 4개의 요인들을 건강한 안목으로 수용할 때 한국종교사의 전체적 모습을 온전히 파악할 수 있게 될 것이다.

2. 한국종교사의 흐름

아득한 과거 한국인이 역사에 등장할 때 그들은 이미 종교를 지니고
살았다. 따라서 한국종교사의 기원은 아득한 과거라는 장막에 싸여 있다.
이에 더하여 상고대 한국종교에 관한 기록과 물증이 대단히 희귀하다는
점 또한 한국종교의 기원에 대한 접근을 어렵게 해준다. 이처럼 접근이
거의 불가능한 그 기원으로부터 현재까지 이어지는 한국종교사는 마치
동류의 유기체들이 지닌 동질성과도 같은 특성을 지니고 있다. 그 동질성
의 하나가 한국민족이 만주와 한반도를 중심으로 동일한 지정학적 특성을
지닌 "삶의 공간"에서 수천 년 동안 살아오면서 동일한 경험을 공유하였다
는 점이다. 그리고 또 하나는 수천 년 동안 "단일민족"이라는 자의식을
지니고 살아왔다는 점이다.[4] 단일민족이라는 개념은 어디까지나 상대적
의미를 지닌다. 그러나 한국민족이 단일민족으로서의 동질성을 갖는다는
점은 일본이나 중국은 물론이고, 세계 어느 국가의 국민에 비교해도 조금
의 손색이 없다.

단일민족의식은 곧 고유한 문화전통을 지녔다는 사실을 의미한다. 바
꾸어 말해서 아득한 과거로부터 고유문화전통을 지닌 한국민족이 외래문

---

4 흔히 우리의 단일민족의식은 고려 말 일연의 『삼국유사』로부터 시작된다는 주장을
하는 경우가 있다. 그러나 이는 삼국유사에서 처음으로 문자화된 자료를 보게 되었다
는 점을 말할 뿐이다. 예컨대, 신라가 삼국을 통일하고, 당나라가 안동도호부(安東都護
府)를 설치하자, 고구려와 백제의 유민이 신라와 힘을 합하여 당에 저항했다는 사실은
삼국인이 단일민족이라는 사실을 증명해준다. 삼국의 대립관계에서는 단일민족이라
는 점을 강조해야할 정치적 상황이 아니었기 때문에, 그런 문헌자료가 있을 수 없었다.
역으로 삼국이 통역관을 썼다는 기록이 없다는 점 또한 삼국의 백성이 하나의 언어공
동체였다는 점을 말해준다. 우리 민족이 단일민족이었다는 사실을 부인하는 것은 긍정
하는 것보다 더 많은 방법론적 문제를 안게 된다.

화를 수용하게 되었고, 이에 따라 시간이 갈수록 한국문화는 보다 복합적 특성을 지니면서 오늘에 이르렀다. 따라서 한국종교문화는 한국적 특성 또는 동질성(同質性)을 유지하면서 동시에 각 시대마다 외래종교(外來宗敎)의 새로운 유입으로 문화적 충격을 겪는 과정에서 보다 다양한 요인들을 품고 자체 변화를 겪으면서 오늘에 이르렀다. 말하자면 기본적으로 "동질성"과 "이질적 요인"이 서로 얽히고 섥켜 한국종교사를 이루면서 오늘에 이른 것이다. 따라서 동질성과 이질성을 따로 "분리하여 이해할 때" 한국 종교사 전체의 흐름이 파악되지 않고, 반면에 한국종교사의 "전체만 볼 때" 그 안에 담긴 세부 내용에 대한 분석적 이해가 불가능해진다. 이런 맥락에서 우리의 한국종교사를 역동적으로 이해하기 위하여 "비분리능구별(非分離能區別)의 원칙"을 지켜야 한다고 말할 수 있다.

장구한 시간을 통하여 다양한 종교가 공존하는 상황에서 한국종교사는 다양한 문화적 충격과 그로 인한 종교적 변화를 거쳐 왔다. 그러나 바른 안목으로 종교사를 이해하기 위하여, 우리는 실증적 사례를 중심으로 시간구분을 할 필요가 있다. 이러한 맥락에서 고대로부터 오늘에 이르는 한국종교사에서 우리가 분명하게 실증적으로 파악할 수 있는 두 번의 큰 충격적 사건이 있었다. 그 첫째는 한문(漢文)을 수용한 사건이며, 두 번째는 가톨릭, 곧 서교(西敎)가 전래되는 사건이었다. 이 두 사건은 한국종교사의 흐름에 결정적인 전환점을 각각 이루었다.

먼저, 한문의 수용은 한국의 상고대사회를 문자 사회(文字社會)[5]로 전환

---

5 한문 이전에 우리 민족의 고유한 문자사용 자료들이 없는 것은 아니지만, 적어도 행정 및 상업 기록으로 쓰기 시작한 문자체계가 한문이었던 것은 부인할 수 없다. 따라서 본격적인 문자사회로 넘어오는 계기는 한문사용부터라고 말하는 것이 온당하다.

하고, 나아가 고구려, 신라, 백제의 삼국이 고전문화의 꽃을 피우면서 원숙한 고대왕조를 각각 창달할 수 있게 하였다. 다시 말해서 한문의 수용으로 인해 문화적 격변이 발생한 것이다. 이처럼 한문수용에서 비롯되는 일련의 문화격변기를 우리는 "제1차 문화충격기(第一次文化衝擊期)"라 부르기로 한다. 한문을 수용하던 제1차 문화충격기를 통하여 한문에 담긴 유교와 도교 등을 포함한 이른바 중국고전사상의 형식과 내용이 한국문화사에 뿌리를 박기 시작하였다. 다시 말해서 제1차 문화충격기에 "한문"이라는 매체를 통하여 유교, 도교 그리고 불교 등의 동양고전문화를 받아들이게 되었다.

이러한 "제1차 문화충격기"라는 개념은 우리에게 세 가지 역사적 사실을 각성하게 해준다. 첫째, "제1차 문화충격기"라는 개념은 한문을 수용하기 이전에 상고대의 한국 고유문화전통(固有文化傳統)이 존재하였다는 사실을 전제한다. 고유문화전통의 존재를 명확하게 인정할 때, 상고대 고유문화 전통의 내용과 형식이 어떤 형태로 유지되고 전수되었는지를 이해할 수 있다. 왜냐하면, 상고대 자료 역시 기록된 자료는 모두 한문으로 기록되었기 때문이다. 여기서 필자는 한문사용 이전을 "상고대(上古代)"라고 지칭할 것을 제안한다. 다시 말해서, 한문을 쓰면서 고대사회로 진입하고, 그 이전은 상고대사회라 구분된다. 둘째, 결과적으로, "제1차 문화충격기"라는 개념은 우리로 하여금 한문에 쓰여진 내용에서 "중국전통의 안목"과 그에 담겨진 "한국고유전통의 내용"을 가려낼 수 있는 작업을 가능하게 해준다. 이 점은 고대 이후 한국문화의 변천을 이해하는데 매우 중요한 기준을 제공해준다. 셋째, 이 개념을 근거로 우리는 중국문화가 한국에 어떤 형식으로 얼마나 깊게 스며들었는가를 가늠하는 길을 찾을 수 있게 해준다.

이를 종합컨대, "제1차 문화충격기"는 단순히 상고대와 고대라는 문화적 시기를 가름하는데 머물지 아니하고, 고대 이후 우리 문화의 복합성을 보다 구체적이고 분석적으로 이해할 수 있는 계기를 제공해준다는 점에서 매우 중요하다. 결론적으로 제1차 문화충격기라는 역사적 사건은 우리에게 고대 한국문화 격변의 전후관계를 정리해서 체계적으로 이해할 수 있고, 나아가서 한국문화 고유전통의 내용과 형식을 추구하는 안목과 방법론을 제공해준다.

다음으로 "제2차 문화충격기(第二次文化衝擊期)"는 서양문화를 받아들이는 사건이었다. 이 사건을 통하여 한국 사회는 결과적으로 오늘날 세계역사에서 가장 "복합적인 다종교상황"에 이르게 되었다. 이러한 복합적 다종교상황은 현재의 한국 사회가 "제2차 문화충격기 말기"에 왔다는 사실을 말해주고 있다. 왜냐하면, 오늘의 "복합적 다종교상황"은 아직 다종교상황의 질서가 다원주의 원칙에 의하여 최종적으로 계발된 이른바 "개방적 다종교상황"에 이르기 전 단계의 상태이기 때문이다. 한국 사회는 "개방적 다종교상황"을 이룩하여 세계종교사회의 모범이 될 수 있는 가능성이 높다.

지금까지 논의한 바를 종합해 보건데, 만주와 한반도를 중심으로 살아온 우리 민족은 세계종교사에 나타나는 거의 모든 중요 종교전통의 영향을 받아들이면서 오늘에 이르렀다. 이러한 한국종교는 두 가지 모습을 그대로 보여주고 있다. 하나는 한국인은 외부로부터 들어오는 종교들을 적극적으로 수용하고 그 원형을 지켜왔다는 사실이다. 그 예는 유교가 1991년 중국 곡부의 공자묘에 가서 석존제를 지내는 방법을 가르쳐주었다는 점이 잘 말해준다. 대승불교는 당나라가 그 원형을 꽃피웠던 시대였는데,

당 말기에 이미 훼불(毁佛)사건들이 일어나고, 송대에는 불교가 크게 위축되었다. 그러므로 당대 대승불교의 원형을 보존하는 곳이 있다면, 한국의 대사찰에서 찾아봐야 한다. 일본은 처음부터 그들이 선택적으로 대승불교를 받아들였기 때문에, 대승불교의 원형은 찾아보기 어려웠다. 그리고 개신교는 유일신관 종교들 가운데서도 신에 대한 개인의 열정적 접근이 강조되는 종교이다. 이런 의미에서 매일 새벽 4시 기도회를 하는 한국개신교는 기독교 2천년 역사를 통하여 개신교의 원형적 특성을 가장 잘 보존하고 있다고 말할 수 있다. 이들을 종합컨대, 한국종교사는 참으로 흥미로운 내용을 담고 있다고 여겨진다.

이러한 관점에서 한국종교사의 흐름을 간략하게 살펴보기로 하자.

1) 고전문화의 수용과 제1차 문화충격

한문의 수용은 두 가지 면에서 한국고대문화사에 큰 변혁을 가져왔다. 첫째는 외형적 변화로서, 한문이라는 문자 체계를 수용하면서 그전까지 유지되었던 북방기마민족과의 긴밀한 관계에서 중국편향(中國偏向)의 문화체계로 전향되었다는 점이다. 둘째는 내용적 변화로서, 이전까지 민족문화전통의 주류를 이루고 있던 고유문화체계(固有文化體系)가 체제문화의 주변으로 밀려나고 고전문화체계(古典文化體系)가 체제의 중심에 들어서기 시작했다는 점이다.

특히 문화체계 변화의 과정에는 엄청난 혼돈이 야기되었을 것이다. 그러나 이러한 격변의 내용에 대한 기록은 찾아보기 힘들다. 따라서 우리는 고전사상과 그 이전 고유사상의 구조적 특성을 비교하여 당시의 역사적 격변의 내용을 추적해 볼 필요가 있다.

고전문화는 기원전 5-6세기에 중국의 한문문화권, 인도문화권 그리고 중동의 유일신관 문화권을 형성하였다. 그 주역은 각각 유교, 우파니샤드 사상 그리고 유대교였다. 여기서 제4의 고전문화는 희랍과 로마 문화권으로, 그 주역은 아테네 인본주의(人本主意) 사상이었다. 비록 희랍·로마의 인본주의 문화전통이 종교로 이어지지는 않았으나, 현재 우리나라의 교육제도는 인본주의 전통에 크게 의존하고 있다. 이처럼 세계문화사에는 중국, 인도, 중동 그리고 희랍, 이렇게 4유형의 고전문화가 존재한다. 그리고 그 모두가 한국에서 공존하면서 기능하고 있다. 세계문화사에서 "제5의 고전문화"는 존재하지 않는다는 점을 상기한다면, 현재 우리사회에는 세계사적 고전문화가 모두 기능하고 있는 것이다.

　　고전문화는[6] 자아와 세계를 비판할 수 있는 형이상학적(形而上學的) 기준을 갖고 있다. 한마디로, 고전사상은 세속적 현실을 넘어선 이상(理想)을 개인의 삶과 사회에서 추구하는 것이 그 특성이다. 이는 고타마 붓다의 생애가 잘 말해준다. 그는 황태자였고, 아름다운 아내와 아들 라훌라가 있었으며, 무엇보다 그는 대단히 세련된 교육을 받은 젊은이였다. 특히 그의 교육정도는 그가 말한 근본불교(根本佛敎) 경전의 담론이 20세기 분석철학의 논리에 못지않을 정도로 세련되었다는 점에서 잘 드러난다. 그러한 그가 세속의 모든 것을 버리고 입산수도하였다. 한마디로 그는 세속을 넘어선 인간이상을 추구한 것이다. 이점은 예수에 있어서도 다를 바 없다. 예수에게서 세속적인 욕망과 이기적 동기를 찾을 길이 없다. 공자

---

6 고전문화에 대한 지적은 오래전 야스퍼스가 언급하였다. 그러나 실존철학자인 야스퍼스는 고전문화가 어떤 과정에서 어떤 문화적 변화를 유도했는가에 대한 설명은 없었다.

역시 세속적 욕망과 이기적 동기를 넘어서, 진정 "사람이 사람답게 사는 길"을 추구하였다는 점에 아무도 이의가 없을 것이다.

고전사상은 이처럼 고매한 이상을 제시하고, 그 이상을 실현하는 삶의 길에 들어서도록 안내한다. 이처럼 고매한 형이상학적 이상을 담고 있으며, 또한 우주론(cosmology)을 구비한 고전사상은 쉽게 사회에 수용되고 오래지 않아 고전문화권을 형성하게 된다. 그 결과 중국의 한문문화권, 인도의 힌두교문화권, 중동의 유일신관 문화권, 그리고 희랍·로마의 인본주의 문화권이 형성되었다. 이러한 고전문화권을 형성한 이른바 고전 세계관은 삶의 주체인 자아와 삶의 영역인 세계질서에 대한 비판기준을 갖고 있다는 점이다. 그 기준이 곧 궁극적 실재론(窮極的 實在論)이라고 말할 수 있다. 이를 종합하면, 고전적 세계관은 첫째, 인간의 삶과 세계질서를 궁극적 가치의 기준에서 철저하게 비판하고, 아울러 궁극적 가치가 구현된 "이상적" 삶과 사회를 실현하는 대안을 제시한다.[7]

이런 맥락에서 고전문화는 곧 세속적(世俗的) 욕망의 차원을 넘어서 고매한 이상을 추구하는 문화체계이다. 반대로, 세속의 삶에서 욕망을 추구할 때는 기본적으로 이기적 동기에서 출발하게 마련이다. 다시 말해서, 첫째 "이기적 동기(利己的動機)에 근거하여", 둘째 "세속적 욕망(世俗的慾望)을 추구하는 행위"를 기복(祈福)현상이라 한다.[8] 결론적으로 기복은 이와 같은 두 개의 요인이 하나로 복합된 행위이다. 기복이란 개념은 서양에는 없는 말이다. 그런데 세계종교사의 맥락에서 주술(呪術)이 기복과 근사한 기능을

---

7 윤이흠, 「고전문화의 형성」, 『세계종교사』(불교방송자료집), 51쪽에서 제시한 네 유형의 고전세계관 도형을 참조.

8 윤이흠, 「신념유형으로 본 한국종교사」, 『한국종교연구』 권1, 집문당, 1991, 6-20쪽.

하기 때문에, 우리는 불가피한 경우에 기복을 주술로 대치하여 쓰게 될 것이다.

이 대목에서, 우리는 고전종교 출현 이전의 종교행위는 기복이 그 주류를 이루고 있었다는 사실을 알 수 있게 된다. 그리고 오늘날 "종교"라고 말할 때, 그 안에는 흔히 고전종교와 기복종교라는 전혀 다른 두 개의 개념이 혼합되어 있다는 점을 유의할 필요가 있다.

한문의 수용은 기복사상이 주류를 이루고 있던 상고대 한국 사회에 고전문화가 사회적 주류가 되는 역사적 단계를 열어주는 계기가 되었다. 그 시기가 바로 삼국시대였다. 바꾸어 말해서 삼국시대에 유교, 불교 그리고 도교와 같은 전형적 동양고전 문화가 꽃을 피우기 시작하였다. 특히 유교와 불교는 삼국사회를 전형적 동양의 고전문화사회로 안내했으며, 도교는 고유민간종교 전통과 복합형을 이루면서 다양한 신비주의적 "기복신행"을 한국종교사에 심기 시작했다.

이러한 점에서, 삼국은 아직 한국 고유종교전통을 크게 유지하고 있었지만, 문화적 흐름의 주류는 동양 고전종교문화의 수용과 전승이 시대적 특성으로 나타난다. 이런 점에서 삼국은 고전문화 수용전승(受容傳承)의 시대라 말할 수 있다.

이어서 고려는 삼국과 조선의 중간 지점의 시기이다. 삼국시대가 고전문화의 수용·발전의 시대라면, 조선은 전형적 고전왕조를 창출한 시대였다. 고려는 그 가운데에서 전형적인 복합문화시대(複合文化時代)를 이루고 있었다. 예컨대, 고려 개경(開京)에는 고구려의 후예로서 그에 걸맞게 주몽의 어머니인 유화부인을 모시는 동신사(東神祠)가 있으면서, 또한 화려한 불교 사찰들이 수없이 많다고 서긍(徐兢)이 『고려도경』에서 지적하였다.[9]

송에서 온 사절단의 일행이었던 서긍의 이러한 지적은 개경에 고유전통과 불교문화가 복합적으로 공존한다는 사실을 잘 드러내 준다. 고려는 여러 가지 면에서 복합 상황이 지닌 문화적·사회적 혼돈이 처음부터 드러난 시기였다.

조선은 세계종교사에 유례없는 고전왕조이다. 처음부터 동양의 고전사상 가운데 하나인 성리학(性理學) 세계관에 근거하여 사회적 설계를 하고, 그에 근거하여 왕조를 출범한 경우는 조선 밖에 없다. 그만큼 조선조는 전형적인 고전왕국이다. 그러나 조선 중기에 임진왜란(壬辰倭亂)과 병자호란(丙子胡亂)을 겪으면서 경제 및 사회 질서가 붕괴되고, 조선은 위기에 처해졌다. 이어서 이른바 서교(西敎)가 들어오면서 새로운 문화충격을 맞이하였다. 이것이 제2차 문화충격이다.

2) 서구문화의 유입과 제2차 문화충격

제2차 문화충격은 이른바 서양으로부터 근대화의 물결을 받게 되는 과정이었으며, 오늘 우리는 제2차 문화충격의 말기에 처해있다고 말할 수 있다. 이 시기에 우리는 일제강점기와 남북분단 그리고 한국전쟁의 후유증을 아직도 앓고 있으며, 나아가서 경제성장을 통해 국제적 선진국의 진입을 기도하고 있다. 특히 19세기 서력동점(西力東漸)의 후유증인 남북분단 상황은 아직도 이어지고 있다. 이 비극이 끝날 때 비로소 우리는 제2차 문화충격기를 벗어나게 될 것이다.

제2차 문화충격은 또 다시 세계종교사에서 그 유례를 찾을 수 없는 다종

---

9 윤이흠, 「『고려도경』에 나타난 종교사상」, 앞의 책, 118쪽.

교상황을 우리에게 안겨주었다. 오늘의 한국적 다종교상황은 내일의 세계 종교문화에 대한 대안을 찾을 수 있는 실험장과 같은 문화사적 의미를 지니고 있다.

　이러한 한국종교사의 흐름을 아래와 같이 도표로 표시할 수 있다.

[표 1] 종교문화사의 시대분류

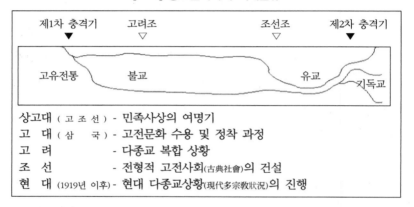

[표 1]에서 보는 바와 같이 두 번의 문화충격기를 거치면서 한국종교사는 오늘에 이르러 유교, 불교 그리고 기독교와 같은 세계 고전종교들이 공존하게 되었으며, 고유 종교전통 안에는 샤머니즘과 한국자생 민족종교 등 다양한 종교들이 공존하고 있다. 그러나 어느 종교전통도 오늘의 한국 상황을 주도하는 위치에 있지 못하는 독특한 특성을 이루고 있다.

　오늘의 한국적 다종교상황은 단순히 다양한 종교전통들이 공존하는데 그치는 것이 아니라 유교와 불교는 16-7세기 이상 우리 문화에 영향을 미치면서 오늘에 이르렀고, 가톨릭과 개신교를 포함한 기독교는 각각 불과 2세기를 조금 더 지났음에도 불구하고 한국에서 불교와 더불어 가장 많은

신도를 지닌 종교로 급성장했다. 이처럼 기독교가 급성장한 나라는, 특히
고전문화 지역에서는 ― 필리핀, 남미, 아프리카 등의 비고전문화지역을
제외한 ― 한국 이외에는 없다. 한국은 오늘날 대표적인 기독교 국가의
반열에 올랐다.

3. 한국종교사를 보는 시각과 방법론

지금까지 한국종교사에 관하여 개괄적으로 살펴보았다. 그러는 과정에
서 한국종교사를 이해하는데 매우 까다로운 문제들이 많다는 사실 역시
파악하게 되었다. 이러한 까닭으로 우리는 한국종교사를 보다 체계적으로
이해할 수 있는 구체적인 방법론적 문제들을 살펴보기로 하겠다.

1) 한국종교의 개념

세계의 고전종교를 받아들이면서 한국종교는 원형보존의 기능을 한층
더 분명하게 드러내고 있다. 앞에서 살펴본 바와 같이, 불교, 유교 그리고
기독교의 원형적 특성이 한국의 종교에서 잘 보존되고 있다. 이들은 인도
문화권, 중국문화권 그리고 중동과 서양의 유일신관 문화권을 각각 대표
하는 이른바 세계 고전종교 전통들이다. 우리나라에는 또 하나의 고전문
화가 매우 활발하게 기능하고 있다. 그것은 희랍·로마 고전문화인 인본
주의 전통이다. 인본주의는 우리나라에서 종교가 아니라 교육과 사회체제
에 수용되어 강력하게 기능하고 있는 고전적 세계관인데, 특히 현재 한국
의 교육 이념과 제도는 이에 크게 의존하고 있다고 해도 과언이 아니다.
이처럼 한국에는 유교, 불교, 기독교 그리고 인본주의라는 사대 세계고전

문화 전통이 공존하면서도 어떤 것도 주도적인 역할을 담당하지 못하는 상태에 있다. 이러한 사회는 현재 이웃 나라인 일본이나, 중국에서도 찾아볼 수 없다. 예컨대, 일본에는 기독교가 의미가 없으며, 유교 역시 사회의 주도적 가치의 역할을 하지 못하고 있다. 중국에서 불교가 주도적 역할을 하지 못하고, 기독교가 큰 의미를 지니지 못한다. 서구 사회에서 동양 종교는 극히 일부 계층의 지적 흥미의 대상의 범주를 결코 넘어서지 못하는 상태에 있다. 이런 맥락에서 볼 때, 오늘 한국 사회는 세계사에서 그 유례를 찾을 수 없는 다종교사회를 이루고 있다는 사실이 어렵지 않게 드러난다.

다종교사회의 전형적 예로서 인도와 미국을 지적하는 경우가 흔히 있다. 그러나 인도의 경우는 힌두종교의 세계관 안에서 다양한 종교형태가 갈라져 있는 상태이다. 따라서 인도는 한마디로 힌두교가 주도하는 사회이다. 다음으로 미국의 경우는 다양한 인종이 모여 다종교상황을 이루는 것은 사실이지만, 미국사회는 개신교라는 치즈가 가득 녹아있는 솥(melting pot)이기 때문에, 이 솥에 타종교가 들어가면 곧 개신교 치즈에 녹아 하나가 되어버린다. 따라서 개신교 이외의 종교가 미국 사회에서는 큰 의미를 지니지 못한다. 그러나 이들과는 달리, 한국은 전혀 다른 상황에 처해 있다. 앞에서 살펴본 바와 같이, 오늘의 한국 사회에는 유교, 불교, 기독교 그리고 인본주의와 같은 세계4대 고전문화 전통이 각각 대등한 위치에서 독자적으로 기능하는 상황에 처해 있다. 따라서 다양한 세계관이 등가로 기능하고 있는 진정한 다원주의 상황이 바로 한국 사회에 전개되고 있다.

한국종교사를 장식하는 중요한 요소 가운데는 세계 고전 종교뿐만 아니라 샤머니즘과 신종교(new religions)들이 있다. 먼저, 샤머니즘(shamanism), 곧 무속은 구석기 시대부터 존재하던 종교전통이다.[10] 샤머니즘은 유라시아 대륙에 널리 퍼져있으며, 특히 동북아시아의 시베리아와 만주의 원주민 사회에 그 원형이 아직도 남아있다고 세계샤머니즘 학자들이 흔히 지적한 다. 그러나 자세히 관찰한다면, 그 어떤 지역의 샤머니즘도 오늘의 한국 무속과 같이 그 세계관의 원형을 잘 유지하면서도 화려한 의례를 수행하 는 경우는 없다는 사실을 쉽게 파악할 수 있다. 그만큼 한국의 무속은 자 신의 종교적 세계관에 충실하면서도 주변 종교와 문화의 발달된 요인들을 그 의례 안에 폭넓게 수용하고 있다. 이러한 한국의 무속은 한국 사회에서 대단히 활발하게 기능하고 있다.[11] 다음으로, 한국자생 신종교들은 스스 로 한국민족종교(韓國民族宗敎)라 부른다. 이들은 1863년 최제우가 동학을 창건하면서 제창한 개벽(開闢) 사상을 그들의 중심 사상으로 받아들였다. 개벽 사상은 한마디로 신천지대망(新天地待望) 사상이다.[12] 이러한 미래 대 망 사상을 통하여 한국자생 신종교들은 "새 세상"이 앞으로 열릴 때, 한반 도가 그 중심이 되고, 한민족이 그 주역이 된다고 믿는다.[13] 이처럼 선명하

10 윤이흠, 「샤머니즘과 종교문화사」, 『샤머니즘연구』제1집, 한국샤머니즘 학회, 1999.4, 81-96쪽.

11 무당의 수는 아마도 개신교 목사보다 많을 것이다. 1993년 현재, 무속단체 중 하나인 대한승공경신연합회의 회원수는 42,690명에 이르고 있다. 『한국종교연감』(한국종교사 회연구소, 1993) 1134쪽 참조.

12 개벽(開闢) 사상은 태고 적의 태평세월이 오늘에 다시 온다는 영겁회귀(永劫回歸)의 우주 론적 시간관으로, 동양의 전형적 시간관의 하나이다. 이에 반하여 서양의 우주론적 시간관은, 인간이 일찍이 경험하지 못하였던 새로운 미래가 도래하여 인간과 세상의 모든 문제가 일거에 해결된다는 종말론(終末論, eschatology)으로 나타난다.

13 "한국민족종교"란 용어는 이상호가 1945년 해방과 더불어 처음 사용했으며, 1985년에 그 이름을 이어받아 "한국민족종교협의회"가 형성되었고, 동 협회의 첫 발표회에서 필자가 "한국민족종교"에 관한 발표를 하였다. 민족종교의 개념에 관해서는 이정립,

게 민족주의적 개벽 사상을 지닌 한국자생 종교들이 스스로를 민족종교라 자칭하는 것은 당연한 일이라 하겠다. 그런데 이러한 한국자생 신종교들은 오늘도 계속해서 태어나고 있다.

지금까지 살펴본 바와 같이, 한국의 다종교상황은 공간적으로는 유라시아 전역의 고전종교들과, 시간적으로는 아득한 구석기 시대부터 오늘에 이르는 인류역사의 전시간대에 나타나는 모든 종교전통들이 공존하는 상황에 이르렀다. 이처럼 다양한 종교문화 전통들이 공존하면서도, 그 어떤 것도 주도적 위치에 있지 못하는 상태에 처해 있는 것이 바로 한국의 다종교상황이다. 이러한 한국적 다종교상황은 바로 지구촌으로 좁아져가는 현대 세계사회의 다원문화(多元文化) 상황의 축소판이라는 사실을 말해준다. 따라서 한국종교사의 이해는 한국인의 정신문화를 이해하는데 그치지 않고, 나아가 지구촌으로 축소된 내일의 세계문화의 미래를 예측하는 데도 기여를 할 수 있게 된다. 다시 말해서, 한국종교사는 곧 세계종교사의 어제와 오늘 그리고 내일에 대한 깊은 이해에 필요한 유용하고도 구체적인 실험장의 의미를 지니고 있다.

이처럼 다종교상황이 한국종교의 일대 특성을 이루고 있다면, 우리는 과연 무엇이 한국종교인가라는 질문에 이르게 된다. 이 질문은 먼저, 유교와 불교 같은 동양고전종교가 한국종교의 개념에 포함되는가하는 문제를 제기한다. 이들이 한국종교에 포함될 수 없다고 한다면, 이는 한국종교란 오직 한국자생종교만을 의미한다는 태도를 반영한다. 반대로, 그들이 포

"증산교행동강령(甑山教行動綱領)", 『증산교요령(甑山教要領)』(증산교본부, 1966), 1쪽 및 윤이흠, "한국민족종교의 역사적 실체", 『한국종교연구』 권5(집문당, 2003), 199-200쪽 참조.

함된다고 한다면, 이는 동양 고전종교가 2천년 동안 우리 민족의 역사에 끼친 공헌을 평가하는 태도를 반영한다. 엄격한 의미에서 이 두 태도는 각각 한계를 지니고 있다. 이 문제는 그만큼 논리적으로 해명하기에 까다롭다고 하지 않을 수 없다.

이런 맥락에서, 아마도 이와 본질적으로 같은 사례를 살펴볼 필요가 있다. 예컨대, 한국인은 노래를 좋아하는 민족이라고 고대로부터 알려졌다. 그래서 한국인은 그의 삶의 과정에서 당면한 애환을 자신이 좋아하는 노래에 실어 달랜다. 이렇게 즐겨 부르는 노래를 흔히 "내 노래"라고 말한다. 그러나 자신이 작곡한 노래를 "내 노래"라 부르는 경우는 지극히 예외적일 뿐이고, 실제로는 사회에서 배워 익힌 노래를 그렇게 말한다. 다시 말해서, 작곡과는 관계없이 "내 삶"의 애환을 실어 부르는 노래가 "내 노래"이다. 마찬가지로 한국민족의 애환을 역사적으로 달래주어 온 종교가 곧 "한국종교"이다. 따라서 석기시대의 아득한 과거로부터 전해온 무속, 민간신앙전통 그리고 한국자생 민족종교를 포함한 "한국고유전통"과 유교, 불교 그리고 도교와 같은 "동양고전종교"가 각각 한국민족의 애환을 역사적으로 달래주었다는 사실은 아무도 거부할 수 없는 사실이며, 따라서 그들이 모두 한국종교에 속하게 된다. 그렇다면, 가톨릭과 개신교를 포함한 기독교가 한국종교에 속하는가의 문제가 따른다. 요컨대 기독교는 특히 현대 한국 사회변화에 중요한 역할을 했다는 점은 인정되지만, 그에 비해 한국 "전통문화"의 영역에는 아직 그 영향을 크게 드리우지 못하고 있는 것이 현실이다. 이런 맥락에서 기독교는 지금 막 한국종교의 "영역에 진입"하는 과정에 있다고 말할 수 있다.

이처럼 한국종교란 한국의 사회와 문화에 중요한 공헌을 한 종교를 모두 지칭하게 된다. 그러나 이때 한국종교는 유교, 불교 그리고 기독교와 같은 역사적 종교전통 자체만을 의미하는 것에 머물지 않고, 나아가서 이들 종교전통을 수용하고 경험한 한국인의 역사적 경험내용을 포함한 복합적 개념을 이루게 된다. 따라서 한국종교는 추상적이며 동시에 복합적 개념이다.

종교는 절대 신념 체계 또는 궁극적 절대가치체계이다. 이러한 종교는 자신 이외의 어떤 것도 그 절대성을 인정하지 아니하고, 다만 그 상대성만을 허용한다. 따라서 종교는, 철학, 예술, 정치, 경제 등 모든 문화현상을 종교적 절대가치를 구현하기 위한 수단으로 생각하고 그것들의 상대적 가치만을 인정한다. 이러한 종교경험은 한마디로 전형적인 전인적 경험이며, 그 경험은 가장 복합적 내용을 갖는다. 다시 말해서, 종교는 인간이 경험한 결과로서의 문화현상 가운데 가장 복합성을 지닌다. 따라서 한국 종교 역시 복합성을 띤 추상개념인 점은 당연한 일이다.

유교, 불교, 도교와 같은 동양고전종교와, 무속과 민속종교 같은 고유종교 전통 그리고 민족종교와 같은 한국자생종교가 모두 한국종교에 속하고, 나아가 기독교가 오래지 않아 한국종교에 진입하는 단계에 왔다면, 한국종교란 특정한 개별 종교전통을 의미하지는 않는다. 결과적으로 이는 그러한 개별전통들 안에 담긴 공통점을 지칭하게 된다. 앞에서 "내 노래"를 생각해 보았듯이, 여기서 우리는 한국종교 대신에 한국종교사상 또는 한국인의 종교관을[14] 살펴볼 필요가 있다. 유교나 불교 사상은 한국종교

---

14 윤이흠·금장태·이은봉·서영대·김종서·김용환·윤원철·김홍수, 『한국인의 종교관: 한국정신의 맥락과 내용』, 서울대학교출판부, 2001. 이 책은 위 8명의 종교학자가 1993년부터 5년 동안 공동연구(서울대학교 인문대학 종교문제연구소 주관, 교육부 인문사회과학분야 중점영역 연구과제 지원)하여 얻은 결과물이다.

사상은 될 수 없다. 그러나 원효와 율곡의 사상은 한국종교사상이다. 이처럼 한국종교사상은 곧 한국인의 얼과 문화전통에 걸러져서 꽃을 피운 결과를 말한다. 마찬가지로 유교, 불교, 기독교와 같은 외래종교가 한국인의 얼과 정서에 담겨져 한국적인 체취를 풍기게 될 때, 비로소 우리는 이를 한국종교라 이르게 된다. 한국종교는 이런 의미에서 한국인의 종교경험 내용을 표현한 문화적 복합체를 의미한다. 다시 말해서, 외래종교를 수용하는 한국인의 얼과 정서가 곧 한국인의 종교관이고, 그 얼에 담겨진 결과가 한국종교사상이다. 그리고 한국인의 얼과 정서에 담겨진 복합경험의 결과가 바로 한국종교라고 말할 수 있다.

한국인이 한국 문화사의 맥락에서 경험한 내용은 다른 나라 국민의 그것과 다른 점이 있게 마련이다. 따라서 한국종교에는 어디엔가 한국적 특성을 지닌 공통점을 지니게 된다. 여기서 우리는 한국종교의 복합성을 다시 한 번 확인하게 된다. 이러한 맥락에서 근본적으로 복합적인 한국종교가 그 안에 지닌 다양성과 공통성을 각 시대별로 어떤 과정을 거쳐서 어떤 형태로 전개하였는가를 더듬어 밝히려는데 이 연구의 목적이 있다.

종교가 이처럼 복합성을 지닌 현상이기 때문에, 종교를 이해하는 이론 역시 다양하다. 한국종교사는 곧 종교의 역사적 흐름을 가리는 작업이다. 따라서 종교의 개념에 따라 한국종교사의 내용과 흐름의 방향이 달라진다. 이런 의미에서 종교에 대한 개념을 분명히 하고 넘어갈 필요가 있다.

2) 종교를 종교자체로 보는 중간시각(中間視覺)

지금까지 종교학사에 등장한 다양한 이론들은 크게 거시적 시각(macro-perspective)과 미시적 시각(micro-perspective)으로 요약할 수 있다. 거시적 시각은 종교현상학이 대표적인데, 이는 종교를 삶의 궁극적 의미를 추구하는 인간의 본성이나, 궁극적 실재가 인간에게 스스로를 드러내는 현상으로 이해한다. 이러한 시각은 종교의 본질과, 종교가 인간 삶의 의미를 고양시키는 점을 밝히는데 매우 효과적이다. 이는 모든 종교현상이 거룩하기 때문에 동일한 현상으로 해석하는 경향을 갖게 된다. 따라서 이러한 시각은 종교 간의 엄연한 역사적 차이를 구별하는데 어려움이 많고, 나아가 종교 간의 갈등과 같은 역사적 사건이 인간의 역사를 불행으로 이끌어가고 있는 현실을 간과하는 경향이 매우 크다. 이는 아무리 그 의도가 건강하다고 해도, 그 시각이 방법론적 허점을 크게 지녔다는 사실을 부인할 수 없다. 이러한 거시적 안목은 복합적 종교현상을 사실 그대로 읽을 수 없는 방법론적 허점을 갖고 있는 점이 분명해진다. 요컨대, 이러한 시각의 한계점은 그것이 지나치게 본질에 집착함으로써, 복합적 성격을 지닌 종교현상의 전체를 있는 그대로 보지 아니하고, 본질을 현상의 전부라고 해석하는 데서 비롯된 것이다. 이와 반대로 사회과학과 심리학 등, 현대 학문의 방법론적 시각은 종교를 사회현상이나 심리현상, 또는 단순한 역사현상 등과 같은 하나의 차원으로 해석한다. 이들은 종교를 사회, 심리, 또는 역사 현상의 하나로 해석하는데 그치고 만다. 이러한 해석은 곧 종교가 지닌 복합적 성격을 형성하는 다양한 요인들 가운데 하나를 택하고, 그렇게 택한 기준에 맞추어 종교를 축소 해석하는 이른바 환원주의(reductionism)에 이르고 만다는 사실을 말해준다. 여기서 우리는 거시적 시각이 종교를 본질로 환원하는데 반하여, 미시적 시각은 종교를 특정한 요인으로 환원함으로써, 양자가 각각 "종교를 종교자체(religion as it is)"로 보지 못하는 한계를 지니게 된다는 사실을 알 수 있다.

이러한 방법론적 한계는 전자의 시각이 너무 크고, 후자의 그것이 너무 좁은데서 비롯된다고 말할 수 있다. 따라서 그 극복의 대안은 양자의 "중간시각"에서 찾을 수 있을 것이다.[15] 중간시각을 통하여 우리가 종교전통에서 "온전한 종교현상"을 볼 수 있게 된다는 것이 필자의 입장이다. 다시 말해서 주어진 종교전통 안에서 "독립적이고 완전한 종교현상"이 나타난다.[16] 이러한 맥락에서, 진정한 의미의 "종교" 또는 온전한 "종교현상"은 곧 종교전통을 의미한다. 예컨대, 신앙, 교리, 기도, 의례, 조직, 신비경험 등의 현상은 그 스스로 "독립된" 현상이 아니라, 하나의 "완성된 종교현상" 곧 종교전통을 형성하는 "구성요인"들이다. 이들이 "예속된" 또는 "의존적" 현상이라면, 종교전통은 "완성된" 또는 "독립된" 현상이다. 우리가 연구하는 어떠한 종교 현상도 종교전통을 벗어나서 존재하는 경우는 없다. 이런 맥락에서, 어떤 신화나 신비경험도 특정한 종교전통의 세계관의 맥락 안에서 그 본래의 의미를 지니게 되고 또한 기능할 수 있다는 사실을 아무도 부인할 수 없을 것이다. 따라서 "태양 아래 새로운 것은 없다"는 사실이 인간의 종교사 안에서도 일관되게 확인된다. 의존적 현상들은 비록 그것들이 독립적 현상같이 보일지는 몰라도, 특정한 종교전통, 좀 더 구체적으로는 특정한 "종교적 세계관의 맥락" 안에서 각각의 의미를 부여받고 또 전수되게 마련이다.

---

15 윤이흠, 「현대종교학 방법론의 과제」, 『한국종교연구』권2, 집문당, 1988, 52-60쪽.
16 이와 반대로, 캔트웰 스미스는 진정한 종교는 신앙이지 전통이 아니라고 주장한다. 그러나 이 경우 스미스의 학문적 관심은 언제나 "종교의 본질"에 집중되기 때문에, 종교현상의 복합성의 실상은 그의 학문적 관심의 영역 밖에 있을 뿐이다. 이러한 태도는 서구에서 출발한 현대 서구 종교학 주류의 방법론적 특성을 보여주기도 한다. Wilfred Cantwell Smith, *The End and Meaning of Religion*, Harper & Row, London, 1978. 윌프레드 캔트웰 스미스, 『종교의 의미와 목적』, 길희성 역, 분도출판사, 1991.

이러한 관계로 신비경험(mystic experience) 마저도 신앙고백의 대상이 아니라 현대 경험학문의 연구대상이 될 수 있으려면, 그 경험이 특정한 종교적 세계관이나 종교전통의 맥락에 담겨있는 현상으로 이해되어야 한다.[17] 그렇지 아니할 때, 신비경험이 지닌 종교 전통과의 구조적 관계가 외면당하게 된다. 이러한 경우, 신비경험이 사회적, 심리적, 또는 단순한 역사적 현상으로 환원되게 된다. 이러한 환원주의 시각에는 복합적 현상으로서의 신비현상은 보이지 않게 된다. 반대로 거시적 시각은 신비주의의 메시지를 실존적 차원에서 수용할 수는 있어도, 그에 대한 객관적이고 분석적인 이해는 불가능해진다. 그러나 이들과 달리, 제삼의 입장에서 "종교를 하나의 전통으로 볼 때," 종교의 본질적 복합성을 있는 그대로, 말하자면 "종교를 종교자체"로 이해할 수 있게 된다. 마찬가지로, 신비주의라는 종교현상을 그 모체 종교전통의 맥락에서 이해할 때, 신비주의가 지닌 주관적 경험 내용과 그러한 주관적 경험을 생성하게 하는 종교전통의 양면을 동시에 이해할 수 있게 된다. 이 경우 비로소 신비경험자의 주관적 경험내용을 종교전통의 맥락에 담아 객관적으로 이해할 수 있게 된다.

거듭 강조하지만, 신비경험을 포함한 온전한 종교현상은 "종교전통" 밖에서는 존재하지 않는다. 그러므로 종교를 전통으로 볼 때 비로소 종교 간의 차이가 분별되고, 역사 안에서의 종교가 기능한 음양의 양면을 있는 그대로 공평하게 평가하는 것이 가능해진다.

---

17 신비주의는 곧 일상 논리로 설명될 수 없는 경험의 내용을 의미한다. 그러나 그것은 적어도 불교나 기독교와 같은 특정한 종교전통의 신념체계 맥락에서 갖게 되는 종교적 경험을 하는 "현상"을 의미한다. 다시 말해서, 신비주의는 특정한 종교정통의 세계관 안에서 경험된 현상이다. 이와 반대로, 어떤 종교전통과도 연관되지 않은 상태에서 설명될 수 없는 경험을 하는 현상은 미스터리라 한다.

결론적으로, 종교현상의 이해는 해당 종교전통과의 관계에서 이루어져야 한다는 원칙을 확인할 수 있다.

3) 종교현상의 삼중복합성(三重複合性)

종교사는 참으로 난해한 형태로 전개되는 것이 사실이다. 그럼에도 불구하고 또한 종교사에 나타나는 종교현상들은 서로 같은 점이 쉽게 드러난다. 모든 종교현상은 세속, 곧 비종교적 현상과 비교할 때, 서로 같은 "동일성"이 쉽게 파악된다. 이와 반대로, 불교와 유교, 기독교 등의 종교전통은 완전히 서로 다른 세계관을 지니고 있어서 그 신도들은 사실상 서로 다른 정신문화의 세계에서 살아가고 있다는 점 또한 분명하다. 종교는 이처럼 "다양성"을 지닌다. 다만 거시적 안목에서 본다면, 종교현상은 그 동일성과 다양성을 동시에 지니고 있다.

현대 종교학의 이론 가운데 "종교의 동일성"을 가장 건강한 안목으로 설명한 학자가 요아킴 바하(Joachim Wach)였다.[18] 그는 "종교경험이" ①신념(belief), ②실천(practice), ③집단전통(collectivity)의 3차원으로 표현된다고 말했다. ─ 여기서 3차원의 설명에 시각적 효과를 갖기 위하여 원에 담은 수자를 표시하는 점을 이해해주기 바란다. ─ 이 3차원은 사실상 종교현상을 구성하는 세 요인을 의미하기도 한다. 어떤 종교현상도 이 세 요인 가운데 하나라도 결여된 경우 완전한 종교현상으로 형성되지도 못하고, 또한 기능하지도 못한다. 예컨대, 탁월한 신비주의자가 지고신(High God)과

---

18 Joachim Wach, *The Comparative Study of Religions*, New York & London: Columbia Uni. Press, 1958. 요아킴 바하, 『비교종교학』, 김종서 역, 민음사, 1994. 요아킴 바하는 "종교경험"이 표출되는 3 영역을 말하고 있지만, 이 3 영역의 분류는 곧 종교현상의 구성요인과 다를 바 없다.

만나는 신비경험을 한 경우, 그는 지고신에 대한 ①절대신념을 갖게 되고 또한 그 신념을 ②실천으로 옮기게 된다. 그런데 엄밀하게 관찰한다면, 그는 신비경험 이전에 지고신에 대한 ③전통적 세계관에 이미 어떤 형태로든 노출되었고, 따라서 그 가운데 한 형태의 세계관에 입각하여 자신의 신비경험을 해석하게 된다〈③-A〉. 다시 말해서 어떤 신비주의자가 자신의 신비경험을 통하여 이전에는 없었던 전혀 새로운 종교적 세계관을 창조하는 법은 없다는 사실을 세계종교사가 잘 말해준다. 한 걸음 더 나아가서, 이렇게 형식과 내용에 있어서 전통적 연속성이 끊어지지 않으면서, 새로운 옷을 입고 새롭게 제창되는 종교적 메시지가 주위 사람들에게 수용될 수 있다. 이처럼 집단적 호응이 있을 때 비로소 새로운 종교 현상이 기능하기 시작한다〈③-B〉. 이와 같이 종교적 신념, 실천 그리고 집단전통이 상호 연관관계를 이룰 때, 살아있는 종교현상이 탄생되고 또 기능하게 된다.[19] 이런 맥락에서 신념, 실천, 집단전통은 종교현상을 구성하는 세 개의 "구조적 요인(構造的要因)"이 된다. 그리고 그렇게 구성된 종교는 본질적으로 복합현상이 아닐 수 없다. 이처럼 살아있는 종교가 지닌 "복합성"을 필자는 종교현상의 "삼중복합성"이라 부른다.

신념, 실천 그리고 집단전통의 3요인을 포함하는 종교의 삼중복합성은 곧 종교가 인간 삶의 총체적 경험내용을 담고 있다는 사실을 나타낸다. 종교연구는 따라서 인간 삶의 전 영역의 상호연관관계를 총체적으로 접근하고 해석하는 과제를 안고 있다. 이런 의미에서 철학, 역사, 예술 등 인문학 분야의 연구결론이 종교학 연구의 서론이 되는 것을 뜻한다. 종교의

---

19 윤이흠, 「종교와 의례: 문화의 형성과 전수」,『한국종교연구』권5, 집문당, 2003, 33-55쪽. 이 글에서는 주로 의례와 신념이 집단전수 과정으로 이어지는 상호관계를 밝혔다.

구조적 3요인이 종교학 연구자에게 이처럼 어려운 학문작업을 부과하고 있다. 인간의 실존적 노력이 포기되지 않는 한, 종교현상이 삶의 총체적 특성을 표현한다는 사실 역시 변하지 않을 것이다. 결론적으로 종교현상의 삼중복합성은 곧 종교현상의 "동일성"을 밝히는 "총체적 접근"의 기반이 된다.

총체적 접근은, 특정한 종교나 문화전통의 선험적 사상전통을 벗어나서, 경험학문 태도를 지킬 때만 가능해진다. 이러한 경험적 접근의 입장에서 볼 때, 구조적 3요인 이외 불변의 요인은 찾을 수 없다. 그러나 특정한 종교전통과 그 세계관이 상대적으로 역사적 지속성을 지니고 있다. 다시 말해서, 유교, 불교, 기독교 등과 같은 종교전통은 역사가 진행되면서 각각 수많은 교단과 학파로 분화되지만, 거시적 안목으로 보면 종교전통은 각각 그 전통의 본질을 잘 유지한다. 그래서 종교전통이 역사 안에 살아있는 한, 그 본질을 포기하지 않고 잘 유지하면서 각 시대의 요청을 수용하고, 또한 점진적인 외형적 변화를 보여준다.

이처럼 우리는 각 종교 전통이 자신의 동일성과 다양성을 동시에 유지하고 있다는 사실을 보게 된다. 요컨대, 종교전통은 곧 위에서 살펴본 종교의 구조적 3요인 가운데 "집단전통"의 특성을 집중적으로 전수하는 기능을 한다. 따라서 한 종교가 전통을 유지하기 시작하면, 그 역사가 지속되는 한 일관성을 유지하려 하며, 타종교와 타문화를 수용하는 경우에도 자신의 본질적 특성을 오래 지키게 된다.

종교의 다양성은 먼저 종교전통의 다양성으로 나타난다. 그러나 앞에서 지적한 바와 같이 같은 종교전통 안에서도 다양한 교단과 교파를 비롯하여 종교사상의 분화가 어느 시대 어느 종교전통에서도 나타난다. 이처럼 종교전통의 안으로부터 다양성이 나타나게 된다. 좀 더 엄밀하게 말하자면, 종교전통 안에 이미 그 다양성의 씨가 내장되어 있다. 그렇지 아니하고는 동일한 종교전통 안에서 동시에 여러 교단이 분열되고, 교단 사이의 갈등을 노출하는 사실을 어떻게 설명할 수 있겠는가? 이 문제는 곧 종교의 동질성과 다양성의 관계에 그 해답이 있을 수밖에 없다. 이는 바로 다음 절에서 다시 살펴보기로 한다. 여기서는 다시 한 번 더 종교의 구조적 3요인의 "상관관계"를 살펴볼 필요가 있다.

앞에서 살펴본 바와 같이 ①신념, ②실천, ③집단전통 가운데 신념과 실천은 "직접적 상호 의존 관계"를 이루고 있다. 예컨대, 지고신에 대한 절대 확신은 바로 지고신에 대한 의례로 표현된다. 이러한 맥락에서 제천(祭天) 의례절차가 진행된다. 역으로 지고신의 의례를 반복하는 과정에서 그 사회의 젊은 세대가 전통적 천신 사상에 대한 확신을 갖게 된다. 이처럼 신념체계(belief-system)와 실천체계(practice-system)가 동전의 양면을 이루면서 상호 의존적 상관관계를 유지할 때, 비로소 특정 종교현상이 역사에서 생명력을 발휘하게 된다. 그런데 이러한 상호 의존적 상관관계는 바로 집단전통의 맥락에서 경험되고 또 전수되는 것이다. 다시 말해서, 종교현상의 "역사적 생명력"은 바로 집단전통이 부여한다. 여기서 우리는 간단한 두 가지 문제를 제기하는 것으로 만족하기로 하자. 먼저, 모든 교리와 의례는 집단전통의 맥락 안에서 그 의미를 갖게 되고, 또 그 기능을 발휘할 수 있다. 다음으로, 모든 종교적 집단전통은 특정한 교리에 담긴 이상을 믿고 그 이상을 실천으로 옮기는 역사적 과정에서 형성된 것이다. 아래 도표에서 보는 바와 같이 크게는 "신념체계→실천체계"와 "집단전통"이 상호의존적 관계를 지니게 된다.

[표 2] 종교현상의 구조적 3요인의 상관관계

신념체계(信念體系) 실천체계(實踐體系)	⇒ 정신 내면적 요인
①—③—②	
집단전통(集團傳統)	⇒ 역사적(정신외적) 요인

제1차 상호의존관계: 〈 ① ↔ ② 〉

제2차 상호의존관계: 〈 ①② ↔ ③ 〉 ⇒ 총체적 의존관계

　앞의 도표에서, "③집단전통"이 사회역사적 측면이라 한다면, "①신념체계—②실천체계"는 인간 종교경험의 내적 측면을 보여준다. 이는 다시 말해서 종교의 다양성은 곧 종교경험의 내적측면과 외적측면, 인간의 정신 내면적 요인과 그 외적인 역사적 요인으로 구성된다는 사실을 말해준다.

　이러한 종교의 삼중복합성은 종교를 복합현상으로 이해해야하는 기반을 마련해주고, 나아가 종교의 구성요인 가운데 일부에 집중하여 연구하는 환원론적 태도를 경계하는 근거를 제공한다.

4) 종교적 신념유형

　특정한 종교전통이 한 시대에 당면한 역사적 조건은 동일할 수밖에 없다. 그럼에도 불구하고 같은 시대에 동일한 역사적 조건 아래에 있는 하나의 종교전통 안에서 다양한 종교운동이 전개되어, 심지어는 종단분열이 일어나는 사실을 흔히 보게 된다. 예컨대, 몽고의 난을 맞이할 때 불교에서, 그리고 일제 식민지 상황일 때 기독교에서 종교적 분열이 일어났다. 이런 일은 종교사에서 흔히 나타난다. 이처럼 동일한 조건 아래서 종교의

다양성이 야기되는 것은 종교경험의 내적 측면이 지닌 어떤 특성에서 비롯된다고 보지 않을 수 없다.

종교경험의 인간정신 내적 측면을 종교적 신념유형(信念類型)이라 말한다.[20] 신념과 실천이 직접적 상호의존관계를 이루고 있기 때문에, 신념유형은 곧 신념—실천유형을 의미한다. 종교 신념유형은 기복(祈福), 구도(求道) 그리고 개벽(開闢)으로 이루어진다.

먼저, (1)기복은 "인간이 이기적 동기에서, 현세적 욕구를 추구하는 행위"를 말한다. 이러한 기복행위는 구석기시대부터 오늘에 이르기까지 모든 종교전통에 스며있다. 개인과 집단의 안녕과 번영을 위한 모든 종교적 행위가 곧 기복행위이다. 이러한 기복행위와는 정반대의 역사적 사례를 우리는 고타마 붓다에게서 분명하게 볼 수 있다. 그는, 앞에서 언급한 바와 같이, 황태자로서 대단히 세련된 교육훈련을 받은 지식인으로서 세속적인 면에서는 모자라는 점이 없었다. 그럼에도 불구하고 그는 모든 세속적 욕망과 기득권을 헌신짝같이 버리고, 입산수도하여 피골이 상접한 상태가 되도록 진리 체득에 전념하였다. 그는 기복을 훌쩍 넘어 고매한 정신적 이상을 추구하였던 것이다. 이는 사회적 출신이 전혀 다른 예수의 삶에서도 그대로 나타난다. 예수는 이기심과 세속적 욕망을 추구하는 기복적 태도를 훌쩍 넘어서, 절대자 앞에서 그에게 주어진 절대가치를 실천하는 열정적이고 혁명적인 삶을 보여주었다. 이러한 태도는 그의 마지막 기도에서 "내 뜻이 아니라 당신의 뜻"이 이루어지게 되기를 바란다는 고백에서 잘 드러난다. 이처럼 고매한 선험적 이상(先驗的理想)을 추구하며 세련된 논

20 윤이흠, 「신념유형으로 본 한국종교사」, 『한국종교연구』 권1, 집문당, 1986, 9-43쪽.

리로 인생과 우주의 질서를 설명하는 것이 고전종교이다. 그리고 고전종
교의 삶의 방식을 우리는 (2)구도라 부르기로 한다. 끝으로 (3)개벽은 "신
천지 대망 사상"을 말한다.[21] 신천지 대망 사상은 서양의 유일신관에서는
앞으로 인간이 경험해보지 못한 신천지가 도래한다는 "일직선적 시간관",
이른바 종말론으로 나타나고 동양에서는 아득한 과거에 있었던 대망의
이상사회가 우리 앞에 다시 나타난다는 이름하여 "영겁회귀(永劫回歸)의 시
간관"으로 나타난다. 개벽은 바로 동양적 영겁회귀의 "우주론적 시간관"이
다. 그러나 한국에서 개벽은 "대망의 신천지가 도래할 때, 한반도가 그
중심이 되고, 한국 민족이 그 주역이 된다."는 확신을 그 안에 담고 있다.
이처럼 개벽은, 후에 "민족종교 부분"에서 다시 언급하겠지만, 한국의 민
족주의를 우주론적 맥락에서 각성시키는 신념체계이다.

　개인과 집단은 각각 자기 성향에 따라 (1)기복, (2)구도, (3)개벽이라는
세 신념유형에 대하여 각각 다른 형태의 친화력을 나타낸다. 첫째, 3유형
가운데 어느 하나에 특별히 친화력을 가지게 되는 경우, 그 개인이나 집단
은 기복, 구도, 개벽 가운데 한쪽의 특성을 강력하게 드러내게 된다. 다음
으로, 두 개의 유형에 동시에 친화력을 보일 때, 보다 복합적인 대사회적
특성을 보여준다. 그리고 3유형 모두에 동등한 친화력을 유지할 때, 가장
건강하고 바람직한 종교운동을 전개하게 된다. 이를 종합하면, 다양한 형
태의 친화력을 지닌 종교가 역사적 요청에 다양하게 대응하기 때문에, 결
과적으로 다양한 종교운동이 동시에 나타나게 된다.

---

21 신천지 대망 사상은 곧 우주론적 시간관으로 여기에는 직선적(lineal) 시간관과 영겁회
　귀적(cyclical) 시간관이 있는데, 전자는 기독교와 서양의 시간관이라면, 후자는 상고대
　종교와 동양의 시간관을 대표한다. 윤이흠, 「우주론적 시간관의 유형」, 『한국종교연
　구』 권2, 집문당, 1988.

여기서 우리는 유교, 불교 그리고 기독교와 같은 특정 종교전통 가운에 어느 한 전통에 속한 여러 종파들이 동일한 역사적 조건에 있으면서도 서로 다른 종교운동을 전개하는 이유가 바로 그들이 서로 다른 신념유형을 수용할 때 나타나게 된다는 사실을 알 수 있다. 이에 더하여, 유교, 불교 그리고 기독교와 같은 종교전통들은 서로 다른 "세계관"을 지니고 있어서 기본적으로 자신의 세계관의 특성에 따라 대사회적 태도 역시 달라진다는 점 또한 우리가 잘 아는 바이다.

지금까지의 논의를 간추려 다음과 같이 요약할 수 있을 것이다. 종교의 다양성은 아래의 표에서 나타나듯이 (1)종교의 전통 또는 세계관, (2)신념유형 그리고 (3)시대적 요청, 이렇게 세 요인의 상호관계에서 나타나게 된다. 아래의 표는 일차적으로, (1)종교전통이 (2)신념유형의 형태에 따라 (3)시대적 상황의 요청에 반응하는 사실을 보여준다.

[표 3] 종교전통과 시대상황의 상관관계

```
                              (2)신념유형
                          ↗  기복  ↘
    (3)시대요청(상황) ↔ (1)종교전통 → 구도 → (3)시대상황(요청)
                          ↘  개벽  ↗
```

[표 3]은 (1)종교전통과 (3)시대상황이 상호반응관계를 유지하는 것이 그 기본 구도를 이루고 있다. 이러한 구도 안에서 각 종교전통이, 그 안에 내장하고 있는 신념유형을 창구로 삼아, 시대 상황에 구체적인 반응을 보이게 된다. 이 과정에서 신념유형이 지닌 다양한 양상에 따라 종교의 다양성이 역사적 사실로 나타나게 된다.

이는 다시 중요한 사실을 시사해준다. 그것은 종교사를 통하여 역사에 대한 반응실체로 나타나는 현상이 바로 종교전통이라는 사실이다. 물론 신앙인 개인과 신앙집단이 사유와 행위의 주체인 것은 부인할 수 없다. 그러나 어느 개인이나 집단이 사회에 중요하고 주도적 영향력을 행사할 수 있는 단계에 이르게 되면, 그 행위주체는 시간이 지나면서 전통의 옷을 입는다. 이런 맥락에서, 종교사에 나타나는 역사적 반응의 주체는 바로 종교전통이라고 말할 수 있다.[22] 이를 종합하면, 종교현상은 교리학, 철학, 역사, 사회, 심리 등의 모든 현상을 포함한 삶의 총체적 현상이다. 더 나아가 인간의 궁극적 삶의 길을 오래도록 지속시키는 기능을 갖는 현상은 바로 종교전통이라는 사실이 드러난다. 그리고 이 사실을 아래의 [표 4]로 정리할 수 있다.

[표 4] 전통 및 계층별 신념유형 친화도

	유교	불교	도교	민간신앙	지배계층	지성계층	서민계층
기복	X	O	O	O	O	X	O
구도	O	O	△	△	X	O	X
개벽	△	O	X	X	△	O	△

[표 4]가 말해주는 바와 같이 유교, 불교, 도교 그리고 민간신앙은 한문

---

22 지금까지 종교현상학파는, 종교전통은 종교의 본질에서 벗어난 것이라는 입장을 견지하고 있다. 그 대표적 예가 캔트웰 스미스의 *The End and Meaning of Religion* (Harper & Row, London, 1978)이다. 이는 현상학적 환원주의에 빠지는 결과에 이른다. 지금까지 현상학적 환원주의의 단점은 "본질–현상"이라는 이분법적 사유에서 벗어나지 못한 데서 비롯된다. 예컨대, 어떤 현상도 본질만 존재하는 법은 없다. 종교 역시 그 본질만 존재한다고 하면, 이는 분명히 총체적인 문화현상으로서의 종교를 보지 못하는 것에 지나지 않는다.

을 수용하던 제1차 문화충격기 이후 오늘에 이르기까지 한국종교사에 많은 영향을 준 종교전통들이다. 그들은 고유한 세계관을 가진 독립된 종교전통이기 때문에 그 세계관의 특성에 따라 세 신념유형(三信念類型)에 대한 친화력 역시 서로 다른 형태를 보여준다. 예컨대, 유교는 기복이 매우 약하여 태평성세에는 문제가 없지만, 사회가 위기에 이르러 대중이 현실적 삶에 큰 위협을 받을 때, 그들에게 위안을 줄 수 있는 기복 기능을 구비하지 못하고 있다. 그리고 새로운 시대에 대한 열정을 주도하는 개벽적 동기도 부족하다. 따라서 유교는 조선 초기와 같이 잘 정비된 사회이념에 의하여 태평성세를 이룰 때, 그 기능이 극대화된다. 이에 반하여 불교는 기복, 구도, 개벽의 "3요인"을 모두 구비하고 있어서 어느 시대에나 다양한 국민의 욕구를 다양한 형태로 충족시킬 수 있다. 바로 이러한 이유 때문에, 불교 교단이 신념유형의 세 요인을 잘 조화시키지 못하고, 당시의 시대적 요구에 직접적 반응을 보일 때, 오히려 불교 종단이 갈라지는 모습을 보이곤 하였다. 이는 불교가 지닌 고전종교의 정체성이 현실요청에 따라가는 기복적 태도에 의하여 변질되는 경과를 보여주는 것이라 말할 수도 있다. 도교는 본래부터 고전사상으로서의 도가(道家)와 기복을 주된 성격으로 지니는 민간신앙이 합하여 종교단체 내지는 전통을 이룬 것이다. 따라서 도교는 민간신앙과 그 기본 성격이 같다. 이처럼 동양의 세 종교는 각각 서로 다른 대사회적 태도를 지니고 있으며, 그에 더하여 각 종교전통이 시대적 요청에 다양하게 반응하게 됨에 따라, 복합적 종교사가 펼쳐지게 된다.

복합적 종교사의 전개는 사회적 계층과도 밀접한 관계가 있다. 예컨대, [표 4]의 후반부에 나타난 것과 같이 (1)지배계층, (2)지성계층 그리고 (3)서민계층은 각각 독자적인 사회적 친화성의 특성을 지닌다. 지배계층 또는 통치 집단은 기득권의 보존과 번영을 유지하는 기복형에 1차적 친화력을 지니고, 다음으로 사회변혁을 추구하려는 개벽형에 2차적 친화력을 나타낸다. 이런 점에서, 지배계층은 다양한 이유로 인하여 구도적 태도와는 거리를 갖게 된다. 이를 합하여, 일반적으로 지배계층은 "기복·개벽형"의 특성을 나타낸다고 말할 수 있다. 다음으로 지성계층은 1차적으로 구도에 친화력이 집중되고, 구도적 이상을 실현하려는 사회적 꿈이 2차적으로 개벽의 태도로 나타난다. 지성계층은 세속적 이익을 추구하는 이른바 기복적 태도와 거리를 두는데 그 특성이 있다. 끝으로, 서민계층은 언제나 삶의 어려움을 벗어나지 못하는 현실에 처해있기 때문에, 무엇보다 현실에서 결여된 것을 충족하려는 소시민적 욕망을 추구하는 기복에 제1차적 친화력을 지니고 있다. 서민은 기복 주도적인 맥락에서 "어려운 현실"을 벗어나 "새로운 세상"에 살고 싶은 소박한 희망을 지니기도 하는 말하자면 "기복·개벽형"의 태도를 보인다.

결과적으로 지배계층과 서민계층은 기복적 기반 위에서 어느 정도의 개벽을 희망하는 이른바 "기복·개벽적" 태도를 지니는 점에서 서로 다르지 않다. 그러나 이 두 계층은 삶의 내용과 그에 따르는 의식의 차원에서 서로 큰 차이를 보여준다. 지배계층이 어떤 형태로든 기득권의 이익을 반영하는 새 세상을 꿈꾸게 된다면, 서민층은 소시민의 소박한 현실적 이익을 소망하는 맥락에서 내일의 꿈을 지니게 된다. 따라서 현실과 질적으로 다른 새로운 내일에 대한 꿈은 언제나 그 시대의 지성집단이 제시하게 마련이다. 자신이 속한 집단의 이익을 넘어서, 미래의 희망을 제시하는 기능이 바로 지성집단의 역사적 몫이다. 이러한 맥락에서, 지성계층이 역사의 전환에 중요한 역할을 하게 된다는 사실을 알 수 있다.

전통사회에서는 성직자들이 지성인의 전형적인 기능을 하였다.[23] 한국 사에서 유교는 특히 학문과 통치능력을 겸하는 도학을 추구하였기 때문에, 유교지도자와 지성인을 구별하는 것이 타종교전통에 비하여 까다로운 점이 많다. 그러나 유교의 경우에도, 예컨대 조선조의 지배계층이 모두 유교인이었지만, 그 가운데 지성인은 항상 극소수였다.[24]

제2차 문화충격기를 통하여 가톨릭과 개신교를 포함한 이른바 기독교 가 들어왔다. 기독교 역시 불교와 마찬가지로 기복, 구도, 개벽의 세 요인 을 모두 구유하고 있다. 따라서 불교에서 언급한 문제들을 공유하고 있다. 그러나 한국종교사에서 기독교는 동양종교들과는 다른 독특한 문제를 안 고 있다. 그것은 기독교가 서양의 현대문물, 그 가운데서도 특히 과학 사 상을 동반하고 들어왔다는 점이다. 바로 이점 때문에, 기독교는 제2차 문 화충격기 이후 많은 우여곡절을 겪으면서도 한국 사회 근대화의 주역을 담당할 수 있었다. 그러나 1960년대 이후 한국에서 일어난 산업화가 한국 의 사회구조를 전폭적으로 바꾸면서 기독교를 포함한 모든 종교가 사회 변화의 주역에서 밀려나는 과정에 들어서게 되자, 기독교는 현대 과학문 화와 기독교적 종교 신앙과의 관계를 정비하지 않으면 안 될 시점에 이르

---

23 역사적으로 최초의 지성계급은 기원전 5세기를 전후하여 나타난 고전문화시대였다. 전문 사유계급으로서의 사제계급이 산업(서민의 역할)과 전쟁(지배계급의 역할)으로 부터 자유로운 상태에서 순수 사유활동에 전념할 수 있는 상황이 적어도 1세기 이상 지속된 가운데 고전문화를 창조하게 된다. 예컨대, 중국 춘추전국시대의 문사, 인도 브라흐마나 시대의 브라흐만, 구약의 선지자, 그리고 아테네의 시민이 그 예에 속한다.
24 지성인의 역사적 기능은 종교혁명에서 가장 두드러지게 나타난다. 역사에 근본적인 문화변혁의 깊고도 긴 영향을 준 사례들은, 기원전 1-2세기의 대승불교운동, 13세기 송대의 성리학운동 그리고 16세기의 개신교운동 등을 들 수 있다. 이들은 20세기의 볼셰비키 혁명이 사실상 70년간 지속되고 만 것과는 전혀 대조적이다.

게 되었다. 바로 이러한 맥락에서, 종교적 신념과 과학사상의 정비가 이루어질 때, 제2차 문화충격기를 끝맺고 한국종교사는 새로운 장을 열게 될 것이다.

우리는 지금까지 종교사의 전개과정에 필요한 최소한의 이론적 문제들을 살펴보았다.[25] 이러한 시각에 근거하여 한국종교사에 등장한 다양한 종교전통과 종교현상에서 각각 그 공통점과 다양성이 역사적 과정을 통하여 어떻게 나타났는지 제2장 이후에 살펴보기로 하겠다. 다만 그 이전에 거쳐야 할 문제가 하나 더 남았다. 그것은 한국종교현상의 주체자인 한국인이 종교에 관한 태도, 곧 한국인이 한국의 고유 종교전통을 어떻게 유지하고 또한 외부로부터 들어오는 종교를 어떻게 수용하는지를 먼저 살펴볼 필요가 있다. 이것이 바탕이 되어야 각 시대의 종교문제를 일관된 기준에서 접근할 수 있기 때문이다.

5) 한국인의 종교관

우리는 앞에서 한국종교사에는 외래종교의 원형을 보존하여 세계종교사 유산의 보관창고 역할을 한다는 점을 살펴보았다. 한국종교사에는 신념의 원형을 지키려는 종교적 태도가 각 시대마다 다양한 형태로 나타난다. 그 전형적 예가 조선시대 유학자의 삶의 태도에서 쉽게 확인될 수 있고, 또한 현재에는 개신교에서도 잘 나타난다. 이러한 특성은 한국종교사 전반에서 발견된다. 이를 우리는 순수전통주의(純粹正統主義)라 할 수 있을

---

25 그 내용은 지난 20여 년 동안 필자가 혼자서 씨름하면서 정리해온 것이어서 미비한 점이 많다. 다만 종교사방법론에 관한 연구의 선례가 없는 상황에서 이러한 시론이 후학의 디딤돌이 되기를 희망할 뿐이다.

것이다. 이와는 반대로, 한국에서 자생한 종교의 창교주와 많은 종교사상가는 기본적으로 한국에 존재하는 종교의 신념체계를 모두 통합한 세계관을 새로운 진리라고 믿고 제시하는 경향을 보여준다. 이러한 전통은 이미 통일 신라 시대의 최치원이 유불선 삼교의 합일을 주장하는 데서도 잘 드러났다. 한국인은 모든 진리가 하나라는 이른바 통합진리론에 매우 친숙한 편이다. 이러한 전통을 관용적 포용주의(寬容的包容主義)라 할 수 있을 것이다. 이러한 두 전통이 고대로부터 오늘에 이르기까지 한국종교사에 일관되게 나타난다.[26]

먼저 "순수정통주의"는 유교와 불교 그리고 기독교를 포함한 세계 고전종교 전통을 수용하고 전수하는 과정에서 주로 나타난다. 물론 한국자생 민족종교와 함께 무속과 같이 상고대에서부터 전래하는 고유종교도 각각 순수정통주의를 지키는 것이 사실이지만, 이들보다는 오히려 외부로부터 유입된 세계 고전종교전통에서 정통주의 논의가 더 두드러지게 나타난다. 특히 이들은 첫째 교리적 사상체계, 둘째 수행의 방법과 행위규범, 셋째 자체 전통을 유지하기 위한 훈련과 교육의 조직과 체계, 이러한 삼차원의 기능이 잘 정비되었기 때문에 "정통"과 "비정통"을 가늠하는 일이 개별 종교의 역사에서 중요한 부분을 차지하게 된다. 어떤 의미에서 특정 종교의 역사는 바로 교리, 실천 그리고 조직의 운영상의 문제로 인해서 정통과 비정통을 가름하는 갈등과 대결의 역사이고, 그 결과 새로운 교단이 탄생하고 종교개혁이 일어나는 과정이기도 하다. 이는 한국종교사에서도 예외가 될 수 없다.

---

26 이 글에서 "한국인의 종교관" 논의는 아래 책의 내용에 근거하고 있다. 윤이흠 외, 『한국인의 종교관: 한국정신의 맥락과 내용』, 서울대학교출판부, 2001.

그런데 정통성을 그렇게도 강조하던 조선 유교가 흥미로운 사실을 보여준다. 각 시대를 선도하던 창조적 사상가들은 새로운 사상체계를 만들어 제시하는 과정에서 자신의 자유의지를 크게 발휘하였다는 사실을 주목할 필요가 있다.[27] 다른 사상과는 달리, 종교사상은 기본적으로 기존의 (A)교리체계를 (B)수용하는 것이다. 그런데 삼봉(三峰) 정도전, 양촌(陽村) 권근, 퇴계(退溪) 이황, 율곡(栗谷) 이이 그리고 다산(茶山) 정양용 같은 창조적 사상가는 각각 자신의 (C)자유의지에 근거하여 전통적 유교사상 체계 안에서 시대적 요청에 대한 해답을 찾고 있었다. 종합컨대, 그들은 시대적 요청과 전통적 유교사상 체계 사이의 조화를 자신의 자유의지에 근거하여 찾았던 것이다. 따라서 이들은 단순한 교리주의자(dogmatist)가 아니라 종교적 지성인이었다. 이러한 점은 한국 불교사상가에게서도 다름없이 나타나는데, 다만 상대적으로 불교가 유교보다 대사회적 태도에 있어서 좀 더 유연하게 보이기 때문에, 불교의 예는 다음 기회로 미루기로 한다. 여기서 우리는 한국의 창조적 종교사상가들은 전통과 현실 사이의 지성적 조화를 추구했다는 사실을 보게 된다. 유교, 불교와 같은 외래 고전종교의 전통 안에서는 개인의 사상적 자유가 크게 제약을 받을 수밖에 없다는 사실을 주시할 필요가 있다. 그럼에도 불구하고 한국유교의 대표적 사상가들이 자신의 자유의지(自由意志)를 결정적으로 행사했다는 사실은 그들의 사유가 교조주의적 세계관의 틀 안에 유폐되지 아니하고, 시대적 요청을 관용적으로 포용했다는 점을 말해준다. 그리고 한 걸음 더 나아가, 이는 한국유교와 불교의 창조적 사상가가 그에게 주어진 종교적 세계관과 시대적

---

27 앞의 책, 225-29쪽.

요청 사이의 조화(調和)를 추구한 점에 있어서 서로 다르지 않다는 점을 시사한다. 한마디로 지성적 관용주의(知性的寬容主義)가 그들의 공통점이며, 그 이상은 조화를 추구하는 것이었다. 여기서 우리는 순수정통주의를 추구하는 고전종교전통의 창조적 사상가는, 비록 고전적 세계관의 맥락 안에서 허용되는 제한된 형태이지만, 분명히 지성적 관용주의의 태도를 지니고 있다는 사실을 확인할 수 있다.

다음으로, 관용적 포용주의는 한국 무속과 민속신앙(folk-beliefs) 등을 포함한 "한국고유 종교전통"과 한국자생 민족종교 등에서 보다 활발하게 나타난다. 다시 말해서 관용적 포용주의는 한국고유 문화전통에 보다 집중적으로 나타난다. 따라서 한국고유 종교사상의 원형이 관용적 포용주의에 있다고 말할 수 있다.

[표 5] 한국 종교사상가의 사상적 특징

	관심 1	관심 2	의도
三峰(1337-1398)	正統論	經世論	社會改革
陽村(1352-1409)	性理論	經學	性理學 正統確立
退溪(1501-1570)	性理論	心性論	道學 滿開
栗谷(1536-1584)	性理論	經世論	道學的 改革
茶産(1762-1836)	經學	經世論	社會改革

다른 시각에서 본다면, 한국인이 외래종교를 수용하면서 "순수전통주의"를 추구한다는 것은, 그가 외래종교에 관하여 대단히 관용적이고 포용적 태도를 갖는다는 사실을 말해준다. 외래종교를 수용할 때, 수용자 자신의 취향에 따라 선택적으로 받아들일 수도 있다. 그러한 실례가 일본에서

한국의 종교와 종교사

보인다. 일본은 선종과 교종 그리고 정토종 등을 개별적으로 받아들이고, 후에도 이들을 독립적인 개별 종단으로 유지해왔다. 이에 반하여 한국에서는, 불교를 수용하는 과정에서 개별 종단별로 수용하지만, 수용하면서부터 불교 전체의 순수정통성을 추구한다. 그래서 교와 선의 조화를 항상 추구해왔다. 한마디로, 한국불교는 자신이 속한 단체의 범주를 넘어 "불교 전체의 전통성"을 통합적으로 추구하는 지성적 태도를 갖는다. 이처럼 한국인이 순수전통주의를 추구하는 태도 자체가 관용적 포용주의의 성격을 안고 있다.

앞의 논의를 간추리면, 다음과 같은 결론에 이르게 된다. "관용적 포용주의"는 한국고유 사상전통에서 크게 나타날 뿐만 아니라, 유불과 같은 고전 종교를 수용하는 경우에도 지성적 형식으로 나타난다. 한국의 유불 사상사는 관용적 태도를 지닌 사상가들만이 역사를 바꿀 수 있는 창조적 업적을 낼 수 있었다. 이러한 맥락에서, 한국종교사에 일관되게 나타나는 사상적 핵심은 "관용적 포용주의"라 말할 수 있다. 여기서 관용적 포용주의가 원형이라면, 지성적 관용주의는 그 원형에 고전 사상이 수용된 형태이다. 이처럼 순수정통주의와 관용적 포용주의는 외견상으로는 상반되는 것 같지만, 한국인의 사유맥락 안에서 포용주의 특성을 품고 있다는 점에서 서로 다르지 않다. 그리고 포용주의는 결과적으로 조화를 추구하는데 이른다.

먼저, 순수정통주의가 추구하는 조화의 이상은 기본적으로 고전사상의 세계관에 담긴 선험적 가치인데 반하여, 관용적 포용주의가 추구하는 조화의 이상은 인간의 경험세계에서 제기되는 현실적 요청이다. 다시 말해서, 전자가 선험적(先驗的) 조화를 추구한다면, 후자가 경험적(經驗的) 조화를 추구하는 점에 차이가 있다. 선험적 조화를 추구하는 순수정통주의는 창조적 지성인의 자유의지가 발휘하는 동안은 삶의 통일과 문화의 창조에 결정적인 공헌을 하지만, 자유의지가 유실되는 순간 배타적 교조주의로 고착화되고 만다. 반면에, 경험적 조화를 추구하는 관용적 포용주의는 처용가에서와 같이 "감성적 솔직성"과 "자기 통제력" 사이의 상보적 긴장관계를 유지할 때, 개인적으로는 창조적 조화의 신비적 경험을, 그리고 사회적으로는 창조적 발전을 맞이하게 된다. 그러나 그 긴장이 깨지는 순간 혼돈과 무질서에 이르게 한다.

이러한 차이에도 불구하고, 한국 종교의 지성인이 추구하는 선험적 조화는, 이웃나라 일본이나 중국과는 달리, 매우 포용적이고 관용적인 태도로 이루어졌다. 이러한 사례는 특히 불교사에서 쉽게 나타난다. 지눌 이후 한국불교는 사실상 선(禪)불교를 이루고 있으면서도, 불교계에서는 항상 선(禪)과 교(敎)의 조화를 강조하여왔다는 사실이 이를 말해준다. 유교 역시, 앞에서 살펴보았듯이, 교학(敎學)과 예학(禮學)의 조화를 추구하였다는 점에서 불교와 크게 다르지 않다. 이처럼 포용적이고 관용적 태도가 한국인이 받아들인 불교와 유교의 창조적 사상가들의 사유에서 잘 드러난다. 한국 종교지성의 창조적 사유는 교조적 형식(dogmatic format)을 넘어 관용적 포용주의의 모습을 보여주는데 그 특성이 나타난다. 다시 말해서, 이는 한국의 유교와 불교의 창조적 사상가는 완성된 형태로 전해진 고전종교사상을 한국적 사유의 원형인 관용적 포용주의의 틀 안에 받아들였다는 점을 말해준다. 한국의 "지성인"은 고전사상을 자신의 사유형식 또는 한국적 정서라 일컬을 수 있는 사유의 틀에 담아서 창조적 발전을 이룰 수 있었던 것이다.

이처럼 관용적 포용주의는 한국의 고유사상전통의 핵심을 이루고 있을 뿐만 아니라, 한국지성이 진정한 창조성을 발휘하게 하는 기틀이 되기도 한다. 예컨대, 한국지성인의 사유에는 두 가지 요인이 중복되어 있는 점을 알 수 있다. 그의 사유의 "내용과 이상"은 자신이 속한 고전종교의 선험적 가치관에서 찾고, 그의 "사유 태도"는 한국의 전형적인 관용적 포용주의 태도를 반영한다. 말하자면 관용적 포용주의가 외래 사상을 자기 것으로 받아들이는 바구니의 역할을 하는 것이다. 따라서 관용적 포용주의는 한국 고유사상의 기틀이 될 뿐만 아니라, 외래 사상을 수용하는 창조적 수용 태도가 되기도 한다. 종합컨대, 관용적 포용주의의 태도가 곧 한국적 사유(韓國的思惟)의 기틀이 된다.

다음으로, 한국고유사상의 맥락에서 관용적 포용주의와 조화의 관계를 가장 잘 드러내는 사례가 아마도 한국 무속의 신관(神觀)일 것이다. 특히 무속은 구석기시대로부터 내려오는 문화전통이기 때문에, 우리 민족의 사유형식의 원형을 비춰주는 사례가 된다는 점에서도 중요하다.[28] 무속에는 인간사회와 마찬가지로 다양한 계층의 신령과 귀신들이 존재한다. 그러나 상위계층의 신이 하위 신이나 잡귀를 죽이거나 파괴하지 아니하고, 각자의 위치로 다시 돌아가게 한다. 굿의 뒤풀이에서 잡귀에게 풀어먹이는 것이 이러한 맥락이다. 무속의 신념체계에 의하면, 모든 계층의 신령(神靈)과 귀신(鬼神)이 자신의 위치로 돌아가면 우주의 질서가 유지되고, 제자리를

---

28 윤이흠, 「샤머니즘과 한국문화사」, 『샤머니즘연구』제1집, 한국샤머니즘 학회, 1999. 무속 세계관의 고유한 특성은 영육이원론(靈肉二元論)에 있다. 이는 하느님(High being)이나 기타 신관과 구별되는 고유한 사상적 특성을 갖고 있으며, 그러한 특성은 수렵채취문화의 내용을 반영한다. 윤이흠, 「신관의 유형 - 세계종교사의 맥락에서」, 『신화와 역사』(정진홍교수 정년기념논문집, 서울대학교 종교문제연구소 편, 2003년 6월), "직접 경험신" 참고.

벗어나면 혼돈이 온다. 이처럼 소박한 무속의 신념체계는 "현존하는 모든 것"의 존재 이유를 인정하고 그들 상호간의 질서를 유지하는 것이 우주론적 평화를 이루는 길이 된다. 다시 말해서, 한국 고유전통의 일환인 무속이 추구하는 우주론적 평화는 곧 사물의 현존질서(現存秩序)를 있는 그대로 유지하는 것이며, 그 현존질서는 다름 아닌 현존의 조화라는 것이다. 결론적으로, 우리 민족이 무속의 역사만큼이나 아득한 과거로부터 관용적 포용주의 전통을 지녀왔으며, 그 전통이 추구하는 이상은 역시 현존질서 또는 "삶의 현실" 안에서의 조화이다.

이처럼 중요한 현존질서의 조화를 추구하는 모습이 앞에서 언급했던 신라의 향가 "처용가(處容歌)"에서 보다 구체적으로 나타난다.[29] 여기서는 문제제기를 위하여 그 핵심만 살펴보기로 한다. "처용가"에는 두 개의 시적 모티브 사이의 미학적 긴장을 보여준다. 첫째, 불륜의 현장에서 처용은 자신의 감정 앞에 솔직한 자아, 당혹스러워하는 주체로서의 자아를 허식 없이 보여준다. 그처럼 감정적 당혹과 혼돈을 솔직하게 표현하면서도, 그는 아내에 대한 도덕적 비난의 의사를 조금도 지니지 않았다. 처용은 감정의 격동적 순간에도 도덕적 형식주의를 벗어나 있다는 점을 말해준다. 둘째, 그토록 격렬한 내적 당혹과 갈등을 극복하기 위하여 달빛에 나아가 춤을 추었다. 이처럼 처용가는 격동적 위기의 순간에, 처용이 감정적으로 솔직한 자아와 이성적으로 통제된 자아 사이의 긴장된 조화를 유지하였다는 사실을 보여주고 있다. 감정과 이성의 조화를 구현한 존재, 그는 동서

---

29 윤이흠, 「경험적 현세주의의 역사적 전개」, 『한국인의 종교관: 한국정신의 맥락과 내용』, 181-193쪽. 윤이흠, 「아리랑에 실린 민족정서의 맥락과 의미」, 『한국종교연구』 권5, 99-116쪽.

고금을 통하여 완성된 인간이었다. 이러한 조화를 구현한 이상적 인간, 처용 앞에 그의 처와 동침을 하던 역신(疫神)이 나아와 항복하면서, 앞으로는 그의 얼굴 그림만 있는 곳이라도 나타나지 않겠다고 약속을 하였다. 그로부터 처용은 오늘에 이르기까지 악신을 쫓아버리는 신이 되었다. 이것은 신라인들이 "감성적으로 솔직"하면서도 자신을 통제할 줄 아는 "이성적 능력"을 갖춘 인간을 이상적 존재로 숭앙했다는 사실을 말해준다.

그런데 감성과 이성의 조화는 세계 어느 민족이나 문화권에서도 이상으로 여긴다. 다시 말해서 조화는 모든 사상과 문화체계의 공통의 이상이다. 그러나 그 이상으로서의 조화를 이해하고 추구하는 맥락에 있어서 신라의 처용가는 독특한 점을 보여준다. 처용은 그 어떤 형이상학적 가치관이나 고전적 세계관이 제시하는 교리나 윤리적 덕목을 들어 불륜의 행위자를 공격하려 하지 않았다. 그의 행동은 선험적 가치에 근거하여 현실을 평가하려는 의도를 지니지 않았다. 다시 말해서 그가 추구하는 이상은 선험적 가치를 반영하는 "선험적 조화"가 아니라, 인간 삶의 현장에서 경험할 수 있고 요청되는 조화, 말하자면 경험적 조화였다.

처용가가 펼쳐 보이는 사유의 세계는 세련된 형이상학적 질서가 아니라, 오히려 무속의 신관에서 본 바와 같이, 경험세계에서 요청되는 현존질서 또 다른 말로는 "경험적 현실주의"의 질서였다. 경험적 현실주의의 맥락에서 "감정적으로 솔직한 자아"와 "이성적으로 통제된 자아" 사이의 미학적 긴장(美學的緊張)관계를 우리의 사유와 정서의 틀에서는 "멋"이라 부른다. 언어적으로는 "제격에 어울리는 것"을 멋이라 하는데, 이러한 "멋"은 삶의 현존질서 안에서의 어울림, 이름하여 경험적 조화를 의미한다. 또한 그것은 곧 한국인이 추구하는 실천적(實踐的) 이상이기도 하다. 그래서 한국인은 최고의 경탄과 찬사로 "멋있다"고 말하는 것이다.

이제까지 살펴본 한국의 고유한 사유형태의 원형에 관한 논의를 다음과 같이 정리할 수 있다. 관용적 포용주의는 기본적으로 사유의 태도이며 형식이다. 이러한 사유의 태도는, 먼저 그 안에 선험적 가치가 전제되지 않으며, 다음으로, 그러한 사유가 추구하는 이상은 현실 질서 안에서의 조화를 추구하는데 있다. 따라서 이러한 태도가 추구하는 이상은 "경험적 조화"이다. 그리고 그러한 사유의 종합적 틀로서의 세계관은 경험적 현실주의이다. 이는 특정한 형이상학적 가치를 전제하거나 선험적 이상을 추구하는 고전사상과는 달리, 현실에서 얻은 경험지식에 근거하여 주어진 현안을 해석하고 극복하려는 세계관의 특성을 지닌다. 이처럼 삶의 현실에서 요청되는 감성과 이성의 실천적 조화, 특히 그 미학적 긴장을 우리말로는 "멋"이라 한다.

이러한 맥락에서, 멋은 곧 한국인의 고유한 실천이상이다. 경험적 현실주의의 맥락에서 추구되는 멋은 한국인의 "고유한 사유와 감각"의 실천규범이며 동시에 이상의 총칭이다. 이처럼 한국인이 한국인답게 되게 하는 기준이 되고, 또한 그렇게 되기 위하여 추구하는 "한국인의 멋"을 우리는 지금부터 "흔멋"이라 부르기로 한다. 결론적으로 말하자면, 한국 고유사상의 세계관을 경험적 현실주의라 말한다면, 그러한 세계관에 담긴 실천적 규범과 이상의 내용을 총칭하여 흔멋이라 한다.

경험적 현실주의가 한국정신의 원형이며, 이러한 원형에 외래종교가 수용되어 흔멋을 수용하게 되고, 우리 고유종교 또한 흔멋을 지니고 전수하는 과정에서 한국종교사가 전개된다. 이제 그 역사적 전개의 시대구분을 살펴보기로 한다.

한국의 종교와 종교사

제2장

상고대의 문화

1. 상고대의 문화상황

세계문화사의 주 무대는, 주지하는 바와 같이 유라시아 대륙이다. 인류 문화의 기원은 시각에 따라 견해를 달리 할 수 있지만, 풍부한 문자기록 문화 위에 세워진 고대왕국이 청동기시대에 나타났다는 점에는 이견이 없다. 이러한 전형적 고대왕국의 출현지가 유라시아대륙이었다. 뿐만 아니라 기원전 5·6세기를 전후하여 중국, 인도, 중동 그리고 희랍에서 각각 찬란한 고전문화가 동시에 일어났다. 이들은 오래지 않아 세계 사대 고전 문화권을 이루었으며[1] 현대세계문화의 기반을 마련하였다. 고전문화권의

---

1 고전문화(classic culture)는 그 이전의 고대문화(ancient culture)와 다음과 같은 면에서 그 내용을 달리한다. 고전문화는 ①신화적 사유를 거부하고, ②현실을 넘어선 고매한 이 상을 추구하며, ③세련된 논리를 구사하며, ④선험적 형이상학체계를 정립한다. 즉 고전문화는 고전문화가 형성된 이후 오늘날까지 인간사회의 "지혜의 전형"으로 기능 하고 있다. 중국의 춘추전국시대, 인도의 우파니샤드, 페르시아의 사이루스 대제, 희랍 의 인본주의 시대에 소크라테스에 의하여 고전문화가 일어났지만, 고대 이집트와 메소 포타미아 문화는 고전문화의 요인을 충족시키지 못하였다. 윤이흠, 「신념유형으로 본

출현이후 세계문화사는 문화권들이 복합적 관계를 형성하는 전개과정이었다고 말할 수 있다. 그 역사적 현장이 바로 구대륙, 유라시아였다.

이 유라시아 대륙의 중심지인 중앙아시아의 광활한 스텝 지역을 활동무대로 삼고 있던 스키타이, 훈스, 투르크 등 다양한 민족들을 북방 기마민족이라고 부른다. 그러므로 북방 기마민족이란 북방의 비중국 문화전통 전반을 지칭하는 대단히 포괄적인 개념이다. 기마민족은, 한국고대 문화사의 맥락에서 볼 때, 한국 상고대문화 형성에 결정적 영향을 준 비중국적 문화전통이라는 개방적 의미를 지닌다. 이는, 좀 더 구체적으로 말하자면, 중앙아시아는 우리민족 정체성(正體性)의 연원(淵源)이라는 사실을 의미한다.

우리 고유문화전통의 연원을 알기 위하여, 우리는 동서 문화의 교류를 거시적인 안목으로 조망해볼 필요가 있다. 이러한 맥락에서 먼저 중앙아시아 역사를 간략하게 더듬어보기로 한다.

기원전 3500년경 유프라테스와 티그리스 강의 삼각주에 설형문자를 사용하는 수메르(Sumer) 고대문화가 이룩되었다. 그러나 BC 3200년경 에리두, 우루 등 초기 수메르 왕조가 종말을 고하고, 곧이어 2800년경에 카쉬, 우르크 그리고 마리 왕조들이 일어났다. 특히 마리 왕조는 중동지방의 원주민인 셈족 세력이 수메르인과 연합한 왕조였다. 그러나 기원전 2630년 아카드 왕조가 일어나면서 모든 기록이 아카드어로 완전히 바뀌었다. 아카드는 셈족 언어이다. 이에 따라 메소포타미아에 고대문화를 건설한 수메르족은 그들의 언어를 잃어버리고 셈족에 흡수되어 역사에서 사라지고 말았다. 그 이후 고대 중동의 문화는 이른바 아시리올로지(Asiriology)에 흡

한국종교사」, 『한국종교연구』1, 집문당, 1986, 16~21쪽.

수되는 수순을 밟게 된다.[2]

이를 종합하면, 다음과 같은 결론에 도달하게 된다. 첫째, 수메르족은 일종의 이방인으로서 메소포타미아 지역에 갑자기 나타나 설형문자를 쓰는 찬란한 고대문화를 건설했다. 둘째, 그러나 다수의 원주민인 셈(Sem)족이 이방인 수메르가 창조한 문화를 전승하여 셈족문화로 확대 발전시키면서 수메르족을 흡수해버렸다. 이 두 가지 사실은, 만약 알타이어와 수메르어가 어미변화를 하는 언어구조에 있어서 동일하다는 사실을 받아들인다면, 우리에게 다음과 같은 가설을 가능하게 해준다. 곧, 알타이계 언어를 쓰던 알타이족의 일군이 신석기기대에 자그로스(Zagros) 산맥을 넘어 메소포타미아지방으로 이동하여 찬란한 수메르문화를 이룩했다.

알타이어족에는 몽고어, 만주 퉁구스어 그리고 투르크어로 크게 나누어진다. 특히 투르크어는 대단히 방대한 지역에 수많은 민족이 사용하고 있는 언어이다. 이처럼 다양한 언어의 원 고향이 알타이지방이라는 판단에 따라 알타이어족이라는 이름이 주어졌다. 알타이어족의 고향은 아마도 알타이산맥과 바이칼 호수 사이의 지역일 것이다. 알타이어를 쓰던 신석기인들이 그들의 원 고향을 떠나 자그로스 산맥에 닿으려면 넓고 넓은 중앙아시아의 대초원을 지나야 한다. 그리고 그 산맥을 넘으면 메소포타미아에 이른다. 이처럼, 알타이어족의 서방이동(西方移動)의 가설이 가능하다.

우리는 이 알타이어족의 서방이동이 신석기시대의 어느 시점에서 시작하여 어떤 과정을 거쳤는지 아는바 없다. 그러나 지금까지 알려진 언어학과 고고학 그리고 고대종교에 관한 지식을 종합하면 유라시아의 전 지역,

---

2 p.van der Meer, *The Chronology of Ancient Western Asia and Egypt*(Leiden, E. J. Brill, 1955)

특히 중앙아시아에는 인구밀도가 낮았으며, 이 광활한 지역에 크고 작은 인구이동이 끊임없이 일어났다. 때로는 가뭄이나 기타 자연재해를 피하여 새로운 지역으로 이동하고, 때로는 교역을 하기 위하여 민족과 민족이 접촉하면서 점진적으로 이동하였다. 이런 경우 언제나 활동적인 민족이 타민족을 동화시킬 가능성이 더 많은 법이다. 청동기시대의 정착생활을 보호하는 왕국이 형성되기 이전에는 이러한 형태의 민족이동이 끊임없이 일어났으며, 특히 중앙아시아의 대초원은 이 시기부터 다양한 형태의 민족이동의 주 통로였다.

다음으로 인도 · 유럽어족(Indo-Europeans)의 동방이동이 일어났다. 인도 · 유럽어족에 관한 연구는 18세기 말 이후 유럽학계의 비상한 관심 아래, 알타이어족의 연구와 비교하여 엄청난 연구 성과를 축적했다. 따라서 인도유럽인의 기원과 문화에 관해서는 비교적 잘 알려졌다. 흑해와 카스피아해 지방에서 어로와 수렵을 주로 하던 집단이 인도유럽어족의 선조이고, 그 집단의 언어가 인도 · 유럽어의 원형이라는 견해가 정설로 받아들여지고 있다. 다시 말해서 코카서스 지방이 황금머리에 파란 눈을 지닌 인도 · 유럽어족의 원 고향이라는 것이다. 이 원 고향에서부터 사방으로 퍼져 현대 인도 · 유럽어족을 이루고 있다. 그 가운데 동방으로 이동한 인도유럽인들은 중앙아시아를 거쳐야 했다. 그들은 중앙아시아의 대초원을 거쳐 동쪽으로는 멀리 시베리아와 알타이지방과 몽고에 그리고 남으로는 인도에까지 이르렀다.[3]

인도유럽인들은 기원전 30세기경에 이미 시베리아의 서부에 다다랐다

---

3 L. Ben Crane, etc., *An Introduction to Linguistics*, Boston: Little, Brown & Company, 1981, 192~201쪽.

는 물증들이 발굴되었다.[4] 그러니까 알타이족이 서방으로 이동하던 직후에 또는 거의 동시에 인도유럽인들이 스텝과 산림지대를 통해서 시베리아까지 이주한 것이다. 그러나 기원전 3500년경에 수메르족이 청동문화를 담은 고대도시국가를 이룩하였으며, 이러한 수메르 문화가 인류 최초의 고대문화라는 사실은 움직일 수 없는 일이다. 따라서 기원전 3500년은 유라시아 문화사의 편년을 가름하는데 중요한 기준점이 된다. 이에 근거한다면 알타이족의 서방이동과 인도유럽인들의 동방이동은 각각 기원전 3500년이라는 기준점 이전에 시작되었다.

스스로 아리안(Aryan), 즉 "고귀한 인종"이라 불렸던 인도유럽인들이 기원전 2000년경에 이란에서부터 인도 서북부에 이르는 지역을 장악했으며, 이들은 엄밀한 의미로는 이란—인도인(Iran—Indian)이라 할 수 있다. 이들은 "아리안족"의 성원이 되는 고유한 성인식(initiation ceremony)을 했으며, 이러한 맥락에서 유명한 다리우스 대제(BC 549-485) 역시 자신을 "아리안의 한 사람"이라 불렀다. 페르시아 인들은 그들의 나라를 "아리안의 집(aryana vaejah)"라고 불렀으며, 이것이 오늘의 "이란(Iran)"이란 말의 어원이 된다. 고대이란, 곧 페르시아 인들은 아베스타(Avesta)어로 쓴 이른바 조로아스터교 경전 아베스타경을 남겼다. 조로아스터의 생존 연대에는 이견이 많아서 기원전 1500-1200에서 기원후 700-600까지 연장되기 때문에 아직 베일에 싸여 있지만, 이처럼 연장된 연대는 역으로 최소한 기원전 1500년경 아리안이 이란고원을 점유했다는 사실을 시사하기도 한다.[5]

그와 거의 동시에 아리안의 일부가 이란고원에서 인도대륙의 서북부에

---

4 J. p.Mallory, *In Search of the Indo-Europeans*, London: Thames and Hudson, 1994, 52~63쪽.
5 J. B. 노스, 『세계종교사』1, 윤이흠 역, 현음사, 1992, 157~165쪽.

들어왔다. 인도에 들어온 아리안들은 베다(Veda) 문학을 갖고 있었으며, 그 가운데 가장 오래된 리그 베다(Rig Veda)는 기원전 1800년에서 기원전 1300년경에 이루어졌을 것으로 생각된다. 베다문헌을 쓴 범어(梵語, Sanskrit)는 이란의 아베스타어와 사촌 언어이며, 따라서 이 두 언어를 사용하던 민족은 아리안 형제였다. 다시 말해서, 아리안들의 동방이동은 기원전 2000년경에 시작하여 기원전 1200년경에 인도에까지 이르게 되었다. 따라서 기원전 2000년은 인도유럽족의 제2차 동방이동의 중요한 기점이 된다.

기원전 2000년 이전의 민족 이동은 매우 혼미스러운 상태이다. 그러나 이 시기에 이동하던 아리안들은 아베스타와 베다 문학을 지니고 동진하면서, 페르시아와 인도의 고대문화를 일으키는 등, 의미 있는 문화적 변화를 동반했다. 이 시기의 민족이동은 문자를 지닌 역사시대의 사건이었다. 이러한 근거에서, 역사적 의미를 지닌 민족이동은 기원전 2000년경에 일어났던 "아리안의 동방이동"에서 비롯되었다고 말할 수 있다.

아리안들은 앞에서 언급한 바와 같이 주로 세 루트를 통하여 동방으로 이동했다. 아리안의 원고향이 중앙아시아의 서쪽 끝에 있는 흑해와 카스피아해 연안, 곧 코카서스지방이기 때문에, 그들이 동방으로 향하려면 중앙아시아의 초원에 들어서야 한다. 그러므로 아리안이 그들의 원고향을 떠나면 중앙아시아의 스텝을 지나게 되고, 드디어 카라코룸(Karakorum, 喀喇崑崙山) 산맥에 닿게 된다. 여기서 자연히 세 갈래의 길로 나뉜다.

카라코룸은 에베레스트 산맥의 서북쪽을 이른다. 카라코룸 산맥을 따라 남쪽으로 내려가면 이란고원과 인도에 다다른다. 그것이 첫째 이동로이다. 둘째는 카라코룸 산맥의 협곡을 직접 넘어 동으로 이동하면, 타클라마칸 사막, 곧 타림(Tarim, 塔里木)분지가 된다. 그곳이 지금의 중국 신강지역이고, 한(漢)나라 이후에는 서역(西域)이라 불리던 곳이다. 타클라마칸 사막은 동쪽으로 고비사막과 이어지고, 고비의 남쪽에 황하가 흐른다. 그러므로 둘째 루트는 황하의 북안 또는 황하를 따라 세운 만리장성의 북쪽인 내몽고에 이르는 직행 루트이다. 앞에서 살펴보았듯이, 오늘날 위구르족들이 "우리 민족의 어머니"라 부르는 기원전 1천년 전의 미이라(mummy)는 아리안들이 제2의 동방이동 루트를 따라 타클라마칸 사막에 이미 이르렀다는 사실을 증명해준다.[6] 셋째 루트는 천산산맥의 북쪽 초원 곧 동 카자흐스탄을 거쳐 알타이 지방에 이르고, 조금만 더 동으로 이동하면 바이칼 호수와 몽고 평원에 이른다. 앞에서 살펴보았듯이 알타이 동쪽 지역에도 이 시기 아리안들이 아파나시에보 문화를 기록하였다.

아리안의 주 이동 경로가 중앙아시아였을 것이 분명하다. 왜냐하면 코카서스지방의 남쪽에는 자그로스 산맥이 있고, 이 산맥의 남쪽은 메소포타미아이다. 아리안들이 동방으로 이동하던 기원전 2000년경에는 고아씨라아왕조와 그를 이은 강대한 바빌로니아 제국이 메소포타미아 지역을 석권하면서, 아리안들을 포함하여 주변의 모든 민족들에게 군림하던 시기였기 때문이다. 이러한 바빌론 제국의 영토를 관통하여 당시에 야만인이라고 불리던 아리안족의 대단위 이동이 이루어진다는 것은 상상할 수조차 없는 노릇이기 때문이다. 따라서 아리안은 중앙아시아의 대초원을 지날 수밖에 없으며, 대초원을 가로막고 서있는 카라코룸 산맥에 이르러 이미 언급한 바와 같은 세 가닥의 루트로 갈라져 이동을 계속했던 것이다.

그리고 기원전 8세기경에는 스키타이가 기마병을 이끌고 중앙아시아

---

6 윤이흠, 〈중앙아시아를 가다〉(서울신문 1997년 11월 26일자 현지취재 기사)

전 지역을 포함하여 2000년대 또는 그 이전에 그들의 아리안 선배들이 차지하였던 전지역, 그리고 멀리 동쪽으로 바이칼호수의 시베리아 지역까지 그들의 활동무대로 삼기에 이른다. 기원전 8세기경에 그들은 동방 깊숙이 말을 타고 와서, 두 번째 백인의 동방이동이라는 파장을 일으켰다.

기원전 17세기에서 15세기 이후 기마술(horse riding)이라는 또 하나의 거대한 역사적 충격이 일어났다. 17세기경 소아시아 후르(Hur)지방의 아리안들이 기마술을 개발하였다. 기마술은 카스피아해부터 몽고와 만주에 이르는 대초원 전 지역에 일대 충격을 주기에 충분하였을 뿐만 아니라, 그것이 전달되는 곳마다 도처에 대제국을 형성하는 일대 변화를 일으켰다. 기마술은 보병을 일거에 제압할 수 있는 가공할 신무기였으며, 동시에 대단위 가축을 이끌고 장거리 이동이 가능한, 본격적인 유목생활을 가능케 하는 새로운 생산기술이었다. 이 가공할 무기와 생산기술을 알타이지역, 시베리아 그리고 당시 몽고지방에 거주하던 동양원주민들과 아리안들이 각각 재빨리 수용하는 과정에서 민족의 혼합이 이루어졌다. 그 민족혼합의 과정에서 가공할 파괴력을 과시하는 정치집단이 형성된다. 그 결과 기원전 4세기경에 몽고지역에서 흉노(匈奴, Huns)가 나타났던 것이다.

이는 세계 종교사를 전공하는 필자가 1990년 이후 카자흐스탄을 중심으로 중앙아시아와 몽고 그리고 구소련지역을 탐방하면서, 인류문화사의 거시적 안목에 근거하여 그 동안 이 지역에 관한 고고학, 역사학, 언어학 그리고 민속학과 인류학 등의 연구업적들을 통합하여 합리적 추론을 한 결과이다. 이러한 필자의 시도가 수정되어야 할 근거가 제시된다면, 물론 더 좋은 선택을 따르는데 필자는 주저할 이유가 없다.

흉노에 관한 최초의 기록은 기원전 318년에 나타난다. 주(周)나라의 춘추(春秋)시대에 170여 개의 소국으로 갈라졌던 상황은, 전국(戰國)시대 후기에 전국칠웅(戰國七雄)으로 불리는 일곱 나라로 통합되었다. 그중 진(秦)나라가 가장 강성해지자, 다른 나라들이 연합하여 흉노와 손을 잡고 진에 대항하였다. 그 해가 바로 기원전 318년이었다. 그때 진시황(秦始皇)이 중국을 통일하고 만리장성을 보완하면서 흉노의 세력을 후퇴시켰으나, 기원전 209년에는 다시 흉노가 장성을 넘어 남쪽으로 내려와 진나라가 망했다. 진시황제가 중국을 통일할 시점에 흉노의 마오둔(冒頓, BC 221-207경)이 흩어졌던 흉노세력을 통합하여 대흉노제국(大匈奴帝國)을 일으켰다.[7]

전한과 후한 시대(BC 221-AD 220)에 중국이 전력을 다해서 막아야 했던 세력 역시 흉노였다. 기원 후 445년 서방 흉노인, 훈제국의 "아틸라칸"이 등극하면서 아시아에서 중부유럽에 이르는 전 지역을 군사적으로 제압하였고, 이에 동서 로마를 포함하여 그에 대항할 세력이 없었다. 아틸라가 자기를 살해하려다 발각된 동로마 황제 테오도시우스에게 행한 당당한 태도를 기억한다면,[8] 서방 역사가들이 흉노를 얼마나 두려움과 질시의 안목으로 기록하고 있는가를 알 수 있다. 마찬가지로 중국의 정사(正史)에는 흉노에 대한 두려움과 질시가 문화적 우월감의 갑옷을 입고 나타난다.

---

7 이희수, 『터키사』, 대한교과서주식회사, 1996, 12~15쪽 참고.

8 이 상황의 기록은 테오도시우스의 사절단 일원으로 아틸라를 암살하러 갔던 프리스쿠스의 여행기록에 소상히 밝혀져 있다. 아틸라는 살해음모를 알고 사절단을 처형하는 대신 다음과 같은 통지문을 전달했다. "테오도시우스, 당신도 아틸라처럼 훌륭한 한 아버지의 아들이오. 아틸라가 부친인 문주크로부터 물려받은 존엄성을 유지하고 있는 데 반해, 테오도시우스는 부왕의 영예를 실추시켜 아틸라에게 조공을 바치는 속주왕의 지위로 전락하고 말았구나. 더욱이 주인인 아틸라를 살해하려했으니, 예속된 노예로서 상하의 도리조차 지키지 못한 처지에 ……" 이희수, 『터키사』, 대한교과서주식회사, 1996, 54~55쪽 참조.

동방의 돌궐 제국이 와해되고 얼마 있다가, 기원후 6세기에 그 후예들이 투르크라는 이름으로 부족연합을 결성한 돌궐(突厥) 또는 투루크(Turk) 제국 시대가 열린다. 흉노와 마찬가지로 돌궐 역시 막강한 군사력을 가진 대제 국으로서 중국과 유럽에 엄청난 위협을 주었다. 다시 전 스텝지역과 동유 럽이 투르크 세력의 통제하에 들어갔다. 이 방대한 지역에 투르크의 이름 으로 동방의 위구르를 위시하여 유럽에는 헝가리와 불가리언 왕조 등 수 많은 왕조들이 시대에 따라 나누어졌다. 그러나 그 다양함에도 불구하고 투르크는 같은 언어와 문화 및 종교를 가졌었다.

그런데 8세기 초경에 지금의 우즈베키스탄 공화국의 부하라와 사마르 칸트가 아랍 이슬람 군대에 의하여 점령되면서, 그 곳의 투르크 민족이 이슬람교도가 되었다. 그 후, 이슬람 지역의 모든 투르크 족들은 각각『이 슬람 투르크』왕조를 세웠다. 그리고 751년 고구려의 유민 고선지 장군이 이끈 당나라 군대가 탈라스 전투에서 이슬람 투르크 세력에게 패함으로 써,[9] 그 이후 중국은 중앙아시아를 완전히 포기하게 되었다.

이슬람 투르크 왕조들은 13세기 물밀듯이 몰아치는 몽골의 군사력에 항복을 했지만, 이슬람 문화를 그대로 유지했다. 그 마지막 주자가 세계 제1차 대전까지 존재하면서 유럽에 두려움의 대상이 되었던 오스만 터키 제국(1340-1922)이다.

이처럼 흉노와 돌궐 민족의 서방이동은 기원전 3세기에서 오늘에 이르 기까지 이어진다. 그 사이에 노도와 같은 몽골의 군사적 제압이 있었다. 그러나 군사적 제압이나 민족 이동의 주역들은 결과적으로 이슬람이나

---

9 『구당서(舊唐書)』권104, 고선지전(高仙芝傳);『신당서(新唐書)』권135, 고선지전;『자치통 감(資治通鑑)』권215~217.

기독교 문화권에 편입되었다. 이슬람화된 각 지방의 투르크족들은, 예컨대 오늘의 중앙아시아 5개 공화국과 같이, 그들의 "투르크 이슬람" 문화의 정체감을 지금까지 강하게 지니고 있다. 유럽이나 중국의 자기중심적 역사관은 투르크나 몽골 대제국들이 망하고 나서 그 민족이 없어진 것과 같이 보는 경향이 있다. 한국인은 지금까지 이처럼 굴절된 시각의 영향을 받았다.

지금까지 살펴본 바에 의하면, 중앙아시아는 인류 문명의 여명기에서부터 오늘에 이르기까지 동서 문화 교류의 주 통로이며, 동서양을 하나로 묶어 하나의 거대한 역사공동체로 만든 산실이었다. 한마디로, 중앙아시아는 동양과 서양을 하나로 묶어 세계문화사를 이룩하게 한 역사의 산실이었다.

2. 상고대의 문화교류

이러한 중앙아시아는 구대륙의 동쪽 끝에 자리 잡은 한국민족의 역사와도 무관할 수가 없다. 앞에서 살펴본 바, 중앙아시아에서 일어났던 모든 일들은, 잘 들여다보면, 각각 한국문화사와 직접 관계가 되는 것들이다.

여기서 한 가지가 스스로 분명해진다. 중앙아시아는 역사의 여명기에서부터 오늘에 이르기까지, 동서 문화에 활력을 불어 넣어주는 혈맥이며 요람이었다. 그것은 우리 민족 문화사에도 예외가 아니었다. 그럼에도 불구하고, 탈라스 패전 이후 중앙아시아가 중국의 관심에서부터 벗어나면서, 그 지역이 한국민족의 역사의식에서도 멀어지게 되었다는 점이 분명하게 드러나고 있다.

중앙아시아에 대한 한국인의 그 동안의 무관심과 무지는 따지고 보면 우리 민족이 한문을 쓰면서부터 자신도 모르는 사이에 중국의 시각에 빠져버린 데서 비롯되었다. 앞에서 언급했듯이 우리 민족이 한문을 본격적으로 쓰기 시작한 것은 한사군(漢四郡)이 설치되던 때, 곧 기원전 2세기 전후의 일이다. 단군신화에 따르면 기원전 2천 3백여 년 전에 고조선이 건국되었다. 다시 말해서, 그 2천여 년 동안 우리 민족은 여러 가지 면에서 중국보다 북방의 기마민족의 기상과 문화를 더 많이 지니고 있었다.

한문의 영향 아래서 우리 민족은 스스로 중국과 다르다는 민족정체감을 갖고 있으면서도, 음양오행(陰陽五行)과 같은 중국의 우주론적 이론 틀로 기원전 고대 우리 민족의 고유문화를 설명하는 이론적 혼돈을 보여주었다. 이러한 혼돈은 조선시대뿐만 아니라 오늘도 쉽게 발견된다. 이러한 혼돈 속에서도, 한국민족 문화의 독자성에 대한 확신만은 아직도 살아있다. 이 무의식적 확신이야말로 우리가 재조명해야 할 과제가 아닐 수 없다. 이 무의식적 확신의 역사적 근거가 두말 할 필요 없이 중앙아시아와 우리 민족의 고대사의 관계에 담겨 있다.

고구려의 유민 고선지 장군이 이끌었던 당나라 군대가 751년 서돌궐의 탈라스 강가의 탈라스 성 전투에서 이슬람 군에 패한 이후, 이슬람 세계가 동서의 장벽을 이루면서 유라시아는 마치 동서가 전혀 다른 세계와 같이 멀어졌다. 751년은 세계문화사의 한 전환점이 되었다.[10] 이 전환점을 지나면서 특히 유라시아의 원동에 자리 잡은 우리 민족에게는 서양은 망각의 세계였으며, 그 망각은 18세기 서력동점의 시점까지 10세기 이상 이어졌

---

10 룩 콴텐, 『유목민족 제국사』, 송기중 역, 민음사, 1984, 84~85쪽.

다. 유럽에서도 13세기 마르코 폴로를 시작으로 해양운동이 일어나기까지 4세기 동안 동양은 많은 것을 얻어올 수 있는 동경의 대상, 꿈의 나라에 불과했다.

동서양이 아무리 멀어졌어도 지리상의 거리는 달라지지 않았다. 예나 지금이나 구대륙은 크게는 동양과 서양으로 이루어졌으며, 그 사이를 중앙아시아가 연결하여준다. 동서양의 고대문화는 중앙아시아의 통로를 통하여 서로 영향을 주고받으면서 일어났다. 유라시아의 동쪽 끝에 자리 잡은 한반도 역시 이러한 문화교류의 영향 아래서 고대문화를 이룩하였던 것이다. 그러므로 한국문화의 전형적 특성은 고대문화의 동서교류가 밝혀질 때 비로소 그 본질이 드러나게 될 것이다.

한국민족은 아득한 고대로부터 동서 문화의 활발한 교류의 와중에서 스스로 독자적인 문화사적 역할을 지켜왔다.

하나의 민족은 처음부터 혼자 탄생할 수도 없으며, 혼자서 문화를 창조할 수도 없다. 우리의 조상들 역시 주변 민족들과의 다양한 관계 속에서, 그들이 한문을 쓰기 이전에 이미, 당당한 고대국가 고조선을 이룩하였다. 고조선은 중국뿐만 아니라 북쪽의 기마민족(騎馬民族)과도 깊은 관계를 유지하였다. 우리는 아직 기마민족과 우리 민족과의 관계에 관한 풍부한 자료와 정확한 이해를 갖지 못하고 있다. 그럼에도 불구하고, 한국 상고대사는 ①우리의 조상과 ②중국, 그리고 ③기마민족의 삼각관계에서 이루어졌다는 사실은 아무도 부정할 수 없다.

배달민족이라는 단일민족의 정체감은 우리 민족의 체형과 언어, 문화감각과 관습 등, 다양한 면에서 동질성을 확인하면서 거듭 확신이 다져진다. 바꾸어 말해서 우리 민족의 탄생 이후 민족정체성이 지속되었다. 한문을 사용하면서부터, 앞에서 지적했듯이, 우리 민족의 정체성은 중국과의 차별성으로부터 찾는 경향을 보였다. 이는 우리 민족이 자신의 정체성의 연원을 비중국전통, 곧 기마민족과의 관계에서 무의식적으로 찾고 있었다는 사실을 말해준다.

한국문화사는 세계문화전통과의 끝없는 교류를 통하여 이어져 왔다. 그리고 각 시대마다 수용한 중요한 세계문화 유산을 원형 그대로 오늘까지 유지한 놀라운 결과를 보여주고 있다. 이러한 맥락에서 우리는 상고대의 고고학적 유물, 고대 민속자료 그리고 고전문화의 세계적 유산 가운데 몇 가지씩 추려서 살펴보기로 하자.

우선 고조선대의 양날 석검(石劍)들을 살펴볼 필요가 있다. 이들은 주로 부장품이었다. 아마도 청동 검이 너무 귀했기 때문에, 그 대신 돌로 모방하여 만든 석검을 부장했을 것으로 해석된다. 그런데, 그보다 중요한 점은 그 석검들이 희랍의 청동 양날의 칼을 모방했다는 점이며, 희랍 칼의 원형은 아씨리아 검이었다는 사실이다. 더욱 구체적으로는 이른바 오르도스(Ordos)식 동검이라고 불리는 것들이 한반도 여러 지역에서 발굴되었는데, 그것들은 고조선 시대에 해당하는 기원전 5세기에서 기원전 2세기의 것들이다. 이 동검들은 스키타이 흑해지역 사우로마티안기(BC 6세기~BC 4세기), 기원전 7세기에서 기원전 4세기 사이의 알타이 시베리아 타가르(Tagar) 문화, 그리고 기원전 5세기경 내몽골 오르도스에서 출토된 동검들과, 칼의 전체적인 모습과 한 쌍의 동물머리로 장식한 검파두식(劍把頭飾)과 같은 부분적인 묘사양식으로 보건대 한 계통문화의 소산임이 확실하다.[11] 이는

---

11 이건무, 「한국고대유물을 통해 본 북방문화 요소」, 『스키타이 황금』, 조선일보사, 1991

한마디로 고조선의 청동기 문화가 이미 중앙아시아를 오가던 당시의 세계 문화사 교류의 결과물이었다는 사실을 말해준다.

다음으로 신라 왕관의 입식(立飾)이, 성수(聖樹)와 녹각(鹿角)을 도안화한 것이고, 흑해 북안의 노보체르카스크(Novocherkassk)의 기원전 1세기 사르마트족 고분에서 나온 순록장식 금관과 통하고 있는 것으로, 유라시아 초원지대의 샤머니즘이 그 공동기반, 또는 배경으로 되어있다는 사실을 우리는 널리 알고 있는 바이다.[12] 그 외 익산에서 출토되었다고 전해지는 원형유문(圓形有文) 청동기는 기원전 4세기 말에서 기원전 3세기 초에 제작된 것으로 평가되는데 북방의 샤머니즘과 매우 밀접한 관계가 있음이 밝혀졌다. 이 청동기에서 보이는 손, 사슴, 매 등의 문양과 십자문양의 모티프는 유럽, 시베리아 및 우리나라를 비롯한 극동지역에 걸쳐 발견되고 있어, 북방유라시아 알타이어족의 특유한 종교 관념인 샤머니즘의 분포와 중복되고 있다.[13] 스키타이는 이미 기원전 10세기부터 고조선의 강역에 그 문화적 영향을 주었던 것이다. 나아가 고대의 종교 관념과 밀접하게 연관되어 있는 청동기 시대의 우리 민족의 무덤 형식이 스키타이 영향아래 있던 알타이를 포함하여 여러 지역서 광범위하게 발견된다는 사실을 기억해야 한다. 한국의 청동기 시대의 전형적인 유물이 발굴되는 묘제 형식은 석관묘(石棺墓)이다. 석관묘는 평안도, 황해도, 경상도, 전라도 등 한반도 전역을 비롯해 고조선 지역이었던 중국의 동북지방과 화북(華北)에서도 발굴되었다. 그런데 이 석관묘는 시베리아 예니세이 강 유역 카라수크(Karasuk, BC

---

12 김원용, 「스키타이족과 그 미술」, 『스키타이 황금』, 조선일보사, 1991
13 이건무, 「전 익산출토 원형유문청동기」, 『윤병무박사회갑기념논총』, 윤병무박사회갑 기념논총간행위원회, 1984

1300~700) 문화를 특징짓는 것이다. 이 묘제가 트랜스바이칼(Transbaikal)로부터 북몽고, 중국 동북지방을 거쳐 한반도에 이르는 지역에서 발굴되고 있다. 이는 고대 한국의 청동기 문화가 당시의 중국문화와는 큰 관련이 없음을 나타내는 것이다.[14]

다음으로 고대로부터 이어오는 민속자료 한 가지를 살펴보기로 하자. 허리춤을 잡고 씨름하는 우리의 전통 놀이는 중국에는 없는 전통이다. 이러한 씨름은 만주와 몽고로 이어지는 이른바 기마족 문화전통 지역에서 오늘도 발견된다. 그 고대 증거자료는 고구려 고분벽화에서 잘 나타난다. 씨름하는 모습을 그린 이 고분벽화는 고구려인과 대결하는 상대방의 코를 의도적으로 과장하여 크게 그림으로써, 서역인이라는 사실을 분명하게 하고 있다. 이처럼 중국에는 없는 신체단련과 놀이를 합한 일종의 고대 자기수련(self discipline)의 전통을 통하여 우리 민족과 기마족과의 친밀성의 정도를 가늠할 수 있게 한다.[15]

이들 외에도, 우리 민족이 한문을 쓰기 이전에는 비중국적인 북방문화전통을 크게 이어오면서 살고 있었다는 사실을 말해주는 사료는 많이 있지만, 이 글에서는 여기서 만족하기로 하자. 그리고 여기서 오르혼 돌궐비문을 살펴볼 필요가 있다. 이에는 돌궐 칸을 조문하는 사절단의 명단을

---

14 K. C. Chang, *The Archaeology of Ancient China*, Rev. and Enld, 1968.

15 고구려의 자기수련 전통이 서역, 북방기마민족과 밀접한 관련이 있음을 나타내는 자료는 그 외 안악3호분의 〈手撲圖〉, 기원전1세기 흉노지역 오르도스 출토인 〈씨름 장면 청동장식구〉 등을 들 수 있다. 수박도의 왼편 인물 또한 본문에 기술한 씨름그림의 서역인과 매우 흡사한 얼굴생김새를 하고 있다. 특히 두 마리의 말을 세워놓고 벌이는 오르도스 출토의 씨름 장면과 청동장식구의 씨름 장면은 고구려와 북방기마민족과의 교류가 얼마나 밀접했는지를 예증한다. 권영필, 『실크로드 미술』, 열화당, 1997, 15~159쪽 참조.

언급하는 대목에 아래와 같이 기록되어있다.

> "앞에서 슬퍼하고, 신음하기 위해서, 해 뜨는 곳(나라), 배끌리 스텝의 부족
> 연합에서, 타브카츠, 티벳, 아바르, 로마, 퀴리카스, 우츠 쿠릭칸, 오또우
> 즈-타타르, 키단, 타타브, 이런 여러 민족들이 신음하고 울기 위해서 왔
> 다. 그처럼 그들은 훌륭한 카간이었다."[16]

투르크 제국의 공식 비문에 "해 뜨는 나라 고구려"가 국빈국 가운데 첫
번째로 기록되었다는 점은 주목할 만 한 일이다. 그리고 인류역사에 공전
의 대제국 돌궐의 이 공식 기록에 고구려 사절단이 어떤 국가의 사절들과
만났는가를 말해주고 있다. 돌궐 세력은 분명히 고구려를 제1의 맹방으로
기록하고 있다. 그리고 고구려의 사절단은 당시 태평양 연안에서 동구라
파까지 확장된 돌궐 제국의 끝에서 온 모든 제국의 사절들과 다양한 교류
를 했던 것이다. 이러한 교류를 유지하는데 한문과 한문문헌 지식은 아무
런 의미가 없었다는 사실을 우리는 지금 기억할 필요가 있다. 1991년 필자
가 만년설을 이고 서있는 천산(天山) 밑 알마타에 갔을 때, 중국에서 산
하나 넘은 그곳 알마타에는 중국문화가 그토록 무의미하다는 사실에 참으
로 놀랐다. 그 후 돌궐비문은 필자의 그 놀라움을 새로운 방향으로 인식의
전환을 시켜 주었다. 고구려는 중국을 크게 보아야 할 하등의 이유가 없었
다. 한(漢)과 당(唐) 사이의 중국은 남북조 오호십육국(五胡十六國)이라 불리
는 일대 혼란기였으며, 그 때가 고구려의 전성기였다. 따라서 고구려가

---

16 "ЯЗЫК ОРХОНСКИХ ПАМЯТНИКОВ ДРЕВНЕТЮРКСКОЙ ПИСЬМЕННОСТИ
   VIII ВЕКА", Г. АЙДАРОВ, АЛМА-АТА, 1971, НАУКА, 290-291쪽.

관심을 가졌다면, 그것은 중원의 혼란스러운 소국들이 아니라 진정한 세계 제국 돌궐과 그 주변 제국들이었을 것이다. 오르혼 비문은 고구려가 세계문화 교류를 추구하고 또 유지한 왕조였다는 사실을 말해준다.

7세기 후반 고구려의 사절단이 천산 밑에 있는 탈라스를 지나 저 멀리 중앙아시아 대초원의 문화 중심 사마르칸트까지 갔던 사실을 그린 벽화가 그 곳 아프라시압(Afrasiab) 박물관에 아직도 보관되어있다.[17] 우리는 여기서, 고구려와 신라인들이 한반도와 만주라는 지역적 한계를 넘어 저 광활한 대초원에 능동적으로 접근했다는 사실을 알게 된다. 말하자면, 한민족(韓民族)은 고대부터 세계문화에 대한 적극적인 접촉을 시도했다는 사실을 말해준다.

이처럼 중앙아시아의 광활한 스텝을 넘나들며 서쪽 저 끝의 고대 이집트와 메소포타미아 그리고 희랍의 문화를 동쪽으로 부지런히 전달해주던 기미민족과의 능동적 교섭을 통하여, 우리 민족은 청동기문화에서부터 기마술에 이르기까지 고대의 세계문화를 활발하게 수용하면서 민족문화를 형성하였다. 다시 말해서, 우리 민족은 고대로부터 세계의 문화유산을 공유하는 세계사회의 능동적 구성원이었다. 세계사회의 능동적 성원의 자격은 특히 유교와 불교 같은 동서양의 고전종교를 수용한 이후 두드러지게 나타나면서, 우리 민족은 세계문화 보존의 세계사적 책임을 감당하기에 이르렀다.[18] 이러한 문화사적 역할은 우리 민족이 중국문화의 일방적 수

---

17 이 사신들이 상투를 틀고 있고 의복의 형식이나, 조우관(鳥羽冠)의 착용, 환두대도(環頭大刀)의 패용 등으로 보아 한국인이었다는 데에는 대내외적으로 인정하고 있다. 그러나 사신의 국적이 고구려인지 신라인지에 대해서는 의견이 일치하지 않는다. 일본 등 해외학자와 고병익은 고구려인으로 보고 있으나 김원룡은 통일신라인으로 본다. 김원룡, 「사마르칸트 아프라시압 궁전벽화의 사절도」, 『고고미술』, 제129, 130호 참고.

용자이거나 단순한 수혜자의 입장에 안주한 것이 아니라, 그와 반대로 고대로부터 기마민족 전통의 후예로서 그 몫을 감당했기 때문에 가능한 것이었다.[19]

---

18 대승불교의 고전적 원형은 당(唐)대에 꽃을 피웠으나, 송(宋)대 이후는 훼불운동 등으로 중국에서는 사라졌고, 그 고전적 원형이 오직 한국의 대사찰에 아직도 남아 있다. 유교는 본래 교학(教學)과 예학(禮學)으로 구성되었는데, 청(淸)대 이후 중국에는 예학이 위축되어 사라졌지만, 한국의 유학에는 아직도 고전적 모습을 지니고 있다. 이처럼 조선조 이후 우리 민족은 동양고전문화의 원형을 보존하는 사실상의 주역의 책임을 수행하기에 이르렀다.

19 여기서, 기마민족은 특정한 민족집단이 아니라 중앙아시아를 넘나들면서 문화를 동서로 교류시키면서 세계문화를 형성하는데 공헌한 민족집단(民族集團) 군(郡)이다. 예컨대, 인도 유럽족(Indo-European), 훈족(Huns), 투르크족(Turks), 등의 집단개념을 기마민족(騎馬民族)이라 이글에서 부르고 있다.

한국의
종교와
종교사

제3장

상고대 종교

우리는 지금까지 상고대에 동서 문화의 교류가 활발하게 이루어졌다는 사실을 여러 측면에서 살펴보았다. 따라서 우리 민족의 상고대 종교현상들은 우리 민족의 고유한 역사적 경험 안에 국한되어 이루어진 것이 아니라, 동서 문화교류의 맥락에서 나타나게 되었다는 사실을 알 수 있게 되었다. 이러한 맥락에서 한국의 상고대종교를 이해하기 위하여 당시의 사회문화적 상황에 대한 보다 확실한 파악이 필요하다. 그러나 우리에게는 첫째, 상고대 종교를 객관적으로 정확하게 이해하는데 필요한 자료가 충분히 주어지지 않았다. 특히 상고대 종교를 파악하기 위한 문헌자료가 매우 열악한 상태이다. 따라서 상고대 종교를 보다 객관적이고 체계적으로 이해하기가 쉽지 않다. 그런 관계로 상고대 종교의 이해가 지금까지 많은 혼돈을 보여준 것 또한 부인할 수 없는 일이다.

이러한 관계로 우리가 상고대 종교를 보다 객관적이고 체계적으로 접근하기 위하여 종교현상에 대한 분명한 기준 위에서 출발할 필요가 있다.

이러한 점에서 우리가 앞에서 이미 살펴본 바와 같이 완전히 독립된 종교현상은 ①신념체계 ②실천체계 그리고 ③집단전통의 3요인을 모두 구비하고 있다는 사실을 상기할 필요가 있다. 이런 조건을 갖춘 경우에 우리는 "완전한 종교현상"이라 할 수 있다. 그 가운데 하나라도 결여되었다면, 종교현상과 같이 보이거나 또는 취급하는 경우가 있어도, 이들은 사실상 "불완전한 종교현상"이다. 다른 말로 이들은 "종교적 현상"이라 하는 것이 옳다.

"종교현상"과 "종교적 현상"의 차이를 엄격하게 구별할 수 있을 때, 우리는 혼돈스러운 고대종교에 대한 보다 객관적 이해에 더 가까이 갈 수 있을 것이다. 그런데 상고대 종교현상이 언제나 완전한 "종교현상 자체"로만 존재하는 것은 아니다. 종교현상 역시 문화현상의 일환이기 때문에 타문화요인과 복합적으로 나타날 수도 있고, 또한 본래 종교현상이었던 것이 다른 문화현상으로 전환된 경우 등 다양한 형태가 공존하게 마련이다. 그러므로 우리는 종교연구에 있어서 완전한 "종교현상"과 불완전한 "종교적 현상"을 분리할 수도 없다. 따라서 이 두 영역의 자료를 정확하게 취급하기 위하여 비분리능구별(not separable but distinguishable)의 원칙을 지키는 것이 중요하다 하겠다.

1. 소도의 이해와 문제

먼저 상고대 자료 가운데 비교적 기록으로 잘 된 것 하나를 살펴보기로 하겠다. 상고대 종교현상 가운데 한문으로 가장 자세하게 기록된 것 가운데 하나가 소도(蘇塗)이다. 소도는 삼한에서 행해지던 제사장이다. 그에 관

한 제일 자세한 기록이 『삼국지(三國志)』의 「위서(魏書), 한전(韓傳)」에 아래
와 같이 나타난다.[1]

해마다 오월에 파종을 마치고 귀신에게 제사지낸다. 떼 지어 노래하고
춤추며 술 마시기를 밤낮없이 한다. 춤을 출 때에는 수십 명이 모두 일어
나서 뒤를 따라가며 땅을 밟고 구부렸다 치켜들었다 하면서 손발로 장단
을 맞춘다. 그 가락과 장단이 탁무와 유사하다. 시월에 농사일을 마쳤을
때에도 이와 같이 한다.√ 귀신을 믿으므로 국읍에 각각 한 사람씩 세워
천신의 제사를 주관케 하는데, 이를 천군이라 한다.√ 또 여러 나라에는
각각 별읍이 있는데 그것을 소도라 한다. 큰 나무를 세워 방울과 북을
매달아 놓고 귀신을 섬긴다. √이 지역에 도망 온 사람은 누구나 돌려보내
지 않기 때문에 도적질하기를 좋아한다. 소도를 세운 뜻은 부도와 같으나
행실의 좋고 나쁨에 차이가 있다.

(주: "√"는 본문 내용을 구성하는 부분을 표시하기 위하여 첨가했음)

이처럼 위의 기사는 비교적 자세하게 소도에 관하여 언급하고 있다.
지금부터 이 기사에 "문헌 해석학"적 시각으로 접근해 보기로 한다.[2]

---

1 삼국지(三國志) 위서-한전(魏書-韓傳): 常以五月下種訖 祭鬼神 羣聚歌舞 飲酒晝夜無
  休 其舞 數十人俱起相隨 踏地低昻 手足相應 節奏有似鐸舞 十月農功畢 亦復如之
  信鬼神 國邑各立一人主祭天神 名之天君 又諸國各有別邑 名之爲蘇塗 立大木 縣鈴
  鼓 事鬼神 諸亡逃至其中 皆不還之 好作賊 其立蘇塗之義 有似浮屠 而所行善惡有異
2 여기서 "문헌(text) 해석"의 방법이란 먼저 "문헌의 맥락" 안에서 모든 항목들을 해석하
  는 것이다. 좀 더 구체적으로는, 문헌의 "맥락(context)"과 "내용(contents)"를 구별하여,
  모든 내용을 문헌의 맥락 안에서 먼저 해석한다. 이러한 과정을 통하여, 문헌 기록자의
  의도, 후대 첨가의 요인들을 파악함으로써, 주어진 문헌이 쓰이고, 또 전수되는 과정의

먼저, 이 글은 4부분으로 구성되었다. 이를 아래와 같이 정리할 수 있다.

① 매년 오월에 축제가 열린다.
　* 이 놀이는 다양한 형태의 "귀신 섬기"는 습속을 말해준다.
　* 삼한 사회는 무속 문화전통에서 지역적 놀이축제를 한다.
② 무속전통에 근거하여 국읍에 "천군" 곧 "천신 제사장"을 둔다.
　* "국읍"을 세워 "천군"을 임명할 정도로 무속이 사회제도화 되었다.
③ 별읍을 소도라 한다.
　* 소도에 큰 나무를 세워 종과 북을 달고 귀신을 섬겼다.
　* 이는, 소도가 전통적인 "사회 제도화된 무속의 성소"라는 점을 말해준다.
④ 소도는 마치 부도(고승의 사리를 안치하는 탑)와 같이 성소의 의미가 있으나,
　그 성스러운 의미가 악용되기도 한다.

이처럼 첫째 문단에서는 지역적 놀이축제에 대한 전반적 언급을 하고, 둘째 문단에서는 무속이 사회제도화 되었다는 점을 보여준다. 그리고 셋째 문단에서는 소도가 사회 제도화된 무속 성소(聖所)라는 점을 분명히 하고, 끝으로 넷째 문단에서는 이 기사의 필자가 "자신의 의견에 입각"하여, 소도라는 "성소"의 설립취지와는 달리 악용된다는 "자기 평가"를 내리고 있다.

위의 기사 내용에서, 소도는 종교자체가 아니라, 무속의 성소라는 사실을 확인하게 된다. 바꾸어 말해서, 소도는 분명히 무속의 의례장이다. 이 기사의 어디에서도, 무속 의례장으로서의 소도와 관계된 ①신념체계 ②의

문제들을 있는 그대로 파악하는 방법이다.

례내용 그리고 ③집단전통에 관한 개별적 설명이나 또는 그 삼자의 복합성에 관한 내용을 찾기 어렵다. 그만큼 이 기사는 소도의 종교성에 관한 자료가 충분치 않다는 점을 말해준다. 다만 이 기사에서 우리는 소도가 삼한사회 안에서 무속의 의례장소라는 점을 확인할 수 있게 된다. 다시 말해서, 소도는 무속이라는 종교전통에 속하는 한 현상이다.

그렇다면, 우리가 만약 소도에 관하여 한 걸음 더 나아가 무엇인가 설명하려는 경우, 우리는 기록에 담긴 내용의 범위를 벗어나, 우리가 이미 알고 있는 지식이나 가치관을 동원하여 소도의 어느 특정한 점을 설명하지 않을 수 없다. 이 경우 우리는 결과적으로 "소도에 관한 우리의 기사"가 소도 자체의 내용이 아니라, 그 밖의 사회나 역사적 지식을 동원하여 설명하기에 이른 결과이다. 이처럼, 우리의 설명은 결과적으로 환원주의의 오류를 범하게 된다. 그러므로 고대 기록을 통하여 대하는 소도를 우리는 먼저 "소도에 관한 기록을 하고 있는 문헌의 기사맥락" 안에서 일차적으로 이해할 필요가 있다. 이러한 노력으로 우리는 문헌 안에 들어있는 내용을 기록자의 의도까지 포함하여 "있는 그대로" 접근할 수 있는 가능성에 한 걸음 더 다가설 수 있게 된다.

문헌이 충분하지 않는 상고대 및 고대 종교현상을 건강하게 이해하기 위하여, 무엇보다 객관적이고 개방적인 안목을 유지하는 것이 중요하다. 그것은 일차적으로 우리 자신의 안목과 주장을 먼저 내세움으로써 야기되는 환원주의를 극복하는 것이다. 그것은 이성적 자기 절제를 견지하는 길이다. 이러한 자기 절제는 당연히 과거의 연구사를 돌이켜 보는데 이르게 된다. 과거의 연구사는 언제나 후대에 많은 문제점들을 시사해주기 때문이다.

2. 상고대 종교연구의 발자취

상고대 한국종교에 대한 연구는 주로 한국문화의 원형을 추구하는 작업과 동일한 맥락에서 이루어졌다. 어느 경우에는 상고대의 종교를 통해서 우리 민족 문화의 원형을 밝히려 했고, 다른 경우에는 민족문화의 원형을 가려내는 과정을 통하여 우리의 고유한 종교를 찾아내려 하기도 하였다. 결과적으로 한국문화의 원형이나 한국의 고유종교는 같은 의미를 지니게 된다. 그러므로 한국문화의 원형이나 한국의 고유종교를 밝히는데 공헌한 학자들 가운데 대표적인 7명 곧, 최남선, 신채호, 이능화, 손진태, 이기백, 김철준, 유동식의 주장과 논리를 살펴보기로 하겠다. 그런데 그들의 주장과 논리를 간편하면서도 효과적으로 소개하기 위하여 우리는 그들의 논의를 먼저 "연구주제별 유형"에 따라 살펴보고, 다음으로 "연구 관점별 유형"에 따라 점검해 보기로 하겠다.

1) 연구주제별 유형

상고대 고유종교 또는 문화의 원형을 찾는 노력을 하던 분들은 각자가 고유한 주제를 갖고 있다. 결과적으로 많은 주제가 등장하였고 또한 학자의 주장에 따라 서로 겹치기도 하였다. 따라서 주제별로 정리할 때, 학자들의 논의를 쉽게 정리해서 이해할 수 있게 될 것이다. 여기서 우리는 "광명신앙", "무(巫)와 단군", "곰과 토템", "무속과 샤머니즘"의 4주제별로 살펴보기로 한다.

(1) 광명신앙(光明信仰)

　최남선의 한국 고대종교 연구는 한국사에 나타난 기존 언어와 용어의
해석에서부터 시작하고 있다. 그의 핵심적인 용어개념이 "붉"과 "딕글"(이
후 "대갈"로 표기함)이다. 이 개념어로부터 출발하여 동방문화의 북방계가 바
로 불함(不咸)문화인데, 우리는 불함문화에 속하고, "대갈"이 단군을 가리키
는 용어라는 결론에 이른다.[3] 여기서 우리는 두 가지 문화권을 볼 수 있는
데, 하나는 중국과 인도의 양남방계통 문화권이고 하나는 북방문화계인
불함문화권(不咸文化圈)이라고 하여 최남선은 동양문화 형성지도를 의식하
고 있다. 이 두 문화권을 나누어 생각하는 것이 최남선의 고대종교사 이해
의 핵심이다.

　신채호는 우선 조선족이 살고 있는 삶의 공간인 한반도의 성역화(神聖化)
를 상정하고 있다. 예컨대 조선족은 광명을 신앙의 대상으로 하고, 태백산
의 수림이 신앙대상인 광명이 서숙하는 곳이고 이 태백산의 모형으로 '수
두'라는 신단을 만들었다고 하여 수두는 태백산이라는 신성지역(神聖地域)
을 상징하는 것이라고 말하고 있다.[4] 그는 민족과 국토에 대한 신성화라는

---

3 "붉, 白의 옛 뜻에는 신(神), 천(天)이 있고 신이나 천은 곧 태양을 의미하는 것으로
　한국의 고유신앙은 태양 및 천 숭배로부터 시작되었다. ～ părk은 신을 뜻하고 taigăr은
　천을 뜻하는데 단군은 이 taigăr의 음사로서 하늘을 뜻하는 군사(君師)의 호칭이 되었다.
　～～ 이 taigăr과 părk에 근거한 종지가 있었고 한국에서 역사적으로 나타난 원화, 풍류,
　화랑, 박수, 박씨, 거서간, 차차웅, 이사금, 마립간, 불구내, 팔관회 등은 모두 părk의
　다른 표현이다. 또 părk에 조응되고 또 taigăr에 보호되어 현실적 이념적 일체 생활은
　안태와 만족을 얻는다는 감정이 흐르고 있는 불함문화권은 지나·인도의 양남계(兩南
　系)에 대한 동방문화의 북계(北系)를 이루는 것이다. 이 신앙의 명백한 징빙(徵憑)과 끽
　긴(喫緊)한 계기를 이루는 자가 조선 역사상에 있어서의 단군과 부루와 그 교로 하는
　풍류도인 것이다." 최남선, 「불함(不咸)문화론(1925년 원고)」, 『육당최남선전집』2 (현암
　사, 1973).
4 "조선족은 우주의 광명이 그 숭배의 대상이 되어, 태백산의 수림을 광명신의 서숙지로

관념을 지니고 한국 고대사를 보기 시작한 것이다. 단군왕검의 '왕검'은 임금의 이두로서 단군신화는 대단군이라는 임금이 왕권을 신성화하기 위해서 만든 창작물이라고 까지 이야기한다.[5] 이것은 단군신화를 단군신화의 내용자체로 설명하는 것이 아니라 국토와 민족이라는 신성개념에 근거하여 설명하려는 것이다.

신채호는 '붉'이나 '광명'이라는 개념은 최남선과 공유하고 있으나, 고대사의 해석에 대한 전제를 달리하고 있다. 최남선이 용어해설에 근본을 두고 있다면 신채호는 민족의 신성화 관념이라는 자신의 합리적인 설명체계로 재해석하는 데까지 나아가고 있는 것이다.

손진태는 한국 민속학의 태두라고 말할 수 있는데, 한국 고대사상의 역사적인 상황과 출현보다는 원시문화 상황 속에서 종교가 태어나는 조건, 또는 보편적인 종교발생의 민속학적인 이론을 제시하고자 한다. 그는 신

믿어, 그 뒤에 인구가 번식하여 각지에 분포하매, 각기 거주지 부근에 수림을 길러 태백산의 것을 모상(模像)하고 그 수림(樹林)을 이름하여 수두라 하니, 수두는 신단(神壇)이란 뜻이다. ～～ 강적이 침입하며 각 수두 소속의 부락들이 연합하여 이를 방어하고, 가장 공이 많은 부락의 수두를 제1위로 존숭하여 신수두라 이름하니 신은 최고최상을 의미한 것이며 기타의 각 수두는 그 아래 부속하였다. 삼한사(三韓史)에 보인 소도(蘇塗)는 수두의 음역이며 신소도(臣蘇塗)는 신수두의 음역이요 「진단구변국도(震壇九變國圖)」에 보인 진단의 진은 신의 음역이며 단은 수두의 음역이요 단군은 곧 수두하느님의 음역이다. 수두는 소단(小壇)이요 신수두는 대단(大壇)이니, 1수두에 1단군이 있었은즉 수두의 단군은 소단군이요, 신수두의 단군은 대단군이다." 신채호, 「조선상고사(1931년 조선일보 연재)」, 『단재신채호전집』(형설출판사, 1977). 77~78쪽.

5 "대개 임금이라 이름한 사람이 당시에 유행하는 수두의 미신을 이용하여 태백산의 수두에 출현하여 스스로 상제의 화신이라 칭하여 조선을 건국한 고로 이를 기념하여 역대 제왕의 칭호를 임금이라 하며 역대 경성(京城)의 명칭도 임금이라 한 것이다. ～～ 단군신화는 대단군왕검의 창작신설(創作神說)이며 대단군왕검이 이미 삼신(三神)·오제(五帝)의 신설(神說)로써 우주의 조직을 설명하고 그 신설에 의하여 인세일반(人世一般)의 제도를 정할 새 신한, 말한, 불한의 삼한을 세우고 대단군은 신한이 되었다. 이 삼한 아래 돗가·개가·소가·말가·신가의 5가를 두었다." 신채호, 앞의 책, 79~80쪽.

이란, 인간이 질병과 죽음이라는 실존적인 제약성을 느끼게 될 때, 그것을 극복하기 위해서 모시게 되는 대상이라고 설명한다. 이때 조상신과 산신, 해신과 같은 자연신이 등장한다고 말한다. 또한 그는 한국의 태양신 숭배는, 고대 중국이나 조선에서 귀신들은 어두운 곳에서 발생하고 밝아지면 사라진다고 믿는 데서 기원한 것이라고 말한다.[6] 이런 다양한 귀신관(鬼神觀)은 각각 실천의 차원에서 차이가 나타나는 데, 이에 따라 샤머니즘과 무속이 구별된다고 말한다.[7] 한국 고대종교에 대하여 최남선이나 신채호가 명칭이나 관념의 이해에 근거하는데 비하여, 손진태는 무속에 나타난 귀신관의 실천에 근거해서 설명하고 있다는 차이점을 보이고 있다. 그럼에도 불구하고 손진태의 한국 고대종교의 역사적 출현과정이나 종교기원에 대한 설명은 오늘날에 와서는 큰 설득력을 지니고 있지 못한다.

(2) 무(巫)와 단군

이능화는 단군이 신시(神市)를 두고 교문(敎門)을 삼았다고 하여 무속과 신시의 교문을 동일시하고 있다. 이는 우리나라의 전통적인 종교는 단군교(檀君神敎)이며, 영고(迎鼓), 동맹(東盟), 소도 등은 무축신사(巫祝神事) 곧 단군신교의 유풍이었다고 말한다.[8] 단군신교는 무속의 전통이라고 하는데,

---

6 손진태, 「광명에 대한 신앙과 태양숭배의 일 기원(1928년 발표)」, 『손진태선생전집』2 (태학사, 1981), 396~410쪽.

7 "샤머니즘은 재병의 원인인 악귀악정을 위대한 신 또는 정령의 힘 또는 사람 자신의 힘으로 마술적 방법에 의하여 축출할 수 있다고 생각하던 원시 신앙이다. 또, 이 샤만은 이러한 악신을 퇴치하는 주술자이다. 한국의 무격은 이보다 기능이 넓어 종교적 기원도 하고 악신만이 아닌 선신(善神)들을 포함한 다신(多神)들을 모신다. 통속적으로는 샤머니즘과 무격종교를 동일시할 수 있지만 종교학적으로는 구별해야 한다." 손진태, 『조선민족사개론』(을유문화사, 1948), 134쪽.

이것은 최남선이나 신채호와는 달리 역사적으로 현존하는 종교문화 "전통"을 그대로 인정하는 태도가 두드러져 보인다. 그러므로 당연히 무속이 유교나 불교보다 먼저 있는 종교전통이고, 그 종교전통을 단군의 유풍과 일치시키고 있다. 그런데 이러한 주장은 단군신화가 무속의 신념체계에 근거하고 있는 것이 역사적 사실인지를 검증하지 않은데 큰 문제가 있다.

유동식은 한국 종교연구에 업적을 쌓은 기독교계의 대표적인 학자이다. 그는 『한국무교의 역사와 구조』에서 "한국무교란 고대 한국인의 신앙과 역사적 흐름 그리고 현재 무속으로 알려져 있는 민간 신앙현상 전체를 포함한 포괄적인 개념이다"[9]라고 정의하고 있다. 그에게 있어서 한국의 무교는 단군을 조종(祖宗)으로 하여 고대부터 지금까지 내려오는 한국인의 전통종교 전체를 의미하고 있다. 이는 이능화와 마찬가지로 검증하지 않은 그리고 검증될 수 없는 주장에 이르게 된다. 같은 맥락에서 무교와 무속이 같은 의미이기도 하고, 또 샤머니즘과도 같은 것으로 그는 말하고 있다.

이렇게 이야기하면 무교의 개념이 굉장히 포괄적인 것이 되어서 민간신앙 전부가 무속인가 하는 의문이 생기게 된다. 민간신앙의 대표적인 신앙

---

8 "조선민족은 고초시대에 벌써 신시를 두고 교문을 삼았다. 천왕환웅과 단군왕검을 하늘에서 내려온 신이라고도 하고 신격을 가진 인간이라고도 했다. 옛날에는 무당이 하늘에 제사지내고 신을 섬김으로써 사람들의 존경을 받았다. 그러므로 신라에서는 왕의 칭호가 되었고(차차웅(次次雄), 혹은 자충(慈充)은 방언에서 무(巫)를 말한다) 고구려에서는 사무(師巫)라는 칭호가 있었다. 이와 같이 마한의 천군(天君), 예의 무천(舞天), 가락의 설락(禊洛), 백제의 소도, 부여의 영고(迎鼓), 고구려의 동맹(東盟)도 모두 단군신교의 유풍으로서 이른바 무축신사(巫祝神事)인 것이다." 이능화 집술, 이재곤 역주, 『조선무속고(1927년 초간) (백록출판사, 1976), 10쪽.

9 유동식, 『한국무교의 역사와 구조』, 연대출판부, 1975, 25쪽.

전통이 무속이라고 하는 것은 사실이지만 전부가 무속이라고 할 때 민간신앙의 많은 부분이 해석되기 어려울 것이다. 예를 들어 자기수련 전통(自己修鍊傳統, self-discipline tradition)과 같이 한국 종교사에 엄연히 존재하고 있는 현상들은 무속과 단순히 동일시할 수 없다. 그의 무교 개념은 우선 그 범주가 불분명하고, 이 범주의 한계가 불분명하다. 이는 곧 유동식이 이해하는 무속이해의 내용이 역사적 사실의 검증을 거치지 않은 모호성으로 이어진다.

그는 "한국 고대 제천—농경제례(祭天—農耕祭禮)는 온 나라가 대회를 열고 연일 술에 취해 노래와 춤으로써 하느님과 농신(農神)을 즐겁게 하고, 그해의 추수를 감사하며 오는 해의 풍작을 기원하는 제전이었다."[10]고 말한다. 그러나 우리는 한문자료, 즉 중국의 상인이나 외교인들이 한국을 방문하고 기록한 매우 짧은 방문기 속에서는 음주가무가 중요한 것으로 나타날 수 있으나, 제천—농경제례의 내용에 대한 기록은 지극히 제한된 것이라는 점을 고려해야만 한다. 그는 "밤낮 헤아리지 않고 법석을 떠는 음주가무가 지녔던 종교적 의미는 군중을 집단적으로 황홀경으로 이끄는데 있었다."[11]고 하여 음주가무가 한국 무속의례의 핵심적인 내용이라고 이야기하고 있다. 그러나 한국무속 의례의 핵심적인 내용은 음주가무에 있는 것이 아니다. 만약 오늘날 한국 무속의례를 관심을 가지고 정교하게 관찰한다면 무속의례 "열두 거리"가 굉장히 섬세한 내용과 절차를 가지고 엄격하게 진행되고 있다는 사실을 알게 될 것이다. 무속의례의 제차(祭次) 하나하나는 상징적인 이유와 의미가 있기 때문에 노래를 부르고 춤을 추

---

10 유동식, 앞의 책, 55쪽.

11 유동식, 앞의 책, 56쪽.

고 술을 따르는 것이지, 술을 따르고 노래를 부르고 춤을 추어 황홀경에 도달했기 때문에 무속의례가 이루어지는 것이 아니다. 이것은 곧 종교현상에서 가장 중요한 문제가 신념체계와 실천체계인데 바로 이 행위는 멀리서 볼 때는 음주가무로 나타나기도 하겠지만 이 음주가무는 섬세한 절차 중의 과정이며 그 과정 하나하나는 분명한 교리적인 신념체계에 근거하고 있다. 이렇게 신념체계와 행위체계가 상호의존적으로 진행되지만, 제차의 순서와 제차가 지니는 교리적인 의미를 관찰하지 못하게 되면 황홀경이 부각되어 보일 수밖에 없다.

(3) 곰 토템

한국 고대사 연구의 대표적인 학자였던 김철준은 신석기문화에서 청동기문화로 들어오는 변동기에 고조선이 형성되었다고 하는 안목으로 한국 고대사 연구의 의미 있는 작업을 했다. 그는 서양의 종교학적, 고고학적 이론과 연구결과들을 한국 고대사 연구에 적용한 학자이기도 하다.

이러한 작업의 하나로 단군신화에 대한 해석에서 기상(氣象)과 관련된 신, 토템신앙, 다신교적 사유방식 등에 대해 말하고 있고, 나아가 열등신(劣等神)에 대한 숭배의식으로부터 점차 태양신과 결부된 유일신적(唯一神的) 사유방식으로의 전이 등에 대한 언급을 하고 있다.[12] 또, 그는 환인, 환웅

---

12 "고조선의 건국신화인 단군신화는 청동기문화를 기반으로 성립한 고조선 시대의 신성족(神聖族)들이 자기 전통의 권위를 확인하고 자기 문화를 찬양하는 그 당시의 세계관이었다. 당시 바람신, 비신, 구름신, 토템신앙 등 신석기시대부터 있었던 다신교적인 사유 방식이 계속되고 있었으나, 점차 여러 열등신(劣等神)을 통솔하는 보다 우월한 태양신의 숭배와 연결된 유일신적(唯一神的) 사유방식으로 성립시켰다. 그것이 환인이고 환웅이다." 김철준·최병헌 편저, 『사료로 본 한국문화사』 고대편, 일지사, 1987, 14쪽.

등은 유일신적 신앙과 결부된 개념으로 해석하고, 곰 토테미즘은 북방(北方)신앙이고 거목(巨木)숭배신앙은 남방(南方)신앙이라고도 말한다.[13] 이는 그가 문화인류학의 자료들을 풍부하게 수용하여 해석하고 있음을 보여준다. 그러나 이처럼 인류학적 개념을 고대사에 직접 적용하기 전에 먼저 확인해야 할 문제점들이 있다.

그런데 그가 지모신(地母神) 신앙 개념을 바탕으로 하여 원래 동북아시아에는 없던 보리가 서북인도와 중앙아시아 지역으로부터 쟁기를 쓰는 뇌경(耒耕)농업의 전파와 함께 전래되었으며, 주몽(朱蒙)신화가 맥류(麥類)경작과 관련된 농업신에 대한 내용이라고 말하고 있다.[14] 이것은 보리의 전파시기와 주몽신화 시기가 같은 것이라는 전제에서 설명하는 것으로 주목되는 해석이다.

(4) 巫俗과 샤머니즘

이기백은 한국의 대표적인 실증사학자답게 한국 원시신앙의 대표적인 현상이 무속이라는 것을 전제하면서 무교(巫敎)나 무(巫)라 하지 않고, 무술

---

[13] "곰 토템이 나타나는 신앙 곰컬트(Bear Cult)는 단군신화의 주요 골격을 이루는 것이다. 또 제왕운기의 단군신화는 신인 단웅(檀雄)대왕이 손녀에 약을 먹여 인신(人神)으로 변하게 한 뒤 단수신(檀樹神)과 혼인하게 하여 단군을 낳았다고 기록하는데, 이는 북방에서 곰 토템 신앙을 골자로 하여 성립하였던 단군신화가 남방에 전파되어 남방의 거목숭배신앙과 결합되어 변형된 것으로 보인다." 김철준, 앞의 책, 15쪽.

[14] "이 신화에 나오는 신모, 맥자, 비둘기가 어떤 관계가 있는지 살펴야 한다. 이를 위해서는 먼저 희랍이나 근동지역의 지모신 신앙과 비교해야하며, 이러한 신화가 소맥·대맥의 경작의 전파와 관계가 있음을 주장한 학설을 참고할 필요가 있다. 이러한 것들을 검토해보면 맥류는 동북아시아에 있어서는 원래 없던 것으로 서북인도와 중앙아시아 지역에서부터 뇌경농업의 전파와 함께 전래되어 재배된 것으로 주몽의 신모가 맥류경작과 관련된 농업신임을 짐작할 수 있다." 김철준, 『한국고대사회연구』, 서울대, 1990, 56~58쪽.

신앙(巫術信仰)이라고 부르는 것이 타당할 것이라고 이야기한다. 한국 무술신앙은 그 출발점이 신석기 시대에 갑자기 생겨난 것이 아니라 신석기 시대의 대표적 종교전통이었을 것이라고 지적하는 객관적 태도를 보여준다.[15]

그가 샤머니즘을 신석기 시대의 대표적인 종교로 보고 있지만 샤머니즘의 신념체계를 보면 구석기 시대적인 요소가 많이 발견되기도 한다. 따라서 샤머니즘의 출현시기가 아니라 그 전성기를 신석기 시대로 잡은 것은 타당하다고 여겨진다.

또, 그는 한국의 무술신앙과 샤머니즘이 같은 것인지 다른 것인지에 대해서 말하면서 한국의 다양한 원시종교를 샤머니즘이라고 일괄해서 주장하는 것은 피해야 한다고 말하고 있다.[16]

이기백의 이러한 주장은 매우 중요한 시사를 하고 있다. 농경시대로 진입한 신석기 시대의 종교가 단일한 종교전통일 것이라고 주장하는 것은 그 시대의 문화상을 너무 단순화시켜 생각하는 것이다. 또 신석기에서 청동기 시대로 넘어가는 시기는 이미 상당히 복합적인 사회제도와 문화상태, 그리고 가치관이 있었고 따라서 종교도 다양하게 발전되었을 가능성이 크다.

그는 나아가 한국의 무술신앙은 한국이나 동북아의 문화 상황하에서만 보는 것은 지양될 필요가 있다고 지적한다.[17] 이 또한 매우 중요한 지적이

---

15 이기백, 「한국의 원시사상과 전통문화」, 『한국사상사 방법론』, 소화, 1997, 11~14쪽.
16 "한국의 무술신앙을 흔히 샤머니즘이라고 부르고 있는 점이다. 한국의 다양한 원시종교를 샤머니즘이라고 일괄해서 이해하는 태도가 지양되어야 한다는 주장은 정당한 것으로 생각된다." 이기백, 앞의 논문, 17쪽.
17 "무술신앙을 북아시아의 샤머니즘의 테두리 속에서만 이해하려고 하는 것은 역시 문제

다. 이는 한국의 무술신앙은 원시종교 전반의 맥락에서 해석될 필요가 있는 것으로, 예컨대 "신바람", "한(恨)", "음주가무(飮酒歌舞)" 같은 현상의 표면적인 측면에 지나치게 치우쳐서 한국의 무속 전체를 해석하려는 것에 대한 지적[18]과 맥을 같이하고 있는 것이다. 이러한 표면적인 측면으로 무속을 이야기하면 그 안에 있는 신념구조에 대한 접근이 이미 심리적으로 차단되기 때문이다. 따라서 "어느 민족이나 어느 시대에나 일정한 조건 하에서는 있을 수 있고, 반대의 조건에서는 있을 수 없는 감정범주(感情範疇)로써 무술신앙을 특징지으려는 것은 바람직하지 못하다고 생각한다."[19]고 한 그의 주장은 매우 타당하다.

지금까지 우리는 한국 상고대 종교를 설명하는 학자들이 ①광명신앙, ②무(巫)와 단군, ③곰과 토템 그리고 ④무속과 샤머니즘과 같은 주제 아래서 그들의 이론을 펼쳤다는 사실을 살펴보았다. 그러나 개별적으로 선택한 주제를 해석할 때에는 각자 고유한 논리체계 또는 관점(perspective)을 갖고 체계적으로 주장하게 된다. 이제 다시 현상을 보는 "관점"에 기준하여 그들의 논의를 살펴보기로 한다.

이다. 샤머니즘적 현상이 세계 어디서나 발견된다면 그것은 이미 일정한 지역적 특성으로 돌릴 성질의 것이 아니라고 해야겠다. 따라서 그 명칭도 특정 지역의 특수한 용어보다는 좀 더 보편적인 용어가 바람직하다고 생각한다. ~~ 한국의 무술신앙은 북아시아의 샤머니즘과 비교함으로써 보다 잘 이해할 수 있는 것은 분명하다. 그러나 그것은 중국이나 그리스 혹은 아프리카의 원시신앙과 비교해서 얻는 성과와 크게 다를 것이 없다고 생각한다." 이기백, 앞의 논문, 17~20쪽.

18 이기백, 앞의 논문, 21쪽.
19 이기백, 앞의 논문, 22쪽.

2) 연구 관점의 유형

지금까지 살펴본 7명의 학자들은 ①민족주의적 관점, ②실증주의적 관점, ③해석학적 관점에 서서 한국의 상고대 종교를 논의했다. 이제 그 순서에 따라 살펴보기로 한다.

(1) 민족주의적 관점

최남선의 광명신앙(光明信仰)을 중심으로 한 불함(不咸)문화권론은 한국문화가 중국에 예속되지 않은 북방계통으로, 독립적이라는 것을 강하게 나타낸다. 그가 한국 상고대문화가 중국으로부터 독립적이라고 주장한 것은 높이 평가할 만하다. 다만 용어의 해석으로부터 광범위한 북방문화계의 역사적, 종교적인 사실을 밝히려는 방법론에 있어서 지나치게 논리비약이 있다는 비판은 면하기 어렵다.

신채호는 한민족사의 신성화를 주장하면서 합리적인 해석을 시도하였는데, 그 의도가 민족주의적 정신을 선양하려고 하는 데에는 큰 의미가 있었지만 과거 민족의 역사를 역사자체로 이해하도록 하는 데에는 뚜렷한 한계를 지니고 있다.

이능화에 들어서서 비로소 우리는 한국 고대종교를 유교, 불교와 분리시키면서 무속과 결부된 한국 민족종교전통으로 바라보는 의식이 뚜렷이 나타난다.[20] 또한 단군신화를 최남선이나 신채호가 신화로서 해석하려고 하지 않는데 비해서, 이능화는 신화를 신화 안에서 해석하면서 역사적, 문화적인 요인들을 찾으려는 태도를 보이고 있다. 그러나 그가 말하는 단

---

20 "오늘날에 이르러 조선고대 신교의 연원과 조선민족의 신앙사상 및 조선사회의 변천 상태를 연구하려면, 무속에 착안하여 연구하지 않을 수 없다" 이능화, 앞의 책, 12쪽.

군신교(檀君神教)가 진정으로 어떤 종교전통이었던가 하는 문제는 아직도 남아있다.

이처럼 민족주의적 관점은 우리 민족문화의 전통을 재조명하는 면에서는 가치가 있다. 따라서 학문적 동기는 분명하지만, 그 모티브를 담을만한 방법론이 정비되어 있지 못한 점이 문제였다.

(2) 실증적 관점

손진태는 무속에 나타난 귀신관의 실천, 또는 신행현실(信行現實)을 실증적으로 이해한 바탕에서 자신의 논지를 전개한다. 그의 방법론적인 특징의 하나는 주술의 개념을 도입했다는 것이다. 예컨대 태양숭배사상은 고대인들이 가장 무서워하던 귀류(鬼類)를 태양의 광명이 추출한다고 하는 현실생활에서 기인한 것이라고 한다. 이는 곧 주술의 실천에 근거를 두고 있는 설명이다. 그러나 주술이 종교의 시발점이라고 하는 이론은 현대 종교학에서는 이미 설득력이 없다. 또한 원시종교의 일반적 이론인 주술의 안목으로 한국 고대종교를 설명하는 것은 서양이론 수용 단계의 일반론적 설명의 한계를 넘어설 수 없다.

서구의 인류학과 종교학의 이론을 폭넓게 수용했던 김철준은 단군신화를 북방의 곰 토템신앙과 남방의 거목신앙이 습합되어 있는 것으로 말하거나, 유일신적 사유방식으로의 이전(轉移) 등으로 설명하고 있다. 여기에는 이론적 문제들이 많이 있다. 곰 토템은 북방, 거목신앙은 남방과 같이 단순하게 구별될 수 있는 문제는 아니다. 거목신앙만 하더라도 이것은 전형적인 중심상징(中心象徵, center symbolism)현상이기 때문에 남방뿐만이 아니라 전 세계적으로 보편적인 현상이다. 이처럼 그는 풍부한 이론적 적용을 시도하는 과정에서 이론의 비판적 수용에는 소홀했다고 말할 수 있다.

철저하게 객관성을 유지하려는 이기백의 학문적인 태도는 무속이 고유 전통문화이기 때문에 이를 계승발전 시켜야 될 가치가 있는가 아니면 연구의 가치가 있는가 하는, 달리 말해서 미래적 가치와 과거적 가치의 문제를 제기한다.[21] 이는 한국학 분야 연구자의 판단기준을 제시하는 매우 뜻깊은 공헌이라 하지 않을 수 없다. 무속을 연구하는 것이 무속을 계승발전 시키기 위한 것인가, 아니면 문화의 형성과정에 대한 과거적 가치 때문인가를 지적하는 것이다. 이 미래적 가치와 과거적 가치를 현재 우리는 어떻게 인식해야 되는가에 대한 중요성은, 과거의 가치가 지금에 와서는 현재의 사회문화 속에서는 단절되었지만, 그럼에도 불구하고 미래적 재창조의 가치가 있을 수도 있고 없을 수도 있기 때문이다. 이것은 예컨대, 유동식의 해석학적 연구의 기준에서 무속이 '재창조되어야 한다'고 주장하는 점을 재고해보도록 유도한다. 따라서 단순한 객관적 기술이나 해석학적 기술 양자에 대한 제3의 비판적 안목의 기준이 될 수 있다.

이기백은 무속의 보존가치를 인정하며, '존재하기 때문에 가치 있다'는 것과 '과거의 문화형성의 요인이기 때문에 보존가치가 있다'는 것과는 전혀 다르다고 이야기한다. 이는 과거문화의 공헌 때문에 보존가치가 있다면 그것을 재계발(再啓發)할 요인은 없는가 하는 문제를 염두에 두고 있는 것이다. 재계발의 필요성이 있다면, 여기에는 심각한 자체이해가 필요하다. 이를 위해서는 무속의 사상적인 특성에 대한 심각한 이해가 필요한데,

---

21 "무술신앙을 현대에도 계승할 가치가 있는 전통문화로 생각해야 하느냐 하는 문제가 제기된다." 이기백, 앞의 논문, 23쪽.

사실상 이러한 이해는 지금까지 없었다. 유동식은 가치를 확대하여 무속 자체의 수용의 범위를 넘고 있으며, 기타 무속학자들은 무속의 지엽적 연구에 머물러 있는 경우가 일반적이다. 이러한 의미에서 이기백의 무속에 대한 연구에서 보존과 계발의 가치라는 기준을 제시한 중요성은 다시 강조할 필요가 있다.

그러나 어떤 문화현상의 보존가치란 보존하면서 침착하게 재검토하여 발전 가능한 요인을 찾으려는데 그 일차적인 가치가 있다. 그런데 그는 무속에 대한 계승발전의 가치를 너무 쉽게 부정하고 박물관에 보존되는 고대 유물의 가치로 무속을 보고 있다.[22] 이는 자신이 제시한 의미 있는 기준을 적절하게 적용하지 못하고 있는 것이라는 지적을 피할 수 없게 한다.

실증적 관점은 사실(史實)의 존엄성을 인정하기 때문에 그 연구결과가 오래 영향을 주는 장점이 있다. 그러나 그 사실이 역사적 상황 속에서 살아있는 문화현상으로 이해되기 위해서는 사실의 의미부여가 필요하다. 실증적 관점은 사실의 의미부여를 소홀히 하는 단점이 있다. 더욱이 과거의 실증적 이해가 미래의 문화 창조를 위해서는 재해석의 작업이 필요한데, 이 점에 있어서 실증적 관점은 미래지향적 연구의 중간단계에 머문다고 말할 수 있다.

---

22 "무술신앙이 오늘날 우리 역사의 발전에 공헌할 적극적인 장점을 지닌다고 판단되지 않는다. 무술신앙은 물질적 욕망의 충족을 위해서 무엇이나 할 수 있다는 것을 조장하는 편이며, 이기주의적 생활태도가 사회를 파멸로 몰고가는 것을 막지도 못하고 있다. ~~ 우리는 구석기시대를 연구하기 위해서 그 당시의 타제석기를 귀중하게 보존한다. 결코 타제석기를 현대에서도 사용하기 위한 것이 아니다. ~~ 어떻든 필자가 강조하고 싶은 것은 무술신앙을 보존할 필요는 있지만, 이를 계승·발전할 필요는 없다는 점이다." 이기백, 앞의 논문, 23~24쪽.

(3) 해석학적 관점

유동식이 이야기하고 있는 한국의 '무교'는 무속의 신념체계와 그 역사에서 귀납적(歸納的)으로 찾은 개념이 아니라, 무속의 현상과 역사를 연역적(演繹的)으로 설명하기 위한 포괄적 개념이다. 이러한 태도는 다음과 같은 결론에 이른다. "한국 무교의 특성은 다음과 같이 정리될 수 있다. 첫째, 고대부터 현대의 무속에 이르기까지 일관해서 한국 문화사 속에서 기본 변화 없이 흘러온 역사적 종교 현상이다. 둘째, 무교의 외형적 특징은 가무(歌舞)로써 신을 섬긴다는데 있다. 셋째, 무교의 종교적 구조는 부정(否定)을 매개로 새로운 세계와 인생을 창조하는데 있다. 현실세계의 부정인 죽음이 요청되는데 무교는 이 죽음의 기술을 음주가무로 터득했다. 넷째, 한국 무교는 그 구조에 있어 동북아시아의 샤머니즘과 다른 것이 없다. 다만 문화적 표상과 형태에 있어 특징이 있을 뿐이다."[23] 이를 보면 결국 그가 무속을 이해하는 핵심적인 근거는 음주가무에 있다. 음주가무는 죽음의 문제를 포함한 모든 문제를 해결할 수 있는, 곧 인생을 재창조하는 것이며, 음주가무와 신인(神人)의 융합인 엑스타시를 경험하는 것과 같은 것으로 인생을 재창조하는 행위라는 결론이다. 이 말은 엘리아데의 해석학적 틀을 따르고 있는 것을 보여준다.[24] 그러나 이렇게 해석하면 한국의 무속뿐만이 아니라 한국의 원시종교의 모든 의례는 똑같이 해석될 수밖에 없다.[25]

---

23 유동식, 앞의 책, 345~346쪽.

24 "본서의 연구는 그 방법론에 있어 엘리아데가 제창한 종교학적 연구의 입장을 취하려고 한다." 유동식, 앞의 책, 19쪽.

25 "신령의 힘에 의해 자연과 인간의 운명을 조절한다는 것은 일종의 창조 작업이다. 재액을 없이하고 축복된 인생을 창조하려는 것이 샤머니즘이요 무교이다. 고대 한국인들이

이것은 그가 한국의 무속을 설명하는 것인가 아니면 한국의 고대 종교 일반을 설명하는 것인가 하는 문제가 수반되는데, 그의 논리의 구조로 보면 서양의 신학적 사유에 근거를 두고 있는 현상학적 해석학의 일환으로 한국 무속을 본다는 점을 알 수 있다. 이러한 인간관은 고대종교들의 구체적이고 정교한 제차에는 관심을 가질 수 없게 한다. 따라서 유동식은 자신의 개인적인 형이상학의 틀로 무속의 역사적인 내용을 환원시키는 결과에 이르게 된다.

지금까지 우리는 ①민족주의적 관점, ②실증적 관점 그리고 ③해석학적 관점을 포함한 관점별 유형이 각각 한국의 상고대 종교를 어떻게 해석하고 있는가를 살펴보았다. 이러한 3유형의 관점은 역사적 현실을 해석하는 중요한 유형이다. 각 유형마다 독특한 해석을 내리게 되고, 그에 따라 상고대 종교의 해석이 달라지는 것을 보았다. 동시에 우리는 그 해석들이 각각 한계점을 지니고 있다는 사실을 살펴보았다.

지금까지 주제별 유형과 관점별 유형에 입각한 연구를 살펴보았다. 그런데 첫째, "주제별 연구"는 곧 각 연구자의 시대가 요청하는 주제들을 선택하여 연구하는 것이었으며, 이는 결국 연구자의 개인적 관심이 대단히 중요한 기능을 하였다. 둘째, "관점별 연구"는 연구자의 시대에 회자되는 이론이나 관점(point of view) 가운데 하나에 근거하여 역사를 해석하는 태도를 보여준다. 주제별 연구와 관점별 연구 둘 다 중요한 연구방법론인 것을 아무도 부인할 수 없다. 따라서 지금까지 살펴본 일곱 학자들 모두가 중요한 공헌을 하였다.

때를 따라 천제를 드린 것은 바로 이러한 화복의 조절을 위한 것이었다." 유동식, 앞의 책, 67쪽.

다만, 우리는 앞의 연구결과들을 "주제별" 그리고 "관점별"로 살펴보면서 상고대 종교를 해명하는데 있어서 결점들을 동시에 발견할 수 있었다. 그 가운데 가장 중요한 결점은 위의 연구들은 하나 같이 종교를 주제별 관심이나 관점별 중요성에 입각해서 해석함으로써 "종교를 완전한 종교현상"으로 보지 않은 데서 비롯되었다. 다시 말해서, 개인적 관심이나 시대적 안목에 비춰진 형태의 종교를 인식하는 데서 온 것이다. 결국 이러한 종교의 이해는 특정한 관심이나 시대적 비전에 담겨진 종교의 인식내용이다. 이를 다른 말로 환원주의(reductionism)의 결과라고 이를 것이다.

현대종교학은 이러한 환원주의적 이해의 한계를 극복하고 종교를 종교자체(religion as it is)로 이해하려고 기도한다. 이제 상고대 종교에 대한 종교학적 접근을 시도해보기로 한다. 현대종교학의 입장이 완전하다고 주장하는 것이 아니라는 점을 강조하고 싶다. 다만 지금까지의 상고대 종교연구가 특정한 주제나 개별적 관점에 입각한 환원주의적 입장에서 종교를 해석하려는 점을 극복할 필요가 있다는 사실을 강조하는 것이다. 고대 종교에 대한 보다 완전한 이해는 좀 더 종합적인 안목으로 해석되어야 한다는 사실을 아무도 거부하지 않을 것이기 때문이다.

3. 상고대 종교에 대한 종합적 접근

우리는 앞장에서 상고대 종교 연구의 다양한 문제와 관점들을 살펴보면서, 무엇보다 "종교를 종교자체"로 이해하고 접근해야 한다는 사실을 다양한 측면에서 확인하였다. 따라서 우리는 지금부터 다른 인간의 문화현상 가운데 가장 포괄적 특성을 지닌 종교를 종교자체로 인정하고, 그러한 포괄적 현상으로 접근하는 길을 살펴볼 단계에 이르렀다. 왜냐하면 포괄적 안목으로 상고대 종교를 볼 때, 비로소 우리는 상고대의 종교현상을 있는 그대로 접근할 수 있기 때문이다.

1) 상고대 종교의 실상

상고대 종교를 종교자체로 이해하는데 필요한 안목을 우리는 "제1장 서론"에서 이미 살펴보았다. 그것은 먼저 종교현상의 삼중복합성이며 다음은 종교의 세 신념유형(三信念類型)이다. 이들을 다시 간략하게 살펴볼 필요가 있겠다.

첫째, 종교의 "삼중복합성"은 다음과 같은 의미를 내포한다. 종교는 거듭 강조했듯이 인간의 문화 가운데 가장 복합적 현상이다. 따라서 온전한 의미에서 "종교"는, 그 현상이 신념체계(信念體系), 실천체계(實踐體系) 그리고 집단전통(集團傳統)의 세 요인을 모두 구비하고 있을 때이다. 바꾸어 말해서 이러한 세 요인을 모두 구비한 현상이 곧 "종교"이다. 따라서 [표 2]에서 보이는 것과 같이, 종교는 기본적으로 삼중복합 현상이다.

이처럼 우리가 종교의 삼중복합성을 인식한다면, 예컨대, 신화의 한 대목을 하나의 종교현상으로 인정할 수 없을 것이다. 왜냐하면, "신화의 한 대목"은 신화적 이야기체계에 담긴 신념의 일환이기 때문이다. 이를 인정한다면, 자연히 그 신화적 이야기 틀에 담긴 "신념의 내용"과 그 내용이 혹시 실천으로 옮겨진 "역사적 사건"과의 상관관계를 다음 단계의 작업에서 조심스럽게 찾아보게 될 것이다. 다시 말해서, 신념, 실천 그리고 집단이라는 삼중복합성을 확인할 수 있을 때, 상고대 종교문화 현상을 보다 객관적이고 체계적으로 접근할 수 있을 것이다.

이를 종합컨대, "완전한 종교현상"은 종교의 삼중성을 구비하고 있다. 반대로, 종교의 삼중복합성 가운데 하나라도 결여된 경우는 "불완전 종교현상" 또는 "종교적" 현상이라 말해야 할 것이다. 여기서 우리는 앞의 "상고대 종교연구의 발자취"에서 살펴보았던 연구들이 모두 완전한 종교적 현상이기 보다는 "불완전한 종교적" 현상을 다루고 있었다고 말할 수 있게 되었다. 결론적으로 우리는 상고대 종교의 경우, 비록 그 자료가 충분하지 못하여 제약이 많더라도, 종교의 삼중복합성을 먼저 확인할 필요가 있다는 사실을 알 수 있게 되었다. 종합컨대, 종교의 삼중복합성은 온존한 종교현상이 지닌 구조적 특성을 드러내고, 다른 한편으로는 상고대 종교현상에 대한 우리의 이해가 건강하고 객관적인가를 자성하는 기준을 제공해 준다.

다음으로 이와 나란히 종교사 연구에 중요한 개념이 종교의 신념유형이다. 동일한 시대, 동일한 종교단체 안에도 어떤 그룹은 대단히 기복적이고, 또 어떤 그룹은 사색적이고, 또 어떤 그룹은 개혁적이다. 이처럼 서로 다른 형태의 신앙집단이 동일한 시대 동일한 종교전통 안에서 나타난다. 이러한 다양성이 한 시대의 한 종교의 흐름을 다양한 형태로 나타나게 하는 원인이라고 말할 수 있다. 이처럼 종교의 다양성을 나타나게 하는 것이 바로 신념유형이다.

종교적 신념은 ①기복 ②구도 ③개벽의 3유형으로 나타난다. 궁극적 실재를 추구하는 종교는 언제나 삶의 현실적인 욕구의 측면과, 온 세상의 영원한 진리의 차원과, 이상적 인간 사회의 완성을 꿈꾸고 추구한다. 다시 말해서, 종교는 이처럼 세 영역의 신념체계를 모두 지니고 있다.

먼저, ①기복은 인간이 (1)이기적 동기에서, (2)현세적 욕망을 추구하는 행위를 말한다. 현세에서 살아가는 한, 인간은 기복적 욕망을 모두 벗어버리는 것이 쉽지 않다. 따라서 종교사에는, 특히 상고대에는 기복행위가 주축을 이루지 않을 수 없다. 다음으로 ②구도는 진리를 삶으로 실현하는 노력을 말한다. 앞에서 언급했듯이, 석가, 공자 그리고 예수가 모두 구도주의적 삶의 정형적 형태를 보여주었다. 이들은 이기적이고 현세적인 욕망을 벗어나, 초현세적인 가치를 추구하는 삶을 보여주었다. 구도주의자는 삶을 형이상학적 이상에 근거하여 세련된 논리로 설득한다. 그리고 ③ 개벽은 지금까지 인간이 경험해 보지 못한, 그래서 현세와는 질적으로 다른 "새로운 세상(the new world)"의 도래를 제시한다. [표 3]에서 보이는 바와 같이 종교인들은 새로운 세상의 도래를 맞이하기 위하여 대단히 헌신적이고 절제된 삶을 살아간다.

동일한 시대 동일한 종교전통에서 다양한 종교운동이 야기되는 것은 바로 종교적 신념유형의 다양성에서 비롯되는 것이다. 다만 "상고대"의 한국종교에서는 기복이 중심적 역할을 하였다는 점을 상기할 필요가 있다. 그리고 청동기나 철기의 도래와 같은 새로운 문화적 변혁에 자극받아 새로운 사회적 변화에 대한 기대와 같은 약한 형태의 개벽사상이 작용하였을 것이다.

일반적으로 한 종교집단이 지닌 대외적 태도의 특성은 신념유형을 수용하는 형태에 따라 달라진다. 예컨대 3유형을 모두 수용한 종교단체가 가장 균형 잡힌 대 사회적 영향력을 발휘할 수 있다. 기복-구도형은 매우 보수적인 이기집단의 특성을 벗어나지 못하게 되고, 구도-개벽형은 현실을 무시한, 그러나 진취적인 지성집단의 특성을 유지한다. 개벽-기복형은 비이성적이고 극단적인 내세 지향적 태도를 지니게 된다. 이러한 다양성은 상고대에서 현재에 이르기까지 나타난다. 그러나 상고대의 종교에서는 기복 단독형이 주도적이라고 할 수 있다.

결론적으로 상고대 종교는 기복중심의 종교라고 말할 수 있다. 개인의 생활영역에서도 기복이 중심이고, 사회나 국가의 차원에서도 마찬가지이다. 고대로 올라갈수록 경제적 조건과 사회여건이 어려워서 현실 삶에 결여된 점이 많은 만큼, 현세적 욕망을 충족시키기 위한 기복적 요구가 중심이 되지 않을 수 없었다. 다시 말해서, 고대로 올라갈수록 현세적 조건을 충족하고 싶은 욕망이 생존을 위하여, 보다 구체적으로는 실존적 차원에서 제기되기 때문에 "기복이 중심기능"을 하게 된다.

2) 고대 종교의 3단계 변천

상고대 종교문화 상황을 가까이 살펴볼 필요가 있다. 우리는 전체 사회가 하나의 문자체계로 기록을 남기기 시작한 시대를 고대 그리고 그 이전을 상고대라 가름하기로 하였다. 그러나 종교적 세계관은 문자를 쓰기 시작하였다고 갑자기 달라지는 것은 아니다. 그러므로 상고대의 종교가 다음 단계인 고대의 어느 시점까지 잔존하게 마련이다. 따라서 우리는 이 시점에서 상고대와 고대를 필요에 따라 포괄적으로 다루는 것이 필요하다. 다시 말해서, 이 시점에서 우리가 조명하려는 문화사적 현상은 바로 상고대에서 고대에 이르는 과정에서 종교의 변화가 일어나는데, 그 변화의 과정을 객관적으로 밝혀보려는데 있다. 이러한 변화는, 상고대에서 고대의 긴 시간과정에서 일어났던 것이다. 따라서 여기서는 편의상 상고대와 고대를 합한 의미에서의 고대라는 말을 쓰기로 한다.

우리는 앞에서 모든 종교가 기본적으로 기복, 구도 그리고 개벽이라는

3형태의 신념유형을 가지고 있다는 사실을 보았다. 그리고 같은 시대 동일한 종교전통 안에서도 다양한 형태의 종교운동이 일어난다는 사실 역시 살펴보았다. 그런데, 우리는 이와 동시에 다음과 같은 역사적 사실 역시 어렵지 않게 관찰하게 된다. 말하자면, 한 종교가 특정한 사회의 특정한 시대에 지녔던 특성이 다음 시대에는 다른 형태로 변한다는 사실이다. 예컨대 보살(菩薩)은 본래 수도를 통하여 해탈의 경지에 이르렀지만 주위를 구제하기 위하여 이승에 남아있는, 말하자면 대승불교의 이상적 구도자를 의미한다. 그러나 오늘의 한국 불교계에서 여자 신도들을 "보살"이라 부른다. 더 나아가서 오늘의 한국 무속에서 "보살"은 무속의 다양한 신위(神位)의 하나이다. 이처럼 원래 대승불교의 "보살"이라는 개념이 후대에 오면서 여자신도라는 뜻으로도 쓰이고, 또 무당이 굿 과정에서 접신(接神, possession)하는 신위로 등장하기도 한다. 하나의 현상이 시간이 가면서 다양한 형태의 의미를 지니게 되는 경우를 우리는 한국 종교현상에서 많이 볼 수 있다. 특히 이러한 변화과정은 외부로부터 들어온 종교의 경우에 두드러지게 나타난다. "보살"이 그중 하나의 예이다.

고대로부터 우리나라에는 많은 종교가 외부로부터 들어왔다. 그 과정에서 종교들이 다양한 형태로 변화하는 결과를 보여준다. 여기서 우리는 종교들이, 특히 외부로부터 들어온 종교가 왜, 어떤 과정을 거쳐, 어떻게 변화하는가에 관심을 갖게 된다.

한문을 수용하기 시작한 이후에 들어온 종교들은 주로 유교, 도교 그리고 불교와 같은 고전종교들이다. 이러한 종교들은 고대 한국종교의 상황에 비추어볼 때 ①이상추구형(理想追求型)의 특성을 지니고 있었다. 이들은 기복, 구도, 개벽의 이상을 고루 갖춘 건강한 종교로서, 다른 말로는 고전종교라고 불리기도 한다. 그런데 이러한 "이상추구형 종교"가 한국에 들어와서 사회적으로 정착되는 과정에서 "종교의 건강성"을 상실하게 되는 경우가 있다. 이처럼 건강성을 상실한 경우, 종교는 기복중심이거나 내세중심 가운에 하나로 그 집단의 신행형태가 변질된다. 그러나 앞에서 강조했듯이, 고대에는 주로 기복중심 형태가 주도적 경향을 이루게 된다. 이처럼 건강성을 상실한 고대 종교는 한마디로 ②기복의례형(祈福儀禮型)으로 변하게 된다. 이러한 기복의례 중심형태의 종교는 신념체계에 입각한 교리의 계발이나 해석과 같은 이념적 내용보다는, 화(禍)를 피하고 복(福)을 비는 구체적 행위인 "기복의례"를 강조한다. 이러한 기복의례는 결국, 그 의례에 담긴 교리적 내용과 이상으로부터는 멀어지고, 대중의 욕망을 충족시켜주는 기능을 하는 의례중심 형태로 정착하게 된다.

결과적으로 고대에 외부로부터 수용된 이상추구형 종교 가운데는 기복의례형 종교로 전환되는 경우 많다. 이처럼 기복의례형으로 전환된 종교는 그 건강성의 상실로 말미암아, 고대사회의 진행과정에서 살아남지 못하고 사라지는 경우가 있다. 그렇지 아니하면, 기복의례의 외형적 전통을 민간신앙 형태로 이전하는 경우가 많다. 민간신앙의 경우에는 기복의례형 종교보다도 종교적 이상이 한층 더 멀어지고, 기복적 욕구 역시 한층 더 둔화된 형태로 나타난다. 다시 말해서, 민간신앙은 지역사회의 공동관심의 차원에서 기복 욕구가 해소된다. 결과적으로 말하자면, 민간신앙 형태로 밀려난 기복의례 종교는 지방 관습의 차원으로 변하여 확산되어 버리는 것이다.

이상의 논의를 종합하면 다음과 같이 정리할 수 있다.

①이상추구형(고전) → ②기복의례중심형 → ③민간신앙형

　이러한 변화의 과정은 반드시 고대 종교에서만 나타나는 것은 아니다. 현재에도 예컨대, 불교와 기독교 교단이 이러한 변화의 과정을 잘 보여주고 있다. 결론적으로 말하자면, 위의 3단계 변화과정은 곧, 건강한 이상추구형 고전종교가 그 건강성을 상실할 때, 주로 기복의례 중심형 종교로 전락하게 된다. 기복의례 중심종교는 더 이상 시대적 변화를 종교적 이상으로 주도하고 이끌어갈 수 없기 때문에, 시대적 변화가 진행되는 과정에서 사라지든가 아니면, 민간신앙 형태로 존재하게 된다.

　여기서 한 가지 중요한 사실을 잊어서는 안 될 점이 있다. 그것은 유교, 불교 그리고 기독교와 같은 고전종교는 시대가 지나가도 고유 신념체계를 지키고, 나아가 각 시대에 스스로 계발하는 기능을 지니고 있다. 말하자면, 당대에 대승불교가 크게 일어나고, 송대에 신유학이 나타난 것이 그러한 예들이다. 그럼에도 불구하고, 각 고전종교의 일부에서는 건강성을 상실하고 기복의례 중심형으로 전향하게 되는데, 이처럼 건강성을 잃게 된 종교운동들 가운데 일부는 시대적 흐름에 적용하지 못하고 사라지는 경우가 많다. 우리는 이러한 예를 여기서 하나하나 들 필요가 없을 것이다. 시간이 지나가면서, 종교의 변화가 한 가지 방향으로 진행되는 것만은 사실이다. 그것은 건강성이 상실될 때, 이상추구형에서 기복의례 중심형으로 그리고 민간종교로 진행된다. 보다 정확하게는 퇴보하게 된다. 그러한 흐름이 진행되는 과정에서, 가끔 이상추구형 종교운동이 새롭게 전개되는 경우가 있다. 그것이 동양에서는 기원전 1-2세기에 일어났던 대승불교 운동이며, 송대의 성리학 운동이고, 서양에서는 개신교 운동이었다. 이처럼 크

게 보면 종교는 한 방향으로 진행되는 데, 가끔 이상추구형 종교운동이 추가되곤 하였다.

이상추구형 종교가 기복의례 중심으로 전위되는 사실은, 예컨대 불교 전체가 그런 과정을 걷는 시점도 있지만, 불교 가운데 특정한 교단이나 세력이 전위되는 경우가 많다. 따라서 이상추구형 종교에 속한 많은 단체 가운데 일부가 기복의례 중심형으로 이전되고, 또 그 가운데 일부 민간신 앙형으로 전환된다. 그리고 기복중심으로 전환되었던 종교들 가운데 다시 이상추구형으로 돌아가는 경우도 있다. 이처럼 복합적인 종교문화 변동의 과정을 여기서 지적하는 것이다.

한국 고대종교사의 경우, 한문을 수용하는 과정에서 유교, 도교 그리고 불교와 같은 동양의 고전종교를 받아들이면서, 우리사회에 이상추구형 종교운동이 시작되었다. 그러한 역사적 과정에서 이상추구형에서 출발한 종교 가운데 상당부분이 기복의례 중심형의 종교와 민족 신앙 형태로 바뀌게 되었다. 이처럼 복잡한 과정을 거치고 있던 상고대 또는 고대 종교에 대한 기록된 자료는 모두 한문으로 쓰여졌으며, 그것도 중국문헌에 남아 있는 것이 대부분이다. 그러므로 이러한 자료가 지닌 특성을 한 번 살펴볼 필요가 있다.

3) 상고대의 다양한 종교적 현상의 시사점

상고대 종교의 다양한 현상들을 살펴봐야 할 자리에서, 우리는 지금까지 종교현상의 이해를 위한 문제들을 여러 각도로 확인했다. 필자 역시 이 사실을 명확하게 인식하면서도, 이론적 문제들을 먼저 점검하지 않을 수 없었다. 여기에는 두 가지 까닭이 있었다. 첫째는 한문을 수용하기 이전 우리 민족의 상고대 종교에 대한 자료가 워낙 불완전한 때문이다. 이는 곧 실제의 자료를 통하여 밝혀질 것이기에 여기서 생략하기로 한다. 둘째는 한문 자료가 기록된 유일한 자료이기 때문에 그에 전적으로 의존하여 상고대 종교를 이해하려는 지금까지의 일반적 태도는 결코 그 한계를 벗어날 수 없기 때문이다. 그 한계를 조금이라도 벗어날 수 있는 길은 상고대 종교도 종교현상이라는 사실을 인정하는 데서부터 시작된다. 종교와 불완전한 "종교적" 현상을 구분할 수 있을 때, 우리에게 상고대 종교에 접근할 수 있는 새로운 가능성이 주어지기 때문이다. 지금까지 여러 측면으로 살펴본 이론적 시각으로 상고대의 한문 자료를 살펴보기로 한다.

(1) 고대 중국의 기록

한문으로 기록된 우리 민족의 상고대 자료를 담은 대표적인 서적이 진(晉)나라의 진수(陳壽, 233~297)가 편찬한 『삼국지』이다. 그 중 『위서(魏書)』 동이전(東夷傳)에 부여(扶餘)·고구려·동옥저(東沃沮)·읍루(婁)·예(濊)·마한(馬韓)·진한(辰韓)·변한(弁韓)·왜인(倭人) 등의 전(傳)에 담겨 있는 것이, 동방 민족에 관한 가장 중요한 기록으로써, 동방의 고대사 연구에 거의 유일한 사료의 기능을 한다고 말할 수 있다. 이런 관계로 『위서』에 실린 우리 민족의 상고대 자료를 몇 가지 살펴보기로 하겠다.

먼저, 삼국지 『위서』 부여전(夫餘傳)에 다음과 같은 내용이 있다.

> 은나라 달력으로 정월에 하늘에 제사하는 행사는 국중대회로 거행하며 연일 마시고 먹고 노래하고 춤추는데, 그 이름을 영고(迎鼓)라 한다. 이때에는 형벌과 옥사를 중단하고 죄수를 풀어주었다.[26]

이 영고에 관한 기록에 의하면 부여에서 정월에 제천 행사가 거국적으로 치러졌으며, 그 행사의 일환으로 형벌과 옥사를 중단하고 죄수를 풀어줄 만큼 제천행사는 세속법 질서의 상위에 있는 성스러운 것이었다. 그리고 이처럼 성스러운 행사 기간에 모든 사람이 일상과는 달리 음주가무에 흠뻑 젖어버렸다. 영고는 한마디로 제천이 국가적 차원에서 사회규범화된 완벽한 실례를 보여주고 있다. 그만큼 영고는 큰 경사였으며, 그 경사의 일환으로 죄수를 풀어주고 모두가 음주가무에 흠뻑 빠질 만큼 "원시적 활기"가 가득 찬 고대 제천의례였다.

다음에 왕은 농사에 대한 궁극적 책임을 져야한다는 기사가 있다.

> 옛날 부여의 풍속에 홍수나 가뭄이 들어 오곡이 영글지 않으면 그 허물을 왕에게 돌려 왕을 바꾸어야 한다고 하기도 하고, 또는 마땅히 죽여야 한다고 하였다. 마여가 죽고 여섯 살짜리 그의 아들 의려를 세워 왕으로 삼았다.[27]

이 "마여와 의려"에 관한 짧은 기사는 우리에게 부여사회가 세 가지 신념을 갖고 있다는 사실을 말해준다. 첫째, 부여에서는 "자연의 변화"와 "왕권의 행사"는 동일한 원칙과 규범에 속한다는 확신을 갖고 있었다. 따라서 가뭄과 같은 잘못된 자연변화의 책임을 왕이 져야하는 것이다. 둘째, 왕좌

---

26 三國志 魏書 夫餘傳 : 以殷正月祭天 國中大會 連日飮食歌舞 名曰迎鼓 於是時斷刑獄 解囚徒

27 三國志 魏書 夫餘傳 : 舊夫餘俗 水旱不調 五穀不熟 輒歸咎於王 或言當易 或言當殺 麻余死 其子依慮年六歲 立以爲王

108 한국의 종교와 종교사

는 일반 왕국에서와 마찬가지로 아들에게 전수되어야 한다는 신념이다. 이는 대단히 보편적인 현상이다. 셋째, 농사의 실패는 왕이 죽어야할 만큼, 농사가 중요하다는 신념이다. 특히 세 번째는 부여가 농업사회의 질서가 잘 정비된 사회라는 점을 말해준다.

여기서 한 가지 유의해야 할 점이 있다. 천문학은 절기와 기후의 주기적 변화를 예견할 수 있게 해주고, 농업은 그러한 천문지식에 의지하여 발전을 하게 된다. 예컨대, 파종이 2주만 늦어도 한반도와 같은 온대지방에서는 일 년의 농사를 그르칠 가능성이 있기 때문이다. 이처럼 농업이 의지하는 것은 천문지식이고, 천문지식은 곧 "하느님(天)" 사상과 같이 가는 것이다. 결과적으로 농업자체의 발전은 고대사회에서 하느님 사상과 병행하게 된다. 그런데 "하느님"이라는 개념은 지고신 또는 지고자(High Being) 등과 같은 명칭으로 불리는 현상으로, 세계의 모든 선사 및 원시지역에서 발견되는 보편적 현상이다. 그런데, 우리가 지고자를 천(天)이라 기록하기 시작하면서부터, 우리 민족이 상고대에 쓰던 "하느님"개념이 중국의 천사상으로 뒤덮여졌다.

다음으로 아래와 같은 부여의 점복에 관한 기사가 있다.

전쟁이 나면 하늘에 제사를 지내고 소를 잡아 발굽의 모양을 보아 길흉을 점친다. 발굽이 갈라지면 흉하고 발굽이 붙으면 길한 것으로 여겼다."[28]

이처럼 전쟁이 일어나면 하늘에 제사를 지내고, 그 제사의 한 과정에서

---

28 三國志 魏書 夫餘傳: 有軍事亦祭天 殺牛觀蹄以占吉凶 蹄解者爲凶 合者爲吉.

"소 발굽점"을 보고 앞으로의 길흉을 점친다. 특히 부여에서는 제천과 "소 발굽점"을 같은 행사에서 실행한다는 점에 주의할 필요가 있다. 제천행사와 소 발굽점은 무속의 신념유형과 구조적으로 다르기 때문이다. 이점은 앞으로 종합적 논의에서 다시 살펴보기로 한다.

다시, 예전(濊傳)에 무천(舞天)에 관하여 이렇게 말하고 있다.

> 해마다 시월에 하늘에 제사지낸다. 주야로 술 마시고 노래하며 춤추는 데 이름하여 무천이라 한다. 또한 호랑이를 신으로 여겨 제사지낸다.[29]

예(濊)에서는 해마다 시월에 제천행사를 하는데, 주야로 음주가무가 이어져 이름을 "하늘 춤"이란 뜻으로 무천(舞天)이라 부르게 된다. 또 달리 유의해야 할 점은 호랑이를 신으로 여기는 풍습이다. 이는 곧 상고대 우리 민족이 호랑이를 신격화했다는 사실을 말해준다. 호랑이를 신격화하는 것은 일차적으로는 시베리아에서부터 만주와 한반도 전 지역이 호랑이 서식지라는 데서 비롯된다. 이러한 자연 환경에서부터 호랑이가 우리 민족과 부족의 수호신으로 섬겨지게 된 것이다. 그 한 예가 단군신화에 나타나는데, 이는 단군신화를 논할 때 다시 살펴보기로 한다. 종합컨대 제천과 음주가무 그리고 호랑이 숭배에 대한 내용이 이 짧은 기록에 담겨있다.

이처럼 "영고", "마여와 의려", "소 발굽점" 그리고 "무천"에 관한 기사들은 다음과 같은 몇 가지 공통점을 지니고 있다.

첫째, 하늘에 대한 제사, 곧 제천을 공동으로 삼고 있다. 예컨대, "마여와

---

29 三國志 魏書 濊傳: 常用十月節祭天 晝夜飮酒歌舞 名之爲舞天 又祭虎以爲神

한국의 종교와 종교사

의려"는 제천과 관계없는 것 같이 보일 수가 있다. 그러나 이 기사에서 가뭄 때문에 농사가 실패한 것을 왕이 책임지고 죽어야 한다는 사실은, 곧 자연의 변화와 왕권의 행사를 "동일한 원칙과 규범"에 속하는 것으로 믿고 있다는 사실을 보여준다. 다시 말해서, 자연의 변화 규범과 왕국을 통치하는 사회적 규범이 동일하다는 것이다. 이처럼 자연 규범과 사회의 규범이 동일하다고 여기는 경우가 상고대사회에서는 보편적으로 나타나는데, 이를 흔히 우주규범(cosmic norm)이라 한다. 우주규범은 "하늘" 곧 지고신 그리고 "하늘의 뜻"으로 불리고 또 이해된다. 우주규범은 앞으로 무속의 세계관과 비교할 때 더 분명하게 드러날 것이다. 이런 관계로, 여기서 "마여와 의려"의 사례 역시 크게 보아서 제천의 전통에 속하는 것이다.

제천 행사를 영고의 경우 정월에 그리고 무천의 경우는 10월에 지냈다. 이는 해마다 반복되는 계절변화 가운데 특히 농사와 관계되는 계절을 반영한다. 10월은 추수의 기쁨을 기리는 계절이고, 정월은 신년의 출발을 기리는 동시에 농사일에서 가장 손이 없는 때이다. 여기서 우리는 한 가지 중요한 사실을 확인하게 된다. 그것은 이 시기에 농업을 중심으로 하는 달력이 지켜졌다는 사실이다. 다시 말해서, 상고대 사회에서 정확하게 "농사 달력"에 맞추어 제천행사가 지켜졌던 것이다. 이는 우리의 상고대 사회에서 농사가 더없이 중요한 의미를 지니고 있었다는 점을 말해준다. 바로 이 점을 "마여와 의려"의 사례가 한걸음 더 나아가 그 중요성을 강조하고 있다. 예컨대 그 해의 농사가 기후 때문에 실패한 경우라도 왕이 책임지고 죽어야 한다는 점을 보여준 사례는 그 시대에 농사가 얼마나 절대적인 가치를 지니고 있었는가를 말해주기에 충분하다.

둘째, 제천과 기타 중요한 의례에서는 예외 없이 음주가무에 흠뻑 빠졌다. 먼저 이는 상고대에 우리 민족은 제천과 같은 중요한 종교적 의례에는 일상과는 달리 원시적 활기에 가득 찼다는 사실을 말해준다.[30] 성스러운 시간에 원시적 활기에 흠뻑 젖는다는 것은 우리 민족의 민족특성의 일환을 드러내는 의미가 있다. 이러한 원초적 특성은 "영고"의 의례 과정에서 죄수를 풀어주는데까지 이어진 것이다.

축제기간에 죄수를 풀어주는 것은 우리 역사에만 나타나는 것이 아니다. 이러한 예는 세계 종교사에 많이 나타난다. 그 대표적인 고대 사례가 바빌로니아의 아키두 축제(Akitu Festival)에 잘 나타난다. 축제기간에 이처럼 비일상적인 사건이 행해지는 것은 축제의 성스러운 행사과정의 일환으로 나타나는 것이다. 성스러운 과정의 내용을 이해하기 위하여 무엇보다 먼저 해당 축제를 진행시키는 사상체계 또는 종교적 세계관의 이해가 선행되어야 한다. 그런데 우리의 상고대 자료에는 "음주가무"라는 축제의 분위기에 대한 기술만 전하고 있다. 따라서 음주가무 행위의 과정과 내용을 점검해 볼 수 있는 근거를 발견할 수 없다는 것이 한계이다. 이런 관계로 우리의 자료에 근거하여, 더 이상의 이해를 추구하는 것은 비논리적이고 무리한 결과에 이르게 한다.

셋째, "소 발굽점"을 행했다는 기사는 "우주규범을 전제로 한 예언" 현상에 관하여 기술하는 것이다. 예언, 곧 미래를 예측하는 데는 두 가지 원칙이 있다. 하나는 변덕스러운 의지를 가진 신, 또는 귀신이 인간의 운명을 결정하는 것이다. 여기에 속하는 대표적 종교현상이 바로 무속, 샤머니즘

---

30 아마도 음주가무에 푹 빠지는 특성은 현재 우리 민족의 습관에서도 잘 드러난다. 세계를 다녀 봐도 우리 민족만큼 음주가무를 즐기는 경우를 만나기 쉽지 않다. 그리고 오늘날 우리 사회에서와 같이 "노래방"이 성업을 이루는 나라도 찾기 어렵다는 점이 이를 말해준다.

이다. 다음은, 인간의 운명을 포함한, 이 세상 삼라만상은 우주규범이 미리 규정한대로 이루어진다는 것이다. 여기에 음양오행과 주역 등을 포함한 이른바 중국의 상수(象數)철학이 이에 속한다. 이런 근거에서 볼 때, "소 발굽점"은 발굽이 "갈라지는가" 또는 "붙어있는가"라는 기존의 원칙에 의하여 해석하게 되는 것이라는 점에서, 변덕스러운 귀신의 의사라기보다는 미리 주어진 규범과 원칙에 따라 예언한다고 봐야 할 것이다. 이런 의미에서 소 발굽점은 무속보다는 우주규범 형의 예언전통에 더 가깝다.

그러나 우리는 여기서 소 발굽점을 주관하는 사람이 누구이며, 어떤 절차를 거치고 또 그 결정의 원칙이 무엇인지 분명한 기준을 갖지 못하고 있다. 따라서 우리가 이러한 자료에 근거하여 확실하게 확인할 수 있는 것은 소 발굽점이, 변덕스러운 귀신의 의사가 아니라, 세상만사의 모든 변화를 결정하는 우주규범의 일환으로 소발굽이 갈라지든가 갈라지지 않으며, 나아가 갈라지는 경우에 그 형태에 의하여 미래 일을 예측할 수 있다는 신념체계를 확인하는데 이른다.

지금까지 우리는 상고대 역사자료를 통하여 세 가지의 공통점을 살펴봤다. 첫째는 제천의식과 그에 전제되는 "하늘사상"이 상고대 신념체계의 핵심을 이루고 있다는 사실을 발견하였다. 다음으로 우리 민족은 상고대로부터 음주가무에 푹 빠져서 원시적 활기를 드러내는 민족적 특성을 엿볼 수 있었다. 셋째, 미래를 예측하는 점의 경우에도 "소 발굽점"의 경우와 같이 우주규범에 의한 점의 방식을 지니고 있었다. 이는 역으로, 상고대로부터 우리 민족이 무속에 의한 미래예측 뿐만 아니라 우주규범에 의한 미래예측의 길이 있었다는 점을 말해준다. 특히 한문을 수용한 이후, 우주규범에 의한 미래예측은 모두 중국의 상수철학으로 뒤덮여서 우리 상고대에는 우주규범적 미래예측이 없었던 것처럼 보였다. 따라서 우리 고유의 현상을 보다 체계적으로 접근해야 할 것이다.

한문을 수용하기 이전 우리 민족의 상고대 종교문화에 관한 기록 가운데 고구려의 자료역시 위에서 살펴본 것과 유사한 것들이 보인다. 예컨대, 고구려의 동맹은 "시월에 하늘에 제사지내는 행사는 국중대회로 거행하며 그 이름을 동맹이라 한다[31]"라 기록되었다. 이는 부여의 영고와 사실상 같은 행사라 할 것이다. 이처럼 상고대에 우리 민족은 같은 내용의 종교의례를 갖고 있었다고 결론을 내려도 크게 어긋나지 않는다. 그러나 앞에서 살펴본 것들과 조금 다른 자료 한 가지만 살펴보기로 하겠다. 고구려 바로 이전 만주에 있던 부여의 동굴신에 관하여 이렇게 기록되었다.

> 그 나라 동쪽에 큰 굴이 있는데 그 이름을 수혈(隧穴)이라 한다. 시월에 국중대회로 모여 수신(隧神)을 맞이하고 나라 동쪽 위에서 제사를 지낸다. 나무로 만든 수신을 신좌에 모신다.[32]

큰 동굴에 나무로 만든 수신을 모시고, 10월에 국중대회를 하곤 한다는 기사이다. 큰 동굴에서 국중대회를 한다는 것은 이 굴이 중요한 성지로 받들어진다는 것을 의미한다. 큰 굴이나 바위 또는 나무가 세상의 중심이라는 상징의 의미를 갖게 되는 것은 매우 흔한 일이다.

여기서 우리는 한 가지 사실을 분명히 짚고 넘어가야 할 일이 있다.

---

31 三國志 魏書 高句麗傳 : 以十月祭天 國中大會 名曰東盟
32 三國志 魏書 夫餘傳 : 其國東有大穴 名隧穴 十月國中大會 迎隧神還于國東上祭之 置木隧于神坐

지금까지 우리가 살펴본 상고대 자료들은 큰 안목으로 보면, 세계종교사에서 나타나는 대단히 보편적인 현상들의 일환이다. 이 사실은 역으로 보면, 우리 민족이 상고대에 경험한 사실이 위에서 살펴본 바와 같은 매우 간소한 형태로 기록되었다. 따라서 이처럼 간소한 자료 안에는 우리 민족의 고유한 역사적 경험내용이 간소하게 담겨있는 것이다. 그 역사적 경험내용은 한문으로 기록되면서 한문에 담긴 독특한 문화내용으로 각색되었다. 그러나 우리가 여기서 다루는 대상은 그처럼 각색되기 이전의 것이다. 다시 말해서 상고대 우리 민족 문화는 세계문화사 가운데 독특한 특성을 가진, 중국의 문화내용과 다른 전통을 지녔다. 그것은 유라시아 대륙의 동서를 잇던 북방전통에 더 큰 친화력을 지니고 있었던 것이다.

이런 관점에서 삼국유사에 나타나는 상고대 자료를 살펴보기로 한다.

(2) 삼국유사의 기록

상고대 종교문화에 관한 국내 문헌자료는 주지하는 바와 같이『삼국유사』가 있다. 그 저자인 일연(一然)은『삼국유사』 "기이(紀異)"편에 집필 동기를 자세하게 밝히고 있다. "기이편"은 곧 삼국유사의 서문이다. 모든 글의 내용은 필자의 의도에 따라 항상 달라지는 경향이 있다. 따라서 필자의 의도를 파악할 때, 우리는 기술의 내용을 보다 정확하게 이해할 수 있게 된다. 이러한 의미에서 일연의 삼국유사의 내용을 이해하기 전에 그의 서문에서 밝힌 집필의도를 확인하는 것은 의미 있는 일이다.

서술하여 말한다. 대저 옛 성인이 예악으로 나라를 세우고 인의로 가르침을 베푸는데 있어, 괴력난신은 언급하는 바가 없다고 한다. 그러나 제왕

이 장차 일어날 때에 부명과 도록을 받게 되니 반드시 남보다 특이한 일이
있었다. 그래야만 능히 큰 변화를 주도하고 큰 그릇을 부여잡아 대업을
이룰 수 있는 것이다. …(중략)… 이 후의 일을 어찌 다 열거하여 기록할
수 있으랴! 그렇다면 삼국의 시조가 모두 신이한 데에서 나온 것이 괴이하
단 말인가? 이것이 기이편을 책의 첫머리에 놓은 까닭이며, 그 의도가 여
기에 있다.[33]

　일연은 13세기 고려의 유학자들이 한국의 건국신화들을 괴력난신의 이
야기라고 비난하는데 대하여, 분명히 정면으로 공격하고 있다. 중국에서
옛 성인이 예악(禮樂)으로 나라를 일으키고 인의(仁義)로 나라를 지켰다고
하나, 이는 사실상 유교적 이념일 뿐이고, 실제로 중국의 제왕이 일어나
대국을 세울 때마다 제왕이 됨직한 남다른 징표를 부여받았다고 강조하곤
하였다. 그러니 우리나라에서 삼국의 시조가 신이한 데서 나왔다는 것이
어찌 괴이하다고 할 것인가 반문한다. 이처럼 그는 시조의 출현을 신화적
이야기로 서술하는 것은 당연하다는 사실을 강조하면서, 상고대 우리나라
의 건국신화들을 "기이"편에서 소개하고 있다.
　이처럼 일연은 우리 민족의 고대 건국신화를 하나의 역사신화로 해석하
고 있는 것이다. 예컨대 상고대의 역사적 사건을 그 당시의 논리와 상상력
의 틀로 이야기를 펼치는 것이 바로 역사신화이다. 그러므로 역사신화에
나오는 사건은 허구이기보다는 신화적 상상력과 논리로 설명된 결과이다.

---

33 三國遺事 권1 紀異1. 叙曰 大抵古之聖人 方其禮樂興邦 仁義設敎 則怪力亂神 在所
　不語 然而帝王之將興也 膺符命 受圖錄 必有以異於人者 然後能乘大變 握大器 成大
　業也 …… 自此而降 豈可殫記 然則三國之始祖 皆發乎神異 何足怪哉 此紀異之所以
　漸諸篇也 意在斯焉

따라서 이야기의 내용이 허구도 아니고, 동시에 이야기 내용이 그 자체대로 사실과 맞는 것도 아니다. 그것은 한마디로 신화적 논리로 사실을 설명한 결과다. 13세기 일연의 이러한 태도는 실로 놀라울 정도의 역사 이해가 아닐 수 없다.

「고조선」편, 단군신화의 내용에서, "옛날의 환인(桓因)"은 "제석(帝釋)을 말한다"고 해설문을 달아 설명하고 있다.[34] 이 간단한 표현은 일연의 집필 의도와 연결시키지 않으면 해석하기 어렵다. 그의 의도에 따라 다시 말하면 다음과 같다. 일연은 옛날부터 전해오는 단군신화의 환인이란 오늘로 말하자면 "제석을 말한다"고 해석을 붙이고 있다. 여기서 "제석"은 인도의 인드라(Indra)신을 말하며, 인드라는 곧 하늘의 신(Sky God)이다. 환인은 곧 하느님이라는 설명이 된다. 그런데 이처럼 간단한 설명을 인드라라는 인도어를 동원해야 하는 것인가 흥미롭다. 그러나 이유는 간단하다. 하느님이라는 말을 일연 시대에는 천(天)이라는 한문으로 쓸 수밖에 없기 때문이다. 그렇다면, 천(天)을 피하고, 하느님이라는 개념을 한문으로 쓴 용어가 있다면, 그것은 불교를 통해 전해진 "인드라"의 한문번역어 제석뿐일 것이다. 일연은 이처럼 우리 민족의 고유한 환인이라는 하느님(Sky God)의 개념을 한문으로부터 지켜내려는 노력을 했던 것이다.

결론적으로, 삼국유사에 하늘사상이 분명히 중국과 다른 전통을 지니고 있다는 사실이 명백하게 드러났다. 이점은 앞으로 단군신화를 논하면서 다시 살펴보기로 한다. 우리의 고유한 하늘사상을 지니고 있다는 것이 삼국유사의 중요한 내용의 하나이다. 이러한 맥락에서 고구려의 시조 고주

---

34 三國遺事 권1 紀異1. 昔有桓因(謂帝釋也)

몽이 "나는 천제의 아들이며, 하백의 손자"[35]라고 주장하였다. 그 외에도 부여의 해모수는 자칭 천제라 했다.[36] 그 외에도 우리의 상고대 기록에는 하느님과의 관계를 지적하는 경우가 많다. 다시 말해서 이는 우리 민족이 하느님 곧 천제사상을 상고대부터 지니고 있었다는 사실을 말해준다.

그런데 상고대 사상이 단순한 천제사상보다 복합적인 모습을 가지고 있다는 사실을 보여주는 기록이 있다. 그것이 바로 차차웅(次次雄)에 관한 기록이다.

> 남해 거서간은 또한 차차웅이라고도 한다. 이는 존장이란 칭호이며 오직 이 왕만을 그렇게 불렀다 …(중략)… 또 어떤 이는 차차웅이라 하고, 자충이라고도 한다. 김대문은 차차웅이 방언에 무당을 가리키는 말이라 한다. 세상 사람들은 무당이 귀신을 섬기고 제사를 숭배하는 연유로 무당을 외경하는 것이니, 결국에 존장자를 칭하여 자충이라 한 것이다.[37]

앞의 인용문을 간추리면 다음과 같은 글이 될 것이다. 남해 거서간(居西干)은 차차웅이라고도 또 간략하게 자충(慈充)이라도 하는데, 이는 왕을 지칭하는 존칭이다. 그런데 김대문은 차차웅이 지방말로는 무당을 지칭한다고 말했다. 이를 종합하여, 세상 사람이 귀신을 섬기고 제사를 주관하는 무당을 존경하기 때문에, 결국 존경을 받는 자는 자충이라고 부르는 것이

---

35 三國遺事 권1 紀異1. 고구려. 我是天帝子 河伯孫

36 三國遺事 권1 紀異1. 북부여

37 三國遺事 권1 紀異1. 第二南解王條
    南解居西干, 亦云次次雄, 是尊長之稱, 唯此王稱之… …或曰 次次雄, 或作慈充. 金大問云 次次雄, 方言謂巫也, 世人以巫事鬼神, 尙祭祀, 故畏敬之, 遂稱尊長者爲慈充

라고 일연은 해석했다. 그 해석은 임금과 무당은 존경을 받는 점에서 다를 바 없기 때문에, 이들은 곧 동일하다는 결론에 이른다.

위의 차차웅에 관한 이야기를 자세히 들여다 보면 무속, 왕권 그리고 야금술(冶金術)의 삼중관계를 지니고 있었던 상고대 사회의 구조적 특성을 잘 보여준다. 앞에서 이미 지적한 바와 같이, 무속은 구석기 시대로부터 내려온 종교전통이다. 그리고 고조선에서부터 신라 건국 당시까지는 무속이 주도하는 사회였다. 이러한 역사적 과정에 청동기 문화가 극적인 사회적 변혁을 일으켰다. 청동기는 가공할 신무기를 제공했고, 신무기를 손에 쥔 부족은 곧바로 이웃 부족을 정복하기 시작하였다. 청동기에 이어 철기로 넘어오면서, 정복은 그 폭이 점점 대형화하면서 이른바 고대 왕국이 출현하게 되었다. 왕국은 인간 역사에서 가장 영광스럽고 성스러운 사회질서이며, 그래서 왕의 권위는 신권을 대신하기에 이르렀다. 같은 이유로, 왕자는 가장 당당한 정의의 수호자이고, 공주는 가장 아름답고 선한 여자로 언제 어디서나 그려진다. 이러한 문화적 내용이 바로 왕권이 형성되던 철기시대에 나타난다. 그러한 변화는 곧 야금술의 전파와 직접적인 관계를 갖는다. 야금술로부터 뒤떨어진 부족사회는 결코 왕국으로 발전할 수 없기 때문이다. 그런데 야금술은 아무나 쉽게 터득할 수 없을 정도로 고도의 열처리 기술이 요청되기 때문에, 야금술을 이용할 수 있는 인력은 특정한 부족 가운데서도 특수 전문인 계층에 국한되었던 것이다. 이런 맥락에서, 왕권은 곧 야금술의 신비력이 만들어낸 조화(造花)였다. 그리고 그 조화에 생명을 불어넣어 생화(生花)가 되게 한 것이 무속의 신화였다. 신화는 정복자의 신성성을 초자연적 차원에서 당당하게 천명함으로써, 정복의 정당성이 당연히 인정되게 한다. 이에 한 걸음 더 나아가, 신화는 피정복자에게 현실을 승복할 수 있는 이유를 제공한다. 특히 피정복자가 정복의 정당성을 승복하지 못하는 경우, 정복자는 피정복민을 모두 도살함으로써 정복자체가 무의미하게 되어버리는 결과에 이른다. 이처럼 고대 신화는 야금술의 신비력과 정복의 힘을 하나로 묶어 그에 생명을 불어넣어 왕과 왕국이라는 인간 역사에서 가장 영원한 영광의 상징을 우뚝 세웠다. 차차웅 기사는 우리에게 무속의 이러한 역할을 전해주고 있다.

여기서 우리는 한 가지 사실을 확인할 필요가 있다. 왕과 무당 그리고 야금장이는 서로 힘을 합하여 왕국을 형성하는데 공헌한 것은 사실이지만, 그 삼자가 하나의 존재는 아니다. 삼자는 각각 다른 기능을 갖고 있으며, 그 기능들이 협력할 때, 왕국의 창조라는 신화적 사건이 역사에 나타났던 것이다. 다시 말해서, 고대 왕국의 출현이라는 역사적 사실에서, 왕과 무당 그리고 야금장이라는 삼자가 분리될 수는 없지만, 그들의 독자성을 능히 구별할 수 있을 때, 비로소 왕국의 형성이라는 역사적 사실 안에 숨어 있는 비밀을 정확하게 이해할 수 있게 된다. 한마디로, "비분리능구별" 원칙이 여기서도 요청되는 것이다.

결론적으로 『삼국유사』의 기록들은 우리의 상고대 사회에서 무속의 중요성을 잘 설명해주고 있다. 그리고 하늘에 제사 드리는 제천 사상 역시 강조하고 있다. 여기서 〈고대 중국 기록〉의 내용과 비교해 본다면, 『삼국유사』의 기록에는 보다 직접적으로 무속의 내용이 강조되고 있다. 이제 "고대 중국의 기록"과 『삼국유사』의 기록을 종합하여 우리는 다음과 같은 결론에 이르게 된다.

먼저, 상고대 자료들은 ①제천 사상과 ②무속 곧 샤머니즘의 두 전통이 상고대 사회의 중요 사상전통이라는 점을 보여준다. 이 두 가지 사상전통이외의 사건과 사실들은 모두 제천사상에 근거한 제의의 일환인 현상들을 소개하고 있다. 예컨대, 부여의 "영고"나 예의 "10월 제천" 등은 모두 하늘 사상에 입각한 의례의 일환을 기술하고 있다.

다시 말해서, 하늘사상에 입각한 제천과 무속을 제외한 모든 기사가 완전한 종교현상이 아니라 종교현상의 일부인 "불완전한 종교적" 현상으로 기술 되고 있다. 완전한 종교현상은, 앞 장에서 살펴보았듯이, ①신념체계 ②실천체계 그리고 ③집단전통의 3요인을 모두 갖춘 때에 국한하여 나타난다. 그 3요인을 모두 갖추지 못했을 경우 불완전한 "종교적" 현상에 머물게 된다. 완전한 종교현상과 불완전한 종교현상을 가르는 좀 더 간결한 기준은 곧 "종교전통으로 전수되는가" 아닌가에 달렸다. 종교전통은 곧 위의 3요인의 통합된 결과이기 때문이다.

우리는 여기서 상고대의 자료들 가운데 종교전통으로 전수되는 현상, 곧 완전한 종교현상이 어떤 것인가를 가름해야 할 시점에 왔다. 지금까지 길게 살펴본 기록 자료들 가운데 ㉮하늘사상에 근거한 "하늘 제사"와 ㉯무속 곧 샤머니즘이 구체적인 종교전통으로 나타난다. 그들이 종교전통으로 인정되는 이유는, 그들이 다양한 형태로 반복해서 연중행사로, 또는 반복적 사회행사에 동일한 신념체계와 의례형식으로 나타나기 때문이다. 여기서 하늘제사, 곧 "제천 전통"과 "무속"이 상고대의 문헌자료에서 확인할 수 있는 두 개의 종교전통이라는 점을 확인하게 된다.

다음으로 고구려 벽화에 씨름과 수박(手搏) 대결의 그림들이 나타난다. 특히 체력 경기의 하나인 씨름은, 중국이 아니라, 몽고에서 중앙아시아로 이어지는 북방계통의 문화전통에 속한다. 이러한 전통은 오늘에 이르기까지 면면히 전해오는데, 이를 우리는 ㉰자기수련 전통이라 부르기로 하고,

이를 세 번째의 고유 종교전통으로 살펴볼 것이다. 끝으로 단군신화가 상고대로부터 우리 민족의 가슴에 "단일민족"이라는 확신을 심어주었다. 단일민족으로서의 자의식과 긍지가 민족정체성을 갖게 해주었으며, 이러한 민족정체성의 정신적 그릇에 외부로부터 들어오는 유교, 불교 그리고 도교와 같은 종교들을 수용하게 되었다. 이러한 맥락에서, 단일민족 정체성은 비록 종교자체는 아니지만, 한국종교사를 통하여 한국적 정체성의 전통을 이어주던 실체였다. 이런 의미에서 우리의 고유종교 전통의 맥락에서 ㉛단일민족 의식 전통을 마지막 네 번째로 살펴보기로 한다.

4. 상고대 한국 고유 종교전통

1) 샤머니즘

유라시아 대륙 전역이 고대에는 샤머니즘의 분포지역이었다. 샤머니즘은 구석기시대부터 내려오는 종교로서, 그 사상적 특성은 영육이원론(靈肉二元論, the dualism of body and mind) 세계관을 갖고 있다는데 있다. 영혼이 육체를 잠시 떠나 여행하고 돌아온 경우, 그 여행내용이 꿈으로 기억된다. 혹시 영혼이 다시 돌아오지 못하면 죽게 된다. 이러한 관계로, 고대로부터 우리나라에서는 자는 사람의 얼굴에 그림을 그리지 못하게 하는 풍습이 있다. 자는 사람의 얼굴에 그림을 그리면 자는 동안 몸을 떠났던 영혼이 제 몸을 찾지 못하여 마침내 그 사람이 죽는다고 믿었기 때문이다. 이러한 영육이원론은 수렵채취 생활을 하던 구석기 시대의 생활경험에서 유래된 것이었다.[38] 이처럼 샤머니즘은 영육이원론이라는 명확한 세계관을 지니고 있기 때문에, 그 전통이 아직까지 선명하게 유지되고 있다.

장구한 역사를 통하여 영육이원론의 세계관을 아직까지 유지하고 있는 지역에서는 샤머니즘의 원형을 찾아볼 수 있다. 그렇지 아니하고 역사적 과정에서 샤머니즘의 세계관이 거부되거나 크게 변형되게 된 지역에서는 샤머니즘의 원형을 발견하기가 어렵다. 샤머니즘의 원형이 가장 잘 유지되는 지역이 시베리아와 몽고, 만주를 거쳐 한반도를 포함한 이른바 동북아시아 지역이다. 따라서 우리나라는 샤머니즘의 원형을 유지한 지역 가운데 하나이다. 이에 더하여, 한국은 동북아시아 지역 가운데 세계고전문화를 모두 수용한 대표적 다종교사회이기 때문에, 한국의 무속 역시 그 어느 지역의 무속보다 더 다양한 외부로부터의 영향을 받았고, 특히 그 의례 안에 많은 외래 신위를 내포하고 있다. 결과적으로, 현재의 한국 무속은 결과적으로 가장 화려한 의례를 갖게 되었다. 그럼에도 불구하고 영육이원론이라는 샤머니즘 세계관의 원형은 그대로 유지하고 있다.

수렵채취의 상황에서 구석기인들은 동물사냥으로 생을 유지할 수 있었다. 그 과정에서 돌로 짐승의 머리를 찍어 짐승이 "숨"을 거두는 것을 확인하면서 살았다. 다시 말해서 구석기인들은 동물의 몸에서 마지막 숨이 빠져나가면, 동물은 죽는다는 사실을 확인하면서 살아가는 과정에서, 숨과 생명은 같은 현상이라 여기게 되었다. 이러한 의식이 오늘까지 이어져, 북구라파에서는 재채기를 크게 하는 사람에게 "신의 축복을"하고 축원한다. 너무 크게 기침하는 경우 몸 안에서 혼이 빠져나가지 않기를 바라는 풍속이다. 관심을 집중한다면, 영육이원론을 반영하는 민속은 세계 곳곳에서 관찰된다. 그만큼 샤머니즘은 상고대 사회에서는 보편적인 종교였던

---

38 윤이흠, "샤머니즘과 종교문화사", 『샤머니즘연구』제1집, 한국샤머니즘학회, 1999년 4월, 81-96쪽.

것이다. 영육이원론의 세계관을 가진 곳이면 샤머니즘 전통이 어떤 형태로든 기능하고 있다. 다시 말해서 이러한 영육이원론의 세계관으로 세상과 인간의 삶을 해석하는 전통이 샤머니즘이다

지금까지 샤머니즘의 특성을 개념정의한 대표적이고 유일한 학자가 M. 엘리아데였다.[39] 그는 샤머니즘의 의례인 "굿" 과정에 샤먼이 보여주는 엑스타시(ecstasy)가 샤머니즘의 핵심이라고 지적한다. 굿에서 샤먼이 보여주는 엑스타시는 샤먼의 영혼이 그의 몸을 벗어나 지하세계를 다녀오는 이른바 영혼여행을 하는 과정에서 나타나는 것이다. 말하자면, 샤먼의 영혼이 그의 몸을 벗어난 상태이다. 이런 의미에서 엑스타시는 곧 영혼여행이다. 이러한 영혼여행은 고대인이 육체를 지닌 채 현실에 유폐된 상태에서 영혼의 자유를 구가하는 현상이라고 명쾌하게 해석한다.

그러나 자세히 들여다보면, 엘리아데의 해석은 샤머니즘 실천체계에 담긴 "행위양식에 대한 해석학적 의미부여"이지, 엄밀한 의미에서 샤머니즘의 개념정의나 또는 그 세계관의 설명은 아니다. 샤머니즘이라는 구체적인 종교전통의 총체적 특성은 샤머니즘 세계관에 반영되는 것이다. 그러므로 그 세계관의 특성을 정의할 때, 비로소 샤머니즘의 총체적 개념이 드러나게 되는 것이다. 이러한 면에서 엘리아데는 샤머니즘의 실체에 대한 접근이 아니라, 샤머니즘의 의례에서 경험되는 경험내용의 해석에 머물고 있는 것이다. 보다 구체적으로 말하자면, 그의 작업은 해석학적 의미부여의 차원에 머물고 있다.

앞에서 지적한 바와 같이, 샤머니즘 세계관은 영육이원론이다. 그래서

---

39 Mircea Eliade, *Shamanism: Archaic Techniques of Ecstasy,* New York: Pantheon, 1964.

영육이원론이라는 신념체계의 맥락에서 샤머니즘, 즉 우리문화로 말하면 무속의 다양한 현상들이 일어난다. 예컨대, "신내림 굿"을 하고 나서 무당 (巫堂)이 되어 "몸주신"을 모시게 된다. 굿 과정에서는 각 거리마다 특정한 신이 무당의 몸에 내려서 "공수"라 부르는 "신의 축언"을 한다. 이처럼 '굿 거리'마다 무당의 "몸 밖에 존재하는" 신이나 신령이 각각 무당의 몸에 들어와서 "무당 몸"의 주인으로 행사하는 형태로 의례가 진행된다. 무속의 굿 과정은 영육이원론의 세계관을 명쾌하게 보여준다. 오직 신령과 무당과의 관계뿐만이 아니라, 일상생활 속에서도 영육이원론이 잘 드러난다. 예컨대, 무속에 따르면 내 혼이 내 몸을 떠나 타인의 몸에 들어갈 수도 있고, 또한 나와 타자의 혼이 서로 바뀔 수도 있다.[40] 이처럼 영육이원론적 세계관이 샤머니즘의 고유한 특성이라는 점이 분명해진다.

신령이 무당의 몸에 실리고, 타인의 혼이 내 몸에 들어오기도 하는 영육이원론의 신념체계에서, 인간이 접신, 곧 우리말로 "신들림"을 직접 자신의 몸으로 경험하게 된다. 이런 의미에서, 샤머니즘 신관의 특성은 직접경험신(直接經驗神, directly experienced deity)이라고 말할 수 있다. 샤머니즘은 직접경험신의 신관을 지닌 대표적 종교전통이다.

직접경험신의 반대 현상이 간접경험신이라 할 것이며, 그 대표적 현상이 태양신 또는 하늘신이다. 태양신 또는 천신은 기본적으로 "멀리 있는 신(deus otiosus)"이어서 그가 인간에게 그의 의사를 전달하는 길은 예컨대, 기후를 통하여 간접적으로 인간에게 전하게 된다. 하늘신의 축복의사는 그가 좋은 기후를 허용하여 인간들이 풍성한 농사의 결실을 누릴 수 있도

---

40 조흥윤, 『한국의 샤머니즘』, 서울대학교출판부, 2000. 김태곤, 『한국무속연구』, 집문당, 1981.

록 하는 형식으로 표현하고, 저주 의사는 태풍이나 홍수를 통하여 인간에게 무서운 재앙을 주는 것으로 전달한다. 인간 역시 태양신에게 제사라는 간접 수단을 통하여 그들의 의사를 전하게 된다. 이처럼 인간과 하늘신은 기본적으로 간접관계를 벗어나지 못한다.

직접경험신관을 지닌 샤머니즘과 간접신관을 지닌 하늘신 전통은 그 경험의 구조적 측면에서부터 이질적 세계관을 갖고 있다는 점이 분명해진다. 그럼에도 불구하고, 아득한 과거부터 우리 민족은 샤머니즘 전통과 하늘신관의 전통을 동시에 지녀왔기 때문에 실생활의 영역에서 이 두 전통이 혼합된 상태로 나타난다. 따라서 샤머니즘의 신령관과 하늘신 전통, 다시 말해서 무속과 하늘사상 사이의 "관계"에 대한 정확한 이해가 필요하다. 한마디로 무속과 하늘사상은 서로 다른 세계관을 가진 다른 두 전통이지만, 오랜 역사를 통하여 서로 혼합된 복합현상으로 나타난다. 따라서 외형적으로는 복합현상으로 보이지만, 내용적으로는 서로 다른 세계관을 지닌 개별 전통이라는 사실을 알 수 있다.

고대사회가 동서를 불문하고 모두 샤머니즘 세계관을 가졌었기 때문에, 인간의 영혼과 귀신 사이에 일어나는 유사한 내용의 신화를 모든 지역에서 찾아볼 수 있게 된 것이다. 다시 말해서, 샤머니즘은 신화시대를 주도하던 신념체계였다.

그러나 고전종교가 등장하면서, 고대사회가 고전종교 세계관으로 재편성되고 곧이어 고전 문화권을 형성하였다. 이러한 과정에서, 고전종교의 문화권에 편입된 지역에서는 무속의 신화적 사유형식이 사회 주변세력으로 급속하게 밀려나기 시작하였다.[41] 이처럼 무속 주도 상황에서 고전종교 주도 상황으로 이전되는 과정이 삼국시대였다.

신라의 차차웅에 관한 기사는, 앞에서 살펴본 바와 같이, 무속 주도사회에서 무당, 왕권 그리고 야금술의 삼중관계를 우리에게 말해준다. 이 삼중관계가 잘 이루어지는 과정에서 왕권이 형성되고 곧이어 왕권과 왕국이 영원한 영광을 누리게 되었다. 그 전 과정에서 무속은 왕권과 왕국에 신화적 의미부여에 공헌하였다. 다시 말해서 야금술의 신비력과 정복의 힘을 하나로 묶어 그에 생명을 불어넣어 "왕과 왕국"이라는 인간 역사에서 가장 "영원한 영광의 상징"을 우뚝 세우는데 무속이 이념적 공헌을 한 것이다.

무속은 대단히 분명하고 강력한 ①신념체계를 갖고 있다. 이점에서 일반 민간신앙과 근본적으로 다르다. 무속의 "영육이원론"은 대단히 설득력이 있는 세계관이다. 따라서 무속은 인간의 삶의 현실에서 쉽게 수용되고 또 전파될 수 있다. 다만, 그 긴 역사를 통하여 무속의 영육이원론이라는 세계관이 세련된 논리나 형이상학 체계로 재해석하는 과정을 갖지 못했다. 다시 말해서 구석기시대로부터 내려오는 샤머니즘은 오늘도 원초적인 영육이원론의 체계를 그대로 유지하고 있다. 영육이원론이라는 세계관이 어느 시대에나 강력한 매력을 지닌 사상인 것만은 사실이다. 따라서 무속은 오늘도 한국 사회에 대단히 큰 영향력을 행사하고 있다.

다음으로 무속은 겉으로 보기에는 매우 다양하고 화려한 실천체계, 다시 말해서, "의례"체계를 갖고 있지만, 그 내용을 잘 살펴보면, 고대로부터 내려오는 ②의례의 원형을 유지하고 있다. 우리는 상고대의 무속의례에 관하여 충분한 자료를 갖고 있지 못하다. 그러나 무속이 구석기시대부터 내려오는 신념체계의 원형을 그대로 유지하고 있다고 한다면, 그 의례 역

---

41 윤이흠, 「신념유형으로 본 한국종교사」, 『한국종교연구』 권1, 22-23쪽.

시 상고대의 원형을 아직도 유지하고 있다고 봐야할 것이다. 이런 점에서 무속의례는 앞에서 언급했듯이, 오늘도 모든 의례절차가 "영육이원론"의 이념을 충실하게 반영하는 형태를 지니고 있다. 이는 곧 오늘날 한국 무속은 상고대 무속의례의 원형을 유지하고 있다는 증거가 된다. 무속의 의례에는 불교와 도교, 그리고 유교 등 실로 주위의 모든 종교들을 다 수용하고 있다. 그만큼 오늘의 한국무속은 화려한 신령들을 갖고 있다. 한 예로 경기지역 굿에서 "보살" 신령을 모시는데, 이때의 보살은 굿의 의례 과정에서의 무속의 한 신령이지, 대승불교의 보살이 갖는 본래적 의미와는 관계가 없다. 이러한 예는 무속 굿 현장에서 얼마든지 발견하게 된다.

끝으로 무속은 매우 폭넓은 ③집단전통을 지켜오고 있다. 무속을 믿는 사람들이 우리나라에는 대단히 많다.[42] 전통 음악과 무용 등 우리나라의 고유전통 예술은 고대로부터 무속이 그 전수를 담당한 중심 전통이라고 말할 수 있다. 불교와 유교의 동양고전 종교전통 밖에서 한국고유 예술전통을 이어온 의례전통이 무속이라는 점에 아무도 의심을 갖지 않을 것이다. 뿐만 아니라 상고대로부터 우리 민족이 일상적 어려움을 당했을 때 제일 먼저 찾아 의존하던 것이 바로 무속이었다.

이처럼 ①신념체계 ②실천체계 그리고 ③집단전통을 모두 갖추고 있는 것이 무속이기 때문에, 무속은 아득한 과거로부터 오늘에 이르기까지 완

---

42 그 예로, 1980년대 중반에 한국 사회에서 개신교 목사가 5만 명가량 되었을 당시, 한 무속 전국조직에 연회비를 내는 무당의 수가 5만 명을 넘었다. 그런데 회비를 내지 않은 또, 그런 것에 관심이 없이 무업에 종상하는 무당이 아마 회비를 내는 사람의 4배는 될 것이다. 무당의 실제 수가 얼마나 될지 생각해볼만한 일이다. 그들이 모두 생업을 유지하는 데, 그렇다면 한국의 무속신자는 얼마나 될 것인가? 실로 흥미 있는 일이 아닐 수 없다. 왜냐하면 인구조사에는 무속인은 한명도 검출되지 않기 때문이다.

전한 종교전통으로 이어져 왔다. 다만 무속은 신도단체를 포함한 이른바 교단체계가 구성되지 않았다는 점이 독특한 현상이다. 교단체계가 형성되는 것 역시, 세계종교사의 맥락에서 보면, 청동기 이후 왕권이 형성되는 과정에서 나타난다. 왕국의 형성은 모든 것을 새로운 질서체계에 편입하게 했기 때문에 일어난 것으로 생각된다. 그런데 우리 민족의 역사에서는, 고전문화가 삼국의 문화주도권을 행사하기 시작하면서, 무속은 중요한 기능을 상실하게 되었다. 여기에는 두 면이 보인다. 첫째는, 강력한 고전문화가 새 시대의 주도권을 행사하는 과정에서 상고대로부터 전해오는 무속의 영육이원론적 이상이 사회적 주도권 다툼에서 밀려나게 된 것이다. 둘째는, 새로운 상황에 새로운 문법에 적응할 수 있도록 무속이 자체개혁을 하는데 실패했다는 점이다. 이와 같은 양면의 이유로 인하여, 무속은 결과적으로 상고대로부터 서민적 현실주의 삶에서 항상 요청되는 기복적 욕구에 대응하는 기능에 치중하였다. 결과적으로 무속은 무당이 고전시대에 맞는 교육을 받고 수련을 하여 고전시대의 종교전문가로 양성하는 체제를 갖지 못하게 되었다는 점을 말해준다.

장구한 세월을 통하여 무속은 한편으로는 민중의 기복적 욕구와 신령의 직접 경험의 매력에 힘입어 대중의 현세적 삶에 항상 큰 영향을 준다. 그러나 또 다른 면에서 무속은 삼국 이후 사회의 주변으로 밀려 시대적 요청에 참여하는 주도적 종교문화의 위치에서 밀려났다. 이처럼 무속은 두 가지 얼굴을 갖고 상고대에서부터 오늘까지 오게 되었다. 이러한 역사적 과정에서도, 무속은 언제나 영육이원론이라는 분명한 세계관을 유지해온 종교전통이다.

2) 하늘신 사상

하늘신 또는 천신(天神) 사상이 언제부터 시작되었는지 알 수가 없다. 여기서 "하늘신"이라는 용어를 쓰지 않을 수 없는 이유를 밝혀야 할 필요가 있다. 우리는 지금 상고대, 아직 한문을 수용하기 이전에, 우리 민족이 갖고 있었던 "하늘 또는 하늘님" 현상을 살펴보고 있는 중이다. 그런데 천신이라는 용어를 쓰는 한, 중국의 천지인 삼재 사상이 담긴 천(天)의 개념에서 완전히 벗어나기가 어렵다. 그렇다고 "하느님"이라는 용어는 오늘날 한국에서 개신교의 "하느님" 개념과 너무 가까운 의미로 전달될 가능성이 있다. 그래서 우리가 일상용어로 쓰는 두 개의 말을 합하여 "하늘신"이라 부르기로 한다. 만약 이 용어보다 더 좋은 말이 있다면, 필자는 그것을 환영한다. 바꾸어 말해서 상고대사를 연구하는데 있어서, 우리는 더 정확한 이해를 위하여 개방적 태도를 갖자는 것이다.

한 가지 더 분명히 해야 할 점이 있다. 상고대 또는 우리 민족의 고유한 하늘사상을 지적해야 할 때는, "하늘님"이라 하고, 그렇지 않고 보편적인 하늘사상 전반을 말할 때에는 우리가 일상적으로 쓰는 천신 또는 제천 등의 용어를 쓰기로 한다.

하늘신의 처음을 설명하는 것은 새로운 신화를 만드는 길이 된다. 따라서 그 시작에 관한 설명을 시도할 때, 또 하나의 신화를 창조하는 결과에 이르게 마련이다. 그러므로 종교학은 객관성을 유지하기 위하여 결론에서 시작한다. 하늘신과 관련하여 한 가지 분명한 역사적 사실이 있다. 그것은 우주론이 발달할수록 하늘사상이 보다 세련된 형태로 나타난다는 사실이다. 우주론은 천체관측의 기술과 정확도에 따라 그 세련도가 결정된다. 이런 맥락에서 농경기술이 발달할수록 천신 사상이 보다 발전된 형태를 갖게 된다. 예컨대, 한국과 같은 온대 지역에서 파종이 2주일만 늦어도 그 해 농사가 어려워지게 된다. 성공적인 농경사회는 그만큼 세련된 천체관측에 근거한 계절변화의 지식이 축적될 때 가능하다. 그 축적의 정도는 얼마나 세련된 달력을 가졌는가에 달렸다. 세련된 달력을 갖는다는 것은 천체운영에 대한 지식이 확대되었고 계절의 변화에 대한 이해가 더 깊어졌다는 것을 의미한다. 그러한 기준에서 하늘신에 대한 더 깊고 세련된 내용을 갖추게 된다.

우주와 자연은 엄정하게 주기적으로 변화하고, 그 변화는 영원히 되풀이한다. 이러한 영원회귀(永劫回歸)의 신비로운 우주규범을 자연과 우주의 관찰에서 언제나 만나게 된다. 고대사회에서는 일반적으로 신비로운 우주규범이 인간과 같이 감정을 지닌 인격적 존재로 나타난다.[43] 이러한 존재가 바로 하늘신 또는 지고신이라고 흔히 말한다.

우주규범의 인격적 존재인 하늘신은 무속의 신과 확연히 차이가 난다. 앞에서 무속에 관하여 살펴볼 때 밝힌 바와 같이, 그 차이는 신과 인간의 "의사소통의 관계"에서 나타난다. 무속에 있어서는 인간이 자신의 몸으로 직접 신을 경험하고, 이러한 직접관계에서 인간과 신이 의사소통을 한다. 그러나 양자 간의 의사소통의 수단이 다르다. 예컨대, 하늘신은 기후 조건을 통하여 인간에게 풍성한 농경수확을 허락하든가, 재앙을 주어 그의 의사를 인간에게 전한다. 반면에 인간은 제사를 통하여 그들의 의사를 천신에게 전한다. 이처럼, 하늘신과 인간은 "자연조건"과 "제사"라는 간접수단

---

43 인도의 우파니샤드의 경우와 같이, 고전종교 시대에 와서야 우주규범(宇宙規範) 자체를 신앙의 대상으로서 궁극적 실재(窮極的 實在)로 상정하게 된다. 그 이전의 고대사회에서는 궁극적 실재가 일반적으로 인격적 존재로 나타난다. 중국의 천제(天帝)는 엄밀한 의미에서 우파니샤드의 입장과 인격신 중에서 우주규범 쪽에 더 가까운 형태이다.

을 통하여 서로의 의사를 전하게 된다. 이런 맥락에서, 하늘신은 말하자면 간접경험신이다.

간접경험신과 직접경험신은 각각 독자적인 신념의 "맥락과 내용"을 지니고 있는 전혀 다른 현상이다. 간접경험신은 인간이 직접 체험할 수 있는 거리를 넘어 저 높은 하늘로 올라간 존재이며, 따라서 "멀리 있는" 또는 "숨은" 신(deus otiosus)의 의미를 지니게 된다. 이러한 "멀리 있는 신"으로서의 하늘신에 대한 숭배와 제사를 우리 민족은 고대로부터 지켜왔다.

단군신화에 나오는 환인을 그 한 예로 들 수 있다. 앞에서 이미 살펴본 바와 같이, 환인은 인드라의 한문 사음(似音)이다. 일연은 분명히 한문 이전의 우리 민족의 지고신을 중국의 그것과 혼돈하지 않게 하려고 했다. 그러나 한글이 없어서 한문으로 써야 했던 일연의 시대에 지금 여기서 우리가 당면한 것과 같은 문제를 갖고 있었다. 그것은 천(天)이나 천제(天帝)라는 용어를 썼다면, 천지인(天地人) 삼재(三才)의 형이상학적 사상에 담긴 중국적 지고신의 개념을 담게 되는 것을 피할 길이 없었다. 따라서 일연이 이를 피하기 위하여 인도의 지고신인 환인(Indra)이란 용어를 쓰고도 마음이 안 놓여, "이는 인도의 제석 곧 하느님을 의미한다"고 주석을 달았던 것이다. 한마디로, 일연은 한문을 쓰면서 한문수용 이전의 한국고유 지고신을 지칭하기 위하여 하는 수 없이 "환인"이란 용어를 범어에서 차용했던 것이다. 우리는 환인 대신에 "하늘신"이란 말을 쓰고 있다.

일연의 단군신화에 나타나는 환인으로 지칭된 천신은 분명히 "멀리 있는" 지고신이다. 그의 아들 환웅은 인간사회에 상대적으로 가깝게 관심을 가진 존재이다. 그러나 단군신화 의미 맥락의 범위에서 볼 때, 환웅은 우리 민족의 선조인 단군의 신성 신분(神聖身分)을 확립하고 단군의 자손인 배달민족이 성스러운 민족이라는 점을 밝히는 신화적 주제이다.[44] 다시 말해서, 환웅은 "멀리 있는 지고신" 환인과 지상의 지도자 "단군" 사이의 신화적 매개자이다. 단군신화에 나오는 홍익인간(弘益人間)은 인간의 영원한 꿈인 왕국의 질서를 확립하는데 요청되는 이념이지, 중국의 삼재 사상과 같이 "하늘의 본성과 인간의 본성이 같다"는 형이상학적 인간 이해의 문법이 아니다. 그것은 강력한 정착 왕국을 열망하던 기마민족의 현실적 꿈을 담고 있지만, 그 꿈에서는 형이상학적 인간학의 내면적 숨소리가 들리지 않는다.

주몽신화에 나오는 "해모수"나 기타 『삼국유사』「기이편」에 나오는 국조신화에 나타나는 하늘신, 곧 지고신에 관한 이야기들 역시 형이상학적 세계관의 내용을 보여주지는 않는다. 반대로 고대국가를 창건한 영웅이 지고신과의 관계에서 탄생된다. 그리고 그 영웅의 신성 신분을 분명히 밝히는 신화적 이야기가 전개된다. 이러한 신화적 이야기를 통하여, 먼저 고대국가의 신성성을 강조하고 나아가 그 후손인 우리 민족이 신성한 백성이라는 확신을 전해주는데 그 궁극적 의도가 있다.[45]

이처럼 한문수용 이전 우리 민족의 하늘신 신앙은 아직 고전사상의 세계관으로 재구성되기 이전의 단계에 있다. 이는 두 가지 점을 시사한다. 첫째, 고대 하늘신은 영겁회귀하는 신비로운 우주규범이 의인화된 존재이다. 더 나아가 그는 신비로운 우주규범을 운행하는 존재이기 때문에 자연과 인간에게 절대 권위를 지닌다. 그러한 하늘신은 그 절대권위를 자연계와 인간사회에 동시에 행사한다. 그런데, 고대 하늘신 신앙에는 다음과

---

44 윤이흠 외, 『단군: 그 이해와 자료』, 서울대학교출판부, 1997.
45 『삼국유사』 기이 제1, 신라시조 혁거세 왕조.

같은 형이상학적 문제들은 보이지 않는다. 예컨대, 영겁회귀의 신비로운 우주규범의 진실은 무엇인가? 이 문제를 제기한 경우나, 그에 대한 해답의 논리나 체계를 알 수 있는 자료가 없다. 그리고 그러한 신비로운 우주규범과 인간의 "삶의 의미"와의 관계가 무엇인가라는 형이상학적 문제 역시 지나쳐버리고 만다. 다시 말해서, 형이상학적 문제는 비켜가고 있다. 그대신 절대권위를 매개로 한 "선도와 순종"이라는 고대의 사회질서 원리가 핵심적으로 강조된다. 결론적으로 말해서, 하늘신과 왕은 고대사회 통치질서의 절대권위라는 하나의 사실을 상징하는 두 얼굴로 나타난다. 하늘신이 우주적 권의의 실체라면, 왕은 그 권위를 지상에서 관리하는 자이다. 이 점은 특히 "마여와 의려"의 예에서 보았듯이, 기후가 나빠서 농사가 실패했을 때, 그 책임으로 왕이 죽어야 한다는 기록이 잘 말해준다.

둘째, 이러한 상고대 사회 절대권위의 실체로서의 하늘신 또는 지고신 사상은 세련된 고전사상이 나타나기 이전 단계의 모든 고대사회에 나타났다. 이는 역으로 말하자면, BC 5세기를 전후하여 중국, 인도, 중동 그리고 희랍에서 고전문화가 일어나면서 비로소 사대 고전문화권이 형성되고, 문화와 사상의 내용이 갈라지기 시작한 것이다. 따라서 한문수용 이전의 우리 민족의 하늘신 또는 천신관은 일반적인 고대의 지고신 또는 지고자의 성격 범주를 넘지 않는다고 말할 수 있다.

한문수용 이후 고대 한국 사회에는 일반적으로 지고신을 지칭하는 "하늘신" 신앙의 기반 위에서 외부로부터 고전종교들을 수용하였다. 이때 수용된 고전사상이 곧 중국의 천제사상, 그리고 인도의 일원론적 사상(一元論的思想)에서 "브라만(Brahman)"이라 부르는 지고자 등이었으며, 이들이 공존하면서 서로 혼합 형태를 이루게 되었다. 이에 더하여, 도가 및 도교는 유교의 천지인 삼재 사상의 범주 안에 있다는 점을 감안한다면, 결국 중국과 인도의 사상이 우리의 하늘신 사상과 혼합된 것이다. 이러한 혼합 형태는 삼국시대를 거쳐 고려조와 조선조로 오면서 점점 구조화되는 경향을 보여준다.

3) 자기수련 전통

아득한 과거부터 우리 민족은 자기수련 전통[46]을 갖고 있었다. 그것은 한문을 수용하기 아주 오래 전부터이다. 우리 민족이 앞에서 언급한 바와 같이 북방기마민족의 후예라는 사실이 이를 말해준다. 기마민족의 주업은 대체로 유목이다. 광활한 초원에서 한 두 사람이 수백 마리의 양이나 말을 몰고 다니는 유목생활은 그 자체가 무술 연마의 의미를 지닌다. 정착 농경민과는 달리 기마민족은 체질적으로 무술과 더불어 살아간다.

고대 우리 민족의 자기수련 전통에 관한 자료는 고구려 고분벽화에 나오는 자료를 요점적으로 살펴보기로 한다.

고분벽화 가운데 "생활풍속도"는 고구려인의 다양한 생활상의 정보를 담고 있다. 그 그림의 상부 좌측에 "자기수련"과 관계되는 두 그림이 보인다. 하나는 샅바를 매고 씨름하는 그림이고, 다른 하나는 무사 둘이 맨손으로 대결하는 모습을 그린 수박도(手搏圖)이다.

먼저 샅바를 매고 겨루는 씨름은 중국에는 없다. 씨름은 오히려 몽고에 현재까지 남아 있으며 중앙아시아 스텝 지방에서 그 유습이 보인다. 일본의 씨름, 스모는 물론 한국에서 넘어간 것이다. 이러한 전후관계에서 고구

---

46 윤이흠, 「한국적 자기수련법의 역사적 전개」, 한국종교학회 1999년 추계 발표회, 한국종교학회, 1999.

려 벽화의 씨름 장면은 기마민족의 자기수련 전통의 일환을 보여주는 것 이라는 점이 자명해진다.

특히 씨름그림은 고구려의 건장한 남자로 보이는 사람과, 높은 코와 깊은 눈을 유난히 크게 강조하여 그려서 한눈에 분명하게 드러나는 서역인이 서로 샅바를 마주 잡고 대결하고 있다. 이 그림은, 무엇보다 먼저 고구려인이 서역인과 얼마나 가깝게 지내고 있었는가를 말해준다. 서역은 주로 위구르족이 살고 있는 현재의 신강성, 곧 타클라마칸 사막지역을 말한다. 오늘의 신강성은, 과거에는 광활한 중앙아시아 초원에서 출발하여 신강성을 거쳐 비로소 중국으로 들어오는 사실상의 중국 쪽의 입구였다. 그리고 위구르는 기마민족의 한 부족이었다. 그런데, 앞의 씨름그림에서 나타나는 코가 높은 사람은 분명히 인도유럽족의 혈통을 더 많이 전수받은 서역인이 분명하다. 위구르족 역시 서역인이 분명하지만, 신강성의 현 주민들의 모습은 이 고구려벽화에 나오는 것처럼 코가 높은 형태는 아니다. 이런 점에서 우리는 고구려와 신라인들이 교류한 서역인들 가운데는 멀리 페르시아인도 있었다는 점을 상기할 필요도 있다.[47] 이 씨름 그림에서 나타나는 고구려인의 상대편은 일반적으로 고구려인에 비하여 코가 크고 눈이 깊은 서역인의 인상을 강조하려는 의도로 그렸다고 해석하는 것이 온당할 것이다. 이러한 점은 한발 더 나가서, 씨름이 아마도 고대에는

47 서역인과의 교류에 관한 자료: 용강동 석실분에서 출토된 8세기경의 홀(笏)을 들고 있는 문관상 토용(文官像 土俑; 국립경주박물관 소장), 황성동 석실분에서 출토된 7세기경의 호모(胡帽)를 착용한 호인상(胡人像; 국립경주박물관 소장)과 괘릉(掛陵; 8세기 말에서 9세기 초), 헌덕왕릉(憲德王陵), 흥덕왕릉(興德王陵)에 세워진 무인석상(武人石像; 9세기)들은 심목고비(深目高鼻)한 서역인의 용모를 하고 있음. 권영필, 「경주 괘릉 인물석상 재고」, 『미술자료』 제50호, 1992. 권영필은 괘릉의 문인석상은 이란계 인물상으로, 무인석상은 위구르계 인물상으로 보고 있다.

스텝지방에 널리 퍼졌던 자기수련 전통의 일환이었을 것이라는 점을 시사한다. 이러한 점에서도 씨름은 다양한 면에서 흥미를 유발한다.

다음으로, 그 씨름그림 옆에 그려진 "맨손겨루기"가 있다. 맨손겨루기는 오늘날 택견이나 태권도의 고대 형태를 보여주는 것이다. 이러한 맨손겨루기 자세는 진시황릉의 토용들에서도 보인다. 따라서 맨손겨루기 곧 "수박대결" 자체가 중국의 전통인지 중국 밖의 기마민족 전통인지 단순히 가늠할 수는 없다. 다만 유목생활을 하면서 자기수련을 생활화하고 살아가는 기마민족이 고대로부터 수박대결을 일종의 일상 생활화해 왔다는 점은 분명하다. 마상에서 살아가는 기마민족은 지상에서 땅을 밟고 "씨름"과 "맨손겨룸"을 하는 것이 특히 그들의 신체를 위하여 대단히 필요하다. 따라서 이러한 두 형태의 대결운동은 인도유럽족이 개발한 기마술이 몽고에까지 전해져서 본격적인 유목문화가 이루어지기 시작하면서, 몽고와 중앙아시아의 유목사회에서 널리 행해지게 되었을 것이다. 이러한 대결운동의 전통을 갖고 있는 유목민이 주나라 이전에 서경지역을 자주 침입하였고, 그 침입을 처음으로 막는데 성공한 진시황이 처음의 황제가 되었던 것이다. 따라서 진시황릉에 나타난 "수박대결"의 조각들은 결국 기마민족의 영향으로 나타난 것이라 봐야 할 것이다.

씨름과 맨손겨룸은 말을 타고 일상생활을 하는 기마민족에게는 대단히 실용적이고 필요한 자기수련 방법의 일환이다. 특히 일상생활이 무술과 밀접한 관계를 갖는 유목생활에 있어서 씨름과 맨손겨룸은 무술연마의 기초가 된다. 따라서 완전 유목 생활이 초원지방에서 시작될 때 씨름과 맨손겨룸이 같이 발달되기 시작했다고 봐야 할 것이다. 이런 맥락에서도 고구려의 벽화는 우리 민족의 고대문화가 중국 밖의 기마민족 전통과 더 직접적 관계에서 비롯되었다는 점을 강력하게 말해주고 있다.

비중국적 자기수련 전통은 신라에서는 화랑도의 교육프로그램으로 나타났다. 풍류도 곧 심신수련의 한 방향이었다. 세속오계(世俗五戒)가 원광대사가 내려준 화랑의 교육이념으로 알려졌다. 그러나 불교스님의 교시치고는 그 내용이 잘 이해가 되지 않는 점이 많다. 예컨대 그 내용이 불교적 이념으로 설명하기에는 너무 무리한 점이 많다. 그렇다고, 그것이 유교적 이상을 말한다고 하기에도 무리가 없지 않다. 유교교육의 이상은 세속오계보다는 그것을 넘어선 조화의 이상에 있다고 봐야 할 것이다. 이렇게 볼 때, 화랑제도가 어느 날 갑자기 원광대사의 가르침을 받고 나타난 것이라고 결론짓기에는 모자란 점이 많다. 그것은 특히 당대 신라사회에 기능하던 신라의 전통적 교육이념과 우리 민족의 삶의 이상이 전혀 없었다면 모르되, 그러한 전통이 있었다면, 원광대사의 세속오계에 근거하여 화랑제도가 탄생했다는 주장은 너무 사회문화적 맥락을 외면한 해석이 아닐 수 없다. 그러므로 화랑제도는 전통적인 자기수련 프로그램에 근거하여 신라의 젊은 정예군을 양성하는 제도였다고 이해하는 것이 옳을 것이다.

이상에서 우리는 한문수용 이전의 한국고유 종교전통 가운데 최소한 세 전통이 있었다는 사실을 살펴보았다. 이들은 ①무속 곧 샤머니즘, ②하늘신 사상 그리고 ③자기수련 전통이며, 이들 모두 한문수용 이전에 우리 민족의 종교생활에 크게 기능하고 있었다. 이들은 주로 중앙아시아 기마민족의 문화전통과 직접 연관되었다는 사실을 살펴보았다. 이러한 관찰은 곧 다음의 종교사 단계인 삼국시대의 종교문화를 이해하는데 중요한 지침을 우리에게 제공한다. 그리고 우리 민족의 독자성에 대한 민족적 자각운동이 또한 상고대부터 역사적으로 크게 드러났다. 이제 이를 살펴보기로 한다.

4) 단군신화와 단일민족의식

우리 민족은 상고대로부터 단일민족의식을 갖고 있었던 것이 확실하다. 예컨대 고구려, 신라, 백제의 삼국에 관한 기록 가운데 삼국의 국민이 통역을 필요로 했다는 기록은 없다. 나아가서 고구려가 멸망한 668년 직후 당나라가 평양에 안동도호부(安東都護俯)를 두었을 때 고구려 유민과 신라가 힘을 합하여 당나라 군대를 공격하여 안동도호부를 몰아냈다. 이처럼 여러 가지 면에서 삼국인들이 같은 민족의식을 가졌던 것이 분명하다. 단일민족 의식을 가장 잘 말해주는 것이 단군신화이다.

단군신화는 13세기에 승일연(僧一然)이 『삼국유사』에 적었고, 이승휴(李承休)의 『제왕운기(帝王韻記)』에도 나타난다.[48] 그 후 조선조에 오면서 여러 가지 형태의 단군이해가 있었는데 이들은 모두 조선조 사회의 문화적 재통합을 필요로 할 때 일어났던 것이다. 이처럼 역사적으로 민족의식이 요청될 때면 단군이 새로운 의미로 해석되곤 하였다. 그 해석은 곧 우리 민족과 그 문화의 정체감에 대한 새로운 자각의 역사적 형태들이었다. 단군신화는 이처럼 우리 민족이 혈연공동체라는 자의식을 확립하게 하는 기틀이었으며, 민족의 내면적 자의식은 외부로부터 들어오는 종교들을 수용하는 그릇의 역할을 했으며, 나아가 시대의 변화에 대응하는 기본자세의 틀을 이루었다.

---

48 최병헌, 「고려시대」, 서영대, 「단군관계 문헌자료 연구」 중 "삼국유사 유형", 윤이흠 외, 『단군, 그 이해와 자료』, 서울대학교 출판부, 1994.10. 이하 『단군』으로 함.

(1) 신화의 논리와 표상

단군신화는 신화이기 때문에 허구라는 태도와, 단군신화는 신화가 아니라 역사기록이라는 태도가 오래 동안 대립해왔다. 전자는 유교의 도학전통주의자들,[49] 식민사학자들,[50] 현대 실증주의자들 그리고 최근에는 일부 기독교 신봉자들이 각각 그에 속하고, 후자는 주로 민족주의자들이 그에 속한다. 단군신화가 허구라는 태도는 일반적으로 합리주의 태도에서 연유하거나 특정한 가치관(예: 식민사관)이나 종교적 신념(예: 기독교 보수신앙인)에 대한 확신에 근거해서 신화를 해석할 때 나타난다. 그 태도는 다양해도, 그들 뒤에는 한국 민족과 한반도라는 국지성을 넘어 인간 보편적 이상을 찾는 합리적 논리가 담겨져 있다는 점에서 서로 같다. 우리는 이를 보편주의 운동이라고 말할 수 있다. 다만 일제 식민사관인 경우에는 인위적이고 조작적인 사실 왜곡을 위하여 합리적 논리가 원용되었기 때문에 보편주의적 내용을 담지 않았다. 반면에, 민족주의 진영에서는 절실한 민족의식의 맥락에서 신화내용이 곧 역사의 사실기록이라는 주장에 이른다. 이는 신화의 허구성 주장에 대한 실존적 반발이라고 말할 수 있다. 이들 극단적인 태도는 역사 안에서 살아있는 신화의 모습을 이해하는데 이르지 못하게 된다.

여기서 단군신화의 두 가지 측면을 발견하게 된다. 하나는 민족의 시원으로 상징되는 단군이며, 다른 하나는 그 시원이 해석된 결과들이다. 전자를 근원신화(primal myth)라 한다면, 후자는 시원상징을 해석하는 "이야기로서의" 신화이다. 시원에 대한 이해와 해석은 입장에 따라 달라지지만 시원

---

49 박광용, 「단군인식의 역사적 변천-조선조」, 『단군』
50 이필영, 「단군 연구사」, 『단군』

상징으로서의 단군은 언제나 동일하다. 따라서 단군에 대한 신화는 여러 가지가 있을 수 있지만 이들은 모두 근원신화를 근거로 하고 있는 것이다. 흔히 이야기로 고착된 형태로서의 신화만을 보고 그 허구와 진실을 논하곤 한다. 그러나 이야기의 근거를 이루고 있는 시원으로서의 단군은 우리 민족이 최초로 국가를 형성한 역사적 사실을 상징하기 때문에, 이 역사적 사실을 거부할 수 없는 한, 역사 안에서 언제나 살아 움직이는 생명을 지니게 하는 씨앗이라는 사실을 알 수 있다. 다시 말해서 시원상징(origin-symbol)이 신화의 형식으로 설명된 최초의 현상을 근원신화라 할 것이며, 근원신화가 후대에 오면서 다양한 단군이해의 근거가 되는 원형신화(archaic myth)로 기능하게 된다.

단군신화가 단순한 이야기로 받아들여질 때 환상적인 허구로 이해되고, 이야기를 근거로 하여 나타나는 시원상징을 수용할 때 그 씨앗이 민족의식이라는 가치체계 안에서 민족정체감의 근거로 재탄생하게 된다. 전자의 경우 신화는 생명을 잃은 이야기이며, 후자의 경우 살아있는 신화로 기능하게 되는 것이다. 따라서 신화에 있어서 중요한 문제는 그것이 허구인가 진실인가에 있는 것이 아니라, 그것이 살아있는 신화인가 죽은 신화인가에 있다.

우리 민족이 위기에 처할 때마다 단군이 민족정체감의 확립을 위하여 요청되고, 단군신화는 민족통합의 기능을 하였다. 다시 말해서, 민족시원의 상징을 표상하는 근원신화가 시대요청(ethos)에 수용될 때, 신화는 무력한 이야기의 범주를 벗어나 "살아있는 신화"로 모습을 바꾼다. 살아있는 신화의 역동성은 역사적 사실이 새로운 시대적 요청에 의하여 재해석되고 새롭게 수용될 때 그 모습을 역사에 드러내게 된다. 이러한 역동적 단군신화가 우리 민족의 역사 속에서 민족정체감의 무의식적 동인(動因)으로 기능하여 왔다. 단군신화는 이렇게 역사에 현존한다.

지금까지 우리는 역사 안에서 신화가 어떻게 탄생되고 기능하는가라는 신화의 역사적 역동성에 관하여 살펴보았다. 단군신화는 문헌자료에 묻혀 있는 미이라가 아니라 우리 민족의 공동체의식 속에서 살아 숨쉬는 역동성으로서 민족사에 기능하는 것이다. 이러한 맥락에서 단군신화가 각 시대마다 어떻게 해석되어 왔으며, 각각의 신화해석의 태도에 어떤 문제점들이 있었던가를 보기로 하겠다. 이러한 작업을 통하여 단군신화가 우리 역사에 어떻게 살아 기능하였는가를 살펴보고, 또한 그것이 우리에게 어떤 의미를 가지고 있는가를 우리 스스로에게 물어보게 될 것이다.

그러나 신화는 기본적으로 하나의 이야기(narrative) 형식으로 이루어졌으며, 그것이 오랜 기간 구비전승으로 내려오다가 후에 문자로 적혀 기록으로 남게 되었다. 따라서 신화의 역동성을 정확하게 이해하기 위하여 먼저 신화의 특성을 파악해야 할 필요가 있다.

신화를 이해하는 태도가 다르고 그 개념형성의 역사적 과정이 각각 상이하기 때문에 신화의 정의 역시 매우 다양하다. 지금까지의 다양한 신화정의를 종합하여 필자는 다음과 같이 정리하여 본다. "신화는 현존하는 사실이나 과거의 역사적 사건을 신화적 논리로 설명하는 설명체계이다."[51] 신화는 분명히 무엇을 설명하는 하나의 이야기체계이다. 이제 그 이야기

---

51 기본적으로 신화는 제의(ritual)에서 구송되면서 제의의 의미를 설명하여 준다. 제의를 통한 실천과정에서 신화에 담긴 신념체계가 참여자에게 내면화되고 또 다음세대로 전하여진다. 이처럼 신화와 제의는 각각 신념체계와 실천체계를 이루는 상호의존적 관계에 있다. 신화의 신념체계는 곧 사물을 설명하는 설명체계의 기능을 한다. 윤이흠, 「무속 신화의 구조와 기능」, 『한국종교연구』 권1, 집문당, 1988, 128-129쪽.

가 무엇을 어떤 논리로 설명하는가를 살펴보기 위하여 우리가 잘 아는 두개의 사례를 들어보기로 하겠다.

첫째, 희랍의 "나르시스 신화"를 살펴보자. 어느 날 나르시스라는 미동 님프가 사냥을 하다가 목이 말라서 샘물을 마시려고 머리를 숙이는 순간 물속에 비친 아름다운 미동의 모습에 매혹되어 그를 잡으려다 빠져죽었다고도 하고, 끝없이 들여다보다가 고사했다고도 한다. 이 이야기가 환상적 허구인가 아니면 진실인가? 허구가 아니라면 도대체 이 이야기가 무엇을 설명하는 것일까?

나르시스는 우리말로 수선화다. 이 신화는 일차적으로 수선화가 5월의 물가에 자기 모습을 나릇하게 드리우고 있는 풍경을 그리고 있다. 잔잔한 물결에 하늘거리는 자신의 자태를 하염없이 쳐다보는 수선화, 이는 넋을 잃고 거울 속의 자기 얼굴을 들여다보는 인간의 자기 편집적인 모습을 상징한다. 이처럼 수선화라는 상징적 매체를 통하여 자기 중심적 인간의 본성을 이 신화는 설명하고 있다. 수선화는 실재하는 하나의 인간본성을 상징하되 본성 자체는 아니다. 실재가 아니면서 실재를 표상하는 기능을 하는 것을 우리는 상징이라 한다. 상징이란 말은 그 자체가 그것이 표상하는 실재가 아니라는 뜻이면서도, 실재가 없이는 상징이 기능을 할 수 없는 것이다. 이러한 관계에서 실재가 설명되는 것을 가르쳐 상징적 표현이라 한다. 모든 신화는 이러한 상징적 논리에 근거하여 사물을 설명한다.

신화의 상징적 논리를 인정한다면, 신화를 허구라고 하는 판단이 매우 위험하다는 사실을 알게 된다. 이러한 태도는 상징적 논리체계 위에서 이루어지는 모든 시와 예술의 세계를 거부하는데 이르기 때문이다. 동양에서는 고대로부터 상징적 관계를 잘 알고 있었다. 예를 들어, 수나라 때

길장대사는 "만약 불이라는 말이 불 자체라면, '불이야'하고 말하는 순간 입이 타버릴 것이다"[52]라고 설파했다. 불이라는 말은 상징이기 때문에 불 자체가 아니지만, 불 자체를 표상하고 있다. 그래서 우리가 "불"이라고 말할 때 개념의 혼돈을 일으키지 않고 의사소통이 된다. 인간의 모든 언어와 사고가 이와 같이 상징적 논리의 관계에 근거하고 있는 것이다.

둘째, 유관순의 예가 우리에게 역사적 사건이 역사 안에서 어떻게 기억되고 또 재해석되는가를 알려준다. 유관순은 아우내 장터에서 태극기를 나누어주며 만세운동을 하다 왜경에 붙들려 서대문감옥에서 처형을 당하였다. 그때 그녀는 16세의 소녀였다. 이 역사적인 사건은 전혀 다른 두 가지 해석을 가능하게 해준다. 먼저, 아무것도 모르는 어린 유관순은 끝까지 고집을 부렸기 때문에 사형을 당하고 말았다. 이것이 일본경찰이 취한 태도이다. 그러나 일반 상식의 입장에서 16세 어린 소녀가 택한 정치적 결단의 내용에 대하여 회의를 가질 수밖에 없기 때문에 그 어린 죽음에 애석함을 감출 수가 없게 된다. 다음으로, 유관순은 16세의 어린 나이에도 불구하고 나라를 위하여 목숨을 바쳐 일제에 항거한 "한국의 잔 다르크"이다. 그래서 그는 영원히 "유관순 누나"로 불린다. 전자가 일상경험과 상식적 판단에 근거한 분석적 해석의 태도를 반영한다면, 후자는 민족의식에 근거하여 유관순을 해석하는 민족주의적 태도를 반영하고 있다. 전자가 객관적이고 실증주의적이라면, 후자는 주관적이고 가치 판단적이다.

유관순에 대한 이 두 가지 해석 가운데서 과연 어느 것이 우리 민족의 현대사에서 살아 기능하고 있는 것인가? 두말할 필요 없이, 우리의 현대사

---

52 가상 길장대사(嘉祥 吉藏大師), 「立名」 제3, 『大乘玄論』 1(大正.1853), 17-A.

에서 살아 기능하는 유관순의 이미지는 "한국의 잔 다르크"이다. 유관순이라는 역사적 인물은 우리 민족의 애국심이라는 가치관에 의하여 해석되어 역사 속에서 재탄생된 영웅이다. 이처럼 특정한 역사적 사건이나 인물은 특정한 가치관에 의하여 재해석될 때 영웅이 탄생되는 것이다. 한마디로, 영웅은 역사 안에서 재탄생된다. 신화는 이렇게 역사 안에서 생명력을 갖게 되는 것이다.

이렇게 시대의 요청은 영웅의 모습으로 역사 속에서 상징되고, 또 영웅을 경배하는 국민의 마음속에서 시대정신이 살아 숨쉬는 생명력을 갖게 된다. 이것이 역사 안에서 하나의 이데올로기와 세계관이 살아 움직이는 과정이고, 한 민족의 역사가 생명력을 지니고 진행되는 모습이다. 이것이 산업사회에서 사회적으로는 바람직한 산업일꾼을 찾아 표창하고, 젊은 세대들은 그들의 영웅인 인기 연예인들 속에서 위안을 찾는 이유이다. 신화 없는 시대는 생명을 잃었으며, 신화 없는 민족은 존재할 수 없다. 신화는 역사에 생명을 부여하는 역동성이기 때문이다.

나르시스 신화와 한국현대사의 영웅 유관순의 두 가지 사례에서 우리는 다음과 같은 사실을 발견하게 된다. 첫째, 신화는 상징적 논리라는 신화자체의 독특한 논리가 있다. 상징은 그 자체가 실재가 아니기 때문에, 신화에 나오는 상징적 표현들은 그 자체가 역사적 사실에 대한 서술적 기록이되지 못한다. 그러나 신화적 표현들은 상징적 논리 안에서 인간의 자기편집광과 같이 현존하는 사실이나 역사적 사건들을 설명하고 있다. 그러므로 특히 단군신화와 같이 민족사의 시원에 대한 역사적 사건을 설명하는 신화의 경우에는 그 신화적 표현들이 과거의 역사적 사실들을 어떻게 상징적 논리에 담아 설명하고 있는가를 살펴볼 필요가 있다. 이를 신화의 상징논리의 원칙이라 부른다. 둘째, 상징적 논리와 상징적 표현은 상징의 준거(reference) 또는 대상이 실재하기 때문에 기능한다. 바꾸어 말하면, 인간의 자기편집성이라는 현상과 유관순이라는 역사적 인물이 사실이기 때문에 나르시스 신화와 유관순에 대한 우리 국민의 인식이 각각 살아있는 상징적 표현의 기능을 할 수 있는 것이다. 살아있는 상징은 언제나 실재를 표상한다. 예를 들어, 단군신화는 우리 민족의 국가시원이라는 과거의 사실을 상징적으로 표상하는 것이다. 이를 우리는 실재표상의 원칙이라 부른다. 상징논리와 실재표상이 신화적 사유형식의 이대원칙을 이루고 있는데, 이 원칙들은 우리로 하여금 난해한 신화의 진실에 접근할 수 있게 하는 든든한 가교가 된다.

이 두 가지 원칙에 근거하여 우리는 단군신화가 형성되는 과정과 그것이 역사 속에서 살아있는 모습을 있는 그대로 이해할 수 있게 된다. 단군은 우리 민족의 선조이며, 우리는 단군할아버지의 자손이기 때문에 하나의 형제라는 민족정체감을 갖게 된다. 이러한 민족정체감은 시조의 역사적 사실에 대한 기대와 확신이 민족이 위기에 처할 때마다 단군에 대한 재해석을 불러 일으켰다. 이러한 역동적 단군신화에 대한 각 시대의 해석을 통하여 민족정신의 숨결을 대하게 된다.

(2) 단군신화의 "이야기 틀"

단군신화와 같은 국가시원 신화는 최초의 국가가 형성되던 당시의 정치적 경험을 설명하는 원형신화가 오래 동안 구비전승으로 내려오다가 어느 시점에 와서 문자로 기록된다. 이러한 역사적인 과정에서 여러 가지의 해석과 관심들이 점점 첨가되면서 신화가 변화하고 또 다양화해진다. 그러나 하나의 신화는 그 나름대로의 체계화된 틀을 이루고 있어서 각각 독특한 성격을 갖게 된다. 이러한 신화적 이야기의 단위체계를 우리는 "이야기 틀"이라 한다. 이야기 틀이란 여러 가지 이야기들을 담고 있는 외형적 얼개(a frame of narrative)이다. 특정한 문헌신화의 설명 틀, 또는 이야기 틀이 특정한 구비신화의 틀과 같은 경우에는 이들이 서로 같은 신화라는 점을 말해주는데, 다만 그 차이는 그들이 문자화되었는가 아닌가에 달려있다. 단군신화의 경우 우리가 대할 수 있는 신화는 모두 문헌자료이기 때문에 그 이야기 틀, 곧 텍스트는 모두 문헌이다.

신화적 이야기 틀은 고유한 구조적 요인들을 지니고 있다. 첫째, 하나의 신화텍스트는 몇 개의 이야기 단위들로 구성된다. 둘째, 하나의 이야기 단위에는 여러 개의 이야기 소재, 줄여서, 화소(話素, motif)들로 구성된다. 결과적으로 하나의 텍스트, 곧 이야기 틀은 많은 화소들이 모인 하나의 이야기 집단이다

신화적 이야기 틀의 역사적 및 구조적 요인들을 연결하여 신화를 분석할 때, 신화 자체가 담고 있는 과거 신화시대의 역사적 경험내용을 이해할 수 있게 될 것이다. 다시 말해서, 역사신화에 담겨진 역사적 경험내용은 신화 자체의 논리와 구성요인들의 특성에 따라 표현되었기 때문에 신화 외적인 시각이나 이념으로 조명하여 얻어지는 판단은 결국 신화내용과 관계없는 것에 불과하다. 그러므로 우리는 단군신화의 내용을 그 신화적 이야기 틀의 맥락에서 먼저 이해하지 않으면 안 된다. 이런 입장에서, 단군신화의 이야기 틀 가운데 가장 원형을 잘 보존하고 또 후대에 표준이 된 삼국유사본(三國遺事本)을 다루어 보기로 한다.[53]

먼저 삼국유사본의 이야기 틀, 텍스트는 "도입부", "중심부", "종결부"로

불릴 수 있는 성격이 서로 다른 세 개의 이야기단위로 구성되어있다.

첫째 도입부는 "위서(魏書)에 이르기를, 2천 년 전 도읍을 아사달에 정하고 나라를 개창하여 국호를 조선이라 일컬으니 요임금과 같은 시대이다."는 부분으로, 그 이야기는 중국의 역사서에 기대여 신화내용에 대한 고증을 하려는데 그 중점이 있기 때문에 본문기록자인 일연의 집필의도에 의하여 삽입된 점이 분명히 드러난다. 따라서 도입부는 다음의 중심부와 그 의도와 맥락이 다른 독립된 이야기 단위라는 점을 알 수 있다.

둘째 중심부는 "고기(古記)에 이르되, 환웅이 잠깐 변하여 결혼하여 아기를 낳으니 이름을 단군왕검이라 하였다"라고 하는 하나의 이야기단위이다. 이 부분의 이야기는 일연이 직접 읽었거나 또는 전해들은 내용을 다시 실은 형식으로 되어있다. 다시 말해서 그 서술형식 자체가 이 부분의 이야기 단위가 일연이 접한 원형신화라는 점을 말해준다. 그가 접한 원형신화를 일연이 얼마나 가필했는가는 "고기"를 보지 않는 한 알 길이 없다.

셋째 종결부는 "(왕검이) 당요(唐堯)가 즉위한지 50년에 평양성에 도읍을 정하자 주나라가 기자를 봉하여 조선이라 하였고 한(漢)은 삼군을 분치(分置)하였으며, 『통전(通典)』도 이 설과 같다"라고 한 부분으로, 여기서는 도입부에서보다 더 분명하게 중국 사서에 입각하여 단군이 조선을 건국한 시기와 도읍의 위치를 중국역사에 기대 고증하려한다. 따라서 이 부분은 이미 신화적 사유의 원칙에 입각하여 과거 사실을 설명하지 않고 있다는 점이 분명해진다. 다시 말해서, 이 부분의 이야기는 이미 신화의 이야기가 아니라 역사적 재해석의 결과들이다.

---

53 서영대, 이병도 본 『동국문화사』, 56쪽.

위의 고찰에서, 중심부가 원형신화와 가장 가까운 이야기라는 사실이 분명해진다. 되풀이 하지만, 우리가 지닌 단군신화의 원형은 결국 일연이 쓴 이야기 틀의 중심부분에 담겨있다. 그 원형이 일연에 의하여 얼마나 어떻게 변형되었는지를 분명히 알 수는 없지만, 이 이야기 틀의 구성으로 보아서 그가 접한 원형을 가능한 그대로 옮겨놓으려 한 것으로 보인다. 그 근거가 도입부와 종결부에 비교적 긴 고증을 달고 있다는 점이다. 중심의 본문은 전후 부분들과는 그 이야기 서술형식이 매우 차이가 난다는 점이 이를 증명해준다. 전후 부분들은 분석적 이해의 내용들인데 반하여 본문은 공감적 이해의 내용이며, 전자가 사실적 표현형식이라면 후자는 상징적 표현형식이다. 만약 일연이 원형에 의도적으로 가필을 하려 하였다면 중심부의 서술형식이 도입부와 종결부분의 그것과 비슷한 형식으로 표현되었을 것이다. 따라서 일연이 최소한 원형을 그대로 옮기려는 의도를 갖고 있었다는 점을 이 이야기 틀의 중심부가 지닌 서술형식이 스스로 말해준다.

단군 원형신화의 내용을 이해하기 위하여 중심부의 이야기 단위에 담겨진 이야기 소재, 즉 화소들을 살펴보기로 하겠다. 편의상 전체 이야기 줄거리를 몇 개의 묶음으로 간추려 정리하면 다음과 같다.

1) 환인이라는 천신의 아들 "환웅"이 그 아버지의 허락을 받고 천하에 내려와 "신시"를 건설하였다.

2) 이 신시에는 환웅이 천계에서 데리고 온 "삼천의 무리"가 주 세력층을 이루고 있었다. 이 무리는 풍백, 우사, 운사와 같이 천문기상을 조정하는 도사들이 포함되었고, 이들은 곡식, 수명, 질병, 선악 등 삼백 예순

가지의 인간 세상에서 일어나는 모든 일을 주장하였다.

3) 곰 한 마리와 범 한 마리가 인간이 되게 하여 줄 것을 환웅에게 원하니, 환웅이 이들에게 시련의 조건을 주었다. 곰이 이 시련을 극복하여 여인이 되었다.

4) 신인 환웅이 인간(남)으로 화하여 여인이 된 곰과 통하여, 그 사이에서 "단군"을 낳으니 이가 곧 단군왕검이며, 고조선의 시조이다.

위에서 보이는 네 개의 이야기 묶음들은 각각 아래와 같은 의미를 담고 있다.

1) 환인과 환웅의 신성(divinity)의 천명
2) 환웅이 이끌고 온 천계 무리의 신시 내에서의 우월한 위치
3) 천계 무리 이외의 존재인 '곰'과 '범'이 당한 시련의 극복과 실패에 대한 각각의 보상
4) 천계 무리와 시련을 극복한 곰과의 사이에서 태어난 단군왕검과 고조선의 탄생

이들은 네 가지 신화적 이야기 소재들이다.

이러한 네 개의 신화적 모티프들을 종합하여 보면 다음과 같은 줄거리의 이야기가 된다. '곰 무리'와 '범 무리'로 상징되는 부족[54]들이 선주하고

---

54 최남선, 「단군급기연구(檀君及其研究)」, 『별건곤(別乾坤)』3-2(1928), 29-32쪽. 이병도, 『한국사고대편』 진단학회(1959), 72쪽. Jan de Vries, *The Study of Religion; A Historical Approach*, trans. by Kee W. Bolle, (New York: Harcourt, Brace 1967), "Totemism", 128-133쪽.

있던 천하계인 한반도, 또는 요동지방에 환웅이 이끄는 정비된 문화와 강력한 세력을 지닌 '천계 무리'가 들어왔다. 이 천계 무리는 풍백, 우사, 운사와 같이 천문기상을 다스리는 도사들을 갖고 있을 만큼 문화가 높고 힘이 있어서 삼백 예순 가지 인간 세상의 모든 일들을 통괄할 수 있었다. 선주부족인 곰 무리와 범 무리들은 이 강력한 천계 무리에 순화하기를 원하였으나, 범 무리는 이에 실패하였다. 천계 무리와 곰 무리와의 순화과정에서 이른바 단군조선 왕조가 출발되었다. 이 왕조의 주 세력은 큰 힘과 신통력을 갖고 있는 천계족, 곧 유입민족이 차지하고 있었다.

신화적 모티브들은 이상과 같이 역사적 사실들을 상징적으로 반영하고 있다. 단군의 원형신화는 고대 한국인들이 동방으로 이주하면서 선주민들과의 마찰을 경험하고, 이 마찰을 극복하는 과정에서 단군조선을 창건한 역사적 경험을 신화적 상징논리로 표현한 것이다. 이처럼 신화적 화소에 담긴 상징적 논리가 우리에게 말해주는 내용은, 우리 민족의 상고대 역사의 사실들을 크게 반영하고 있다.[55] (천계 무리로 상징되는 이주세력이 원주세력

기금까지 웅녀를 토템으로 해석한 사례가 많지만, 토템의 개념은 '일반 동물숭배 "와 구별하여 이해할 필요가 있다. 엄밀한 의미에서 토템은 ①부족을 상징하고, ②족내 또는 족외혼과 같은 사회제도, ③일상생활과 생산에 있어서의 금기와 같은 사회 통합 기능, ④이들이 종합되어 부족의 정치구조 등을 반영하는 현상을 의미한다. 이에 반하여 특정 동물을 숭배하고 그 동물이 부족을 상징하는 현상이 일반적인 동물숭배이다. 동물숭배는 보편적이지만 "엄격한 의미의 토테미즘은 오스트레일리아, 멜라네시아 그리고 폴리네시아와 같은 제한된 지역에서만 발견된다. "(de Vries, 132쪽) 이에 더하여, 우랄-알타이 어족, 인도-유럽어족은 국가를 형성한 이후까지 동물들과의 긴밀한 연관 관계를 가져왔지만", 이들이 토템사회라고 말할 수는 없다.(de Vries, 133쪽)

55 이병도, 앞의 주, 단군신화의 원형에 관한 논고, 참조. 고조선의 강역이 서북에서부터 한반도로 점점 이동하였다는 이동설이 고조선 이해에 가장 합리적이라고 여겨지는데, 이는 고조선이 여러 정치적 세력 간의 연합에 의하여 탄생된 연합국가라는 것을 의미한다. 노태돈, 「고조선 역사연구」, 『단군』 참조.

보다 월등하게 높은 문화수준과 비교할 수 없이 큰 힘을 가졌다는 인식은, 인간의 일상생활 전체와 관련된 생활규범이 이주민 세력에 의하여 관장되었다는 것이 신화적 표현에서 드러난다.) 이 시기에 이처럼 커다란 차이가 드러나는 문화적 요인이 있다면, 이는 청동기일 것이다. 청동기를 사용하던 이주민이 원주민 세력을 흡수하여 새로운 정치질서를 창건한 사건이 고조선의 출범이었다.

청동기는 고열을 다룰 수 있는 기술이 있을 때만 생산이 가능하다. 청동을 제련할 수 있는 기술은 농업, 무력 그리고 기타 여러 가지 면에서 획기적인 변화를 가져왔다. 특히 고열을 다루는 대장장이는 신적인 힘을 행사하는 존재로 믿어져서, 그는 주술사이며 사제이고 추장의 위력을 한 몸에 지녔던 것이다. 신화시대의 이러한 신념체계의 맥락에서 볼 때, 청동기문화를 지녔던 이주세력이 당연히 천계 무리로 상징되었던 것이다.

끝으로, 단군의 원형신화는(이후 단군신화) 기본적으로 국조신화이다. 모든 국조와 조상에 대한 신화는 그 영웅의 신성 신분을 강조하는데 기본 목적이 있다. 단군신화는 역시 단군이 신성한 존재라는 내용을 설명하는 이야기 체계인 것이다. 단군의 신성 신분을 천명하는 것이 단군신화의 주제이다. 이 주제와 이 신화의 이야기 틀에 나오는 모든 화소들이 직접적으로 연결된다. 바꾸어 말해서 모든 이야기 소재들은 단군의 신성 신분을 밝히는 목적과 관계될 때만 의미가 있다. 단군의 신성 신분은 곧 우리 민족의 성스러움을 의미한다. 그러므로 우리 민족의 정체감을 확립하기 위하여 단군의 신성 신분을 천명하는 국조신화를 모든 세대들이 되풀이해서 새롭게 해석하였던 것이다.

(3) 단군신화의 사상적 특성

지금까지의 단군연구는 역사적 연구가 그 주종을 이루어왔기 때문에, 상대적으로 단군신화에 담긴 사상에 대한 연구는 미미하다고 말할 수 있다. 특히 그 가운데서도 신화의 논리와 구조의 맥락에 근거해서 연구한 업적은 찾아보기 어렵다. 단군신화의 사상을 이해하기 위하여 이 신화에 나오는 천신의 개념과 "홍익인간"의 의미를 신화적 논리체계 안에서 파악할 필요가 있다.

먼저 단군신화에 천신이 환인과 환웅(桓雄)으로 표현되는데, 이들은 모두 초월적인 힘과 권위를 가진 신이며, 또한 부자관계를 맺고 있는 인간의 모습을 한 존재이다. 그들은 희랍의 제우스와 고대 바빌론의 마르둑신과 같아서, 마치 초월적 권능을 갖고 죽음을 극복한 인간의 모습으로 그려지고 있다.[56] "천하에 뜻을 두고 인간세상을 탐하는" 아들의 마음을 헤아려 "천하에 내려가 인간세상을 널리 이롭게 하도록" 아들 환웅을 내려 보내는 환인의 모습은 친근한 아버지이며 준엄한 족장의 모습이다. 이러한 인간관계의 맥락에서 그려진 천신의 의미에는 인도의 고전사상에서 보이는 우주규범이 의인화된 모습 곧 브라흐만의 특성이 안 보인다.[57] 그리고 단군신화의 신 관념은 너무나 구체적인 인격신의 내용과 인간규범이 깊이 자리 잡고 있어서 천신의 의지가 우주운행의 질서가 된다는 내용을 확인할 수 없다. 이는 이 사상에 우주의 변화와 인격적 의지와 역사가 모두

---

56 제우스나 마르둑은 하늘의 주재신이다. 천상의 주재신을 지고신(High God)이라 하며, 이 지고신은 모든 민족의 종교행사에서 두루 관찰된다.

57 윤이흠, 「동학운동의 개벽사상」, 『한국종교연구』 권2, "우주론적 시간관의 유형", 117-120쪽. Raju, P.T. "Indian Thought," ed.b S.Radhakrishnan, *The Concept of Man*, (Lincoln, Nebraska: Johnsen Publishing Co.1960), 169-171쪽.

그에 따라 질서 지워진다는 도의 개념이 들어있지 않다는 것을 말해준다. 따라서 단군신화에 나오는 천신의 개념은 중국의 천사상과 그 의미 맥락이 다르다는 것이 분명하다. 그러므로 단군신화는 중국문화에서 독립해서 태어났다는 것을 의미한다.[58]

천사상, 곧 하늘님의 개념은 모든 선사 및 원시 민족들에게서 발견된다. 이처럼 보편적인 하늘신을 지고신 또는 지고자라고 한다. 지고자로서의 하늘님은 무속의 접신 대상이 되는 "가까운 신"의 반대개념이다. 접신의 대상인 가까운 신은 인간이 감각적이고 직접적으로 경험되고 신과 친밀하게 의사소통을 할 수 있는데 반하여, 하늘님에게는 인간은 제사를 통하여 의사를 전한다. 이처럼 멀리 있는 하늘님, 천신은 자연 질서가 의인화된 것이다.

보편적인 지고자 개념은 우주의 주재신이라는 인격신으로 발전하여 유일신 사상에 이르기도 하고, 인도에서와 같이 인간의 자아(atman)와 분리될 수 없는 우주의 신비주재자라는 신의 개념(Brahman)으로 세련된 모습을 보여주기도 하고, 또 중국에서와 같이 인간과 사회와 자연의 질서를 총체적으로 상징한다. 천(天)이라는 기본개념이 가끔은 상제(上帝)라는 군왕의 인격적 모습으로 상정되기도 한다. 이처럼 상고대에는 거의 차이가 없던 하늘님의 개념이 고전문화가 형성되고 세련된 형이상학체계를 계발하게 되면서 독특한 세계관을 형성하고, 이 세계관에 의하여 문화권이 형성되게 되었다. 유일신, 브라흐만 그리고 천의 개념의 차이가 고전문화에 의하여 얼마나 다른 세계관들을 역사에 드리우게 하였는가를 잘 보여준다.

---

58 윤이흠, 「천사상의 종교적 의미」, 『백두산·제천·자연·사람』(미진사), 117-119쪽. 『한국종교연구』 권3, 19910, 168-171쪽.

중국에서 고전사상이 튼튼하게 뿌리를 내리면서 보편적인 지고신에 대한 개념은, 의례를 반복하는 시간이 지남에 따라 얻어졌던 보다 세련된 우주론과 형이상학체계에 의하여 재해석되면서 급기야 천(天)은 곧 인간존 재와 우주질서의 원리로 상징되었다. 이것이 상(商)과 주(周)대에 보여준 천사상(天思想)의 변천과정이었다. 주대에 와서 음양오행과 역(易)과 같은 우주론들이 홍범구주로 집약되어 발달하면서 인간과 역(史)과 자연(우주)이 라는 서로 다른 삼차원이 하나의 원리에 의하여 질서가 세워진다는 체계 화된 세계관을 갖기에 이르렀다. 이 세계관이 천지인 삼재이다.[59] 이처럼 주대에 삼재사상이 정착되면서 비로소 중국 사상이 중국적 특성을 갖게 된 것이다.

단군신화가 중국문화와 독립하여 형성되었다는 말은 두 가지 의미를 그 안에 내포하게 된다. 하나는 고조선을 건설한 주 세력이 처음부터 중국 문화와 다른 문화전통에 속했다는 것을 의미하고, 다른 하나는 고조선의 건국은 적어도 주대 이전, 좀 더 정확하게는 삼재사상에 입각한 중국적 세계관이 형성되기 이전에 일어난 사건이라는 점을, 단군신화에 담긴 천 사상이 말해주고 있다.[60]

---

59 『易繫辭下』有天道焉 有地道焉 有人道焉也 三材之道 『易說卦』立天地道 曰陰與陽 立地之道 曰柔與剛 立人之道 曰仁與義 兼三才 之故易 六畫而成卦. 이처럼 天地人 三才는 동양의 우주론의 총제적 구조를 이루었으며, 이 총체적 우주론의 변화의 원리 가 易으로 周代에 이르러 정착되었다.

60 기본적으로 단군신화에 나타난 천사상은 단군이 하늘의 주재자이며 인격적 존재로서 인간 세상에 관심을 갖고 있다는 일반적인 지고신 개념을 크게 벗어나지 않는다. 인격 적 지고신 개념은 그 안에 아직 체계화된 우주론과 그를 설명하는 세련된 형이상학체 계가 내장되지 않은 상태이다. 이런 점에서 단군신화는 중국의 삼재사상의 영향을 받 기 이전에 형성된 것이 분명하다.

우리 민족은 20세기 이상 중국문자 한문을 써오면서 중국 사상의 영향을 깊이 받았기 때문에, 하늘과 땅과 인간은 하나의 원칙에 의하여 질서가 세워진다는 사실을 의심할 필요가 없는 진리라고 믿어왔다. 그러나 우리의 고전문화에 깊은 영향을 준 또 하나의 문화전통인 인도사상을 조금이라고 살펴 본 사람이라면, "천지인 삼재사상"이 어느 민족과 어느 문화권에나 보편적인 사상이라는 점이 잘못되었다는 점을 쉽게 알 수 있다. 더구나 중동의 유일신관과는 그 근본적인 시각부터 다른 세계관이다. 한마디로, 삼재사상은 오직 중국 사상에 불과하다는 사실을 간과하고, 이에 근거하여 한국의 고대사상과 문화를 해석하여 온 우리 학계의 관행은 애석한 일이 아닐 수 없다.

다음으로 "천하에 뜻을 두고 인간세상을 탐구하는(貪求人世)" 환웅의 뜻을 알고 환인이 "삼위태백을 내려다보며 인간을 널리 이롭게 할 만한지라 (可以弘益人間) 천부인(天符印) 삼개를 주어" 환웅으로 하여금 세상에 내려가게 하였다는 내용을 살펴볼 필요가 있다. 이 이야기가 한문으로 기록되는 과정에서 원형의 내용이 어느 정도는 중국식으로 변화되었으리라는 짐작이 든다.[61] 그러나 이 이야기는 기본적으로 고대사회에서의 인간관계의 질서가 신적인 내용으로 표현된 것이다. 이러한 형태는 앞에서 언급한 고대 바빌로니아의 신화에서도 같은 형태로 나타난다. 기본적으로 고전문화가 나타나기 이전의 고대 사회에서 인간사회의 질서는 천상의 신들의 질서를 본뜬 것으로 여겨졌으며, 고대 도시는 천상에 있는 신들의 거주지를

---

61 중국의 상고대 신화들이 고대 메소포타미아의 신화들과 같이 체계적으로 기록되지 않고 단편적으로 전해지는 것은 주대에 한문이 정착된 이후 기록되었는데 그 기록자들이 새로운 고전사상에 입각하여 그 이전의 자료들을 비판적으로 재해석한 결과만을 남겼기 때문이다.

지상에 복사한 것으로 믿었다. 이렇게 천상의 질서가 지상에 재현된다고 믿는 것이 신화적인 사고방식이다.

신화적 사유의 맥락에서 볼 때, 지상의 인간질서가 신성화한 것이 곧 천상의 질서이며, 역으로 지상의 질서는 천상의 그곳을 본뜬 것이기 때문에 성스러운 것이다. 그러나 이러한 사유의 맥락에는 지상의 질서가 성스럽다는 인식은 있어도 그것이 왜 성스러울 수밖에 없는가의 이유를 설명하는 논리체계와 형이상학적 구조가 아직 나타나지 않는다. 홍익인간 개념의 경우, 천부인과 곁들여 『천부경(天符經)』의 내용을 직접 연결시켜 해석하는 경우가 많은데, 이는 신화의 내용을 신화 외적인 시각이나 기준에 의하여 해석하는 결과를 낳게 한다. 적어도 "홍익인간"은 매우 구체적인 인간관계가 신성화된 맥락, 곧 환인과 환웅의 부자관계에서 현실적으로 서술되고 있다는 점을 부인해서는 안 된다. 이러한 구체적인 현실성 위에서 인간세상을 보고 있는 것이다. 이처럼 현실적인 맥락에서 인간에게 널리 이롭게 한다는 것이 무엇인지, 그 형이상학적 또는 인간학적 내용이 전해지지 않는다. 이 신화가 한문으로 기록되고 전해지는 과정에서 그 내용이 탈락되었을 수도 있고, 또는 애초부터 없었을 가능성도 있다.

그 어느 경우라도, "홍익인간"이란 개념은 중국적인 천지인 삼재의 세계관 맥락에서 이야기되고 있지 않은 것만은 분명하다. 단군신화에 나오는 천신은 중국의 천사상과 비교하면, 지고자라는 보편적인 하늘님의 개념을 더 풍부하게 담고 있다. 그리고 홍익인간이란 개념은 형이상학적 논리가 도입되기 이전에 인간과 사회의 현실질서를 보던 상고대의 신념체계를 그대로 담고 있는 것이다. 다시 말해서, 우리 민족의 천사상은 가까이 중국으로부터 강력한 영향을 받으면서도 오히려 상고대의 지고신 개념을 굳건히 지니고 있다. 우리 민족의 의식은 어느 특정한 고전 문화전통에 완전히 매여 있지 않다는 것을 말해준다. 이러한 상고대의 인간관계에 대한 인식체계는 우리 민족이 아직도 기마족의 일환으로 동북아시아를 달리던 시대의 신념체계를 반영하는 것이다. 기마민족의 도전적인 열정이 아직도 홍익인간이란 원초적인 사회참여 의식에 담겨져서 오늘에까지 전해지고 있는 것이다.

(4) 단군신화의 역사적 의미

앞에서 우리는 우리 민족이 최초로 국가를 창건하던 역사적 경험을 신화적 형식으로 이야기하고 있다는 사실을 살펴보았다. 신화의 내용은 환상이나 허구도 아니며, 그렇다고 신화의 표현내용이 역사적 사실 그 자체를 기술한 것도 아니라는 사실을 알게 되었다. 신화는 신화자체의 논리와 이야기 틀의 구조적 특성이 있기 때문에, 그 특성의 맥락 안에서 신화에 담긴 비밀이 판독될 수 있다. 신화의 표현형식의 특성에 따라서 우리는 단군신화가 아마도 청동기가 등장하는 사회적 격변기의 정치적 사건을 이야기하고 있다는 사실을 확인할 수 있었다. 또한 이 신화에 담긴 사상의 내용을 통하여, 단군신화가 중국의 고전사상의 영향을 받기 이전 시대에 있었던 신념내용을 담고 있다는 점을 확인하였다. 결론적으로 단군신화는 중국문화를 받아들이기 이전의 기마민족 전통을 그 사상적 지주로 삼고 있다.

이처럼 단군신화는 우리에게 민족사의 첫머리에 있었던 역사적 사건과 그 시대의 사상, 및 사회적 상황에 대한 정보를 매우 제한된 형태로나마 우리에게 전해주고 있다. 신화는 언제나 상징적인 표현이 지닌 제한된 정보원으로서의 몫을 한다는 사실을 우리 모두가 알고 있는 바이다. 그럼에도 불구하고, 상고대 사회에 대한 문헌자료가 매우 부족한 우리의 경우, 단군신화가 주는 제한된 정보가 얼마나 중요한지 모를 일이다.

단군신화의 역사적 가치와 의미는 신화형성기의 역사적 정보를 담고 있다는 것 못지않게, 그것이 민족의 정체감을 확립하여 주는 상징적 근거의 기능을 한다는데 있다. 한민족이 이웃 민족과 구별되는 독자적인 단위체라는 인식을 갖게 된 것은 매우 오래 전의 일이다. 아득한 옛날부터 그러한 생각을 갖게 되었다는 점을 단군신화가 말해주는 것이다. 그 상한선은 앞에서 언급하였듯이 우리 민족이 최초의 국가를 형성하였던 이른바 신화시대에서부터[62] 시작하였으며, 이 신화적 인식체계가 적어도 우리가 지금 전수받은 문헌자료로 나타난 확실한 시기는 13세기 일연의 『삼국유사』에서부터 비롯된다. 우리는 여기서 두 가지 문제에 봉착하게 된다. 첫째, 그러면 도대체 단군신화의 시대에서부터 일연의 13세기까지 우리 민족은 어떤 형태의 민족 정체감을 가졌던가? 둘째, 13세기서부터 확인될 수 있는 문헌자료로서의 단군신화는 우리에게 어떤 의미를 지니고 있는가 하는 것이다.

첫째, 단군신화가 문헌 자료로 전하지 않는 시기에도 우리 민족은 중국의 중화민족이나 만주의 거란족, 여진족, 그리고 일본인들과 다른 독자적인 민족이라는 의식을 갖고 있었음이 분명하다. 이러한 민족정체감이 어떤 형태로 역사에 나타났는지 그 자료가 불충분한 것이 사실이다. 그러나

---

62 국가형성의 역사적 사건을 구비전승으로 정착시켰던 시대를 우리는 신화시대라고 할 수 있다. 이러한 국가 기원신화는 청동기에 의하여 주위 세력을 통합할 수 있었던 역사적 단계에 집중적으로 나타난 현상이기 때문에 신화시대는 막연한 환상적 과거가 아니다.

적어도 현재의 한국 언어학이 밝힌 바와 같이 한민족은 앞에서 언급한 주변 민족들의 언어와는 구별되는 언어체계를 지녔던 것이 사실이다. 이러한 "원한국어"가 삼국시대에 들어오면서 큰 방언체제로 분화되었지만, 적어도 삼국의 국민들은 서로 의사소통이 가능하였다.[63] 정치적으로는, 삼국은 서로 경쟁과 견제의 정치적 역학관계에 의하여 자국의 생존이 보장될 수 있는 상황이었기 때문에 우리 민족이 하나의 혈연 공동체라는 인식체계 보다는 각자의 정치적 단위에 대한 인식이 우선하지 않을 수 없는 상황이었다. 따라서 삼국은 각각 독자적으로 독립된 민족으로 후대의 역사자료에 비쳤던 것이다. 이러한 근거에서 삼국시대에는 우리 민족이 단일 민족이라는 인식이 없었다는 판단을 오늘의 역사학자들이 내리는 경우가 있다. 그러나 여기에는 상당한 논리적인 허점이 있다는 점을 우리는 부인할 수 없다.

이러한 논리적인 허점은 역사서적, 이른바 사서만이 역사적 정황을 반영하는 것인가라는 문제 앞에서 자연적으로 드러나게 된다. 사서는 이른바 국민정서(ethos)의 극히 일부만을 정형화된 형태로 반영하는 것이다. 만약 이 사실을 인정한다면 어떤 이유에서든 간에 우리는 사서에 기록되지 않은 국민정서가 얼마든지 있을 수 있다는 사실을 거부할 수 없다. 그렇다면, 이렇게 사서에 반영되지 않은 것 가운데 하나가 우리 민족이 이웃 민족과는 다른 하나의 혈연 공동체이며 최소한 언어공동체라는 인식일 것이다. 이 혈연 및 언어 공동체라는 민족의식이 삼국의 정립관계에서 오는 정치적 갈등에 의하여 퇴화되었던 것이다. 다시 말해서 사서의 기록은 언

---

63 김완진, 「언어」, 『한국학연구입문』(지식사업사), 45-48쪽. 특히 '이기문의 체계' 참조.

제나 당대의 정치이념을 반영하는 일종의 체제사관, 또는 체제 보수적 입장을 반영하는 것이다. 그렇다면, 고구려, 신라, 백제가 서로 각축전을 벌이는 시대의 사서에는 각국의 정치적 이익을 대변하는 역사기록 이외에 우리 민족의 공동이익을 위한 것이 기록되었을 까닭이 없다.

여기서 우리는 적어도 신라가 백제와 고구려를 굴복시키고 다시 백제와 고구려의 유민들과 손을 잡고 당나라의 안동도호부를 한반도에서 몰아내던 사실을 상기할 필요가 있다. 역사기록에는 고구려와 백제의 유민들이 신라인들과 같은 동족으로서 당나라의 한(漢)족과 다른 형제라는 기록은 없다. 왜냐하면 이 시기의 기록은 모두 통일신라의 정당성을 주장하던 사관에 의하여 기록된 자료이기 때문이다. 그러나 우리는 적어도, 고구려와 백제의 유민이 신라인들과 손을 잡고 당나라 군사와 대적하였던 이유를 이 시기의 정치적인 이유만으로는 도저히 설명될 수 없다는 사실을 시인할 수 밖에 없다. 유일한 해석의 가능성이 있다면, 그들은 비록 방언은 썼을 망정 서로 말이 통하는 이웃사촌으로서의 동질성에 대한 의식을 가졌다는 점이다. 한마디로 한사군 이후에 우리 민족은 중국의 한(漢)족과는 다른 민족이라는 공동의식을 가졌던 것이다. 이러한 고대의 민족의식이 삼국의 불행한 정치적 여건 속에서 희석되었던 것이다.

이러한 우리 민족의 전통적인 정서(ethos)가 단군조선 이후 기자와 위만 조선과 한사군을 거쳐 삼국에 이르렀다가 다시 후삼국으로 오면서 하나의 민족으로 복귀하려는 정치적 운동으로 이어지게 할 수 있었던 생명력이었다. 다시 말해서, 이러한 국민정서의 역동성(mythos)이 역사서에 분명하게 기록된 것 가운데 하나가 오늘에 이르기까지 가장 중요한 자료가 13세기 일연이 쓴 삼국유사이다. 따라서 삼국유사의 기록 이후에 한국민족이 하나의 통일 공동체라는 의식이 생겨났다는 해석은 지나치게 역사의 전개과정을 단순화시키는 오류에 빠지는 결과에 이른다.

이러한 전통적인 국민정서는 조선조에 와서도 그대로 나타난다. 조선조는 모화사상을 그 국시로 정하고 출발한 역사적인 한계성을 지니고 있었다. 그럼에도 불구하고 제후국은 지낼 수 없는 천제를 지내려는 노력이나, 단군을 국조로 모시려는 노력이 백방으로 모색되었다.[64] 이는 비록 모화사상에 젖었던 조선조의 지성인들일지라도, 그들이 우리 민족의 정체감을 확인하려 할 때는 우리 민족은 중화민족과 다르다는 인식, 곧 한국민족의 독자성을 천명하는 과정에서 우리 민족의 조상인 단군에 관한 신화로 돌아가지 않을 수 없었다는 점을 말해준다.

19세기에서 20세기로 넘어오는 과정은 곧 대한제국의 종말과 일제강점기로 이어졌던 것이다. 이 과정에서 민족 주체의식이 절실하게 요청되었으며, 이 요청은 급기야 단군의 신앙운동으로까지 전개되어 단군교와 이후 대종교의 종교운동으로 이어지게 되었으며,[65] 이러한 신앙운동은 1970년대 이후에 다시 새로운 종교운동으로 나타나게 되었다.[66] 아마도 1970년대는 한국경제가 세계로 뻗어나가면서 한국 국민의 자긍심이 전례 없이 되살아나기 시작한 시기이기 때문에, 이 시기의 단군신앙 운동은 단군교와 대종교로 이어지던 시기와는 전연 반대의 여건에서 민족의식이 종교운동으로까지 펼쳐진 사례들이라고 말할 수 있다.

---

64 강만길, 「이조시대의 단군숭배」, 『이식회갑기념, 한국사학논총』, 1970, 250-272쪽.

65 이은봉, 「단군신앙의 역사」, 『단군』 참조.

66 조흥윤, 「단군신앙의 실태」, 『단군』 참조. 무속 및 민간신앙과 같은 한국의 고유종교전통을 근거로 출발한 종교들이 1970년대 이후에는 점차로 단군사상을 그 중심내용으로 안치하는 경향을 갖는다. 한얼교, 단군교, 천우교 등이 그 사례이다.

이처럼, 단군에 대한 인식은 13세기, 몽고군에 의하여 한줌의 여지도 없이 민족자존심이 파괴되었던 시기에서부터, 모화사상과 민족자존의 두 명제사이에서 심한 갈등을 피할 수 없었던 조선조, 그리고 구한말에 국가와 민족의 운명이 일본제국주의의 손에 넘어가려 하던 시기, 그리고 민족의 힘이 지금까지 억눌려오던 수난과 고난을 비켜서 세계로 그 힘을 뻗기 시작하던 1970년대, 그 모든 시기들이 각각 독특한 의미의 위기상황이었다. 이처럼 민족의 위기상황에서 민족의 정체감이 극도로 요청될 때마다, 민족의 조상으로 상징되는 단군이 우리의 역사의식 속에서 되살아나곤 하였다. 그리하여 단군의 이야기, 곧 단군신화는 민족의 정체감을 불러일으키는 살아있는 역동성으로 역사에 현현하곤 하였다. 단군신화는 이처럼 우리 민족이 하나의 공동체라는 의식을 갖는 한, 그리고 그러한 의식이 역사적 정황 속에서 요청되는 한, 언제나 살아있는 신화로서 기능하게 될 것이다.

한국의
종교와
종교사

제4장

삼국의 종교

1. 삼국시대 초기 종교문화의 변동

삼국은 우리 민족이 고전문화를 처음으로 수용하고 이를 내면화하기 시작한 시기이다. 고전문화가 삼국시대에 이르러 우리 민족사에서 창조적인 기능을 하기 시작한 것이다. 고전문화를 수용하고 내면화하는 과정에는 크게 두 가지의 문화적 흐름이 우리 민족사에 나타나게 된다. 그 첫째는, 지금까지 없었던 고전문화가 민족문화를 유지하고 발전시키는 주역으로 나타나기 시작한다는 점이다. 그리고 둘째는, 아무리 고전문화가 표면적으로 시대를 주도한다 해도, 그 이전부터 면면히 전수되는 전통문화가 여전히 이면적으로 삼국인의 삶의 내용을 주도하였다는 사실이다. 따라서 삼국시대는 유교와 도교, 그리고 불교와 같은 전형적 고전종교 전통을 사회적 차원에서 구현할 수 있게 되었다. 그러면서도 그 때까지 이어온 민족의 고유 전통문화가 여전히 삶의 내면적 규범으로 기능하고 있었다. 삼국시대는 이처럼 이질적인 두 문화적 흐름이 동시에 병행하였다.

그럼에도 불구하고, 삼국시대의 문화적 특성은 역시 "고전문화의 수용"이라고 말하지 않을 수 없다. 유교와 불교를 수용하는 과정에서 일어난 문화적 특성들이 삼국은 물론이고 그 이후 우리 민족의 문화사가 진행되는 방향에 결정적인 영향을 주었기 때문이다. 전통을 유지하는데 고전문화의 수용이 적극적 영향을 주었다면, 고유 전통문화는 상대적으로 효과적인 힘을 발휘하지 못했다고 할 수 있다. 다시 말해서, 고전문화가 민족문화의 급격한 변화를 적극적으로 유도하는데 비하여, 민족의 고유 전통문화는 급변하는 문화적 변화에 대응하였지만, 결과적으로는 외부로부터 오는 변화의 압력을 막아낼 수 없었다. 따라서 삼국시대의 문화적 특성은 외부로부터 고전문화를 수용하면서 민족문화의 내용을 더 다채롭게 변화시킨 데 있다고 말할 수 있다.

이러한 맥락에서 고전문화의 주도적 역할을 이해하는 것이 당대의 문화적 특성을 파악하는데 매우 중요하다. 그러나 고유 문화전통이 아주 없어진 것도 아니다. 고유 문화전통의 주류는 기복으로 이어졌다. 앞에서 누누이 언급한 바와 같이, 고전종교는 인간의 현세적 욕망의 한계를 넘어서 "삶의 고매한 이상"을 추구하는데 반하여, 기복종교는 인간의 이기심에 근거하여 현세적 이익을 추구하는데 그 특성이 있다. 고전과 기복은 이처럼 서로 다른 종교적 행위의 두 길을 제시한다.

그런데 유교, 도교, 그리고 불교와 같은 외래 종교 역시 적어도 삼국이라는 역사의 장으로 들어오는 과정에서 순수한 고전적 이상형만을 유지하지는 않았다. 순수한 형태의 종교는 역사에는 존재하지 않기 때문이다. 종교는 언제나 고전과 기복이 어느 정도 복합된 형태로 사회에서 기능하게 마련이다. 그러나 그 순수성이 얼마나 유지되느냐에 따라 한 시대의 종교적 색체가 결정된다. 결론적으로 말해서, 삼국시대에는 보다 이상을 추구하는 종교가 왕권의 절대화에 보다 효과적으로 영향을 주었기 때문에, 당시의 사회구성에 결정적인 힘을 발휘할 수 있었다. 그러한 종교가 만약 기복적인 욕구까지 충족시켜줄 수 있다면, 대중의 신심을 그 종교로 집중시키게 할 것이다. 불교가 이 두 가지 기능을 지니고 있다. 따라서 불교가 가장 효과적으로 삼국시대를 석권할 수 있는 종교로 등장하게 된 것이다. 이에 반하여 유교는 왕권의 권위와 사회질서, 그리고 학문적 훈련의 체계가 잘 짜여 있어서, 한문을 받아들인 삼국의 국정에 행정적 기준을 제시하는 기능을 하게 되었다. 그러나 유교는 대중의 기복적 욕망을 충족시키는데 매우 취약하기 때문에, 삼국시대의 유교적 이념은 상류계층의 이념적 역할을 하는데 머물렀다. 다음으로, 도교는 유교와 같이 고대사회를 운영하는 사회적 원리의 면에 있어서도 설득력이 약하고, 불교와 같이 대중의 기복적 욕망에 만족감을 느끼게 할 만큼, 막강한 교단으로부터의 지원에 있어서도 매우 준비가 안 된 상태이다. 따라서 도교는, 앞장에서 언급한 바와 같이, "기복행위 중심형" 종교의 허점을 벗어날 수 없었다. 기복행위 중심형 종교는 단순한 기복형태로 남아있든가, 아니며 민속종교 형태로 퇴락하든가, 아니면 사라지게 된다. 도교 현상들은 우리나라의 종교사에서 이러한 삼중택일의 형태에서 벗어나지 못하였다.

먼저 유교와 도교는 우리 민족의 정신세계에 어떻게 전파될 수 있었는 가를 여기서 상기해 볼 필요가 있다. 두말할 필요 없이, 유교와 도교는 한문을 사용하기 시작하면서 수용되었다. 한문을 국가 기록체계로 사용하면서, 한문이 행정과 교육의 중심매체로 기능하였고, 그러한 과정에서 한문에 실린 중국의 고유한 정신문화가 중요한 교육내용으로 전수되었다.

이러한 과정에서 유교와 도교가 삼국의 교육문화 내용으로 전해졌던 것이다. 이처럼 유교와 도교는 문자체계의 수용과정의 부수적 효과로 전수되었다. 그러나 한문에 담긴 유교와 도교는 고전종교답게 절대 신념 체계를 갖고 있기 때문에, 이들 중국종교는 각각 중국문화의 절대성을 전달한다. 뿐만 아니라 중국의 왕조들은 기회가 닿을 때마다 우리나라를 포함한 모든 주위 국가에게 정치와 문화 등 모든 면에서 팽창주의 태도를 지니고 있었다. 따라서 한문의 수용은 결과적으로 중국의 문화적 팽창주의를 어느 정도 감수해야 하는 상황으로 연결되어졌다. 상고대, 곧 고조선시대에 기록체계가 있었다는 설이 없지는 않지만, 본격적으로 기록체계를 갖고 왕조의 행정이 운영되기 시작한 것은 삼국시대였다. 따라서 우리 민족이 주관적 필요에 따라 선택한 한문수용은 결과적으로 유교와 도교를 우리 민족사에 들어오게 하였고, 또한 중국의 문화적 팽창주의의 부담을 피할 수 없게 하였다.

다음으로 불교는 승려들의 적극적인 전파의지에 의하여 삼국까지 전해지게 되었다. 불교는 세계종교사 가운데 외국으로 전교운동을 전개한 첫 번째 종교이다. 서역의 승려들은 비단길을 따라 중국대륙을 통과하여 우리나라에 왔다. 그러나 더러는 만리장성 북쪽 내몽고의 고비사막을 거쳐 직접 고구려에 왔다고 여겨진다. 다만 삼국시대에는 한문을 쓰고 있었기 때문에, 서역의 승려들은 중국을 거쳐 삼국에 들어오는 것이 주류를 이룰 수밖에 없었던 것이라 말할 수 있다. 어느 경우이든, 불교의 전래는 도전적인 불교승려들의 대외활동에 의하여 이루어졌다.

그러나 아무리 도전적인 불교승려라 해도, 그들 자신의 힘만으로 그 멀고 험한 비단길을 넘어 중국을 지나 한반도까지 올 수는 없었다. 비단길

(silk road)의 대부분은 몇 날을 가도 지평선만 보이는 광활한 사막이나 초원이기 때문에, 자체보호를 위하여 충분한 인력이 모여서 마치 군사조직과 같은 체제로 움직일 필요가 있다.[1] 비단길을 넘나드는 대상(隊商)은 군부대와 같은 체제를 갖추고 원거리 여행을 했던 것이다. 따라서 불교승려 개인이나 또는 소수가 같이 가는 경우라도, 그들은 반드시 대상에 끼어가지 않으면 안 되었다. 이러한 대상들에 의하여 상품이 동서로 이동되었고, 그 결과로 동서 문화의 교류가 이루어졌던 것이다. 비단길 대상들의 동서 이동의 사회적 흐름을 타고 비로소 불교가 사방으로 전파될 수 있었다. 결론적으로, 불교는 이러한 동서 문물교류의 일환으로 삼국에 들어올 수 있었던 것이다.

유교와 불교는 앞에서 살펴본 바와 같이 서로 다른 과정을 거쳐 삼국에 전파되었다. 이들이 전파되면서 곧바로 삼국에 유교와 불교의 고전문화가 일어나기 시작했다. 그렇게 쉽게 고전문화가 일어나는 데는 까닭이 있었다. 고전문화는, 앞에서 누누이 언급한 바와 같이, 인간의 삶과 문화를 높은 경지로 끌어올리는데 필요한 일종의 강력한 설득력이 있다. 이러한 설득력으로 왕권의 절대성을 교리적 차원에서 보장해준다. 이처럼 고전종교는 한편으로는 종교적 이상세계를 제시할 뿐만 아니라, 왕권의 절대화를 통하여 세속적 이익을 보장하기도 하는, 이른바 "양면적"인 설득력을 갖고 있다. 따라서 고전종교가 전파된 지역의 문화를 어렵지 않게 주도할 수 있게 된다. 결론적으로 말하자면, 고전종교는 상고대의 종교와는 비교가 되지 않는 문화적 가치관 또는 설득력을 지니고 있기 때문에, 탁월한 문화

---

1 이점은 필자가 1991년 이후 중앙아시아와 신강성을 다니면서 확인한 결과이다.

통합력을 갖고 있다. 그것이 고전의 힘이다.

상고대의 기복종교는 어떤 경우에도 고전종교와 같은 사회 통합력을 발휘할 수 없다. 예컨대 샤머니즘은 주위의 관심을 흡입하는데 있어서는 어느 종교도 따르지 못한다. 샤머니즘의 영육이원론 세계관은 일상적 상황에서 혼돈을 느끼며 살아가는 세속인에게 대단한 매력을 지니고 있으며, 이에 더하여 무당의 기복행위는 엄청난 흡입력을 지닌다. 한마디로 무속은 상고대 기복종교들 가운데 가장 강력한 사회통합력을 지녔다. 그러나 무속은 여타 기복종교와 마찬가지로 사회적 이상을 제시하지 못하는 한계가 있다. 그것이 기복의 한계이다.

지금까지 우리는 고전종교가 삼국 종교상황의 주도권을 잡게 되었다는 사실을 보았다. 이 시기의 고전종교는 사실상 불교와 유교이다. 앞에서 언급한 바와 같이 도교는 완전한 고전종교의 자리에 들어가기에 여러 가지 면에서 한계가 있다. 불교가 고전적 이상과 기복적 욕구를 동시에 만족시켜줌으로서 삼국시대의 주도권을 더 확실하게 쥐고 있는데 반하여, 유교는 기복적 욕구에 부응할 수 없었기 때문에 상대적으로 귀족문화 형성에 더 공헌하는 모습을 보여준다. 여기서 한 가지 더 중요한 사실을 지적할 필요가 있다. 비단길을 타고 동서 문화의 교류가 이루어지기 시작하면서 중국 사회 역시 크게 변화를 보여주었다. 그 변화가 진시황의 출현이었으며, 한나라의 탄생이었다. 이처럼 중국문화가 본격적으로 자기특성을 갖게 된 것 역시 비단길을 통한 동서 교류의 영향을 받으면서 일어난 것이다.

이처럼 불교와 유교가 삼국에 전파된 것은 결국 비단길을 통한 동서 문화의 교류에서 비롯되었다는 사실을 알 수 있다. 삼국 이전의 고조선 대에는, 앞장에서 언급한 바와 같이, 북방민족과의 관계가 중국보다 더 큰 비중을 지니고 있었다고 말할 수 있다. 삼국 이전에는 우리 민족의 언어와 생활방식 등이 몽고와 중앙아시아를 잇는 북방 기마민족 문화와 연결되었다. 그러나 이 시기에 있어서 우리 민족과 북방 민족과의 관계에 대한 문헌자료가 충분하지 않기 때문에, 우리는 지금까지 전해지는 여타 자료를 더듬어 당시의 문화 상황을 점검할 필요가 있다. 이러한 맥락에서 삼국시대에 있어서 우리 민족과 북방 기마민족과의 관계를 보여주는 다양한 자료를 살펴볼 필요가 있다.

문헌자료 밖에서 삼국시대의 문화내용을 오늘까지 전해줄 수 있는 자료라면 아무래도 공예미술 형태로 남아있는 것이 그 주류를 이루게 된다. 왜냐하면, 그 당시에 문자로 기록된 내용은 모두 한문으로 쓰여졌기 때문에, 한문 표현력의 한계 안에서 기술되고, 또한 필자의 주관적 의식의 범주를 벗어나지 못하기 때문이다. 한마디로, 고대 및 상고대의 문화에 대한 한문 기록은 그 객관성을 보장하기가 매우 어렵다는 한계를 지니게 된다. 따라서 우리는 한문으로 표기되지 않은 자료를 살펴볼 필요가 있다. 이런 맥락에서 주로 미술공예에 속한 자료를 살펴보기로 하겠다.

1) 미술 공예자료가 말해주는 내용

우리는 여기서 첫째, 고구려의 고분벽화, 둘째, 돈황의 초기 불교그림, 셋째, 신라의 금관을 비롯한 유물들, 넷째, 스키타이 황금 유물, 다섯째, 중앙아시아의 암각화를 살펴보기로 한다. 이들 다섯 유형의 자료들을 우리에 필요한 문제와 시각에서 상호 연결하여 삼국시대 초기의 종교문화의 성격을 파악해보기로 한다.

위의 다섯 유형의 그림들을 서로 연결시켜 ①고구려의 자기수련 전통,

②고구려 고분의 인동넝쿨문양, ③고구려 고분의 나래옷, ④신라의 곡장 신구, 그리고 우리에게 잘 알려진 ⑤신라 금관, 이러한 다섯 가지 문화재들이 지닌 역사적 의미를 밝혀보려 한다. 이들은 모두 고구려와 신라의 문화이지만, 중국을 넘어 멀리 서역과 중앙아시아와 깊은 연관을 갖고 있다는 사실을 스스로 증명하고 있다. 이는 곧 우리 민족의 종교문화 의식이 한문 이전에 이미 극동지역의 범위를 넘어선 보편주의적 이념과 깊이 연결되었다는 사실을 말해주는 의미를 지닌다. 이를 가능한 한 간략한 형태로, 그러나 선명하게 드러날 수 있도록 하기 위하여 고대 사진을 살펴보기로 하겠다.

(1) 고구려의 자기수련 전통

자기수련 전통은, 앞장에서 살펴본 바와 같이, 상고대로부터 내려오는 종교형태의 하나이다. 상고대 사회에서 인간의 자기완성을 추구하는 한 형태가 바로 체력의 단련에서부터 시작된다. 인간이 언제부터 자기완성을 추구했는지는 알 수 없다. 그러나 적어도 청동기시대에는 분명히 이러한 전통이 전해져 왔다. 육체적 단련은 자신과의 싸움을 전제로 한다. 따라서 체력의 단련은 곧 내면적 자아의 승리를 추구한다는 의미를 지닌다.[2]

육체적 단련이 절실하게 요구되는 시기가 바로 말을 타고 전쟁을 하게 되던 시기이다. 기마는 중앙아시아 서쪽지방에서 기원전 1천 7백 년대 경에 나타났다.[3] 그리고 기마술이 사방으로 급속히 전파되어 중앙아시아를

---

2 윤이흠, 「한국적 자기수련 전통의 역사적 전개」, 171-181쪽.

3 James F. Downs, "The Origin and Spread of Riding in the near East and Central Asia", *American Anthropologyst*, New Series, Vol.63, No.6(Dec.1961). 1193-1203.

건너 몽고와 시베리아까지 전파되면서 비로소 이 지역에 완전한 유목 문화가 형성되었다. 기원전 1천 년대 중반만 되어도 기마술은 전 유라시아로 확대되고, 그 이후에는 기마전이 전쟁의 주 형식이 되었다. 이러한 시기에 자기수련 전통은 육체적 단련의 필요와, 부족을 지키고 나아가 전쟁에서 승리해야 하는 사회적 요청에 부응하는 양면의 이상이 합해지면서 이 시대의 중심가치의 자리를 차지하게 되었다. 기마술의 보급에 의하여 더 크게 부각되기 시작한 자기수련 전통은 기마술의 고향인 근동과 중앙아시아가 주 무대일 수밖에 없다.

이러한 맥락에서, 자기수련 전통에 관한 그림 3점이 위에서 언급한 내용을 잘 드러내준다. 고구려 무용총의 〈수박화〉(우리말로는 "맨손대결"그림이라한다)와, 각저총의 〈씨름〉, 대영박물관 소장품의 스키타이 유물 〈씨름장면 청동장식〉이다.

첫째, 무용총에 그려진 수박화는 오늘날 한국에서 태권도와 택견, 또는 당수와 같은 일종의 무예대결 방법이다. 이 그림은 두 사람의 맨손 대결장면을 보여주고 있는데, 화가는 한 가지 의도적으로 강조하고 있는 점이 있다. 그것은 오른 쪽 사람의 코를 의도적으로 높게 강조하여 그렸다는 점이다. 한마디로, 코가 높은 사람은 우리 민족이 아니라 서역에서 온 사람이란 점을 크게 강조하고 있다. 흔히 서역은 신강성을 의미한다. 신강성의 위구르족은 투르크 족 가운데서도 인도유럽족과 혼혈이 많이 된 민족이다. 이점에서 과연 코 큰 왼쪽 사람이 위구르족인지 아니면 인도유럽족 가운데 어느 민족인지는 분명하지 않다. 그러나 한 가지 분명한 점은 그가 고구려인이 아니라 중앙아시아에서 온 사람이란 점이다. 이런 의미에서 중앙아시아에서 온 사람을 이 글에서는 "서역인"이라 부르기로 한다. 무용총에 서역인이 그려졌다는 점은, 무용총이 만들어질 당시 고구려인들은 서역과 교류가 매우 활발했다는 점을 말해준다.

둘째, 각저총의 〈씨름〉은 우리 민족이 오늘도 즐기는 전통 놀이의 하나이다. 샅바를 매고 씨름하는 놀이는 중국에는 없는 것이다. 그것은 우리나라에 지금까지 남아있고, 일본으로 전해져서 스모로 자리 잡았다. 또한 씨름은 오늘도 몽고에서 행해지고 있으며 중앙아시아 지역에도 남아있다. 그런데 씨름 그림에서도 왼쪽 사람의 코가 유난히 강조되어 그가 서역인이라는 점을 드러내고 있다. 이 그림은 따라서, 두 가지 점을 명확하게 강조하고 있다. 첫째는, 고구려인들이 서역인들과 씨름을 즐긴다는 사실을 잘 보여준다. 둘째는, 중국에서는 없는 씨름을 고구려인과 서역인이 즐긴다는 점은 곧 고구려인이 중국에만 의존하지 않고, 서역인들과 상고대부터 폭넓은 문화교류의 전통을 이어왔다는 사실을 말해준다. 이 시기에 이처럼 씨름을 즐긴다는 것은 민족 간의 문화교류 전통이 깊었을 경우에만 가능한 일이기 때문이다.

셋째, 스키타이 유물 청동기에 새겨진 씨름장면 속 두 인물 옆에는 각자의 말이 서있다. 이는 중앙아시아에서 나온 것으로, 중앙아시아에서 동서를 누비던 스키타이 족들이 말을 타고 달리던 중간에 씨름대결을 즐겼다는 사실을 드러내고 있다. 마상에서 많은 시간을 보내던 스키타이가 말에서 내려 씨름을 하는 장면인 것이다.

그런데 그러한 스키타이의 후손일 법한, 코가 큰 서역인이 각저총의 씨름 그림에서도 나타난다는 사실에서 다음과 같은 것을 알 수 있다. 씨름은 기원전 7, 8세기 스키타이가 중앙아시아를 누비던 시대부터 고구려까지 이어져 왔다. 물론 그것은 오늘까지 이어진다. 씨름과 더불어 맨손대결(수

^{박화)} 역시 서역인과 대결하고 있다.

여기서 위의 세 그림을 종합하면 다음과 같은 결론에 이르게 된다. 우리 민족은 청동기시대 이후에 기마술을 전해 받았다. 특히 기마술을 동방으로 전수하는데 크게 공헌한 스키타이 족이 즐기던 "씨름"과 "맨손대결"의 자기수련 전통을 고구려인들 역시 즐겼다. 우리는 여기서 씨름과 맨손대결이 서쪽에서 동쪽으로 이동했는지, 또는 어느 지역에서 먼저 출현했는지는 알 수 없다. 그러나 가장 안전한 태도인 결과론에 설 때, 방대한 중앙아시아와 고구려가 씨름과 맨손대결을 포함한 자기수련 전통을 공유하고 있었다는 사실이다. 이는 다시 고구려인들은 중국과는 관계없는 자기수련 전통을 지니고 있었다는 사실을 말해준다.

지금까지의 논의를 종합하건대, 고구려는 중국의 한문문화를 수용하고 고전문화를 일으키면서도, 그전부터 지녀온 서역인들과의 활발한 문화교류를 유지하고 있었다. 고구려는 중국을 벗어나 서역과의 문화관계를 깊이 유지하고 있었다.

(2) 고구려의 인동넝쿨 문양

고구려 "통구사신총" 인동넝쿨 문양의 강력한 표현은 매우 간명하면서도 유연하게 펼쳐지면서 벽면을 장식한다. 그런데 이 인동넝쿨 문양은 이곳 외에도 많은 고구려 무덤 그림에서 나타난다.

이에 비하여, 돈황의 "286호 굴"의 인동넝쿨 문양은 "통구사신총"에 나타나는 인동넝쿨과 같은 모양으로 그려져 있다. 이것은 통구사신총의 인동넝쿨은 돈황의 인동넝쿨을 반영한 것이다. 고구려의 벽화가 돈황의 불화 그림을 모방한 것이다.

위의 두 인동넝쿨 그림은 다음과 같은 사실을 말해준다. 먼저, 고구려인은 당시에 멀리 서역이라 불리던 신강성의 초입에 있는 돈황의 그림과 그 문화를 수용했다. 인동넝쿨 문양은 중국의 미술과는 관계가 없다. 따라서 고구려는 중국을 넘어 그 서쪽의 서역문화를 그대로 받아들였다는 점을 말해준다.

그런데 돈황의 인동문양 그림에는 많은 숨은 그림의 주제들이 감추어져 있어서 매우 복잡한 교리적 내용이 숨어있다. 그러나 고구려의 그림은 매우 간명하면서도 세련된 문양으로 유연성과 강조점을 잘 드러낸다. 한마디로 고구려 그림은 고구려인의 강직하면서도 유연한 미적 감각을 잘 부각시키고 있다. 이처럼 고구려인은 중국을 넘어 신강성의 돈황에서 불교문화를 직수입했다는 사실을 이 두 그림이 잘 말해준다.

(3) 고구려 나래옷

고구려 무용총에는 공중에 부상한 모습으로 그려진 〈뿔 나팔 부는 선녀〉라는 그림이 있다. 그리고 고구려 5호분 4호 묘에는 〈돌 다루는 신〉이 있는데, 신이 돌을 깎는 작업을 하는 중이다. 이 두 그림의 공통점은 저고리의 팔소매와 바짓가랑이가 모두 갈라졌다는 점에 있다. 이처럼 팔소매와 바짓가랑이가 모두 갈라진 옷을 입는 것은 일상생활에서는 찾아볼 수 없는 일이다. 따라서 이는 "뿔 나팔 부는 선녀"와 같이 비상하는 상태이거나 "돌 다루는 신"과 같이 비범한 작업을 하는 상태를 강조하는, 다시 말해서 신성한 상태를 드러내는 성격을 갖는다. 신성한 상태는 곧 성스러움 (sacred)을 의미하며, 성스러움은 그 기본적 특성이 일상성과 구별된다는 점에 있다. 이렇게 볼 때, 이 두 그림은 나팔 부는 선녀와 돌 다루는 신의 신성성을 강조하려는 의도를 지닌 그림이다.

팔과 가랑이가 갈라진 나래옷을 입고 있음으로서 "나팔 부는 선녀"와 "돌 다루는 신"의 신성성이 돋보이게 하는 기법을 쓰고 있다. 바로 이러한 기법은 돈황의 동굴벽화에도 많이 나온다. 돈황의 동굴벽화 가운데서도 특히 "제285호굴"에는 나래옷을 입고 있는 그림들이 많다. "제285호굴" 가운데 세 점을 살펴보기로 하겠다.

돈황의 "제285호굴"의 "주악선녀"와 "비상하는 선인", "현악기를 연주하는 선녀와 비상하는 선녀"이다. 앞의 두 그림은 한 벽면에 가득히 그려진 그림들 가운데 하나만 따로 떼어놓은 것이고, 마지막의 것은 그들 가운데 둘을 떼어 놓은 것이다.

위의 세 그림들은 모두 나래옷을 입은 선녀를 그리고 있다. 또한 이들은 고구려의 "뿔 나팔 부는 선녀"와 "돌을 다루는 신"의 그림과 서로 같은 점도 있고 다른 점도 보여준다. 먼저 그리는 기법과 그림의 주인공의 신성성을 강조하는 면에서는 서로 같다. 좀 더 구체적으로 말하자면, 고구려 벽화가 돈황의 벽화를 모방했다. 그러나 돈황의 그림이 더 현란하다. 특히 "현악기를 연주하는 선녀와 비상하는 선녀" 속 "비상하는 선녀"의 바지가 대단히 엷은 옷감에 끝이 갈라져 매우 선정적이다. 이에 비하여 고구려의 그림은 선정적인 성격을 피하는 선에서 신성성을 추구하고 있다. 이처럼 미학적 기법은 고구려 그림이 돈황을 수용하면서도, 주제의 성격에 대한 해석을 달리하고 있다.

그 차이는 돈황의 동굴벽화가 불교인의 교리적 신념내용을 그림으로 표현한데 반하여, 고구려 고분벽화는 생사의 갈림길에 연관된 주제들을 그린 점에서 차이가 날 수 있다. 어떤 이유에서건 주제의 해석에서 차이가

나는 점은 분명하다. 아마도 그 차이는 고구려인의 사유체계와 직결될 것으로 여겨진다.

앞의 논의를 통하여 우리는 몇 가지 결론에 이르게 된다. 돈황의 그림 기법과 주제들은 중국에는 없는 것이다. 따라서 고구려인은 중국을 거치지 않고, 서역의 초입인 돈황에서 직접 미술기법과 표현방법을 받아들였다. 한 마디로 고구려는 서역과 미술을 포함한 다양한 문화교류를 하였고, 그 교류의 결과가 고분 벽면을 장식하는 데까지 나타난다. 이처럼 서역의 문화를 적극적으로 포용하면서도, 그 주제의 해석에 있어서는 고구려인의 고유한 성격을 유지하고 있다.

(4) 신라의 금관

경주박물관 소장 "천마총" 금관의 머리위로 솟은 뿔 기둥장식이 매우 인상적이다. 이 뿔에는 꺽쇠 모양의 장식 4개가 모두 끝을 위로 올린 채 뿔기둥의 아래 위로 고르게 진열되었다. 한마디로 출(出)자 둘을 아래위로 겹쳐 이어놓은 것 같이 보인다. 그리고 그 뿔에는 각각 앞에서 살펴본 "곡옥"이 장식되었다. 금관이 참으로 아름답고 세련된 모습으로 성스럽다. 경주 "서봉총"에서 출토된 금관은 천마총 금관에 비하여 두 가지 장식을 더 갖고 있다. 첫째는 뿔기둥 뒤에 세 마리의 새가 앉아있고, 둘째는 뿔기둥 오른 쪽에 다섯 개의 엇갈린 가지가 솟았다. 다만, 뿔기둥 뒤에 있는 새가 어떤 종류인지는 분명하지 않다.

이 두 금관을 비교해 보면, 천마총 금관과 서봉총 금관이 동일한 문화전통의 산물이라는 점이 첫 눈에 분명하게 드러난다. 그런데 자세히 보면 천마총 금관은 서봉총 금관에 있는 "세 마리 새"와 "다섯 개의 엇갈린 가지를 지닌 나무"가 없다. 결과적으로 천마총 금관은 서봉총 금관에 있는 두 개의 신화적 요소를 압축하여 가운데의 뿔기둥에 꺽쇠를 1개 더 높이고 전체적으로 간소화 하면서 더 세련된 모습을 갖추었다. 장식을 단순화하여 세련된 아름다움을 강조하면서도 그 성스러움이 한 층 더 높아 보인다. 이러한 천마총 금관의 성스러움의 미학에는 그 뒤에 스키타이 문화전통이 있다.

카자흐스탄 알마티 국립박물관 소장의 스키타이 왕자 "황금 관"은 앞의 신라의 두 금관과 금관이라는 점에서 동일하다. 그리고 금관 "위로 솟은 뿔 장식"이 강조하는 인상이 서로 닮았다. 한마디로, 금관의 위용과 그 기능에 있어서 신라는 스키타이의 전통을 받아들였다는 점을 보여준다.

그런데 신라 금관의 뿔기둥 모양은 스키타이 왕자 "황금 관"에서 잘 나타난다. 꺽쇠모양의 양쪽 뿔이 위를 향해 가지런히 난 모습이 신라금관의 중앙 기둥 디자인과 같다. 이어서 알마티의 "파지리크 2호분"에서 나온 "장대 끝 장식(竿頭飾)"을 보겠다.[4] 그리핀의 부리에 사슴의 머리가 물렸다. 그리고 사슴머리에 난 뿔에는 많은 가지가 있고, 그 가지의 끝마다 닭의 머리가 붙었다. 바로 그 "닭 머리"가 신라 경주의 "천마총"에서도 나타난 것이다. 이 "닭 머리"를 갖고 있는 "장대 끝 장식"은 BC 5세기경의 스키토—시베리아(Skyto–Siberia) 동물양식을 보여준다.

지금까지 우리는 두 개의 신라 금관과, 스키타이 금관, 그리고 사슴뿔을 그린 암각화, 끝으로 장대머리 장식의 사실상 다섯 그림을 비교해보면서 다음과 같은 결론에 이르게 된다. 신라의 금관은 기원전 4, 5세기에서부터

---

4 국립중앙박물관 편, 『스키타이 황금-소련 국립 에르미타주박물관 소장』(조선일보사 발행, 1991), "139. 간두령(竿頭鈴)", 217쪽.

중앙아시아와 시베리아 일대에 큰 문화적 영향을 준 스키타이 영향을 받았다는 사실을 잘 보여준다.

고구려와 신라의 미술공예품들을 통하여 우리는 삼국 시대 초기의 문화예술이 중국이 아니라 북방, 조금 더 정확하게는 중앙아시아의 스키타이 문화와 직접적인 관계를 맺고 있다는 사실을 발견하게 되었다. 이는 분명히 우리의 상고대문화, 그리고 조금 더 나아가서 우리 민족의 고유한 문화 전통을 찾는데 매우 중요한 근거를 제시하는 역사자료의 의미를 지닌다. 이런 의미에서 지금까지 살펴본 것을 종합하여 고찰할 필요가 있다.

2) 미술 공예자료의 종합적 의미

고구려의 "자기수련 전통"에 관한 그림은 우리에게 고구려인들은 멀리 중앙아시아에서 일어난 스키타이들이 즐기던 씨름을 하면서 살았다는 점을 말해준다. 고구려인이 상대한 씨름과 맨손겨루기의 대상은 동양인과는 얼굴형체가 다른 코가 큰 인도유럽족이라는 점을 의도적으로 강조하고 있다. 이러한 고구려 무덤의 그림들은, 최소한 상류계층의 고구려인들은 중국을 넘어 서역에 살고 있던 서역인들과 매우 자유롭게 교류를 하고, 따라서 북방의 서역문화를 직접 수용하고 또 교류하면서 살았다는 사실을 보여주고 있다. 여기서 서역인이란, 앞에서도 언급했듯이, 중국을 넘어 신강성의 위구르족과 만리장성 북쪽의 몽고족을 포함하여 중앙아시아에 살고 있던 인도유럽족, 투르크족 등을 말한다. 이들은 한마디로 중국인이 아니면서, 우리의 고대문화에 직접 관계한 민족들이다. 자기수련 전통에 관한 세 그림은 우리의 고대문화가 인도유럽족의 하나이면서 중앙아시아 초원의 서쪽 끝에서부터 시베리아의 바이칼호수까지 석권하던 스키타이족의 문화를 크게 받으며, 서역인들과 교류하였다는 사실을 설명해주고 있다.

고구려 무덤의 인동넝쿨 문양과 "나래옷" 문양의 그림은 고구려인들이 돈황의 불교그림 형태를 직접 수용했다는 사실을 말해준다. 특히 돈황의 인동넝쿨과 나래옷 문양은 중국이 돈황에 아직 영향을 미치지 못한 때, 그래서 돈황이 서역으로 남아 있을 때의 그림"이기 때문이다.

이처럼 자기수련 전통, 인동넝쿨 그리고 나래옷 그림, 이렇게 세 가지의 그림만 해도 고구려가, 중국을 거치지 않고, 서역과 아주 폭넓게 직접 문화 교류를 하고 있었다는 사실을 충분히 말해준다. 그러나 그러한 인적, 문화 적 교류를 위하여 어떤 정치경제적 관계가 유지되었는지 분명히 알려지지 않고 있다. 여기에는 두 가지 이유가 있다. 첫째는, 삼국시대의 자료가 모두 한문으로 쓰여졌는데, 특히 한문으로 쓴 기사에는 그런 사건이 기록 되지 않았다는 점이다. 둘째는, 우리 민족 지식인의 관심이 시간이 가면서 한문기록에 집중되다보니 한문 기록에 빠진 역사현실이 점점 더 멀어지게 되었다. 따라서 고대 및 상고대 문화를 복원하고 이해하기 위하여 역사현 실을 드러내는 작업이 앞으로 절실하게 요청된다.

그럼에도 불구하고 위의 세 가지 유형의 그림들은 고구려인들이 고대 불교의 중심지였던 돈황을 포함하여 그보다 더 먼 중앙아시아 전역의 문 화와 깊은 관계를 맺고 있었다는 사실을 말해준다. 이러한 사실은 우즈베 키스탄의 아프라시아브 궁전벽화에서 한층 더 확실하게 드러난다. 이 벽 화는 삼면의 벽에 세계의 여러 나라에서 온 국가사절들이 그려졌는데, 그 가운데 벽 우측에 머리에 새 깃털을 단 모자를 쓰고 칼을 찬 두 사람의 고구려인이 나타난다.[5] 고구려인이 이처럼 먼 중앙아시아의 서쪽까지 가서 무엇을 했는지 분명치 않지만, 적어도 국가사절이 그 먼 곳까지 다녔던 것은 분명한 사실이다. 앞의 그림들을 종합컨대, 고구려인은 국내에서도 서역인과 긴밀한 관계를 갖고 살았으며, 나아가 국가적 목적을 수행하기 위하여 중앙아시아를 횡단하기도 했던 것이다. 국가운영과 개인적 삶의 영역, 이러한 양면에서 고구려는 중국을 넘어 서역 사회와 직접적이고 적극적인 문화관계를 맺고 있었다.

다음으로 신라의 장신구와 금관, 두 형태의 미술공예품은 고구려에 못지않게 신라 역시 서역과의 문화관계를 지니고 있었다는 사실을 말해준다. 우선 곡옥은 금관과 혁대 등에 장식하는 것이기 때문에, 깊은 상징적 의미를 지니고 있는 것이 분명하다, 비록 아직은 그 의미가 다 밝혀지지는 않았지만, 이처럼 신비로운 곡옥모양의 장신구를 스키타이인들은 황금으로 만들었다. 그렇다면, 신라에서 왜 황금이 아니라 옥으로 장신구를 만들었는지는 분명치 않다. 그러나 곡옥모양의 장신구가 중앙아시아를 넘어 인도유럽족이 그들의 원고향인 카스피아해 근처와 좀 더 나아가 지중해 사이의 어느 지역에 있던 곡옥모양의 고대문화재를 동쪽으로 전해왔다는 사실을 말해준다. 이 미스터리같은 장신구의 연구가 진행된다면 우리 민족의 고대사 이해에 크게 도움이 될 것으로 확신한다. 이런 점에서 신라의 금관은 단순히 스키타이의 황금문화 전통을 수용한데 그치지 않는다. 스

---

5 권영필, 『실크로드 미술-중앙아시아에서 한국까지』, 열화당, 1997, 36-37쪽. 권영필은 그들을 한국인이라 칭한다. 그러나 김원룡은 그들을 신라인이라 정의한다. 김원룡 「사마르칸트 아프라시압 궁전벽화의 사절단」, 『고고미술』129(1976): 162-167쪽. 필자는 1991년에 처음으로 아파라시압 궁전벽화를 보고, 새 깃털을 단 모자를 쓴 두 사람을 고구려인이라 생각했다. 중요한 점은, 외국학자를 포함하여, 이 그림을 보고 고구려나 신라인 가운데 하나라고 여기는 점은 벗어나지 않는다는 점이다. 이런 맥락에서 권영필은 한국인이라 지칭하고 있다.

키타이는 기본적으로 중동의 고대문화 지역 주변에서 그 영향을 받으며 일어났기 때문에, 스키타이 문화에는 중동의 고대문화 내용이 담겨있었다. 따라서 신라는 스키타이 전통을 통하여 멀리 중동의 고대문화를 간접적으로 수용하게 되었던 것이다.

이처럼 고구려가 적극적으로 서역사회와 문화관계를 맺고 있었으며, 신라는 스키타이 전통을 수용하는 과정에서 극동을 넘어 서역의 문화적 원천이었던 고대중동의 문화까지도 간접적으로 접하게 되었다. 종합컨대, 우리 민족의 고대문화는 이웃 중국을 넘어, 서역의 끝까지 알게 모르게 여러 가지 형태로 연결되었던 것이다.

상고대에서 고대로 이어지는 사이에 우리 민족이 서역인들과 대단히 폭넓은 인적, 문화적 교류를 갖고 있었다는 사실을 암각화가 또한 잘 말해주고 있다. 우리는 울주 대곡리 반구대 암각화와 카자흐스탄의 코이바가르 계곡의 것, 즉 한반도 동남단과 중앙아시아의 중심에 그려진 두 암각화 사이에 놓인 커다란 시공의 거리를 넘어선 문화적 상호관계를 찾아보려 한다. 그러기 위하여 우리는 가능한 간단하면서도 양 지역의 특성을 잘 드러낼 것으로 여겨지는 사례를 찾아 비교해보기로 한다.

먼저 울주 반구대에는 몇 개의 인물상이 있다. 그 중 남성 그림에 성기가 강조되었다는 인상을 받기가 쉬운데, 그렇지만은 않다. 이 사실은 코이바가르 계곡의 그림과 비교하면 쉽게 이해가 될 수 있다. 예컨대, 가운데 좌측 인물도 성기가 강조된 것 같이 보인다. 그러나 그것은 "활집"과 "칼집" 같은 일종의 "무기집"이다. 따라서 울주 반구대의 남성 그림도 역시 "무기집"을 나타내는 것이라 봐야 한다. 그러한 중요한 근거는 남성체위의 중간에 뿔이 앞 뒤로 났기 때문이다.

여기서 우리의 관심은, 물론 그림의 형식에 관한 흥미도 무시할 수 없지만, 그보다는 두 암각화의 지리적 위치에 쏠린다. 울주 반구대는 고래사냥의 중심지인 울산 근처이다. 따라서 반구대의 암각화에는 고래가 무엇보다 많이 그려졌다. 반구대 암각화에는 태평양의 북쪽 연안인 하바롭스크 지역에서 나오는 그림들이 많이 나타난다. 이것은 태평양 연안을 따라 암각화 문화가 전파된 사실을 말해준다. 그런데 반구대에서 나타나는 그림이 중앙아시아의 내륙 깊숙이 카자크스탄에서도 나타난다. 이는 한반도의 동남쪽 해안지역까지 카자흐스탄의 암각화 문화가 영향을 주었다는 사실을 말해준다. 다시 말해서, 한반도의 동남단에서 보이는 암각화는 하바롭스크만이 아니라 중앙아시아의 내륙 깊숙한 곳과의 문화교류 결과로 나타난 것이다. 결론적으로 말하자면, 우리 민족이 청동기 또는 그 이전부터 중앙아시아의 내륙 깊은 곳과 문화적 연결을 지니고 있었다는 사실을 확인해주는 것이다.

3) 삼국시대 초기의 종교문화

지금까지 우리는 삼국시대 초기 이전, 좀 더 구체적으로는 상고대부터 우리 민족이 서역과 다양한 형태의 문화교류를 갖고 있었다는 사실을 확인했다. 이 글에서 서역은, 좁은 의미로는 중국문화권 밖에 있는 "서쪽과 북쪽"을 의미하고, 넓은 의미로는 고대중동의 문화유산을 비단길을 타고 동쪽으로 이동시켜주었던 스키타이족이 활동하던 지역 전체를 의미한다. 이처럼 광범위한 서역을 무대로 스키타이족들은 고대 중동문화와 그 뒤를 잇는 그리스 문화의 유산들을 동으로 전파시켰던 것이다. 결과적으로 신라에 스키타이의 "황금문화"가 들어와 황금관으로 이어졌고, 고구려인이 서역인과 씨름을 했던 것이다. 이러한 관계로, 상고대, 곧 고조선 시대에도 서역과의 문화교류가 대단히 활발하였다는 사실을 지적하는 것도 가능하다. 따라서 우리는 고구려, 신라, 백제의 삼국시대가 서역과의 활발한 문화교류의 와중에서 출발했다고 말할 수 있다.

서역과의 문화교류가 고조선 시대에 활발하였고, 그 연장선에서 삼국시대가 열렸다면, 우리는 당연히 다음과 같은 두 가지 질문에 부딪치게 된다. 첫째는, 서역과의 활발한 문화교섭 관계에서 우리 민족의 종교사에는 어떤 일이 일어났는가의 문제이다. 둘째는, 서역과의 활발한 문화교류가 언제부터, 왜 그 활력이 시들었는가의 문제이다.

첫째, 서역과의 문화교섭 관계에서 우리 민족의 종교사에는 최소한 "고유전통 종교"의 확립이 진행되었다고 말할 수 있다. 이 시기는 유불선의 삼교가 들어오기 전단계이기 때문이다. 여기서 우리 민족의 고유종교 전통이란 "제3장"에서 살펴본 샤머니즘, 하늘(天)사상 그리고 자기수련 전통 등의 종교전통들을 지칭한다.

이중에서 자기수련 전통은, "고구려의 자기수련 전통"의 그림 3점이 하나같이 말해주는 바와 같이, 서역과 깊은 문화관계를 갖고 태어났다. 다음으로 알타이와 투르크 어족이 모두 하늘(天) 숭배사상을 갖고 있었기 때문에 이 역시 서역과 우리 민족 사이에 상호 깊은 교섭이 있었다고 말할 수 있다. 끝으로 샤머니즘은 당시의 유라시아대륙이 공통으로 지녔던 종교이다. 이렇게 볼 때, 서역과의 문화교류에 있어서 자기수련 전통의 "수련방법"에 관한 문제가 우리 민족이 서역으로부터 가장 집중적으로 영향을 받은 분야라고 말할 수 있다. 한걸음 더 나아가서, 하늘사상과 샤머니즘은 구석기시대부터 내려온 전통이기 때문에, 신석기시대에 편성된 민족

형성의 전 단계부터 있었던 종교전통들이다. 따라서 이러한 종교 전통을 우랄알타이어족과 인도유럽어족으로부터 수용하게 된 과정을 구체적으로 밝히는 것은 대단히 어려울 것으로 여겨진다.

이처럼 하늘사상과 샤머니즘은 민족형성 이전부터 내려오는 종교전통이기 때문에 서역과의 문화교섭 이전부터, 그래서 우리 민족이 형성되던 때 이미 전해져 왔던 것이다. 이에 반하여 자기수련 전통은 서역과의 문화교섭 과정에서 그 내용이 충실하게 발전되었던 것이 분명하다. 그 이유는 첫째, 기마술이 비단길의 서쪽 끝에서 왔으며, 둘째, 자기수련의 중요한 분야인 호흡과 명상을 같이하는 요가가 인도에서 왔다. 앞에서 언급했듯이 기마술이 자기수련 전통의 형성에 중요한 기여를 했다. 요가, 또한 동양의 고대 정신수련 전통에 기본적 수련의 방법과 기술을 제공하는데 크게 공헌했다. 이를 종합해 볼 때. 고대 우리 민족의 "자기수련 전통"이 서역과의 교섭과정에서 발전되었다는 점이 분명해진다.

하늘사상과 무속사상을 발전시키고, 그에 더하여 자기수련 전통을 수용하는 과정에서, 우리 민족은 "단군조선"을 건국하게 되었다. 단군사상의 우주론적 기반은 상고대의 "하늘사상"이 담당하고 있다. 또한 인간을 포함한 생명체가 육신과 영혼으로 구성되었다는 이른바 영육이원론은 하바롭스크의 영향을 받은 샤머니즘의 전통이라는 것을 단군신화가 잘 보여준다. 예컨대 곰이 동일한 영혼을 지키면서 외형적인 신체를, 곰에서 여인으로, 바꾸는 것이 이를 시사한다. 그리고 단군사상은 자기수련 전통의 중심 요인을 이루는 "자신을 극복하는 노력"을 높이 사고 있다. 곰이 환웅의 제안을 받아들여 자기절제를 성공한 대가로 인간으로 변하여, 환웅과의 사이에서 단군을 낳았다는 점이 이를 잘 말해준다. 결과적으로 하늘사상,

샤머니즘 그리고 자기수련 전통이라는 상고대 우리 민족의 3대 고유종교 전통이 통합하여 고조선이 태어나게 된 것이다.

이러한 고유 문화전통이 삼국의 건국 초기까지 당연히 존속하였다. 그러나 삼국의 건국 시기에 큰 문화적 변동이 일어났다. 그것이 다름 아닌 한문의 수용이었다. 한문의 수용은 한 마디로 무문자시대(無文字時代)와 문자시대(文字時代)를 가름하는 전환점이 되었다. 앞에서도 언급하였듯이 우리 민족이 한문을 사회운영을 위한 유의미한 기록수단으로 사용하기 시작했다고 봐야할 시기가 바로 한사군 시대인 기원전 1세기경부터라고 말할 수 있다. 고구려, 신라, 백제의 삼국은, 그러니까 우리 민족이 한문을 사회운영의 기록수단으로 쓰기 시작하던 시기에 건국되었다.

한문을 수용하면서, 한문을 통하여 삼국에 유교, 도교, 그리고 불교가 들어오게 되었다. 이 세 종교전통이 모두 기본적으로 한문경전이나 또는 한문으로 번역된 경전을 통하여 삼국에 전달되었다. 특히 불교의 경우, 삼국에 들어와서 불교를 전교하는데 사용되었던 것은 모두 한문으로 번역된 경전이었다. 분명히 예외도 있었지만, 적어도 삼국의 문화를 논하는데 주요 변수로 여길 만큼의 큰 예외는 없었던 것이 사실이다.

한문수용은 한국종교사에 중요한 변화를 안겨주었다. 먼저 불교는 불법승 삼보의 정신적 권위를 한문경전을 통하여 보존할 수 있었다. 이처럼 문헌전통에 근거하여 불교 교리의 정신적 권위와 문화적 기능을 보존하면서, 삼국의 불교는 동시에 불교 종단의 안착과 번영을 거둘 수 있었다. 이에 반하여, 유교는 문헌전통에 근거한 정신적 권위와 윤리적 변혁의 길을 제시하지만 사회화하기에 대단히 어려운 점이 있다. 유교사상은 기본적으로 사회통치 이념의 성격을 지니고 있는데, 삼국의 정부가 유교이념을 국가 통치 이념으로 수용하지 않는 한, 유교는 통치 보조 원리(統治補助原理)의 기능에서 벗어나지 못하게 된다. 따라서 유교는 삼국시대의 주도 이념이기보다는 통치보조 이념의 성격을 지니게 되었다. 도교는 유교와 기복사상을 혼합한 세계관을 갖고 있어서, 삼국시대에 유교보다도 더 사회적 차원에서의 정착이 쉽지 않았다. 이처럼 불교, 유교, 그리고 도교가 각각 다른 사회화의 조건들을 갖고 삼국사회에 수용되었다.

삼국을 포함한 고대 및 상고대 문화는 모두 일종의 "종교적" 성격을 지니는 것이 사실이다. 그렇다고 그들을 모두 완전한 "종교현상"으로 이해하는 경우에, 서론에서 살펴보았듯이, 많은 문제에 봉착하게 된다. 불교와 유교는 세계종교 전통으로, 그리고 도교는 중국 민간종교 전통에 속한다.[6] 또한 한국고유 종교전통으로는 샤머니즘, 하늘(天)사상 그리고 자기수련 전통 등이 있다. 이처럼 삼국시대에 들어오면서부터 다양한 성격을 지닌 종교전통들이 한국종교사에 같이 자리를 잡기 시작하였다.

이에 더하여 상고대의 종교는 기복이 주류를 이루고 있었다. 고대 기복은 행위자의 주관적 욕망을 실현하기 위하여 특정한 행위형식에 따라 행동하는 것이다. 인간의 삶의 영역이 다양한 만큼 기복행위 또한 다양한 형태로 나타나게 마련이다. 아무리 기복행위가 요청되는 분야가 다양하다고 해도, 인간의 현실적 문제에 대한 해답을 주는 기복행위는 두 가지의 원칙에서 벗어나지 못하게 마련이다. 첫째는, 인간의 운명에 영향을 주는 것은 변덕스러운 감정을 가진 신(神)들이며, 둘째는, 우주규범, 곧 하늘의 이치이다. 이들 가운데, 신들에 의하여 인간의 운명이 결정된다는 사상을

---

6 교단을 가진 도교는 중국 민간신앙이 도가의 고전사상을 교리의 논리로 받아들여 형성된 종교이다. 따라서 도교는 중국 민간신앙이 교단을 갖춘 결과이다.

지닌 문화전통은 무속에서 잘 드러난다. 다음으로, 우주규범에 의하여 인간의 운명이 결정된다는 사상은 유교와 도가와 같은 중국의 고전사상이 지니고 있던 우주론적 논리가 민간의 기복신앙과 혼합되어 이른바 도교가 나타난 이후에 완전한 전통으로 정착하게 되었다. 따라서 우주규범적 해석은 상고대의 종교사상이라 보기에는 어려운 점이 많다. 다시 말해서, 상고대의 대표적 기복사상은 무속의 다신론 전통에 있다고 할 수 있다. 이러한 점은 특히 우리 민족의 역사에서는 더욱 분명해진다. 무속은 우리 민족의 형성 전부터 내려온 데 반하여, 도교의 옷을 입은 우주규범적 숙명론은 분명히 한문과 같이 들어왔기 때문이다.

우리는 이미 앞에서 샤머니즘이 독립된 종교전통으로서 상고대에서 오늘에 이르기까지 전해져 왔다는 사실을 살펴보았다. 이러한 샤머니즘을 제외하고도, 상고대에는 거의 모두가 다신론 현상으로 나타난다. 하늘제사를 하는 경우에도 "하늘"은 "하느님"이라는 인격적 존재로서 의례의 대상이 된다. 그 외에도 모든 의례의 대상이 인격적 존재인 신이나 귀신으로 여겨졌던 것이다. 이러한 맥락에서, 앞 장에서 살펴본 다양한 상고대 종교현상들이 모두 다신론적 종교관을 지니고 있었다. 이처럼 다양한 상고대의 현상들은 모두가 "독립된 종교전통"의 맥락에서 나타난 "완전한" 종교현상이라기보다는, 다신론적 문화 상황에서 나타난 불완전한 종교현상, 좀 더 구체적으로는 "다신론적" 불완전한 "종교적 현상"이라 말할 수 있다. 상고대의 이러한 "불완전한 종교현상"은 사회통합을 주도하던 공동체 행사에서부터 민속전통은 물론이고 개인의 일상생활에 이르는 모든 분야에 다양한 형태로 나타난다. 이들은 한마디로 종교적 기복현상[7]이라 할 수 있을 것이다.

지금까지의 논의를 정리한다면, 한국 사회는 삼국시대부터 본격적인 다종교상황으로 들어가게 되었다. 첫째, 무속과 하느님사상, 그리고 자기수련 전통과 같은 상고대로부터 이어져 오는 우리의 고유종교전통이 존재하였다. 둘째, 유교, 불교 그리고 도교와 같은 고전종교가 수용되기 시작하였다. 셋째, 고유종교전통과 고전종교의 뒤에는 상고대로부터 내려오는 종교적 기복현상이 있었다. 이처럼 삼국시대에 다양한 종교가 공존하기 시작하였다.

그러나 삼국시대는 특히 불교와 유교라는 세계종교가 주도하면서 우리 민족의 종교문화사를 새로운 방향으로 전개시키기 시작하였다. 이러한 새로운 흐름을 고구려, 신라, 백제의 순으로 살펴보기로 한다.

2. 고구려의 종교

고구려는 중국과 육지로 이어졌기 때문에 처음부터 중국과의 문화교류 상황에서 태어났다. 이는 다시 말해서, 고구려가 태어나기 이전, 상고대로부터 우리 민족이 북방문화와 깊은 관계를 지니고 있었으며, 또한 고구려가 형성되는 과정에서 중국문화를 수용하는 이중적 문화관계의 와중에서 국가체계를 갖추게 되었다는 사실을 말해준다. 이러한 맥락에서 우리는 고구려 건국과 국가체계의 정립과정에 있어서 중국문화와의 관계를 좀 더 자세하게 살펴볼 필요가 있다. 고구려가 중국의 한문을 문자체계로 수용하면서 왕정체계가 정립되었다. 한문이라는 표의문자(表意文字) 체계는

---

7 필자는 이 용어에 만족하지 못하면서, 앞으로 보다 정확한 용어를 기대한다.

중국의 고유한 정신문화를 담고 있어서, 그러한 문자 체계를 공적 기록매체로 사용하면서, 고구려 사회는 중국문화를 수용하고 나아가 자신의 문화체제에 내면화하게 되었던 것이다. 그런데, 문제는 고구려 이전부터 중국문화가 이미 우리 민족 상고대 사회에 수용되고 또 내면화되었다는 의견들이 있다. 이러한 면에서 우리는 좀 더 객관적으로 한문이 수용되는 과정에 관하여 살펴볼 필요가 있다.

기원전 12세기 은(殷) 왕조가 망하면서 기자(箕子)가 망명하여 한반도에 들어왔다는 이른바 기자동래설(箕子東來說)에 대하여, 이를 부정하는 역사학적 연구도 있다.[8] 기자동래설은 기자가 유교사상의 원류에 위치하고 있기 때문에, 그의 망명이 바로 원시 유교사상이 한반도에 전파되었다는 사실을 의미한다는 주장으로 이어진다. 여기서 우리는 기자동래설의 역사적 사실의 여부를 떠나서, 기원전 12세기 기자가 전할 수 있었던 중국 사상이 어떤 내용일 수 있을 가에 관심을 집중할 필요가 있다.

『한서예문지(漢書藝文志)』에 따르면 첫째, 유교인이라면 모름지기 『육경(六經)』안에 있는 문장을 다루고, 둘째, 인의(仁義)의 문제에 관심을 갖고, 셋째, 요순(堯舜)임금을 진리의 시조로 모시고, 넷째, 문무(文武)임금을 제도의 기준으로 본받고, 다섯째, 공자(孔子)를 으뜸으로 받들어 그 말씀을 존중하고, 여섯째, 도(道)를 가장 높이 여겨야 한다고 설파하고 있다.[9] 이는 "유교전통 안에서 유교를 정의한" 내용이다. 따라서 유교에 대한 가장 중요한

---

8 이병도, 『한국고대사』 을유문화사, 1959, 92-114쪽
　기자동래설에 대한 찬반의 논란에 관하여, 금장태 "유교사상사" 『한국종교사상사』 권 2, 유교편, 연세대학교출판부, 1986, 5~6쪽 참고.
9 이에 대한 해설은, 앞의 금장태 참조.

정의라 할 수 있다.

『육경』은 공자가 편찬한 경전이다.[10] 따라서 위의 첫째 문항은, 유교인이라면 모름지기 공자의 사상적 맥락 내에서 사유하고 글을 써야한다는 것을 의미하게 된다. 그리고 둘째에서 넷째까지의 문항들은, 인의가 유교사상의 주제(主題)이며, 요순의 정치질서(政治秩序)를 진리의 영역으로 삼고, 문무임금의 사회제도를 표본화하는 것이 유교의 기본이라고 강조한다. 다섯째와 여섯째는, 앞의 네 문항들은 모두 공자의 가르침에 따라 정리되고 이해되어야 하며, 공자의 가르침이 바로 도를 말한다는 뜻이 된다. 이처럼 유교의 자체정의는 다음과 같이 현대어로 바꿀 수 있을 것이다. 아득한 과거 요순시대로부터 오늘에 이르기까지 중국역사 전체를 인의에 근거하여 재해석하고, 나아가 정치사회 질서가 인의를 반영하게 하는 것이 공자의 가르침이며, 그것이 유교의 도이다. 이처럼, 유교는 한마디로 공자가 재구성한 고전사상체계이며 보다 정확하게는 고전종교이다. 유교가 종교인 까닭은 확실한 사상체계와 실천체계, 그리고 실천집단이 분명하게 구성되어있는 문화단체이기 때문이다.

이처럼 유교가 사상, 실천, 그리고 실천집단이라는 3요인을 갖춘 종교전통으로 출발한 것은 바로 공자로부터 비롯된 것이다. 그 이전의 사상이나 가치관이 공자에게 영향을 준 것은 사실이지만, 예컨대 공자 시대 제자백가의 많은 사상가들 역시 요순과 문무왕의 역사적 의미를 인정한 경우도 없지 않았다. 따라서 "기자동래설"이 곧 유교사상의 원형을 전수했다고 여기는 입장은 문화사를 이해하는데 큰 한계를 보이는 것에 지나지 않는

---

10 육경은 역경(易經), 서경(書經), 시경(詩經), 춘추(春秋), 예기(禮記), 악기(樂記)이며, 이 가운데 악기는 진화(秦火)에 없어지고 지금은 오경만 전해진다.

다. 고전사상의 출현이나, 또는 대승불교, 성리학의 출현과 같은 종교사의 일대 혁명적 사건은, 다름이 아니라 전통에 대한 새로운 해석의 결과로 나타나는 것이다. 동일한 사건을, 이른바 종교혁명의 과정에서는 과거와는 완전히 다른 입장과 다른 시각으로 해석함으로써, 전혀 새로운 사상과 의미를 표출하게 되는 것이다. 이처럼 "전혀 새로운" 해석일 때 비로소 공자와 같이 유교를 창시할 수 있게 된다.

공자는 기원전 551~470에 생존하였다. 따라서 기원전 12세기 기자가 조선에 온 것은 유교와는 관계가 없다. 기자가 유교의 원류라고 하는 태도는 역시 유교가 탄생한 이후 유교가 중국사를 재해석한 결과이다. 이는 당연히 역사적 전후관계를 밝히는 객관적 판단의 영역에서 언급한 것이 될수 없다. 더 나아가서, 기자가 조선에 왔다고 해도, 조선사회가 한문을 쓰게 되었다는 정황에까지 진행되지 않았던 것이 사실이다. 다시 말해서 우리 민족이 기자에 의하여 중국문화의 영향을 받았다고 여기는 것은, 당시의 사회상을 자의적으로 해석할 때만 가능한 것이다. 우리는 당시의 상황을 명확하게 파악할 수 없다. 그만큼 기원전 12세기의 극동의 사회문화 상황이 매우 소략하기 때문에, 설혹 기자가 왔다고 해도 그의 주위집단이 당시의 한문을 쓰는데 지나지 않았을 것이 분명하다. 따라서 기자동래설이 유교의 원형이나 나아가 조선사회에 한문을 전했다는 판단은 잘못된 것이다.

전국시대(戰國時代, BC 403~221)에 연(燕)나라가 인접 조선을 침략했다는 기록이 있다. 그러나 이 경우 조선에 한문을 전수할 만큼의 시간이 없었기에 사회적 영향을 주었을 것으로 생각할 수 없다. 다만 당시에 고조선과 중국과의 사회·문화적 교류를 통하여 한문을 접할 수는 있었을 것이다. 그러

나 이 경우도 고조선이라는 사회체계가 한문을 수용하는 과정을 인정할
수는 없는 것이 사실이다.

다음으로 위만(衛滿)이 연(燕)으로부터 망명을 와서 위만조선(BC 195-108)을
세웠으며, 기원전 108년 한(漢) 무제(武帝)가 위만조선을 공격하여 멸망시키
고 한사군(漢四郡)이라는 직할영토를 설치하였다.[11] 가장 오래 남은 낙랑군
(樂浪郡)은 313년 고구려 미천왕이 공격하여 멸망시켰다. 이처럼 위만조선
과 낙랑군을 포함하여 약 4세기 간 중국 세력이 자치행정을 하면서 한반도
의 일부에 존재하였다. 이 시기에 한문이 한반도에서 행정기록 체계로 사
용되었으며, 이러한 과정에서 고구려와 신라, 그리고 백제가 한문을 수용
하게 되었다. 결론적으로 말하자면, 한 무제가 한사군을 설치한 기원전
1세기가 바로 우리 민족에게 한문을 기록체계로 수용하게 한 시기였다고
할 것이다.

1) 고구려의 고전종교, 유교

고구려가 언제부터 한문을 국가기록 체계로 사용했는지 분명하지 않다.
그러나 고구려(BC 37-AD 668)는 초기부터 한문을 기록체계로 수용하면서 고
대왕국의 체제를 다져나갈 수 있었다. 고구려가 한문을 사용하는데 별다
른 저항은 없었다. 한문을 국가의 기록체계로 수용하면서 고구려에는 한
문교육이 필요하게 되었고, 그 결과 소수림왕 2년(372) 태학(太學)을 세워
중앙의 귀족자제들을 교육시켰다. 태학은 고구려의 말기까지 이어졌으며
박사들이 교육을 담당하였다. 지방에는 경당(扃堂)을 세워 미혼의 자제들

---

11 이병도, 앞의 책, 115-148쪽.

에게 독서(讀書)를 하거나 궁술(弓術)을 익히게 하였다. 이처럼 한문을 중심으로 한 교육제도가 체계를 잡게 되었다.

결과적으로 고구려인들은 유교의 경전(經典)과, 사기(史記) 한서(漢書)와 같은 중국의 사서를 읽었다. 나아가 지식인들 사이에는 중국의 문선(文選) 등이 많이 읽히면서 중국문화를 깊이 수용하기에 이르렀다. 공식교육을 통하여 유교사상에 접하면서 일반인들과 지식인이 각각 그에 상응하는 수준에서 유교를 수용하고 중국의 지성사에 접촉하게 되었다. 이처럼 유교는 다른 어떤 종교보다 고구려사회의 모든 면에 무리 없이 깊이 관여하는 특성을 보여주고 있다. 그럼에도 불구하고 유교는 고구려 사회에서 신세대를 교육하고 중국문화를 수용하는 하나의 교육과 문화전수 매체의 범주를 벗어나지 못하는 특성을 지니고 있다. 다시 말해서 고구려 왕조가 완전히 유교로 개종하지 않는 한, 고구려에서 유교는 통치 보조 원리의 한계를 벗어나지 못하였다.

2) 고구려의 고전종교, 불교

소수림왕 2년(372)에 순도(順道)가 전진(前陳) 사신과 함께 불경과 불상을 전한 것이 고구려가 불교를 공식으로 수용한 첫 번째 일이다. 순도의 행적과 사상에 관하여는 알려진 바가 없다. 그 2년 뒤에 진(晋)의 승 아도(阿道)가 들어왔다. 소수림왕은 소문사(小門寺)와 이불란사(伊佛蘭寺)를 건립하기 위하여 앞의 두 스님을 거주케 함으로서 국가적 차원에서 불교를 받들게 되었다. 이 두 절은 후에 흥국사(興國寺)와 흥복사(興復寺)로 각각 개칭되었는데 그 명칭이 당시 고구려 왕실의 불교에 대한 기대와 태도를 잘 말해준다. 이로부터 20년이 지난 후인 광개토대왕 때에는 이미 평양에 아홉 개의

사찰이 건립될 정도로 대단히 빠른 속도로 불교가 성장하였다.[12]

중국의 오호십육국 시대는 끝없는 전쟁의 와중에 휩싸여 있었기 때문에, 불교가 호국과 호교적 기풍을 갖게 되었다. 각국의 왕실은 지속적인 전쟁의 위험으로부터 스스로의 안녕을 기원하기 위하여 기복 불사를 선호하게 되었던 것이다. 고구려 불교와 왕실 역시 당시의 중국 상황과 크게 다를 바가 없었다. 따라서 적어도 초기 고구려 불교는 기복이 주도적 성향을 이루었다. 이러한 상황에서 북방불교의 "왕즉불(王卽佛)" 사상이 강조되면서 불교가 정치적인 차원에서 쉽게 수용될 수 있었다. "왕즉불"의 이념은 왕권이 부처의 권위를 누리게 하였고, 인과응보와 윤회(輪廻) 같은 불교 사상은 왕실과 지배층의 권위를 우주론적 차원으로 승화시키고, 그들의 기득권을 종교적 차원에서 옹호하였다. 또한 호국불교의 기치아래 불교는 왕권이 다양한 부족과 지방 세력의 복합적인 관계를 통폐합하여 국가를 하나로 묶어주는 이념적 기반을 제공해주었던 것이다. 이러한 관계로 불교는 고구려에서 저항 없이 수용될 수 있었다.

고구려 말기에 당나라로부터 도교가 들어왔다. 보장왕 2년(643), 연개소문(淵蓋蘇文)이 왕에게, "유불선 삼교는 솥(鼎)의 발과 같아서, 그 하나라도 없어서는 안 되겠습니다. 지금 유교와 불교는 함께 성하나 도교는 그렇지 못하니, 천하의 도술을 갖추었다고 할 수 없습니다. 청컨대 사신을 당에 보내어 도교를 구하여 국인(國人)을 가르치게 하소서"라 하였다.[13] 한마디로, 당시 고구려를 사실상 독재하던 연개소문이 도교를 비현실적으로 비호하는 정책을 썼다는 사실을 말해준다. 도교의 비호가 당시의 통치 보조

---

12 정병조, 「불교사상사」, 『한국종교사상사』, 연세대학교출판부, 1991, 7~11쪽.
13 『삼국사기』고구려본기 제9, 보장왕 상 2년.

원리의 기능을 갖는 유교에는 특별한 영향을 줄 수 없었다. 따라서 도교의 비호정책은 당연히 불교를 억압하는 형태로 나타났다. 다시 말해서, 도교에 대한 비호정책은 사실상 불교의 지나친 성장에 대한 견제책의 일환이었다고 볼 수 있다. 이처럼 고구려는 유교를 통치 보조 원리로 수용한 상태에서, 도교를 적극적으로 수용함으로써, 불교의 급성장을 견제하려는 정책적 의도를 갖고 있었던 것이다. 결과적으로 말하자면, 고구려가 멸망하는 날까지 중앙의 지배세력은 그들의 입장에서 유불도(儒佛道) 삼교(三敎)를 저울질하면서 조정하고 있었던 것이다.

불교가 급성장하면서 신도의 수와 신도조직 역시 확대되어 이른바 사회적 실체로 성장하였을 것이다. 이에 반하여 유교는 왕실의 정책보조 역할은 하면서도, 신도조직이 성장하여 사회적 실체로 나타나지는 못한 상태였다. 그러나 당시에 고구려에 들어온 오두미교(五斗米敎)와 같은 도교는 신도조직을 갖고 있는 종교였다. 따라서 연개소문이 당시의 도교를 지극히 비호하는 정책은 곧 도교에서 불교를 견제할 수 있는 사회단체를 보았다는 것을 말해준다. 이런 관계로, 연개소문은 도교의 수용으로 불교의 급성장을 견제하려 하였던 것이었다. 이처럼 구체적 의도를 지닌 연개소문의 정책은 다양한 면에서 불교를 억압했던 것으로 보인다. 그렇게 판단되는 이유는 불교 억압 정책에 실망한 보덕(普德)과 혜량(惠亮)이 신라로 망명하였기 때문이다.[14]

앞에서 언급한 바와 같이, 초기 고구려 불교는 호국적이고 기복적인 종교로서 왕실의 비호를 받고 급성장했는데, 말기에는 오히려 억압을 당하

---

14 정병조, 『한국종교사상사I:』 불교사상사 편, 1쪽 참조.

는 상황으로까지 이어졌다. 이처럼 상황이 백팔십도로 전환되는 와중에, 대승불교를 중국에 일으켜 세우는데 결정적인 공헌을 한 승려가 고구려에 나타났다. 그가 바로 승랑이다.

○ 승랑(僧朗)

승랑은 삼론종(三論宗)의 개조(開祖)로서, 요동성(遼東城)에서 태어나 그 곳에서 승려가 된 고구려 사람이다. 삼론종은 『중론(中論)』, 『십이문론(十二門論)』 그리고 『백론(百論)』이라는 삼론의 사상을 밝히는 역할을 한 수당대의 종파이다. 이 삼론은 용수(龍樹)보살이 중심이 되어 제기된 공사상(空思想)의 근본 의미를 새롭게 밝힌 논서들이다. 주지하는 바와 같이 BC 2세기경 용수는 당시의 부파불교를 소승(小乘)이라 공격하면서 새로운 공사상(空思想)의 형식을 통하여 고타마 부타의 본래 가르침을 제시하였는데, 용수보살이 제시한 새로운 부처의 가르침을 실천하는 불교운동을 대승(大乘)불교라 부르게 되었다. 한마디로 말해서, 대승불교는 근본적으로 용수보살의 공사상에 그 기반을 두고 일어난 것이다. 그러한 공사상의 핵심 논서들이 구마라습(鳩摩羅什—413년 70세로 입적)에 의하여 한문으로 번역되었다.

승랑에 관한 자세한 기록이 없기 때문에, 그의 제자들이 말한 자료와 기타 여러 곳에 나타나는 단편적인 자료를 종합해서 파악해야 한다. 지금까지의 연구를 종합해 보면 다음과 같은 이해에 도달하게 된다.[15] 그는

---

15 지금까지의 승랑 연구를 종합하여 새롭게 자신의 견해를 밝힌 최신 연구 2 편을 골라, 필자가 다시 필자의 종교사학적 입장에서 다시 정리하였다. 남무희, 「고구려 승랑의 생애와 그의 신삼론사상(新三論思想)」, 『북악사론(北岳史論)』 4집, 국민대학교 국사학과, 1997, 66쪽. 특히 도표 『승랑의 생애』 참고.

요동(遼東)에서 태어난 고구려인이었으며, 생애를 크게 3시기로 나누어 볼 수 있다.

제1차 시기는 그가 요동에서 출생·성장하고, 출가(出家)하여 수도행을 한 때였다. 그는 고구려가 요동을 확보한 이후 북위(北魏)와 긴장관계에 있던 장수왕 28년부터 50년 사이(440~462)에 요동성에서 성장한 것으로 보인다. 이 시기에 요동성에 육왕탑(育王塔)[16]이 세워지고 또한 사원들이 건립되는 등 불교가 급성장하는 분위기에서 승랑이 성장하였다. 특히 육왕탑은 고구려의 왕이 무지개가 지적하는 땅을 파보니 범어(梵語)로 된 비명(碑銘)이 나와 그곳에 세워졌다는 전설이 있다. 이 전설은 육왕탑이 세워질 당시 요동성의 고구려인들이 불교사상의 신비스러움이 범어에 담겨있다고 믿고 있었다는 사실을 말해준다. 이는 다시 요동이 당시 고구려에게는 대서진(對西進)의 핵심지역이었으며, 또한 서쪽으로부터 불교와 서역문화를 수용하는 전진기지였다는 사실을 감안할 때, 서역의 불교승려들이 요동에까지 와서 범어로 불사를 행하고 또 가르쳤을 가능성을 말해준다. 특히 당시 서역이라 불리던 신강성에서 요동으로 오는데 두 통로가 있었다는 사실을 감안한다면 이러한 가능성은 더 커진다. 한 통로는 만리장성 남쪽으로 이른바 화북지역인데, 이 지역은 당시에 많은 소국으로 나누어져서 여러 국경을 넘어야 요동에 이를 수 있었다. 그러나 만리장성 북쪽은 곧 내몽고의 고비사막으로 이곳은 동돌궐의 국경 하나만 통과하면 곧바로 요동성까지 이어진다. 따라서 어떤 민족의 어떤 승려냐에 따라서는 신강성에서 요동으로 오는 데는 고비사막이 더 편리할 수가 있었다. 고구려의 불교에 대한

---

16 『삼국유사』3. 탑상(塔像), 「요동성육왕탑(遼東城育王塔)」

이해를 위하여 이러한 점들이 앞으로 더 밝혀져야 할 것이다.

요동지역에서 승랑이 언제 출가하여 어떤 수도의 과정을 거쳤는지 분명치는 않으나, 그 후의 행적을 종합해보면, 승랑은 요동에 있을 때 이미 당시의 불교 사상을 두루 섭렵하였으며, 특히 나습의 한역본들에 담긴 공사상(空思想)을 멀리서 스스로 익혔다. 승랑은 그의 제1차 시기를 "왕즉불"이라는 지극히 왕권중심의 기복 불교가 왕성하고, 고구려와 북위와의 관계가 급변하고, 그러면서도 세련된 나습의 공사상이 소개되던 지극히 복합적이고 혼돈스러운 요동의 상황에서 보냈다. 요동에서 승랑은 온갖 경전을 섭렵하였고, 그리하여 그는 당시의 불교전반에 관한 이해를 하게 되었다. 이러한 상황에서 승랑은 당시의 불교가 처한 두 개의 선택에 대한 실존적 결단을 갖기에 이르렀다. 하나는 당대에 만연한 기복 불교이고, 또 하나는 심오한 공사상을 담은 삼론이었다. 영민한 구도주의자였던 젊은 승랑은 특히 공사상에 대한 신비적 확신을 갖기에 이르렀던 것이다.

제2차 시기는 승랑이 자신의 신비주의적 "확신의 내용"을 확인하기 위하여 널리 중국대륙의 북지(北地)로 구법(求法)여행에 올랐던 시기였다. 장수왕 50년에서 54년 사이(462-466)에 고구려와 북위(北魏)는 결혼문제로 양국 간의 긴장관계가 고조되어, 고구려인이 화북지방을 여행하기가 어려웠고, 북위에서는 승관제도(僧官制度)를 통하여 승니(僧尼)들이 통제되었다. 그러나 북위의 효문제(孝文帝)가 졸하면서 고구려와의 관계가 해소되던 476년경에 승랑은 중국 전역으로 구법여행을 떠났다. 승랑은 관내(關內), 곧 장안(長安), 북지(北地), 북토(北土)에서 나습(羅什義)을 원습(遠習)했다는 기록들이 있다.[17]

---

17 關內: 길장(吉藏), 『中觀論疏』2, 「同異門」6, (大正藏 42, 29 上). 北地: 길장, 『二諦義』 券下, (大正藏 45, 108中). 北土: 길장, 『大乘玄論론』1, 「二諦體」5, (大正藏 45, 19 中).

승랑은 그가 요동에서 깨달은 내용을 확인하기 위하여 중국북방의 여러 지역을 다니면서 도를 물었다. 이를 지금까지의 연구서들에서는 구법이란 말로 표현한다. 그 말은 승랑이 북지의 여러 곳을 다니면서 법을 배웠다는 것을 의미한다. 그런데 그는 한 곳에 정착하여 배운 것이 아니라 여러 곳을 다녔다. 따라서 한 곳에서 중요한 배움이 이루어진 것도 아니고, 결과적으로는 떠돌아다닌 것이다. 그렇다면, 중국의 북지에 가게 된 동기가 무엇인가의 문제가 제기된다. 이 문제에 대한 해답은 지금까지의 연구결과는 설득력이 크지 못하였다. 따라서 그 해답은 오히려 신비경험의 일반적 과정에서 찾아질 수 있는 것이다.

승랑은, 그를 언급한 모든 자료가, 구도주의자적 특성을 지닌 전형적 사상가였다고 지적한다. 그는 당시 불교의 다양한 요인들이 모두 모여 혼돈을 이루었던 요동에서 출가한 수도승이었다. 구도주의자로서의 승랑의 중심과제는 당시 고구려 불교의 주도적 특성을 이루고 있던 기복을 넘어선 불교의 이상을 추구하는 것이었으며, 그 이상은 당시의 불교 상황에서는 대승불교를 안내한 삼론사상(三論思想)에서 찾을 수밖에 없었다. 그는 분명히 삼론사상을 접하고 스스로 연구하는 과정에서 커다란 지성적 충격을 경험하게 되었을 것이다. 이러한 지성충격의 경험은 그 심도가 클 때에는 신비경험(神秘經驗)과 동일한 과정을 걷게 된다.[18] 승랑이 고구려에서

---

18 신비경험은 다음과 같은 3단계로 진행된다. 제1단계는 신비경험의 정점으로, 매우 강력한 무아경(ecstasy)으로 나타난다. 무아경은 그 길이는 짧지만 대단히 강력하고 충격적인 경험이다. 제2단계는, 제1단계 충격의 내용이 무엇인지를 확인하기 위하여 주위 사람들에게 광범위하게 물어보고 확인하는 과정을 거친다. 이러한 제2단계는 자신이 찾는 해답을 찾아 헤매는 과정이다. 자신이 찾는 해답을 찾은 순간, 그는 자신의 해답에 대한 절대 확신을 갖게 되고, 그러한 확신을 갖는 순간 제2단계가 끝나게 된다. 끝으로 제 3단계는 자신의 절대 확신에 근거하여 자신의 삶과 행동의 강력한 통일을

중국의 북지로 가서 여러 곳을 떠돌아다닌 사실은, 그 동기와 행동의 유형에 있어서 일반적으로 불법을 배우려 중국에 가는 경우와 다르다는 점을 말해준다. 예컨대, 일반적인 불법학습자는 한 지역의 한 스승 밑에서 배우는 경향이 크다. 그러나 승랑은 두루 섭렵하였다는 점에서, 그 동기가 일반적 구법행과 다르다는 점이 드러난다. 한걸음 더 나가서, 북지에서의 구법 여행을 끝내고, 남쪽으로 내려가 보여준 그의 행동은 그가 요동에서 갖게 된(제1단계) "신비적 각성"의 내용을 북지에서(제2단계) 재확인하는 작업을 하고 있었다는 사실을 말해준다. 이런 관계로 그의 북지 구법 여행은 곧 자신의 신비적 각성의 내용을 재확인하는 과정이었다는 사실이 드러난다.

제3차 시기는 승랑이 남행하여 섭산(攝山)에서 삼론종(三論宗)의 개조(開祖)가 된 과정이었다. 승랑의 삼론을 그 전의 삼론과 구별하기 위하여 신삼론(新三論)이라 하는 것이 일반적 경향이지만, 그러한 구별이 필요하지 않은 경우에 이 글에서는 단순히 삼론이라 부르기로 한다. 승랑은 건무년간(494-498)에 강남으로 내려가서, 아래와 같은 행적을 보였다.[19] ①그는 강남에 온 후 섭산(攝山) 강산사(岡山寺)에 은거하였으며, ②498년 경에 법사들의 청으로 섭산의 지관사(止觀寺)로 옮겨 512년까지 14년간 교화하면서 주석하였다. ③삼론을 비롯하여 대승에 능통하다는 소문이 퍼지자 양(梁) 무제(武帝)가 승랑에게 여러 번 편지를 보내 초청하였으나 승랑이 거절하여 무제가 10명의 승려를 승랑에게 보내어 가르침을 받아 자신에게 전하게 하였

이루고 살아가게 된다. Robert S. Ellwood, *Mysticism and Religion* (Englewood Cliffs, New Jersey: Prince Hall, 1980), 27-41쪽.

19 X군, "승랑의 지관사 체류" 참조. 이 논문은 승랑에 대한 최근의 종합적인 연구이다.

다. ④그 가운데 승전(僧詮—제2대 삼론종 조사)이 승랑의 제자였으며, ⑤그 후 승랑은 법도가 주석하던 서하사(棲霞寺)를 중창하고 그곳에 머물다 열반했는데 그 날자는 알려지지 않았다.

이처럼 "제3차 시기"의 다섯 단계의 자료는 승랑이 강남으로 내려올 때 이미 자신의 확고한 신념을 갖고 있으며, 그러한 자신의 확신을 설파하는데 그의 노력이 집중되었다는 사실을 보여준다. 섭산에서 승랑은 그의 신삼론을 본격적으로 새롭게 전파하기 시작하였다. 그 작업은 기본적으로 기존의 삼론사상, 곧 나습(羅什)이 입적한 413년 이후 60여 년 동안 회자되던 구삼론 사상을 척파(破斥)하고 삼론 본래의 의미를 드러내는 것이었다. 다시 말해서, 승랑은 그의 고향인 요동에서 "삼론의 공사상"에 담긴 대승 이상에 대한 신비적 확신을 갖게 되었고, 이어서 그가 중국의 북지를 광범위하게 여행하면서 자신이 지닌 신비적 확신의 내용을 확인하는 과정을 거치고 나서, 남으로 내려오면서 본격적으로 자신의 신비적 확신의 내용을 신삼론의 형식으로 전파하는데 힘을 썼던 것이다.

그러나 그는 기본적으로 구도주의자의 특성을 유지하고 있었기 때문에, 자신의 마지막 날까지 글을 쓰기보다는 수도와 설법을 통한 실천적 전교에 힘썼다. 그리고 그의 삼론은 기본적으로 공론이기 때문에, 그 전개는 파사현정(破邪顯正)이라는 부정논리가 기틀을 이루고 있다. 따라서 신삼론을 전개한 승랑은 무엇보다 먼저 기존 삼론을 포함한 기존 교학의 논리적 허점을 공격하는 모습을 보여준다.

여기서 삼론종의 조사인 승랑의 사상을 보다 잘 이해하기 위하여 그의 삼대 제자인 길장(吉藏, 549-623)과의 관계를 이해할 필요가 있다. 승랑의 계보는 그의 1대 제자로 승전(僧詮), 2대 법랑(法朗) 그리고 3대 길장(吉藏)으로 이어진다. 가상대사(嘉祥大師) 길장은 삼론종을 대표하는 논사로 잘 알려졌으며, 그는 곧 삼론종의 공식입장이기도 하다. 길장은 그의 많은 글을 통해서 언제나 자신의 주장은 대스승 승랑의 가르침을 따른다고 밝힌다. 반면에 철저한 구도자였던 승랑은 자신의 글을 거의 남기지 않았다. 따라서 승랑의 사상은 길장이 지적한 내용에서 확인하지 않을 수 없다. 그 한 예를 아래에서 보기로 한다.

①섭산(攝山)의 고구려 승랑(僧朗) 대사(大師)는 본래 요동성(遼東城) 사람이다. ②북쪽 땅에서 나습(羅什)의 뜻을 원습(遠習)하였다.[20] ③남쪽 땅으로 내려와 종산(鍾山)의 초당사(草堂寺)에 머물렀다. 그곳에 은둔사 조옹(周顒)이 머물게 하였고, 조옹은 그로 말미암아 대사에게 배우게 되었다. ④그리고 삼보를 경신(敬信)하는 양(梁) 무제(武帝)가 대사께서 내려온 소식을 듣고, 승정(僧正)과 지적(智寂) 등 십사(十師)를 보내어 종산에 머물면서 배우게 하였다. ⑤양무제 천자는 대사의 뜻을 깨닫고 성실론(成實論)을 버렸다. 대승에 의거하여 장소를 지었다. 개선(開善) 역시 이 말은 들었지만 그 뜻은 깨닫지 못하였다. ⑥우리(삼론종)는 제삼제(第三諦)가 있으나 저쪽(개선)은 제삼제가 없다.[21]   * 숫자는 편의상 붙인 것임.

---

20 삼론은 『중론』, 『십이문론』 그리고 『백론』을 뜻하며, 앞의 둘은 용수보살이 그리고 마지막 것은 용수의 제자인 제바(提婆)보살이 범어로 지은 책을, 나습이 한문으로 번역하였다.

21 吉藏撰, 『大乘玄論』1. 「二諦義」5(大正藏 45, 19 中)
①攝山高麗朗大師. 本是遼東城人. ②從北土遠習羅什師義. ③來入南土. 住任鍾山草堂寺. 値隱士周顒. 周顒因就師學. ④次梁武帝. 敬信三寶. 聞大師來. 遣僧正智寂十師. 往山受學.
⑤梁武天子. 得師意捨本成論. 依大乘作章疏. 開善亦聞此義. 得語不得意. ⑥今意有第三諦. 彼無第三諦.

앞의 인용문은 길장이 승랑을 언급한 많은 사례들 가운데 가장 긴 사례이다. 먼저 ①은 승랑의 제1차 시기인 요동에서 태어나 그곳에서 출가한 시기를 언급한 것이다. ②는 제2차 시기로 승랑이 자신의 신비적 각성의 내용을 재확인하는 과정이었다. ③번 이하는 제3차 시기의 내용으로 승랑이 남으로 내려가 무엇을 했는가를 말해준다. 승랑은 먼저 종산의 초당사에 머물렀는데, 이는 강산사와 지관사의 어느 한 시기를 말한다. 그곳에 은둔사 조옹이 머물게 하여 그가 승랑에게서 삼론을 배웠고, 조옹이 "삼론"을 쓰게 되었다.[22] ④남에 내려왔을 때 이미 승랑의 명성이 높아 양무제가 그를 초청하였으나 거절하여, 그에게 10명의 승려를 보내, 불교를 배워오라고 보냈다. ⑤양무제는 그들을 통해서 승랑의 뜻을 전달받아 대사의 뜻을 깨닫고, 삼론종이 제시하는 대승 사상을 받아들이고 성실론(成實論)을 버렸다. 개선(開善) 역시 승랑의 말을 들었지만 그 뜻은 깨닫지 못하였다. 이처럼 승랑의 메시지를 받고 깨달은 사람도 있고 깨닫지 못한 사람도 있다. ⑥동일한 진속(眞俗) 이제(二諦)를 논해도 우리(삼론종)은 제삼제(第三諦)를 전제하는 데, 저쪽(개선)의 사상에는 제삼제가 없다고 밝힘으로서, 삼론종이 지닌 다른 입장과의 차별성을 밝힌다.

특히 마지막 ⑥에서, 길장은 그의 대스승 승랑이 제시한 이른바 신삼론은 진제(眞諦)와 속제(俗諦)가 모두 진리자체가 아니며, 진속이제(眞俗二諦)가 합하여 중도(中道)를 밝히는 방편이라고 말한다.[23] 이러한 맥락에서 삼론종

---

22 조옹이 언제 승랑 밑에서 배웠는가는 이론이 있다. 그러나 승랑이 연상인 조옹을 만난 시기는 강남으로 내려간 초기일 수 있다는 사실을 인정한다면 이 역시 크게 문제가 되지 않는다.

23 길장, "二諦合明中道."『大乘玄論』권제1(『大正藏』1853, 45권, 20쪽 上9.)

에서는 제삼제가 있으나, 개선을 비롯한 타종단의 입장에서는 이제 자체만을 생각하기 때문에, 이제가 방편이라는 사실을 망각한다고 갈파하고 있다. 결론적으로 말해서, 이처럼 진정한 대승적 공사상은 바로 승랑의 삼론사상에 있다는 사실을 강조하고 있는 것이다.

길장은 삼론종의 대표적 논사로서 삼론종의 내적 정서에서 승랑대사의 입장을 밝히려고 노력한다. 따라서 길장의 설명과 주장은 곧 승랑에서 비롯된 삼론종의 공식입장을 보여주는 것이다. 이러한 삼론종의 전통이 중국에 대승 사상을 일으키는 기반을 이루었다. 이러한 맥락에서 승랑은 곧 중국에 대승불교를 일으키는 기반을 닦은 인물이라는 역사적 의미를 지니고 있다. 종교사적 흐름의 맥락에서 볼 때, 승랑은 실로 중요한 역할을 한 인물이었다는 점에 의심의 여지가 없다.

그러한 그의 역사적 역할과 공헌에 비하면 승랑이 너무 한국문화사에서 멀리 떨어져 있어서 우리에게 잘 알려지지 않았다. 더 나아가 구삼론과 신삼론, 곧 승랑 이전의 공사상과 승랑 이후의 공사상을 하나의 연속적 흐름으로 간주하는 경우가 많은데, 그런 경우에 승랑의 신삼론에 대한 공정한 평가가 불가능해질 수밖에 없다. 이처럼 불공정한 평가는 언제나 하나의 중요한 역사적 사실을 간과한데서 비롯된다. 그것은 곧 혁명적 변화는 언제나 그 변화를 주도하는 집단의 "내적 각성"이 역사의 표면으로 부상하여 "새로운 운동"으로 전개될 때 일어난다는 사실이다. 신삼론은 분명히 혁신적 성격을 띤 새로운 사상이며 혁명적 종교운동의 불씨였다. 이러한 사실을 간과할 때 잘못된 평가가 나타나게 된다.[24] 주지하는 바와 같이

---

24 이러한 실수는 특히 승랑에 관한 언급을 한 길장의 자료 가운데 일부가 의심스럽다는 점을 들어 길장의 승랑에 관한 설명 전체를 거부하는 태도와 같은 데서 특히 두드러지

한 종교단체의 공식발언은 그 단체의 주관적 확신을 나타낸다. 그리고 그 확신이 바로 해당 종교단체의 살아있는 역사적 힘이기도 하다. 이러한 내적 각성의 일면이 앞의 ⑥에서 "우리는 제삼제"를 갖고 있다고 하는 주장에서 잘 드러난다. 결론적으로, 길장은 승랑이 대승불교의 안내자라는 사실을 말하고 있는 것이다.

이처럼 중요한 기능을 할 수 있는 인물은 그럴 만한 조건이 있을 때만 역사에 나타날 수 있다. 역사적으로 중요한 기능을 할 수 있는 인물은 그 사람 개인 당대의 노력으로 나타나는 법은 없다. 그렇다면 승랑을 이해하는데 많은 문제가 남겨진다.

승랑을 연구한 한국 학자들은 그가 왜 요동을 떠나 중국에 갔으며, 또 남하하였다가 고향인 고구려로 돌아오지 아니하였는가 등의 문제를 제기하는 경우도 있다. 물론 그러한 문제도 중요하다. 그러나 종교사의 입장에서 본다면, 승랑은 적어도 기복 불교가 창궐하였으며, 교학은 성실론에 머물러 있던, 당시의 불교 상황에서 대승의 비전을 추구하던 한 젊은 불교 지성이었다. 그가 자신이 경험한 지성적 신비경험 내용의 의미를 확인하기 위하여 중국의 북방을 섭렵하였고, 그 과정에서 얻은 자신의 비전에 대한 부동의 확신을 갖고 남하하여 삼론종을 폈다. 한 종교적 지성인이 국경을 넘어 넓은 세계에서 그의 종교적 이상을 평생 추구하였다는 것은 매우 보편적인 형상이다. 따라서 우리는 여기서 새로운 의문을 갖게 된다.

승랑과 같이 새로운 시대를 여는데 공헌할 수 있었던 원대한 이상을 추구하는 종교사상가가 어떻게 당시의 혼돈스러운 요동에서 태어날 수

게 나타난다. 이러한 태도는 일본과 중국학자들의 연구에서 보인다.

있는가 이해하기가 어렵다. 왜냐하면 큰 사상가는 그만한 조건을 가진 상황에서 태어날 수 있기 때문이다. 한여름 내 좋은 기후조건 아래에서만 그해 가을의 풍작이 가능한 것과 같다. 역사적으로 중요한 기능을 할 수 있는 인물은 그 사람 개인 당대의 노력으로 나타나는 법은 없다. 승랑이 삼론을 일으킬 수 있을 만큼 성숙한 지성적 불교사상가가 되기 위해서는 그가 성장한 요동에 큰 문화적 충격이나 새로운 시대의 원대한 비전이 전해졌을 것이 전제되지 않을 수가 없다. 그것이 바로 나습이 번역한 공사상의 문헌들일 것이다. 그처럼 큰 정신적 자극을 젊은 승랑의 스스로의 독학에서 비롯되었다고 하기에는 어딘가 석연치 않은 점이 많다. 따라서 요동이 비록 혼돈스럽기는 하지만 그 지역에 기복 불교를 극복하기 위한 대안으로서의 대승적 공사상에 매료되었던 지성집단이 소수일망정 있었을 가능성을 배제할 수 없다. 앞에서 살펴본 바와 같이, 요동의 "육왕탑"의 이야기는 그곳의 고구려인들이 산스크리트어의 신비성에 도취되었다는 사실을 말해주고, 한걸음 더 나가 서역에서 중국의 화북지방이 아니라 만리장성 북쪽 고비사막을 거쳐 직접 요동으로 불교 승려들이 들어왔을 가능성을 또한 배제하지 않고 있다. 앞으로 이러한 많은 문제들을 하나하나 밝히는 노력이 집중될 때, 승랑 대사의 신비성이 벗겨지고 그의 역사적 의미가 보다 선명하게 드러나게 될 것이다.

승랑의 연구는 단순히 요동출신 한 고구려 승려 개인에 관한 이해의 범주를 넘어서 더 넓은 의미를 지닌다. 그것은 고구려에 불교의 고전종교 이상이 수용되는 과정에 대한 이해를 통하여 한국 고대 종교문화사의 시각을 넓히는 의미가 있으며, 나아가 고전종교가 고대사회에 수용되고 정착하는 과정에 대한 이해의 시각을 넓혀주는 기능을 할 것이다.

3) 고구려 종교의 종합

지금까지 고구려의 종교를 살펴보면서 다음과 같은 사실을 확인할 수 있었다. 고구려는 중국과, 그리고 서역에 육로로 연결되는 지역에 위치한다. 따라서 상고대로부터 고구려는 서역과의 직접적인 문화교류가 활발했었다는 사실이 앞의 "4장 1절"의 그림 자료를 통하여 잘 드러났다. 서역 북방문화와의 교류를 통하여 우리 민족의 고유 종교전통이 형성되고, 그렇게 형성된 우리의 고유 종교전통이 후대에 전해지게 되었다는 사실을 살펴보았다.

한문을 수용하는 과정에서 유교와 도교가 전해졌다. 먼저, 유교는 유교적 이상으로 현세질서를 재편성하려는 이념을 지니고 있다. 따라서 국가가 완전히 유교적 이념으로 재편되지 않는 한, 유교적 이상의 실현은 언제나 미완의 상태에 있다. 이러한 맥락에서, 유교의 궁극적 이상의 입장에서 볼 때, 고구려가 유교를 깊이 수용하면서도 고구려의 전통적 왕권체제를 강력하게 유지하는 것은 곧 유교가 일종의 통치 보조 원리의 기능을 담당하는데 머무르고 있다는 사실을 말해준다. 그럼에도 불구하고, 유교는 한문을 통하여 행정과 교육의 영역에서 크게 영향을 주기 시작하였다.[25] 이에 반하여 도교는 고구려에서 일시적으로 수용이 되지만, 크게 부흥하지 못했다. 다만 을지문덕과 같은 특정한 지도자가 불교를 억제하기 위하여 도교를 지원하는 정책에 힘입어 일시적으로 성장한 경우가 있었다. 유교와 도교는 한문 수용의 문화적 후속결과의 일환으로 나타난 것이었다.

불교 역시 한문이 중심 매체가 되어 고구려에 전해진 것이 사실이다.

---

25 이점은 삼국종교의 결론에서 다시 논하기로 한다.

그러나 고구려의 경우는 그 지정학적 위치 때문에, 한문이 불교전래의 유일한 길이었다고 말하기에는 미심쩍은 점이 많다. 예컨대 요동은 바로 중원으로 이어지는 지점이며 동시에 서역과 이어지는 지점이다. 따라서 고대로부터 부단히 서역과 문화교류를 해오던 고구려의 요동에 서역의 승려가 와서 불교를 전했을 가능성이 전혀 없지 않다. 실제로 이러한 가능성이 바로 요동에서 태어나 그곳에서 승려가 된 승랑이 중국에 대승불교를 일으켜 세울 수 있는 기반을 닦아준 대사상가가 될 수 있게 한 역사적 근거일 것이다. 이러한 근거만이 그의 업적에 대하여 우리가 수긍할 수 있게 한다.

고구려의 불교는 승랑과 같은 고전종교의 대 사상가를 낳기도 했지만, 일반적으로는 기복 불교가 주류를 이루고 있었다. 특히 고구려 왕실은 불교와 도교를 저울질하면서, 정치적 판단에 근거하여 불교와 도교를 각각 선호하곤 하였다. 앞에서 언급한 바와 같이 유교는 통치 보조 원리의 성격을 벗어나지 못하였다. 이처럼 고구려는 유교, 불교와 같은 고전문화를 수용하는 과정에서 특정한 고전문화 체제를 전적으로 수용하기보다는 선택적으로 수용함으로써, 국가사회를 전적으로 고전문화로 전환시키는 과정을 갖지 못하고 종말을 보게 되었다. 이점은 신라와 매우 다르다.

종합컨대, 고구려는 우리 민족의 고유 문화전통에 입각하여 외부로부터 들어오는 고전 종교들을 그때마다 상황에 따라 판단하면서 주체적으로 수용하였다고 말할 수 있다. 따라서 고유 종교전통이 고구려사회에 끝까지 남아있었던 것이다. 이러한 맥락에서 고구려는 새로 들어오는 고전문화와 고유 전통문화 사이의 긴장과 갈등관계가 고구려의 끝날까지 이어졌던 것이다. 이를 다음과 같이 3단계로 말할 수 있다. 첫째, 고구려는 종교문화 정책에 있어서 매우 주체적이고 독자성을 유지했다. 왜냐하면 고구려는 당이 일어나기 전까지는 중국의 어느 나라에도 위협을 크게 느낄 필요가 없는 상황에 있었기 때문이다. 둘째, 고구려는 민족의 고유 전통문화와, 서역문화 그리고 한문을 통하여 들어온 중국문화, 이렇게 서로 다른 세 문화전통이 공존하는 이른바 문화복합 상황에 있었다. 셋째, 이러한 문화복합 상황을 통합할 수 있는 대안이 없는 한, 시간이 감에 따라 문화적 혼돈상황으로 이어지게 된다. 이러한 혼돈상황이 고유 전통문화에만 의존하는 정책으로는 극복되기 어려운 단계에 이르렀을 때 고구려의 끝이 동시에 왔던 것이다.

3. 신라의 종교

신라에 한문이 언제 전래되었는지는 분명하지 않다. 그러나 삼국 가운데 신라가 한문을 가장 늦게 수용하였기 때문에 고전문화로의 전환 역시 가장 후진국이었다. 이러한 맥락에서 제17대 내물왕(奈勿王) 때 선진국인 고구려와 교섭이 잦았고, 381년 고구려를 통하여 전진(前秦)에 사신과 예물을 보냈다. 이러한 과정에서 신라는 고구려와 백제를 통하여 한문을 받아들이게 되었다. 이와 관련하여 『양서(梁書)』「신라전(新羅傳)」에 "신라에는 문자가 없고, 나무에 새겨서 신표를 했다(舞文字 刻木爲信)"고 전해진다. 이는 신라에 한문 이외에 목각형태의 기록체계가 있었다는 사실을 말해준다. 그러나 국가행정의 전반적인 차원에서 문자를 사용하기 시작한 것은 역시 한문이었다. 한문을 사용하면서도 다른 한 편으로 대중의 편의를 위하여 신라 고유 언어체계에 맞추어 한문자의 운(韻)을 결합하는 이른바 이두(吏

讀) 문자 체계를 개발하여 사용하였다. 이처럼 삼국 가운데 고전문화로의 전환에 있어서 가장 후진국이었던 신라는 스스로의 후진성을 극복하기 위하여 적극적으로 노력하기 시작하였다.

신라는 한문을 비롯하여 유교는 물론이고, 특히 불교를 적극적이고 개방적인 태도로 수용하였다. 이는 고구려가 끝까지 주체적 입장에서 불교와 도교를 저울질하면서 수용한 것과 비교한다면, 신라는 특히 불교를 수용하는데 있어서 대단히 적극적이었다는 점이 두드러지게 나타난다. 결과적으로 신라는 대승불교 국가를 이룩하였다. 불교는 신라의 사회통합에 중추역할을 하였고, 그 여파로 신라가 삼국을 통일할 수 있었다.

1) 신라의 유교

신라는 기원전 57년 건국하여 삼국 가운데 가장 오래된 나라다. 그러나 사라(斯羅), 사로(斯盧) 그리고 신라(新羅) 등 국호가 일정하지 않은 상태로 지나다가, 503년 신라 22대 지증왕 때 와서 신라로 국호가 확정되었다. 초기 신라는 삼한의 78개 부족국가 가운데 하나였다. 신라가 율령을 반포하고 백관(百官)의 공복을 정한 해는 520년, 법흥왕 때였다. 백제가 관계(官階) 16품과 공복을 제정한 해는 260년, 고이왕 27년이었다. 고구려가 율령을 반포한 해는 373년 소수림왕 3년이었다. 신라가 국사를 편찬한 해가 545년, 진흥왕 6년인데 반하여, 백제는 375년 근초고왕 30년이었다. 나아가서 대학을 설립한 해가 신라의 경우에는 삼국을 통일한 이후인 682년 신문왕 2년인데 비하여, 고구려는 372년 소수림왕 2년이었다. 이를 종합해 보면, 신라는 고구려와 백제에 비하여 약 2에서 3세기가량 뒤늦게 발전되었다는 사실을 알 수 있다. 이처럼 삼국 가운데 신라가 가장 늦게 발전한 데는 지정학적으로 한문을 수용한 시기가 늦어질 수밖에 없었다는데 그 원인이 있었던 것이다.

유교는 첫째, 신라의 사회체제 변화에 크게 공헌하였다. 예컨대, 거서간 (居西干), 차차웅, 이사금(尼師今) 그리고 마립간(麻立干)과 같은 임금의 전통적 호칭을 왕이라는 유교적 용어로 바꾸었으며, 앞에서 지적한 바와 같이 관제 역시 유교적 체제로 바꾸었다. 다시 말해서, 신라가 새로운 국가체제를 갖도록 한 것은 유교였다. 이처럼 유교에 근거한 사회체제로 바뀌면서 한문을 매체로 한 교육이 다양하게 일어났다. 그리고 각종 의례체계가 유교이념에 의하여 변화되었다. 둘째, 따라서 유교는 새로운 문화변혁을 주도하게 되었다. 사회체제와 문화적 변화의 이념은 유교적 통치이념에 그 뿌리를 두고 있다. 그 예가 진흥왕 순수비(巡狩碑)의 비문 일부에 "제 몸을 닦음으로써 백성을 편안하게 한다(修己以安百姓)"는 문구에서 보인다. 이 문구는 〈논어〉의 헌문편(憲問篇)에서 인용된 것이다. 이는 유교가 신라왕정의 통치이념의 역할을 하고 있다는 사실을 말해준다. 결론적으로, 사회적 차원에서 유교는 통치의 이념과 변화의 방향을 제시하는 기능을 하고 있었다.

그러나 유교가 신라사회와 문화를 통합적으로 주도하였다고 말할 수는 없다. 이점은 신라의 유교사상을 대표하는 이른바 "신라의 삼문장(三文章)"이라 존경을 받던 강수(强首, ?~692), 설총(薛聰, 654-660), 최치원(崔致遠, 857~?)이 지닌 특성에서 잘 나타난다.

먼저 강수의 경우는 태종무열왕이 즉위하자 당나라의 사신이 가져온 국서에 알기 어려운 대목들이 많아, 임금이 이들을 강수에게 물으니 해석과 설명에 있어서 막힘이 없었다. 이후에 강수는 당나라, 고구려, 그리고 백제에 보내는 외교문서를 전담하게 되었다. 당에게 원군을 보내는 청을 하는 글도 그가 전담하였다. 이처럼 그는 외교적 측면에서 삼국통일에 크게 공헌한 유학자였다. 다음으로 설총은, 주지하는 바와 같이 원효와 요석공주 사이에서 출생하였으며 후에 관직이 한림(翰林)에 이르렀다. 설총은 구경(九經)을 우리말로 읽고, 우리말로 후생을 가르쳤다고 한다.『삼국유사』에는 "방언(放言)으로 화이(華夷)의 방속(方俗)과 물명(物名)을 이해하고 육경과 학문을 훈해(訓解)하였으니, 지금도 우리나라(海東)의 명경(明經)을 업(業)으로 하는 이가 전수(傳受)하여 끊이지 않는다"고 한다. 이처럼 설총은 중국의 유교사상을 우리나라의 말과 개념의 틀에 담아 수용하려고 노력한 신라 최고의 유학자였다. 설총은 한마디로 유교 본래의 가르침을 신라인의 언어와 감성에 수용하려 하였다. 그 유교 본래의 가르침은 다름이 아니라 유교의 도덕적 정치이념이었다. 이점은 강수에 있어서도 다를 바 없었다.

최치원(崔致遠, 857~?)은 12세 어린 나이에 중국에 유학하여, 18세에 예부시랑(禮部侍郎) 배찬(裵瓚)이 주관하는 빈공과(賓貢科)에 합격하고, 그 후 2년간 낙양(洛陽)을 유랑하면서 시작(詩作)에 몰두하여 다수의 시를 지었다. 29세에 돌아오자 헌강왕에 의하여 발탁된 후에 공직을 맡았다. 894년에는 주로 유교적 이념에 근거한 시무책 백여조를 진성여왕에게 올려 문란한 정치를 바로잡으려 의도하였다. 그는 또한 유교사관에 입각하여 역사를 정리하여『제왕연대력(帝王年代歷)』을 썼으며, 여기서 그는 거서간, 차차웅, 이사금, 마립간 등 신라의 고유한 명칭은 모두 야비하여 족히 칭할만한 것이 못된다고 하면서 왕으로 바꾸기를 주창한다. 이처럼 최치원은 유교를 앞으로 신라가 이룩해야 할 도덕적 정치이념으로 간주하였다. 그러면서도 그는 "난랑비문(鸞郎碑文)"에서 주지하는 바와 같이, 유교 이외의 불교, 도교, 심지어 풍수지리설까지도 아무런 모순 없이 그 자신의 이념체계 안에 포용하고 있다. 결과적으로 최치원은 유교가 도덕적 정치이념이라는 원칙과, 유불선 삼교의 합일이념을 동시에 추구하고 있었다. 전자가 최치원의 정치적 사상이라면, 후자는 그의 이념적 가치관을 보여주는 이중적 면모를 나타내고 있다.

여기서 우리는 신라의 삼문장인 강수, 설총, 최치원이 하나 같이 유교가 도덕적 정치이념이라는 확신 위에서 유교적 이념이 사회체제 운영에 실현될 수 있게 하려고 노력하였다는 사실을 볼 수 있다. 그러나 신라는 결코 유교 국가는 아니었다는 사실 또한 분명하다. 결과적으로 이는, 신라가 국가체제를 개혁하기 위하여 유교를 한 방편으로 수용한 상태였다는 사실을 말해준다. 신라의 국가체제를 하나의 가치관으로 통합하여 발전의 주도적 역할을 감당하였던 종교는 오히려 불교였다. 이러한 맥락에서, 유교는 신라 역사를 통하여 도덕정치 이념의 역할에 머물러 있었다.

2) 신라의 불교

527년 이차돈(異次頓)의 순교를 계기로 법흥왕은 불교를 공인하면서 불교를 통하여 신라왕국의 새로운 진흥을 꾀하였다. 이러한 맥락에서 529년 영을 내려 살생을 금하고, 이차돈이 순교한 7년 뒤에는, 그가 지으려 했던 흥륜사(興輪寺)를 건립하였다. 법흥왕은 불법(佛法)과 왕법(王法)을 동일시하여 부처의 권위를 왕의 권위로 대치하여 강력한 왕권을 확립하려 하였다. 이러한 초기 신라의 불교는 선행수복(善行受福)을 강조하는, 말하자면 인과론적 교리를 넘지 못하였다. 이러한 인과론적 수복을 강조하는 맥락에서, 초기 신라의 불교는 토속신앙과의 혼합이 자연스럽게 이루어졌다. 신라의 불교는 크게 통일신라 이전과 통일 신라 이후의 불교로 나누어진다.

통일신라 이전은 진흥왕대와 진평왕대에 불교가 크게 진흥되었다. 진흥왕 대에 많은 사찰이 창건되고, 한역된 많은 경전을 통하여 불교연구가 시작되었다. 756년에는 고승 안홍(安弘)이 중국유학에서 돌아오면서 능가경(楞伽經)과 승만경(勝鬘經) 등 원숙한 대승 경전을 가지고 왔으며, 그 후 대승불교 사상의 연구가 크게 일어났다. 579년 즉위한 진평왕은 특히 전 가족이 불교에 귀의하였으며, 왕즉불의 사상을 보여주었다. 그 시기의 고승은 원광(圓光)이었다. 원광은 고구려를 치기 위하여 수나라에 군대를 보내라는 걸사표(乞師表)를 썼으며, 세속오계를 화랑에게 지어주었다. 진평왕 이후 통일신라까지 632~668년에는 선덕여왕과 진덕여왕, 태종무열왕, 그리고 문무왕이 통일 위업을 이루었다. 이 시기에 왕실과 전 국민이 불교에 크게 귀의하여, 664년(문무왕 4) 사람들이 불교사찰에 재화(財貨)나 토전(土田) 등 지나치게 보시하는 것을 금하였을 만큼, 불교가 신라국민에게 보편화되었으며, 승려 또한 많아졌다.

통일신라 이후는, 전기와 후기의 두 시기로 나누어진다. 통일신라 "전기의 불교"는 신라의 불교가 가장 발전된 모습을 보여준 시기이며, 그 "후기의 불교"는 불교의 쇠퇴와 선불교의 등장을 보여준 시기이다.

먼저 통일신라 "전기의 불교"는 원효와 의상을 비롯하여 많은 고승들이 나타난 시기이다. 우리는 원효와 의상 두 고승을 통하여 이 시기의 불교사상의 진면목을 살펴보려고 한다.

(1) 원효(元曉)

원효(617~686)는 한국불교 최고의 고승이다. 원효가 의상과 함께 당으로 길을 떠나 고구려군에게 잡혀 다시 돌아온 때가 그의 나이 34세였다. 그

10년 뒤 의상과 함께 해로로 당에 가려다 해골에 괸 물을 마시고 "진리는 밖에서 찾는 것이 아니라는" 진리를 깨닫고 의상과 헤어져 돌아왔다. 그리고 요섭공주와의 사이에 설총을 낳았는데, 이 실계(失戒)가 이후에 원효로 하여금 위대한 사상가가 되는 계기가 되었다. 스스로 복성거사(卜性居士), 또는 소성거사(小性居士)라 칭하면서 속인과 같이 살던 어느 날 광대가 춤을 추는 것을 보다가 원효는 크게 깨닫고 "모든 것에 걸림이 없는 이라야 나고 죽음을 벗어나게 된다(一切無碍人 一道出生死)"는 내용의 무애가(無碍歌)를 부르며 언제나 술에 취한 채 천촌만락(千村萬落)을 누비면서 불교를 전했다고 한다. 그는 형식이나 계율에 얽매이지 않고 평범한 사람들이 살아가는 일상적인 삶의 방식을 따라가면서 무애(無碍)의 삶을 실천으로 보여주었다. 이에 대하여 일연은 『삼국유사』에서 "뽕따는 늙은이에서부터 무뢰배에 이르기까지 부처님의 명호를 알게 되고, 나무아비타불이라는 합장의 미덕을 알았으니 원효의 교화가 크다."라는 의미 있는 해석을 내렸다.[26] 한마디로, 원효는 규범의 틀이나 권위의식을 모두 떨쳐버리고 대승적 무애행을 실천하던 철저한 도인이었다.

원효는, 철저한 실천적 도인이면서, 동시에 세련된 논리를 구사하는 창조적 사상가였다. 그는 98부 240권의 책을 저술한 것으로 짐작이 되나 지금은 20부 22권이 전해진다. 그의 저술은 여래장사상(如來藏思想), 아미타사상(阿彌陀思想), 화엄사상(華嚴思想), 미륵사상(彌勒思想), 대승윤리사상(大乘倫理思想), 그리고 반야사상(般若思想) 등 광범위한 분야에 걸쳐 있으며, 그의 안목은 편협한 종파주의를 뛰어넘어 대승적 안목에서 불교를 전체적으로

---

26 『삼국유사』 권4, 의해(義解) 제5. 원효불기(元曉不羈) 조.

보는 일종의 회통사상(會通思想)이라 할 수 있다. 그는 불교의 전통적 교리와 이상의 해석에 매우 엄격하고 치밀한 논의를 전개하면서도, 교조주의(dogmatism)에 빠지지 않고 대단히 자유로우면서 창조적인 사색을 보여준다. 그는 실로 열정적 저술가이면서, 창조적 사상가였다. 그는 한국을 대표하는 사상가중 한 사람이다.

원효의 모든 저술은 그 궁극적 목표가 인간의 심식(心識)을 깊이 통찰하여 본각(本覺), 곧 일심의 원천으로 돌아가는(歸一心源) 것을 밝히는데 있다. 『금강삼매경』과 『대승기신론소』가 그 대표적 예이다. 이에서 출발하여 그의 사상은 어느 한 종파의 교리적 입장에 집착하지 않고 대승불교의 전체적 입장에서 하나의 진리로 귀납하는 사상체계, 곧 화쟁사상(和諍思想)으로 이어진다. 그의 십문화쟁론(十門和諍論)이 그 대표적 저술이다. 이처럼 그의 사상은 일심(一心)과 화쟁(和諍)으로 이어지면서, 창조적인 논리는 대단히 정교하고, 그의 사유의 전개는 거침이 없다. 한마디로 그의 사상은 체계적 논리 구조를 지니고 있다. 그러나 그의 이러한 체계적 논리는 또 하나의 단계로 이어진다. 그것은 논리에서 벗어난 이상의 단계, 곧 무애의 상황이다. 무애가 그 해답이다. 무애가를 부르는 원효는 세속인 속에서 자유분방하게 지냈다. 이처럼 원효는 엄격한 대승불교의 사상가이면서, 동시에 자유분방한 태도로 세속인 가운데서 불법을 전하였다. 원효는 엄격한 사상가이면서, 세속인 가운데 깊이 들어가 살던 실천적 도인이었다. 엄격한 사상가이면서, 자유분방한 실천적 도인, 그가 바로 원효였다.

7세기 초반부터 신라 불교에는 종파주의가 일어나기 시작하였으며, 불교의 귀족화가 왕실과 귀족 사회에서 일기 시작하였다. 원효는 이에 저항하면서 사상적으로는 귀일심원(歸一心源)을 밝히는데 힘을 기울였고, 실천적으로는 이익중생(利益衆生)을 추구하였다. 그의 사상과 실천의 지향은 곧 대승불교 정신의 핵심을 표상한다. 결론적으로 그의 사상은 종파적 시각을 넘어 대승 정신을, 모든 규범과 형식을 넘어 무애의 실천을 추구한다. 이는 한마디로 대승적 회통사상이라 할 수 있다. 이 회통사상은 수행자의 내면의 차원에서는 귀일심원을 추구하고, 대외적 실천의 차원에서는 이익중생을 추구하는데, 이들은 대승적 삶이라는 동전의 양면을 이루고 있다. 다시 말해서 그는 교학전통과 실천이상의 조화를 성공적으로 이루어냈다. 회통과 융합의 창조적 사상을 원효가 제시한 것이다. 이러한 맥락에서 원효는 한국불교사의 특성을 잘 드러내는 대표적 사상가이다.[27]

원효의 이러한 회통융합 사상은 신라 이후 한국불교사에서 교종(敎宗)과 선종(禪宗)을 구분하지 않고 융합하려는 정통으로 이어지고 있다. 또 다른 면에서, 원효의 회통사상은 한국종교사를 통하여 일관적으로 나타나는 관용적 포용주의가 불교의 입장에서 표현된 현상이라 말할 수 있다.[28]

(2) 의상(義湘)

의상(625~702)은 신라의 고승이며, 화엄종(華嚴宗)의 개조(開祖)이다. 그는 19세에 출가하였다. 앞에서 언급한 바와 같이, 원효와 함께 요동으로 가려다 실패하고, 10년 후인 661년(문무왕 1) 중국으로 들어갔다. 종남산 지상사(至相寺)의 지엄(智儼)에게서 『화엄경』을 배웠다. 지엄은 화엄종의 제2조로서 대단한 사상가였으며, 그 밑에서 의상은 현수(賢首)와 같이 화엄사상의

27 김상현, 『원효연구』, 민족사, 2000. 정병조, 「불교사상사」, 『한국종교사상사』 권1, 연세대학 출판부, 1991, '3. 원효의 불교', 36-43쪽.
28 윤이흠 외, 『한국인의 종교관: 한국정신의 맥락과 내용』, 서울대학교출판부, 2001.

미세한 부분까지 분석적으로 이해하는 훈련을 받았다. 현수는 지엄의 뒤를 이어 화엄종의 제3조가 되었다. 의상은 8년 간의 유학 후에 귀국하여 낙산사(洛山寺)의 관음굴(觀音窟)에서 기도를 올렸고, 676년 부석사(浮石寺)를 세우기 전까지 전국의 산천을 두루 다니며 『화엄법계도(華嚴法界圖)』를 가르쳐 실로 많은 제자를 길러 신라불교의 성장에 크게 기여하였다. 그의 많은 저서 가운데, 예컨대 『화엄일승법계도(華嚴一乘法界圖)』의 경우는 『화엄경』에 나오는 바다와 같이 넓은 법성(法性)의 의미를 밝히고 있다. 이처럼 의상은 창조적인 사상가였다.

의상이 제자들에게 화엄학을 가르친다는 소식이 전국에 퍼졌다. 이에 문무왕이 의상에게 장전(莊田)과 노복(奴僕)을 하사하였으나, 의상은 불법에는 지위의 높고 낮음이 없고 평등하게 보기 때문에 이를 받을 수 없다고 거절하였다 한다. 이러한 소식이 중국에까지 전해지자, 고승전에는 의상이 언행이 한결 같고, 수련을 게을리하지 않으며, 의복과 병(瓶)과 발우의 세 가지 외에는 아무것도 몸에 지니지 않는다고 전하면서 그의 진정한 수도자로서의 진지한 모습을 찬양한다. 다시 말해서, 의상은 대승불교 사상의 꽃이라 할 화엄사상의 대가이면서, 후학의 교육에 전념하는 교육자이고 나아가 엄격한 수행자였다. 한마디로, 의상은 신라뿐만 아니라 우리나라 전체 불교사를 통하여 사상, 교육 그리고 실천의 삼면을 잘 조화하여 그의 삶으로 옮긴 이른바 전형적 종교지도자의 상징이라고 말할 수 있다.

원효가 창조적 사상가를 대표한다면, 의상은 전형적 종교사상가를 대표한다. 이 두 사상가는 실로 신라의 불교문화를 대표하는 지성인의 두 모습을 보여준다. 구태여 비교한다면, 의상이 통일신라 전기와 같이 안정된 사회가 요청하는 지성적 사상가라면, 원효는 이러한 안정된 시대에도 근본적인 구조적 변화의 이상을 추구하는 창조적 사상가라고 말할 수 있다. 이러한 원효는 한국사상의 원형을 반영하기 때문에, 우리가 앞으로 다시 논하게 될 것이다.

원효와 의상 같은 탁월한 사상가를 가졌던 시기가 바로 통일신라 전기이다. 통일신라 후기가 되면 전기에 그토록 발전되었던 신라불교가 점점 퇴색해지기 시작한다. 교단이 침체상태에 들어가고, 불교문화가 퇴색되어 가는 데는 크게 두 가지 원인이 있었다. 첫째, 처음부터 신라 왕실의 불교는 왕즉불이라는 왕권의 신성화를 강조하는 이른바 왕권중심의 기복사상이 핵심을 이루었다. 그러나 통일신라 전기에는 원효와 의상을 비롯하여 많은 고승 대덕이 나타나 대승불교의 이상을 추구하는 상황에서, 가히 대승불교문화의 창달을 일으키는 시대를 맞이하였다. 그것은 불교의 창조적 사상가들의 활동에 기반을 둔 것이었다. 둘째, 통일신라 후기에 들어오면서, 정치사회적 혼란이 야기되고, 불교는 그러한 혼돈을 피하여 조용한 산으로 은둔하는 경향을 보이게 되었다. 특히, 혜공왕 이후 왕좌의 쟁탈이 잦아지면서 국가질서가 어지러워졌다. 이러한 정치사회적 혼란이 확대되면서, 혼란을 야기하는 당사자들은 서로 자신의 이익을 확보하기 위하여 상대방 세력에 해를 주려고 한다. 결과적으로 정치사회적 혼란은 곧 주술적이고 기복신앙을 확대하게 한다.

이처럼 통일신라 후기에 오면 기복신앙이 확대되고, 그 결과는 곧 전기에 고승들의 노력으로 일으켰던 대승불교의 종교적 이상은 상대적으로 상실되어 가게 된 것이다. 한 마디로, 통일신라 후기는 이처럼 불교의 이상이 상실되고, 기복 불교가 득세하는 상황에 이르게 된다. 이러한 문화적 상황 변화는 결과적으로, 이 시기의 불교설화가 모두 귀신과 관계된 이야기로 나타난다.[29] 이러한 불교귀신설화의 대두는 두 입장으로 이해될 수 있다. 첫째, 그것은 불교 이념이 한국화된 결과라고 이해하는 것이다. 둘째, 그것은 불교이상의 상실화로 해석하는 것이다. 첫째의 주장은 불교의 타락이 곧 한국화란 뜻이 된다. 이는 어느 모로 보나 건강한 해석이 아니라는 점이 분명하다. 따라서 불교이상의 상실화로 해석하는 것이 옳다. 결과적으로 통일신라 후기에는 불교의 침체라는 단계에 이르게 된다.

통일신라 "후기의 불교"는, 또 다른 변화를 보여준다. 그것은 선불교(禪佛敎)의 전래와 그 진흥이다. 9세기에 접어들면서 선불교가 신라에 새로운 생기를 일으켰다. 통일신라 초기, 그러니까 아직 달마선(達磨禪)이 남과 북으로 갈라지기 전에 선이 전래되었으나, 크게 일어나지 못하고 있다가 826년에 도의(道義)가, 그리고 826년에 홍척(洪陟)이 각각 남종선(南宗禪)을 중국으로부터 들여오면서 사정이 크게 달라졌다. 그 이후에 중국에 유학하면서 선법을 배워온 많은 선사들이 통일신라 후기에 이른바 구산선문(九山禪門)을 이룩하기에 이르렀다.[30] 그리하여 통일신라 후기에 선불교가 크게 일어나는 모습을 보이게 된다.

---

29 분황사 우물에 있는 용(龍) 3마리를 당나라 사신이 저주하여 작은 고기로 만들었다는 이야기.
   *김현(金現)과 호녀(虎女)의 만남이 얽힌 호원사(虎願寺)이야기, *헌강왕 때 동해용왕의 한 아들인 처용의 형상을 문에 붙여서 재앙의 귀신을 쫓았고, *용을 위해 망해사를 세웠으며, *왕이 포석정에 행차했을 때 남산의 귀신이 임금의 앞에 나타나 춤을 추었다는 이야기 등.

30 구산과 구산을 창건한 구조사(九助師) 등: ①실상산(현재: 전북남원군 실상사)의 홍척(洪陟), ②가지산(전남 장흥군 보림사)의 도의(道義), ③동리산(전남 곡성군 태안사)의 혜철(惠哲), ④사굴산(강원도 명주군 구정면 굴산사 유지)의 범일(梵日), ⑤성주사(충남 영월군 성주사 유지)의 무염(無染), ⑥사자산(강원도 영월군 흥령사 유지)의 도윤(道允), ⑦희양산(경북 문경군 봉암사)의 지선(智詵), ⑧봉림산(경남 창원 봉림사)의 현욱(玄昱), ⑨수미산(황해도 해주군 광조사)의 이엄(利嚴).

선불교가 사회에 일어나는 경우, 교학(敎學)이 확산되는 것과는 다른 형태의 사회적 영향을 일으키게 된다. 주지하는 바와 같이 선불교는 불립문자(不立文字)와 교외별전(敎外別傳)을 강조한다. 말하자면, 선불교는 경전과 교리에 얽매이지 않고 직접 수행을 통하여 무아적정(無我寂靜)의 경지에 들어가게 하는 정신집중의 수행방법이다. 이러한 선의 수행은 교학의 수행과는 전혀 다른 사회적 특성을 지니게 된다.

교학의 수행에는 기본적으로 경전과 율장에 대한 지식을 널리 익혀야 한다. 그러기 위해서는 경전과 율장, 그리로 논소 등의 출판물이 넉넉하게 보급되어야 한다. 그런데 이러한 출판물을 보급하기 위하여, 현대 인쇄술이 발달되기 전에는 목판인쇄의 과정을 거쳤다. 목판인쇄는 대단히 많은 전문 인력과 자금이 필요했다. 따라서 정상적인 교학의 발전을 위하여 반드시 왕실의 적극적 지원과 재정적 보조가 필요하다. 다시 말해서 통일신라 전기와 같이 기라성 같은 고승들이 사회에서 활동하는 것은 교학이 왕실은 물론이고 전 사회계층과 바람직한 상호관계를 유지하고 있었다는 것을 의미한다.

그런데 선(禪)은 기본적으로 마음을 닦아 무아적정의 경지에 이르는 수행을 하기 때문에, 선수행자가 외부 사회와의 관계로부터 스스로 차단하는 과정에 들어서게 된다. 그리하여 선사(禪師)와 선수행자(禪修行者), 또는 선생과 학생사이의 직접 관계에서 수련을 하게 된다. 따라서 선사의 권위는 어떤 경우에는 부처보다 높고, 선사의 언행이 금과옥조와 같이 귀중한 의미를 갖게 된다. 결과적으로 선은 선수행집단이 사회에서 분리된 하나의 독립집단의 특성을 드러내게 된다. 다시 말해서, 일반 교학불교와는 달리, 선불교는 사회로부터 스스로를 분리하는 성향을 상대적으로 더 지니게 된다.

다음으로, 이처럼 "사회로부터의 분리성향"을 지닌 선불교는, 선불교인들이 사회생활에서 어려운 상황에 봉착할 때, 교학적 사유와 수행의 훈련이 덜 되었기 때문에 교학불교인에 비하여, 상대적으로 더 쉽게 기복행위에 매달리게 된다. 교학은 그 수행과정에서 언제나 불교의 참된 이상과 그렇지 못한 방편과의 차이를 다양한 사례를 들어가면서 가름하는 수련을 시킨다. 따라서 교학은 첫째, 어떤 경우에나 진정한 교학적 지식은 진실과 방편, 지혜와 거짓을 가름하는 기준을 제시한다. 그리고 둘째, 교학은 다양한 형태로 사회참여의 길을 열어놓고 있다. 상대적으로, 이러한 두 가지 점에서 선불교는 교학과 다른 특성을 지니고 있다.

통일신라 후기에 사회적 문란으로 교학은 퇴조를 보이고, 선불교가 일어나면서 통일신라 사회는 점점 더 재통합의 길에서 멀어져 갔다. 통일신라는 불교에 의하여 국가 사회가 새로운 가치관을 지니면서 강력한 사회통합력을 가질 수 있었으며, 그 결과로 삼국을 통일할 수 있었다. 그러나 그 통합력의 주체인 교학불교가 쇠퇴하고 대신 선불교가 일어나면서 통일신라 사회를 재통합할 수 있는 가치관이 힘을 잃게 되었다. 그 결과는 일천년 신라왕국의 끝으로 이어졌다.

3) 신라 종교의 종합

신라는 삼국 가운데 가장 낙후된 상태에서 늦게 한문을 수용하면서 유교와 불교를 받아들이게 되었다. 전체적으로 보면, 후진상태의 신라는 고구려와 백제와의 경쟁에서 이기기 위하여 적극적인 노력을 기울였다. 이러한 노력이 문화면으로 표출된 현상이 바로 신라가 불교를 수용하는 과정에서 잘 나타난다. 신라는 초기에는 불교수용이 늦었으나 이차돈의 순교사건 이후 전격적으로 대승불교를 수용하였다. 왕실에서부터 불교수용에 적극적인 노력을 기울였다. 이는 고구려의 왕실과 정부가 불교와 도교의 포교경쟁을 사실상 왕조의 마지막 날까지 조정하던 것과 비교한다면, 신라가 얼마나 적극적으로 불교를 수용했는지 잘 드러난다. 불교를 수용하면서부터 불교는 사실상 신라의 국교와 같은 대우를 받았다. 특히 왕실을 중심으로 한 정치권에서는 불교가 국교의 기능을 했다.

다만 국민의 일상생활 상황에서는 민족의 고유종교 전통들이 크게 살아있었던 것이 사실이다. 그러나 통일을 앞에 둔 신라는 이미 불교가 국교의 기능을 하기에 이르렀다. 신라의 왕실은 왕즉불의 이념을 내세우면서 국왕이 부처의 우주론적 권위를 행사하는 존재라고 여기게 되었다. 이처럼 신라왕실의 우주론적 권위가 세워지는 과정에서 민족의 고유 종교전통들은 상대적으로 주변으로 밀려나게 되었다. 결과적으로, 불교가 왕실의 권위를 높여주고 나아가 사회적 통합의 주도적 세력으로 기능하게 된 것이다. 한마디로, 불교가 사실상 신라의 국교가 된 것이다.

국교의 기능을 하게 된 불교는 사회문화적 통합의 주도적 역할을 하면서, 삼국통일을 위한 국민적 통합에 결정적인 공헌을 했다. 고구려가 마지막 날까지 불교와 도교를 저울질하는 과정에서 사회적 통합의 기회를 놓친 것과 비교하면, 신라불교의 통합적 특성이 잘 드러난다.

불교와 비교하면, 신라의 유교는 통치자와 상류계급에게 일종의 "도덕적 정치이념"의 몫으로 기능하였다. 특히 유교는 기복적 기능이 없기 때문에 더욱 더 도덕적 이념의 한계를 벗어나지 못하였다. 예컨대, 왕권에서부터 저 아래 서민의 실생활에 이르기까지 전 국민은 언제나 많은 현실적 문제들을 갖고 고민하게 마련이다. 그런데, 불교는 풍부한 기복신행의 비결을 통해서 각자의 마음을 달래줄 수 있지만, 유교는 그렇지 못하다. 따라서 불교가 이념적인 면과 기복적인 면, 양 측면에서 전 국민의 마음을 통합할 수 있는데 반하여, 유교는 오직 교육을 통한 이념적 측면에서만 국민의 마음을 움직일 수 있다. 그러나 당시 교육에 있어서도 유교는 국교와 같은 불교가 있었기 때문에, 제한이 없을 수 없었다. 결과적으로 유교는 국교로서의 불교에 밀려 사회의 주도적 통합기능을 획득하지 못한 채, 도덕적 정치이념이라는 특수 기능에 머무를 수밖에 없었다.

통일신라 후기까지 한국민족의 고유 전통종교는 살아있었다. 예컨대, 하늘님 사상, 무속, 그리고 자기수련 전통 등은 그대로 남아 기능하였다. 그리고 기타 다양한 형태의 민속 종교들 역시 그 나름대로 존재했다. 그러나 신라 국가사회 전체적으로 볼 때, 그 모든 종교들을 제치고 불교가 국교의 기능을 하게 되는 것이 바로, 통일신라 초기까지의 과정이었으며, 통일신라 후기는 불교의 쇠퇴와 더불어 사회통합이 와해됨으로서 신라 왕조의 종말을 맞이하게 되었다. 이처럼 신라는 삼국 가운데 가장 후진국으로 출발하여 불교를 국교로 받아들임으로써 삼국의 통일과업을 이룩하고, 우리 민족문화사에서 대승불교 국가로 우뚝 서게 되었다. 불교가 국교의 역할을 하는 과정이 바로 신라 종교사의 핵심적 현상으로 자리 잡고 있다.

4. 백제의 종교

백제의 종교는 여러 가지 면에서 고구려와 신라의 가운데 위치한다. 고구려가 끝까지 문화적 주체의식에 입각하여 불교와 도교를 선별하는 입장을 지킨데 비하여, 신라는 불교를 받아들이는 순간부터 왕실에서 적극적으로 불교에 귀의하는 성향을 보여주었다. 그런데 백제의 왕실이 불교를 받아들인 후 약 1세기 반 동안의 백제불교사는 알 수가 없다. 그러나 백제는 일본에 불교와 유교를 전파는데 크게 힘을 기울인 점이 고구려와 신라에 비하여 두드러졌다. 이러한 외형적 차이를 제외하고, 백제가 유교와 불교, 그리고 도교의 문화를 받아들이면서 보여준 문화의 내면적 변화는 삼국의 다른 두 나라와 크게 다르지 않다.

먼저, 백제는 신라와는 달리 낙랑문화 영향의 지역에서 출발했기 때문에 일찍부터 한학(漢學)이 발달한 것이 사실이지만, 초기의 백제에 대한 유교의 영향을 밝힐만한 자료가 충분치 못하다. 백제는 온조가 시조로서 본래 북방지역인 졸본부여에서 일어나, 어려운 가운데 남하하여 도읍을 위례(慰禮), 웅진(熊津) 그리고 부여로 옮겨가면서 삼국 가운데 뚜렷한 독립국가로 정립하였다. 이처럼 도읍을 옮기는 가운데 유교와 불교를 수용하였다. 이는 백제가, 고구려와 신라와는 달리 사회적 안정이 보장되지 않은 상태에서 유교와 불교를 수용하였다는 사실을 말해준다.

백제의 유교는 첫째, 고구려 및 신라에서와 마찬가지로, 정부조직과 행정구역 등을 새로운 체제로 정비하는데 결정적 공헌을 하였다. 결과적으로 고이왕에 이르러 중앙집권국가의 체제를 상당히 갖추게 되었다. 이때에 육좌평 십육관계(十六官階)가 채용되었는데, 이는 『주례』에 나타나는 육관제를 반영한 것이었다. 그리고 공복제도가 정착된 것 역시 이때였다. 둘째, 백제의 사서편찬이 이루어지고, 그에 따른 유교사상의 교육이 활발해졌다. 예컨대, 근초고왕이 고흥(高興)에게 국사를 쓰게 하여 『서기』가 편찬되었으며, 그 외에도 그는 유학의 진흥에 힘을 써서 백제의 중흥지주(中

興之主)라 불리게 되었다. 셋째, 백제는 해상진출을 통하여 중국, 그리고 일본과 활발하게 문화교류를 하였으며, 특히 일본에 유교와 불교를 전파하는데 크게 공헌하였다. 다시 말해서, 백제는 활발한 해상진출을 통하여 중국과 일본을 포함한 동아시아 문화교류사의 중계 역할을 하였다.[31]

이처럼 유교는 백제사회를 유교의 고전사상으로 개혁하는데 결정적인 역할을 하였으나, 백제를 유교로 개종시키지는 못하였다. 이는, 고구려와 신라에서와 마찬가지로, 백제에서도 역시 유교는 도덕적 정치이념으로 기능하였다는 사실을 말해준다. 유교는 분명히 인간사회의 이상형(理想型)을 제시하면서도, 그 이상을 추구하는 유학자들이 백제 사회를 주도하는 위치에 있지 못하고, 당시의 통치체제에 봉사하는 위치에 머물러 있었다. 따라서 유교는 도덕적 정치이념의 범주를 벗어날 수 없었다.

불교가 백제에 처음으로 전해진 것은, 고구려보다 12년 후인 384년(침류왕 1)이었다. 인도의 고승 마라난타(摩羅難陀)가 동진(東晋)으로부터 바다를 건너 서울인 광주의 남한산으로 들어오자 왕은 그를 궁 안에 머물게 하였고, 다음 해에 10명의 백제인을 출가시켜 승려가 되게 하였다. 그 이후 약 150년 동안 백제 불교에 관한 기록이 보이지 않아서 불교역사를 파악하기가 어려운 상태이다. 그러다가 526년(성왕 4) 겸익(兼益)이 인도에 갔다가 돌아와서 율종(律宗)을 시작하면서부터 불교에 대한 자료가 나타난다. 겸익은 인도의 상가나사(常伽那寺)에서 범어를 배우고 특히 율부(律部)를 전공한 뒤 인도 승 배달다삼장(倍達多三藏)과 함께 귀국하였다. 그들은 범문으로 된 율문(律文)을 가지고 와서 그것을 번역하여 72권으로 만들었으며, 담욱

---

31 백제의 이러한 역할은 중국의 『양서』와 『주서』그리고 일본의 『일본서기(日本書記)』와 『고사기(古事記)』등에 나타난다.

(曇旭)과 혜인(惠仁)은 그 율에 대한 소(疏) 36권을 지어 왕에게 바쳤다. 이는 백제인이 인도로부터 직접 가지고 온 원권을 백제인의 손으로 번역한데 큰 의미가 있으며, 백제 불교가 계율주의적 경향을 갖게 되는데 큰 영향을 주었다. 541년(성왕 15) 양나라에 사신을 보내어 『열반경』을 비롯한, 경의 뜻을 풀이한 의소(義疏)를 받아오고, 공장(工匠)과 화사(畵師) 등 불교문화와 관련된 인물 등을 키웠다. 그리하여 성왕 30년에 이르러, 많은 승려들이 일본으로 가서 불교포교와 예술의 발달에 공헌할 수 있게 되었다. 법왕은 599년(법왕 1)에 살생금지령을 내려 민가에서 조류까지 놓아주고 수렵 도구는 모두 불태우게 할 정도로 사회가 불교화에 깊게 들어갔다.

무왕(600-641)은 익산에 거대한 미륵사(彌勒寺)를 세웠다. 우리나라에서 제일 방대한 전북평야의 바로 북단에 미륵사를 세운 것은 중요한 점을 시사해준다. 미륵은 미래축복의 불교적 상징이다. 따라서 한반도에서 지평선이 보이는 유일한 전북평야의 북단에 거대한 미륵사를 세우는 것은, 곧 미륵불이 백제의 풍요로운 앞날을 보장한다는 상징적 의미를 지닌다. 그리고 거대한 미륵사를 세운 무왕은 백제 마지막 임금인 의자왕(641-660)의 아버지였기 때문에, 미륵사가 세워진 지 몇 십 년 안에 백제가 망하면서 미륵사가 파괴되었다. 이처럼 백제 말기에 이르면, 백제 왕실이 불교에 국운을 의탁하는 모습을 보여준다.

의자왕 때 백제가 망하게 됨에 따라 그 명맥이 끊어졌지만, 백제의 불교는 일본에서 크게 꽃피웠고 오늘도 일본에 많은 흔적이 남아있다. 예컨대, 554년 성왕은 담혜(曇惠)와 도심(道深) 등 16명의 승려들을 일본에 보내어 교화활동을 하게 했다. 그 이후 백제의 마지막까지 많은 승려, 사찰 건축가, 공예가 등을 일본에 보냈다. 결과적으로 백제의 승려들은 일본의 불교가 중흥하는데 중추 역할을 하였으며, 이러한 맥락에서 일본문화의 원류를 우리나라에서 찾지 않을 수 없게 하였다.

지금까지 살펴본 바를 종합컨대, 백제는 왕권의 확보와 중앙집권적 체제를 유지하는데 유교와 불교가 공헌하도록 하였다. 유교가 도덕적 정치이념의 기능을 했다면, 불교는 "미륵사의 창건"에서 살펴본 바와 같이 국가 차원에서 세속적 안녕을 추구하는 기복적 태도가, 세속적 욕망을 초월하는 불교적 이상을 추구하는 태도보다 더 강하게 나타났다고 말할 수 있다.

5. 삼국종교의 종합고찰

고구려, 신라, 백제 삼국은 왕권의 신성화를 추구하는 기복적 동기에서 유교와 불교를 수용하였다는, 외견상의 측면에서는 서로 다르지 않다. 그러나 고구려가 왕권의 전통적 문화 주체의식을 끝까지 지키는데 반하여, 신라는 불교를 수용하는 순간부터 적극적으로 불교에 귀의하여 대승불교 문화를 창건했다. 백제 역시 불교에 귀의하면서도, 지속적으로 수도를 옮겨야 했던 지정학적 압력 때문에 말년에 미륵사를 창건하는 것과 같이 기복적 태도를 벗어나지 못하는 한계를 보여준다는 점에서, 신라와의 차이를 보여준다. 이처럼 삼국은 유교와 불교라는 고전종교를 국가사회에 실현시키는 면에서는 서로 다른 태도를 보여준다.

한걸음 더 나아가서, 삼국시대는 우리 민족사에서 유교와 불교라는 동양의 대표적 고전 종교문화를 수용하고 실현시키는 역사적 과정이었다. 이러한 과정을 거치고 있었던, 삼국시대에 우리 민족 고유의 전통문화가 강력하게 살아있었으며, 고유 종교전통들 역시 다양한 형태로 활력을 잃지 않고 기능하고 있었다. 특히 고유 전통문화는 고유 종교전통을 통하여 유지되기도 했고, 다양한 "민속 및 민간신앙"의 형태로 전해지기도 했다. 여기서 먼저, 앞 장에서 살펴본 바와 같이, ①무속, ②천사상 그리고 ③자기수련 전통과 같은 한국민족의 종교전통들은 삼국시대에도 구체적인 종교전통의 모습으로 변함없이 전해졌다. 그런데 민속 및 민간신앙의 형태로 이어지는 전통문화는 고유한 종교적 세계관을 지니고 전해지는 종교전통과는 다른 점이 있다.

전통문화는 시대에 따라 외부로부터의 영향과 압력을 받으면서 다양한 형태로 변하는데 반하여, 종교전통은 외형적 변화는 보이는 것 같으면서도, 자신의 고유한 세계관을 지키고 있기 때문에 시간이 가도 그 사상적 본질을 유지하면서 전체적으로 변하지는 않는다. 그 대표적인 예를 우리는 무속, 곧 샤머니즘에서 볼 수 있다. 샤머니즘은, 앞에서 지적한 바와 같이 영육이원론, 하바롭스크의 세계관을 지니고 있어서, 그 종교적 특성이 상고대에서 현재에 이르기까지 바뀌지 않고 지속적으로 유지되고 있다. 샤머니즘의 세계관을 바꾸거나 수정하여 종교운동을 전개하는 경우에는 무속적 신종교가 탄생하게 됨으로써, 얼마 안가서 무속과 분리되게 마련이었다. 결과적으로 무속은 그 장구한 시간동안 자신의 고유한 종교전통을 유지해 왔던 것이다. 같은 이유로 천신신앙과 자기수련 전통 역시 각각 상고대부터 삼국시대를 거쳐 오늘에 이르기까지 다양한 형태로 그 종교전통을 유지하고 있다.

무속, 천신신앙 그리고 자기수련 전통과 같은 고유 종교전통들은 한국민족의 상고대에는 사회를 주도하는 위치에 있었다. 그러나 유교 및 불교와 같은 고전종교가 들어와서 종교적 사상과 의례가 보다 강력하게 표준화된 문자기록에 근거하여 후대로 전해지고 교육되는 단계에 이르자, 천신신앙과 자기수련 전통 같은 고유종교 전통들은 커다란 위기를 맞게 되었다. 첫째, 고유종교 전통들은 문자화된 기록전통이 없기 때문에 사상적인 면에서 먼저 위기를 맞게 된다. 기록된 교육내용을 통하여 종교지도자들을 교육하고 훈련시키지 못하였기 때문에, 유교와 불교의 종교적 전문인과 비교할 때, 고유종교 전통의 사제들은 문화적 설득력과 세련도에 있어서 경쟁이 되지 못하게 된다. 다시 말해서, 고유종교 전통은 한문이라는 표준문자를 사용하던 삼국시대에 들어오면서 문화의 주도적 위치에서 밀려나게 되었다. 결과적으로 무속과 천신신앙 그리고 자기수련 전통과 같은 고유 종교 전통은 문화의 주도적 위치에서 밀려났지만, 대중은 여전히 고유종교 전통에 귀의하는 태도를 유지하고 있었다. 둘째, 고유 종교전통의 신자들은 상호관계는 외형적으로 드러나는 사회집단조직을 갖지 못하면서도, 사실상 상호관계를 유지하는 이른바 잠재집단(潛在集團)의 형태로 전환하게 되었던 것이다. 이처럼 삼국시대에 형성된 잠재집단의 전통은 오늘에 이르기까지 예컨대, 무속, 천신신앙 그리고 자기수련 전통 등에서 나타나 있다. 그 가운데서 천신신앙이 근대사회에 오면서 다른 두 전통보다 두드러지게 약화되었다.

잠재집단의 특성은 지금까지 살펴본 바와 같이, "민속 및 민간신앙"과 민족 "고유 종교전통"에서 나타난다. 그런데 잠재집단의 특성은 고전종교인 유교에서도 드러난다.

먼저, 민속 및 민간신앙과 비교한다면, 고유종교 전통은 고유한 종교적 세계관을 갖고 있기 때문에 보다 큰 자기통합력을 지니고 있다. 따라서 고유종교 전통이 민속 및 민간신앙보다 더 오래 전통성을 유지하게 된다.

다음으로, 유교는 고매한 고전적 이상을 갖고 있으며, 이러한 고전적 이상을 한문 문헌 전통에 근거하여 교육하고 훈련시키기 때문에, 유교사상의 전통성은 대단히 강력하다. 이처럼 강력한 유교의 전통성은 주로 학문사상가와 행정요인을 포함한 이른바 유교의 지도층을 중심으로 발전되고 유지되었다. 특히 삼국시대에 더욱 그러하여, 고구려, 신라, 백제의 삼국에서 하나 같이 국가행정을 체계화하는 주된 기능을 하였으며, 행정요원을 양성하는데 주도적 역할을 했다. 그러면서도 유교는 삼국의 종교문화를 주도하지는 못하였다.

유교가 삼국의 종교문화를 주도하지 못한 가장 중요한 이유는 유교가 대중의 요청을 달래줄 수 없었다는데 있었다. 대중은 오늘도 마찬가지이지만, 특히 삼국시대에는 현실적 삶에서 오는 어려움을 극복하는 것이 중요했다. 그것은 기복적 요청으로 나타난다. 유교는 예나 지금이나 복을 팔 수 없는 종교이다. 그러므로 유교는 시대에 도덕적 이념을 제시하고, 지도자를 교육하고 훈련은 할 수 있지만, 대중의 기복적 요청에는 부응할 수 없었고, 따라서 대중의 절대적 지지를 이끌어내지는 못하였다. 따라서 대중이 유교의 윤리적 세계관이 옳다고는 긍정하면서도, 유교적 신념체계에 적극적으로 몰입하지는 못하는 상태에 머물렀다. 이러한 상태의 집단을 이름하여 잠재집단이라 할 것이다.

여기서 종교적 잠재집단은 곧 특정한 종교적 신념체계가 살아 기능하면서도 사회적으로 주도적 차원의 밖으로 밀려난 상태를 의미한다는 사실을 알 수 있게 된다. 삼국시대의 종교적 잠재집단들 가운데는, ①민속 및 민간신앙, ②고유종교 전통 그리고 ③고전종교인 유교가 있었다. 첫째, 민속 및 민간신앙은 고유한 종교적 세계관을 지니지 못한 상태의 신념유형으로서 완전한 종교전통이라기 보다는 종교적 성격을 크게 띠고 있는, 말하자면 "종교적 현상"이라 말할 것이다. 이에 반하여, 고유종교 전통들은 각각 독립된 종교적 세계관을 지닌 완전한 종교, 곧 "종교전통"이면서도 사회 및 문화적 주도권에서 밀려난 종교였다. 끝으로 유교는 한문을 통하여 우리 민족사에 들어온 가장 오래된 고전종교로써, 사회를 고전적 이상으로 개혁하는데 결정적으로 기여하면서도, 기복적 기능이 결여됨으로써 삼국 시대에 사회를 주도하는 위치에 이르지는 못하였다.

삼국시대에 사회를 주도할 수 있었던 종교는 불교였다. 불교는 유교와 달리, 고전적 이상을 지니고 있으면서도 다양한 형태의 기복적 욕구를 충족시킬 수 있었다. 불교는 왕실에서부터 평민에 이르기까지 모든 국민의 기복적 욕망에 부응할 수 있었기 때문에, 고매한 대승불교의 이상을 추구하는 불교 사상가는 물론이고, 왕권의 신성화를 바라는 왕족과, 일상생활의 어려움을 스스로 달래려는 서민에 이르기까지 모든 국민이 불교신자가 될 수 있었다. 이처럼 종교적 이상주의자에서부터 시작하여, 왕권과 일반 서민들 모두의 종교적 욕망에 부응할 수 있는 종교가 불교였기 때문에, 불교는 국가의 주도적 종교의 위치에 설 수 있었다. 다만, 고구려의 말기에 불교의 지나친 성장을 견제하려는 예외적인 사건이 일어나기도 했다. 결과적으로 불교는 사회통합의 중요한 매체로서 기능하였다. 따라서 삼국 시대에 사회를 통합할 수 있었던 종교는 불교였다. 이러한 맥락에서 삼국 가운데 가장 뒤처졌던 신라가 불교에 적극적으로 귀의하면서 삼국을 통일할 수 있는 사회 및 문화적 힘을 발휘할 수 있게 되었던 것이다. 신라의 삼국통일은 불교에 귀의함으로써 얻을 수 있었던 사회적 통합력의 결과였다고 말할 수 있다.

삼국은 한문을 수용하는 과정에서 고전문화를 받아들여 우리 민족문화사에 새로운 장을 열었던 시대였다. 그러는 과정에서 고구려, 신라, 백제는 각각 서로 다른 문화적 특성과 발전의 과정을 거쳤다. 따라서 삼국의 문화발전과정을 통하여 우리는 어떤 조건에서 어떤 문화가 어떤 방향으로 발전하는지를 알아볼 수 있을 것이다.

무엇보다 먼저, 한 사회가 안정적으로 발전하기 위하여 ①시간적 정체성과 ②공간적 정체성의 확보가 필요하다. 먼저 ①시간적 정체성은 행위자나 집단의 과거와 현재 그리고 미래에 대한 자기 판단이 그 내용을 이루고 있다. 이러한 자기 판단의 내용은 문화적 이상을 추구하는 방향으로 이어진다. 이러한 문화적 이상의 추구가 ⓐ보편적 이상을 건강한 태도로 추진할 때는 사회발전으로 이어지지만, 제도화되어 형식주의의 옷을 입고 추구될 때는 권력의 타락형태, 곧 중세화의 모순에 빠지게 된다. 문화적 이상의 추구가 ⓑ자기 정체성의 확보를 건강하게 추구할 때는 자신의 내면적 발전을 도모하게 되지만, 지나칠 때는 자기기만과 자기함몰에 빠지게 된다. ② 공간적 정체성은 지리적으로 확산하려는 시도를 말한다. 이러한 지리적 확산의 시도는 ⓐ개방적 팽창주의를 건강한 태도로 추구할 때는 자기발전의 전격적인 계기를 마련하게 되지만, 이기적인 태도로 추구할 때는 파괴적이고 제국주의적 형태로 나타나게 된다. 지리적 확산의 태도가 ⓑ지역성을 건강한 태도로 추구할 때는, 자기 내면적 발전에 기여하지만, 지나칠 때는 자기기만과 자기함몰에 빠지게 된다. 이를 간추려 다음과 같이 표시해본다.

[표 6] 국가 사회 발전의 2대 요소

```
(1) 시간적 요소: 문화적 이상의 추구
    ⓐ 보편적 이상 추구    ⇒ 건강한 때      → 사회 발전
                        ⇒ 제도화 됐을 때   → 형식주의, 권력타락
    ⓑ 자기 정체성의 확보   ⇒ 건강할 때      → 자기 내면적 발전
                        ⇒ 지나칠 때      → 자기기만, 자기함몰
(2) 공간적 요소: 지리적 확산의 태도
    ⓐ 개방주의-팽창주의   ⇒ 건강할 때      → 자기 발전
                        ⇒ 지나칠 때      → 파괴적, 제국주의적
    ⓑ 폐쇄주의-방어주의   ⇒ 건강할 때      → 자기 내면적 발전
                        ⇒ 지나칠 때      → 자기함몰→자기기만
```

이처럼 시간과 공간적 정체성이 작용하여 한 시대의 구체적인 역사운동으로 나타나게 마련이다. 이러한 원칙에 입각하여 삼국이 상호간의 어떤 차이를 보여주는지 살펴보는 것이 의미 있는 일일 것이다.

고구려, 신라, 백제의 삼국은 각각 (1)문화적 이상을 ⓐ보편적 이상의 추구와 ⓑ자기정체성의 확보라는 두 형태로 나타내고, (2)지리적 확산의 태도를 ⓐ개방적 팽창주의와 ⓑ폐쇄적 방어주의로 나타낸다. 이를 아래와 같이 도표에 담아 보았다.

[표 7] 시간적 요소-문화적 이상 / 공간적 요소-지리적 확대

	보편적 이상	자기정체성	개방적 팽창	폐쇄적 방어
고구려	△	○	○	X
백제	△	○	X	△
신라	○	△	○	△

앞의 표는 고구려, 신라, 백제 삼국의 문화적 특성의 차이를 비교할 수

있도록 해준다. 먼저, 고구려는 그 문화적 이상을 추구함에 있어서 "보편적 이상" 보다는 "자기정체성"을 추구하는데 더 큰 비중이 있고, 지리적 확대에서는 "폐쇄 방어적" 태도가 없는 상태에서 "개방적 팽창주의" 태도를 지니고 있었다. 다시 말해서 고구려는 외부에서 들어온 유교나 불교의 보편적 이상보다는 민족의 자기 정체성을 유지하는 것을 더욱 중요하게 여기면서, 폐쇄적 방어태도를 벗어나 "개방적" 태도를 추구하였다. 이에 반하여, 신라는 문화적 이상을 추구함에 있어서 "자기 정체성" 보다는 유교와 불교의 "보편적 이상"을 우선하여 추구하고, 지리적 확대에서는 "폐쇄 방어적"인 것에 머물지 않고 "개방적 팽창주의"에 힘을 모아 삼국통일을 이룩할 수 있었다. 다시 말해서 신라는 민족 문화전통의 이상보다는 유교, 특히 불교와 같은 고전문화의 이상을 수용하는데 역점을 두면서, 폐쇄적이고 방어적인 자세보다는 적극적으로 개방적 팽창주의를 추구하였다. 끝으로 백제는, 문화적 이상을 추구하는 측면에서는 고구려와 같으면서도, 지리적 확대의 측면에서는 고구려와 신라가 취한 개방적 태도보다는 폐쇄적이고 방어적 태도를 지니고 있었다. 이처럼 우리는 위의 도표를 통하여 삼국이 한문을 수용하면서 새로운 고전문화 창조의 과정에서 각각 서로 다른 길을 거쳐 서로 다른 종착역에 닿았다는 사실을 보게 된다.

한국의
종교와
종교사

제5장

고려의 종교

1. 고려 종교의 전환기적 복합성

고려는 주지하는 바와 같이 통일신라와 조선을 이어주는 중간에 위치한다. 먼저 통일신라는 전기와 후기가 문화적으로 큰 차이를 보여준다. 통일신라 전기는 우리 종교사에 처음으로 대승불교라는 고전문화가 꽃을 피웠던 시대였으며, 이 시기에 불교의 고전문화로 사회적 통합을 이룩할 수 있었다. 신라가 삼국을 통일할 수 있었던 것은 바로 대승불교라는 고전문화의 가치관에 의하여 사회가 통합을 이룩할 수 있었던 데 있었다. 그러나 통일신라 후기에 이르면 불교가 세속화되면서 사회적 통합력을 상실하게 되고, 이에 따라 사회적 혼돈이 야기되기에 이른다.

이처럼 사회적 통합력을 상실한 후기 통일신라는 후삼국으로 이어지면서 사회문화적 혼돈은 한층 더 크게 확대되었다. 바로 사회문화적 혼돈이 정점에 이르렀을 즈음에 왕건이 고려를 건국하게 되었다. 따라서 고려는 처음부터 사회문화적 혼돈상황을 안고 출발하게 되었던 것이다.

고려가 처음부터 안게 된 사회문화적 혼돈은 바로 다종교상황에서 비롯되었다. 예컨대 통일신라 사회는 대승불교가 정신문화를 주도하였고, 유교가 한문이라는 문자 체계를 통하여 교육과 사회통치 기술을 주도하였다. 이처럼 불교와 유교라는 고전문화가 통일신라 사회의 정신문화와 사회통치 분야를 각각 주도함으로써, 우리 민족문화사에 일찍이 없었던 고전문화에 의한 사회문화적 통합이 가능하게 되었던 것이다. 그러나 통일신라에는 고전문화만 존재한 것이 아니라, 아득한 과거부터 이어져 오던 민족 고유문화의 다양한 전통 역시 살아 기능하고 있었다. 다시 말해서, 통일신라 후기에는 이미 그때까지 있었던 국내의 모든 종교전통은 물론이고, 한문을 통하여 들어온 모든 중국 종교전통과 불교가 다 같이 공존하게 되었다. 그럼에도 불구하고 불교가 통일신라의 문화를 주도했기 때문에, 이 시대를 불교문화 시대라 이르게 된다. 이처럼 통일신라 시대는 외형적으로는 불교가 주도적 성격을 유지하게 되었지만, 내면적으로는 점점 더 다종교상황으로 진행되고 있었다. 문화의 주도적 특성과 사회구조적 실상이 이처럼 이중적으로 나타나게 되는 전형적인 상황이 통일신라 시대에 드러나게 되었다. 특히 사회구조적 측면에서 말하자면, 통일신라 시대에는 국내의 전통적 고유종교들 위에, 밖으로부터 유불선과 같은 고전종교를 포함하여 많은 고대 기복종교들이 들어와 실로 그 전에는 상상할 수 없었던 다종교상황을 이룩하였다. 결론적으로 말하자면, 통일신라의 이러한 문화적 이중성격이 고려에 그대로 이전된 것이었다.

　　고려는, 다음에 올 조선이 유교라는 특정한 고전종교의 세계관에 입각하여 사회를 재통합하려 기도한 것과 달리, 통일신라 후기에 나타난 각 종교의 세속화 상태를 그대로 인정하는 상태에서 오직 왕권의 안정만을 유지하는데 모든 노력을 경주했다. 다시 말해서, 고려는 세속화로 인하여 해이해진 사회문화적 현상들을 일정한 가치관에 근거하여 새롭게 재통합하려 시도하기보다, 세속화된 다양한 사회적 실세들이 중앙의 왕권에 반항하지 아니하고 순응하고 협력하도록 적당히 억누르면서 유도하는데 보다 직접적인 관심을 갖고 있었다. 이러한 점은 태조 왕건이 고려를 건국하는 초기부터 나타났다. 태조 왕건은 새로운 고전질서를 창조하기 보다는, 현존하는 다양한 기존 가치관들을 모두 인정하면서 그 다양성의 안정을 추구하는데 모든 노력을 집중시키는 것이 정치적 중심 의도였다. 이는 한 마디로 고려 태조의 종교문화 정책에는 사실상 다종교상황을 인정하고 또 유도하면서도, 다종교상황이 수반하는 혼돈과 갈등을 극복하기 위한 새로운 질서를 추구하려는 의도가 담겨있지 않았다.[1]

여기서 한 번 더, 고려는 대단히 독특한 문화사적 위치에 있다는 점을 알 수 있다. 고려 이전의 삼국과 통일신라는 앞에서 살펴본 바와 같이 한문을 채택하면서 동양 고전문화를 적극적으로 수용하던 시대였으며, 특히 통일신라는 대승불교 문화를 꽃피우는데 이르렀다. 그리고 고려를 이은 조선은, 앞으로 조선조를 살펴보면서 다시 언급하겠지만, 세계에서 가장 전형적인 고전문화를 사회체제에 담은 고전사회의 전형적 모델을 이루고 있다. 고려는 이처럼 삼국과 조선의 중간에 위치하는 독특한 문화 상황에 처해 있었던 것이다.

고려조는 한편으로는 유교, 도교 그리고 불교와 같은 전형적 동양의 고전적 종교문화의 기반에 근거하여 개국이 되었다. 그럼에도 불구하고, 고

---

[1] 한국종교사는 고대부터 유난히 다종교상황을 이어왔지만, 1960년 산업개혁이후 비로소 다종교상황의 질서에 관한 사회적 관심이 나타나기 시작했다.

려 사회는 그 이전 단계의 삼국에 못지않게 한국의 고유종교 전통 또한 유지하고 있었다. 고유 전통문화는 다분히 고전사상과 상반되는 고대종교 의 기복사상의 특성을 강하게 지니고 있었다. 따라서 고려조의 종교상황 은 고대 기복사상 전통과 고전종교 사상이 공존하는 상황이 지속되었다. 유불도와 같은 고전종교는 물론이고, 무속을 포함한 고유민속 종교전통들 이 모두 고려사회에서 공식적 숭배의 대상으로 등장하기에 이르면서, 불 가피하게 커다란 문화적 혼돈상황을 맞이하게 되었다.[2] 다시 말해서, 이러 한 문화적 가치관의 혼돈은 태조 왕건의 문화정책에서부터 비롯되었다는 점이 그의 「훈요십조(訓要十條)」에서 선명하게 드러난다.

태조 왕건은 「훈요십조」를 발표하여 고려 왕조 운영의 기본 방향을 확 고하게 하였다.[3] 이를 요약하면 아래와 같다.

1. 국가 대업은 불교에 근거할 것
2. 도선의 도참설을 숭상할 것
3. 왕위 적자계승을 원칙으로 할 것
4. 우리 고유 문화전통을 존중할 것
5. 우리나라의 수덕과 지덕을 존중할 것
6. 연등과 팔관을 엄히 지킬 것
7. 임금은 백성의 신망을 얻는데 힘쓸 것
8. 차현 이남, 공주 강 밖의 사람과 거리를 둘 것

---

2 윤이흠, "신념유형으로 본 한국종교사", 9-44쪽: 한국종교사 전체적 흐름에 관한 연구 참조.

3 『고려사』 권2, 세가2, 태조2, 태조 26년 4월. 태조가 박술희에게 전한 훈요.

9. 백관의 녹봉은 증감하지 말 것

10. 경전과 역사에서 교훈을 삼을 것

위의 「훈요십조」은 다음과 같이 4가지 특성으로 요약될 수 있다. 첫째 불교를 국교로 지정하면서도(1), 둘째 도참(圖讖)을 매우 중요시한다(2, 5, 8). 셋째 유교(3, 7, 9, 10)의 사상을 통치현장에 크게 권장하고, 넷째 한국 고유문화전통을 높이 강조하고 있다(4, 6). 여기서 도참은 일반적으로 도교에 속한다고 말하는 것이 통설이다. 따라서 「훈요십조」은 불교, 유교, 도교 그리고 한국 고유사상을 모두 국정운영의 기본 이념으로 삼으라는 훈시를 내린 것이다. 이는 우선 고려를 건국할 당시의 후삼국 사회에 있던 모든 종교와 대중의 신념체계를 전부 받들어 숭상하라는 의미를 갖게 된다. 이러한 「훈요십조」에 담긴 태조의 이념은 한마디로 "포괄적 실용주의"의 특성을 지녔다고 말할 수 있다.

「훈요십조」에 담긴 왕건의 포괄적 실용주의는 고려 개국정책이 어떤 이념적 가치보다도 정치적 실용주의에 그 역점이 집중되었다는 사실을 분명하게 말해준다. 이러한 실용주의적 관점은 유교, 불교, 도교 그리고 한국 고유전통이 공존하는 다종교상황의 문화적 혼돈을 한층 더 부추기는 결과를 가져왔다고 말할 수 있다. 그것은 한마디로 문화정책의 혼선이었다.

이러한 종교정책은 당시의 다종교상황이 지닌 현안 문제보다는 정책적 실리에 더욱 관심이 쏠리고 있었다는 점을 말해준다. 그 실리는 왕실의 안정이었다 할 것이다. 고려의 정책을 입안하는 주체 세력은, 예컨대 통일신라가 대승불교로 사회통합을 강력하게 추진하였고 조선조가 유교로 국가를 개종하려고 했던 것과 같이, 다종교상황의 문제를 자기 나름대로 이해하고 해결하려는 일관된 정책적 의도를 찾아볼 수 없다. 그렇다고, 다종교사회의 문제를 새롭게 각성된 다원주의 이념으로 재정비하려는 노력도 보이지 않는다.[4] 결론적으로 말하자면, 고려 왕실은 처음부터 종교문화상황에 대하여 무감각하였으며, 이는 결과적으로 다종교상황을 점점 더 혼돈으로 이끌어가는 결과를 초래했던 것이다.

또한 어떤 종교 전통도 고려의 다종교문화를 통합하는데 주도적 역할을 충분하게 수행하지 못했다는 점이 당시 문화혼돈의 극복을 추구하지 못한 두 번째 이유이다. 그것은 곧 불교가 국교의 기능을 완벽하게 수행하지 못했다는 점을 말해준다. 불교가 국교의 기능을 다하려 한다면, 고려정권을 완전히 관장할 만한 정신적 권위를 유지하던가, 또는 왕실이 불교로 하여금 진정한 국교의 역할을 할 수 있도록 여건을 조성해 주어야 한다. 그러나 「훈요십조」에 나타나는 바와 같이, 왕건은 불교가 국교의 역할을 담당할 수 있는 여건을 부여하지 않았다. 왕건은 오히려 다종교 상황을 부추겼다. 이러한 정책은 결과적으로 "완전한 국교"를 결코 인정할 수 없게 한 것이다. 따라서 고려 왕실은 불교에게 외형적으로는 국교의 기능을 허용했지만, 고려 사회가 불교로 개종(改宗)하는 것을 허용하지는 않았다는 사실을 「훈요십조」가 분명하게 말해준다. 「훈요십조」은 불교뿐만이 아니라 유교와 도교, 그리고 민속종교전통에게도 각각 고유한 기능과 사명을 다할 것을 강조하기 때문이다.

이런 맥락에서, 실제로는 유교에 입각하여 행정 관료를 선발하는 과거(科擧)를 국가가 주관하였고, 또 과거시험을 준비하는 교육을 전국적으로

---

4 종교 다원주의는 원칙적으로 국교를 인정하지 않는 민주사회에서 가능한 사회질서이다.

실시하였다. 많은 도교의례(道敎儀禮)가 국가 행사로 치러졌고, 무속을 포함한 다양한 민간신앙이 크게 행해지고 있었다. 이처럼 다양한 종교전통들이 각각 자신의 문화적 특성을 유지하면서 공존하는 다종교상황을 정책적으로 허용하는데 이르렀던 것이다. 그렇다고 왕건의 이러한 종교문화 정책이, 앞에서 지적한 바와 같이, 고려조의 문화적 통합을 추구하려는 것이라 보기도 어렵다. 다만 훈요십조가 반영하는 초기 고려왕국의 종교정책은 결과적으로 다종교상황이 수반하는 문화적 혼돈상황을 한층 더 유도했다는 점이 분명해진다.

이처럼 고려 다종교상황의 혼돈은 중앙정부의 정책적 혼선에서 일차적으로 비롯되었으나, 다른 한편으로는 종교전통들, 그 중에서도 특히 불교가 새로운 문화혁명을 이끌만한 주도력을 발휘하지 못한데 그 부차적인 원인이 있었다. 다시 말해서 고려의 문화적 복합성은 정부의 문화정책과 교단의 포교활동의 양면에서 야기되어 하나로 엉켜 나타난 것이었다. 결과적으로 고려사회는 문화 또는 가치의 복합 상황에 빠지게 되었다.

종교는 사회적으로 볼 때 절대 신념 체계이다. 절대 신념 체계가 여럿이 공존하는 다종교사회는 한마디로 가치관의 혼돈과 갈등이 야기되고 나아가 가치관의 복합 상황에 이르게 마련이다.[5] 이러한 가치복합은 언제나 어떤 형태로든지 극복하지 않으면 안 될 장애물과 같은 특성을 지닌다. 역사적으로 그 극복은 두 가지 형태로 나타난다. 첫째는, 여럿 가운데 하나의 종교가 주도적인 역할을 함으로써, 혼돈스러운 사회의 가치관을 통합하는 "주도적 가치통합유형"이다. 이러한 가치통합유형이 전근대사회에

5 윤이흠, 「다종교상황, 혼돈을 넘어 개방사회로」, 『한국종교연구』 1권, 247-262쪽.

서 일반적으로 나타나는 주된 경향을 이룬다. 둘째는, 다양한 종교가 각각의 절대 신념 체계를 유지하면서 동시에 타자와 공존하는 질서를 유지하는 이른바 다원주의 유형이다. 이 유형은 현대 민주주의 사회의 기본원리를 이루고 있으며, 근대사회화의 과정에서 비로소 본격적으로 나타나기 시작한다.

이렇게 볼 때, 고려는 혼돈스러운 "가치복합 상황"과 전근대적 "주도적 가치통합 유형"이라는 두 상황 가운데 하나에 위치한다고 말할 수 있다. 그러나 고려는, 앞에서 지적했듯이 어느 모로 보아도, 하나의 주도적 종교에 의하여 문화통합이 이루어졌다고 할 수 없기 때문에, 복합 상황에 머물러 있다고 하지 않을 수 없다. 삼국이 유교와 불교 같은 고전종교를 수용함으로써 문화적 발전을 이룩하는 것이 그 시대적 특성을 드러내는데 반하여, 고려는 단순히 공존하는 다종교 문화의 복합 상황을 드러내고 있었다. 이처럼 다종교상황의 "단순한 문화적 복합 상황"이 곧 고려사회의 문화적 특성을 이루고 있었다.

고전문화는 고매한 형이상학적 이상과 세련된 논리체계를 지니고 있기 때문에 일차적으로 대단한 설득력을 지니고 있으며 동시에 주변의 고대 기복문화에 대하여 엄청난 파괴력을 지니고 있다. 따라서 고전문화가 창조적으로 표현될 때, 사회통합에 거대한 힘을 발휘하게 된다. 그러나 고전문화의 힘이 타문화에 대한 공격과 방어의 무기로 쓰이는 순간, 그 힘은 비교할 수 없는 파괴력으로 나타난다. 파괴력으로 나타난 고전문화는 이미 고전이상을 상실하고 체제를 옹호하는 힘으로 변질되고 만다. 다시 말해서, 고전문화는 대단히 전파력이 강력하지만 동시에 고전문화가 체제문화가 되는 순간, 고전사상이 마치 공격과 방어의 무기로 변한다. 그 결과 고전사상의 고매한 형이상학적 이상은 상실되고, 세련된 우주론이 공격과 방어의 무기로 쓰이게 되면서, 이른바 교조주의적(dogmatic) 타락의 과정에 들어선다. 이를 일반적으로는 "고전종교의 세속화" 현상이라 할 것이며, 서양사에서는 "중세현상"이라 말할 수 있다. 고려 국교의 역할을 했던 불교가 바로 이러한 세속화의 과정을 거치고 있었던 것이다. 고려불교가 화려한 귀족불교로 넘어가면서도 교학(敎學)이 일어서지 못하고, 선불교로 기울어진 점이 이를 말해준다.[6] 도교의 일환으로 나타난 풍수와 도참(圖讖)설은, 조금 후에 재론하겠거니와, 이미 고전사상의 범주를 벗어나 기복적 성격에 완전히 빠져 있었다. 끝으로 성리학 이전의 고려 유교는 문화의 주도력을 발휘하지 못하고, 왕실과 불교의 그늘에서 행정적 보조역할을 하고 있었다. 이처럼 고려조에 와서, 삼국시대와는 달리, 동양의 고전종교 사상들이 그 강력한 문화 전파 및 재편의 역동성을 잃고 왕실의 정권유지에 참여하는 세속화의 길을 걷고 있었다고 말할 수 있다.

인간역사에 나타난 이성적 문화 창조의 첫 번째 사건이 고전종교의 출현이었다. 고전종교는 인간과 역사를 비판할 수 있는 선험적 기준을 갖고 있다. 이 선험적 기준에 근거하여 인간은 자기거부(自己拒否)를 할 수 있는데, 자기거부는 인간이성(人間理性)의 꽃이다.[7]

---

6 교학은 서적간행이 절대적 조건이기 때문에, 왕실의 적극적 지원이 없으면 일어날 수 없다. 그러나 사찰은 화려하면서도 교학이 부흥할 수 없는 상황에서, 승단 내 자체개혁의 일환으로 지눌에 의하여 선불교운동이 일어났다. 지눌은 세속화된 고려불교의 개혁을 의도한 것이었다.

7 자연과학이 그 실험과 사유의 전 과정에서 수학적 논리를 따르는 것은, 과학자의 자의성을 극복하기 위함이다. 이처럼, 과학과 고전종교는 "자기거부"라는 동일한 이성적 태도를 갖는다. 다만, 종교가 삶의 가치를 추구한다면, 과학이 지식의 논리적 타당성을 추구한다는데 차이가 있다.

자기거부란 곧 "인간이 이기적 동기에서 세속적 이익을 추구하는" 이른바 기복적 태도를 거부하는 것이다. 다시 말해서, 고전종교는 인간이 인간답게 되는 선험적 가치를 추구하는 문화체계이다. 이러한 맥락에서 고전종교와 기복의 본질적 차이가 드러난다. 예컨대, 기복은 기자(祈子), 치병, 재물, 명예, 출세 등을 추구하는 것이며, 이들은 "이기적 동기에서" "세속적 욕망을 추구하는 행위"들이다. 따라서 석가, 공자, 노자와 같은 동양 고전종교 사상을 창시한 성인들은 기복을 멀리했다. 이러한 성인들이 제시한 고전적 삶의 태도는, 그 이전의 고대종교와는 획기적 차이를 보여준다.[8]

인간은 불가항력적 힘이나 규범에 의하여 운명이 결정된다는 숙명론을 고대종교에서 지니고 있었다. 그런데 "인간이 인간답게 사는 삶의 이상"을 제시하고 그 이상을 추구하는 "자유의지"를 강조하면서, 숙명론의 강박에서 벗어나는 길을 열어준 것이 고전종교였다. 다시 말해서, 고전종교는 기복사상을 극복하는 대안을 제시하는 문화사적 혁명이었다.[9]

고전종교 출현 이전 고대종교의 중점적 특성은 기복에 있었다. 그러나 고전종교가 체제화되는 순간부터, 세속화의 길을 걷게 되고 마침내 기복과 다시 본격적으로 손을 잡게 된다. 이를 앞에서 지적한 바와 같이 고전사상의 세속화[10]라고 한다. 고려조의 종교상황은 곧 고전사상의 전형적인 세속화 과정의 문제들을 안고 있었다. 그 가운데서도 고대 종교의 "기복요

---

8 윤이흠, 「한국종교연구」 권6, 집문당, 2004년 7월, 95쪽. "세계종교사 전개의 구조적 이해" 세계 고전종교 세계관 4유형의 도식화를 참조.

9 한 번의 혁명적 이상의 제시는, 인간 문화사 전반이 그렇듯이, 다음 단계에서 그 본질이 퇴색되면서 다시 이전의 상태로 환원되는 과정을 겪는다. 종교적 용어로 말하자면, 고전사상의 제시는 곧 이어 "고전사상의 세속화"가 뒤따르고, 이에 따라 "고전종교의 고매한 이상"과 "고대종교의 기복행위"가 공존하는 문화복합상황이 지속된다.

10 서양의 기독교사에 기준 한다면, 중세화라고 말할 수 있다.

인"과 "고전요인"을 여과 없이 안고 있는 이중 복합 상황을 이루고 있었다. 이러한 이중 복합 상황을 이루고 있었던 고려 종교사회는 유·불·도와 같은 외래종교가 교단 종교를 이루고 있는데 반하여, 우리의 고유한 종교 전통들은 대체로 비교단 종교로 남아 있었다. 따라서 고려의 종교사는 "교단 종교와 교단 종교" 그리고 "교단 종교와 비교단 종교" 사이의 상호관계 속에서 진행되었다.

특히 이러한 이중 복합 상황이 문화적으로 통합을 이룩하여 이를 근거로 새로운 질서를 창조하게 되는 데까지는 일정한 기간의 사회적 안정이 반드시 필요하다.[11] 그런데 고려는 건국에서 망국까지 5세기 동안 엄청난 사회적 혼란이 지속적으로 이어졌기 때문에, 통일신라나 조선조와 같은, 독자적인 문화 창조의 기회가 주어지지 않았다. 이점을 위하여 우리는 고려사의 지속적 혼돈의 역사를 간략하게 돌이켜 볼 필요가 있다.

왕건이 918년 고려를 세웠지만, 935년에 신라를 굴복시키고 936년에 후백제를 멸망시킴으로써 삼국통일이 실현되었으며, 이에 고려가 비로소 민족을 통일한 왕국의 안정을 맞이하게 되었다. 그러나 고려는 광종(949-975) 때인 956년에 노비안검법을 실시하고 958년 과거제도를 실시하면서 국가체제가 정비되었고, 이어서 성종대(981-997)인 983년 최승로의 보필을 받아 전국에 12목(牧)을 설치하여 처음으로 중앙에서 지방관을 파견할 수 있게 되었다. 이처럼 광종과 성종 때에 와서 비로소 중앙집권 왕국체제가 갖추

---

11 예컨대 인도에서 브라흐마니즘 시대에 브라만들이 사색에 전념할 수 있는 사회적 여건이 곧 우파니샤드라는 인도의 고전사상을 일으킬 수 있게 하였다. 이는 중국에서 제자백가 시대에 공자, 노자 사상이 나타난 것과 같다. 이처럼 특수 전문 집단이 특수한 일에 전념할 수 있는 사회적 조건이 일정기간 동안 보장이 될 때 비로소 새로운 문화 창조가 뒤따르게 된다.

어졌던 것이다. 다시 말해서 건국 후 65년이 지나서야 비로소 고려가 중앙집권 왕국으로서의 체제를 갖춘 안정기에 들어서기 시작하게 되었다.

그러나 이러한 안정기는 얼마 되지 않아 왕권이 심히 약화되었고, 이에 따라서 허약한 왕권을 찬탈하려고 1126년(인종4) 이자겸(李資謙)이 난을 일으켰던 것이다. 이자겸의 난은 고려에 12목을 설치하여 중앙집권제를 제도화한지 143년 만에 일어났다. 이는 중앙집권체제의 사회적 정착과 그 제도가 해이해지는 과정을 감안한다면, 중앙집권화에 근거한 고려 왕실의 안정기가 한 세기 정도 지나면서, 이자겸의 난을 맞이하게 될 만큼 왕실의 권위가 허약해졌다는 사실을 말해준다. 곧 이어 개경의 문벌귀족에 대립하는 지방 신진세력의 반항운동의 일환으로 묘청(妙淸)의 난이 일어났다. 이자겸의 난 때 개경이 불타서 황폐화되고 나라가 어지러우며 밖으로는 금나라에 사대의 예를 취하게 됨으로 백성이 실망에 빠졌다. 이러한 기회에 묘청은 개경의 문벌귀족들을 무너뜨리고 새로운 혁신을 꾀하려고, 개경은 지덕이 쇠하고 서경은 지덕이 왕성하기 때문에 서경으로 천도할 것을 주장하였다. 그러나 김부식이 대표하는 개경파 문벌귀족들이 강력하게 반대하여 서경천도가 실패하게 되자, 1135년 묘청은 개경에서 반란을 일으켜 국호를 천개(天開)라하고 자신을 천견충의군(天遣忠義軍)이라 칭하였으나, 실패로 끝났다. 이처럼 이자겸과 묘청의 난은 고려에 건강한 왕권이 유지되지 못하고 문벌귀족에 의하여 사회가 좌지우지되는 혼돈에서 비롯된 12세기 초반에 일어난 사례들이었다. 이들은 고려 정신문화의 통합성이 얼마나 이완되었는가를 잘 말해주고 있다.

곧 이어 1170년에 무신란(武臣亂)이 일어나면서 귀족사회는 무너졌지만 무신정권의 횡포가 고려사회의 문화를 근본적으로 뒤흔들어 놓았다. 이러한 무신란은 1270년까지 이어져 완전히 100년을 지속하였다. 백년 사이에 무신정권이 일으킨 사회적 혼란은 "농민과 천민의 봉기"를 야기시켰다. 1172년의 서적(西賊) 곧 서북계의 민란을 비롯하여 1176년 남도의 남적 민란과 1193년 경상도 전역에서 일어난 민란을 포함하여, 전국에서 실로 많은 민란이 일어났다.

이처럼 고려는, 국가사회의 "내적 차원"에서 볼 때, 어느 분야에서도 전문적 사색과 문화운동을 안정적으로 지속할 수 있는 여건이 보장되지 못하였다는 사실이 분명해진다. 이에 더하여, 국가 "외적 차원"에서 볼 때는, 몽고의 침입이 사회를 한층 더 혼란으로 몰고 갔다. 예컨대 1231에서 1258년까지 28년 사이에 7차례의 몽고침입이 있었다. 그리고 1257년에 고려와 몽고사이의 강화가 맺어졌지만, 특히 1274년과 1281년(충렬왕 7) 두 차례에 걸친 일본정벌에 고려를 억지로 동원할 뿐만 아니라 몽고의 고려에 대한 간섭과 횡포는 다양한 면에서 극심한 상태로 지속되었다. 그리고 고려는 이에서 오는 사회와 문화적 혼돈에서 마지막까지 벗어날 수 없었다.

원숙한 사상과 종교문화의 창조적 발전이 역사에 나타나기 위하여 무엇보다 먼저 국내외 양면에서의 사회적 안정이 일정기간 보장되어야 한다. 그런데 고려사는 그러한 역사적 조건을 충족시키지 못하였다는 사실을 우리에게 확인시켜준다. 그러면서도 고려 말기에 신흥사대부(新興士大夫)가 일어나면서 새로운 종교사의 변화를 예고하여 주었다. 이 점을 우리는 주목해야할 필요가 있다.

고려말기는 원의 세력을 등 뒤에 업고 세력을 유지하여온 권문세가(權門勢家)에 대항하여 신흥사대부 세력이 일어나 마찰이 일어나게 되었다. 중국에서는 1368년 남경에서 주원장(朱元璋)이 명(明)을 일으켜 원의 수도, 곧 지금의 북경을 함락하였고, 원이 멀리 북으로 철수함으로써, 원·명이 교체되었다. 이에 고려에서는 신흥사대부가 중심이 되어 원을 배척하는 세력이 일어났다. 따라서 원의 후광으로 강력한 정치적 세력을 잡은 권문세가의 보수 세력과, 사회개혁을 추구하던 신흥사대부의 개혁세력 사이에 대립과 마찰이 일어났다. 다시 말해서, 고려 사회의 "내부적 측면"에서부터 보수적 권문세가와 개혁적 신진사대부 사이의 갈등과 마찰이 일어난 것이다. 이에 반하여, "외부적 측면"에서부터는 왜구 및 홍건족의 침입과 원명(元明)의 교체에 따른 변동이 고려 말에 연이어 일어났다. 이러한 상황에서 고려말기의 최영(崔瑩, 1316-1388)은, 예컨대 1357년 오예포(吾乂浦, 후에 長淵)에 400여척의 배를 이끌고 침입한 외구를 격파하였고, 1361년 10만의 홍건족이 개성을 함락시키자 그 이듬해에 개경을 수복하는 등 수많은 사례를 통하여, 고려 말의 국운을 지키는데 결정적인 공헌을 한 명장이었다. 이에 그는 사실상 고려의 정권을 잡은 주인공이 되었으며, 이렇게 등장한 최영의 새로운 무신정권은 고려사회를 개혁하려는 신흥사대부들과 손을 잡았다. 권문세가 세력이 정치를 독점하고 농장소유를 확대함에 따라 사회적 혼란이 야기되었는데, 이를 바로잡기 위하여 신진사대부가 정치개혁을 주장하였다. 신진사대부들은 권문세가와 달리 가문이 낮고 지방 향리 출신이 많았으며, 과거에 합격하여 관직에 들어온 사람들이었다. 최영의 신무신정권은 이처럼 학문과 관직경험이 있는 신진사대부와 손을 잡고 나라를 개혁하려 하였다.

그런데 1388년(우왕 14) 과거 원나라가 관할하던 철령 이북의 땅을 명나라가 직속령으로 삼겠다고 통보해왔다. 이에 최영은 크게 분개하면서, 동시에 이를 계기로 명나라가 차지한 요동지방까지 되찾으려고 요동정벌을 시도하게 되었다. 그리하여 그 해에 최영 자신이 팔도도통사가 되고, 조민수(曹敏修)가 좌군도통사, 이성계(李成桂)가 우군도통사가 되어 요동정벌을 위하여 출병을 하게 되었다. 처음부터 국내외의 정세로 보아 요동정벌이 불가능하다고 여기면서 출병을 반대하던 이성계는 1388년 압록강 가운데 있는 위화도(威化島)에서 회군하여 개경으로 와서 정권을 잡고, 우왕을 폐위하고 최영을 고봉현(高峰縣)으로 유배하였다. 그리고 1392년 역성혁명을 일으켜 조선을 개창하였다.

이처럼 위화도 회군을 계기로 정권을 손에 쥔 이성계는 처음부터 이색(李穡), 정몽주(鄭夢周), 조준(趙浚), 정도전(鄭道傳) 같은 당대의 신진사대부들과 친밀한 관계를 맺고 고려의 개혁을 논의하였으나, 어느 시점에서 역성혁명(易姓革命)으로 이어지면서 이색과 정몽주는 혁명에 결사반대했고 조준과 정도전은 주도적으로 참여하면서 신진사대부가 두 파로 갈라지게 되었다. 역성혁명에 찬성하고 반대하는 두 진영이 모두 유교적 신념체계 위에서 자신의 주장을 전개하는 점에서 다르지 않았다는 점은 유의할 만하다. 한마디로 그들은 모두 유학자들이었다. 결론적으로 말해서, 반대세력은 역성혁명을 하는 것은 지금까지 모시던 임금과 왕권에 배신하는 것이기 때문에 반유교적이라 주장하고, 혁명세력은 유교적 이상을 실현하기 위해서 혁명이 불가피하다고 주장하였다. 이처럼 신진사대부들은 신유학이라는 동일한 신념체계를 갖고 있으면서도, 서로 다른 정치적 결단을 보여주고 있다. 신진사대부들이 지닌 공통의 세계관은, 두말 할 필요 없이, 바로 고려 말에 유입된 신유학 또는 성리학이었다. 바로 성리학이라는 새로운 세계관을 수용한 신진사대부들은 새 시대에 대한 새로운 비전을 갖고 새로운 세계에 대한 설계를 하기에 이르렀다. 이러한 새로운 설계가 위화도 회군 이후에 방향을 잃었던 이성계가 이끄는 무신세력에게 새로운 문을 열어준 것이었다.

지금까지 간략하게 살펴본 바와 같이, 고려는 그 시작부터 끝날 때까지 국가사회의 내외 양면에서 혼돈에 혼돈을 거듭하면서 나아가다가, 마지막에 성리학이라는 새로운 사상에 의하여 종말을 거두게 되었다. 이러한 혼돈의 과정을 살펴보면서, 우리는 두 가지 측면을 발견하게 된다. 첫째, 고려사회는 처음부터 끝까지 그 사회를 주도하는 신념체계가 분명하지 않은 전형적인 다종교사회의 혼돈상태를 보여준다는 점이다. 둘째, 그 혼돈의 끝은 성리학이라는 새로운 고전사상이 기능을 하면서 고려사회를 끝마침하는 문을 닫아주었다. 다시 말해서, 성리학이 새로운 시대의 문을 열어주면서 동시에 고려의 막을 내려주었다.

지금까지 고려에 관한 개괄을 통하여 한 가지 사실이 분명해진다. 그것은 고려의 사회적 변천과 흐름을 가장 잘 드러내는 종교가 유교라는 사실이다. 고려 왕조의 역사적 변천과정을 국가사회의 내외적 양면을 잘 조명해주는 종교문화가 바로 유교이기 때문이다. 이러한 관계로 우리는 다음 절에서 먼저 유교를 살펴보기로 한다.

2. 종교의 유형별 흐름

고려의 다종교사회가 지닌 혼돈은 교단조직을 가진 이른바 교단 종교와 비교단 종교의 유형에 속한 다양한 형태의 종교들이 많이 공존하는데서 비롯된다.[12] 예컨대 교단 종교에는 불교, 유교 그리고 도교의 일부가 포함되고, 비교단 종교에는 무속과 우리 민족 고유의 자기수련 전통, 그리고

지방의 산천의례를 포함한 민간신앙이 속한다. 그런데 일부 도교의 경우
는 주로 왕실과 지방 관청을 중심으로 행해지던 국가종교의례, 또는 지방
행정기구의 공식의례의 형태로 전해지기도 했다. 이처럼 (1)교단 종교, (2)
비교단 종교, 그리고 (3)국가종교의례, 이렇게 세 종교유형이 고려의 종교
사에 나타난다. 이러한 세 종교유형을 차례대로 살펴보기로 한다.

1) 교단 종교

주지하는 바와 같이 고려사회에 교단 종교로는 유교, 불교 그리고 도교
의 세 종교전통들이 있었다. 교단 종교는 일차적으로, 교리와 같은 신념체
계와, 의례와 같은 실천체계가 잘 발달되어있다. 한 종교가 지닌 특성은
바로 그것이 어떤 교리와 의례, 즉 신념체계와 실천체계를 가졌는가에 따
라 결정된다. 따라서 신념체계와 실천체계는 곧 해당종교의 본질적 특성
을 나타낸다. 그런데 한 종교의 본질적 특성은 그것 자체로 존재하는 법이
없고, 언제나 교단이라는 사회체제에 담겨서 수용되고 실천되며, 또 전수
된다. 이러한 관계로 신념체계와 실천체계가 교단의 내적, 또는 본질적
특성을 이루고 있다면, 교단은 외적 또는 사회적 특성을 나타낸다.

---

12 교단은 동일한 신념체계와 의례체계를 공유하는 종교단체를 의미한다. 이러한 종교단
체를 지적하는 용어로 교단, 종단 그리고 교파라는 세 용어가 20세기에 들어와서 한국
에서 쓰이고 있다. 그러나 이 세 용어는 사실상 동일한 의미를 지닌다. 예컨대 조계종
태고종과 같은 용어를 쓰는 불교 안에서는 교단 대신에 종단이라 하고, 기독교를 기본
적으로 교회라 이르는 개신교에서는 "교단"이라 이르지만, 장로교, 감리교 등과 같이
많은 교단으로 갈라진 이른바 분화된 교회의 개체를 지적할 때는 교파라 하기도 한다.
이처럼 "교단" "종단" 그리고 "교파"는 기본적으로 동일한 신념과 의례체계를 공유하는
종교의 단체를 이르는 동의어이다. 그러나 한국종교 전반의 맥락에서 가장 널리 쓰이
는 용어가 교단이다. 이러한 교단조직을 지닌 종교와 그렇지 못한 종교를 각각 교단
종교, 비교단 종교로 구분한다.

유불도 삼교는 각각 독특한 내적 본질특성을 가지고 있어서 근본적으로 고유한 종교적 세계관을 각각 전개한다. 고유한 종교 세계관의 내용이 교단이라는 사회적 틀을 통하여 외부 사회에 전해진다. 이러한 관계로, 유교와 불교는 고려라는 동일한 사회에 공존하면서도 각 시대마다 서로 다른 사회적 기능과 역할을 하게 된다. 그 차이는 바로 각 종교 교단이 지닌 "내적" 그리고 "외적" 요인의 차이에서부터 비롯된다. 따라서 우리는 유불도 삼종교의 내외적 요인들이 각각 고려사회에 어떤 형태로 기능하여 서로 다른 역사적 과정을 보여주게 되었는가를 살펴보기로 한다.

다만 교단 종교들 가운데 유교를 제일 먼저 언급하려 한다. 왜냐하면, 앞에서 살펴본 바와 같이, 고려왕조의 역사가 교단 종교들 가운데서 유교와 가장 밀접한 관계를 보여주고 있기 때문이다.

(1) 고려의 유교

유교는 타종교와 구별되는 매우 독특한 특성을 지니고 있다. 그 독특성은 우선 유교의 세계관에서 잘 드러난다. 유교적 세계관은 하늘의 뜻과, 지상의 질서, 그리고 인간 삶의 가치, 이러한 세 영역이 서로 연결되었다는 천지인 삼재 사상이 그 골격을 이루고 있다. 말하자면 인간의 존재론적 의미(人)와 사회적 질서(地)가 하늘의 뜻(天)을 반영하고 있다는 사상이다. 이처럼 유교사상은 잘 정비된 우주론적 구조를 갖고 있다. 이러한 유교적 우주론의 맥락에서, 인간은 천의 뜻을 그의 삶에서 실천하여야 하며, 그 실천은 곧 하늘의 뜻을 사회에 옮기는 이른바 윤리적 행위이다. 따라서 유교적 세계관의 맥락에서는 인간이 사회 안에서 인간답게 살아가는 "실천적 목표와 선험적 기준이 곧 천이다." 이렇듯 유교는 "인간이 사회 안에서 인간답게 살아가는 이상을 추구하는" 종교이다. 이러한 유교사상의 맥락에서 천(天)이 곧 궁극적 실재이다. 그러나 천은 인간과 사회질서 안에 내재된 가치관이기도 하다. 바꾸어 말하자면, 인간이 진정으로 인간답게 되는 길은 도덕적 이상을 완벽하게 실현하는 것이다. 도덕적 이상을 완벽하게 실현하는 것은 인간의 영원한 꿈을 추구하는 것이며, 이처럼 영원한 꿈을 추구하는 유교는 종교일 수밖에 없다. 그런데 유교라는 종교가 추구하는 천(天)은 유신론적 종교에서 믿는 바와 같이 하늘에 존재하면서 밑으로 지상의 인간에게 복을 주거나 벌을 주는 저 높은 곳의 인격적 절대자가 아니다. 유교의 천은 한마디로 기복의 대상으로서의 궁극적 실재가 아니다. 그래서 정통 유교는 "기복적 기능"을 배제하고 있으며, 이점이 바로 유교가 세계종교사에서 지닌 독특한 특성이다. 이처럼 유교는 기복적 욕망을 넘어, "인간이 인간답게 살아가는 길을"[13]제시하고, 또 추구하는 고전종교의 전형적 모습을 지킨다는 점에 그 진정한 특성이 있다.

기복을 멀리하려는 유교는 전형적 고전종교로서 다음과 같은 두 가지 성향을 역사를 통하여 보여주고 있다. 첫째, 개인적 삶의 영역에서 이상적 수준의 윤리실천을 촉구한다. 이처럼 기복을 멀리하고 고전적 이상을 추구하는 유교인의 삶은 고매한 모습을 지니게 된다. 둘째, 사회적 영역에서

---

13 이는 서울대학교 종교학과의 금장태 교수가 친구인 필자에게 사석에서 늘 강조하던 말이다. 그의 말을 필자는 세계종교사의 맥락에서 다음과 같이 해석한다. 유대교에서 비롯된 유일신관 종교나 인도에서 탄생된 불교와는 달리, 유교적 세계관의 핵심은 인간이 살아가고 있는 지상에서의 인간관계, 곧 "윤리"에 뿌리내리고 있다. 이러한 맥락에서 유교의 인간관은 "사람이 사람답게 살아가는 것"이라 말할 수 있다. 다만, 필자는 이에 한걸음 더 나아가서, 모든 고전종교가 자신의 세계관의 맥락에서 "사람답게 살아가는" 길을 추구한다고 말할 수 있다. 이처럼 필자는 금 교수의 말을 보편적 맥락으로 확대 수용한다.

는 이상적 수준의 윤리질서가 구현된 국가사회를 추구한다. 이 둘을 종합해 볼 때, 유교는 개인의 삶과 사회의 운영에 있어서 윤리질서를 이상적 상태로 실현하려는 종교 전통이라 말할 수 있다. 이러한 이상적 상태의 윤리적 실천을 추구하려 할 때, 현실적으로 많은 문제들과 난관에 부딪치게 된다. 그러므로 유교는 이러한 현실적 난관들을 극복하기 위하여, 그들을 분석하고 설명하고, 또한 그 대안을 추구하는 교학을 갖고, 또 다른 면에서는 교학에서 제시하는 이상과 현실적 대안을 사회에 실천하는 구체적인 "사회참여"를 요청한다. 이때 사회참여는 사실상 구체적인 정치참여를 의미한다. 이처럼 국가적 차원에서 유교는 언제나 "교학과 정치참여"라는 양면을 동반하게 된다. 이를 종합하여 유교는, 개인의 생활과 국가적 차원이라는 양면에서, 윤리적 이상을 현실에 실현하는 것을 추구하는 종교라 말할 수 있다.

바꾸어 말해서 유교는 개인생활과 사회운영의 양면에서 고매한 이상과 합리적 대안을 제시하고 있다. 그러나 문제는 바로 그 이상이 너무 고매하다는데 있다. 왜냐하면, 유교의 이상과 대안은 전근대 사회의 대중에게는 너무 멀리 떨어져 있기 때문이다. 대중은 역사 안에서 언제나 어려운 현실에서 살고 있기 때문에, 그들은 현실에서 당하는 현세적 어려움을 극복할 수 있기를 무엇보다 먼저 염원한다. 이러한 염원이 사회적으로 드러난 현상을 "기복"이라 한다.[14] 다시 말해서, 예나 지금이나 대중은 현실의 삶에서 기복적 욕망을 갖게 마련이다. 그런데 유교는 이러한 대중의 기복적

---

14 기복은 "이기적 동기에서, 현세적 욕망을 추구하는 것"을 의미한다. 이는 곧 고전적 태도와 반대되는 개념이다. 이러한 기복이라는 개념을 정확하게 담은 서양언어가 없다. 따라서 종교학자로서 필자는 기복을 fortune-seeking이라 번역한다.

욕망을 달랠 수 있는 기능을 갖고 있지 못하다. 따라서 유교는 대중에게 오직 유교의 본질적 특성인 "윤리적 이상"을 그들의 삶의 현실에서 추구하라고 "가르친다." 대중도 그 이상이 고매하다는 사실을 부인하지는 않는다. 그러나 유교의 이상을 추구하는 것이 대중의 삶의 현실에서 쉬운 일이 아니다. 이러한 관계로 대중은 유교의 가르침을 부정하지 않으면서도, 그들의 기복적 욕망을 달래주는 다른 종교들의 기복행위를 따르게 된다. 이러한 관계로 고려사회의 서민대중은 기본적으로 기복신행의 신자들이었다. 그래서 유교를 접한 대중의 경우에도, 그들이 윤리적으로는 유교인이면서도, 기복행위를 위하여 불교와 도교, 그리고 나아가 무속인이었다고 말할 수 있다. 고려사회의 서민대중은 유불도와 같은 특정 종교전통의 범주 안에 머물러 있지 않고, 어느 종교 전통이든 가리지 않고 그들의 기복적 욕망을 충족시켜주는 종교전통을 그때마다 자유롭게 따랐다. 이러한 상황에서 유교가 기복을 배제하려는 의도를 지니고 있기 때문에, 대중의 욕망을 달래주지 못하였고, 결과적으로 대중은 유교교단의 정식 성원의 자격을 갖지 못하는 결과에 이르게 된다.

　고려시대에 유교인이라 말할 수 있는 사람들은 유교교육을 받고 관직에 오르거나, 유학자 층에 속하는 사람들, 또는 어떤 형태로든 당시의 유교에 관계를 맺었던 사람들이었다. 그들은 서민대중이 아니라 고려의 상류사회에 속하는 사람들이었다. 당시의 유교인은 다른 종교의 신자들과 마찬가지로 유교의 세계관에 대한 절대 확신을 갖고 있었다. 그들이 "절대 확신" 곧 "종교적 확신"을 지니고 있는 한 그들은 종교인이었다. 그러나 그들의 종교적 확신을 하나로 묶어주는 기본 집단이라는 의미의 "교단"에 대한 의식이 매우 약했다. 다시 말해서 종교적 확신을 갖고 있으면서도 그 확신을 묶어주는 종교적 기본 단체를 의미하는 교단의 개념이 그들에게 매우 불분명하였다. 이러한 경우는 특히 고전종교 가운데 유교에서만 나타나는 매우 독특한 현상이다.

유교의 교단개념이 불분명하다는 것은 곧 유교의 성원개념이 분명치 않다는 데서 비롯된다. 또한 그와 반대로 말할 수도 있다. 다시 말해서 교단과 그 성원은 서로 의존적인 관계에 있다. 그런데 교단의 개념이 불분명한 이유는 유교가 기복을 멀리하는데서 비롯되었던 것이다. 앞에서 살펴본 바와 같이 서민대중이 유교의 성원이 되기 어려웠던 점은 유교가 기복을 멀리한데서 비롯되었다. 마찬가지 이유에서 왕실과 귀족 역시 유교에 완전히 귀의하기가 어려웠다. 왕실은 언제나 그 자체를 보존하려는 기복적 욕망을 갖고 있다. 그리고 상부의 귀족 역시 가문과 파벌, 그리고 다양한 이익집단의 자기 보존과 세력 확대를 위한 욕망을 갖고 있는 한 기복을 추구하게 마련이다. 이처럼 서민대중과 마찬가지로 왕실과 귀족단체 역시 그들 집단의 "이기적 동기에서, 세속적 욕망을 추구하는" 기복적 욕구에서 벗어나지 못하였다. 따라서 왕실과 귀족 또한 서민과 마찬가지로, 유교적 이념을 수용하면서도 타종교에 의존하여 기복을 추구하였다. 그러므로 왕실과 귀족이 유교에 전폭적으로 귀의하지 못하는 것이 고려사회의 현실이었다. 이러한 상황에서 유교 종단이 외형적으로 두드러지게 형성되기는 어려운 일이었다. 교학과 정치참여를 동시에 추구할 수 있을 때, 마치 조선조에서와 같이, 비로소 유교의 교단이 온전한 모습으로 나타날 수 있다. 그러나 그렇지 못한 고려에서는 유교 교단이 외형적으로 형성되지를 못하였다. 다시 말해서 왕실과 귀족의 전적인 귀의가 없으면 전국적인 종단형성이 쉽지 않다. 고려의 유교는 결국 기복을 멀리하기 때문에,

유교의 성원 개념이 불명확하게 되었고, 교단 역시 불분명하게 나타났다.

성원과 교단의 개념이 불분명한 가운데서도, 고려의 유교인은 유교의 세계관에 대한 종교적인 절대 확신을 지니고 있었다. 그러한 종교적 확신에 근거하여, 앞에서 살펴본 바와 같이, 교학의 전수와 정치참여를 현실에 옮겼다. 이러한 관계로 유교는 고려사회의 정치적 운영을 위한 원리를 제공하였다. 특히 한문을 공용문자로 사용하던 고려사회에서 모든 교육은 기본적으로 한문을 통하여 유교사상을 가르쳤으며, 나아가 한문으로 교육받은 사람들을 관료로 등용하였기 때문에 국가 통치체계를 유교적으로 운영하게 되었다. 앞으로 살펴보겠지만, 광종 대의 과거제도를 채택하고 성종 대 최승로(崔承老)의 시무이십팔조(時務二十八條) 등이 시사하는 바와 같이, 유교가 고려사회에 구체적인 국가통치에 대한 기틀을 제공하였다. 이처럼 유교는 고려사회를 통치 운영하는데 실제로 결정적인 기여를 하였다. 그러나 유교는 고려를 주도하는 위치에는 오르지 못하였다. 이런 맥락에서 결론적으로 말하자면 유교는 고려사회의 통치 보조 원리의 자리에 있었다.

유교가 고려에서 통치 보조 원리에 머물 수밖에 없었던 까닭은 다음과 같은 세 가지 이유 때문이었다. 첫째, 유교는 여타 고전종교들에 비하여 기복을 배제하는 강도가 높았다. 보다 정확하게 말해서, 불교와 같은 다른 고전 종교와 비교하여, 유교의 세계관에는 기복을 수용할 수 있는 여지가 매우 협소하다. 둘째, 따라서 유교성원의 개념과 범주가 매우 불명확하다. 셋째, 결과적으로 유교 교단의 불확실성이 나타난다. 이러한 점에 근거하여 고려의 유교를 시대적으로 살펴보기로 한다.

고려의 유교는 전기와 후기로 크게 나누어 살펴볼 필요가 있다. 전기는 태조(918-944)가 후백제와 신라를 통합하여 후삼국을 통일한 10세기부터 무신을 천대하다가 난을 일으킨 무신세력에 의하여 폐위된 제18대 의종(1122-1170)에 이르기까지 약 2세기 반의 기간에 이른다. 후기는 제19대 명종(1170-1197)에서 시작하여 고려가 망하던 제34대 공양왕(1389-1392)대 까지 220여년에 이른다. 전기는 유교가 고려에 정착하고 또 유교에 의하여 고려의 통치체계가 정비되던 기간이다. 후기는 무인청치에 의하여 유교를 포함한 문화질서가 와해되고, 이어서 몽고침입에 의하여 문화정체성이 흩어지는 과정에서 주자학을 받아들여 유학의 새로운 전기를 갖게 된 시기이다.

① 고려 전기의 유교

고려 종교의 전기는 앞에서 지적한 바와 같이 태조에서 제18대 의종에 이르는 약 2세기 반의 시기이다. 이 시기는 크게 유교가 고려사회에 제도적으로 뿌리를 내리던 (1)유교의 제도정착기와, 그 후에 유교가 성장하면서 정국이 문치주의로 이어지던 (2)유교 성장기로 이어진다.

먼저 (1)유교의 제도정착기는 제4대 광종과 제6대 성종(918-997)의 통치정책에서 유교가 정착되는 과정을 잘 보여준다. 주지하는 바와 같이 광종은 과거제도를 설치하여 진사과, 명경과 그리고 의복 등의 분야에서 시험을 보아 인재를 관직에 등용하였다.[15] 이처럼 과거시험을 통하여 관직에서

---

15 광종은 유교 정학의 요전(要典)인 『정관정요(貞觀政要)』를 숙독하고 과저제도를 실행하였으며, 과거시험은 예비고시인 국자감시(國子監試)와 최종고시인 예부시(禮部試)로 구성하였다. 국자감시에는 시·부와 육운(六韻)·십운시(十韻試)(『고려사』 권74, 선거(選擧)2, 국자감시(國子監試). 덕종 때 그리고 문종 25년, 의종 2년에 기록이 있음) 등을 시험 보았고, 예부시에서는 주로 송(頌), 경학(經學), 론(論), 경(經), 시부(詩賦), 시무책(時務策)을 시험 보았다. 전체적으로 출제과목(製述業)은 사장학풍(詞章學風)에서 경학(經學) 또는 성리학 영역이 전개되었다. 『고려사』 권 73-75 선거지(選擧志). 허흥식, 『고려 과거제도사

일할 인재들은 모두 유교교육을 받은 사람들이었다. 따라서 고려에서 과거제도를 수용했다는 사실은 고려왕조가 이미 국정의 기반과 운영방향을 유교에 의존하게 되었다는 사실을 의미한다. 성종은 국정에 최승노의 권유를 많이 반영했다. 이러한 최승로는 그의 유명한 『시무28조』에서 불교는 "수신의 근본"이고 유교는 "치국의 근본"이라고 주장한다. 그는 불교 교리자체를 거부하지 않으면서도, 과다한 불교 의례행사와 전통 민속의례와 도교에서 나타나는 과다한 기복과 양재(禳災)가 가져오는 사회적 폐단과 경제적 낭비를 척결해야 한다고 강조한다. 이처럼 성종 대는 유교적 세계관에 근거하여 사회의 개혁을 시도하였다. 이러한 맥락에서 성종은 동6년(987)에 경학박사와 의학박사 1인씩을 12목에 두었으며, 11년에는 중앙에 국자감(國子監)을 두고, 그 안에 국자학(國子學), 태학(太學) 그리고 사문학(四門學) 등을 두었다. 국자감은 국가 관료를 양성하는 대표적 유교교육 기관이었으며, 후에 성균관으로 이름이 바뀌었는데 현대 말로 한다면 일종의 국립 유교 종합대학이다. 다시 말해서, 제4대 광종 대에 과거제도가 설정되고, 제6대 성종 대에 학교제도가 확립됨으로써, 유교가 교육을 통하여 고려사회의 통치이념의 원리로 자리 잡는 기반을 이룩하였다. 한마디로 유교는 이때 비로소 한국사에서 통치이념의 원리로 자리 잡게 되었다.

다음으로 (2)유교 성장기는 제11대 문종(1046-1083)에서 제18대 의종(1146-1170)에 이르는 약125년 기간이다. 이 시기는 사학(私學)이 크게 일어났고, 또한 국학의 진흥책이 두드러지게 일어났다. 예컨대 11대 문종 대에 사숙(私塾)이 크게 일어났으며 이들을 모두 합하여 12공도(十二公徒)라 하였

연구』, 일조각(1981년).

다. 12공도 중에서 최충(崔沖, 984-1068)이 세운 문헌공도(文憲公徒)의 규모가 관학을 압도할 정도로 커서 관학의 기능을 대신할 정도였다. 최충은 고려의 젊은 인재들이 구경삼사(九經三史)를 익히고 문장을 자유롭게 구사하는 교육을 받아 과거시험을 통과하고 관직의 길에 들어서는 사람을 많이 배출하는데 크게 기여하였다. 그래서 최충은 "해동공자"라 불리게 되었다. 이처럼 사학이 크게 일어났다. 한편 제16대 예종(1105-1122)은 국자감에 7개 가운데 6개의 유학재(儒學齋)를 두어 유학을 크게 진흥하였으며, 특히 양현고(養賢庫)라는 일종의 장학재단을 설립하여 학술의 진흥과 교육 사업에 크게 힘을 쏟았다. 제17대 인종(1122-1146)대에는 학교교육과 과저제도를 한층 더 체계적으로 확장하였다. 개성 안에 있던 국자감에 육학(六學)을 두었는데, 이들은 국자학(國子學), 대학(大學), 사문학(四門學), 율학(律學), 서학(書學), 산학(算學)이었다. 그리고 지방의 주, 군, 현에는 향학(鄕學)이라는 일종의 지방학교를 두었다. 예컨대, 국자감의 경우 신분이 높은 상류층의 문무관 자제들은 "국자학", "대학", "사문학"에서 배웠으며, 8품 이하의 자제와 서민 등 하층민의 자제들은 율학, 서학 그리고 산학을 가르쳤다. 이처럼 상하 사회계층간의 교육이 달랐다.

계층 간의 교육의 차별현상은 다음과 같은 현상을 가져왔다. 첫째, 국가적 차원에서 교육과 관리의 선발 양면을 모두 유학에 근거하여 실시하였으며, 한걸음 더 나아가 이 시기에 고려의 유교는 그 전성기에 이르렀다. 바꾸어 말해서 유교는 이 시기에 국가를 통치하는 기본원리의 기능을 하였다. 둘째, 그러나 이 시기의 유교교육이 사회적 신분에 따라 차별화된 교육내용을 전하는 과정에서, 유교전통이 지닌 경세제민의 고매한 고전적 이상을 외면하고 과거에 합격하기 위한 교육을 하기에 이르렀다. 과거에 합격하기 위한 공부는 유교의 고전적 이상을 벗어나 경박하고 화려한 문장을 쓰는데 빠지는 경향이 있다. 종교학적으로 말한다면, 이 시기의 교육은 유교의 고전적 이상을 외면하고 기복적 충동으로 이끌려갔다. 따라서 이 시기에 고려의 유교가 외형적으로는 발전의 정점에 이르렀지만, 내용적으로는 파멸의 문턱에 이르게 되었다. 그 기점이 바로 사회적 신분에 따른 각종 "차별화"에 있었다. 셋째, 신분의 차별화는 한걸음 더 나아가서 문무의 차별화까지 이르게 되었다. 제18대 의종 대에 이르면 문신을 우대하고 무신을 멸시하는 풍조가 지나치게 되자, 정중부 등의 무인들이 경계(庚癸, 1170-1173)의 난을 일으켜 많은 문신들이 죽고 화려했던 문풍이 하루 아침에 사라지게 되었다. 그리고 무인정치가 한 세기 동안 지속되었다.

지금까지 우리는 고려 유교의 전기는, 유교가 고려의 통치이념의 원리로 수용되고 나아가 사회체제로 발전되는 과정에서 사회계층별 차별화가 무인정치의 사회적 혼란으로 이어졌다는 사실을 보게 되었다. 한마디로 고려 초기 유교가 이처럼 혼돈으로 치닫고 있었다. 그런데 이러한 혼돈은 사실상 태조 왕건이 「훈요십조」(3, 7, 9, 10조)에서 유교를 국가통치의 원리로 삼아야 한다고 하는데 그 뿌리가 있다. 앞에서 지적한 바와 같이, 태조는 「훈요십조」에서 유교를 통치원리로 삼으라 하고, 불교를 국교로 섬기라 하였으며, 우리 민족의 고유 민속전통을 귀하게 여기라 강조하였다. 태조는 유교가 통치이념이 되어야 한다고 강조했지만, 유교가 사회를 주도해야 한다는 것은 아니었다. 고려 초기 유학자들 역시 유교가 절대 신념체계라는 절대적 확신을 표명하기보다는, 앞에서 최승로가 유교와 불교가 각각 다른 역할을 한다고 한 바와 같이, 불교에 대한 포용적인 태도를 갖고 있었다. 다시 말해서 고려 "유교의 전기"까지는 유교와 불교 사이에 서로 포용적인 태도를 역사적으로 유지하고 있었다.

유교가 불교 및 타종교에 대한 포용적 태도를 지님으로써 종교 간의 화평을 유지하게 된 점은 평가해야 할 것이다. 그러나 동시에 고려 초기의 유교가 불교에 대하여 보여준 포용성에는 한 가지 결점이 있었다. 종교는 절대 신념 체계이다. 따라서 하나의 절대 신념 체계가 다른 절대 신념 체계에 대하여 포용적인 태도를 갖기 위해서는 특정한 사상 또는 각성된 태도가 필요하다. 그런데 고려 초기의 유교는 마치 태조의 「훈요십조」에서 보이는 것과 같이, 각성되지 않은 근거에서 타종교에 대한 포용적 태도를 보여주고 있다. 이를 우리는 "무각성 포용태도"라 부르기로 한다. 이러한 무각성 포용태도로 타종교를 받아들일 때, 자기정체성의 상실이 오기 쉽고, 정체성의 상실은 자기 이상의 포기로 이어지게 된다. 그 결과는 언제나 "이기적 동기에서 세속적 욕망을 추구하는" 기복행위에 이르게 된다. 이러한 과정이 고려초기의 유교가 지나온 역사적 흐름에 그대로 드러나고 있다.

고려 전기 유교 이후는 무신난이 일어나 문풍이 깨어진 때부터 몽고침입을 거쳐 공양왕(1389-1392)이 폐위되고 고려가 망하는 날까지 220년에 이른다. 이 시기는 19대 명종에서 24대 원종(1259-1274)까지 이르는, 무신란과 더불어 원나라의 침입으로 전국이 혼돈의 와중에서 허우적거리던 시기와, 이어서 유학의 입장에서는 원나라에 굴복하고 나서 새롭게 신유학(新儒學)이 일어나면서 고려가 망할 때까지의 시기의 두 시기로 나뉜다. 앞 시기의 유교를 고려 "중기의 유교"라 한다면 뒤의 시기를 "후기 유교"라 할 것이다.

먼저 고려의 "중기" 곧 무신정권 시기에는 유학의 권위가 사실상 유지되지 못하였으며 몽고침입에 항거하던 시기 역시 유교가 추구하는 문치의 기본질서가 보장되지 못하던 시대였기 때문에, 이 시기를 "유교의 수난시기"라 할 것이다.

다음으로 원나라에 굴복한 이후 원나라로부터 굴욕적인 대우를 받으면서 유학의 정체성이 위협을 받지 않을 수 없었는데, 원을 통하여 송(宋)나라의 주자학(朱子學), 곧 성리학이라 불리는 새로운 신유학을 받아들이면서 고려 말의 성리학자들은 "신유학운동"을 전개하게 되었고, 다시 신유학자들은 고려를 멸망시키고 조선조를 여는데 주도적인 역할을 했다. 이러한 관계로 이때를 "신유학 혁명시기"라 부르기로 한다.

이러한 맥락에서 중기와 말기의 고려 유교에 관하여 간략하게 살펴보기로 한다.

② 고려 중기의 유교

고려 중기의 유교는 한마디로 유교의 수난기였다. 이 시기 유학의 수난은 무신난이 일어나면서 시작된다. 무신의 집권기에 유학이 엄청난 수난을 겪은 것은 재언할 필요가 없을 것이다.[16] 다만 이 수난은 당시 문신들이 무신들을 극도로 차별 대우를 한데 대한 반발로 무신들이 들고 일어난 것이라는 사실을 상기할 필요가 있다. 다시 말해서 유학자들이 무신들을 엄청나게 차별 대우한 만큼, 무신들이 반발하여 유학의 수난기가 일어나게 된 것이었다. 이러한 유학의 수난시기에는 그 전단계인 "고려 유교의 전기"에 유학이 지녔던 "국가통치의 보조원리"의 역할을 하기 보다는, 무

---

16 1170년 정중부(鄭仲夫)와 이의방(李義方)이 주동이 되어 무신난을 일으켰으며, 이들은 의종을 폐위시켜 거제로 쫓아버리고, 이어서 19대 명종을 보위에 오르게 했다.

신들의 무분별한 요구에 순응하고 그에 따른 무궤도한 통치과정을 정당화시키는 역할을 하게 되었다. 결과적으로 유학자의 자기정체성이 손상되지 않을 수 없는 상황에 이르렀다. 무신난의 초기에 많은 선비가 죽거나 산간의 불교 사찰로 도망을 가서, 왕성하던 고려 초기의 문풍이 사라져 버렸다. 한마디로 그것은 유학 수난의 시기가 아닐 수 없었다.

그 후 최충헌(崔忠獻), 최이(崔怡) 부자가 이끌어가던 최씨 정권의 보호아래 일부 문사들이 소생하였으나 고려 초기와 같은 문풍은 일어나지 못하고 위축되었다. 이 시기의 문사로 이인로(李仁老), 이규보(李奎報), 최자(崔滋) 등을 들 수 있는데, 이들은 경세제민의 이상을 추구하는 전통적 유학자이기보다는 고급관료로서 한문에 능숙한 문인이며 묵객이라는 평을 받는다. 더구나 최씨 정권 하의 30년간은 몽고의 침략군에 대항하는 시기였고, 그 뒤 1백년 간 고려는 몽고의 정치적 지배 아래 있었다. 따라서 이러한 시기에는 경세제민의 이상을 추구하는 정통유학이 일어나기 어려운 상황이었던 것이다. 이처럼 어려운 시기에 유교는 고려초기와는 다른 모습을 보이게 되었다. 고려유교의 "제도정착기"와 "성장기"를 통하여 유교는 고려사회를 통치하는 보조원리의 역할을 하였지만, 수난기에는 단순한 보조수단에 불과하게 되었다.

③ 고려 후기의 유교

다음으로 (2)신유학 혁명기는 충렬왕에서 공양왕에 이르는 119년간에 해당된다. 이 시기는 처음부터 약 100년 동안은 원나라의 통제를 받고, 고려는 몽고의 부마국(駙馬國)의 신세로 자주성을 잃고 간신히 안정을 유지하면서 "고려"의 국호를 어렵게 지켰다. 이처럼 이 시기는 국가적으로는 매우 어려운 상황이었으나, 다른 한편으로 유교의 경우에는 새로운 전기를 맞이하면서 역사의 주역으로 등장하는 계기를 마련하게 된, 실로 이율배반적 의미를 지닌 역사적 단계였다. 이 시기에 고려의 유학자들은 원의 수도인 연경에 가서 당시에 그 곳에서 새로 일어나던 정주학(程朱學), 곧 주자학(또는 성리학)을 수입하게 되었다. 처음에 주자학을 전해온 사람은 안향(安珦, 1243-1306)이며, 그는 충렬왕 2년(1286) 연경에 가서『주자전서(朱子全書)』를 가져왔으며, 이를 계기로 고려 말에 유교가 부흥할 수 있게 되었다. 송대의 주자학은 중국 유학의 일대 전환을 가져왔다. 한당대(漢唐代)의 유학이 경전을 수집정리하고, 그 자구(字句)에 주석(註釋)을 하는 이른바 훈고학(訓詁學)이였던데 비하여, 송대의 주자학은 이기(理氣)론과 같은 형이상학적 사유의 틀 안에서 "우주론"과 인간의 "심성론", 그리고 "윤리적 실천론" 등을 하나의 사유체계로 통합한 복합적 신념체계였다. 인간 문화 가운데 가장 복합적 현상이 종교라면, 성리학과 같이 복합적 신념체계는 바로 종교사상이 아닐 수 없다. 훈고학에서 성리학으로 전환하는 데는, 중국의 유학자들이 당(唐)대를 통하여 불교의 형이상학적 사유체계를 익힐 수 있었던 역사적 경험에 크게 도움을 얻었다. 이러한 관계로 성리학을 신유학이라 부르기도 한다. 이러한 신유학이 고려에 들어오면서, 안향 이전의 유교를 벗어나 새로운 방향의 유교운동을 전개하게 된 것은 당연한 일이다.

고려 말 주자학의 주류를 세운 사람은 이색이며, 그는 고려 27대 충숙왕 15년에 태어나서 조선 태조 5년에 생을 마감했다. 그는 고려 말기의 전환기적 시대에 살면서 신구 유학을 한 몸에 받아들인 인물이지만, 특히 신유학의 후배를 양성하여 신유학 전통을 확고히 하는데 결정적인 역할을 하였다. 그가 키운 후진 중에는 김용구(金容九), 정몽주, 박상충(朴尙衷) 등의 성균관 교수가 있었으며, 정도전, 권근(權近), 길재(吉再) 등 당대의 명유가 모두 그의 문인이었다. 이처럼 여말선초의 유학자들이 모두 이색이 주도한 신유학, 곧 성리학의 학파에 속했다. 성리학 이전의 유학은, 마치 태조의 「훈요십조」에서 유불의 역할분담을 강조한 것과 같이, 불교에 대한 체계적인 비판과 거부를 하기 보다는 상호 협력을 내세웠다. 그러나 성리학의 세계에 들어오면서 유학은 그 이전과 달리 형이상학적 근거에서 불교를 체계적으로 공격할 준비가 되었다. 성리학은 이제 고려 말 정신문화를 새로운 사회 및 문화적 혁명으로 이끌어가는 주역이 되었다.

그러나 사회의 혁명적 변화는 언제나 정치사회적 운동을 매개로 전개되게 마련이다. 성리학 학자들은 매우 공격적인 비판정신을 갖고 있었기 때문에 당시의 불교에 대한 전에 없는 반박을 할 뿐만 아니라, 정치적인 면에서도 매우 적극적으로 사회개혁안을 제기하기에 이르렀다. 이러한 신유학자들의 적극적 태도는 고려 말의 사립 및 국립 교육제도의 운영을 관장하고 과거시험을 관리함으로써 국가체제의 운영 방향을 결정하기에 이르고, 이는 결과적으로 신유학 정신에 근거한 사회진로의 방향을 제시하기에 이르렀다. 이러한 신유학의 혁명적 성향은 고려 말의 일대 정치적 사건인 위화도 회군을 계기로 완전히 새로운 정치적 혁명의 이념으로 등장하기에 이른다.

④ 위화도 회군과 유교문화의 변화

위화도 회군은 단순한 군사적 사건이 지닌 의미의 범위를 넘어 보다 넓은 종교문화사적 의미를 지니고 있다. 이 사건 이후 한국민족의 역사적 감각이 유교중심의 세계관의 틀에 박히게 됨으로써, 안으로는 유교문화를 내실화하는데 결정적인 단계로 돌입하게 되었으며, 밖으로는 외부와의 문화교섭에서 대단히 폐쇄적인 태도를 갖게 되었다. 이러한 문화사적 변화의 내용에 관하여는 다음에 "조선의 종교문화"를 논의 하면서 좀 더 자세하게 살펴보기로 한다.

위화도 회군은, 주지하는 바와 같이, 1388년(우왕14) 5월 우군도통사(右軍都統使) 이성계가 요동을 정벌하기 위하여 군사를 이끌고 압록강 하류의 위화도에 이르렀다가 다시 군사를 이끌고 개경으로 회군한 사건이다. 이성계는 요동정벌을 본래부터 반대하여 왕에게 그 불가함을 상소하였으나 최영 등 왕권 주위의 군부가 받아들이지 않아 부득이 출정하기에 이르렀던 것이다. 이성계는 요동정벌이 불가능하다는 사불가론(四不可論)을 들었다. 첫째, 소국이 대국을 침입하는데 문제가 있고, 둘째, 농번기의 시기를 피하는 것이 좋으며, 셋째, 거국적인 원정을 틈타서 일본 침입의 우려가 있고, 넷째, 계절이 너무 무더운 장마철이어서 활이 풀려 전쟁을 하기 어렵고 또한 군대에 질병이 퍼질 우려가 있다는 것이다. 이처럼 사불가론은 긍정적인 면이 보이기도 하지만, 대체로 객관적 설득력이 약하다. 결과적으로 이 "사불가론"은 이성계가 출정에 본래 뜻이 없었다는 점을 분명하게 말해준다. 이러한 상황에서 요동 출정군은 5월경에 압록강 하류에 있는 위화도에 진주하였으며, 그 때 큰비가 내려 강물이 범람하고 사병들 가운데 환자가 발생하게 되었다. 이에 이성계는 좌군도통사 조민수(曹敏修)와 협의하여 회군을 결심하고, 요동까지는 많은 강을 건너야 하기 때문에 군량미 운반이 곤란하고 이에 더하여 속국은 대국 명나라를 섬기는 것이 자국을 보호하는 길이라는 이유를 들어 회군할 것을 허락해 달라고 상서를 올리고 또 허락을 요청하였으나 거절당하자, 마침내 5월 20일 군사를 이끌고 송도(松都)로 귀경하여 최영은 고봉현(高峰縣) 곧 오늘의 고양(高陽)에 귀양을 보내고, 왕은 강화도로 추방되었다. 이리하여 이성계가 정권을 쥐게 됨으로서 후일 조선조 창건의 반석을 확립하게 되었다.

위화도 회군은 최영이 이끌던 고려후기 군사정권 아래서 이념주도 세력이었던 신유학 세력이 두 진영으로 분리되는 사태를 초래했다. 위화도 회군으로 이성계가 정권을 잡게 되자 신유학 세력은 정몽주가 대표하면서 고려의 왕권을 옹호하는 세력과, 정도전이 이끄는 역성(易姓) 혁명을 통하여 새로운 정치질서를 실현하려는 세력으로 양분되었다. 이성계는 사실상 정도전이 이끌던 혁명적 신유학 진영의 이념적 지지를 받고 그 이념의 틀과 내용을 실현하는 새로운 왕조, 조선을 건국하기에 이르렀던 것이다. 그러한 맥락에서 고려를 멸망시켰다.

위화도 회군은 단순히 이성계 장군에게 정도전이 이끄는 혁명적 신유학 세력이 손을 잡는데 그친 것이 아니라, 성리학과 같은 세련된 고전사상에 입각하여 새로운 왕조를 창건하기에 이른 것이다. 위화도 회군 이후에 이성계는 정도전의 성리학적 정치이념의 틀 안에서 조선을 창건하는 작업을 완수할 수 있었다. 그리고 이성계는 어전회의(御前會議)에서 성리학 이념을 주장하는 정치인들의 의견을 경청하였다. 이처럼 이성계는 어전회의에서 신하들이 제시하는 이념논쟁을 존중하였으며, 이에 따라 신하들은 어전회의에서 정치이념 논쟁을 활발하게 전개하는 전통을 조선의 정치사에 자리 잡게 하였다. 그리하여 조선의 어전회의에서는 신하가 신유학의 이념에 근거하여 날카롭게 왕정의 진행 상황을 비판하고, 왕은 신하의 의견을 정중하게 수용하였다. 이러한 상황은 조선을 벗어나 찾아보기 어려운 것이었다. 이러한 조선왕조의 정치적 전통은 정도전의 신유학이념에 그 뿌리

한국의 종교와 종교사

를 두고 있다. 따라서 우리는 정도전과 그의 동료였던 권근을 잠시 살펴볼 필요가 있다.

이성계의 역성혁명을 유도한 혁명이념의 사상가로서는 정도전과 권근을 들 수 있다. 이들이 이끌었던 여말 신진사대부들의 학문실천의 방법은 왕으로 하여금 유교의 경학을 기본으로 삼고 주자학적 수련에 의하여 정사를 펼치도록 추진하는 것이었다. 이는 호불지주(好佛之主)였던 군주를 유교로 전환시킴으로써 주자학적 도통론을 구현코자 했던 것이다. 정도전과 권근은 이러한 포부를 가진 당대 지식인이었다. 조선 초기 사회 통치이념이 도학적인 이념에 의해 정립되었다면 그 이념의 기초 작업은 정도전과 권근에 의해 가능했다.

먼저 정도전의 업적은 크게 두 가지로 볼 수 있다. 하나는 경세론적 업적으로, 그의 저술 중 『조선경국전(朝鮮經國典)』과 『경제문감(經濟文鑑)』을 들 수 있다. 이 중 『조선경국전』은 나중에 『경국대전(經國大典)』[17]의 기초가 되었다. 『경국대전』은 조선시대 정치의 기준이 된 법전으로 오늘 말로는 "헌법"이라고 말할 수 있다. 따라서 정도전은 헌법을 먼저 기초하고, 그 헌법에 근거하여 조선왕국을 세웠다는 것을 말해준다. 정도전은 조선 관료제도의 기틀을 만들었고 그것의 기본역할과 정신이 무엇인지를 규정하였던 것이다. 이 시기 조선의 관료제도가 주례의 6관 제도에 근거한 것이고, 관료의 모든 역할이 유교적 통치원리에 의해 규정되었다. 그리고 『경제문감』은 유교적인 정치에 있어서 모범이 될 만한 사례들을 중국 사서에서 풍부하게 채록해 놓은 선례집 같은 성격을 가지고 있어서, 건국 당시

---

17 〈6권 4책〉. 세조 때 최항(崔恒)과 노사신(盧思愼)에게 법전편찬을 명하여 1485년(성종 16)에 완성된, 조선시대의 정치의 기준이 된 대법전이다.

국가체제의 기틀을 마련하는데 결정적인 역할을 하였다. 이것은 이후 의례제도의 정비작업과 비교해 보아도 결코 그에 못지않은 업적이 아닐 수 없다.

또 다른 업적은 불교에 대한 비판이다. 여기에는 『불씨잡변(佛氏雜辯)』과 『심기이편(心氣理篇)』이 있다. 당시 태조는 정도전의 주청을 모두 들어주었지만, 불교배척만은 예외였다. 통치자의 입장에서 보면 불교의 세력이 대단했으므로 태조는 모험을 할 수가 없었던 것이다. 그래서 정도전은 불교에 대해 제한적인 통제로 사찰 토지를 회수하였다. 그리고 불교비판서를 써서 계속 비판이 발전되기를 기대하면서 저술을 남긴다고 스스로 밝히고 있다. 『심기이편』은 19절로 불교의 중심 개념을 심(心)으로 보고 도교의 중심개념을 기(氣)라고 보며 유교의 중심개념을 리(理)라고 보면서 주리론적(主理論的) 입장을 분명히 밝히고 있다. 조선사회에서 주리론이 주자학의 정통적 입장을 계속하여 유지했다는 사실을 염두에 둔다면, 조선 건국을 전후하여 정도전이 조선조의 성리학사에 얼마나 큰 영향을 주었는지 쉽게 알 수 있다. 그만큼 그의 위치가 조선 성리학에 큰 의미를 지니고 있다. 심(心)을 중심으로 보면, 기(氣)는 환상적으로 공허하고, 따라서 물질세계 역시 공허한 것이 되고, 이러한 면에서 불교는 도교를 부정하게 된다. 반면에 기를 중심으로 보면 심은 욕망이나 인간의 자의성에 빠지게 되고, 따라서 객관적인 진실성이 없다고 보게 되고, 이러한 면에서 도교는 불교를 비판한다. 반면에 유교의 리(理)는 이 둘을 다 포용해서 이를 근거로 해야만 심도 올바른 심으로써 균형을 잡을 수 있고 기도 그것의 정당성을 획득할 수 있다. 이처럼 불교나 도교는 제한적이고 그것 자체로서는 객관적 진실성이 없으며, 다만 유교 안에서만 각자의 의미가 인정될 수 있다.

이같은 정도전의 입장은 은근히 불교와 도교를 비판하면서 포용하는 태도인데 반해, 『불씨잡변』에서는 전부 20편에 걸쳐 불교를 조목조목 비판하면서 하나의 책으로 완성했다는 점에서 송대 도학자보다 더 정밀하게 불교에 대해 비판 작업을 수행했다는 업적을 남겼다. 조선 후기에도 정도전만큼 체계적으로 불교비판을 한 사람은 없었다. 즉 불교비판 이론가로서 그는 정점에 있었다. 이는 유교의 호교론적 입장에서 불교를 비판했기에 객관성이 유지되지는 못했지만, 나름대로 기본교리의 개념 문제를 비판하고, 윤리적인 가치규범들에 대한 불교의 태도나 실천태도에 대한 비판, 그리고 역사적 사례를 통한 비판 등 비교적 체계적인 비판의 사례를 보여준다. 종합컨대 정도전은 성리학적 세계관의 맥락에서 국가를 통치하는 헌법적 기틀을 먼저 찾아 제시하고, 이에 근거하여 불교를 체계적으로 비판하는 논리적 작업을 함으로써 조선의 사회문화체제의 틀을 제시하는데 결정적인 공헌을 하였던 것이다.

다음으로, 권근은, 정도전보다는 세력이 미약했으며, 그는 주로 정도전의 주석 작업을 했다. 그만큼 정도전에 충실했던 사람이었지만 그는 어떤 면에서 정도전에 비하여 사상적 일관성이 없었던 것 같이 보이기도 한다. 그는 승려들의 비문이나 사찰의 상량문 등 불교관련 글을 썼고 이 글들은 비교적 불교에 호의적이었다. 이는 권근 자신이 정통주의적인 신념이 투철하지 않은 성리학자였다는 점을 말해준다. 그럼에도 불구하고 그의 가장 큰 업적은 성리학적 업적과 경학적인 업적을 들 수 있는데, 1390년의 『입학도설(入學圖說)』에는 60개의 도(圖)와 설(設)이 있어서 그 당시 최고의 성리학적 이해의 수준을 반영하고 있으며, 또한 상당 부분은 권근의 독창적인 해석이 들어있다. 퇴계와 율곡 이전에 권근만큼 성리학적 이해가 깊었던 사람은 없었다고 말할 수 있다. 특히 『천인심성합일도(天人心性合一道)』는 한국의 성리학적 쟁점의 전체적인 모습을 담은 스케치 같은 성격을 갖고 있다. 그리고 경학의 차원에서 『오경천견록』을 저술하였는데 그 중 시, 서, 춘추천견록은 거의 미완성 단계이다. 그러나 『예기천견록』과 『주역천견록』은 완성된 작품으로 중요한 의의가 있다. 『예기천견록』은 그의 스승인 이색의 부탁과 국가사업으로서 조선의 지원에 의해 작업이 이루어졌는데 이는 국가의례 제도를 뒷받침해 줄 경전적인 측면으로서의 의미를 가지는 것이었다. 이처럼 권근은 성리학 자체의 기틀을 담은 데 더 큰 의미를 지니고 있다.

권근은 후대 실학자체의 체계화에 기틀을 공고히 하는데 공헌한 데 반하여, 정도전은 성리학적 이념체계에 근거하여 새로운 유교 국가를 건설하는데 필요한 사회제도의 정착에 더 큰 공헌을 하였다. 이러한 역사적 상황의 맥락에서 권근은 시대의 대안을 찾아 제시하는데 앞장을 섰던 정도전의 충실한 협조자였다고 말할 수 있다. 정도전이 다음의 유교왕조를 건설하는데 이념적, 그리고 제도적 준비를 하는 주역의 역할을 할 수 있었던 것은 "위화도 회군"이라는 역사적 사건이 있었기 때문에 가능했던 것이다.

위화도 회군은 사실상 조선조 개국을 알리는 서곡이었다. 그런데 이 서곡은 단순히 조선의 개국을 알리는 사건에 머물지 않고, 조선의 개국 이후 20세기 중반에 이어지기까지의 오랜 기간 동안 우리 민족의 역사적 창의력의 발현에 특정한 성격을 결정시키는 결과를 가져왔던 것이다.

인간의 창의력은 시간적 차원과 공간적 차원이라는 두 차원으로 표현된다. 시간적 차원의 창조성은 주로 정신적, 그리고 문화적 내면의 가치를 추구하는 태도로 나타나며, 공간적 차원의 창조성은 활동의 공간적 범주를 보다 확대하는 과정에서 자신의 새로운 의미를 발견하는 태도로 나타난다. 전자가 주로 정신문화의 내면적 완성을 추구하는 방향으로 표출된다면, 후자는 외적으로 발산하는 일종의 팽창주의적 방향으로 표출된다. 이러한 두 차원의 창의력이 상호 균형과 조화를 유지할 때, 비로소 건강하고 바람직한 문화 창조가 가능하게 된다. 시간적 창의력이 상실된 상태에서 공간적 창의력만이 강조될 때 침략주의적 제국주의가 나타나게 되고, 반대로 공간적 창의력이 상실된 채 시간적 창의력만이 강조되는 경우 문약에 빠지는 결과에 이른다. 이러한 추세는 개인의 삶의 태도에서도 다를 바 없이 나타난다. 결론적으로 시간적 차원의 창의력과 공간적 차원의 창의력이 균형을 유지할 때, 가장 바람직한 문화의 창조가 역사에 그 모습을 드러내게 된다.

위화도 회군은 우리 역사에서 이러한 균형된 창의력을 발휘하지 못하도록 하는 결정적인 계기를 마련해 준 것이다. 조선은 태조가 위화도 회군의 이유로 들었던 "소국이 대국인 명나라"를 치는 것은 부당하다는 태도가 조선조를 통하여 유지되었다. 따라서 조선은 고려가 과거 고구려의 넓은 영토를 되찾으려는 "공간적 팽창"의 의지를 포기하기에 이르렀던 것이다. 이로 말미암아 조선조는 처음부터 시간적 창의력에 의존하지 않을 수 없었다. 따라서 조선 초기문화를 창건한 세종대왕 역시 공간적 팽창의지보다는, 집현전을 중심으로 한 국내의 연구 활동을 통하여 민족문화의 부흥을 꾀하기에 이르렀다. 다시 말해서 세종대왕은 집현전을 통하여 "한글"을 창조하는 등 실로 대단한 문화발전을 이룩하였다. 그러나 공간적 팽창의지를 확보하지 못하였던 세종의 문화 창조정책은 국내적으로는 유림의 반대로 말미암아 한글의 공적사용을 실현시키지 못했으며, 대외적으로는 명나라에 의존하는 대외정책을 따르지 않을 수 없었다. 여기서 "시간적 팽창의지"가 문화 창조의 활성력으로 작용하는데 반하여, "공간적 팽창 의지"는 국내적으로는 사회통합의 기능으로, 그리고 대외적으로는 창조된 문화를 외부로 확장하는 이른바 사회통합력과 대외활성화의 기능을 한다는 사실을 알 수 있다. 주체적 문화 창조의지와 대외적인 활성력을 구비했을 때, 비로소 건강한 문화 창조가 이루어지는 것이다. 이러한 면에서 위화도 회군은 조선 문화의 특성을 이미 내정하기에 이르렀던 것이다

다만 위화도 회군이라는 역사적 사건이 조선조를 건국하는 기반이 되면서 1392년 조선이 창건되었고, 그 후 조선의 역사는 공간적 팽창을 포기한 채 오직 정신문화의 내실만을 강조하였다. 이러한 과정에서 조선왕조는 유교교리, 곧 유교의 종교적 세계관을 벗어나지 못한 범주 안에서 문화 창조에 힘을 경주하게 되었다. 이는 조선조가 전반적으로 문약에 빠지는 결과에 이르게 되었다는 점을 지적하는 것으로 만족하기로 한다.

다시 말해서, 공간적 팽창의지를 포기했기 때문에 조선조 이후의 한국 역사는 각 시대마다 그 시대에 걸맞는 새로운 세상에 대한 열정적 추구, 곧 공간적 팽창의지를 보여주지 못하였다. 따라서 조선조 이후 우리 민족사에서 대외관계는 언제나 외부로부터의 압력에 저항하는 매우 수동적인 자세를 벗어나지 못했다. 이러한 수동적 태도에서 우리 민족이 스스로를 벗어나게 한 역사적 계기가 바로 1960년대에 일어난 베트남 전쟁에 참여한 사건이었다. 20세기에 들어오면서 우리 민족은 중국과 소련 등 해외로 나가 각지에서 자기 능력을 증명하기에 이르렀다.[18] 그러나 역사적으로

---

18 19세기 말부터 우리 민족은 중국, 소련 그리고 남북미주 등 세계로 이민을 갔다. 한국교민들은 1960년대 이후의 한강의 기적을 국내에서 이룩한 것에 못지않게, 엄청난 기적

우리 민족이 새로운 태도를 갖게 한 결정적 사건은 바로 베트남 전쟁의 참여였다. 우리 민족은 이를 계기로 조선조 건국 이후 5세기가 넘도록 지녀온 내적성향을 벗어나 자신을 대외적으로 표현하기에 이르렀다.

위화도 회군 문제의 논의를 종합하건대, 한국 민족문화사를 통하여 위화도 회군과 같이 후대에 민족문화사의 방향을 결정해준 사건도 없을 것이다. 조선조 오백년을 통하여 우리 민족은 공간적 팽창의지를 상실한 채 지내는 운명을 갖게 되었고, 이어서 일제 식민정책의 희생을 치러야 했다. 이처럼 5세기가 넘는 오랜 기간 동안 "공간적 팽창의지"의 상실증에서 벗어나서 다시 "대외적 활성화"를 우리 민족에게 안겨준 사건이 1960년대에 있었던 월남전 참전이었던 것이다. 이를 계기로 한강의 기적도 일어나게 되었다.

유교에 관한 우리의 논의는 다음과 같은 결론에 이르게 된다. 유교는 처음부터 「훈요십조」에서 보여준 바와 같이 태조의 혼돈스러운 문화정책의 일환으로 시작했기 때문에 그 혼돈이 끝까지 지속되었다. 예컨대, 초기에는 고려왕조 "통치의 보조원리"의 역할을 하다가, 이어서 무신정권 아래에서는 "통치의 보조수단"으로 격하되었다. 몽고난의 기간 동안 성리학이라는 새로운 유교이념을 수용하면서, 유교는 이제부터 불교에 대한 정교한 논리적 공격을 하게 되었고, 이에 더하여 성리학의 이념으로 새로운 사회개혁을 기획하기에 이르렀다. 이러한 단계에서 위화도 회군이라는 역사적 사건은 성리학 세력이 제시하는 사회혁명의 계획 아래 고려를 멸망시키고 조선을 건국하기에 이르렀다.

을 이룩하였다.

(2) 고려의 불교

① 고려 불교의 개괄

고려는 주지하는 바와 같이 통일신라와 조선의 가운데 위치하고 있는데, 이러한 중간자적 특성이 특별히 고려의 불교에서 두드러지게 나타난다. 신라는 고구려로부터 불교를 받아들였으면서도 고구려와는 달리, 처음부터 불교문화를 적극적으로 수용하였다. 그리하여 고구려가 마지막 날까지 불교와 도교를 저울질하는 동안, 신라는 빠른 속도로 불교를 국교로 추대하였고, 통일신라 시대에 이르러서는 대승불교 사회를 이룩하기에 이르렀다. 이는 신라가 적극적으로 불교를 수용하고 추앙했기 때문에 가능한 일이었다. 그러나 통일신라 말기에 이르면 대승불교가 활짝 꽃피웠던 전성기의 건강한 모습이 사라지고 전성기 후에 뒤따르는 쇠퇴기의 모습을 보이기 시작하였다. 이러한 통일신라 말기의 불교를 이어받은 고려의 불교는 처음부터 상당한 문제를 안게 되었다.

고려 초기의 불교가 지닌 문제는 우선 태조의 「훈요십조」에서 잘 드러나듯 태조의 다종교정책에서 비롯된다. 「훈요십조」에서 태조는 분명히 불교를 국교로 섬기라고 하면서도, 이와 더불어 유교와 도교 그리고 우리 민족의 고유전통 등을 모두 숭앙하라고 강조하였다. 이처럼 고려는 처음부터 의도적으로 다종교 문화정책을 펼쳤던 것이다. 이러한 정책은 무엇보다도 뿔뿔이 갈라지고 흩어졌던 후삼국 사회를 통일하여 하나의 고려 사회로 통합하기 위한 의도에서 채택되었던 것이다. 이처럼 태조는 정치적으로는 사회통일에 성공했지만, 종교문화의 차원에서는 기존의 다종교 상황이 지닌 문제들을 구조적으로 혼돈스러운 상태로 한층 더 확대시켰다고 말할 수 있다.

이러한 맥락에서 신라와 고려가 아래와 같은 문화사적 관계를 갖는다고 말할 수 있다. 신라가 적극적으로 불교를 수용하는 과정에서 불교사를 통하여 가장 발달했던 당나라의 대승불교를 받아들이면서 사실상 대승불교 사회를 이룩하였다가, 통일신라 말기에 대승불교사회의 퇴화상태를 보여주게 되었다. 퇴회되기 시작한 통일신라의 대승불교전통을 이어받고 고려의 불교는 출발했던 것이다. 여기서 한 가지만 집고 넘어갈 필요가 있다. 모든 역사적 현상은 ㉮시작, ㉯발전 그리고 ㉰변형이라는 3단계 변화의 과정을 거치게 마련이다. 신라를 포함한 삼국시대에 바로 우리 민족이 불교를 수용하여 ㉮불교가 한국종교사에서 시작되었으며, 나아가 통일신라시대에 대승불교 국가를 이룩하여 ㉯"불교의 발전"단계를 거쳐서, 통일신라 말기에서 고려시대에 이르러 불교가 발전단계에서 보여주었던 건강한 모습이 쇠잔한 형태로 ㉰"변형된 단계"에 이르게 되는 3단계의 역사적 과정이 거시적 안목으로 파악된다. 다시 말해서, 고려의 불교는 바로 삼단계의 "변형 과정"에 들어선 현상이다.

이러한 "변형단계"에서는 흔히 아래와 같은 현상들이 나타난다. 첫째, 종교전통의 핵심적 사상에 관한 해석과 실천은 멀어지고, 대신 세속적 욕망의 실현을 위한 노력에 더 많은 관심을 집중시킨다. 고려의 불교, 곧 대승불교는 본질적으로 모든 욕망에서부터 해방되는 것을 이상으로 삼는다. 그러나 현실적으로 인간이 종교에 귀의하는 동기에는 이기적 욕심을 충족시키려는 의도, 곧 기복의 동기가 포함되어 있는 것이 사실이다. 그러므로 대승불교는 최소한 우리가 살아가는 현실의 "부정적 해석"과 "긍정적 해석"의 건강한 균형을 유지할 것을 권장한다. 그러나 "변형단계"에 들어서면 먼저 세속적 욕망을 강조한 나머지, 이기적 욕망을 추구하는 기복행위가 주류를 이루게 된다.

둘째, 기복적 욕망은 개인생활의 영역을 넘어 종교적 집단이나 교단, 또는 이에서 좀 더 나아가 국가적 차원을 포함하여 각 단계의 집단이 이기심의 단위가 되어 세속적 욕망을 추구하는 경향에 빠지게 된다. 이를 우리는 기복행위라고 말한다. 이처럼 기복은 세속적 욕망을 집단적 차원에서도 나타내게 되는데, 이러한 집단 기복현상은 사찰을 포함한 종교적 시설물의 지나치게 화려하고 거대한 형태로 나타나든가, 비현실적으로 확대되거나 사치스러운 행사 등의 운동을 통하여 교단의 외적 팽창을 추구하고 또 과시하려는 형태로 나타난다.

셋째, 이러한 앞의 두 특성이 나타나게 되면 필연적으로, 교단의 분열현상이 나타나게 된다. 고려에서는 교종과 선종의 분열이 두드러지게 나타났다. 그리고 선종 안에서도 각각 교단의 분열이 나타나게 되어, 특정한 종단이 당대의 사회문화적 분열 현상을 통합하는 문화적 영향력을 잃게 된다. 결과적으로 분열된 상태의 개별 종교집단은 자신들의 입장에서 자기 집단의 안녕을 열심히 추구하는 집단기복 질환에 깊이 빠지게 된다. 고려의 불교는 이러한 집단기복 질환에 깊이 빠지게 되었다.

이처럼 심각한 문제를 안게 된 고려불교는, 그러나 그 안에 한국민족이 지닌 고유한 문화특성을 그 깊은 속으로부터 드러내 보여준다. 예컨대, 대승불교는 크게 교종과 선종으로 나누어지는데, 고려에서 교종은 교종을 중심으로 선종과의 조화를 강조하고, 반대로 선종에서는 선종을 중심으로 교종과의 조화를 강조한다. 이처럼 교종과 선종이 각각 상대방과의 조화를 추구하는 경우는 고려의 불교에서만 나타나는데, 이 전통이 오늘에까지 한국의 불교에 이어지고 있다. 이처럼 분명하게 조화의 전통을 추구하는 경우는 중국이나 일본에서는 보이지 않고, 오직 한국불교사에서만 관찰된다. 이러한 "조화 정신"은 신라의 향가 "처용가"에서 나타나는 바와 같이 한국인의 고유한 정서, 감정 또는 사상의 전통을 이루고 있다.

고려의 불교에서 가장 한국적 특성을 보여주는 점이 바로 교(敎)와 선(禪)의 조화라는 사실을 지금부터는 역사적으로 살펴보기로 한다. 이러한 작업은 대단히 흥미로운 사실을 우리가 경험하게 해줄 것이다. 그것은 바로 우리 민족이 전통적으로 경험해온 다종교상황의 가장 혼돈스러웠던 시대에, 우리 민족의 전통적 사유형식이 가장 선명하게 드러난다는 사실을 대하게 되는 것이다. 좀 더 구체적으로 말해서, 바로 고려의 불교에서 그러한 사실이 드러난다. 이러한 점을 중심으로 고려 불교를 조명해보기로 한다.

② 고려 불교의 역사적 흐름

고려불교는 크게 전기, 중기, 그리고 후기의 세 시기로 나누어 살펴볼 수 있다. "고려불교의 전기"는 태조 1년에서부터 18대 의종까지 이어지며, 이 시기는 기본적으로 고려가 건국되고 나서 자체의 체제를 잡고 안정되어가는 과정이다. "고려불교의 중기"는 무신정권이 18대 의종을 폐위시키고, 19대 명종을 옹립하면서 불교가 무신정권의 횡포에 완전히 빠져들고, 이어서 몽고의 침입을 막기 위하여 불교가 온갖 시도를 하는 과정으로, 사실상 혼돈에서 벗어나기 어려운 시대였다. 그리고 "고려불교의 후기"는 25대 충렬왕으로부터 34대 공양왕, 곧 고려 말까지의 기간으로, 이 시기의 고려 불교는 몽고 지배하의 사회적 혼란에 휘말렸으며, 이어서 정도전을 중심으로 한 성리학의 신유학파로부터 정면으로 공격을 받으면서 스스로를 가늠할 기력을 잃은 상태에 이르렀다.

이러한 3단계 과정을 살펴보면서 우리는 한 가지 점에 유의할 필요가 있다. 고려의 전단계인 신라는 고전문화로서의 불교를 수용하여 대승불교 사회를 건설하였던 시기였다. 이처럼 불교가 한국 민족문화사에 들어와서 그 꽃을 피운 시대가 통일신라 시기였다. 따라서 문화사의 거시적 안목에서 볼 때, 고려는 발전의 다음단계의 과정에 위치한다고 말할 수 있다. 다시 말해서 모든 현상은 "수용", "발전" 그리고 "변형"이라는 과정을 걷게 마련이다. 이러한 거시적 안목에서 볼 때, 고려는 이제 통일신라가 이룩한 대승불교의 발전 단계를 거쳐, 변형의 단계에 이른 시기라고 말할 수 있다. 사실상 고려의 불교는 이처럼 대승불교가 변형되어가는 과정을 잘 보여준다. 이러한 안목에서 각 시대를 간략하게 살펴보기로 한다.

가. 고려 전기의 불교

고려의 불교는 처음부터 태조의 불교정책에 의하여 그 특성이 나타났다. 태조는 재위기간에 불교뿐만 아니라 유교를 포함하여 모든 종교와 민속 의례 등을 하나 같이 존중했는데, 그 의도는 바로 그가 세운 새로운 국가의 안녕과 번영을 위하는 것이었다. 태조의 이러한 의도는 그가 세상을 뜨기 전에 친히 지은 「훈요십조」에서 잘 드러난다. 그 제1조에 불교를 신봉하고 불사를 일으킬 것을 강조했다. 이처럼 태조가 불교를 강조함으로써 고려는 외견상으로 불교국가로 시작하여 불교의 전성기를 이룩하였다. 그러나 앞에서 유교가 고려의 통치이념의 역할을 담당했다는 사실을 통해서, 불교가 완전한 국교의 위치를 점유하지는 못했다는 점이 드러나게 된다. 이러한 태조의 종교정책이 그 후 고려의 불교를 포함한 종교 상황에 결정적인 영향을 주었다는 사실을 기억할 필요가 있다.

개국 다음해인 919년에 태조는 수도를 송악으로 옮기고, 법왕사(法王寺), 자운사(慈雲寺), 왕륜사(王輪寺), 내제석원(內帝釋院) 등을 포함하여 열 개의 큰 사찰을 세웠다. 이 하나의 사실이 태조가 불교의 시설확장을 위하여 얼마나 적극적으로 노력을 집중했는가를 잘 말해준다. 921년에는 오관산에 대흥사를 세우고 이엄(利嚴) 스님으로부터 태조가 직접 사사받았으며, 나아가 중국과 인도에서 많은 스님들을 받아들였다. 그 외에도 많은 사례들이 태조가 열성적인 불교신자였다는 사실을 말해준다.

그런데 「훈요십조」의 제2조에 도선이 정한 곳 이외에 함부로 사찰을 세우지 말 것을 강조하였다. 태조는 이처럼 그의 불교신앙에 지리도참설을 접목시킨 종교적 신념을 갖고 있었다. 그렇기 때문에 그의 불교신앙이 적어도 종교정책으로 나타날 때는, 이미 대승불교의 본질적 이상의 범위를 벗어나 대단히 현실적이고 정치적인 욕망을 추구하는 세속적 내용을 담고 있었다. 다시 말해서, 그의 불교정책은 대승불교의 이상을 사회에 실현시켜 보다 이상적인 불교사회를 구현하려는 것이 아니라, 고려, 좀 더 구체적으로는 고려왕실의 안녕과 번영에 도움이 되는 것이라면 불교이든 지리도참설이든 상관없이, 무엇이든 믿고 의지한다는 태도를 보여준다. 그것은 복합적 실용주의 신앙이라 말할 수 있다. 태조의 이러한 복합적 실용주의에 입각한 종교정책은 모든 종교가 지닌 타력(他力)의 도움을 받아 고려왕실의 안녕과 번영을 얻으려는 것이었다. 이처럼 그의 종교정책은 곧 왕실의 "이기적 동기에서, 세속적인 정치적 목적을 추구하는 것"으로, 이는 앞에서 여러 번 살펴본 바와 같이 기복현상의 일환이다. 이를 종합컨대, 그의 종교정책은 기복적 타력신앙(他力信仰) 현상이라 할 것이다. 이처럼 기복적 타력신앙에 입각하여 태조는 그의 재세 시에 수백의 사찰과 수천의 불상과 탑 등을 세웠다. 그리고 태조의 영향을 받아 그 후의 고려왕들 역시 일관되게 기복적 타력신앙을 종교정책의 중심에 담고 있었다.

태조가 교종과 선종 양쪽을 동시 지원했는데, 이는 고려불교사에 중요한 의미를 지닌다.

태조는 통일신라 말부터 일어난 선종 계통의 많은 선승들을 후원하여, 그들이 고려의 지배계급과 긴밀한 관계를 유지할 수 있게 했다. 또 한편으로, 태조는 교종이 부활할 수 있도록 전통적 불교의식을 부활시키고 교종 사원의 건립을 크게 일으켰다. 이처럼 전통적 교학과 혁신적 선종을 동시에 후원했지만, 태조의 정책은 현실적인 해결의 대안을 제시하지는 못하였다. 그런데 교종과 선종의 대립을 종식시키려는 작업은 4대 광종 대에 가서 일어났다.

이러한 맥락에서 "고려불교의 전기"는 ①태조 시기와 ②태조 이후의 시기로 크게 나누어 볼 수 있다. 따라서 우리는 지금부터 "태조 이후의 시기"를 살펴보기로 한다.

"태조 이후의 시기" 불교는 그 내용에 있어서는 태조의 불교와 크게 다를 바 없다. 태조 이후 기복적 타력신앙이 고려왕실 불교정책의 중심을 이루고 있다는 점에서는 크게 다를 바 없기 때문이다. 다만 각 시대마다 제기되는 새로운 문제에 새로운 대안을 제시하는 과정에서 서로 다른 정책이 나타나게 된다. 이러한 맥락에서 "태조 이후 시기"의 불교는 크게 보아서 태조의 숭불호법(崇佛護法) 정신을 후대의 왕들이 이어간 때이다.

4대 광종은 태조 이후에 가장 중요한 불교정책을 폈다.[19] 광종은 대보은

---

19 2대 혜종과 3대 정종은 각각 업적을 남길만한 재위기간을 갖지 못했다.

사를 궁의 남쪽에, 그리고 불일사를 동쪽 교외에 세우고 태조와 그의 왕비 유씨(劉氏)의 원당으로 삼았을 만큼 불교에 독실하게 귀의한 임금이었다. 주지하는 바와 같이 광종은 958년 쌍기(雙冀)의 건의로 유학분야의 과거제도를 시작하면서, 불교 분야에도 과거시험을 보는 승과(僧科)제도를 채택했다. 이때 교종과 선종이 각각 독자적인 체계를 갖고 승과를 치렀고, 그 결과로 교종은 대덕(大德), 대사(大師), 중대사(重大師), 삼중대사(三重大師), 수좌(首座), 승통(僧統)으로 구별되는 교종법계(敎宗法階)를, 그리고 선종은 대덕, 대사, 중대사, 삼중대사, 선사(禪師), 대선사(大禪師)로 이루어진 선종법계(禪宗法階)를 각각 지니게 되었다. 이처럼 광종은 대승불교의 두 기둥을 이루고 있는 교종과 선종에 대한 균형 있는 행정지원을 하게 된 것이다. 이러한 승과제도는 고려 말까지 이어졌는데, 조선조에서는 중기에 잠깐 있었을 뿐이다.

광종은 승과를 통하여 선과 교의 개별적 발전을 지원했고, 또한 양쪽의 승려들이 객관적 시험을 거쳐 승려의 품격을 유지한다는 공신력을 갖게 하였다. 이처럼 승과제도는 불교계의 발전을 행정차원에서 지원하려는 의도가 담긴 제도였다. 그만큼 광종은 불교의 균형발전을 원했고, 한걸음 더 나아가 선교의 융합을 시도했다. 이러한 맥락에서 광종은 교종의 입장에서 선종을 포용하는 천태종(天台宗)과, 반대로 선종의 입장에서 교종을 수용하는 법안종(法眼宗)을 중국으로부터 들여오려 노력했다. 그러나 광종이 사망한 이후, 이러한 선교 통합운동은 시들어져 다시 양종의 갈등과 대립으로 이어지게 되었다.

광종은 선교 양종의 통합운동을 구체적으로 전개한 고려의 대표적인 왕이었다. 그는 한국불교사에서 위로는 신라의 원효가 추구하던 통불교(通

佛敎)운동에서, 밑으로는 의천과 지눌의 불교통합운동을 이어주는 다리의 역할을 하였다는 역사적 의미를 지닌다.

6대 성종은 불교사원의 지나친 팽창을 경계하여 개인집을 사원으로 만드는 것을 금지하였고, 같은 이유로 팔관회(八關會)와 연등회도 폐지하였다. 그러나 다음의 제7대 목종은 다시 불사를 크게 일으켰다. 특히 제8대 현종(1009-1031)의 불교정책을 유의할 필요가 있다. 현종은 다시 연등회와 팔관회를 부활시켰을 뿐만 아니라 거란의 침입을 막기 위하여 대장경을 만들었다. 거란의 침입으로 왕이 개경을 버리고 피난을 갔고, 개경은 거란 병의 손에 들어갔다. 이처럼 위급한 상황에서 현종은 불력(佛力)을 빌어 적을 물리치고자 대장경을 조각하여 부인사(符印寺)에 보관하였다. 이처럼 현종은 외적의 침입과 같은 위급한 상황에서 전형적인 기복적 타력신앙에 의지하였다. 바꾸어 말해서 기복적 타력신앙에 의지할 때는 완전히 비현실적인 기복행위에 매달리는 경향이 나타난다.

이러한 점으로 볼 때, 고려 종교가 처음부터 기복적 타력신앙에 매달리는 이유가 분명해진다. 첫째는, 태조의 「훈요십조」에서 드러나는 복합적 실용주의에 근거한 "기복적 타력신앙"이 그 이후 고려 종교정책의 모델을 이루게 된 것이고, 둘째는, 고려사는 그 어려웠던 무신난과 몽고난을 포함하여, 국내외 사건들이 끊임없이 일어나 국가적인 위기의식이 이어져 왔기 때문에 언제나 복합적 실용주의에 입각한 기복적 타력신앙이 기승을 부리게 되었다. 따라서 고려사를 통하여 기복적 타력신앙이 언제나 주류를 이루고 있었다.

이러한 맥락에서 의천(義天, 1055-1101)의 등장은 "고려불교의 전기"에 큰 의미를 지닌다. 그는 제13대 선종, 제14대 헌종, 그리고 제15대 숙종

(1095-1105)의 3대에 걸쳐 활동한 승려였다. 의천은 송나라에 가서 천태(天台)와 화엄(華嚴)을 공부하고 1086년 귀국하여 흥왕사에 머물면서 국내외를 포함하여 광범위하게 고서를 수집하고 1,010부, 4,740여권의 속장경(續藏經)을 간행하였다. 숙종 2년(1097)에는 국청사(國淸寺)로 와서 천태교관(天台敎觀)을 강의하기 시작하였고, 숙종 4년(1099)에는 천태종의 과거시험(僧選)을 행함으로써 새로 세운 천태종이 명실상부한 하나의 종파로 공인받게 되었다. 의천은 그러나 교학에만 머물지 않고 참선의 중요성도 강조하여 교관 겸수(敎觀兼修)를 주창하였다. 이처럼 의천의 교화활동은 활발했고, 그의 사상은 대단히 포괄적이었다. 그의 사상은 다음에 다시 살펴보기로 한다.

이처럼 의천의 사상이 빛나고 교화활동이 활발했는데도 불구하고, 그는 고려의 불교를 정화하는데는 성공하지 못했다. 그의 활동이 당시 고려 불교의 심각한 부패현실을 교정하기에는 미흡했던 것이다. 다시 말해서, 고려의 왕실을 비롯한 지배계층과 불교계가 모두 기복적 타력신앙에 빠져 있어서 이를 전체적으로 교정하지 않는 한, 부분적인 노력으로 전체가 교정될 수 있는 단계를 이미 넘어버렸던 것이다. 따라서 천태종과 같이 새로 생겨난 한 종파가 고려의 불교 전체를 개선하기에는 이미 불가능했던 것이다.

예컨대, 제16대 예종(1106-1122) 대에 덕창(德昌), 운진(曇眞), 악지(樂眞), 덕연(德緣) 등의 고승들이 있었고, 그 전후에도 뜻있는 고승들이 없었던 것이 아니다. 그러나 고려사회는 계속하여 기복적 타력신앙이 왕실로부터 사회 전체에 이르기까지 팽배하였기 때문에, 한마디로 고려불교는 계속하여 타락하고 있었다. 그런 과정에서 1135년 묘청(妙淸)과 같은 요사스러운 승려의 정치적 반란으로 불교계가 한층 더 혼란에 빠지게 되는 사건들이 일어났다.

18대 의종 이후 불교계는 그 문란함이 극에 달하게 되었다. 왕은 더욱 화려해진 사찰에서 자주 연회를 베푸는 등의 화려한 생활을 하면서 문신은 가까이 하고 무신은 마치 하인과 같은 차별대우를 하기 때문에 무신들이 격분하였다. 고려는 법적으로는 문무가 동등한 대우를 하게 했지만, 실제로는 문신을 숭상하고 무신을 천시하는 정책(崇文賤武政策)을 썼기 때문에 무신의 차별이 심했다. 이런 맥락에서 무신은 문신귀족을 보호하는 일종의 호위병의 위치로 떨어져 버렸다. 이러한 상황에서 의종에 이르러 무신들이 더욱 격분하게 되었고, 이에 1170년 정중부와 이의방이 주동이 되어 무신난을 일으켰다. 무신들은 의종을 폐위시켜 거제로 내쫓아 살해하고, 이어서 19대 명종을 보위에 오르게 했다.

이렇게 일어난 무신정권은 기본적으로 교종 승려보다는 선승들과 친밀한 관계를 갖게 된다. 교종 승려는 기본적으로 철학적 사유를 하고, 선사들은 체험의 내용을 상징적 언어로 표현한다. 전자가 교설을 장황하게 전개하는데 반하여, 후자는 결단을 표명한다. 무신들은 체질적으로 후자에 더 친근하다. 이뿐만 아니라, 그 당시 고려의 교종은 왕실과 지배층 문신귀족과 긴밀한 관계를 맺어오고 있었다. 이처럼 두 가지 이유에서 무신정권은 교종보다는 선종에 더 친근할 수밖에 없었다. 이에 한 가지 더 기억해야 할 점이 있다. 교종의 운영이 원활하게 되기 위해서는, 언제나 불서의 출판이 필요하다. 그런데 활자기술이 보급되기 이전, 목판을 판각하여 인쇄하던 시대에는 많은 인력이 동원되어야 했기 때문에, 왕실의 적극적인 지원이 없으면 사실상 교종의 발전이 기대될 수 없었다. 이러한 기본적인 문제와 관련해서 볼 때, 무신정권이 교종을 가까이하기에는 너무나 많은 문제가 있을 수밖에 없었다. 따라서 무신이 정권을 유지하던 시기에는 선종이 정권과 친근할 수 있는 여건을 더 많이 가졌던 것이다.

이상에서 살펴본 바와 같이, 태조의 종교정책에서 출발하여 광종의 불교통합운동을 거쳐 무신정권이 들어서는 시점까지를 우리는 "고려불교의 전기"로 보았다. 이제 "중기"는 무신정권의 횡포와 거란 등의 외족, 그중에서도 특히 몽고의 침입으로 인하여 엄청난 어려움에 휘말린 시기였다. 이처럼 엄청난 혼돈의 와중에서 고려불교가 지녔던 문제들을 간략하게 살펴보기로 한다.

나. 고려 중기의 불교

고려 중기는 제19대 명종에서 제24대 원종까지로, 이 시기는 무신세력이 고려를 완전히 장악하면서 시작되며, 몽고군의 침입에 저항을 하다가 몽고에 굴복하던 시기까지 이어진다. 고려의 중기는 한마디로 불교의 혼돈시기였다. 같은 시기에 유교 역시, 앞에서 살펴본 바와 같이, 혼돈의 극치를 달리고 있었다. 다만 불교의 경우는, 같은 시기의 유교가 국가통치의 보조수단으로 완전히 밀려난 것과는 달리, 불교의 타락상이 극치에 이르렀으며, 불교 자체를 정비하기 위한 강력한 운동도 일어났다. 그것이 바로 지눌(知訥, 1158-1210)이 시작한 선(禪)운동이었으며, 이 운동은 고려 중기뿐만 아니라 그 후 한국 불교사의 큰 획을 긋게 되었다.

이러한 맥락에서, 고려 중기의 불교 논의는 자연히 당시 불교의 타락상과 지눌의 선종운동 이해라는 두 방향으로 진행되게 마련이다. 우리는 당시의 타락상에 관하여는 가능한 역사적 변화를 이해하는데 필요한 부분에 국한하여 짧게 살펴보기로 하겠다.

고려 태조부터 기복적 타력신앙의 기반위에서 시작한 고려의 불교사회가 전기를 통하여 일관되게 진행되면서 어느 정도의 안정을 이룩하게 되었다. 그러나 1170년 무신난이 일어나면서, 고려 전기에 이룩한 질서가 하루아침에 깨져버리고, 중기는 완전히 정치적 혼돈의 시기로 돌입하였다.

　　무신난이 일어나면서 첫째, 고려 전기에 형성된 지배귀족 사회가 무너졌다. 이는 유교가 고려 전기와 같이 통치원리의 역할을 충분히 담당할 수 없는 상황에 이르렀다는 것을 의미한다. 한마디로 정치적으로 고려는 무궤도한 방향으로 가고 있었다. 이 시기에 불교 역시 무궤도한 방향으로 가게 되었다. 둘째, 이렇게 고려의 사회와 종교문화가 무궤도하게 진행되던 무신정권은 1170년(의종 24)에서 1270년(원종 11)까지 100년간 지속되었다. 셋째, 이처럼 무신정권이 유지될 수 있었던 중요한 이유는 바로 고려 중기에 특히 거란과 여진족이 고려 영토에 여러 번 침입함으로 인하여 고려사회는 전쟁상황에서 벗어나지 못하게 되었고, 이로 인해 무신들이 현실적으로 세력행사를 할 수 있었기 때문이었다.

　　이러한 고려 중기의 종교문화를 이해하는데 한 가지 더 놓쳐서는 안될 점이 있다면, 그것은 바로 외적의 침입이었다. 거란과 여진족 등의 침입보다는 원(元), 몽고군의 침입은 고려사회를 근본적으로 뒤흔들었다. 이러한 상황에서 제23대 고종은 몽고의 침입을 받아 강화도로 천도하고 나서 28년간이나 몽고군에 항쟁하면서 자력으로 몽고침입을 막으려는 기원의 마음으로 "팔만대장경"을 조판하였다.[20] 그러나 고종은 몽고에 굴복하

---

[20] 『고려대장경』은 2차례 조판되었다. 제1차 대장경은 8대-현종때 부처님의 가피력으로 거란(契丹)의 침입을 막기 위하여 목판을 각인(刻印)하였고, 부처님의 힘으로 거란이 퇴각했다고 여겼으며, 이러한 맥락에서 제2차는, 23대 고종이 1237(고종 24) 강화도에 장경도감을 설치하고 대장경 목판을 제조하는데 착수하여1251년(고종 34)까지 16년 동

지 않을 수 없었다. 제24대 원종은 몽고에 굴복하고 난 뒤 즉위하여 그 주위에는 친몽고 세력이 포진하였다. 이처럼 몽고세력을 업은 원종과 그의 일파가 무신정권을 물리치고 정권을 복원시켰던 것이다. 그리하여 고려 무신시대의 종말을 맞이하게 되었다.

그러나 그와 동시에 고려왕조에는 원(元), 곧 몽고의 내정간섭의 시대가 열렸다. 몽고는 예컨대 1231년에서 1259년까지 29년 동안 7차례의 침입을 하고 나서, 1259년 몽고와 고려의 강화조약이 체결되었다. 그리고 충렬왕 때, 주지하는 바와 같이 두 차례 일본정벌에 동참해야 했다. 이처럼 약 30년간 계속된 몽고와 연관된 전쟁으로 말미암아 국민은 더욱 피해를 입게 되었다. 예컨대, 무신 집권시대에 시작된 농장(農莊)이 몽고의 내정간섭기에 더욱 확대되어, 농장에 일종의 소작인으로 일하던 농민들의 생활은 더욱 악화되었고, 이로 인하여 국가의 인력이 격감되고 재정이 결핍되는 현상이 나타났다. 그 외에도 몽고침입으로 받은 문화적 차원에서의 손실 또한 막대하다.

이처럼 심각한 외적의 침입은 고려 사회의 안정을 지속적으로 흔들어 놓았다. 불안정한 상황에서 종교는 주로 기복적 타력신앙이 기세를 펴게 된다. 그것은 고려의 불교도 예외가 될 수 없었다. 그리하여 침입해 들어오는 몽고군을 막아내기 위하여 고려는 호국적 기복 불사를 그전보다 더욱 빈번하게 치르게 되었다. 제20대 신종(1197-1204) 때는 거의 매달 각종 도량(道場)을 열어 멸적(滅敵)을 기원하는 행사를 조정의 일과로 삼았고, 제21대 희종(1204-1211)은 여러 형태의 호국불사를 거의 매달 실시하였으며,

---

안 "제2차 대장경간행"을 마침으로써, 오늘날 흔히 이르는 『팔만고려대장경』을 완성하였다.

제23대 고종(1213-1259)은 재위 46년 동안 거란과 몽고의 침략으로부터 불교의 힘으로 나라를 지키려는 호국적 기복 불사를 더욱 성행하게 하였다. 이러한 맥락에서 각종 도량이 개설되고, 보살계를 받거나, 담론법석(談論法席), 진병법석(鎭兵法席) 등의 모임을 가지고 연등회와 팔관회 등의 행사를 가졌는데, 이들은 모두 호국적 기복 불사들이다. 제23대 고종이 강화도에 가서 16년간이나 대장경을 제작한 것 역시 호국적 기복 불사의 한 예이다. 그러나 이처럼 기복 불사에 엄청난 국력을 집중하였다는 점은 외적의 침입을 막기 위한 현실적 정책대안으로서의 합리적 한계를 크게 벗어났다는 사실이 지적되지 않을 수 없다. 다시 말해서 위의 사례들은 호국정신과 불교적 신앙, 그리고 위급한 국정을 처리하는데 요청되는 합리적 자제력 등 3요인들의 상호 관계에 있어서 균형을 잃는 비합리적 종교정책의 결과라는 점을 말해준다.

이처럼 고려중기의 국가적 중요사건을 처리하는데 있어서도 이성의 한계를 넘은 기복적 타력신행이 판을 치고 있는 상황에서, 일반 사회와 특히 국민대중의 생활에 있어서 불교가 불교 본래의 고매한 중심사상에서 얼마나 벗어나 있었나를 더 이상 언급할 필요가 없을 것이다. 한마디로 고려중기의 불교는 시간이 가면 갈수록 더 타력적 기복신앙에 빠져 타락하고 있었다. 고려 중기에 이처럼 불교가 타락의 길로 들어가고 있는 것을 거슬러 개혁을 기도한 사건이 일어났다. 그것이 바로 지눌의 선종 운동이었다.

지눌은 1158년(의종 12)에 출생하여, 1165년(의종 19)인 7세에 출가하고, 1182년(명종 12)인 24세에 선과에 급제하였고, 1210년(희종 6)인 52세에 사망하였다. 지눌은 바로 1170년에서 1270년까지 1세기 동안 무신정권이 지배하면서 고려사회와 문화가 본격적으로 파괴되던 시기의 전반기에 승려로 활동하다 입적했다. 다시 말해서 그는 무신정권 하에서 고려불교가 더할 수 없는 혼돈에 휘말리고 있던 고려 중기에 불교 개혁운동을 전개하였다. 이러한 불교개혁 운동에 바르고 참된 승려들이 많이 참여하여 조계종(曹溪宗)을 일으키게 되었고, 그 후 조계종은 한국불교의 주류를 형성하게 되었다.

지눌은 선과에 급제하고 창평(昌平)의 청원사(淸源寺)에서 육조단경(六祖壇經)을 열독하다가 스스로 깨닫고, 하산하여 속세를 버리고 구도를 하기 위하여 가하산(下柯山) 보문사(普門寺)에서 대장경을 열독하는 과정에서 화엄경을 읽다가 이장자(李長子)의 화엄론(華嚴論)에서 더욱 확신을 갖게 되었으며, 또한 대혜보각선사어록(大慧普覺禪師語錄)을 읽고 세 번째 깨우침을 얻었다. 그리고 송광산(松廣山) 수선사(修禪寺)에서 문도들을 데리고 수행하고 가르치니 사방에서 따르는 자가 많았다. 이에 송광산을 중심으로 정혜결사(定慧結社)를 결성하고 새로운 선풍을 일으키게 되었다. 지눌은 문도를 지도할 때 『금강경』, 『육조단경』, 『화엄경』을 강론하고, 성적등지문(惺寂等持門), 원돈신해문(圓頓信解門), 경절문(經截門) 등의 3문을 열고 가르쳤다. 그런데 이는 오늘까지 이어지는 전통으로 남아있다.

지눌은 선사이면서도 화엄경을 비롯한 경전을 가까이 두고 늘 읽었으며, 선(禪)과 교(敎)는 떨어질 수 없는 것이라고 강조했다. 말하자면 부처님의 뜻을 실천으로 전하는 것이 선이라면, 부처님의 말씀을 깨닫게 하는 것이 교이기 때문에, 선과 교는 서로 떨어질 수 없는 사이라고 지눌은 가르치는 것이다. 이처럼 그는 선교합일(禪敎合一)을 주창하고 정혜쌍수(定慧雙修)를 구현한 종교적 실천가였다. 그의 입장에서 볼 때, 선과 교가 서로 다투는 것은 부처님의 참 뜻을 모르는 데서 비롯되는 것이다. 이러한 입장에서 그는 조계종을 열었다.

이처럼 지눌의 선교합일사상은 오늘에 이르기까지 한국불교 사상의 핵심을 이루고 있다. 그의 선교합일사상은 곧 불교의 근본정신이 하나라는 점을 강조하는 것이다. 선과 교는 곧 불교의 본체가 두 면으로 나타난 것에 불과한 것이다. 이처럼 드러난 불교의 다양한 모습 뒤에는, 불교의 보래 모습 또는 불교의 본체가 자리하고 있다. 따라서 갈라진 모습들 뒤에 자리하고 있는 본래의 모습을 보게 될 때, 서로 화해와 이해가 가능해진다. 이러한 맥락에서 지눌의 선교합일 사상은 곧 조화사상이라 할 수 있다. 이러한 조화사상은, 앞에서 살펴본 바와 같이, 신라 원효의 화쟁사상(和諍思想)에서 이미 나타났다. 그리고 같은 맥락에서 대각국사 의천은 교관겸수(敎觀兼修)를 강조했다. 결과적으로 지눌이 그처럼 어지러웠던 고려의 사회 상황에서 두드러지게 참신하고 도전적인 불교개혁을 주창했던 것은, 바로 원효와 의천의 조화사상을 이어받은 결과였다. 그리로 그 전통이 오늘까지 한국불교에 이어져오고 있다.

지눌과 그의 법맥을 잇는 제2세 혜심(慧諶) 등이 이끈 불교 개혁활동으로 고려 왕실이 지닌 기복적 미신의 폐풍이 일시적으로 저항을 받았다. 그러나 선(禪)의 이상을 추구하는 것이 중생에게 어려울 뿐만 아니라, 특히 난국의 사회에서는 더욱 어렵기 때문에, 지눌 이후 고려 중기의 사회는 전체적으로 기복적 타력 불교로 휩쌓이게 되었다. 따라서 지눌의 법맥을 잇는 수선사 중심의 활동이 점차 사회에 대한 힘을 잃어가게 되었다. 이처럼 유일한 개혁세력이었던 지눌의 법맥이 힘을 잃은 상태에서, 몽고의 강한 영향권에 속했던 13세기 말에서 14세기 전반까지 불교계에는 승려도 많았고 사찰의 수도 많았으며, 다양한 불사(佛事)도 빈번히 거행되었다. 그러나 진정한 불교의 이상을 추구하는 모습은 사라지다시피 하였고, 기복적 미신의 폐풍이 주도하는 상태에 빠졌다.

다. 고려 후기의 불교

고려 후기는 원나라에 굴복하여 원의 제국공주를 왕비로 받아들이는 등 원으로부터 지나친 간섭을 받던 제25대 충렬왕에서부터 시작하여 고려의 마지막 왕인 제34대 공양왕 말년, 곧 고려 말기까지이다. 이 시기의 불교는 앞에서 언급한 지눌 이후의 불교가 연장된 상태였다.

이 시기에 고려의 종교계에서 두드러진 모습을 보여주는 종교는 유교였다. 앞에서 살펴본 바와 같이 이 시기에 새로 들어온 성리학이 이론적 근거에서 불교를 새롭게 공격하기 시작하였다. 따라서 고려후기에 불교는 기복적 타력불교에 깊이 빠지고 있는 상태에서, 새롭게 이론적으로 무장한 유교의 성리학 세력으로부터 공격을 받는 위치로 몰리게 되었다. 이처럼 고려 후기의 불교가 중기와 다른 점은 바로 새로 들어온 성리학으로부터 공격을 받기 시작했다는 점이다. 이 시기에 시작된 성리학으로부터의 공격은 다음 왕조인 조선시대까지 이어지게 된다.

③ 고려 불교의 종합

고려는 불교의 도움을 많이 받으면서 건국되었고, 따라서 태조는 그의 「훈요십조」 제1조에 불교를 사실상의 국교로 선포하기에 이르렀다. 불교는 고려의 개국부터 왕조 제일의 정신적 지도이념으로서 국가 정치와 국민의 일상생활, 그리고 사상과 문화의 모든 면에 두루 영향을 주게 되었다. 이처럼 불교가 고려의 국교 위치에 있었지만, 불교 이외 종교의 사회 및 문화적 기능을 왕조가 적극적으로 보호했다는 점에서, 같은 시기 유럽과 중동의 기독교와 이슬람 사회에서 나타났던 국교와는 크게 대비된다. 국교와 관련된 고려의 종교정책이 지닌 특성은 유교에 대한 고려정부의 태도에서 잘 드러난다. 유교는 고려의 행정적 또는 정치적 이념으로서의 기능을 적극적으로 수행하도록 하였다. 다시 말해서, 앞의 "고려의 유교"에서 살펴본 바와 같이 유교는 고려사회의 통치 보조 원리의 역할을 했다. 따라서 고려에서 불교는 공식국교(公式國敎)보다는 고려의 주도종교(主導宗敎)라고 해야 할 것이다. 불교가 고려사회에서 문제를 안게 되었다면, 이는 곧 주도종교가 지닌 문제들이었던 것이다.

개국의 후원세력으로서 불교는 시간이 가면서 주도종교, 곧 외형적 국교의 지위를 굳건히 하였다. 이러한 과정에서 고려 불교는 호국불교와 현세구복불교라는 두 가지 특성을 나타내게 되었다. 이를 종합하여 우리는 앞에서 기복적 타력신앙이라 불렀다.

호국불교는 고려왕실의 비호를 강조하였고, 현세구복불교는 국리민복(國利民福)을 기약했다. 요컨대, 고려 불교는 불교의 이상을 추구하기에 앞서 현세생활의 행복과 이익을 위하여 기복적 타력신앙에 깊이 빠지게 되었다. 이러한 현세 기복적 태도는 특히 왕실과 귀족사회에 한층 더 크게 나타났으며, 이러한 추세는 고려불교로 하여금 처음부터 귀족불교의 모습을 띠게 하는 요인이 되었다. 귀족불교의 특성은 고려불교사의 전체 흐름에 결정적인 영향을 미쳤다.[21]

고려는 신라에서부터 내려온 오교구산(五敎九山)을 물려받았으며, 또한

---

21 윤이흠, 「『고려도경』에 나타난 종교사상-민간신앙을 중심으로」, 『한국종교연구』1권, 118-123쪽.

처음부터 교종과 선종의 대립을 이어받았다. 대승불교 사회에서 흔히 나타나는 교와 선의 갈등은, 경전간행 사업과 연관시켰을 때, 그 역사적 추이가 쉽게 드러난다. 경전간행은 어마어마한 경비가 필요한 사업이기 때문에 왕실이나 귀족의 적극적인 지원이 없이는 처음부터 불가능한 일이다. 따라서 왕실 지원의 귀족불교에서만 교학이 활발하게 전개될 수 있다. 특히 교학은 오랜 학습과 세련된 논리의 훈련을 요청한다. 뿐만 아니라, 교학은 지적전통의 유산과 문화를 향유할 수 있고, 나아가 교양 수준이 높은 문화 환경이 갖추어진 사회에서만 활발하게 전개될 수 있다. 이러한 지성적 유산의 공유는 역사적으로 귀족불교에서만 가능한 일이며, 또한 귀족들의 활발한 후원 위에서만 다음 세대로 그 전통이 전해질 수 있었다.

이와 반대로, 선은 그 자체가 지닌 형식과 전통에 대한 파괴적이고 혁명적인 성격으로 인하여, 직접 수행에 들어서서 용맹정진하는 실천적 결단을 중요시한다. 오랜 훈련과 논리적 사유의 세련도를 추구하는 것보다는, 실천적 집중력과 결단력을 강조하는 참선은 마치 군사훈련이 요구하는 정신적 실천력과도 통한다. 따라서 고려 무신정권은 귀족적인 교종을 배척하고 오히려 선종과의 친화력을 분명하게 보여주었다. 나아가, 오랜 훈련과 세련된 사유를 추구하는데 현실적인 어려움이 있는 대중은, 귀족불교의 교학보다는 참선에 더 친화력을 갖게 되는 것이다. 이러한 맥락에서, 초기의 교종 중심의 고려불교가 중기 이후에 선종으로 넘어가게 된다.

고려 교학운동을 대표하는 의천은 송나라에서 유학하면서 많은 불서를 수집 간행하였고, 이는 후에 『고려대장경』 간행의 초석을 마련하였다. 의천은 신라 이후 교종과 선종의 대립에서 오는 갈등을 극복하기 위하여 '교선합일'운동을 전개하였으며, 이 운동의 일환으로 천태종이 고려에 뿌리내리게 되었다. 이러한 맥락에서 그는 천태종의 기본 입장이기도 한 교관겸수(敎觀兼修)를 강조하였다. 천태종은 잡념을 끊고 지혜로 사물을 보는 지관(止觀)을 강조하는 그 실천수행법이 선종과 비슷하지만, 그 사상의 내용은 화엄경의 이상에 있다. 다시 말해서, 의천은 교종인 화엄사상의 입장에서 선종의 실천수행법을 수용하였다. 요컨대 교종우위의 입장에서 선종과의 갈등을 극복하려는 의도를 그는 지녔던 것이다.

무신란이 일어나자 왕실과 귀족의 비호를 받던 사원세력과, 이 세력과 결탁하였던 문신이 크게 반발하였다. 이에 무신들은 교종에 가혹한 탄압을 내리고, 반대로 선종에는 두터운 후원을 하게 되었다. 따라서 교종이 쇠퇴하고, 선종 세력이 활발하게 일어나게 되었다. 이러한 과정에 선종중심의 개혁을 선도한 주인공이 지눌이었으며, 그 활동의 결과로 조계종이 태어났다.

지눌은 돈오점수(頓悟漸修)와 정혜쌍수를 강조하면서 정혜결사(定慧結社)라는 수행실천단체를 결성하여 불교 내 개혁을 추진하였다. 먼저 그는 돈오와 점수의 두 요인을 엮어 대승불교의 본질을 선종의 입장에서 밝혔다. 범부가 자신의 성품이 부처님과 다름이 없다는 사실을 홀연히 깨우침을 돈오라 한다. 이러한 깨우침에도 불구하고, 무시(無始)이래로 쌓아온 습기(習氣)는 점차적으로 버릴 수밖에 없으며, 이러한 단계적인 노력을 점수라 한다. 이 둘을 합하여, 지눌은 얼음이 물인 줄을 알고 얼음이 열기를 얻어 녹아 물이 된다는 비유로 설명한다. 한마디로, 얼음이 물인 줄 아는 것이 돈오라면, 얼음을 녹이는 것을 점수라 한다(勤修定慧結社文). 요컨대, 이는 자기의 자성(自性)을 홀연히 깨닫는 선적(禪的) 수행과 더불어 화엄 교리를 수행해야 한다고 강조하는 것이다. 이러한 맥락에서 한 걸음 더 나아가,

지눌은 정혜쌍수를 강조한다. 특히 정혜, 곧 선과 교를 동시에 수행하는 운동을 지휘하여 정혜결사를 결성했다. 그러나 지눌은 선종의 주도적 입장에서 교종을 수용하는 태도를 지닌다.

이처럼 의천은 교학의 중흥을 통하여 체제종교로서의 불교를 개혁하려 했다. 반대로 지눌은 체제 밖에서 순수한 수련결사를 통하여 불교계 내의 개혁을 시도하였다. 의천이 왕실의 적극적인 후원을 얻어 교학의 중흥을 통하여 왕조 전체의 개혁을 시도했다면, 지눌은 정혜쌍수를 추구하는 수행단체를 일으켜 불교교단의 내적 개혁을 기도했다. 이처럼 의천과 지눌은 각각 다른 방향의 불교개혁운동을 추구했지만, 이들은 공통점을 보여준다. 첫째, 그들은 불교의 개혁을 기도했다는 점에서 다르지 않다. 둘째, 그들은 선교합일(禪敎合一)을 추구했다는 점에서 다르지 않다. 다시 말해서, 그들은 불교의 이상은 선교합일에 있으며, 그 이상의 실현이 불교개혁의 길이라고 믿는다는 점에서 다르지 않다. 그러나 그들은 이러한 이상을 구현하기 위한 방향에 있어서 차이를 보여준다. 의천이 교학중심의 합일을 추구하는데 반하여, 지눌은 선수행 중심의 합일을 추구하였다는 것이 그렇다.

지금까지 고려의 불교를 통해서 서로 다른 두 가지 모습을 읽을 수 있었다. 하나는 고려 태조에서부터 마지막 날까지 지속되던 국가사회 안에서 일어나던 수많은 '내적 혼돈'과, 외적의 침입으로 일어나던 엄청난 '외적 혼란'에 휘말리면서 불교가 완전히 기복적 타력신앙, 좀 더 직접적인 표현을 빌린다면 집단 미신 상태로 치닫고 있었다는 사실이었다. 다른 하나는 그런 엄청난 시대적 혼돈에 휘말리어 불교의 고매한 이상을 스스로 멀리하게 된 고려 불교계를 근본적으로 개혁하려는 노력이 있었다는 사실이다. 그런데 그 후 한국의 불교 안에는 이 두 요인이 지금까지 진행되고 있다.

고려불교가 보여주는 이 두 얼굴은 사실 고려사회에서만 있는 것이 아니다. 그것은 어떤 의미에서는 인류의 종교사에 언제나 어디서나 나타나는 현상이기도 하다. 그런데 고려의 불교가 인류종교사에 나타나는 공동의 요인을 가장 명쾌하게 드러내 보여준다. 그래서 필자는 고려의 불교를 의도적으로 정치상황과 직결시켜서 조명해보았다.

이러한 의도적인 작업 가운데 우리는 또 하나의 중요한 사실을 볼 수 있게 된다. 그것은 바로 세속적 욕망을 추구하는 기복적 행위를 극복하려는 의천과 지눌이 각각 서로 다른 입장에서 출발하여 하나의 공동 목표를 추구하고 있었다는 점이다. 그 공동 목표가 곧 교와 선이 하나라는 주장이었다. 이처럼 이 두 사람은 교와 선이라는 서로 다른 출발점에서부터 시작하여 하나의 목표에 이르는 이른바 "합일사상"에 이르고 있다. 그 합일사상은 다른 말로 한다면 선과 교의 조화, 곧 화합을 말한다. "조화"와 "화합"은, 서문에서 살펴보았듯이, 한국인의 종교관의 공통적 특성을 이루고 있다. 조선의 불교가 지눌의 조화사상을 이어왔다는 점을 감안한다면, 신라의 원효에서 시작하여 오늘에 이르기까지의 한국불교사는 "조화사상"을 그 사상적 핵심으로 간직하고 있다는 사실을 말해준다. 이러한 맥락에서, 고려 불교의 연구는 앞으로 한국 정신문화의 내용과 그 전통을 체계적으로 이해하고 밝히는데 매우 중요한 과제를 우리에게 전해주고 있다.

(3) 도교

고려의 도교는 교단도교보다는 양재기복(禳災祈福)하는 재초(齋醮)가 중심이 되는 과의도교(科義道敎)가 그 주류를 이루고 있다. 다시 말해서 고려의 도교는 교단은 거의 나타나지 않고 재초를 하는 기복적 의례형식이 주로 나타나는 형태를 보여준다. 이러한 의례중심의 도교로서 고려의 도교는 교단은 없는 상태에서 왕실과 지방에서 도교행사를 하는 형태를 보여준다. 이러한 유형의 도교는 고구려 말 당으로부터 도교를 처음으로 받아들일 때부터 시작하여 신라를 통하여 고려에 이르기까지 유지되었다. 고려사에 재초 의례에 대한 기록이 빈번히 나타나는데, 특히 예종 대에 더 많이 나타난다. 옥촉정(玉燭亭)에 도장을 차려놓고 월초(月醮)를 지내게 했으며, 수도에 복원궁 도관을 창건하여 각종 도교행사를 집행한 사례가 모두 예종 때 일어났다. 복원궁은 특히 국가재초의 성소로 삼기 위하여 세웠다. 이 복원궁에 도사 10여인이 있었으나 중국의 도사와는 다르다고 하였다.[22]

고려시대 거행된 재초는 첫째, 호천상제(昊天上帝), 호천오방제, 천황대제, 태일(太一), 천조(天曹), 삼계(三界), 삼청(三淸) 등 천계(天界) 의례대상, 둘째 남두, 북두, 노인성, 11요(曜), 28숙, 12궁신, 27위신, 100신(神), 본명성숙(本命星宿) 등의 성숙계(星宿界) 의례 대상 그리고 셋째 도우(禱雨), 도병, 오온신(五瘟神), 성변기양(星變祈禳) 등 실로 다양한 형태의 기도대상들에게 복을 비는 기복재앙 의례가 다양한 형태로 행해졌다. 이들을 종합하면, 먼저 도교의 재초 의례는 기본적으로 "행위주체의 이기적 동기에서 세속적 욕망을 추구하는" 이른바 기복행위의 한계를 벗어나지 못한다. 다음으로, 재초에 나타나는 도교적 기복행위는 현세적 이익을 위하여 천신관, 성수

---

22 『고려도경』(민족문화추진회 역), 제 18권, 도교.

관, 그리고 다양한 운명론 등을 포함하여 당대에 회자되던 기복신행의 원리들을 대거 동원하였다.

"과의도교"는 한마디로 기복을 추구하는 의례중심의 도교이다. 이러한 도교는 불가피하게 극단의 복합 사상을 이루고 있다는 점이 그 특성으로 나타난다. 이점은 불교와 비교할 때 더 잘 드러난다. 예컨대, 대승불교는 아무리 기복적 요인들을 많이 수용한다고 해도, 그 중심에 자리 잡은 공(空)사상의 실천을 통한 세속적 욕망으로부터의 자유라는 형이상학적 이상은 흔들리지 않는다. 그런데, 기복적 의례를 추구하는 도교는 불교와 같은 세속을 초월한 인간이상과 삶의 가치에 대한 대안이 선명하지 못하다. 중국에서 태어난 사상들은 흔히 진리는 "세속을 초월한 것"이 아니라 세속 안에 내재한다고 한다. 그렇다고 해도, "세속적 욕망"과 세속에 "내재한 도(道)"는 엄연히 구별되어야 한다. 그러한 점에서 기복적 의례를 중심으로 한 도교가 세속적 욕망을 초월하는 종교행위하고 말하기는 어렵다. 따라서 재초의례는, 현세적 욕망의 내용과 형식이 같은 경우에는, 서로 다른 종교나 문화전통의 내용들도 쉽게 융합하여 점점 더 다양한 형태의 의례로 나타나게 된다. 이에 더하여, 과의도교는 주로 왕실의 안녕과 번영을 보장하기 위하여 행해졌으며, 따라서 전적으로 왕실의 보조와 지원으로 모든 행사를 거행했다. 따라서 과의도교는 기본적으로 왕실에 의존적인 성격을 벗어날 수 없었다. 이러한 특성 때문에 과의도교는 독립교단을 형성할 수 없다는 첫째 이유가 된다.

이러한 조직상의 취약점은 도교가 왕실의 기복적 욕망을 충족시키는데 동원될 수 있는 것이라면 주위의 의례절차들 가운데 무엇이라도 동원함으로써 도교의례가 점점 더 혼합적이고 복합적인 성격을 띠게 되었다. 형이상학적 이상과 현세적 욕망은 언제나 상반된 긴장관계로 나타난다. 형이상학적 이상이 보다 선명하게 강조되는 고전종교에서는 세속적 욕망을 추구하는 기복행위가 약하게 나타난다. 따라서 이 경우 모든 종교집단의 사상과 실천이 인간이 인간답게 살아가는 이상을 추구하는 대로 모아지면서 개인의 삶과 집단질서가 보다 질서 있게 통일된다. 그러나 반대로 세속적 욕망을 추구하는 기복 행위는, 시간과 경우에 따라 항상 달라지는 인간의 세속적 욕망을 충족시키려 하기 때문에, 시간이 갈수록 보다 복잡한 형태를 보여주게 된다. 여기서 한 가지 사실이 분명하게 드러난다. 고전적 형이상학체계가 분명할수록, 다시 말해서 교리의 이상과 논리가 선명할수록 종교의 통일성이 유지되고, 반대로 교리가 세속적 이익을 충족시키려는, 곧 기복적 성향을 지닐수록 그 사상적 혼합과 혼돈이 심해진다. 이런 맥락에서 과의도교는 분명히 고전적 이상보다는 세속적 욕망을 충족시키는데 더 역점이 쏠리기 때문에, 독자적인 종교사상의 체계를 갖지 못하고 보다 혼합적이고 혼돈된 사상을 갖고 있었다고 말할 수 있다. 독자적이고 통일된 교리가 아니라 혼합적이고 혼돈된 교리를 갖고 있었기 때문에, 과의도교가 독립교단을 형성할 수 없었던 두 번째 이유가 된다.

이처럼 위의 두 가지 이유 때문에 과의도교는 고려사를 통하여 독자적인 종교교단을 이룩하지 못하고 오직 왕실에 의존적인 종교의례체제로 남게 되었다. 교단이 분명히 형성되지 않은 상태에서 교리의 통일을 이룩하기란 불가능한 일이다. 따라서 과의도교의 의례는 시간이 갈수록 점점 더 복합성을 띠게 되었다. 결과적으로 과의도교는, 불교와 같이 사제집단에 의하여 그 전통사상을 다음 세대의 사제집단에게 체계적으로 전수하기보다는, 다분히 스승과 제자사이에 비법으로 전수하거나, 아니면 각 세대가 자체학습을 통하여 전통을 수용하는 경향이 컸다. 어느 경우든, 교단체제 안에서 집단 전통으로 전해지는 것과는 달리 그 전통이 완전히 전수되었다고 객관적으로 기대하기는 어려운 법이다. 따라서 고려시대 뿐만이 아니라 후대에도 도교는 비법전수의 형식으로 그 사상과 실천이 전수되는 것이 주도적이어서, 전수된 전통을 객관적으로 보장하기는 늘 어려운 점을 안게 된다.

고려 도교는 불교, 유교와 같이 독자적인 조직과 교단을 지니고 있으면서 그 정예전통을 다음 세대에 정확하게 전수할 수 없었다는 점이 분명해졌다. 바로 이점에서부터 도교는 불교, 유교와 같은 완전한 교단 종교와는 차이가 난다. 그럼에도 불구하고, 무속이나 민간신앙보다는 확실한 문헌전통과 세련된 세계관에 실린 정예전통의 일면을 유지하고 있다. 다시 말해서, 도교는 반교단 종교(半敎團宗敎)의 위치에 있다고 말할 수 있다.

(4) 교단 종교의 종합

이상에서 우리는 고려의 교단 종교를 살펴봤다. 불교는 고려의 주도종교, 또는 외형상의 국교였으며, 유교는 통치원리의 역할을 하였고, 도교는 현세적 국리민복을 기원하는 기능을 하였다. 다시 말해서, 불교가 고려의 국교 역할을 담당하는데 반하여, 유교는 사회질서를 관장하는 이념적 역할을 하였다. 이처럼 불교와 유교는 고려사회 구성의 구조적 역할을 각각 분담하고 있었다. 이에 반하여, 도교는 현세적 기복추구 기능을 유지하고 있었다. 이처럼 불교, 유교, 도교는 고려 사회에서 각기 다른 기능을 하고 있었다. 그 차이는 여러 측면에서 파악된다.

먼저, 불교와 유교는 세계종교사의 대표적인 고전종교로서, 잘 정비된 정예전통(精銳傳統, elite tradition)을 지니고 있었다. 이러한 고전문화의 정예전통을 지닌 종교가 그 사회에 수용되면 쉽게 그 사회를 재구성하는 힘을 발휘하게 된다. 그런데, 고려조에는 처음부터 불교와 유교를 동시에 수용하면서, 이 두 고전종교 전통 사이에 각축전이 벌어졌다. 그리고 태조가 불교를 주도종교로, 그리고 유교를 통치이념으로 확정함에 따라 불교와 유교는 주요 양대 종교전통으로서 공존하게 되었다. 불교와 유교가 구조적 기능을 각각 나누어 담당할 수 있었던 것은, 단순히 태조의 정책 때문만이 아니라, 그보다는 이 양대 종교가 고전문화전통을 대변하는데 그 근본 원인이 있다.

이에 비하면 도교는 선진 유학과 도가의 고전사상의 이상을 중국의 민간신앙과 결합하여 세속적으로 변형시킨, 이른바 세속화된 종교였다. 이러한 맥락에서 과의도교는 세속적 안녕을 추구하는 의례중심의 신행이었고, 그 의례의 안에는 주역과 음양오행을 포함한 상수론(象數論)이라는 중국의 우주론적 논리가 수용되어 미래예측이 가능해졌기 때문에 현세적 이익을 추구할 수 있는 기복체제로 운영되었다. 이처럼 과의도교는 중국의 고전적 우주론으로서의 상수논리를, 예언과 점복을 추구하는 도구로 사용하기 때문에, 그 고전 논리에 담긴 고전세계관의 이상은 상실하게 된다. 이처럼 이상을 상실한 채 고전논리를 기복적 측면으로 활용하는 종교는 이미 세속화된 모습으로 변모한 것이다.

도교가 보다 쉽게 세속화되는 것은 유교와 불교 전통이 지닌 엄격한 정예전통을 상대적으로 갖추지 못한 데서 비롯된다. 반대로 고려조를 포함하여 한국문화사에서 유불 양교가 각 시대에 중요한 역할을 지속할 수 있었던 이유는 고전적 세계관과 더불어 세련되고 엄격한 정예전통이 항상 기능했기 때문이었다. 예컨대, 정예전통은 해당 종교전통 세계관의 일관성을 유지하고 또 그것을 다음 세대로 이어주는 기능을 한다. 이러한 맥락에서, 도교는 유불에 비하여 정예전통이 약했다고 말할 수 있다.

고려조의 사회적 통합기능에 있어서도, 불교와 유교가 도교에 비하여 월등히 큰 공헌을 했다. 이 역시 종교가 정예전통을 유지하는가의 여부에 의하여 차이를 보여주는 것이다. 이처럼, 불교, 유교, 그리고 도교와 같은 교단 종교의 사회적 기능과 공헌에 있어서 정예전통의 역할이 크게 나타난다는 사실을 고려사를 통하여 볼 수 있다.

끝으로, 이러한 종단종교들이 공존하면서 고려사회는 일종의 다종교사회를 이루었다. 이들은 앞에서 살펴본 바와 같이, 서로 공존하면서 상대방 종교에 대한 태도가 정확하게 정비되지 못한 상태에 머물러 있었다. 그런데, 고려 후기의 성리학에 와서야 비로소 불교와 도교를 배척하는 명확한 태도를 나타내기 시작했다. 그러나 고려 성리학은 고려조의 마지막을 재촉하는 운동으로써, 오히려 조선조 종교문화의 안내자로써의 성격을 지녔다. 이러한 맥락에서, 고려 사회는 무원칙한 교단 종교의 공존으로 비롯된 종교적 복합 상황과 문화적 혼돈상황을 안게 되었다고 말할 수 있다.

그럼에도 불구하고, 이러한 복합 상황에서 고려의 교단 종교들이 지닌 공통점이 관찰된다. 그것은 타종교에 대한 포용정신이다. 고려 종교들은 타종교에 대한 포용의 이유와 정당성논리가 분명하게 드러나지는 않지만, 최소한 현존하는 다종교상황을 인정해야 할 필요를 수용하는 태도는 「훈요십조」이후 계속해서 나타난다. 이처럼 경험적 차원에서 타종교의 존재를 인정하는 태도는 한국인의 종교관의 기본 골격을 이루고 있다.[23] 이점에 대해서는 다음으로 미루기로 하겠다.

2) 비교단 종교

비교단 종교는 불교와 유교 같이 교단을 지니지 아니한 종교들을 말한다. 유교는 본래 국가체제종교의 성격을 지니고 있어서, 천제의 뜻이 왕권으로 이어지고, 이는 다시 지방의 유림과 행정조직으로 이어지고, 다시 가족관계로 연결되어 내려온다. 그래서 하늘의 뜻이 국가사회의 질서와 가족관계의 질서를 자리매김하는 동일한 원리가 된다. 따라서 유교의 교단질서는 기본적으로 국가사회체제와 같은 구조를 갖고 있다. 이점을 놓칠 때, 유교가 종단을 지니지 않는 것 같이 보이는 경향이 있다. 이러한 관계로, 조선 시대와 같이, 유교가 사회의 기본이념을 대표하는 체제종교(體制宗敎, official religion)의 위치에 있을 때는 그 종단의 성격이 두드러지게 나타나서 문제가 없지만, 그렇지 못할 때는 마치 정치이념의 형태로 이해되는 경향이 있기 때문에, 유교가 종교가 아니라는 판단의 오류에 빠지는 경향이 있다. 불교는 전형적인 교단 종교라는 점에 아무도 이의가 없을 것이다. 이러한 맥락에서 비교단 종교는 불교, 유교와 같은 교단 종교를 제외한 모든 종교전통이 이에 속한다.

교단을 갖추지 않은 종교는 다양한 형태로 나타난다. 그러나 고려의 비교단 종교는 크게 민간종교(民間宗敎)와 국가종교의례(國家宗敎儀禮)로 대별하여 살펴볼 수 있다.

(1) 비교단 민간종교

비교단 종교 가운데 국가가 주관하는 종교적 의례를 제외한 모든 "종교

---

23 윤이흠 외, 『한국인의 종교관-한국 정신의 맥락과 내용』 서울대학교 출판부, 2001,

신행 전통"을 민간종교라 부르기로 한다. 이러한 민간종교에는 대단히 많은 종교 전통들이 속하게 된다. 이들 가운데, 고려 민간종교의 핵심을 이루는 무속, 자기수련 전통 그리고 민간종교 중요행사를 각각 살펴보기로 하겠다. 이렇게 대표적인 현상들을 통하여 고려 민간종교의 전체적인 특성과 흐름을 파악할 수 있게 되기를 기대한다.

① 무속, 샤머니즘

샤머니즘은 구석기시대부터 내려오는 종교로서, 시베리아와 만주 그리고 한반도를 포함한 동북아시아가 오늘까지도 그 원형을 유지하고 있는 중심 분포지역이다. 샤머니즘 세계관의 첫 번째 특성은 영육이원론 하바롭스크에 있다.[24] 예컨대, 우리나라에는 오래 전부터 자는 사람의 얼굴에 그림을 그리면, 그가 죽는다는 민담이 있다. 잘 때 혼(魂)이 사람의 몸에서 빠져 나와 자유로이 먼 곳을 다니며 경험한 내용이 꿈이 되는데, 자는 동안 얼굴에 그림을 그리면 혼이 자신의 육신을 찾지 못하게 되기 때문에, 자는 사람이 죽게 된다는 의미를 이 민담이 전해준다. 이처럼 한국의 민담은 샤머니즘의 영육이원론을 명확하게 보여준다. 그 두 번째 특성은 신령은 초인적인 힘이 있고, 신령의 변덕스러운 의지에 의하여 인간의 운명이 좌우된다는 신주도적 숙명론이다. 이러한 숙명론에 근거하여 신이 무당의 몸에 실려 그의 의사를 말하는 "공수"를 하게 된다. 이 두 특성들은 샤머니즘의 보편적인 요인이다.

영육이원론과 신주도적 숙명론을 합한 무속의 세계관은 현대사회에 이

---

24 윤이흠, 「샤머니즘과 종교문화사」, 『샤머니즘 연구』 제1집, 한국샤머니즘 학회, 1999년 4월, 81-96쪽.

르기까지 기복신행을 대표하는 종교전통으로 이어져 온다. 무속의 주도적 기복성향 때문에 고려 초기부터 유교와 불교의 고전종교 측에서 무당의 폐해를 고발하고 단속하려는 움직임이 있었고, 이에 대하여 무속세력이 뇌물을 주고 관료들을 회유하는 등 다양한 형태로 무속의 신행을 지켰다. 특히 유교사상에 입각한 과거시험 출신 관료들과 당대 천문학자들이 무속의 기복행위를 사문난적으로 공격하였다. 그럼에도 불구하고 전염병이 만연하여 백성이 기댈 곳이 없어 방황하고 있을 때, 무당으로 하여금 푸닥거리를 해서라도 백성의 마음이라도 달래주도록 하였고, 가뭄이 농사를 위협할 때 무당들을 기우제에 강제로 참여시키는 이중적 태도를 취하기도 했다.[25] 이처럼 무속은 이미 고려사회에서부터 대단히 복합적인 평가를 받게 되었다.

이러한 복합적 평가를 받게 되는 중요한 이유는 바로 무속이 "정예전통"을 유지하지 못했다는 데 있다. 지금도 입무(入巫) 과정의 훈련은 매우 엄격하고 잘 짜인 교육프로그램을 지킨다는 점을 고려할 때, 고려의 입무 과정은 더 엄격한 정형을 지니고 있었을 것으로 기대된다. 그러나 불교와 유교같이 세련된 정예전통을 지니지 못한 것은 사실이다. 따라서 무속은 정예전통이 없기 때문에, 무속의 전통적 신념체계를 유지하면서도 자신의 신념 내용을 시대에 적응시키고 또 변화를 추구하면서 건강한 발전을 추구하도록 하는 가능성을 가질 수 없었다. 다시 말해서 무속은 정예전통을 통한 신념체계의 시대적 적응과 변화를 시도하면서 건강한 발전을 추구할수 없었다.

---

25 최종성, 「IV. 유교 기우예제와 무속 국행기우제」, 『조선조 무속국행의례 연구』, 일지사, 2002, 142-276쪽.

무속의 정예전통은 고전문화 시대에 들어오면서는 그 빛을 상실한 것이 사실이다. 그럼에도 무속은 고대로부터 내려오는 우리 민족 문화의 원형을 유지하고 또 이를 후대에 전하는 기능을 담당한 것 역시 사실이다. 이 고대원형(古代原型, archaic form)의 바구니 안에 유교, 불교 그리고 도교와 같은 외래문화가 담겨지게 되었다. 따라서 외래 고전문화가 한국적 바구니 안에 수용되는 사이에 자연히 한국적인 특색을 띠게 되는, 한마디로 한국화의 과정을 거치게 된다. 이런 맥락에서, 한국화 과정은 어떤 형태로든지 우리의 상고대 문화의 원형을 안고 있는 무속과 연결된다.

이처럼 무속은 고려에서뿐만 아니라 오늘에 이르기까지, 정리되지 않은, 그래서 서로 다른 문화적 평가와 사회적 대우를 받는 상태에 이르렀다. 무속은 또한 고대로부터 대표적 기복전통으로서, 기복적 특성을 지닌 종교적 신행을 모두 무속의 품에 받아들였다. 그 결과 오늘날 무속에는 불교의 보살은 물론이고, 관성제군과 임경업 같은 역사적 인물이 무속의 신위 반열에 올라있다. 다시 말해서, 무속은 기복적 동기와 연관되는 것이면 불교, 도교, 그리고 유교를 가릴 것 없이 모두 무속 의례의 품 안에 수용했다. 그와 반대로, 무속 밖의 종교인들이 재난을 물리치고 복을 빌 필요가 있을 때, 신념내용과 행위형태 양면에서 무속의 신주도적 숙명론에 기대는 경우가 일반적으로 나타난다. 이처럼 한국에서 무속과 타종교 사이의 관계를 맺어주는 광범위한 매체가 곧 기복이었다. 현세적 이익을 추구하는데 도움이 되는 것이라면, 종교적 신념이나 전통의 차이와는 상관없이 모두 수용하는 것이 기복적 태도이다. 따라서 기복의 태도는 종교학 개념의 하나인 "주술"의 유유상종(類類相從)의 원리를 반영한다.[26] 복을 받을 수 있는 것이라면, 종교전통이나 신념체계와는 상관없이, 무엇이든지 서로 따르는 것이 기복행위이다.

이러한 유유상종의 원리는 무속으로 하여금 오히려 자신의 원형을 그토록 오랜 세월 동안 지키게 해 주었다. 외부로부터 다양한 요소를 제한 없이 받아들이면서도, 무속은 영육이원론과 신주도적 숙명론을 내포한 신념체계 원형(原型)의 일관성을 유지하고 있다. 이처럼 무속은 외견상으로는 매우 쉽게 외래 종교를 수용하고 무궤도적이라 할 정도로 관용적이지만, 그 세계관의 핵심에는 엄격한 일관성을 지금까지 전해오고 있다. 그럼에도 불구하고, 이처럼 놀라운 무속 불변(不變)의 일관성(一貫性)을 무속전통 스스로 밝히고 이에 근거한 사회적 통합을 시도하지는 못하였다. 그 결정적 요인은 정예전통의 결여에서 비롯된다.

무속은 입무 과정에 수반되는 의례전통의 엄격한 훈련과 교육전통을 유지하기 때문에 자신의 신념체계의 일관성을 놀라울 정도로 유지할 수 있었다. 그러면서도, 외면적으로 무속은 외래문화요인을 개방적으로 수용했다. 이처럼 고려조에서도 무속은 자신의 내적 일관성과 외적 다양성을 질서 있게 정리하지 못한 채, 일종의 복합적인 양태를 띠고 있다.

삼국시대는 한문을 기록매체로 채택하면서 유교, 불교, 그리고 도교와 같은 동양 고전종교를 수용하고, 또 꽃피웠던 시대였다. 이러한 과정에서 동양 고전종교인 불교, 유교, 그리고 도교가 삼국사회를 고전문화체재로 전환하는 매체역할을 하였고, 이들은 결과적으로 삼국과 통일신라의 체제종교의 자리를 차지하게 되었다. 도교 역시 고구려에서 체제종교에 버금가는 역할을 했었다.

---

26 James G. Frazer, Golden Bough는 그 유형들을 잘 분류하고 있다.

반면에. 삼국초기에서 통일신라까지 사회의 구성원리이며 근본가치의 기능을 했던 고유 종교전통들은 사회의 주변으로 밀려나는 과정을 점차 겪게 되었다. 그럼에도 불구하고, 고유종교전통은 체제종교의 위치에서 밀려나면서도, 그 사회 문화적 기능은 여전히 국가적 차원에서 인정되는 공인종교(公共宗敎, public religion)의 역할을 했고, 또 한걸음 밀리면서 민간전승 차원에서 유지되는 민간종교(民間宗敎, popular religion)의 형태로서의 사회적 기능을 유지하고 있었다.[27]

그런데, 고려조에서는 동일한 고유종교전통을 정부가 어떻게 대우하는 가에 따라 공공종교나 민간종교의 형태로 자리매김 되는 현상이 삼국 말기보다 두드러지게 나타나기 시작했다. 그 예를 무속이 잘 보여준다. 고려조는 공식적으로는 무속을 금하는 입장을 취하면서도, 가뭄이나 돌림병과 같은 국가적 재난을 맞았을 때는 무당이 양재의례(禳災儀禮)를 하게 했다. 이처럼, 무속은 고려조에서 전자의 경우는 민간종교가 되고, 후자는 공공종교가 된다. 외래종교인 고전종교가 삼국 이후 사회와 문화를 고전체제로 재편성함에 따라, 고유 종교전통이 사회적으로 주변화(周邊化, marginalization)되는 결과가 민간종교와 공공종교로 나누어지게 된다. 따라서 고전문화에 의한 사회의 재편성은 불가피하게 고유문화의 주변화 현상에서 야기되는 문제들을 사회에 안겨주었다. 이러한 문제들은 삼국시대에 일어나기 시작했지만, 고려는 그 문제들을 모두 물려받았고, 이에 더하여 고려사회가 나아가야 할 방향이 불분명했기 때문에 한층 더 복합적인 문화 상황에 빠지게

---

27 체제종교는 조선조의 유교와 같이 국가의 정치적 이념을 반영하는 종교를 말하고, 민간종교는 정치와는 관계없이 "민족 및 민간전승"으로 이어지는 종교문화전통을, 그리고 공공종교는 체제종교와 민간종교 사이에 위치하면서 사회의 기본 가치관을 반영하는 종교 전통들을 각각 의미한다.

되었다.

② 자기수련 전통

자기수련 전통은 신체단련을 통하여 정신수련의 목적을 달성하려는 이른바 심신수련(心身鍛鍊)의 체계적이고 단계적인 방법을 지닌 수련전통 전반을 지칭하는 일반 개념이다.[28] 사람이 사람답게 산다는 것은 꿈을 지니고 그것을 추구하면서 살아가는 것을 말한다. 꿈을 지닌 인간이 경험하는 최초의 저항이 자아(自我)이고, 그가 감당해야 할 최후의 전선 역시 자아이다. 자아와의 끝없는 저항과 갈등을 극복하고 정서적 안정과 마음의 평화를 얻을 수 있기를 인간은 희망한다. 이러한 인간의 근원적 염원(primordial yearning)은 역사적 과정을 거치면서 하나의 지혜전통을 이루게 된다. 마음은 자아의 거울이어서, 마음을 다스리는 것이 곧 자아를 다스리는 길이 되고, 자아를 다스리는 힘에 비례하여 정신적 평화를 누릴 수 있게 된다는 사실을 깨닫는 지혜의 전통을 총체적으로 필자는 자기수련 전통이라 부른다.

한국의 고유종교 문화전통에도 자기수련 전통이 없었을 리가 없다. 비록 그 기록과 자료가 우리에게 매우 불충분한 상태인 것이 사실이지만, 한문을 쓰기 이전 고조선 사람들도 이상형 인간을 실현하려는 꿈과 그 실천방법을 지니고 있었다. 따라서 삼국 이전부터 자기수련 전통이 실존했었다는 데는 의심의 여지가 없다. 이는 건강한 추론이며, 이를 위하여 앞으로의 건강한 연구가 요청될 뿐이다.

---

28 윤이흠, "한국적 자기수련전통의 역사적 전개", 『한국종교연구』 권5, 집문당, 2002.

이러한 맥락에서, 우선 고유문화에 내재된 것 가운데 고전문화로의 발전 가능요인을 쉽게 찾을 수 있는 길목이 자기수련 전통이다. 우리의 고유문화전통은 결과적으로 세계고전문화로 발전되지는 못했다. 그러나 한국고유문화의 바구니 안에 외래 고전문화전통을 담아 한국문화사를 형성하였으며, 그 결과 한국문화의 고유한 성격을 지니게 되었다.[29] 따라서 자기수련 전통의 체계적인 이해를 통하여 우리는 한국 고유 문화전통에 담긴 한국인의 정서와 사유형식 등을 파악할 수 있는 길에 들어설 수 있다.

자기수련 전통에는, 지금까지 한국학에서 연구된 선도(仙道), 또는 선교(仙敎)와 풍류도(風流道) 등을 들 수 있다.[30] 그러나 선(仙)과 풍류(風流) 등에 대한 다양한 연구를 종합해 보면 필연적으로 하나의 결론으로 모아진다. 한국고유의 이상인간형(人間理想型)이 삼국시대 이전부터 존재했다는 사실 확인이 그것이다. 한국 고대 사상에 대한 지금까지의 연구는 이러한 "건강한 전제의 공유 단계"에 이르는데 성공했지만, 아직은 사상의 구체적 내용을 밝히는 데는 학문적 엄격성이 크게 결여된 것 또한 사실이다. 따라서 이제부터의 작업은 이처럼 공유된 건강한 전제를 체계적으로 뒷받침할

---

29 그 특성으로 "경험적 현세주의"으로 들 수 있다.(필자 외, 『한국인의 종교관: 한국정신의 맥락과 내용』에서 줄곧 설명하였다.)

30 이에 대한 참고문헌으로는 다음과 같다. 이능화, 『조선도교사』, 이종은 역주, 보성문화사(1996년). 유동식, 『풍류도와 한국의 종교사상』, 연세대출판부(1997년). 김일권, 「한국 고대 '선(仙)'이해의 역사적 변천」, 『종교연구』13집, 한국종교학회(1997년). 김일권, 「김시습과 조선 초기 도교의 천문사상」, 『도교문화연구』15집, 한국도교문화학회.. 김낙필, 「권극중(權克中) 내단(內丹)사상의 일고찰-참동계주해를 중심으로」, 『한국 도교사상의 이해』, 아세아문화사(1990년). 배종호, 「고려의 도교사상」, 『한국철학연구』상, 한국 철학회 편, 동명사(1979년). 양은용, 「청한자(靑寒子) 김시습의 단학수련과 도교사상」, 『도교와 한국문화』, 아세아문화사(1988년). 양은용, 「통일신라시대의 도교사상과 풍류도」, 『도교의 한국적 수용과 전이』, 한국도교사상연구회 편, 아세아문화사(1994년). 정재서, 『불사의 신화와 사상』, 민음사(1994년).

수 있는 건강한 연구가 필요하다.

예컨대, 화랑제도(花郎制度)는 한 큰 법사의 가르침에 따라 갑자기 태어난 것이 아니라, 신라의 고유한 교육이념을 귀족교육 프로그램으로 정착시킨 결과인 것이다. 이러한 맥락에서 화랑제도는 우리 고유종교 문화전통을 반영하는 선도(仙道)와 풍류도(風流道)를 그 교육이념에 품고 있다는 것이 종합적인 결론이다. 또 하나의 결론은 화랑교육은 신체수련 프로그램을 포함하고 있었다는 점이다. 이를 합하면, 신라고유의 이상인간을 교육하는 화랑제도는 몸과 마음을 동시에 닦는 고유한 자기수련 전통의 일환이라는 점이 분명해진다.

이러한 자기수련 전통의 일환으로서의 화랑전통이 고려에도 이어졌다. 예종은 1116년 5월 경진일에 내린 제서(制書)에서 신라 사선의 유적을 잘 받들고, 국선, 곧 화랑의 일을 대관의 자손을 시켜 행할 것을 명하였다. 그리고 의종도 1168년 3월 무자 일에 내린 신령(新領)의 5조에서 선풍을 숭상하도록 강조하였다. 이처럼 고려는 통일신라로부터 한민족 고유의 자기수련 전통을 전수받고 이를 귀하게 여기려는 정책을 시도한 것이 사실이다.

그러나 이러한 고유전통에 대한 정책은 불교와 유교 같은 체제종교에 의하여 주변으로 밀려나, 사실상 민간종교의 자리에 이르게 되었다. 민족 고유 자기수련 전통은 고려후기와 조선조를 거쳐 오늘에 이르기까지 사회의 표면에 나타나지는 않으면서도, 민족정서와 의식 안에 내재된 채 전해져 온다. 다시 말해서, 고유종교 전통은 고려 이후 일종의 잠재적 민간종교전통(潛在的 民間宗敎傳統, latent poular religious tradition)으로 이어져 오고 있다고 말할 수 있다.

③ 민간종교 중요행사

여기서 우리는 팔관회와 성황제(城隍祭)를 중심으로 살펴봄으로써 고려 민간종교의 주요 특성을 찾아보려 한다. 특히 앞에서 살펴본 선도나 풍류도가 고려에 와서는 사실상 사회 및 문화적 표면에 나타나지 않는 잠재적 민간종교 형태로 남아있었다. 그러나 팔관회와 성황제는, 비록 불교와 유교 같은 체제종교의 자리에서 벗어났지만, 중요한 사회 및 문화적 기능을 갖고 있었다. 이런 점에서 엄밀하게 말하자면 이들은 준체제종교(semi-official religion), 또는 이른바 공인종교로서 사회통합에 상당한 기능을 했다고 말할 수 있다.

가. 팔관회

팔관회는 먼저 태조의 「훈요십조」 제6조에 "나의 지극한 관심은 연등과 팔관인데, 연등은 부처를 섬기는 것이요 팔관은 하늘의 신령과 5악, 명산, 대천, 용신을 섬기는 것이니, 함부로 증감하지 말 것"이라 강조한 데서 잘 나타난다. 팔관회와 연등회는 고려의 국가적 2대 의식이면서, 연등회가 상대적으로 불교적 행사인 데 반하여, 팔관회는 민족 고유 신앙 전통에 불교적 요소가 가미된 것이다. 이런 점에서, 이 논문에서는 팔관회만을 살펴보기로 한다. 『삼국사기』에 의하면 팔관회는 신라 진흥왕 12년(551)에 처음으로 행해진 듯하지만, 고려 태조는 팔관은 민족고유전통으로 귀하게 여기고 이를 잘 지킬 것을 강조하였다.

팔관회의 의례형식은 태조 때 행해진 것을 표준으로 삼을 수 있고, 대체로 후기에 오면 쇠퇴하였으나. 고려 말까지 팔관회가 지속되었다. 심지어는 몽고의 침입으로 강화도에 천도하였던 시기에도 의식이 행해졌다.

팔관회는 개경에서는 11월 15일에, 서경에서는 10월 전후에 3일간 열렸는데, 특히 10월에는 고대 부족국가에서 동맹(東盟)과 무천을 행하였으며, 이러한 전통이 신라시대에 팔관회로 합하여졌고,[31] 고려에서 다시 널리 행하게 되었던 것이다. 다음으로, 「훈요십조」에서 밝힌 바와 같이, 팔관회에서 섬기는 대상이 천신, 5악, 명산, 대천, 용신과 같은 불교와는 무관한 고유전통의 신위들이었다. 끝으로, 왕이 제일 먼저 법왕사(919년(태조 2)에 건립)에 행차하면서 팔관회가 시작된다. 이 셋을 종합하면 다음과 같은 결론에 이르게 된다. 팔관회는 고유 신앙전통 위에 불교를 수용하여 군신과 국가사회의 통합을 유도하기 위한 국가행사였다.

고려 팔관회에서 가장 중요한 점은 민족고유 문화전통을 지키고 전승하는 기능이었다. 이점에서 민간 종교전통의 성격을 강하게 지니고 있다. 그러나 팔관회는 팔관보(八關寶)와 같은 국가전담기구가 설치되었고, 관원이 임명되었다.[32] 이처럼 국가적 지원으로 치러지는 행사였다. 그러나 팔관회는 결코 교단 종교가 아니었기 때문에 체제종교의 위치에는 이를 수 없었다. 이처럼 복합적 성격을 지닌 팔관회가 지닌 고려사회에서의 위치는 아마도 비종단 공공종교(非宗團公共宗敎, non-organized public religion)전통에 속한다고 할 수 있다.

나. 성황제
성황제는 전통적인 지역수호신앙(地域守護信仰)의 한 현상이다. 그런데

---

31 신라 진흥왕 12년(551), 진흥왕33년(572), 신라구층탑 세운 후(645)에 개최했다.
32 사(使: 4품이상) 1인, 부사(副使: 5품이상) 2인, 판관(判官) 4인, 기사(記事, 이속(吏俗)) 2인, 기관(記官) 1인, 산사(算士)1인

성황(城隍)과 성황제의 용어와 그 의례의 기본요건이 중국에서 기원했으며, 후에 한국에 들어오는 역사적 과정과 그 변화의 내용이 서영대 교수의 탁월한 논문에서 잘 소개되었다.[33] 이를 요약하자면, 성황제는 6세기경 남북조(南北朝) 시대, 양자강 유역의 신흥 도시지구에서 상업인들이 자신들의 활동영역인 도시의 수호를 위하여 지역 제사를 지내기 시작한 데서 출발하였다. 그러나 당대를 거쳐 송대에 오면, 황제가 직접 성황묘(城隍廟)에 가서 친사(親祀)하고, 지방장관들이 참배하고 성리학자들이 성황제에 대한 친화적 태도를 보이기 시작하였으며, 명대에는 수도를 비롯하여 전국의 행정단위에 성황묘가 설치되는 등 성황제가 국가가 지원하는 공공종교행사의 위치에 이르게 되었다. 이처럼 6세기에 시작된 성황제는 14세기 명대에 이르면 비종단 공공종교 행사의 반열에 오른다.

1369년(홍무 3)에 성황묘 제도를 고치면서, "성황신은 상제(上帝)로부터 임명되는 존재"이므로 그에 대한 명칭이나 관직명, 특히 가족신(家族神)의 존재를 거부했다. 세계종교사는 우리에게 중요한 사실을 보여준다. 예컨대, 전에는 부신(婦神)을 거느리던 특정한 신이 고전시대에 이르면 부신 없이 독존(獨存)하는데, 그 후에는 다시 부신을 갖는 현상이 많이 나타난다.[34]

---

33 서영대, 〈한국 · 중국의 성황신앙사(城隍信仰史)와 순창의 「성황대신사적(城隍大神事跡)」〉, 한국종교사연구회 편, 『성황당과 성황제: 순창의 성황대신사적기연구(城隍大神事跡記研究)』, 민속원, 1998, 375-504쪽.

34 ①고대문화는 신화적 사유(부신이 등장)와 기복을 중심으로 하고 ②고전문화 시대에 이르면 신화적 사유를 거부하고, 형이상학적 차원에서 고매한 인간 이상을 제시하고, 이를 추구하는 인간의 자유의지를 강조한다. ③그러나 오래지 않아 다시 신화적 사유와 기복사상이 고개를 드는 고전문화 타락시대(서양에서는 중세)가 오게 된다.
이러한 예로, 인도유럽어족의 미트라(Mitra 또는 Maitreya), 곧 미륵이 그 대표적 예이다. 고대 페르시아의 조로아스타교 이전에 Mitra는 부신을 가졌다가, 조로아스타 시대에는 부신이 없어지고, 후대에 오면 부신을 동반한다. 불교에서 미륵, 그리고 보살은 남성,

이는 고전 사상이 신화적 사유를 거부하고 형이상학적 이념으로 세상을 재해석한다는 한 표징이기도 하다. 이런 점을 감안할 때, 명대의 성황신앙은 천지인 삼재에 근거한 중국의 전통적 세계관으로 재이념화하는 과정을 거치고 있었다는 역사적 사실을 보여주는 것이다.

이처럼 중국의 이념적 근거 위에서 체계화된 성황제가 고려에 수용되었다. 성황에 대한 기록이 성종 때 처음 보이는 것으로 미루어, 그 수용 시기는 아마도 10세기 중반 경이었을 것으로 추정된다. 다음으로, 그 수용의 주체는 중국과 달리 지방호족, 곧 지방 세력이었으며, 중국에서와 같이 수도와 지방의 성황에 관직을 주기도 하고, 국가의 사전에 등재한 국가제사로 삼기도 했다. 말하자면, 고려에서도 비종단 공공종교로 나타나는 과정을 거치고 있었다고 할 수 있다.

고려의 성황이 중국과 다른 점 또한 서영대 교수가 명쾌하게 지적하고 있다. 그 가운데 ①성황당의 위치, ②제사 주재자, ③무속과의 관계를 살펴볼 필요가 있다. 먼저 중국은 성황묘가 도시 성곽 내에 있는데 반하여, 고려 성황당은 주로 산이나 도시 외곽에 위치한다. 다음으로, 제사 주재자는 중국의 경우 도시상업인들인데 반하여, 고려에서는 지방호족세력이었다. 고려가 중앙집권화하는 과정에서 지방 세력은 성황제를 통하여 지방권의 신성화를 기하고, 이로써 지방 세력의 위기감을 극복할 수 있기를 기대하였다. 끝으로 고려의 성황은 무당의 관여가 처음부터 깊었다. 이 세 요인은 우리에게 전혀 새로운 안목을 허용해준다.

첫째, 성황당의 위치가 중국과는 달리 산에 있다는 점은 한국인이 상고

여성을 초월한 중성이다.

대부터 산신신앙(山神信仰)[35]을 지니고 살았던 역사적 경험과 무관하지 않다. 둘째, 주재자의 경우에 있어서, 중국의 도시상인과 한국의 지방호족 모두 자신들의 사회적 불안과 위기를 극복하기 위하여 "삶의 공간"의 신성화를 추구했다는 점에서 다르지 않다. 셋째, 특히 고려의 성황제에 무당의 참여가 처음부터 많았다는 점은 무당이 "공간적 신성화"를 위한 기복적 제장(祭場)에도 처음부터 중요한 역할을 했다는 것을 의미한다. 무속은, 앞에서 언급했듯이, 상고대부터 지금까지 우리 민족의 기복신앙에 있어서 흔들리지 않는 역할을 맡아왔기 때문이다.

여기서 우리는 중국과 한국이 성황제라는 동일한 현상을 놓고 "같은 점"과 "다른 점"을 동시에 지니고 있다는 사실을 알 수 있게 된다. 첫째, 지역수호신앙, 또는 "삶의 공간"의 신성화를 위한 의례라는 점, 곧 의례 동기에 있어서 동일했다. 둘째, 중국과 한국 모두 처음에는 소박하게 시작한 성황제가 시간이 가면서 국가가 개입하는 공인종교 의례로 진행되는 역사적 과정도 같다. 동기와 역사적 전개의 과정이 같으면, 이들은 본질적으로 동일한 현상이라 말해도 무관하다. 그러나 중국은 성황제를 그들의 역사 안에서 체계화하였고, 고려는 그렇게 체계화된 종교문화를 2차적으로 수용했다는 점에서 다르다. 결과적으로, 한국의 성황제는 한국종교의 요인을 많이 안고 있어서 의례의 내용과 대상에 있어서 중국의 그것과 달라졌다. 종합하면, 둘 다 본질적으로는 동일하지만, 의례의 형식과 체제에서는 이질적이다.

여기서 우리는 한 가지 점을 더 살펴볼 필요가 있다. 지역 수호신앙과

---

35 서영대, 「동예사회(東濊社會)의 호신숭배(虎神崇拜)에 대하여」, 『역사민속학』2, 이론과 실천(1992년).

"삶의 공간"의 신성화는 인간 역사에서 보편적으로 나타나는 현상이다. 한 마디로, 이는 인간의 근원적 염원의 하나이다. 이러한 근원적 염원이 기반이 되어, 중국에서는 도시상업인들이 성황제를 시작해서 당, 송, 명을 통하여 중국적 공공종교 의례의 전통으로 정착될 수 있었고, 고려에서는 한국의 근원적 염원의 그릇에 중국적으로 체계화된 성황제를 수용하여, 무당이 크게 개입하는 등의 한국적 형태의 지역수호신앙 체제로 귀착시킬 수 있었다. 이처럼 한국에서 수용된 성황제는 민간전승의 차원에서는 "서낭당"이나 "서낭신앙"이라 불리는 완전한 민간전승(民間傳承)의 지역 수호 신앙으로 이어졌다.

이처럼 성황제는 중국에서 그 외형적 체제가 역사적으로 형성되었지만, 한국에 오면서 그 외형적 형식이 더 한국적으로 변하였다. 그러나 근원적 염원을 담고 있는 성황제의 본질적 특성은 변하지 않았다. 따라서 어떤 시각으로 보느냐에 따라 한국과 중국의 성황 신앙이 같을 수도 다를 수도 있어 보인다. 같은 맥락에서 한국의 성황당과 "서낭당"이 같거나 다르게 해석될 수 있을 것이다.

중국에서도 성황제가 "삶의 공간"의 신성화라는 근원적 염원의 문화적 표현으로 시작되어 그 형태가 중국적 세계관으로 재해석되면서 공인종교 형태로 귀착되었다는 사실을 기억할 필요가 있다. 그렇다면, 체계화된 문화형식이라는 차원에서 "한국의 서낭"은 성황과 다르다. 반대로 한국의 상고대 사회에도 근원적 염원을 추구하는 전통이 있었기에 그 염원의 바구니에 중국화된 성황신앙을 수용할 수 있었고, 또 그 결과가 한국화될 수 있었다. 그렇다면, 한국의 "서낭"은 중국에서 온 성황이 없었다면 존재하지 않았을까? 분명한 사실은 몽고와 만주, 그리고 한반도에도 근원적 염원이 표현된 지역 수호신앙, 또는 지역 성역화의 현상이 보인다.[36] 따라서 우리 민족도 중국문화 수용 이전부터 지역 성역화 문화를 지녔다. 다만, 한문사용의 과정에서 우리 민족은 모든 것을 한문문맥에 맞추고 중국문화화하는 경향을 갖게 되었다. 그 결과 고유전통이 한문문화 프로그램으로 덮어씌워졌다. 이런 맥락에서, 중국의 영향을 받지 않았다면 아마도 성황과 유사한 "서낭"으로 불리지 않았을 것이다. 그리고 같은 맥락에서 중국 중원의 상업도시문화 지역이 아닌 산악지대에서 지역 수호신앙이 출발했다면, 중국에서도 성황이라 부르지 않을 수도 있다. 이처럼, 성황과 서낭은 본질적으로는 동일하고 외형적 형식에는 차별성을 지니게 된다.

고려의 성황제는, 지금까지 살펴본 바와 같이, 중국적으로 윤색된 요인과 우리 민족 고유의 요소 등이 혼재하는 복합현상을 이루고 있다. 이러한 복합 상황은 중앙집권적 정부와 지방세력 호족들 사이의 갈등과 마찰의 여지를 낳게 했다. 더 나아가서 성황은 서낭과의 관계에서도 혼돈을 갖게 하였다. 이러한 모든 갈등과 혼돈은 일차적으로 성황신앙에는 정예전통이 따로 없었다는 데서 비롯된다. 중앙정부와 지방호족들은 각각 다른 입장에서 성황제를 해석했다. 더구나 그 과정에서 무속까지 깊이 관여하게 하였다. 이처럼 일관된 세계관의 기준에서 전문적인 해석을 담당하는 일정한 전문가, 곧 정예집단이 존재하지 않았기 때문에 복합성이 가중되었다.

지금까지 팔관회와 성황제를 살펴보았다. 팔관회는 한국 고유문화가 중국으로부터 온 고전문화에 밀려 주변화되는 과정에서, 고유전통의 부활

---

36 성황이 고려시대의 산물이라면 그 이전부터 만주와 한반도 일대에 지역 수호신앙은 존재했었던 것으로 보인다. 서낭당 신앙이나 신목, 장승, 솟대를 세우는 성수신앙, 그리고 산신, 국사당 신앙과 같은 산악숭배신앙까지를 모두 포함해서 이 일대에 편만했던 지역 수호신앙이라 할 수 있을 것이다.

을 희구하는 행사이며, 그러한 행사를 지원하는 종교정책을 보여주는 현상이었다. 반면에 성황제는 중국으로부터 온 외래문화가 기존의 고유문화에 덮어씌워지면서 문화적 복합현상으로 자리매김되는 종교현상이었다. 이처럼 상반되는 성격을 지닌 두 종교의례는 정예집단을 갖고 있지 않다는 점에서 같다. 따라서 이들은 비종단 공공종교의 성격을 지닌 셈이다.

(2) 국가종교의례

고려의 국가적 차원의 종교의례는 크게 "종단종교"와 "비종단종교"의례가 있다. 불교 및 유교와 같은 종단은 고려의 사회체제를 구축하는 체제종교로서 국가의례를 담당한다. 그러나 여기서는 비종단 국가종교의례를 살펴보는 과정이다.

비종단의 국가종교의례는 크게, 도교의 초제와 민간종교 의례를 들 수 있다. 도교 초제의 경우는 앞에서 언급하였다. 그리고 민간종교의 의례 역시 팔관회와 성황제가 대표적인 것으로, 이들 역시 이미 앞에서 살펴보았다. 다만, 이 종교의례들은 모두 비종단 공공종교 의례라는 점에서 같다. 그리고 정예전통이 없기 때문에, 새로운 시대 상황에 대응하는 자체문화의 재활력이 없어서, 정부나 지방 세력의 비호 하에서 유지 전승된다. 따라서 이들은 정치사회적 압력에 매우 민감한 운명을 띠게 된다.

3. 고려 종교문화 복합성의 실상

세계종교사의 맥락에서 보면, 하나의 국가사회에는 언제나 하나 이상의 종교전통들이 존재하는 것이 역사적 사실이었다. 말하자면 다종교상황은 보편적 현상이다. 여러 종교들이 공존하는 사회에서 종교들 사이의 관계 형식은 다양하게 나타나게 되고, 또한 그 관계 형식에 따라 해당 사회의 종교문화 내용이 달라진다. 다시 말해서, 다양한 종교전통들 사이의 관계가 그 사회의 종교문화 형태를 결정한다. 그 뿐만 아니라, 종교전통 간의 관계유형이 사회문화를 통합하는 형태를 결정하게 해준다. 이러한 맥락에서, 종교전통들 사이의 질서가 종교적 사회통합의 유형을 결정한다고 말할 수 있다. 이러한 까닭에, 고려 종교문화의 특성을 이해하기에 앞서, 우리는 먼저 종교적 사회통합의 유형을 살펴볼 필요가 있다.

종교적 사회통합은 다음과 같은 3유형으로 나누어진다.

(1) 단일종교사회(單一宗敎社會, single religion society)

(2) 단일종교주도사회(單一宗敎主導社會, Single-religion-leading Society)

(3) 다종교사회(multi-religious society)

① 다종교혼합사회(Multi-religious complex society)

② 다종교개방사회(Multi-religious open society)

먼저 (1)단일종교사회는 엄밀한 의미에서 존재하지 않는다. 특히 국가사회와 같이 사회의 단위가 크고 복합적일 때는 더욱 그러하다. 다만, 종교개혁운동의 일환으로 칼빈이 주도했던 취리히의 개신교 공동체와 같이, "공간적으로 제한되고 시간적으로 한정된" 조건 안에서 비교적 작은 규모의 사회성원을 지닌 예외적 경우가 있을 수는 있다. 이러한 의미에서 단일종교사회는 이론적 개념에나 있는 현상에 불과하다. 따라서 실제로 역사현장에는, 단일종교사회가 아니라, (2)단일종교주도사회로 나타나게 마련이다. 서양의 중세 사회나 현재의 이슬람 사회가 그 대표적 예가 될 것이다. 그리고 한국의 경우는 통일신라사회와 조선조사회가 대표적인 "단일종교 주도사회"라 할 수 있다. 통일신라가 고유 전통문화의 바탕 위에 대승불교로 사회·문화를 통합했던 역사적 과정을 반영한다면, 조선조는 성리학이라는 고전사상에 입각하여 사회설계를 하고 그에 따라 전형적 고전사회를 창건했던 경우다. 이처럼, 통일신라와 조선조는 각각 다양한 종교전통을 지녔지만, 양 시대 모두 자기 나름대로 문화의 주도적 성격을 지니고 있었다. 한 시대의 문화는 그 시대를 주도하는 성격에 의하여 특색 지워지고 차별화되게 마련이다. 끝으로 (3)다종교사회는 결국 주도적 종교에 의하여 그 사회의 문화통합이 이루어지지 않는 상황을 말한다.

고려는 전형적인 다종교사회였다. 삼국 이래 수용하였던 많은 종교전통을 지니고 있으면서도, 삼국과 같이 고전문화로의 전환과정에 들어서는 문화사적 단계도 아니고, 조선조와 같이 강력한 단일종교 주도 상황도 아닌, 이른바 그 중간 단계로서 이 양자의 어느 쪽의 특성도 지니지 않는 종교문화 상황에 처해 있었다. 이러한 상황에서 고려조의 문화통합은 매우 복합 상황을 이루지 않을 수 없었다.

다종교사회는 ①다종교 복합사회와 ②다종교 개방사회로 갈라진다. 그 갈림의 기준은 종교다원주의 원리가 사회에 적용되는가의 여부에 달렸다. 예컨대, 역사적 과정을 거치는 동안 여러 종교가 자연히 공존하게 된 이른바 "단순한 역사적 결과로서"의 다종교상황을 "다종교 복합사회"라 한다면, 이와는 달리, 다원주의 원칙에 의하여 다종교상황이 유지되고 관리되는 다종교상황을 "다종교 개방사회"라 할 수 있다. 그런데 종교다원주의 원리는 정경분리 원칙을 지키는 현대사회에 와서 사회운영의 원리로 수용되게 되었다. 정경분리 원칙과 같이 다원주의 원리는 일종의 현대사회의 개방질서 개념이다. 이를 종합한다면, 다원적이고 개방적인 현대가치를 수용한 다종교상황은 모든 종교가 사회를 형성하는 중요한 구성요인들로서의 동등한 가치를 지니고 있다는 민주주의 원칙에 의하여 유지되고 보호될 수 있는 질서이다.

고려 태조는 그의 「훈요십조」를 통하여 분명한 "다종교정책"을 수립하였다. 그러나 그의 정책은, 그가 시도하던 중앙집권 국가를 창건하는 역사적 과업에 당시에 현존하는 모든 종교교단과 종교전통 세력들이 다함께 손을 잡고 참여하게 함으로써 그의 역사적 과업을 성공적으로 이룩하려는 현실적인, 보다 정확히는 "세속적 목표를 위한" 기복적 의도가 있었다. 절대왕조로서의 고려는 왕권의 신성화가 절대적 과제였기 때문에, 모든 종교가 왕권의 신성화에 기여할 수 있어야 하는 것이 당연한 것이었다. 그러므로 고려에서는 불교, 유교와 같은 체제종교, 과의도교와 팔관회 그리고 성황제 등과 같은 공공종교 그리고 무속과 같은 비교단 민간종교 등이 모두 왕권의 신성화에 참여하도록 동원되었다. 그 결과 다양한 종교적 신념체계가 동시에 공존하는 다종교상황을 이루게 되었다. 이처럼 고려의 종교정책은 정교분리를 동반하는 다원주의 원리에 근거한 현대의 다종교정책과는 처음부터 거리가 멀었다. 주지하는 바와 같이, 절대 신념 체계로서의 종교가 다수 공존하는 다종교상황은 다양한 절대 신념 체계들 사이에 갈등과 대립을 야기시키고, 사회적으로는 문화적 혼돈을 피할 길이 없게 한다. 다만, 절대왕조의 권위가 종교를 왕권신성화의 보필로 인정하고 그러한 공인의 범위 안에서 공존하는 것을 허용하는 경우, 종교 사이의 갈등과 마찰을 줄일 수 있다. 그러나 왕권이 절대 신념 체계 사이의 갈등과 마찰을 외형적으로는 줄일 수 있지만, 근본적으로 해결하거나 극복할 수는 없다. 따라서 절대왕조에서 정치적 의도로 다종교상황을 수용하는 경우, 국가 차원에서 문화적 통합을 이룩할 수는 없게 된다. 고려가 그러한 경우였다. 결과적으로 고려는 다양한 종교와 가치관이 공존하는 다종교복합 상황을 처음부터 끝까지 지속하고 있었다.

이러한 고려의 다종교의 복합 상황을 [표 8]로 정리해볼 수 있다. 먼저, 이 표는 ①사회체제와의 관계(체제종교, 공공의례종교, 민간종교), ②교단유무(외형조직, 교단의 현존여부, 종교적 성격, 정체성 3요인), ③정예전통, 이러한 3차원의 기준에서 이 글의 앞에서 다룬 자료를 분류하였다.

[표 8] 종교의 사회역사적 성격분류표

사회체제	외형조직	현존여부	종교적 성격	정체성 3요인			정예 전통			종교전통
				사상	실천	공동체	문헌	지성	집단	
체제종교	교단	현존	교단 체제종교	○	○	○	○	○	○	불교, 유교, 교단도교(일부)
공공의례종교	교단	현존	교단의례 공공종교	○	○	—	○	—	—	과의도교, 신종교(극소)
	비교단	현존	비교단의례 공공종교	○	○	—	○	—	—	도참 풍수(도교), 무속(일부), 팔관회, 성황제
민간종교 Popular religion	교단	현존	교단 민간종교☆	○	○	△	△	—	—	신종교(극소)
	비교단	현존	비교단 민간종교	○	○	△—	—	—	—	무속(대표적)
	비교단	잠재	비교단 잠재 민간종교	○	○	—	△	△	—	자기수련 전통 민족정서(ethos)

☞분류기준: ①사회체제와의 관계 ②교단유무 ③정예전통

⊡체제종교(Official religion): 종교적 정체성을 굳건히 지키면서 ①정치체제(regime)와 ②사회에 동시에 영향을 주는 종교

◎공공의례종교(Public ritual religion): 정체성이 불안정(共同體 未備)한 상태에서 국가나 공공단체가 주관하는 의례를 수행해주고 관의 지원을 받아 존재하는 종교, 또는 종교전통

⊡민간종교(Popular religion): 종교정체성을 지키면서, 국가의 종교정책이나 공공단체의 영향으로부터 독립해서 존재하는 종교

　⇨민간종교는 기본적으로 비체제종교(unofficial religion)이다.

☆전근대사회와는 달리, 정교분리 원칙을 지키는 현대사회에서는 모든 종교가 기본적으로 비체제종교인 교단민간종교에 속한다.

4. 고려종교, 그 복합적 혼돈과 일관성

우리는 [표 8]을 통하여 고려의 종교상황이 그 외형적 형식에 있어서 대단히 다양하고, 그 내용이 지극히 복합적이라는 사실을 알 수 있게 되었다. 사회체제와의 관계에서 고려종교는 체제종교와 민간종교로 크게 나누어지며, 그 사이에 공공의례 종교가 위치한다. 이러한 세 유형의 범주 안에 참으로 많은 종교들이 각각의 사회 및 역사적 특성을 드러내고 있다. 한마디로 고려는 다종교상황의 대표적인 모델인 것이다.

먼저 체제종교는 기본으로 교단 종교들이며, 이들은 또한 불교 및 유교와 같은 전형적 고전종교들이다. 다만 고전종교의 특성을 지닌 일부 교단 도교가 예외적으로 이에 속할 수 있다. 체제종교는 일차적으로 사회 안에서 사회통합을 유도함으로써, 사회 체제화에 참여한다. 따라서 체제종교는 사회적 통합을 통하여 이상사회를 향한 제도적 개혁을 추구하는 기능을 한다. 이러한 고전종교의 사회적 기능은 유교를 통해 대표적으로 나타나며, 불교에서 또한 잘 드러난다. 사상적 측면에서 고전종교는 교리, 실천체계, 그리고 교단조직과 제도에 있어서 체계적으로 잘 정비되어, 이성적 명확성이 한결 높다. 이들은 또한 해외로부터 들어온 외래종교이다. 이상을 종합하면, 체제종교는 외래 교단 종교로서 이상사회의 추구를 통하여 사회를 통합하고 개혁하는 길을 제시한다. 다시 말해서 체제종교는 사회제도적 정체성을 정비하는 기능을 한다.

반면에, 민간종교는 기본적으로 비교단 종교여서, 종교적 신념체계와 실천체계가 대중의 의식과 생활 안에 잠재된 종교이다. 잘 정비된 교단이 없기 때문에 세련된 교리나 실천체계의 합리적 해석보다는, 대중의 경험적 감정을 통합하고 안정시키는 기능을 주로 한다. 또한 민간종교는 민족 고유 종교전통들로서, 한문 수용으로 인하여 외래 고전종교들이 체제화하는 과정에 상대적으로 사회중심에서 밀려나 주변부의 위치에 서게 되었다. 따라서 민간종교는 일차적으로 민족 고유종교 문화전통의 보존과 전승을 추구하는 기능을 지닌다. 이를 종합하면 민간종교는 민족문화전통을 보존하고 전수하는 과정을 통하여 민족문화 정체성을 확보하는 기능을 해왔다. 한마디로 민간종교의 핵심은 우리 민족 고유 종교전통에 있다. 그 대표적 예가 앞에서 언급한 우리 민족 고유의 자기수련 전통에서 나타난다.

끝으로 공공 의례종교는 체제종교와 민간종교 가운데에 위치한다. 공공종교는 예컨대 무속과 같은 비교단 종교이면서도 신앙공동체는 있는 법인데, 공공 의례종교는 신앙공동체가 없거나 불분명하기 때문에, 언제나 불안정한 상태에 있다. 이처럼 불안정한 상태에서 국가나 공공단체가 주관하는 의례를 수행해주고 관의 지원을 받아 존재하는 종교, 또는 그러한 전통이 공공의례종교이다. 결과적으로 공공의례종교는 정부나 지방행정단체들이 공공의 목적을 위하여 종교가 차용되는, 다시 말해서 사회통합을 위한 정치적 목적을 수행하는 일종의 행사형 종교이다.

위의 논의에서 우리는 외래 고전종교 전통이 체제종교가 되는 과정에서, 그리고 민족 고유종교들이 민간종교로 변질되는 과정에서 그 부산물로 공공의례종교가 나타난다는 사실을 보게 된다. 따라서 고려 종교사에서 가장 핵심적 문제는 체제종교와 민간종교의 갈등과 대립관계에 있다.

이러한 갈등과 대립이 태조 왕건의 「훈요십조」에서 시작하여 고려가 끝난 시점까지 지속되었다. 중앙집권적 국가질서의 유지에 참여시키려는 목적으로 모든 종교가 자신의 전통을 지킬 수 있게 하였다. 이러한 정치적 목적에 입각한 다종교정책은 체제종교를 둘이나 세우고, 무속의 경우에는 민간종교와 공공 의례종교 사이를 왕복하게 하는 결과를 가져왔다. 한마디로 고려의 종교정책은 무질서했다. 원칙 없는 다종교정책은 언제나 복합적 혼돈으로 이르게 마련이다.

이처럼 무질서하고 혼돈스러운 고려 종교정책에서도 하나의 일관성을 보여주는 점이 있다. 그것은 관용적 포용성이다. 관용적 포용성은 팔관회와 성황제와 같은 공공 의례종교 행사는 물론이고 민간종교 전통들에서도 나타나고, 불교와 유교에서도 교화의 과정에 잘 나타난다. 이처럼, 고려의 종교 정책적 차원과 모든 종교전통의 신행(信行)의 차원에서 관용적 포용성이 일관되게 드러난다.

또 다른 면에서, 그토록 다양한 종교들이 공존하면서도, 각 종교가 자신의 정체성을 굳건히 지키려는 태도를 보여준다. 예컨대, 불교와 유교를 포함한 체제종교는 물론이고, 무속을 포함한 다양한 민간종교들은 혼돈스러운 종교정책에도 불구하고 자신의 종교정체성을 흔들리지 않고 지켜냈다. 다만, 공공 의례종교들은 출발부터 관변 의존도가 컸던 종교였기 때문에 불안정한 태도를 보여주었다. 고려의 종교들은, 거시적 안목으로 전체를 볼 때, 대체로 순수 전통주의를 지키려는 태도를 지니고 있었다.

위에서 살펴본 바를 종합하면, 그렇게 무질서하고 혼돈스러운 고려의 다종교상황에서도 각 종교들이 관용적 포용주의와 순수 전통주의를 동시에 지니고 있다는 사실을 보여준다.[37] 한국종교사 가운데 가장 복합적인

---

37 윤이흠 외, 『한국인의 종교관-한국 정신의 맥락과 내용』 서울대학교 출판부(2001년)

고려의 다종교상황에서 드러나는 이 두 요인의 공존현상은 아마도 한국인의 종교적 심성의 구조적 특성을 보여주는 것이라 말할 수 있다.

제6장

조선 전기의 종교

1. 조선 종교의 개관

　조선은 나라의 밖과 안, 양면에서 각각 중요한 문화사적 특성을 지니고 있다. 첫째, 나라 밖의 차원에서 조선은 세계종교사에서 그 유례를 찾아볼 수 없는 전형적 고전왕국의 특성을 지니고 출발하였다. 둘째, 나라 안에서는 조선에 서교(西敎)가 들어오면서 한국종교사에 "제2차 문화충격기"가 시작되었고, 이와 동시에 한국 사회는 세계에서 그 유례를 찾아볼 수 없는 다종교상황에 이르게 되었다. 이 두 가지의 역사적 사실은 세계종교사에서 오늘의 한국종교상황에 고유한 의미와 역할을 지니게 하여준다.

　첫째, 조선은 고려와는 달리 처음부터 유교, 특히 성리학을 건국이념으로 받아들이고 불교를 멀리하는 정책을 채택했다. 성리학은 그 이전의 훈고학의 틀을 벗고 송대에 새로운 형이상학체계로 태어난 주자학, 또는 신유학(新儒學)이다. 유교를 일으킨 공자와 맹자 이후, 주자의 신유학은 중국 사상사를 통하여 나타난 가장 대표적인 고전적 사상체계이다. 따라서 조선은 동양의 대표적 고전사상을 건국이념으로 삼고 출발한 것이다.

조선조의 출발은 이성계가 위화도 회군을 하고 고려 말의 신유학자들과 손을 잡고 정치개혁을 하는데서 비롯되었다. 이러한 신유학자들 가운데 삼봉 정도전이 조선조 건국에 결정적 역할을 했다. 예컨대 그는 위화도 회군 후 이성계의 오른팔이 되어 고려의 마지막 왕으로 공양왕을 세웠다가, 1년 후 다시 이성계를 추대하여 조선왕조를 개국하는 일등공신이 되었다. 이러한 정도전은 조선의 제도와 정책의 대부분을 관장하면서 유교이념에 근거하여 조선사회의 구조를 설계하고 제도화시켰다. 이러한 맥락에서 그는 『조선경국전』, 『경제문감』, 『경제문감별집』 등을 저술하였다. 한마디로 정도전과 같은 신유학자와 그의 동료들이 세련된 성리학의 형이상학적 원리에 입각하여 조선왕조의 국가제도, 사회 및 문화 등 모든 면에서 치밀한 계획을 세우고, 그 계획에 따라 조선을 개국하였던 것이다. 이처럼 정도전이 이끌었던 성리학자들은 새로운 성리학 사상을 새 시대의 이념으로 제시하면서, 이에 근거하여 그때까지 타락한 상태에 빠져있던 고려 불교를 공격하였다. 이러한 맥락에서 조선은 단순히 왕권을 바꾸거나 정치세력을 교차하려는 차원을 뛰어 넘어서, 새로운 이념과 세계관을 역사에 실현하려는 의도에서 혁명을 일으킨 결과라고 말할 수 있다. 따라서 정도전을 비롯한 성리학자들은 성리학 이념의 틀 안에서 새로운 조선왕조를 건설할 설계를 먼저하고, 역성혁명을 실천으로 옮겼다고 말할 수 있다. 이렇게 출발한 나라는 중국은 물론이고 세계에서도 찾기 어렵다. 한마디로, 조선은 그만큼 고전사상에 근거한 왕조이고, 따라서 전형적인 고전왕조이다. 이러한 고전왕국의 건설은 조선 이외에는 다시 찾아보기 어렵다고 아니할 수 없다.

다음으로, 제2차 문화충격기를 통하여 서교가 한국에 들어와서 사회적으로 정착된 오늘, 한국 사회에는 그 전부터 존재하던 중국의 고전문화를 대표하는 유교와 인도의 고전문화를 대표하는 불교, 중동과 유럽의 유일신관 종교를 대표하는 기독교가 공존하는 사회에 이르렀다. 근대화 과정을 거치면서 한국 사회는 오늘날 희랍과 로마의 인본주의 사상을 특히 현대교육제도에 깊이 수용하고 있다. 이처럼 한국 사회는 중국전통의 유교, 인도전통의 불교 그리고 중동과 유럽의 종교전통인 유일신관을 대표하는 기독교에 더하여 희랍·로마 전통의 인본주의, 이렇게 세계 4대 고전문화전통을 모두 수용하면서, 그 어떤 것도 오늘의 한국 문화와 사회를 주도한다고 말할 수 없는 상황에 이르렀다. 그만큼 오늘의 한국 사회는 세계사에서 그 유례를 찾아볼 수 없는 상황에 이르렀다. 이처럼 세계종교사에서 그 유례를 찾을 수 없는 다종교상황이 바로 조선조를 통하여 열리게 되었다. 오늘 한국의 다종교상황은 현재 지구촌이 지닌 다종교상황의 축소판이다. 따라서 한국의 다종교상황에 대한 역사적 이해는 곧 현재 우리의 종교 상황에 대한 이해뿐만 아니라 "오늘과 내일"의 세계종교 사회에 대한 비전을 찾는 길이 되기도 한다.

조선의 종교사는, 바로 위에서 살펴본 바와 같이, 전형적 고전왕국을 건설한 점과 그 유례를 찾을 수 없는 다종교상황을 이루기 시작했다는 두 가지 점이 그 핵심적 특성을 이루고 있다. 이 양대 특성은 한국문화를 이해하는데 중요한 기반이 된다. 우리는 이러한 맥락에서 조선의 종교사를 살펴볼 필요가 있다.

특히 서교, 곧 가톨릭은 서세동점(西勢東漸)이라는 근세사의 흐름의 일환으로 우리나라에 들어왔다. 따라서 가톨릭의 한국 전교는 그 자체가 한국

근대사의 흐름을 대표하는 현상이었다. 가톨릭의 전교는 한마디로 한문을 수용한 이후 2천년 동안 형성되었던 동양 종교문화의 질서를 뒤흔드는 충격적인 사건이었다. 이러한 관계로 가톨릭의 전교는 그 이전과 이후의 한국의 종교 상황을 본질적으로 다른 차원으로 갈라놓게 되었다. 예컨대 조선은 초기부터 유교를 숭상하고 불교를 멀리하였지만, 유교와 불교가 모두 한문을 쓰고 있는 한, 한문이라는 문화매체를 공유하면서 지나온 1천 5백년을 넘는 역사를 통하여 공유되어온 문화체험 내용을 유교가 독점할 수는 없는 일이었다. 따라서 유교가 조선사회에서 불교를 완전히 배제하는 것은 불가능한 일이었다. 그러나 가톨릭은 사정이 전혀 달랐다. 가톨릭의 유일신관은 동양의 세계관과 구조적으로 다르고, 나아가 한문이라는 문화매체와도 관계가 없었다. 따라서 조선의 주도세력은 가톨릭이 서세동점이라는 시대적 흐름을 타고 외압에 힘입어 들어온 것이라는 인식을 갖게 되었다. 이러한 관계로 동양종교와 새로 들어온 가톨릭의 이념적, 그리고 실천적 차원에서의 마찰은 불가피한 일이었다. 따라서 가톨릭이라는 서교의 유입은 이제 종교 간의 마찰을 본격적으로 일으키는 새로운 다종교상황을 초래하게 되었다.

이러한 관계로, 조선 종교사는 전형적인 고전왕조의 건설에서 시작하여 그 종말까지의 전체 시간이 다음과 같은 두 시기로 나누어진다. 첫째는 건국 초기부터 임진왜란과 병자호란 전까지 이어진 조선전기이고, 둘째는 양란 이후부터 서세가 들어오기 시작하면서 가톨릭이 전교되고 새로운 다종교상황의 문화적 혼돈이 급기야 한일합방까지 이어진 조선후기이다.

다만, 조선의 유교에 관한 본론에 들어가기 전에, 흔히 제기되는 문제 한 가지를 먼저 살펴볼 필요가 있다. 조선은 성리학을 국가이념으로 채택하고 출발했다는 사실에 아무도 이의를 달지 않을 것이다. 이런 점에서 조선은 바로 유교가 국교인 왕국이었다. 그러나 이 경우 유교가 종교인가 라는 의문을 제기하는 경우가 흔히 있다. 이는 또한 종교란 무엇인가라는 질문과 더불어 제기되는 문제이기도 하다. 종교는 서론에서 언급한 바와 같이 절대 신념 체계라 말할 수 있다. 그러나 종교라는 현상은 절대 신념 체계라는 사상체계 단독으로 존재하는 법이 없다. 종교적 사상은 언제나 실천체계라는 "의례행위"를 수반하게 마련이다. 그리고 그 의례행위는 한 사람이 혼자서 행하는 법 또한 없다. 의례는 언제나 공동체의 "집단전통" 을 수반하게 마련이다. 이처럼 ①절대 신념 체계로서의 성리학 사상은, ②방대한 의례행위 체계를 동반하며, 더 나아가서 유교의 경우는 ③사회 집단 전통이라는 단순한 개념적 범위를 넘어 "국가체계"라는 거시적 집단 전통의 차원에서 의례가 전해지고 행해진다. 말하자면 조선왕조에서 유교 는 국가차원의 종교였다. 이처럼 거시적 안목에서 볼 때, 유교는 분명히 종교이다.

특히 조선 사회에서 유교는 유교 이외의 타종교를 정죄(定罪)하였다. 이 러한 맥락에서 불교와 도교는 조선 사회에서 혹세무민하는 종교라고 정죄 되었다. 같은 맥락에서 후에 가톨릭에 대한 박해를 했던 것이다. 이처럼 조선의 유교는 분명히 종교적 독단론(dogmatism)의 특성을 잘 보존하고 있 었다. 이들을 모두 종합할 때, 유교는 종교가 아닐 수 없다. 다만 유교는 불교나 기독교와 달리, 사회조직과 분리된 종교조직, 그리고 사회성원과 분리된 신앙인을 갖고 있지 않다는 점만 다르다. 유교에서 개인은 가정의 성원이고 또한 국가의 성원이다. 이처럼 유교는 개인을 사회적 존재로 파 악하는 거시적 안목을 갖는다. 이처럼 거시적으로 볼 때, 유교는 기본적으로 국가체계를 유교의 교화대상으로 삼고 있기 때문에 신앙인과 사회성원을 구별하지 않게 된다. 이런 관계로, 왕과 왕권이 곧 유교의 이상을 사회에 실현하는 책임을 져야 할 실체이다. 이처럼 유교의 이념 안에 담겨진 왕과 왕권은 현실과는 대단히 멀리 떨어진 이상을 담은 이념이다. 그리고 국민은 국가적 차원에서 실천하는 유교의 이상을 따르고 살아가는 행위주체이다. 유교적 사회이상은 곧 국가와 개인의 도덕적 이상을 상호의존적으로 실천하는 종교이다. 이러한 유교의 이상은 어느 한 개인이 일시적으로 체험하거나 어느 한 정권이 일시적으로 실현할 수 있는 내용이 아니라 인간이 추구하는 궁극적 이상이다. 그렇기 때문에 그러한 궁극적 이상을 추구하는 삶의 체계, 그것이 유교이다. 이처럼 어떤 형태로든 궁극적 이상을 추구하는 현상을 우리는 제3의 객관적 용어로 말할 때 "종교"라 한다.

조선 전기는 유교라는 종교적 이념에 입각하여 전형적인 고전왕국을 건국하는 시기였으며, 그 사이 불교와 도교, 그리고 한국 고유 전통종교들은 사실상 유교의 주도하에서 밀려난 상태였다. 그리고 양난 이후의 조선 후기에는 유교가 주도적 위치에서 물러난 상태는 아니지만, 전기와 같이 유교가 역사에 희망을 주면서 창조적인 기능을 할 수 없는 단계에 이르렀다. 이처럼 유교의 사회적 주도력이 약화된 중요한 이유는 서세동점의 시대적 흐름에 따라 서구 문물이 전달되는 데 있었다. 이러한 흐름이 우리나라에서는 양난이후에 일어났다. 그리고 이러한 흐름에 따라 일어난 실학 전통은 기존의 조선전기에 꽃을 피웠던 유교전통을 시대적 요청에 맞추어 개혁하려 하였다. 이처럼 임진·병자 양난은, 일차적으로, 조선 전기의 유교 자체 내부에서 변화가 일어나게 하였다.

양난은 이차적으로, 또는 결과적으로 사회적 차원에서 엄청난 정치적 혼란과 사회적 불안을 야기시켰기 때문에, 국민대중이 조선왕조에 대한 불신과 반발 그리고 도전적 감정이 일어나기 시작하였다. 그 대표적인 현상이 『정감록』과 같은 풍수지리사상으로 나타나면서, 조선조 이후에 일어날 다음 단계의 왕조를 기대하도록 국민의 마음을 움직이기 시작하였다. 이러한 움직임은 양난 이후에 일어났던 사회적 혼란으로 인해 정신적 또는 종교적 차원에서도 나타났다. 이처럼 조선후기의 사회가 극심한 정신적 혼란에 빠졌을 때, 서교, 곧 가톨릭이 들어오면서 본격적인 다종교상황이 지닌 종교적 갈등과 마찰이 나타나게 되었다. 그리고 이러한 소용돌이 속에서 종교운동으로 나타난 것이 동학(東學)운동이었으며, 이는 그 후 한국 민족종교운동으로 이어지게 되었다.

여기서 우리는 조선조의 유교가 임진·병자 양난을 계기로 유교 자체의 변화와 아울러 대사회적 영향력에 있어서도 변화가 일어났다는 사실을 알게 되었다. 다시 말해서 16세기 말에서 17세기 전반에 일어났던 양난을 기준으로 한국의 종교사는 전혀 새로운 단계로 들어가는 변화를 맞이하게 되었던 것이다. 조선의 유교 역시 이러한 한국종교사의 거시적인 변화의 틀을 벗어나지 아니하였다. 이러한 거시적인 기준에서 조선 전기의 유교를 살펴보기로 한다.

2. 조선 전기의 유교

조선은 성리학 이념에 근거하여 건국하면서 한국종교사에서는 처음으로 타종교에 대하여 체계적으로 배척하고 탄압하기에 이르렀다. 이는 한국종교사에서 처음으로 단일종교 주도사회를 형성했다는 사실을 말해준다.[1] 다시 말해서 유교가 조선사회의 주도종교였으며 조선의 국교였다. 따라서 조선의 종교 상황을 이해하기 위하여 먼저 유교에 관하여 살펴볼 필요가 있다. 조선 유교의 이념적 실체는 신유학 또는 성리학에 있다. 그러므로 우리는 성리학이 조선의 정신문화를 창조하는 역사적 상황에 관하여 먼저 알아볼 필요가 있다.

조선은 개국부터 강력하게 유교를 숭상하면서 불교를 억압하고 도교를 규제하는 정책을 폈다. 그 이유는 처음부터 세련된 논리로 훈련된 성리학자들이 성리학에 담긴 신유학의 이념으로 사회를 변혁시키려는 의도를 담고 있었기 때문이었다. 따라서 이러한 이념의 실현에 방해를 주거나 저해를 하는 종교나 이념은 배척하고 나아가 억압하고 규제하였던 것이다. 이는 곧 새로운 논리체계로 무장된 신유학이 조선사회를 주도하게 되었다는 것을 의미한다. 이는 조선 사회는 성리학으로 무장된 유교가 주도종교의 위치를 차지하였다는 것을 뜻한다. 주지하는 바와 같이 성리학은 세계종교사에서 그리 많지 않는 고전종교사상 가운데 하나이다. 따라서 조선은 세계사에서 보기 힘든 고전왕조 사회를 이룩하게 된 것이다.

조선은 고전왕조답게 다양한 법전을 체계적으로 편찬하였다. 따라서 조선조의 사회와 문화의 특성을 이해하기 위하여 조선 법전의 발달된 모습을 살펴볼 필요가 있다. 이러한 맥락에서 조선조의 대표적 유학자 이율곡(李栗谷)은, 태조가 국운을 열고, 세종에 이르러 비로소 나라가 안정되면서 『경제육전(經濟六典)』을 활용하였으며, 성종에 이르러 『경국대전』을 간행하였고, 그 후에도 시대에 따라 수시로 소록을 만들었다고 자랑스럽게

---

1 종교와 사회의 관계는 다음과 같은 4유형으로 나누어진다. 1.단일종교 사회, 2.단일종교 주도사회, 3.다종교 혼돈사회, 4.다종교 다원주의사회.

강조한다. 실로 조선조 사회문화의 특성들 가운데 가장 두드러진 점 하나가 바로 법전의 발전이었다. 이러한 법전의 발전은 1394년(태조 3)에 정도전이 『조선경국전』을 지으면서부터 시작되었다. 이 경국전은 조선개국의 기본 강령을 밝힌 규범체계로서, 현대용어로는 조선조의 "헌법"이었으며, 그 이후 나온 여러 법전의 효시가 되었다. 특히 『조건경국전』의 전문(前文)과 총서부분에 유교의 경전사상이 당시의 주도 사상이었던 주자학적 입장으로 치밀하게 해석되었다. 결과적으로 조선조에서 이룩한 법전의 발달은 곧 조선왕조가 추구하는 것이 유교의 왕도정치이념이며, 한걸음 더 나가서 유교가 조선조의 국교라는 점을 말해준다.

이처럼 유교왕국으로서의 조선조가 현실적 국가통치의 과정에서 추구하는 구체적인 목표가 유교이념을 사회에 실현하는 것이며, 그 실현을 위한 왕조운영의 기준 또한 유교, 곧 성리학 사상이었다. 이와 같이 조선조에서의 법전의 발달은 조선사회가 유교적 이상을 실현하는 현장이라는 사실을 사회적으로 확립하는 의미를 지닌다. 이러한 맥락에서 조선의 왕역시 유교이념을 사회에 실현하는 역사적 과업의 총책임자이다. 그러므로 그는 경전에서 밝히는 다양한 가치관과 판단의 기준을 따르는 것이 왕의 임무를 수행하는 제일 목표가 된다. 왕의 권위를 부여하는 근거와 기준이 바로 법전에 담겨진 유교적 이념, 곧 성리학적 이상이기 때문이다.

그런데 현실적으로는 조선조 역시 왕정의 운영에 있어 언제나 성리학적 이상을 엄격하게 따르기만 하지는 못하는 경향이 있게 마련이었다. 유교를 포함한 종교적 이상을 추구하고 운영하는 과정에서 언제나 다음과 같은 두 가지 판단기준이 요청된다. 첫째는, 그때마다 유교적 이상의 내용을 밝히는 것이고, 둘째는, 현실 운영의 잘못된 점을 교정하는 기능이다. 이러한 두 가지 판단 기준은 특히 국왕을 보필하는 신하의 입장에서는 왕정이 더 잘되게 하기 위하여 판단하고 나아가 비판할 수 있는 기능을 갖게 한다. 특히 법전이 발달되어 국왕의 통치현실에 대한 비판의 법적 기준이 잘 마련될수록 신하들에게 국왕을 비판할 수 있는 기능과 권한이 주어지게 된다. 조선조의 법제발달은 신하에게 국왕에 대한 비판의 권한을 부여하였다. 여기서 우리는 동서양의 어느 왕조에서보다, 조선의 어전회의에서 유난히 신하들이 왕을 거세게 공격하는 사례들을 보여주는 이유를 알 수 있게 되었다.

이처럼 법전의 발전은 우리에게 조선조의 사회와 문화를 이해하는 새로운 가능성들을 열어주고 있다. 그리고 이러한 맥락에서 아래와 같은 몇 가지 사건을 살펴보기로 한다.

이미 앞에서 살펴본 바와 같이, 정도전을 중심으로 한 성리학자들이 성리학의 고전적 이상을 실현하기 위한 사회계획을 먼저 설정하고 그에 근거하여 건설한 조선은 세계역사에서 가장 전형적인 고전왕국을 창조하였다. 이렇게 출발한 조선사회가 고전적이라는 사실은 다음과 같은 두 가지 사례가 역설적으로 말해준다.

첫째, 조선의 어전회의의 현장질서가 이를 잘 말해준다. 조선의 어전회의에서 서로 다른 정당 사이에 자기 정당의 의견을 강렬하게 주장하고 나아가 상대방 의견을 거침없이 공격하였으며, 이에 더하여, 왕이 특정한 사건에 관하여 정당하지 못한 견해를 보이거나 지시를 내릴 경우에 신하들이 이에 강력하게 간(諫)할 수 있었다. 이러한 신하의 권리는 정도전 때부터 시작된 것으로, 중국이나 서양의 여타 국가에서는 보기 힘들 정도로 조선의 어전회의 현장에서는 두드러지게 나타난다. 예컨대, 왕은 그에게 부여된 절대 권력을 행사하는 과정에서 현실적으로 쉽게 신하에게 횡포를 부리는 것이 일반적인 경향이라 할 것이다. 왜냐하면 왕 역시 인간이며, 인간으로서의 왕이 외부로부터 견제를 받지 않는 상태에 있는 경우, 자기 중심적인 욕망을 스스로 통제하지 못하는 것이 일반적인 경향이기 때문이다. 그러나 조선의 경우에는 건국시기부터 국왕에 대한 신하의 권리가 보장되었으며, 그 결과로 당파정치가 조선정치의 중요한 특성으로 나타나게 되었다. 이처럼 신하의 권리보장과 그에 근거한 당파정치가 이루어진 조선은 전형적인 문치(文治)사회로 전향되었다.

둘째, 조선의 당파정치(黨派政治)는 고전왕조의 전형적 현상이다. 연산군(1494-156)에서부터 시작하여 조선조 말까지 약 360년 간 지속된 당파간의 싸움, 곧 당쟁(黨爭)이 한국인의 분당파벌 기질에서 왔다는 속단을 내리는 경우가 있다.[2] 그러나 이는 다시 생각해봐야 할 것이다. 여기서 우리는 다음의 두 가지 사실을 상기할 필요가 있다. 먼저 전근대 왕국은 한마디로 절대 권력체제였다. 다음으로 절대권력은 절대부패(絶對腐敗)가 따르게 마련이다. 이 두 사실을 인정한다면, 조선조 역시 절대왕조였기 때문에 권력 다툼은 불가피한 것이었다는 사실을 받아들이지 않을 수 없다. 다만 이처럼 절대왕조에서 당파간의 마찰이 일어났을 경우 조선조 밖의 전근대 왕조사회에서는 예외 없이 사병(私兵)을 시켜서 정적을 제거했다. 일본의 경우 막부(幕府)시대의 "사무라이"가 그 전형적인 사례의 하나이다. 그러나 조선조에서는 어전회의에서 당파들 사이에 세력다툼을 벌이며 서로 상대방을 정치적으로 통제하고 또 제거하였다. 그만큼 조선조의 당파정치는

---

2 특히 이러한 해석은 일제하의 일본학자들의 영향이 크다.

폭력이 아니라 정치적 경쟁을 추구하였던 것이다. 다시 말해서 조선의 당쟁은 폭력을 동반한 무력이 아니라 문치주의에 기대어 일어난 혼돈스러운 경쟁이었다. 따라서 절대권력사회를 감안한다면, 조선의 당쟁 정치는, 예컨대 일본 막부시대의 정치세력 간의 대결에 비하면 한층 절대권력 사회가 지닌 폭력적 무질서를 극복한 단계이다. 그럼에도 불구하고, 조선의 당파정치에 대한 일관된 비하와 비판은, 절대왕조 사회와 현대사회의 질서의 현실적 차이에 대한 공정한 이해의 태도를 벗어난 시각에서 비롯된 결과라고 말할 수 있다. 따라서 우리는 조선의 당쟁현상에 대하여 보다 객관적인 안목으로 볼 필요가 있다.

이러한 입장에서 볼 때, 조선건국부터 비롯된 국왕에 대한 신하의 권리 보장과 당파정치는 조선이 전형적인 문치주의의 사회였다는 사실에서 비롯된 것이었다. 그리고 그러한 문치주의의 맥락에서 일어난 당파정치는 조선이라는 고전왕조에서 전형적 문치주의가 혼돈된 현상으로 나타난 결과였다. 그 혼돈은 아직 현대적인 민주사회 질서로 전환되기 이전의 상태라는 사실을 말해준다. 어떤 왕조 사회에서나 신하의 권위를, 조선조와 같이, 보장하는 상황이 얼마간 진행된다면 아마도 다음과 같은 두 가지의 결과 가운데 하나가 나타날 것이라 가정해 볼 수 있다. 첫째, 그 왕조가 오래 가지 못하고 붕괴되든가, 그렇지 않으면 둘째, 조선조와 같이 당파정치로 이어질 것이다. 조선 당파정치의 혼선은 바로 문치주의가 민주사회의 구조적 대안을 찾기 전 단계에서 나타나는 혼돈을 반영하는 것이라 할 것이다.

이러한 문치주의 전통은 그 뿌리가 위화도 회군에 있다. 먼저, 위화도 회군은 "고구려 고토"를 되찾으려는 고려의 전통적 염원을 철회하는 아픔을 조선 사회에 남겼다. 다음으로, 유학을 건국이념으로 삼은 조선은 중국에 대한 사대사상을 체제화하기에 이르렀다. 이 둘을 합하여 조선 초기는 국가사회의 발전에 요청되는 공간비유(空間比喩, spatial analogy)와 시간비유(時間比喩, temporal analogy) 가운데 하나를 포기하는데서 오는 문화적 편향성(偏向性)을 지닐 수밖에 없게 되었다.[3]

조선 왕조는 건국당시부터 고려가 지녔던 "고구려 고토"의 드넓은 만주벌판으로 국토를 확장하는 "공간비유"의 꿈을 포기해야했다. 그러나 국가부흥이라는 희망을 포기할 수는 없는 것이었다. 따라서 국가발전을 한반도라는 제한된 공간 안에서 도모하지 않을 수 없게 되었다. 다시 말해서, 조선은 "공간적 팽창"이 제외된 상태에서, 과거와 미래를 이어주는 시간비유의 발전을 추구하게 되었다. 이때 추구되는 발전의 내용은 조선의 "문화"이고, 그 추구는 결과적으로 조선 전기의 문화발전으로 이어지게 되었다. 이러한 맥락에서 조선은 초기부터 민족문화의 새로운 발전을 도모하는데 국력을 집중하였다.

여기서 발전의 공간적 비유가 곧 공간적 팽창을 의미하고, 시간적 비유가 곧 문화발전을 의미한다고 말할 수 있다. 이런 맥락에서 발전은 공간팽창과 문화발전이라는 두 동기를 갖추고 있는데, 이러한 두 동기가 조화를 이루게 될 때 건강한 발전이 기대되고, 그렇지 못할 때 발전의 편향성과 허점들이 드러나게 된다. 예컨대, 문화발전이 결여된 상태에서 공간팽창에 치중할 때, 문화적 내실의 결여가 나타난다. 13세기 몽고제국의 흥망이

---

3 인간의 상상력은 공간비유와 시간비유의 두 축 위에 구축된다. 이는 인간의 개인적 사유와 사회집단의 운동에서도 동일하게 나타난다. 이 두 요인이 조화를 이룰 때 가장 건강한 발전이 일어나게 된다. 그러나 그 가운데 하나만 강조되는 경우에는 편파적인 발전이 일어난다.

이를 잘 말해준다. 몽고제국은 공간적 팽창에 치우친 발전을 추구한 결과, 팽창을 추구하는 과정에서는 비교할 수 없는 폭발적 역동성을 드러냈지만, 그 팽창이 끝나는 순간 아무것도 없는 텅 빈 상태의 광활한 대초원으로 되돌아가고 말았다. 이는 공간팽창에 치우친 몽고제국이 문화적 내실을 축적하는데 힘을 쓰지 못한 데서 비롯된 것이다.

반대로 공간적 팽창이 뒷받침 되지 않은 문화발전은 그 발전의 사회적 활력이 결여된다. 조선 초기 문화발전의 정치적 노력이 이러한 결과를 동반했다. 그 결정적 예가 그토록 귀중한 한글이 "언문"이라고 비하되는 대우를 당대의 한학자들로부터 받았다는 사실에서 잘 드러난다. 이는 다시 조선의 왕권이 팽창주의를 포기하고 문치주의에 지나치게 경주하였기 때문에, 왕권이 주축이 되어 사회와 문화를 창조적으로 이끌어갈 수 있는 주도력을 충분히 갖추지 못했다는 사실을 말해준다. 한마디로, 이는 조선 초기의 문화발전 동기가 충분한 사회적 활력을 확보하지 못했다는 점을 말해준다. 이러한 문치주의 경향은 다시 사회를 문약(文弱)으로 이끌어가서, 급기야 임진왜란과 병자호란 같은 병란에 대처할 힘을 갖지 못하게 하였기 때문에, 양난 이후 조선 사회가 구조적으로 완전히 붕괴되는 위험에 빠지게 된다.[4]

여기서 한 가지 사실이 분명하게 드러난다. 성리학을 건국이념으로 삼고 일어난 조선은 성리학이 고전이념을 수용하면서 전형적인 고전왕국을 탄생시키지만, 왕국의 건강한 발전을 위하여 요청되는 또 하나의 요인으로서의 "공간적 팽창"의 정신적 동기가 약화되었다. 이는 조선의 사회문화

---

[4] 위화도 회군 이후 우리 민족이 공간적 팽창을 기도한 것은 1960년대의 월남전 참전과, 그 이후 중동진출에서 다시 나타나기 시작했다.

적 특성을 결정해 주었다. 조선 왕국은 성리학이라는 세련된 고전사상체계를 신왕국의 이념으로 수용하면서 세계종교사에서 가장 두드러진 고전사회를 형성했다. 그러나 외부로부터 수용된 성리학이라는 고전사상을 체질화하면서, 자신의 내면적 전통을 외부로 발산하는 역동적 동기는 동결되기에 이르렀다. 다시 말해서 외부로부터 수용한 문화를 체질화하는 작업은 매우 성공적으로 수행하였으나, 조선을 건국하던 때보다 2천년 이전의 단군으로부터 면면히 전해오던 민족 문화전통은 무시하기에 이르렀다. 이러한 맥락에서 자신의 내면적 전통이라는 "삶의 공간"에 관한 인식이 사회문화적 역동성으로 활성화되지 못하였다. 삶의 공간에 대한 인식은 언제나 과거와 현재, 그리고 미래의 활동무대를 역동적으로 연결시키면서 "오늘 여기서" 앞으로 "어디로" 향해 갈 것인가를 각성하게 해준다. 이러한 각성은 불가피하게 "내가 존재하는" 지금의 여기와 어제, 그리고 내일 활동할 공간을 연결시키면서 자신의 활동무대를 점점 넓혀가게 된다. 인간은 이처럼 공간적 확장을 추구하는 본능적 욕구가 있다. 그래서 인간은 여행을 하게 된다. 활동적이고 역동적인 태도가 인간이 자신의 삶의 공간을 확장하게 한다. 이처럼 자신의 삶의 공간을 확장하는 "역동적 동기"를 조선사회는 상실했던 것이다. 결과적으로 조선은 건국 초기부터 공간적 동기의 역동성을 상실한 채 "고전문화 창조"에 역량을 집중하였다.

조선 초기에 고전문화를 창조하려는 의도를 가장 잘 보여주는 역사적 사건이 바로 집현전을 세우고 운영한 일이었다. 집현전의 역사적 의미를 좀 더 살펴보기로 하자.

1) 세종대왕의 문화정책과 집현전

1392년 조선이 건국된 이후 26년 만에, 새로 세워진 왕국을 완전히 안정시키고 나아가 민족문화 발전에 결정적인 공헌을 한 위대한 왕, 제4대 세종대왕(1418-1450)이 즉위하였다. 주지하는 바와 같이, 그의 치적 가운데 가장 위대한 업적은 집현전을 세우고 훈민정음을 창시한 것이다. 집현전은 세종대왕의 문화적 업적을 이룩하는데 중추적 역할을 한 기관이었으며, 이 기관을 통하여 많은 연구업적을 냈지만, 그들 가운데 가장 대표적 업적은 역시 훈민정음의 창시였다. 이처럼 집현전의 최대 업적인 훈민정음 곧 "한글"의 창조와 관계하여 생각하면, 집현전은 한국 민족문화 전통의 발전을 추구하는 연구기관이었다. 그러나 집현전의 조직을 다시 살펴보면 그와 전혀 다른 측면이 있다는 사실을 알게 된다.

세종은 궁중에 집현전을 세우고, 각종 직책을 새로 두고 새롭게 활동을 시작했다. 고려 중기 이후부터 문신들이 특별한 연구 활동이 없었던 가운데, 세종이 즉위하자 문신을 선발하여 집현전에 모아 문풍을 일으키자는 신하들의 건의가 있었다. 이때까지 수문전(修文殿), 보문각(寶文閣) 그리고 집현전이 유명무실한 상태로 있었다. 세종은 이러한 건의를 받아들여 기존의 셋 가운데 둘은 없애고 집현전 하나만 남겼다. 그리고 집현전의 기구를 대폭 확대 재편성하고 각종 직책을 새로 설치하여, 새롭게 문화정책의 연구기관으로 운영하기 시작했다. 그렇게 집현전이 새로 태어난 때가 1420년(세종 2) 3월이었다.[5]

---

5 집현전은 중국의 한나라 때부터 내려왔으나 그 제도가 정비된 것은 당나라 때였다. 우리나라에서는 1138년 고려 인종에 연영전(延英殿)을 개칭하여 집현전이라 이름하였다. 그러나 고려와 조선 건국초기에는 활동이 별로 없었기 때문에 세종이 세운 집현전은 현실적으로 새로운 학문연구기관으로 출발한 것이었다.

집현전은 기본적으로 학문연구기관으로서 세종대왕이 세우던 때부터 다양한 역할을 담당했으며, 그에 걸맞게 방대한 조직과 인력을 수용했으며, 나아가 조선 초기의 많은 인재를 양성하였다. 집현전이 담당한 직무는 실로 다양하였다.[6] 다양한 임무를 수행하기 위하여 방대한 조직이 필요했고 그에 걸맞는 많은 인재가 동원되어야 했다. 한마디로 말해서 집현전은 큰 조직과 인력으로 구성된 국가 연구기관이었다. 집현전의 연구 업적이 빠르게 축적되면서 사회적인 권위가 커져갔고, 세종대왕 말년 경에 이르면 집현전 학사들의 정치적 영향력 또한 커져갔다. 특히 세종의 신병으로 인하여 1442년(세종 24) 세자의 정무처결기관인 처사원(詹事阮)이 설치되는 것을 계기로 집현전 학사들이 정치에 크게 참여하게 되었다. 종래에 주도했던 서연직(書筵織)과 함께 처사원을 관장하게 되었기 때문이었다. 이로써 집현전 학사들은 정치적 논평과 사회문제에 대한 발언이 커가게 되었고, 특히 제5대 문종이 즉위하자 집현전 학사들이 대간(臺諫)에 출입하는 일이 잦아지게 되면서, 집현전이 대간을 차출하는 본거지가 되었다. 이러한 상황에서 집현전은 마치 호간고론(好諫高論)에 얽매인 집단이 되어버렸다. 1456년(세조 2) 6월 일부 집현전 현직학사가 주동이 되어, 집현전에 모여 제6대 단종의 복위를 도모했던 사육신(死六臣) 사건이 일어났다. 사육신 사

---

6 집현전에, 예컨대, 다음과 같은 부서를 두어 각각 임무를 수행하게 하였다. 경연관(經筵官), 서연관(書筵官), 종학교관(宗學敎官), 강서원관(講書院官) 등을 두어 시강과 왕실의 교육을 담당하고 또한 사대서문(事大書文)을 작성하게 했다. 가성균관직(假成均館職)에서는 명나라 사신을 접대하고, 사관(史官)은 사필(史筆)을 담당하였으며, 시관(試官)은 예조와 더불어 과거를 주관하였다. 지제교(知製敎)에서는 사명(辭命)을 제찬(制撰)하게 했다. 또한 국왕의 사자(使者)로서 치제(致祭)와 사장환급(辭狀還給), 사신문안(使臣問安) 그리고 반교(頒敎)의 임무를 수행했다. 그리고 풍수학관(風水學官)을 두어 풍수연구도 하게 하였다. 이처럼 집편전의 직무는 실로 방대하고 다양하였다

건을 계기로 세조가 집현전을 파멸하고 말았다. 이로써 집현전은 37년간이라는 짧은 생을 마감하였다.

집현전은 비록 짧은 기간 동안 존속한 연구기관이었지만, 그 업적이 우리 문화에 미친 영향은 실로 대단한 것이었다. 그 업적자체를 평가하는 것은 여기서 할 일은 아니다. 다만 여기서는, 조선 초기에 우리 문화 발전에 그토록 중대한 기여를 하던 집현전의 활동을 통하여 조선전기 문화의 전체적인 특성을 조명하는데 우리의 의도가 있다.

앞에서 살펴본 바와 같이 집현전은 실로 방대한 분야의 업무를 담당하고 있었다. 여러 가지 일을 맡아 활동하는 가운데서도 집현전 학자들의 연구 활동은 기본적으로 다음과 같은 두 가지 점으로 모아진다. 첫째, 중국의 고대제도를 연구하는 것이다. 집현전의 가장 중요한 과제는 바로 중국의 고제에 대한 연구를 통하여 유교를 조선사회의 근본이념으로 살아나게 하는 길을 찾는 것이었다. 이를 위하여 먼저 유교의 제도와 이념에 대한 연구가 선행되어야 했던 것이다. 이러한 맥락에서 집현전 학자들은 실제로 정치에 참여하여 그들의 이상을 실현시키려 노력하였다. 둘째, 한국민족의 전통문화에 대한 연구를 통하여 민족문화 발전을 이룩하는 것이었다.[7] 집현전에서 이룩한 전통문화 연구의 많은 업적이 우리 민족 문화의 꽃을 피우게 되었다고 말할 수 있다. 특히 이들 가운데 최대 업적은 역시 훈민정음의 창시였다. 여기서 우리는 세종대왕이 새롭게 정비하여 국가의 중심연구기관으로 출발한 집현전은, ①유교를 조선의 진정한 국교로 정착시키는 연구, ②한국민족 문화전통을 살리려는 연구라는 2대 목표를 지녔

---

7 이 분야에는 다음과 같은 업적들이 있다. 高麗史, 農事直設, 五禮儀, 八道地理志, 三綱行實, 治平要覽, 東國正韻, 龍飛御天歌, 釋譜詳節, 月印千江之曲, 醫方類聚 등.

다는 사실을 알 수 있다.

위에서 살펴본 바를 종합하건대, 집현전은 한편으로는 성리학의 이상을 조선 사회에 실현하고, 또 다른 편으로는 우리 민족문화의 전통을 되살리는 작업을 하였다. 그런데 문제는 이러한 두 가지의 목표가 서로 상반되는 성격을 지녔다는 데 있다. 다시 말해서, 집현전은 상호 이율배반적인 두 목표를 추구하고 있었다. 이처럼 이율배반적인 목표를 갖게 된 이유는 무엇이며, 그 결과는 역사적으로 어떻게 나타났는가를 살펴볼 필요가 있다.

조선의 건국은 처음부터, "성리학이라는 새로운 이념을 실현하기 위하여" 혁명을 한다는 분명한 명분을 앞세우고 출발하였다. 조선은 성리학의 이념과 이론에 입각하여 사회계획의 틀을 먼저 결정하고 그 틀 안에서 건국된, 보기 어려운 전형적인 고전왕조였다. 다시 말해서 조선은 성리학이라는 신유학의 형이상학을 그 이념으로 수용했으며, 성리학에 담긴 유교의 이상을 사회에 실현코자하는 왕조였다. 그러므로 성리학적 이상을 연구하는 것은 곧 정치적인 측면에서 조선이 추구하는 "새로운 사회"의 자기정체성을 확립하는 의미를 지닌다. 이러한 맥락에서 집현전에서 성리학적 이상을 밝히고, 나아가 그 이상을 사회에 실현하는 길을 추구하는 것은 당연한 일이었다. 한마디로, 국가의 중심 연구기관으로서의 집현전에서 새로 건설된 "조선사회의 정체성"을 연구하는 것이 그 제일의 사명이 아닐 수 없었다.

특히 조선의 국가이념으로서의 성리학 이상은 형이상학적 내용을 담고 있다. 따라서 조선의 국가이념은 매우 세련된 형이상학적 정체성을 갖고 있었다. 이러한 의미에서, 조선은 성리학이라는 형이상학 체계에 담긴 이상을 추구하는 왕조였던 것이다. 조선의 중심연구기관인 집현전에서는 조선의 건국이념인 성리학의 형이상학적 정체성을 밝히고, 이를 사회화하는 연구가 중심 과제가 아닐 수 없었다. 그것은 곧 국가적 차원에서의 이념적 정체성을 추구하는 일이었다.

이에 반하여, 조선이 아무리 새로운 형이상학적 이상을 추구하는 사회라고 해도, 우리 민족의 정체성까지 외면할 수는 없다. 한국인의 민족의식은 "우리는 하나의 민족"이라는 고유한 민족정체성의 인식에 기반을 두고 있다.[8] 단일민족의식은 중국을 비롯하여 주위의 많은 타민족들과 우리 민족이 구분된다는 강력한 자의식을 갖게 한다. 한마디로 우리 민족은 다른 "민족과 다르다는 차별성"과 "우리 민족 안에서의 동질성"을 동시에 강력하게 의식하게 한다. 이러한 자기인식의 특성은 한국인은 고대로부터 국민과 민족을 구별할 필요가 없는 사회에서 살았기 때문이다. 예컨대 중국의 경우는 고대로부터 국민과 민족이 엄연히 구별되고, 일본 역시 마찬가지였다. 이러한 맥락에서, 세종 시대에도 "민족"이 곧 당시의 "국민"과 전혀 구별되지 않는 동일한 의미를 지녔다. 이처럼 거부할 수 없는 우리의 단일민족의식에 근거한 민족문화전통에 대한 연구를, 세종대왕은 집현전

---

8 분석적인 안목으로 보면, 상고대에 하나의 민족이 어떻게 형성되었는가를 선명하게 밝히는 것은 매우 어렵다. 그리고 하나의 민족이 타민족과의 접촉이 전혀 없이 순수하게 단일성을 유지하는 경우도 역사에는 존재하지 않는다. 그러나 일상생활에서 ①우리는 국민의 절대다수가 "하나의 혈통을 공유하는 민족"으로 형성되었다는 사실을 확인하면서 살아간다. 이러한 역사적 경험이 단군 이래 우리 민족을 "단일민족"이라는 의식을 공유하면서 살아오게 하였다. 이처럼 ②역사 안에서 얻어진 자기정체성의 인식이 곧 진정한 "정체성"으로 기능하는 것이다. 이 두 가지 요인이 혼합하여 우리 민족은 단일민족이라는 인식이 형성되고, 또 역사 안에서 단일민족으로 살아가게 된다. 이 두 요인이 하나의 복합적 현상으로 인식되고 또 그렇게 수용될 때, 비로소 역사적 사건이 살아있는 의미를 지닌 "역사적 현상"으로 기능하게 된다. 따라서 "역사적 현상으로서의 단일민족의식"을 어떤 형태로든 거부하는 것은 결국 역사를 거부하는 오류를 범하는 것에 지나지 않는다.

을 통하여 실행하게 하였다. 이 연구는 곧 우리 민족이 타민족과는 다르다는 이른바 "단일민족의 문화정체성"을 밝히는 작업이었으며, 이를 민족문화정체성이라 부르기로 한다. 그것은 한마디로 우리 민족의 실존적 정체성을 확인하고 계발하는 의미를 지닌다.

이처럼 집현전을 통하여 세종대왕은 국가적 사회체제의 차원에서의 이념적 정체성을 추구하고, 민족의 전통문화의 차원에서는 민족문화정체성을 밝히는 작업을 하였다. 세종대왕은 서로 다른 차원의 정체성을 동시에 추구하였던 것이다. 비록 서로 다르다는 점이 사실이지만, 역성혁명을 마감하고 사회를 안정시켜야 할 당시에, 이 두 가지의 정체성의 추구는 절실한 과제였던 것이 또한 사실이었다. 따라서 당시에 이 양대 정체성이 동시에 제기되고 또 추구되었다는 사실을 이해할 수 있다.

그렇다고 해도, 이 양대 정체성은 상호배타적 성격이라는 사실 또한 부정할 수 없다. 그리고 이러한 상호배타적 성격 때문에 세종 당시에도 "이념적 정체성"을 추구하던 보수 성리학진영과 "민족문화정체성"을 추구하던 국학진영 사이에 갈등이 일어났다. 이 문제는, 우리가 논의하고 있는 종교문제와 관계된 맥락에서는, 분명한 하나의 사례를 거론하는 것으로 충분하다고 여겨진다. 예컨대, 세종대왕의 훈민정음 창시는 어떤 면에서나 매우 위대한 업적이었던 것이 사실이다. 그것은 "민족문화정체성"의 추구라는 측면에서는 실로 영원히 영광스러운 업적이다. 그런데도 당시에 성리학의 "이념적 정체성"을 추구하던 유학진영에서는 훈민정음을 "언문(諺文)" 곧 속된 말이나 쓰는 글이라고 비하하였다. 따라서 한글은 조선조에서는 공식 문자체계로 사회에서 사용되지 못했다. 그만큼 조선은 유교가 국교인 국가였기 때문에, 민족문화정체성이 자율적으로 계발될 수 있는 계기를 갖지 못했던 것이다.

여기서 우리는 한 국가가 특정한 종교를 국교로 수용할 때 오는 밝은 면과 어두운 면을 동시에 보게 된다. 조선조에서는 삼국시대나 고려와는 달리 유교가 국교로 자리 잡았기 때문에, 그 어느 시대보다 더 빠르고 정확하게 성리학이라는 고전적 세계관을 국가에 수용하여 세계에서 보기 어려운 고전왕국을 형성할 수 있었다. 그러나 동시에 세계에서 가장 위대한 문화 창조의 업적이었던 "한글"의 창시가 세종 당대에도 국가의 공식 문자 체계로 쓰자고 제안도 제대로 하지 못할 정도였다. 결국 유교가 유일한 국교였던 조선에서 한글은 "언문"으로 남아있을 수밖에 없었다. 국교를 결정하는 사건은 그 종교의 세계관으로 국가를 재구성하는 데는 효과적인 결과를 약속하지만, 국교와 다른 종교나 세계관은 비록 그것이 민족전통문화라 해도 억압을 하는 결과에 이르게 되는 것이다. 이는 조선에서만 보이는 것이 아니라 세계종교사에서 수 없이 나타나는 현상이었다.

세종조에 일어났던 중요한 사건들은 우리에게 또 다른 사실을 말해준다. 유교를 국교로 받아들이는 과정에서 조선사회는 민족문화전통을 상대적으로 억누르는 문화정책을 유지했다. 이처럼 외부로부터 새로운 이념을 수용하면서, 안으로 이어져오는 전통문화를 억압하는 과정에서 이 양자 사이의 갈등이 불가피하게 일어나게 마련이다. 이러한 갈등을 어떻게 풀어 가느냐에 따라 그 사회의 시대적 특성이 아래와 같은 세 형태 가운데 하나로 나타나게 된다. 첫째, 외부로부터 수용한 이념에 의지하는 경우, 외부 의존적이고 민족전통문화를 외면하는 태도가 나타나게 된다. 둘째, 반대로 외부로부터 수용한 가치관을 무시하는 경우는 전통문화를 그대로 유지하게 될 것이다. 그 중간의 경우 가장 바람직한 역사발전을 기약할 것이다. 세종조의 집현전에서는 셋째 유형의 바람직한 선택을 했지만, 유교국가의 보수 세력이 주도하던 조선조 사회는 첫째의 외부 의존적 형태로 나타났다.

"외부 의존적 유형"의 중요한 특성은 외부로부터 받아들인 문화내용을 자신의 내면에 빠르고 정확하게 수용하고 정착시키는데 효과적이다. 따라서 조선조는 세련된 성리학의 세계관을 가장 세련된 형태로 수용하여 가장 대표적인 고전왕국을 형성할 수 있었다. 그러나 동시에, 이 유형은 자신이 지닌 문화전통을 발전시켜 외부로 발사하려는 태도가 처음부터 결여되었다. 따라서 조선은 나라 안에서는 고전사회를 형성하는데 성공하였지만, 그처럼 형성된 고전문화를 나라 밖으로 전파하면서 국내의 사회적 활성을 유지하는 점은 결여되었다. 다시 말해서, 조선사회는 "시간적 동기"를 중심으로 정체성을 추구하는 과정에서 국내에서 고전문화의 발전을 이룩하였다. 그러나 "공간적 동기"가 결여되었기 때문에 조선사회는 "세계를 향해 자신을 표출하는" 역동적 활력을 갖추지 못하였다.[9]

지금까지 살펴본 바를 종합하면 다음과 같이 말할 수 있을 것이다. 조선 초기의 문화 창조의 과정을 가장 잘 보여주는 세종은 실로 대단한 업적을

---

9 이와 관계된 점은 대마도(對馬島-쓰시마) 원정에 관한 자료가 잘 말해준다. 대마도는 고려중기 이후 조선 시대까지 왜구(倭寇)의 본거지였으며, 임진왜란 때에는 군수의 중심기지였다. 대마도는 ①1389(공양왕 1) 박위의 정벌, ②1396년(조선 태조 5) 김사형, 그리고 ③1419년(세종 1) 이종무의 정벌이 있었다. 대마도는 토지가 협소하고 비옥하지 못하여, 고려 말부터 조공을 바치고 쌀, 콩 등을 답례로 받아가는 관계에 있었다.
그 중에 세종은 이종무에게 1만 7,285명의 군사, 227척의 선박으로 대마도를 정벌하여 원정군은 대마도에 심대한 타격을 주고 그해 6월에 회군하였다. 당시에 대마도주의 간청으로 삼포를 개항하고, 조선의 해방정책(海防政策)에 따라 특수한 대접을 받았으나, 대마도에 대한 지속적인 관리가 포기됨으로써, 임진왜란 때에는 일본 수군의 중요한 근거지가 되었다. 이처럼 조선은 국력의 외적관리를 지속적으로 유지하지 못하였다.

남겼다. 세종은 유교 국가를 발전시키는데 필요한 작업을 하였으며, 동시에 이와 상반되는 "한국민족 고유문화전통"의 연구발전을 위하여 노력하였다. 세종은 이처럼 문화발전에 있어서 요청되는 양면에 모두 힘을 집중시킨 점에서도, 그리고 그가 제3유형의 바람직한 문화정책을 추구했다는 점에서 실로 존경스러운 대왕이었다. 그러나 동시대의 유학의 보수진영은, 그들이 한글을 언문이라 평가한 것과 같이, 유교국가의 발전을 위하여 민족문화전통의 발전에 강력하게 제약을 가하는 정책을 밀어붙인 결과, 세종의 민족문화발전 정책이 현실적인 효과를 보지 못하게 되었다.

세종 당시의 성리학자들이라고 모두 관심이 같지는 않았을 것이다. 많은 유학자들은 유교적 이념을 보다 효과적으로 현실에 실현하기 위하여 교리확산에 헌신하는, 이른바 유교의 교리학적 사상가들이고, 또 다른 학자들은 성리학의 이상을 수용하면서도 민족문화전통의 보전과 발전에 보다 관심을 집중하는 이들, 곧 민족문화 주체의식을 지닌 지성인들이었다. 조선 국왕의 입장에서 보면, 민족주체의식을 지닌 지성인의 태도가 조선의 왕국과 왕권의 권위를 확보하는 보다 바람직한 길이 아닐 수 없다. 세종은 그러므로 민족지성의 입장을 취했던 것이다. 이러한 세종의 태도는 처음부터 유교를 국교로 선택한 유교왕국으로서의 조선의 보수적 정치적 이념의 범주에 안주하지 않고, 한걸음 더 나아가 민족문화전통까지 그의 지성적 관심의 범주에 포함시켰다. 그러나 이러한 세종의 진취적이고 포괄적인 문화정책은 당시 조선유교의 보수적 태도의 벽을 넘을 수 없었다. 결론적으로 말하자면, 세종 당시의 유교정책은 조선 초기에 유학의 교리학적 발전에 국력을 집중함으로써 국내에서 유학이 꽃을 피우는데는 성공하였으나, 민족문화를 외부로 향하여 표출하고 전달함으로서 얻을 수 있는 문화의 역동적 활력을 확보하는 데는 처음부터 의도하지 않았기 때문에 실패하지 않을 수 없었던 것이다.

2) 조선 성리학의 전개

조선조는 유교를 국교로 삼고 출발하였으며, 조금 더 구체적으로는 유교 가운데서도 신유학, 이른바 성리학을 국가의 기본이념으로 삼았다. 그런데 성리학이 철학적이고 학문적인 성격을 강조하기 때문에, 조선조에서 유교단체가 학파를 이루고 있었으며, 또한 오늘도 당시의 유교단체를 학파라 부른다. 반면에 조선 시대의 불교와 기독교, 특히 가톨릭의 단체를 교단이라 부르는 점과 비교할 때, 조선유교의 특성이 잘 드러난다. 조선유교는 성리학적 형이상학체계를 교리내용으로 지니고 있다. 이러한 관계로 조선조에서는 양명학을 한마디로 이단이라 배척하였던 것이다. 중국에서는 양명학이 오히려 이단취급을 받지 않았다.[10] 여기서 조선조의 국교가 성리학이라는 사실이 한 번 더 분명해진다.

조선의 국교인 유교는 건국당시부터 현실참여파와 의리추구파라는 서로 다른 두 학파를 갖고 출발하였다. 두 학파가 아무리 서로 다르다고 해도, 유교적 세계관의 고유한 특성인 "도덕적 이상"을 추구하는 점에서는 다를 바가 없다. 다만 도덕적 이상을 추구하는 방법, 또는 그 추구의 시간

---

10 양명학은 명(明)대의 석학 왕수인(王守仁, 호는 양명(陽明))이, 주자학 곧 성리학에 반대하여 주창한 사상으로, 우리나라에 들어온 시기는 분명치 않으나, 선조 때 왕양명의 제자 서애가 쓴 『전습록』이 선비들 사이에 소개되었다. 그러나 이때는 성리학의 전성기여서 유학계에서 양명학을 공격하였고, 이퇴계가 『전습록변』을 지어 비판하니까, 유학계가 퇴계의 양명학 비판에 모두 동조하였다. 그 후 양명학은 조선에서 사실상 빛을 보지 못하였다.

적 우선순위에서 차이가 날 뿐이다. 이런 맥락에서 엄격하게 말하자면, 전자는 "도덕적 현실주의" 그리고 후자는 "도덕적 이상주의"라고 말할 수 있다.

조선의 창업은 주지하는 바와 같이 정도전과 권근 등 일단의 성리학자들이 역성혁명에 적극적으로 참여하였기 때문에 성공할 수 있었다. 정도전과 권근 등의 성리학자들은 역성혁명에 적극적으로 참여하여 조선조를 창업하는 일에 결정적인 공헌을 한 공신(功臣)들이었다. 이 공신들은 조선의 창업과 제도정착 작업에 적극적으로 참여했다는 면에서 "현실참여파"라 할 것이다. 이들은 조선사회 형성에 결정적인 공헌을 하게 됨에 따라 공신들의 전통을 이어가는 훈구파를 이루게 되었다. 이에 반하여 새로운 왕조를 세우기 위하여 고려조를 멸망시키는데 결사적으로 반대한 성리학자 정몽주는, 주지하는 바와 같이, 현실참여파에게 무참하게 살해당했다. 결사적으로 고려왕조에 대한 충성을 지키던 정몽주가 주도하던 일단의 성리학자들을 "의리추구파라"라 할 것이다. 의리추구파는 정몽주 이후 길재, 김종직, 김굉필 등을 이어 조광조에 이르는 또 하나의 조선 유교사상의 한 맥을 이루고 있다.

현실참여파가 유교이상을 사회에 제도적으로 실현키는 결과를 중요하게 여기는데 반하여, 의리추구파는 유교이상을 실현하는 과정의 도덕성을 더 중요하게 여겼던 것이다. 유교적 이상을 사회에 실현하는 과정으로서의 정치현실에는 언제나 많은 변수가 따르고, 따라서 매 사건마다 정치적 결단을 내리는데 혼돈과 어려움이 있게 마련이다. 정치적 결정의 결과를 중요시하는 현실참여파의 "도덕적 현실주의적" 태도와 정치적 결단의 과정의 도덕성을 더욱 중요시하는 의리추구파의 "도덕적 이상주의적" 태도가 언제나 정치현실에서 서로 갈등과 마찰을 갖게 마련이었다.

각 시대마다 어떤 학파가 정치적 주도권을 잡느냐에 따라 조선유교의 현실과 나아가서 정치상황이 달라졌다. 왜냐하면 조선 유교의 경우, 학파가 사실상 유교의 구성 세력을 이루고 있었기 때문이었다. 이는 두 가지 점을 시사한다. 첫째, 당시의 학파는 조선 국교의 교파일 뿐만 아니라 조선의 정치세력이기도 하였다. 조선 왕권과의 관계에서 볼 때, 유교의 학파는 곧 조선 국교의 사상과 이념을 대변하는 세력이다. 둘째, 그러므로 어전회의에서 유교 학파를 대변하는 신하들이 다른 나라에서와는 비교가 안될 만큼 국왕에게 강력한 비판을 할 수 있는 권한을 행사할 수 있었다. 이 두 가지 점을 종합할 때, 조선조에 당쟁 정치가 일어났던 까닭이 분명해진다. 조선조에서 당파간의 대립과 분열이 일어나게 된 까닭은 조선이 유교를 국교로 삼으면서, 철저하게 유교정신을 추구하는데서 비롯된다. 유교는 도덕적 이상을 국가현실에 구현하려는 목표를 지닌다. 이를 위하여 왕권의 정당성과 동시에 신하의 권리가 보장된다. 그런데 어떤 시대 어떤 사회에서도 도덕적 이상이 완벽하게 구현된 상황은 아직 없었다. 그러므로 그 구현과정에서 현실적으로 "도덕적 현실주의"와 "도덕적 이상주의" 사이의 대립과 마찰의 가능성은 열려있다. 다만 그러한 과정에서 왕권이 얼마나 도덕적 권위를 유지하느냐에 따라, 현실주의와 이상주의 사이의 갈등과 마찰을 조화시킬 수 있고, 나아가 그 조화를 사회에 구현할 수가 있다. 그러므로 왕권의 도덕적 권위와 정신적 성숙도가 바로 조선사회에서 유교이념의 이상적 실현을 구현하느냐 아니면 파당 또는 당쟁 정치 상황에 말려드느냐가 가름되었다.

왕권의 권위와 성숙도가 잘 보존되었던 경우가 제4대 세종대왕이었다.

먼저 세종대왕 때에, 앞에서 살펴본 바와 같이, 집현전을 중심으로 학술문화의 발전과 유교사상의 정착에 있어서 많은 업적이 있었다. 따라서 세종은 모든 면에서 "성왕"으로서의 존경을 받을 자격을 갖추었다.[11] 그 중에서도 "한글의 창제"는 실로 위대한 업적이 아닐 수 없다. 그럼에도 불구하고 그가 창제한 한글이 공식문자체계로 수용되지 못했던 이유가 바로 당시의 유교학파, 곧 성리학자들이 한문이외에는 공식 문자체계로 수용하는 것을 거부하였기 때문이다. 그만큼 조선의 어전회의에서 신하들의 권위가 보장되었던 것이다. 신하는 단순한 추종자가 아니라 국교인 유교의 이상을 정치현실에 실현하는 학파, 곧 교파를 대변하는 존재이기 때문이었다.

이러한 맥락에서 제7대 세조가 즉위하면서부터 당쟁이 본격적으로 시작되었다. 세조가 즉위한 다음 해에 성삼문 등 집현전 학자들이 단종의 복위를 꾀하다 발각이 되어 무자비하게 처형당하였다. 그 후 세조는 조선조의 헌법에 해당하는 『경국대전』과 최초의 통사인 『동국통감』을 간행하는 등 많은 업적을 남겼다. 이러한 세조 밑에서 그의 업적을 이룩하는데 도움을 준 훈구파(勳舊波)와, 단종에 대한 의리를 지키려던 절의파(節義波)가 갈라지게 되었다. 그리고 1498년(연산군 4) 유자광의 훈구파가 김종직을 따르던 의리파를 숙청한 무오(戊午)사화가 일어났다. 연이어 제10대 연산군에서부터 제13대 명종에 이르는 47년 사이에 잘 알려진 4대 사화가 일어나

---

11 세종은 재위 32년간 학문적으로는 인문, 사회, 예술, 그리고 자연과학의 모든 면에서 큰 업적을 남겼으며, 특히 조선조의 기반을 튼튼하게 다졌다. 이러한 점에서 이이는 그의 『동호문답(東湖問答)』에서, "세종은 전조에는 없었던 성군으로서, 국가를 안정시켰고, 유교를 숭상하고 도를 중요하게 여기어 인재를 양성하고, 예악을 제작하여 후손에게 잘 살 수 있는 길을 열어놓았기 때문에 그 혜택이 오늘에 이르기까지 이어지고 있다. 따라서 우리나라 만년의 운이 세종에게서 처음 그 기틀이 잡혔다"고 말한다.

나라를 어지럽게 하였다.[12]

특히 1545년(명종 1) 외척의 권력다툼으로 일어난 을사사화(乙巳士禍)는 그 후의 당쟁이 학파간의 이념대립의 단계를 넘어 난삽한 권력다툼으로 이어지게 하였다.[13] 명종 말년에 문정왕후(1501-1565, 중종의 비)가 죽고 윤원형이 쫓겨나 죽게 되자 나라 안의 정세가 일변하고 을사사화 이후의 죄인들이 자유롭게 활동을 할 수 있게 되면서, 퇴계도 상경하였다. 선조가 즉위하면서 사림정치(士林政治)의 시대가 열렸다. 이때 사림정치란 그동안 훈구파에 밀렸던 의리파가 세력을 잡게 된 것을 말하며, 이러한 까닭에 의리파의 대표인 조광조에게 영의정을 추서했던 것이다.

이러한 사화의 후유증에 이어, 1575년(선조 8) 김효원(金孝元)과 심의겸(沈義謙)의 반목이 당쟁으로 나타나면서부터, 당쟁은 조선조의 끝날까지 약 340년 동안 정치와 사회를 혼돈의 도가니 속으로 몰아넣었다. 인사를 주관하는 이조(吏曹)의 요직인 전랑(銓郞)자리를 놓고 김효원과 심의겸의 사이에 생긴 반목이 급기야 동인(東人)과 서인(西人)의 당쟁으로 발전되었다.[14] 1584년(선조 17) 율곡이 죽은 후, 서인은 세력이 점점 약해졌고, 1591년(선조 24) 동인은 남인(南人)과 북인(北人)으로 갈라졌다. 1592년(선조 25) 임진왜란

---

12 戊午사화: 1498 10대 연산군 4년. 甲子사화: 1504 10대 연산군 10년. 己卯사화: 1519 11대 중종 14년. 乙巳사화: 1545년 13대 명종 원년.

13 을사사화는, 제12대 인종이 즉위하자 인종의 생모이며 제11대 중종의 제1계비 장경왕후의 형제인 윤임(尹任)의 대윤(大尹)파가 권세를 잡았다가, 그 다음해에 제13대 명종이 즉위하자 명종의 생모이며 중종의 제2계비 문정왕후의 형제인 윤원형(尹元衡)의 소윤(小尹)파가 권세를 잡으면서, 소윤이 대윤을 무참하게 처형한 사건이다.

14 김효원(金孝元)이 서울의 동쪽 낙산(落山)에 살아서 그를 추종하는 세력을 동인이라 불렀고, 심의겸(沈義謙)은 서울의 서쪽인 정동(貞洞)에 살아서 그 추종세력을 서인이라 부르게 되었다.

이 일어나고 7년 후에 끝이 나자, 남인의 유성룡이 화의를 주장했다는 구설수로 실각하기에 이르자 남인은 몰락하고, 북인이 정권을 잡게 되었다. 북인의 득세와 더불어 동인의 명칭은 숨어들었고, 북인은 다시 대소양북(大小兩北)으로 나누어졌고, 이어서 양북은 각각 다시 분할되었다.[15] 이처럼 혼란스러운 분파가 진행되는 과정에서, 1649년 인조가 사망하고, 효종이 즉위하면서 송시열(宋時烈)이 등장하여 서인이 집권하기에 이르렀다. 서인의 집권기에 남인은 이원익(李元翼)의 등장으로 명맥을 이었고, 북인 중에는 소북만 남게 되었다. 이로서 서인, 남인, 소북의 삼색이 남게 되었다. 이어서 서인이 노소(老小) 양론으로 분파됨에 따라 남인(南人)—북인(北人)—노론(老論)—소론(小論)의 사색당파(四色黨派)의 단계에 이르게 되었다. 이처럼 조선조의 당쟁은 우선 사회문화적인 면에서 다양한 형태의 혼돈과 혼란을 가져왔고, 그래서 당쟁이 나타난 원인에 대한 이유 역시 다양한 해석이 있다. 그러나 그러한 혼돈을 야기하는 가장 중요한 원인은 유교가 조선의 국교였다는 사실에 있다는 점을 간과해서는 안 될 것이다.

조선조의 사화와 당쟁은 기본적으로 유교 이상을 사회에 실현하기 위하여 추진한다는 명분 아래 일어난 점에서 다를 바 없다. 각 당파들이 당리당략을 위하여 유교사상을 이용한 경우가 많은 것도 사실이다. 그러나 그렇게라도 유교이념과 연결이 되지 않을 수 없었던 상황이 바로 조선조가 유교가 국교였던 때문이었다. 국교는 일정한 기간 동안 국가사회를 통합하여 안정시키고 발전하게 한다. 그러나 국교화로 통합된 사회는 외형적으로는 통합된 것 같이 보이면서도, 국교 내부에서는 오래지 않아 세력

---

15 대북은 ①골북(骨北) ②육북(肉北) ③중북(中北) ④피북(皮北) ⑤청북(淸北) ⑥탁북(濁北)의 6파로 나누어지고, 소북은 청탁양소북(淸濁兩小北)으로 분파되었다.

간의 갈등과 마찰이 커가면서 결과적으로 분열과 대립으로 귀결되는 것이 역사에 나타나는 일반적 경향이다.[16] 이러한 맥락에서 볼 때, 사화와 당쟁 역시 모두 단순한 정치적 싸움이 아니라, 유교적 세계관을 자기 나름대로 해석하고 실현하려는 데서 오는 유교 세력들 사이의 갈등과 마찰의 사례들이었다. 다시 말해서, 당쟁은 단순한 정치싸움이 아니라 유교적 정치이념의 테두리 안에서 일어난 역사적 사건들이었던 것이다.

건국초기부터 조선조의 성리학 안에는 도덕적 "현실주의"와 "이상주의" 두 전통이 나란히 이어져 왔다. 도덕적 현실주의를 추구하던 "현실참여파"가 ①현실참여를 통하여 유교사회를 창조하고 유지하려고 집중한데 반하여, 상대적으로 도덕적 이상주의를 추구하던 "의리추구파"는 ②비판적 사색과 학문적 사색에 더 집중하였다. 이러한 두 경향은 조선의 성리학을 서로 다른 학파들로 나누어지게 하는 기반이 되었으며, 이는 앞에서 살펴본 바와 같이, 사색당쟁과 같은 사회적 혼돈으로 이어지게 하였다. 그럼에도 불구하고, 조선조의 모든 당파는 유교의 세계관을 그들의 ③절대 신념 체계로 받아들이고 있다는 점에서 서로 다를 바가 없었다. 따라서 조선의 모든 당쟁과 사화가 기본적으로는 유교 세계관의 범위 안에서 나타나는 다양한 현실해석의 결과를 반영하고 있다는 점을 말해준다.

이는 다음과 같은 사실을 시사한다. 조선조의 사화와 당쟁을 조선국교인 유학사상과의 관계를 벗어나서 단순한 사회역사적 현상으로 이해하는 경우, 조선조의 정신문화가 지닌 복합성의 핵심을 간과하고 마는 결과에

---

16 아마도 그 좋은 예를 서양 중세의 가톨릭교회사와 이슬람사에서 잘 볼 수 있다. 두 경우 모두 각 종교전통의 밖에서는 잘 통합된 종교전통으로 보이지만, 각 종교전통 안에서 볼 때는 교단 안에 언제나 분열과 대립이 있어왔다.

이를 것이다. 반대로, 조선조의 사화와 당쟁을, 당시에 제기되었던 유학의 사상적 논쟁의 나열에 그치는 경우 결과적으로 조선역사를 사건의 백과사전적 나열에 이르거나 조금 더 나아간 유학의 교리사로 읽는 한계를 벗어나지 못할 것이다. 따라서 조선의 정신사를 보다 정확하게 이해하기 위하여 우리는 유교와 조선사회의 상호관계의 전체를 객관적으로 접근할 필요가 있다. 이러한 노력은 앞으로 조선조의 문화사를, 보다 정확하게는 "종교사"를 우리로 하여금 포괄적이면서 설득력 있는 이해에 도달할 수 있도록 안내해 줄 것이다. 이 문제는 조선의 경우에만 한정되는 것이 아니라 한국종교 전체에 해당된다. 요컨대 우리는 앞으로 가능성을 조망하는 준비단계의 작업을 하고 있다는 것이 정확한 판단이다.

조선조의 유교를 보다 포괄적이고 객관적으로 이해하는데 가장 어려운 점은 유교가 지닌 자체특성에 있다. 유교는 앞에서 여러 측면에서 논의한 바와 같이 종교전통이다. 따라서 유교인은 유교의 가르침이 절대적 진리라는 사실을 굳게 확신한다. 그래서 유교의 입장에서 불교를 비판하고 나아가, 성리학의 입장에서 양명학을 이단시하였던 것이다. 이처럼 유교가 절대 신념 체계이기 때문에, 다른 모든 종교와 마찬가지로 유교전통의 ① 신념체계, 곧 사상의 절대성과 ②실천체계, 곧 의례의 절대성을 유지한다. 그리고 이러한 유교 사상과 의례의 절대성은 바로 ③집단전통으로 이어지고 보장된다.[17] 이러한 제삼의 집단전통은 유교 밖의 타종교에서는 언제나 교단이 있어서 쉽게 이해된다. 그러나 유교의 경우는 교단이 분명하게 드러나지 않는 것이 문제이다.

---

17 종교는 언제나 ①사상체계 ②실천체계 그리고 ③집단체계의 3요인이 구성되었을 때 비로소 완전한 종교현상으로서의 기능을 하게 된다.

유교에 있어서 교단은 타종교의 일반적 입장과는 전혀 다른 형태를 유지하고 있다. 그 까닭은 일반적 입장에서는 종교형성의 3요인인 ①사상체계 ②실천체계, 그리고 ③집단체계 가운데, 마지막 "집단성이" 제도화하여 하나의 교단체계로 분명하게 결성되는데 반하여, 유교의 경우는 3요인이 각각 독립적으로 자체의 집단성을 유지하기 때문에 유교 교단의 개념이 상대적으로 분명치 않게 나타난다. 결과적으로 유교는 교단의 개념과 관계해볼 때 매우 독특한 입장을 갖게 된다. 유교의 독특한 입장을 요약하면, 유교의 신념체계 안에는 국가, 문중(門中), 그리고 학파라는 삼형태의 집단 개념이 있는데 이들을 통합할 때 비로소 일반적인 교단의미를 이루게 된다. 이를 다음과 같이 살펴보기로 한다.

첫째, 유교의 "신념체계"는 기본적으로 국가단위의 이상질서를 제시하고 또 그 실현을 추구한다. 그래서 국왕이 하늘의 뜻을 대변하고 행사하는 권위를 지닌다고 확신하고, 나아가 같은 맥락에서 각 단계의 지방행정단체의 수장 또한 도덕적 권위를 행사하게 된다. 결과적으로 유교가 국교였던 조선조에서 유교는 정치이념과 사회질서의 기반이 되었으며, 또한 다른 종교국가에서와 마찬가지로, 국가통치의 이념적 기준이 되었다. 요컨대 조선조에서 국가는 유교적 세계관을 실현하는 "통합적 기본단위"였다. 종교적 세계관을 실현하는 기본 단위를 교단이라 한다면, 조선조에서 국가는 유교의 이상을 구현하는 정치적 맥락에서의 "교단"이라는 사실이 분명해진다.

둘째, 유교 실천체계로서의 "의례"가 가장 널리, 그리고 효과적으로 사회에서 기능을 하는 공동체의 단위가 문중이다. 문중은 조선사회에서 혈연관계 집단의 기본단위이며, 그 안에 친족과 가족 등의 소단위들이 모두 포함된다고 말할 수 있다. 이러한 문중의 혈연관계는 기본적으로 각 개인의 출생에서부터 사망에 이르는 지극히 사적인 생활의 모든 문제와 직결되고, 나아가 조선조와 같은 전근대사회에서는 개인 일상생활의 전 영역의 문제들과 연결되었다. 이처럼 중요한 의미와 기능을 지닌 "문중에서의 의례"는 모든 개인과 공동체의 문제들을 이기적 차원에서 사회 윤리적 차원으로 승화시킴으로서 "사람이 사람답게 살아가는 길"을 열어주는 기능을 하였던 것이다. 그럼에도 불구하고 문중과 가문을 강조할 때 언제나 이기적인 흐름으로 넘어가는 것을 완전히 막아본 적이 없었다. 이러한 아이러니가 바로 조선 유교의 역사적 현실이었다. 유교 사회의 실생활을 주도하는 문중의 의례는 타종교에 비하여 매우 현실적이고 세속적인 것으로 보이지만, 그 실천의 과제와 내용은 언제나 현실에서 실현하기 어려운 유교의 절대 신념 체계에 담긴 윤리적 이상을 추구하는 것이었다. 이러한 유교사회에서의 실생활은 문중, 곧 혈연공동체의 의례가 중심을 이루기 때문에, 문중이 사실상 유교생활에 있어서 현실적인 교단의 의미를 지니게 된다. 이처럼 유교는 일반 종교들과 전혀 다른 맥락에서 교단의 개념을 유지하고 있다는 사실이 드러난다. 그러나 일반개념과 가장 가까운 유교의 교단 개념이 있다면, 그것이 바로 앞에서 여러 면으로 살펴봤던 학파이다.

셋째, 학파는 기본적으로 학문의 전통을 이어가는 공동체이지만, 조선조에서는 정치세력을 형성하는 집단이기도 하였다. 여기서 학파는 곧 조선조를 창건하고 유지하는데 중추역할을 하였던 성리학 학파를 의미한다. 유교는 특히 학문을 존중하는 종교전통이었기 때문에, 조선에서 성리학파는 유교사상의 전통을 연구하고 교육함으로써 유교의 이념을 사회에 계승 발전시키는 기능을 하였으며, 여기서 한걸음 더 나아가 학문전통을 정치현실에 연결하여 유교를 사회에 전파하고 발전시키는 역할을 하였다. 요컨대 학파는 유교가 국교였던 조선에서 먼저 학문과 교육의 기능을 담당하였고, 다음으로 유교이념을 사회에 실현하는 정치참여의 기능을 하던 전문인 공동체였다. 따라서 과거시험을 거쳐 중요 관직에 오른 공직자와 성리학파의 주도적 위치에 있던 유학자들 모두가, 일반 종교의 용어로 말하자면, 조선조 유교의 성직자들이었다. 이러한 맥락에서 학파는 일반적인 의미의 교단이었다.

이처럼 조선조의 유교에서는 교단이, 첫째, 국가통치의 차원에서 국가를, 둘째, 일상생활의 의례차원에서 문중을, 그리고 셋째, 학문과 교육의 차원에서 학파를 각각 의미하였다. 유교의 교단은 이처럼 삼차원으로 분화되어 기능하고 있기 때문에, 외부에서 보면 유교에는 교단이 없는 것같이 여겨진다. 그리고 교단의 개념이 불분명하기 때문에, 유교가 종교가 아니라는 생각을 하게 되는 경우가 많다. 그러나 앞에서 누누이 살펴본 바와 같이, 유교는 분명히 고유한 절대 신념 체계이며 유교인은 그에 대한 절대확신, 곧 신앙을 지니고 살아가는 종교이다. 다만 유교가 국가와 문중 혈족, 그리고 학파라는 3유형의 교단 개념을 갖고 있는 점이 유교의 독특한 점이다. 그러나 그 독특한 점을 이해할 때 비로소 우리는 유교와 타종교의 특성상의 차이를 분명히 밝힐 수 있고, 이러한 차별성의 이해는 우리에게 유교자체의 특성을 이해하는데도 크게 도움이 될 것이다.

3유형의 유교 교단 가운데 학파가 일반적인 교단 개념에 가장 가깝다는 점을 살펴보았다. 성리학 학파들의 갈등과 마찰의 역사가 곧 조선조의 정치사였으며, 또한 지성사였다. 학파 사이의 대립과 갈등은 유교 실세인 교단의 갈등과 분열의 과정을 말해준다. 따라서 성리학 학파 사이의 대립은 조선조에 있어서는 사회 정치적 실세의 대립 양상과 동시에 지성적 갈등의 현실을 동시에 드러낸다. 이처럼 성리학파는 조선조에서 정치적이며 동시에 지성적 실세였다. 이러한 정치적이고 지성적인 실세들의 갈등과 마찰은 조선조가 창건되던 시점부터 "참여현실파"와 "의리추구파"의 두 형태로 나타나서 조선조 말까지 이어졌다. 따라서 조선조의 정치적이며 지성적인 갈등과 마찰은 곧 성리학 안에 내재한 현실주의와 이상주의의 두 성향이 역사적 현실로 드러난 결과였다.

다시 말해서 조선의 성리학은, 성리학적 세계관의 범위를 넘어서지 않는 한계 안에서, 현실주의와 이상주의 사이의 대립과 갈등의 역사를 보여주고 있다. 조선의 창건 당시에는 정도전이 이끈 공신파와 길재가 대표하는 의리파 사이의 대립이 있었고, 세조가 즉위하면서 훈구파와 절의파가 갈라졌으며, 그 후 사색당파의 당쟁을 비롯하여 많은 정치적 사건들이 성리학 학파들 사이의 대립과 분열의 결과였다는 사실을 우리는 앞에서 살펴봤다. 모두 종합하건대, 조선의 정치사는 참여현실파와 의리추구파 사이의 갈등과 마찰의 연속이었으며, 조선의 지성사는 현실주의와 이상주의의 이념적 대립의 연속이었다.

조선의 성리학이 처음부터 현실주의와 이상주의의 이념적 대립으로부터 시작되고 그 대립이 지속될 수밖에 없었던 이유가 있었다. 그것은 조선 성리학의 사상적 특성에 그 근본 원인이 있다. 성리학은 한편으로는 대단히 세련된 형이상학체계를 지니고 있으며, 또 다른 편으로는 유교의 이상을 사회에 구현하는 데 헌신해야 한다는 유교의 전통적 윤리 덕목을 수용하고 있다. 이처럼 세련된 형이상학적 이론과 사회참여의 윤리적 태도가 잘 어울려 통일된 삶의 태도를 추구하고, 그러한 질서를 구현하는 것이 바로 유교의 이상이다. 그러나 현실에서 그러한 이상을 구현하는 것은 대단히 어려운 일이다. 따라서 구체적인 현실의 문제 앞에서 유학자들은 이상주의 아니면 현실주의의 입장을 취하게 되고, 결과적으로 서로 대립되는 학파로 갈라지게 되는 추세로 나타나게 된다. 그런데 성리학은 단순한 형이상학적 철학체계가 아니라 종교적 절대 신념 체계인 것이다. 그러므로 성리학의 범위 안에서 현실문제에 대한 해석의 결정이 나면, 그 해답은 하나의 절대확신으로 굳어지게 된다. 따라서 성리학파 사이의 대립은 단순한 학문 이론상의 차이에서 오는 것 보다 한층 더 확고한 절대 신념 체계 사이의 대립, 곧 일반종교의 용어로는, 교리적 대립의 양상으로 전개되는 것이다. 한마디로, 이러한 성리학 학파 간의 대립은 바로 독단론적 대립으로 나타나는 것이었다.

이처럼 대표적인 고전사상으로서의 성리학은 조선조에 두 가지 형태의 학자를 낳았다. 하나는 교리가 절대신념의 내용이라고 확신에 입각하여 교리자체가 절대가치라고 주장하는 태도이다. 이러한 태도를 지닌 사람을 흔히 교조주의자라고 부른다. 다른 하나는 교리는 종교적 이상을 설명하는 수단이기 때문에, 교리자체 보다는 그에 담긴 종교적 이상을 밝히려는 태도이다. 이러한 태고를 지닌 사람을 흔히 종교적 지성인이라 부른다. 고전전통은 교조주의자가 아니라 종교적 지성인의 태도에 의하여 유지되고 발전된다. 이러한 면에서, 종교적 지성인과 교조주의자의 태도를 분명하게 밝히고 넘어갈 필요가 있다. 그 차이를 아래와 같이 도표로 나타낼 수 있다.

[표 9] 종교적 지성인과 교조적 사상가의 대조표[18]

	교리체계	사상가의 의지	시대적 요청
창조적 지성인	①교리내용, ②종교적 이상	자유의지	③시대적 요청
교조적 사상가	①교리내용, ②_____	수용의지	③_____

위의 대조표에서 보이는 바와 같이 교조적 사상가는 주어진 "교리"의 내용과 체계를 있는 그대로 받아들이려는 "수용의지"만을 갖고 있다. 이러한 종교인은 교리의 체계와 내용에 담긴 사상과 가치를 역사적으로 주어진 형태 그대로 수용하고, 그렇게 수용된 것을 자신의 삶으로 옮기는데 열중하는 태도를 갖게 된다. 한마디로, 교조적 사상가들은 정통교리에 대한 순종적 태도를 지키는 것이 그 특성이라 할 수 있다. 이러한 교조적 사상가들은 실존적으로는 축복받은 사람들이지만, 지성적으로는 폐쇄적이고 사회적으로는 배타적이라는 평가를 받게 된다. 이에 반하여 창조적 종교지성인은 역사적으로 주어진 "교리체계"가 시대마다 달리 해석되고 있다는 사실을 분명하게 직시한다. 교리를 역사적으로 고찰한다면 ①교리내용에는 ②종교적 이상이 담겨져 있다는 사실이 분명해진다. 그리고 종교적 이상이 시대적 요청에 따라 해석된 내용이 정형화된 결과가 교리이다. 따라서 유교, 불교, 기독교와 같은 독자적인 종교전통 안에 수없이 많은 교리체계가 시간이 감에 따라 나타나게 된다. 이처럼 교리내용과 종교적 이상의 관계를 ③시대적 요청과 연결시켜 해석하는 사상가가 바로 "창조적 지성인"이다. 창조적 사유를 하는 사상가는 무엇보다 자신의 자유의

---

18 윤이흠 외, 『한국인의 종교관: 한국정신의 맥락과 내용』, 서울대학교 출판부, 2001, 207쪽.

지를 갖고 있을 때, 비로소 교리내용, 종교적 이상 그리고 시대적 요청이라는 3요인을 종합하여 판단하는 사유에 이르게 된다. 나아가서 이처럼 3요인을 포괄적으로 사유하는 경우에 자신의 주관적 판단이 지닌 폐쇄적이고 배타적인 태도를 극복하게 된다. 이를 현대개념으로 지성적 태도라고 말할 수 있다.

종교사에서도 이러한 지성적 태도를 지닌 사상가가 새로운 교리를 제창하여 종교사에 창조적 개혁을 위한 이상을 제기하기에 이른다. 그리고 교리와 종교적 이상의 엄연한 구별에 근거한 지성적 사유를 추구한 종교사상가들이 세계종교사의 흐름을 이어주었던 것이다. 우리는 여기서 세계종교사에 나타나는 지성적 종교사상가 두 사람의 예를 들어보기로 한다. 예컨대 중국의 수대 삼론종(三論宗)의 길장(吉藏)은 "만일 불(火)이 불 자체(火卽)라면, 우리가 '불이야'라고 할 때, 우리의 입술이 타고 말 것이다"라고 갈파한다. 그러므로 불은 불 자체가 아니라 상징이라고 지적한다. 또한 20세기 미국신학의 안내자인 H. 리차드 니버는 "교리는 종교적 사유의 출발점이다"고 말한다. 이를 종합하면, 지성적 종교인은 주어진 교리를 그 자체로 수용하는 것이 아니라, 그에 담긴 종교적 의미와 이상을, 그 당시의 시대적 요청에 비추어 자신의 지성적 판단에 근거하여 재해석하게 될 때, 창조적인 사상이 나타나게 된다는 것을 말하고 있다. 그러므로 진정한 종교사상은 언제나 재창조의 특성을 지니게 되는 것이다. 이는 다시 말해서, 진정한 종교 사상가는 자신이 속한 종교전통의 이상을 그 시대의 문화사적 맥락에서 재해석한다. 그 결과가 창조적 종교 사상으로 나타나게 된다. 바로 이러한 창조적 종교사상가 두 사람이 조선의 성리학사에 두드러지게 나타났다. 그들이 바로 퇴계 이황과 율곡 이이이며, 이들은 조선의 유학사에 있어서 창조적 지성인의 전형적 모습을 보여준다.

퇴계는 『성학십도(聖學十圖)』를 비롯한 많은 저술을 통하여 16세기까지 전개된 성리론에 관한 다양한 논쟁을 정리하고 그 해답을 제시하였다. 성리론은 태극(太極)과 본체(本體)를 대표하는 "이(理)"와, 현상적 움직임과 용(用)을 대표하는 "기(氣)"의 상관관계를 설명하는 형이상학이며, 여기에는 다양한 해석의 가능성이 항상 내재하고 있다. 이처럼 복잡한 형이상학적 주제에는 다양한 논쟁이 뒤따랐는데, 이들은 주로 주리론(主理論)과 주기론(主氣論)으로 대별될 수 있다. 퇴계는 성리학의 창시자인 주자의 주리론에 기본적으로 동조하면서도, 그에 머물지 않고 한 걸음 더 나아갔다. 예컨대 주자가 "이(理)는 감정도 없고 만들어내는 활동도 없다(理無情意造作)"고 말하면서 또 다른 곳에서 "이에 동정(動靜)이 있음으로 기(氣)에 동정이 있다(理有動靜故氣有動靜)"고 할 때, 그의 견해가 논리적으로 다소 불분명해진다. 퇴계는 이러한 불분명성을 자신의 체용론(體用論) 안에서 조화를 이루게 함으로써 주자의 문제를 논리적으로 선명하게 극복하는 길을 열어준다. 이런 맥락에서 퇴계는, 체용(體用)의 본체론으로 말한다면 이(理)의 체(體)는 무작위적이지만 그 용(用)은 작위적이라 할 것이며, 또한 이기(理氣)를 발생론적으로 말하면 이선기후발설(理先氣後發說)에 이른다고 지적한다.[19] 여기서 우리는, 퇴계가 송대의 주자학을 맹종하는데 머물지 않고 한걸음 더 나아가 주자의 사상을 자신의 입장에서 재정리하여 성리학을 새로운 단계로 발전시키는 사상적 창조성을 발휘하고 있다는 사실을 보게 된다. 퇴계가 이러한 창조성을 발휘할 수 있던 것은, 우리에게 잘 알려진 이기호발설(理氣互發

---

19 윤이흠 외, 위 책, 2001, 213-214쪽.

說)이라는 자신의 입장을 갖고 있었기 때문이었다. 이기호발설은 그가 주자의 주리론을 비판적으로 수용하고 있다는 사실을 말해준다.

여기서 퇴계는 앞의 대조표에 나타나는 "창조적 지성인"의 태도를 잘 반영하고 있다는 사실이 확실하게 드러난다. 그는 송대부터 물려받은 주자학의 "사상체계"를 주어진 형태의 ①교리내용과 그 교리에 담긴 ②종교적 이상을 구분함으로써, 송대 교리사상에 맹종하는데서 벗어날 수 있었다. 그리고 당시 조선조 성리학자들이 당파분열을 극복해야 하는 ③시대적 요청을 수용하고, 이러한 3요인을 퇴계 자신의 이성적 "자유의지"에 입각하여 "이기호발설"이라는 자신의 새로운 성리학적 입장을 천명하기에 이른다. 이처럼 찾은 새로운 철학적 입장은 성리학의 전통을 벗어난 것이 아니라 오히려 성리학의 전통을 새롭게 발전시키는데 공헌하였다. 다시 말해서 "새로운 창조"는 언제나 전통의 발전이라는 형태로 이어질 때 진정한 의미를 지니게 되는 것이다.

퇴계의 성리학은 거시적으로 보면 주리론에서 출발하여 실천적 수양론에 이르러, 이 양자를 조화시켜 도학의 완성된 모습으로 이어진다. 퇴계가 "도학은 군자가 하는 학문이고(爲道學 君子之學) 인간학은 소인이 하는 학문이다(爲人之學 小人之學)"라고 말할 때, 그의 도학이 얼마나 이상주의적이고 경건주의적인가 잘 보여준다. 퇴계는 성리학의 수많은, 그리고 다양한 이론들이 산재하고 있는 대평원의 저 먼 끝의 지평선에서 사유와 실천의 종합적 이상의 빛을 발하고 있는 도학을 제시하고 있다. 도학은, 다시 말해서, 사유와 실천을 조화하는 이상을 추구하는 수련체계이다. 퇴계는 그의 삶의 대부분의 시간을 사화시대에 보냈기 때문에, 그가 제시하는 도학은 단순한 이론적 대안이 아니었다. 그것은 오히려 학파간의 갈등에서 비롯된 당쟁과, 나아가 왕권의 주변에서 권력을 쥔 정치권력의 실세가 다른 학파를 억압하는 현상으로 나타난 사회적 혼돈 등을 통하여 그가 얻은 경험을 모두 종합하여, 이성적 차원에서 종합한 결론이었다. 이러한 맥락에서 퇴계는 조선조의 학문과 정치를 재구성해야 한다는 판단에 이르렀고, 그에 대한 대안을 제시하였던 것이다. 이러한 퇴계의 판단과 대안을 우리는 그의 역사적 대응이라 말할 수 있을 것이다.

퇴계의 역사적 대응은 성리학의 이론적 차원, 학파간의 세력 갈등의 차원, 그리고 정치사회적 차원, 이렇게 삼차원으로 나타난다. 첫째, 학문의 이론적 차원에서 그가 이기호발설을 제시함으로써, 이기(理氣) 가운데 "어떤 것이 먼저냐"를 결정해야 하는 끝없이 혼란스러운 형이상학 논쟁에서 벗어날 수 있는 단서를 제시하였다. 그리하여 그 후에 조선조 성리학사에 등장하는 논의들이 이기호발설과 관계를 갖게 될 만큼 중요한 공헌을 하게 되었다. 이러한 성리학의 이론적 차원의 공헌은, 한걸음 더 나아가서 사회적 차원에서는, 학파간의 세력다툼과, 정치적 혼란의 문제를 제기하는 데까지 연결되기 때문에 이들을 이어서 살펴보기로 한다.

둘째, 퇴계는 학파간의 세력다툼의 혼돈을 극복하는 대안으로서 도학을 제시한다. 조선조의 학파는 사실상 종단이며 동시에 정치세력이었기 때문에 당쟁은 곧 학파들 사이의 치열한 경쟁으로 이어졌다. 이러한 학파 경쟁은 크게 보면 "현실주의파"와 "이상주의파" 사이의 대결이었지만, 현실주의와 이상주의는 각각 유교의 근본이상을 추구하는 점에서는 다르지 않았다. 이러한 관계로 퇴계는 유교의 근본이상을 추구하는 학문체계를, 현실과 이상의 대립을 넘은 제삼의 도학으로 제시하였던 것이다.

셋째, 끝으로, 퇴계는 정치사회적 차원에서 당쟁을 극복하기를 주창한다. 그는 1538년(중종 23)에 홍문관의 수찬(修撰)이 된 이후 계속 승진하여 1545년(인종 1)에는 전한(典翰)이 되었다. 을사사화가 일어나면서 화를 입고 파직되었다가 복직되자, 그는 관직에 뜻을 잃고 낙향하여 학문에 전념하였다. 그 후 그는 중앙에서 여러 번 불렀으나 가능한 관직을 사양하고, 학문과 후학의 교육에 힘을 쓰면서도, 명종 말년에 예조판서가 되고, 1568년(선조 1)에 대제학(大提學) 등 중요 관직에 있으면서 『성학십도』를 지어 성은에 보답하고 생을 마쳤다. 이처럼 퇴계는 유학자로서 학문에 전념하기 위하여 관직에서 멀어지려고 노력하면서도, 국교인 유교의 학자가 지닌 관직에 봉사하는 의무를 평생 동안 완전히 배재하지 못하는 양면성을 그의 생애를 통해서 보여주고 있다. 그런 과정에서 그가 일관되게 보여준 것은 유교교파로서의 학파가 정쟁의 파당세력이 되어서는 안 된다는 것이었다. 이러한 태도를 그는 도학을 통하여 선명하게 제시하였다.

퇴계는 지금까지 살펴본 바와 같이, 학문의 이론적 차원에서는 이기호발설을, 그리고 학파간의 세력 갈등의 차원에서는 도학을, 그리고 정치사회적 혼돈의 차원에서는 도학정신을 강조함으로써 퇴계 당시 조선사회가 지녔던 문제들에 대한 근본적인 해답을 제시하기에 이르렀다. 다시 말해서 퇴계는 학문적 이론, 학파간의 갈등, 그리고 사회정치적 혼돈을 포함한 전방위적인 당대의 시대적 문제를 극복하기 위한 대안을 찾아 제시한 것이 다름 아닌 조화의 이상이었다.

율곡 이이는 퇴계와 더불어 조선 유학의 양대 거봉을 이룬다. 먼저 율곡은, 퇴계 학문의 경건성에 찬사를 보내면서도, 이론적으로 비판을 가한다. 율곡은 그의 선배 퇴계가, 앞에서 살펴본 바와 같이, 주자를 비판적으로 수용했던 전례를 따랐던 것이다. 이런 맥락에서 먼저 조선조 유학자의 두 번째 거봉 율곡 사상의 핵심을 짚어보고 나서 그의 선배인 퇴계와의 차이점과 공통점을 살펴봄으로써, 조선 유학에 담긴 한국인 사유의 특성을 더 듬어보기로 한다.

이율곡은 『성학집요』, 『동호문답』 등 많은 저술을 남겼는데, 그 저술은 철학, 경제, 사회, 교육, 윤리, 종교 등 다양한 분야를 망라하였다. 그처럼 폭넓은 율곡의 사상은 성리설과 경세론을 그 주축으로 삼고 있다.[20] 먼저 그는 퇴계가 이기호발설을 주장하는 것과는 달리, "기(氣)가 발동하고 이(理)가 타서 하나가 된다."는 기발이승일도설(氣發理乘一途說)을 통해서 일원론적 입장을 취한다. 그는 또한 "발동하는 것은 기(氣)이고, 발동하게 하는 요인이 이(理)이다(發者氣也 所以發者理也)"라고 주장한다. 이처럼 율곡은 이기가 서로 구별은 되지만 분리는 될 수 없는 하나의 실재(實在)를 지칭하며 이러한 관계로 이기지묘(理氣之妙)라 한다. 이러한 일원론적 입장에서, 퇴계가 사단(四端)과 칠정(七情)을 둘로 보는데 반하여, 율곡은 사단 역시 칠정과 마찬가지로 인욕이 섞이지 않고 수연(粹然)하게 천리에서 나온 것이기 때문에 서로 다른 것이 아니며, 이런 관계로 사단을 칠정에 내포시킨다. 그는 이처럼 진실을 존재론적 요인들의 상호 의존관계의 맥락에서 읽는데, 마치 불교가 인연연기설이라는 역동적 관점으로 사물을 설명하듯이, 그의 논변은 치밀하게 논리적이다.[21] 따라서 유교의 교리를 해석하는데 있어서

---

20 위 책, 215-216쪽.

21 율곡은 진실을 존재론적 요인들의 상호의존관계의 맥락에서 읽고 있다. 이는 마치 불교가 만사를 인연연기법으로 설명하는 것과 같은 인상을 준다. 이처럼 율곡이 잘 정리된 논리적 관점으로 사물을 보게 된 것이 그가 젊어서 불교사찰에서 공부한 경험과 얼마나 관계가 있는지 흥미로운 일이다. 이를 배제한다 해도, 율곡의 사상이 역동적 시각이라는 점에는 의심의 여지가 없다.

도 율곡은 논리적으로 무리한 주장이나 모순을 범하지 않고 시종일관 통일된 사상을 전개한 점에서 실로 한국 사상사에서 빛나는 창조적 사상가의 모습을 보여준다.

특히 율곡의 성리설은, 퇴계의 경우 실천적 수행론으로 진행되는데 반하여, 보다 사회적인 경세론으로 진행된다는 점이 그의 사상의 일대 특성을 이루고 있다. 그는 먼저 자신이 처한 시대를 창업기(創業期)와 수성기(守成期)를 지나 갱장기(更張期)로 파악하였다. 따라서 그는 당시의 사회적 폐해를 고발하는 시폐론(時弊論)과 각종 폐해로부터 사회를 구출하는 시무론(時務論)을 제기하였다. 이러한 경세론적 진단과 처방은 모두 그의 성리학적 일원론에 근거하고 있다. 이러한 그의 일원론적 태도는 "임금의 긴급한 일은 이(理)를 밝히는 것보다 앞서는 것이 없다(人君之急務莫先於明理)"고 주장하는데서 다시 선명하게 드러난다. 형이상학적 성리설(性理說)과 실천적 경세론이 이처럼 일원론에 입각하여 조화를 이룬 율곡의 사상은 조선 유학의 백미라 할 것이다.

율곡은 국가가 20여년 고질에 빠져서 조금도 개혁할 가능성이 보이지 않아서 "백성의 힘이 이미 다하였고, 나라의 저축도 비었으니, 만약 경장을 하지 않는다면 나라가 장차 나라가 아닐 것입니다"라고 『상퇴계선생서(上退溪先生書)』에서 울부짖는다. 이처럼 율곡은 구체적으로 국민의 현재의 생활고와 국가경제의 파탄상태의 현실에 비추어 국가의 내일을 걱정하고 있다. 같은 맥락에서 그는 현재의 사회적 폐단을 당장 개혁하지 않는다면, 요순과 같은 성인이 다시 온다 해도 현재의 난국을 극복할 수 없는 상태에 이르렀는데, "특히 걱정되는 것은 지금 백성은 힘이 사경에 이른 사람의 숨이 넘어가는 것 같아서 평일에도 유지하기가 어려운 상태인데, 만일 외란(外亂)이 남북에서 일어난다면 질풍이 낙엽을 쓸어버리는 것과 같이 될 것이니, 백성은 그만두고서라도 종사(宗社)는 어떻게 할 것인가?'라고 자신의 주저인『동호문답(東湖問答)』에서 호소한다. 그는 이처럼 백성의 비참한 현실과 국방의 무방비 상황을 개선하려는 노력이 결여된 정치적 현실의 허점에 깊은 우려를 보여주고 있다. 율곡은 국민생활의 실상과 국방의 현황에 대한 사실 파악에 근거하여 국민과 국가의 현재와 미래를 위한 대안을 추구하는 과정에서 갖게 된 자신의 지성적 고민을 솔직하게 드러내 보여준다. 다시 말해서, 율곡은 그의 학문이 성리학적 형이상학체계로부터 출발하여 사회적 현안으로 확대되면서 그의 지성적 관심이 인간과 사회의 전방위로 확장된 원숙한 시각을 지니게 되었다.

유교는 어느 시대나 장소에 관계없이 하나의 문제와 직결되는데 그것이 바로 윤리적 이상의 실현이다. 그리고 윤리적 이상의 실현은 선악의 문제에 대한 해답과 직결된다. 이러한 관계로, 율곡 역시 그의 원숙한 태도로 선악의 문제를 자신의 독자적인 입장에서 해석한다. 그는 기본적으로 윤리적 문제는 선악을 분리하여 상대방을 공격하는 태도를 넘어서, 선한 세상을 만들기 위하여 서로가 하나가 되어 협력하는 것이 중요하다고 여긴다. 선악의 문제는 선과 악을 가르는 것 보다 선으로 사회를 통합하는 것이 중요하다는 태도이다. 율곡은 각종 당쟁과 사화를 거치면서 사회는 갈기갈기 찢어졌지만, 명종 말에서 선조 조에 이르면서 비로소 유학자들이 적극적으로 정치에 참여할 수 있는 기회가 열려있는 시대에 서 있었다. 따라서 그는 자신의 적극적이고 창조적인 자세로 유학자에게 주어진 사회 개혁의 시대적 사명을 선택한 것이다. 이제 그에게 중요한 것은 찢어진 사회의 책임을 따지면서 과거사에 매달려서 현재를 가르는 것이 아니라,

건강한 유교의 도덕적 이상을 사회에 실현하기 위한 작업에 모두가 협력하여 하나가 되는 것이다. 한마디로, 사회적 통합이 율곡이 제시하는 시대적 메시지였다.

이러한 율곡의 입장에서는 선악의 기본 문제는 선과 악을 나누고 구분하는데 있는 것이 아니라, 선을 사회에 구현하기 위하여 사회전체를 통합하는 것이 중요하다. 이러한 입장에서 율곡은 자신의 시대적 사명감을 두 방향으로 연결시킨다. 하나는 유학자로서 성리학의 이론적 측면에서 논리적으로 허용되는 한 통합적 안목을 제시하는 것이었으며, 다른 하나는 민생과 국방의 문제들과 같이 현실적 현안들을 포함한 사회전체의 문제를 보다 통합적으로 이해하고 해답을 찾는 것이다. 그는 유교 이상을 현실에 맞게 해석하고 전파하는 것보다, 한 걸음 더 나아가서 유교의 이상으로 사회를 재편성하는 현실적이고 구체적인 사회 및 문화적 방법론에 관심을 집중하고 있다. 그의 사상적 작업은 유교의 교리학적 범주를 넘어 사회변화를 유도하는 인문사회학의 영역으로 확대되고 있었다. 율곡은 그동안 유교의 이상을 덮고 장식하고 있던 전통적 교리체계를 벗기고, 새 시대가 요청하는 새로운 감각과 개념으로 유교의 이념을 재편하려는, 한마디로 전형적인 개혁적 지성인이었다.

새 시대를 준비하던 또 다른 성리학자는, 우리가 앞에서 살펴본, 퇴계였다. 퇴계 역시 선악의 문제를 사상의 중심에 둔다. 퇴계의 입장에서, 도덕적 판단과 행동을 위하여 무엇보다 선악을 구별할 줄 아는 도덕적 심성이 정립되어야 한다.[22] 선악에 대한 구별능력이 있어야 도덕적 판단과 결단

---

22 필자는 선악에 관한 퇴계와 율곡의 입장과 그 차이에 관한 문제를 평소에 동료인 금장태 교수에게 문의하면서 그의 견해를 존중하게 되었다.

이 가능해지기 때문이다. 도덕적 결단과 행동에는 악은 억누르고, 동시에 선은 북돋우는 두 측면이 있다. 따라서 선악의 구별이 도덕적 결단의 단계에는 중요하지만, 그 결단의 타당성을 보장하기 위하여 먼저 악을 억압하고 선을 배양하는 "기준"이 있어야 한다. 그러므로 이러한 도덕적 판단의 기준이 준비되지 않은 상태에서 선악의 구별에만 의지할 때, 그러한 행동은 일반적으로 "선이 자파의 이익을 위한 행동의 방패"로 변신하면서 사회적 악을 조장하게 된다. 선이 이기심의 방패로 변신한 현상이 연산군 이래 사화와 당쟁으로 나타나 조선사회를 완전히 혼돈으로 빠뜨렸으며, 퇴계는 그 혼돈 속에서 그의 전 생애를 거의 보내야 했다. 따라서 그는 가능한 관직을 멀리하면서 학문과 교육에 전념하려 노력하였다. 이러한 과정에서 그는 선악을 구분하는 행위를 정당화하게 해주는 도덕적 기준을 정립하는 작업에 집중하였다. 이는 한마디로 퇴계가 진정으로 유교의 전통을 새롭게 가꾸는 고전적 지성인의 표본으로 살았다는 사실을 말해준다.

여기서 퇴계와 율곡 사이의 공통점이 드러난다. 율곡은 고전적 퇴계를 존경하면서 자신은 개혁적 태도를 지켰다, 마치 퇴계가 주자의 이론을 비판적으로 수용하듯이. 퇴계와 율곡은 각각 기존 사상의 틀과 이론은 비판하고 수정하면서도, 그 사상의 틀과 이론에 담긴 형이상학, 종교적 이상은 존중하였다. 이처럼 이론과 그에 담긴 이상, 현실 "제도"와 그에 담긴 "꿈"을 동시에 보면서 이론과 현실 뒤의 이상과 꿈을 추구하는 사람, 그가 곧 지성인이다.[23] 지성인은 한마디로 이기심에 밀착하거나 현실에 만족하지

---

23 지성인은 지식인이나 특수 분야의 전문가와 다르다. 지성인은 기본적으로 인간의 삶과 문화와 사회의 전 분야에 있어서 꿈과 이상의 실현을 추구하는 사람들의 형태를 지칭한다.

않고 이상을 추구하는 사람들이다. 퇴계와 율곡은 전형적인 지성인이며, 동시에 창조적 사상가라는 점에서 서로 다르지 않다.

조선의 대표적 지성인 퇴계와 율곡은 각각 자신의 지적 관심을 충실하게 지키면서 통일된 사상을 새롭게 창조한 결과 서로 간의 차이점을 드러낸다. 예컨대 퇴계는 그의 독자적 성리설(性理說)로부터 실천적 수양론으로 발전하는 과정에서 성리학이 닿을 수 있는 마지막 단계인 영성체험(靈性體驗)을 언급한다. 다시 말해서, 그의 성리학은 실천적 차원에서 영성의 완성에 이르게 된 것이다. 반대로 율곡은 그의 독자적 성리설로부터 보다 현실적인 실천적 경세론을 발전시키면서, 사회적 부조리를 개선할 수 있는 현실 진단으로서의 시폐론(時弊論)과 대안으로서의 시무론(時務論)을 제시하였다. 이처럼 조선 유학의 양대 거봉인 퇴계와 율곡은 모두 성리학의 형이상학적 신념체계로부터 실천적 이상의 대안을 제시하기에 이르렀다. 퇴계의 실천론이 성리학이 제시할 수 있는 개인적 수행론의 마지막 단계의 대안을 보여주는데 반하여, 율곡의 실천론은 국가사회에 만연되어가는 사회적 문제를 극복하는 사회개혁론으로 이어진다. 퇴계가 수양론을 제시한데 반하여, 율곡은 사회개혁론을 부르짖었던 것은 이러한 맥락에서이다. 이러한 차이는 불과 한 세대, 30년을 두고 태어난 두 사상가가 당면한 16세기 중엽 조선조가 겪은 사회적 상황의 변화를 반영하는 것이기도 하다. 그만큼 두 사상가는 시대적 요청에도 민감하게 반응하면서 자신의 사상의 고유한 내용을 구축했다는 점을 말해준다. 두 사상가의 작업은 서로 다르지만, 각자의 지성적 관심은 성리설의 이론, 곧 "교리체계"에 매달리지 아니하고 자신의 "자유의지"에 입각하여 시대적 요청을 수용하면서 조화를 추구한 점은 다르지 않다. 그러한 과정에서 각자의 사상은 영성 체험의 실천적 세계와 경세론의 실천적 이상의 세계로 각각 확대되기에 이르렀다. 결과적으로 퇴계와 율곡의 지성적 관심은 성리학의 교리적 이론의 세계에 머물지 않고 실천적 세계에 이른다.

조선 성리학은 16세기에 이황과 이이를 배출하면서 그 절정을 이루었다. 선배인 이황이 선험적 이념의 수용에 초점을 맞추었다면, 이이는 이황이 제시한 형이상학적 이념을 실천의 차원에서 구현하는데 집중했다. 이황이 주자학을 단순하게 답습하지 않고 비판적 수용을 하면서 내적 성찰을 통하여 이존설(理尊說)을 제시하면서 인간의 존엄성과 본래성을 밝히고, 이이는 이기지묘설(理氣之妙說)을 통하여 인간의 존엄성이 어떻게 사회적으로 실현되고 보편화하는 가를 제시하였다. 이처럼 인간의 내적 성실성을 강조하는 고전적 전통이 이황에 이르러 그 절정에 이르렀다면, 인간의 내면적 존엄성의 사회화를 밝히는 근대적 시각이 이이에 이르러 그 모습을 드러내기 시작하였다. 퇴계와 율곡은 송대 성리학의 형이상학적 원칙을 받아들이면서 자신의 독자적 형이상학체계를 전개하고 있었다. 다시 말해서, 퇴계는 자신의 형이상학 체계에 근거하여 실천적 수양론을 발전시켰다면, 율곡은 자신의 형이상학 체계에 근거하여 실천적 경세론을 발전시켰다.

여기서 두 사상가의 공통점과 차이점 모두 드러난다. 두 사상가가 모두 성리학 전통의 핵심인 성리설의 정신을 수용하면서 그 설을 독자적으로 해석하는 독립성을 보여주었다. 그런데 그 독립성은 성리설에서 출발하여 실천론으로 이어지는 사유의 순서가 서로 같다는 점을 말한다. 다시 말해서, 그들은 종교의 전통적 신념체계를 받아들이면서도 그 안에 담긴 교리적 내용들은 시대적 요청과의 관계에서 취사선택하였으며, 이렇게 선택된 사안들로부터 자신의 사유체계에 근거하여 새로운 사상을 창조하였다. 그들은 지성적이고 창조적인 종교사상가였다는 점을 거듭 확인해준다. 구태여 그들의 차이점을 지적한다면, 퇴계가 고전적 지성인이라면, 율곡은 개혁적 지성인이라고 말할 수 있다.

퇴계와 율곡은 앞에서 살펴본 [표 9] 종교적 지성인과 교조적 사상가의 대조표에서 드러나는 "창조적 지성인"의 전형적인 모습을 보여주고 있다. 먼저 교조적 사상가는 자신이 갖고 있는 교리내용에 관한 절대확신에 입각하여 모든 사물을 해석하기 때문에, 상대방의 사상을 상대화하게 된다. 그러므로 교조주의적 사상가들이 대립하게 되는 경우 서로 자신의 견해가 절대적이라고 확신하는 "자기중심적" 태도를 견지하고, 따라서 그들 사이에 마찰과 분열이 불가피하게 된다. 조선조의 당쟁이 바로 이러한 것이었다. 반대로 지성적 사상가는 "교리"와 교리에 담긴 "종교적 이상"을 분별할 줄 아는 사람들이다. 이러한 지성적 사상가는 특정한 교리를 해석할 때, 그 교리에 담긴 이상이 허용하는 범주 안에서 교리를 해석한다. 따라서 특정한 교리를 해석할 때, 지성적 사상가는 자신이 해당 교리사, 곧 지성사의 범위를 일탈하지 않기 위하여 스스로 반성하면서 교리를 해석하게 된다. 그는 해석의 정확성을 위하여 교리와 그에 담긴 종교적 이상을 구분할 뿐만 아니라, 자신의 사유의 정확성을 위하여 자신의 사유과정을 항상 반성하게 된다. 이러한 관계로 자기 판단에 대한 절대확신만 지닌 경우 교조적 사상사가 되고, 교리를 교리사 전체의 맥락에서 객관화하여 해석하고 나아가 자신의 판단의 정확성을 기하기 위하여 스스로 지성적 반성을 하는 경우에 지성적 사상가가 된다. 결론적으로 [표 9] 종교적 지성인과 교조적 사상가의 대조표는 퇴계와 율곡이 전형적인 종교적 지성인이라는 사실을 잘 말해준다.

전형적인 지성인으로서의 퇴계와 율곡은 조선조의 건국시기부터 내려오던 현실참여파(現實參與派)와 의리추구파의 갈등과 마찰이 조선사회를 끝없는 혼동과 마찰로 이어지게 하는 현실을 극복하기 위한 사상적 대안을 제시하는 점에서 다르지 않다. 다시 말해서 종교적 지성인으로서의 퇴계와 율곡은 지속적으로 이어지던 현실주의와 이상주의의 두 사회적 실체 사이의 대립을 넘어 제삼의 대안, 곧 조화의 이상을 제시하였다. 그들이 제시한 조화는 현실주의와 이상주의라는 양극의 중간점이나 타협점이 아니라, 그 양극이 모두 수용된 제삼의 이상으로서의 조화이다.

참여현실파의 유학자들은 처음부터 유교국가인 조선조를 건국하고 또 유교사화를 유지하는데 노력을 더 집중한데 반하여, 의리파 유학자들은 조선조의 현실에 대한 비판적, 그리고 학문적 사색에 더 관심을 집중하였다. 현실참여와 의리추구가 유교전통 안에는 물론 중요한 가치관으로 내재되어있다. 그러나 이처럼 서로 상반되는 가치관의 어느 하나를 정치이념으로 내세우는 순간 유교사상의 전체적 이상은 깨지고 그 일부만 교리적으로 강조되면서, 파벌을 형성하게 되었다. 그것은 한마디로 성리학의 일부 교리를 앞세운 교조주의에 빠지는 결과에 이르게 된다. 그러나 퇴계와 율곡이 각자의 입장에서 유교의 고유한 근본이상을 시대적 요청에 맞는 형태로 밝히면서, 그 대안으로 조화의 이상을 제시하였다. 한마디로, 조선조의 유학이 추구한 이상은 조화라는 사실을 말하여준다.

3) 성리학적 입장과 민족문화 주체의식의 갈등

조화를 이상으로 추구하는 경우를 우리는 앞 장에서 고려의 불교에서도 살펴보았다. 불교는 교학과 선학의 두 전통으로 이루어지는 데, 고려불교의 의천과 지눌은 각자의 입장에서 교(敎)와 선(禪)의 조화를 강조하였으며, 이러한 전통은 오늘까지 이어진다. 이처럼 교와 선의 조화를 추구하는 경우는 중국과 일본의 불교에서는 찾아보기 어렵다. 그런데, 조선유학의 대표적 사상가인 퇴계와 율곡에서는 조선 유교사에 나타나는 현실참여주의와 의리추구주의라는 두 세력을 넘어, 제삼의 대안으로서의 조화를 이상으로 제시하고 있다. 불교와 유교가 모두 외부로부터 들어온 고전종교라는 점을 감안한다면, 고려조의 불교와 조선조의 유교가 모두 조화를 이상으로 추구한다는 사실은 중요한 점이 아닐 수 없다. 우리 민족은, 서론에서 살펴본 바와 같이, 조화를 사유의 특성으로 갖고 있다. 외래종교를 수용한다는 사실은 곧 외래종교가 한국인의 정서라는 바구니 안에 담겨진다는 것을 의미한다. 한국인의 정서, 또는 사유라는 바구니는 기본적으로 조화에 친화성을 갖고 있기 때문에, 그에 담긴 예컨대 불교와 유교의 사상이 한국의 창조적 사상가에게 수용될 때 조화의 이상이 본질적 특성으로 자리 잡게 마련이다. 이러한 관계로 의상과 지눌 그리고 퇴계와 율곡이 각기 조화를 자신의 종교사상의 핵심으로 지니고 있다는 공통점을 보여주고 있다. 그것은 이념적이고 논리적 차원에서 추론된 결과로서의 조화가 아니라, 오히려 고도의 형이상학적 추론의 다음에 오는 실천적 차원에서 요청되고 또 확인될 수 있는 조화를 추구하는 것이었다. 결론적으로 그것은 삶의 경험적 차원에서 확인된 조화라는 것에 공통점이 있다.[24]

이처럼 조선조와 그 이전 고려조의 대표적 사상가들이 모두 조화의 이

---

24 조화는 모든 종교전통의 핵심 사상에 공통적으로 강조된다. 그러나 한국 사상에 담긴 "조화"의 개념은 고유한 특성이 있다.

상을 추구하였다는 점에서 다르지 않다. 그러나 조선조의 퇴계와 율곡은 국가적 차원에서 중심역할을 했지만, 고려의 경우 의천과 지눌은 불교의 변화에 큰 영향을 주었다. 특히 지눌의 경우는 고려사회의 변화를 줄 만큼 현실적인 영향력을 지니지는 못했다. 그 차이는 조선조의 경우 유교가 실제로 국교였기 때문에 문화와 사회, 그리고 정치의 모든 면에서 영향을 주었지만, 고려시대의 불교는, 앞의 장에서 살펴본 바와 같이, 말하자면 주도적 종교의 위치에 있었지만 사실상 국교의 자리에는 미치지 못한 상태였다. 따라서 고려의 불교는 국가를 현실적으로 개혁할 만한 위치에 있지 못하였다. 이러한 관계로 의천과 지눌에게는, 퇴계와 율곡의 경우와 달리, 국가적 문제보다는 불교 내의 문제에 관심이 집중되었다. 결과적으로, 유교가 국교인 조선조의 경우 퇴계와 율곡의 지적 관심은 국정을 포함한 전방위적으로 확대된데 반하여, 불교가 주도종교였던 고려의 경우 의천과 지눌의 지적 관심은 불교 교단내의 문제가 위주였다.

조선전기는 두 가지 정신문화적 특성을 지니고 있다. 하나는 성리학을 사회적 이념으로 수용하는 것이고, 다음은 성리학에 담긴 고전적 문화내용을 사회화하는 것이었다. 한마디로, 전자는 정치적 문제이고, 후자는 문화적 문제였다. 정치적 문제는 역성혁명 당시부터 이미 성리학을 신왕조의 정치적 이념으로 채택하고 조선이 개국되었기 때문에, 조선 왕조가 존속하는 동안 잘 진행되었다. 그러나 두 번째 문제인, 성리학의 문화적 측면에서의 수용은 쉽지만은 않았다. 예컨대, 앞에서 언급한 바와 같이, 성리학은 어차피 중국으로부터 들어온 이른바 외래사상이다. 따라서 우리 고유문화전통의 계발이 크게 요청되었고, 그에 따라 한글이 창제되기에 이르렀다. 그럼에도 불구하고 조선전기의 문화적 흐름의 주류는 역시 성리학의 수용과 그 발전에 있었다. 이런 맥락에서 조선 전기 종교사상의 흐름은 역시 퇴계와 율곡의 두 창조적 사상가에 의하여 아름답게 마무리되었다고 말할 수 있다.

조선조는 처음부터 공간적 팽창의 동기가 결여되었기 때문에 문약으로 흐르는 성향을 보였던 것은 사실이다. 문약에 흐르면서도 세계사에서 그 유례를 찾아보기 어려울 정도로 세련된 문치주의에 근거한 고전왕조를 건설한 것 또한 중요한 사실이다. 이처럼 조선 전기는 공간적 팽창을 포기하면서 고전왕조를 형성하는 이율배반적인 동기의 혼합으로 진행되었다. 이러한 과정에서 크게 두 가지 사실이 드러났다. 하나는 비록 문치주의에 치우쳤지만 가장 전형적인 고전왕조를 형성했다는 사실이다. 그리고 고전주의적 이상을 역사에 실현시키면서도 민족문화전통의 확보와 발전을 위한 노력으로 한글을 창제한 것이 다른 하나이다. 이처럼 한문문화에 담긴 고전문화를 수용 발전시키면서, 그와 반대로 한글창제를 통하여 민족문화전통의 창조적 활성화를 도모하는 이율배반적인 운동이 조선조 초기에 나타났다. 그러나 유교가 국교였던 초기 조선조에서 제일 주제는 조선조를 유교사회로 개종하는 작업을 완성하는 것이었다. 따라서 한글창제에 담긴 민족 문화전통의 발전은 부차적 과제로 밀려나게 되었다.

이처럼 조선 전기는 고전왕조의 건설과 민족 문화전통의 발전이라는 이중 동기를 갖고 있기 때문에 그 둘 사이의 내적 갈등을 피할 수 없었다. 그러나 결과적으로 조선조는 국가 전체를 유교로 개종하는 것을 제일의적 과제로 삼았기 때문에, 조선의 사회와 문화는 유교적 형태로 변하기 시작했다. 이러한 현상은 한글의 공용화를 포기하는 데서 잘 나타난다. 한글이 창제된 상황인데도, 조선조는 한문체계의 절대화를 고수했던 것이다. 조선조는 한문전통에 담긴 문화적 특성을 절대화한 것이다. 그에 따라 민족문화 전통의 활성화와 창조에 대한 기대가 포기되었던 것이다. 한문에 담긴 고전문화가 절대화되고, 민족문화전통은 상대화되었다. 이러한 흐름은 결국 조선조가 유교를 국교로 수용한 결과였던 것이다.

조선조는 세계 4대 고전문화 가운데 하나인 중국의 고전문화전통을 단순히 모방적 수용을 한 것이 아니라, 퇴계와 율곡에서 보았듯이 "비판적 수용"을 하는 이른바 재창조의 태도를 지니고 있다는 점을 직시할 필요가 있다. 다시 말해서, 조선조의 성리학자들은 송대의 성리학을 비판적으로 수용하는 태도에서 그들의 지성적 태도를 읽을 수 있다. 그러나 전체적으로 볼 때, 조선조의 성리학자들은 "공간적 팽창의식"을 갖고 있지 않았다. 예컨대 시대적 감각에 가장 예민했던 율곡마저도 외부로부터의 침입 가능성에 대한 준비를 강조하면서도, 침입 가능한 외부세력과의 새로운 관계 개선이나 그들을 견제하는 또 다른 국제관계의 대책은 별로 없다. 물론 율곡의 경우는 침입가능성에 비하여 국내 준비상황이 너무 무방비 상태인 위급성을 강조하는 단계여서 "공간적 팽창의식"을 따로 언급할 상황이 못된 것이 사실이다. 그러나 율곡이 걱정하는 것이 바로 조선사회가 해외활동을 평소에 활발히 하여 외부로부터의 침입에 대한 충분한 준비가 없었다는 점을 한탄하면서 그 준비를 서둘러야 한다는 주장이었던 것이다. 이런 관계로 조선조는 공간적 팽창의식을 활성화하지 못했다고 말할 수 있다. 그 결과 조선조는 문약에 빠지게 되었다. 그러한 문약은 국방력의 보완에는 관심이 없고, 당쟁에 빠졌던 조선조의 정치상황이 말해주고 있다. 조선사회가 공간적 팽창의지를 갖추지 못했다는 사실은 세종 대에 대마도를 정벌하고도 포기한 사건에서 잘 드러난다. 조선조는 문화적으로는 고전사회를 이룩하는 데 성공했으나, 위화도 회군에서 비롯된 "공간적 팽창" 의지를 지키지 못함으로써, 결과적으로 문약에 빠져 국내에서 당쟁에 휘말리는 상황에 이르렀다.

아무리 성리학의 이념으로 조선사회를 개종하려 하여도, 우리 민족의 문화전통은 구조적으로 남아 있었다. 특히 정부가 조선의 사회와 문화 전체를 유교로 개종하려고 노력했지만 국민의 일상생활 내용을 유지하게 하는 민속분야에는 크게 미치지 못했다. 이는 조선의 전통사회에서 남자들이 사랑방에서 성리학을 공부하는 것과 달리, 그 부인들은 안방에서 전통적인 민속을 지키면서 살았다는 점 하나를 상기하는 것으로 충분할 것이다. 결론적으로 말해서, 유교를 국교로 하는 조선조는 세계문화사에서 가장 대표적인 고전왕조를 건설하는데 성공하였지만, 결과적으로 문약에 빠졌다. 그리고 고전왕조를 건설하는데 성공했지만, 민족문화전통이 사회 안에 그대로 남아 기능하는 상태를 변경하지 못하였다. 따라서 조선조는 고전문화전통이 사회의 표면을 형성하고 있으면서, 그 내부에는 민족문화전통이 살아있는 복합 상태를 형성하고 있었다. 이러한 복합 상태는 시각에 따라 조선조가 완전히 유교사회로 보이기도 하고, 반대로 한국민족의 고유문화전통이 살아있는 전통사회로 보이기도 하게 한다.

3. 조선 전기의 불교

불교의 입장에서 보면 조선조의 처음부터 끝까지 전체가 일대 수난의 시기였다. 이미 고려 말에 성리학자들은 불교를 비판하고 공격하기 시작했는데, 조선조에 들어오면서는 처음부터 체계적으로 불교를 억압하고 배척하였다. 조선 왕조는 유교를 국교로 채택했기 때문에, 유교 이외의 모든 종교에 대하여 유교적 입장에서 판단하고 대처했다. 조선조 초기에 유교 이외의 종교에는 불교와 도교, 그리고 무속을 비롯한 민속종교 전통들이 있었다.[25] 그 가운데 도교와 민속종교 전통들은 사실상 교단조직을 갖고 있지 않았기 때문에 유교의 입장에서 배척과 수용을 마음대로 조절할 수 있었지만, 불교만은 그렇지 못한 상대였다. 불교는 유교보다 훨씬 더 잘 정비된 교단체제를 갖고 있었기 때문이다. 유교의 경우는, 국가체제 전체를 유교의 교단체제로 수용하고 있기 때문에, 유교교단의 통일성과 순수성을 유지하는 것 자체가 대단히 중요한 정치적 관심의 대상이 되었다. 이러한 상황에서, 불교는 조선사회의 커다란 위협이 아닐 수 없었다. 따라서 조선은 건국되던 처음부터 숭유억불정책(崇儒抑佛政策)을 체계적으로 전개했다.

대단히 체계적이고 강력한 배불정책 아래서 불교가 자신을 지키기 위하여 정책에 대한 구체적인 반응을 취하지 않을 수 없었다. 따라서 배불정책에 따라 조선의 불교가 변화를 보였다. 조선조의 종교문화는 임진왜란을 기점으로 근본적인 변화가 일어나기 시작했다. 임진왜란은 조선의 사회와 문화를 안팎으로 흔들어 근본적인 변화를 일으킨 일대 충격적인 사건이었다. 그것은 독립된 시대라기보다는 변화를 일으킨 역사적 동기이고 전환점이었으며, 구태여 이를 시간적 개념으로 말하자면 전환기라 할 것이다. 따라서 우리는 조선의 불교를 임진왜란을 전환기로 하여, 유교의 경우와

---

25 무속과 민속종교 전통은 비교단 종교들로서 종교 신념체계는 명백하게 유지되지만, 교단이 형성되지 않기 때문에 교단형성에 요청되는 교직(敎職)이나 신급(信級) 등이 잘 발달되지 않은 상태이다. 이러한 비교단 종교 가운데 특히 한국고유 종교전통들은 무속, 하늘신앙 그리고 자기수련 전통 등이 있다.

마찬가지로, 전기와 후기로 나누어 살펴보기로 한다.

전기는 조선왕조의 극심한 배불정책에 억눌려서 불교의 "도맥(道脈) 보존"을 위한 노력이 집중되던 시기였다. 그리고 임진왜란을 전후하여 불교는 "자기 위상의 확보"를 추구하였으며, 끝으로 후기는 지속되던 배불정책의 그늘에서 불교종단의 혼돈을 보여주던 시기였다. 이러한 기준으로 조선불교의 흐름을 살펴보기로 한다.

1) 배불정책과 불교도맥의 보존

조선의 태조 이성계는 본래 독실한 불교신자로서 무학(無學) 대사와 특별한 관계를 맺어왔기 때문에 그를 왕사(王師)로 삼았다. 따라서 9년간 그의 통치기간에 억불정책이 본격화되지 않았다. 조선의 억불정책은 이성계를 앞세워 유교적 이상을 구현하기 위하여 새로운 왕조, 조선을 건설하는 데 참여한 성리학자들의 정치적 이념에 그 뿌리를 두고 있다. 이러한 불교 억압정책이 본격적으로 시작된 것은 제3대 태종 때부터였다. 예컨대, 1406년 3월 전국에 242개의 사찰만 남겨두고 나머지 사원의 토지와 노비를 모두 국가에서 몰수함으로써, 242개 사찰 이외는 사실상 모두 텅 빈 사찰이 되어버렸다. 이는 태종이 실행한 많은 불교의 억압정책 가운데 하나이다. 그리고 불교 억압정책은 세종 대에도 이어졌다. 제4대 세종은 1424년 4월에 그때까지 공존하던 7개 종단을 교(敎)와 선(禪)의 양종으로 통폐합시키고, 전국의 사찰역시 36개소로 줄였으며, 나아가 도성 밖의 승려는 도성의 출입을 금하게 하였고, 연소자의 출가를 금했다. 그 외에도 다양한 불교 억압정책이 실행되었으며, 이러한 상황에서 조선의 불교가 건강한 종교단체로서 스스로를 유지하기 어렵게 되었다. 이러한 억압은 제7대 세조

대에 잠깐 숨이 트이기도 했다. 세조는 많은 사찰을 중수하고 보수하는 일을 포함하여 여러 면에서 불교를 도왔는데, 특히 그는 가혹했던 승려에 대한 통제정책을 완화하고 그들의 권익을 보호해 주려고 노력했다. 그 일환으로 승려의 자유로운 도성출입을 허용했다. 그러나 제9대 성종이 즉위하면서 억불정책은 다시 더 거세졌다. 1471년에 도성 안의 염불소와 간경도감을 폐지하였으며, 1473년에는 사대부의 자녀가 머리를 깎고 출가하는 것을 금지하였고, 1492년에는 도첩(度牒)이 없는 승려는 모두 정역(定役)과 군정(軍丁)으로 충당시켰다. 또한 금승(禁僧)의 법을 발표하여 승려가 되는 것을 금하고 승려를 환속시켰기 때문에 사원이 빈 상태가 되었다. 이처럼 가혹한 탄압은 제10대 연산군에 이르러 한층 더 강화되었다. 예컨대 연산군은 선종의 도회소(都會所)인 흥천사(興天寺)와 교종의 도회소인 흥덕사(興德寺), 그리고 대원각사를 모두 폐하여 공공시설로 삼아버렸다. 그리고 승과(僧科)마저도 실시하지 않는 등, 연산군의 불교탄압 폭정은 불교계에 엄청난 피해를 주었다. 한마디로 연산군의 폭정은 불교를 정책적으로 무시하였다. 제11대 중종은 그 어느 왕보다 가혹한 배불정책을 썼다. 1507년 승과 시험을 치르지 않아 승과가 폐지되어 버렸다. 그리고 선교 양종마저도 무의미하게 되어 사실상 불교의 교단체계가 혼돈에 빠진 상태에 이르렀다. 이에 더하여, 유생들의 불교에 대한 횡포역시 대단하였다. 그 예의 하나가 1509년 몇 명의 유생들이 청계사(淸溪祠)의 경첩(經帖)을 훔쳐 간 사례에서 보인다. 1510년 중종은 각도의 사찰을 폐사로 만들고 토지를 향교에 귀속시켰으며, 1512년에는 흥천사와 흥덕사의 대종을 녹여 총통을 만드는 외에도 허다한 배불정책을 실행했다.

조선전기의 말에 이르면 불교는 실로 형용하기 어려운 폐사상태에 이르렸다. 특히 연산군과 중종의 격심한 배불정책은 조선불교의 명맥을 사실상 끊어진 상태로 몰아갔다. 바로 그 때 정심(淨心)과 지엄의 두 승려가 나타나서 조선 불교의 도맥을 잇게 되었다.[26] 먼저 정심은 연산군이 절을 헐고 불상을 없애고 승려를 강제로 환속시키기 때문에 불교의 명맥이 거의 끊어지기에 이르자, 황학산 너머에 있는 물한리(勿罕里)로 가서 오두막을 짓고, 시봉하던 여신도와 결혼을 가장하고 살면서 나무를 베어 팔아서 연명하였다. 정심이 계속 정진하면서 불법의 맥을 전할 제자를 기다리던 어느 날 지엄이 찾아왔다. 그리고 지엄이 정심의 법맥을 잇게 되었다.[27] 이 두 승려에 의하여 풍전등화와 같은 상태에 빠져있던 우리나라 불교 선종의 법맥이 후대로 이어지게 되었다. 지엄은 말년에 지리산 초암에 머물면서 제자를 기르는 일에 열중했는데, 그때 지엄이 가르치던 『선요(禪要)』를 비롯한 많은 불전들이 현재 우리나라 사찰의 강원에서 행하는 기본교육과정인 사집과(四集科)의 교재로 사용되고 있다. 이처럼 현재 한국의 선맥(禪脈)이 지엄에서 비롯된다는 사실을 말해준다.

한걸음 더 나아가서, 정심이 불교의 도맥을 후대에 전하기 위하여, 스스로 산중에 들어가 결혼생활을 가장하고 나무를 베어팔면서 연명했다는

---

26 정심과 지엄의 참고문헌: 조선불교통사(이능화, 신문관, 1918), 조선선교사(忽滑谷快天, 정호경역, 보련각, 1978). 정심은 각운(覺雲)의 법을 받아 잇고, 명나라에 가서 임제종(臨濟宗) 총통화상(摠統和尙)의 법인(法印)을 받아 귀국하였다.

27 상동: 정심은 3년 동안 같이 살면서, 나무를 베고 장작을 패서 시장에 팔러 다니는 일만 가르쳐주었다. 지엄이 스승에게 선지(禪旨)를 물을 때마다 "오늘은 바빠서 일려줄 수 없다"거나 "아직 멀었으니 정진하는 것을 보고 내일 일러준다"고 하면서 일만 시켰다. 이에 지엄은 3년이 지난 어느 날 스승이 없는 사이에 사모에게 하직하고 떠났다. 그런데 스승 정심이 큰 바위위에서, 떠나가는 지엄을 부르고 주먹을 번쩍 들면서 "지엄아, 내 법 받아라"하고 외쳤다. 그때 지엄은 대오(大悟)하였다 전한다.

사실이 중요한 점을 시사한다. 그것은 연산군과 중종의 배불정책이 당시 불교의 주도적 승려들로 하여금 불교전통이 끊어질지도 모른다는 극한의 위협을 느끼고 있었다는 사실을 말해준다. 이처럼 지극히 어려운 상황에서, 정심은 불교의 도맥을 이어지게 하는 것이 승려로서의 자신의 사명이라 여기고, 나무를 베어 팔아 연명하면서까지, 도맥을 살리기 위하여 최대의 노력을 집중하였다. 그리고 성공하였다. 일반적으로 불교 승려와 같은 종교전문가는 자신의 종교가 외부로부터 존망의 위협을 받을 때 다음과 같은 세 가지 반응을 보이게 된다. 첫째는, 자신의 안전을 위하여 세속과 타협하거나 아주 세속으로 되돌아가는 경우로서, 그 수가 절대 다수에 이른다. 둘째는, 외부의 압력을 따르면서 승려의 명칭만은 유지하는 경우로서 그 수는 매우 적다. 셋째는 어떤 대가를 치르면서도 해당 종교의 전통적 이상을 이어가는 도맥을 지키는 경우로, 그 수는 언제나 희귀하다. 첫째의 경우는 대부분이 종교의 기복화와 세속화를 재촉하고, 둘째의 경우는 교단의 정치적 타락과 세속화로 귀결된다. 그리고 마지막으로 셋째의 경우가, 어려운 역사적 상황에서도 자신의 종교가 본질을 잃거나 변질되지 않고 시대에 적응하도록 하는 이른바 도맥을 잇는 길이다. 정심과 지엄이 바로 세 번째의 불교 도맥을 잇는 길을 열었던 것이다.

지금까지 살펴본 바와 같이, 조선 전기의 불교가 심각한 위기를 당하는 가운데서도, 정심과 지엄의 두 승려를 통하여 우리나라 선불교의 도맥이 살아서 이어지게 되었다.[28] 결국 감당하기 어려운 역사적 압력을 받는 상황에서도, 조선불교 안에는 어떤 대가를 치르면서도 스스로의 이상을 추

---

28 동사열전(東師列傳), 조선불교사(이능화, 신문관, 1918)

구하여 선불교의 도맥을 되살리는 운동이 일어났던 것이다. 그처럼 어려운 배불정책의 와중에서 불교 교단은 힘을 잃어 외형적으로는 없어진 것 같이 보였지만, 불교의 이상은 고승들에 의하여 살아나 도맥이 이어졌던 것이다.

임진왜란이 일어나기 바로 전, 그러니까 전기의 말에, 조선불교에는 또 하나의 역사적인 사건이 일어났다. 1545년 제13대 명종이 12세의 나이로 즉위하자, 문정왕후가 문정대비로서 섭정하게 되었다. 독실한 불교신자인 대비는 평소에 바라던 불교의 중흥을 위하여, 예컨대 1550년 12월에 선교양종을 부활시켰고, 1552년에는 승과를 부활시키는 등 많은 불교 중흥정책을 시행했으며, 그 과정에서 많은 반대를 무시하였다. 그리하여, 특히 승과가 부활됨에 따라 불교계의 인재가 사회적으로 공인될 수 있게 되었다. 그 대표적인 예로, 조선조 최대의 고승인 서산대사 휴정(西山大師 休靜, 520-1604)을 위시하여 많은 승려들이 이때에 승과를 합격한 인물들이었다. 그러나 1565년 4월 문정대비가 세상을 떠나자 불교 부흥정책은 끝이 나고 11년 만에 다시 배불정책이 이어지게 되었다. 그러나 이 시기에 태어난 많은 고승들이, 문정대비가 서거한지 불과 27년 후인 1592년(선조 25)에 임진왜란이 일어나자 승려들로 이루어진 군부대를 조직하여 체계적으로 왜군에 대항하는 구국운동을 전개할 수 있었다. 역사가 신비롭게 진행된다는 사실이 여기서도 확인된다.

지금까지 살펴본 바와 같이, 조선의 고승들은 그 어려운 불교탄압의 현실에 맞서서 불교의 이상을 추구하는 과정에서 자신을 포기하거나 현실과 타협하지 않았다. 한마디로, 조선조의 고승은 한국 불교인의 이상적 삶의 모범이 되었던 것이다. 우리는 여기서 한 가지를 확인하게 된다. 그것은 조선 전기에 혹독한 배불정책이 지속되었기 때문에, 불교가 스스로의 전통을 정상적으로 계승하고 발전하기 어려운 상태에 빠졌다는 점이다. 이러한 상황에서 1592년(선조 25) 임진왜란이 일어나 국운이 존망의 위험에 이르자 불교 승려들이 승군을 조직하여 구국운동에 적극 참가하여 구국에 큰 공헌을 이룩하게 되자, 승려에 대한 대우가 그 전보다는 나아졌다. 그러나 1895년(고종 32) 4월 승려입성의 금령(禁令)이 공식적으로 해제되기 전까지 승려들은 마치 사회적 천민과 같은 대우를 받았다. 요컨대 임진왜란이 불교 승려들의 사회적 지위를 다소 호전되게 한 역사적 계기가 되었을 뿐이었다. 이러한 맥락에서 조선의 불교는 임진왜란을 거치고 나서 전기와는 다른 상황에 들어섰는데, 이를 우리는 조선불교의 후기라 할 것이다.

2) 조선불교 전환기의 승군운동

조선조의 종교문화는 임진왜란을 기점으로 근본적인 변화가 일어나기 시작했다. 임진왜란은 조선의 사회와 문화를 안팎으로 흔들어 근본적인 변화를 일으킨 일대 충격적 사건이었다. 그것은 독립된 시대라기보다는 변화를 일으킨 역사적 동기이며 전환점이었다. 그리고 구태여 이를 시간적 개념으로 말하자면 전환기라 할 것이다. 이러한 관계에서 우리는 조선의 불교를 임진왜란을 전환기로 하여, 유교의 경우와 마찬가지로, 전기와 후기로 나누어 살펴볼 필요가 있다.

조선불교의 경우 그 전환점은 문정대비의 섭정으로부터 비롯된다. 앞에서 언급한 바와 같이, 문정대비가 섭정을 하기 시작하면서 특히 승려의 과거시험을 다시 열어 휴정을 비롯하여 많은 불교의 인재를 발굴하였는데, 이들이 임진왜란 때 승군을 조직하여 구국운동을 적극적으로 전개하였다. 이로써 조선왕조에서 승려들의 대우가 전보다 개선되게 되었다. 임진왜란 때 크게 공헌을 한 승군이 탄생하고 활동을 하는데 기여한 숨은 인연이 문정대비의 섭정에 있었기 때문에, 전환기를 대비의 섭정으로부터 잡는 것이 무리가 없을 것이다.

조선사회에서 불교의 사회적 활동을 공식적으로 인정하게 한 사건이 바로 승군의 활동이었다. 문정대비의 지원으로 불교가 잠깐 일어났었지만, 1565년 대비가 서거하자 유생들의 탄압이 다시 거세져서 불교의 고승들은 산으로 되돌아가게 되었다. 그리고 1592년(선조 25) 4월 임진왜란이 일어나 왜군이 파죽지세로 서울을 향하여 밀고 오자, 당쟁의 와중에서 혼돈에 빠져있던 국왕 선조는 도성을 버리고 북으로 피난을 갔다. 이때 공주 갑사(岬寺)의 청련암에 있던 고승 기허(騎虛)[29]가 수 백여 명의 승군을 이끌고 왜적과 싸워 청주성(淸州城)을 탈환하였다. 이에 선조는 기허에게 당상(堂上)의 직과 상을 내렸으나 왕의 특사가 현지에 닿기도 전에 의병장 조헌(趙憲)과 함께 금산(錦山)의 외적을 공격하다가 중과부적으로 전사하였다. 그러나 조헌이 이끌던 의병과 기허를 따르던 승병이 힘을 합하여 끝까지 싸우자 왜병도 금산에서 물러났다. 임진왜란 당시에 그 많던 승군활동 가운데, 이 한 사건만으로도 우리는 불교 승려가 임진왜란을 계기로 어떤 사회적 공헌을 했으며, 그에 따라 사회적 대우가 어떻게 변했는가를 알 수 있게 되었다. 그리고 승군의 활동이 지닌 역사적 역할을 밝히려는 여기서의 논지를 위하여 이것으로 충분하다고 여겨진다. 다만 승군의 조직과 운영의 주류를 조금 더 살펴볼 필요가 있다.

---

29 성은 밀양 박씨, 이름은 영규(靈圭)이며 서산대사 휴정의 제자. 청련암에 있었으며, 신력(神力)이 있었고 선장(禪杖)을 갖고 무예를 연습하였다고 함.

승군의 활동은 조선조 제일의 승려 휴정이 그 주도적 역할을 담당했다. 묘향산에 있던 서산대사 휴정은 의주로 가서 그곳에 피난 가있던 선조를 만나, 전국의 승려들 가운데 각지의 노약자는 기도를 하게 하고 나머지를 데리고 승군을 조직하여 왜적을 몰아내겠다고 고하였다. 이에 선조는 휴정에게 팔도(八道) 십육종(十六宗)의 팔도도총섭(八道都摠攝)의 직책을 부여하였다. 그리고 휴정은 전국의 승려들에게 격문을 배포하여 불교인이 모두 왜적을 몰아내는 일에 참가할 것을 호소하고, 의승군(義僧軍) 1천 5백 명을 모집하여 이들을 거느리고 관군을 도와 공을 세웠다. 그의 제자 사명대사 유정(惟政, 1544-1610)[30]은 금강산에서 일어나 순안(順安)지역에서 1천 5백 명의 의승을 모집하고 이어서 제찰사 유성룡(柳成龍)과 함께 평양을 회복하는 데도 공을 세웠다. 휴정의 또 다른 제자인 처영(處英)[31]은 지리산에서 일어나 호남지방을 근거로 1천여 명의 의승을 모집하였다. 이러한 과정에서 휴정은 왕을 모시고 서울에 돌아온 후에 늙음을 이유로 승군을 그의 제자 유정과 허영에게 맡기고 산으로 돌아가, 그의 이름이 더욱 높아졌다.[32] 서산대사 휴정은 실로 그의 사상과 사회참여, 양면에서 조선조 최고 고승의 위치에 이르렀다. 그리고 그 이후 조선 불교계의 실질적인 이념적 상징의 역할을 하게 되었다. 그의 사상에 관하여는 다음에 다시 논하기로 한다.

---

30 유정은 순안 법흥사(法興寺)에서 1,500명의 의승을 모았다.

31 호는 뇌묵(雷黙), 서산대사 휴정의 제자. 임진왜란 때, 휴정의 격문을 받고 전라도에서 1천의 의승군을 일으켜 전라도 순변사(巡邊使) 권표(權慓)의 군사를 따라 북상하여 평양과 개성에서 공을 세웠다. 1798년(정조 18) 왕명으로 대흥사(大興寺)의 표충사(表忠祠)와 묘향산 수충사(酬忠祠)에 휴정, 유정과 함께 처영의 진영(眞影)을 안치하게 하였다. 그만큼 고승의 대우가 높아졌다는 사실을 말해준다..

32 이때 국일도대선사 선교도대총섭 부종수교 보제등계존자(國一都大禪師仙敎都大摠攝扶宗樹敎普濟等階尊者)라는 어마어마한 호를 받았다.

여기서 우리는 조선의 불교사가 임진왜란을 전후로 바뀌었다는 사실을 보게 된다. 요컨대 임진왜란을 전후로 짧은 전환기를 기점으로 하여 조선의 불교는 전기와 후기로 나누어진다. 조선 초기에 비하여, 임진왜란 이후의 후기에 이르러 불교의 자율성이 상대적으로 조금은 향상되었다. 이러한 변화는 임진왜란과 같은 어려운 전쟁 상황에서 휴정을 중심으로 한 선사들이 이룩한 업적이 정부 차원에서 정책적으로 인정받게 되는 데서 비롯되었다. 다시 말해서 임진왜란을 계기로 하여 조선의 불교 상황이 달라졌다. 조선전기의 불교는 유교로부터 완전히 "배척(排斥)의 대상"이었는데, 후기에 와서는 다소 완화되었지만 불교는 조선조의 국교인 유교와 특히 유생들로부터 "천시(賤視)의 대상"으로 여전히 남게 되었다. 따라서 불교계는 여전히 많은 문제를 안고 있으면서 그러한 문제들을 주도적으로 통합할 만한 세력이 형성되지 못한 상태가 이어졌기 때문에, 전체적으로는 혼돈상태에 빠졌다. 결론적으로 말하자면, 임진왜란 당시의 승군활동은 조선불교가 전기의 "배척의 대상"에서 후기의 "천시의 대상"으로 전환시키는 의미를 지니고 있다.

3) 휴정과 조선불교의 이상

서산대사 휴정[33]은 33세에 승과에 급제하고 36세에 판교종사(判敎宗師)가 되어 선교양종 판사(禪敎兩宗 判事)라는 최고의 승직에 이르렀다. 그는 『삼가삼구감(三家三龜鑑)』에서 삼교회통론(三敎會通論)을 주장하며 유불도 삼교가 도를 추구함에 있어 다를 바 없다고 지적하고, 『유석질의론(儒釋質疑論)』

---

33 평안도 안주(安州) 출생. 1540년(중종 35) 계(戒)를 받음. 1549년(명종 4) 승과에 급제하였고, 대선(大選)을 거쳐 선교양종 판사가 되었다.

에서는 유교와 불교를 비교하면서 유불이 사회에서 조화를 이룬다는 점을 강조하였다. 이러한 주장들을 통하여 휴정은 불교의 사회적 지위를 보호하려 하였다. 이러한 휴정의 적극적 태도는 앞에서 살펴본 바와 같이 임진왜란 때 의승군을 모집하여 이끌고 관군을 도와 공을 세울 수 있었다. 우리는 휴정의 사상과 사회참여태도에서 회통(會通)과 통합사상이라는 특성을 확인할 수 있다. 회통은 선험적 가치관에 입각하여 사물의 본질이 같다는 점을 지적하는 일종의 연역적 추론인데 반하여, 통합은 현존하는 사물의 공통점을 발견하여 본질이 서로 다르지 않다는 점을 지적하는 일종의 귀납적 추론이다. 그러나 본질에 있어서 같다는 점을 주장하는 데는 양자가 다르지 않다.

회통과 통합에 대한 휴정의 생각은 그가 자신의 주저인 『선교석(禪敎釋)』에서 "선은 부처님의 마음이고(禪是佛心), 교는 부처님의 말씀이다(敎是佛語)"라고 할 때, 가장 선명하게 드러난다. 부처님의 마음과 부처님의 말씀이 서로 독립된 두 개가 아니듯이, "선과 교는 둘이 아니다(禪敎不二)"라고 그는 주장한다. 이처럼 휴정은 선교의 상호의존적 관계, 한걸음 더 나아가서 선교일치(禪敎一致)의 사상을 갖고 있었다. 따라서 그가 평생 헌신한 것은 선종과 교종이 하나라는 전제 위에서 모두가 하나가 되도록 하는 사업들이었다. 여기서 우리는 삼교회통론과 선교불이론 같은 그의 핵심적 주장들을 통해서, 휴정이 추구하는 사상적 이상이 회통과 통합에 있다는 사실을 확인하게 된다.

그런데 휴정은 선교일치의 입장을 유지하면서도 여기서 한걸음 더 나아간다. 그에게서 교와 선은 부처님의 뜻을 실현하는 두 길이라는 면에서는 "둘이 아니고" 따라서 동일하다. 그러나 휴정에 따르면, 교(敎)는 자칫 말과

글이 지닌 개념과 분별력이라는 방편에 빠져서 헤어나지 못하게 할 가능성이 많지만, 선(禪)은 수행하는 "나와 세상"의 분별을 벗어나 열린 마음으로 부처님의 뜻에 보다 가까이 가서 깨달음을 가능하게 하기 때문에, 교보다는 선이 더 효과적이다. 이러한 관계로 휴정은 "교를 버리고 선에 들어오라(捨敎入禪)"고 주장한다. 앞에서도 여러 번 지적했듯이 휴정은 선승이었다. 그래서 선이 교보다 우선한다고 확신하면서도, 교선합일을 위하여 노력하였다는 점을 주목할 필요가 있다.

이러한 회통 또는 통합 사상은 한국종교사에 부단히 나타난다. 따라서 이는 한국 전통사상의 특성 가운데 하나이기도 하다. 특히 고려와 조선의 불교는 사실상 선종이면서도 교학을 수용한 선교통합불교를 자처하는 전통을 갖고 있었다. 이를 우리는 의천과 지눌에서 살펴보았다. 의천은 교종에 속하면서도 선을 수용해야 한다고 강조하였고, 지눌은 선종을 세우면서도 교를 수용해야 한다고 주장했다. 한마디로 고려불교의 맥을 잇는 의천과 지눌 두 고려불교를 대표하는 사상가들은 선교통합론을 주장했던 것이다. 이러한 전통은 오늘의 한국불교에도 그대로 전해지고 있다.

여기서 우리는 휴정은 한편에서는 불교사를 통하여 내려오는 한국의 고유한 통합사상을 지키면서, 다른 한편으로는 동일한 통합 사상에 근거하여 불교의 사회적 지위를 보호하려 하였던 것이다. 한걸음 더 나아가서 그는 자신의 종교적 신념체계와 실천체계를 통합 사상에 근거하여 승군을 일으켜 구국운동에 적극 참여하였다. 이처럼 휴정은 어느 면으로나 교조적 종교사상가의 모습을 벗어나, 진정한 지성적 종교사상가의 모습을 보여주고 있다. 휴정의 이러한 지성적 종교사상가의 카리스마가 흩어져가는 조선의 선불교에 정신적 활력을 주어, 교종의 전통을 품에 안은 선불교가 조선조를 지나 현재까지 이어지도록 하였다. 그리하여 교종을 품에 안은 선불교, 한국 이외에는 어느 나라에서도 찾아볼 수 없는, 바로 그러한 선불교가 현재의 한국불교로 이어지고 있다.

4. 도교의 전래와 전개

지금까지 우리는 조선 전기의 유교와 불교를 살펴보았다. 유교와 불교는 조선 이전까지의 한국종교사에서 중요한 고전종교이다. 흔히 도교를 유교 및 불교와 동등한 위치로 파악하는 경우가 있는 것도 사실이지만, 이 경우는 한 가지 중요한 사실을 간과하게 된다. 그것은 도교는 고전종교가 지닌 조건을 완전히 갖추지 못했다는 점이다. 다시 말해서 도교는 아직 고전종교의 이상을 충분히 구비하지 못한, 말하자면 고대종교와 고전종교의 중간에 있는 종교라 할 것이다. 도교가 고전종교의 범주에 들어서지 못하는 근본 원인은 도교가 지닌 사상적 특성에서 비롯된다.

1) 도교의 출현과 특성

도교는 대단히 복잡한 전통을 갖고 있기 때문에 그 신념체계 역시 다양하다. 그러나 도교라는 이름으로 불리는 종교집단은 그 신념체계 안에 최소한 다음과 같은 두 가지 조건을 지니고 있다. 첫째, 그 사상이 아무리 복잡해도 불로장생을 추구하는 것이 그 사상의 중심에 자리하고 있다. 둘째, 그 종교적 사유의 문맥은 현세적(現世的)이다. 종합하여 말하건대 도교는 기본적으로 현세적 차원에서 불로장생을 추구하는 것이 그 특성을 이루고 있다. 그런데 어떤 사람이 불로장생을 그의 삶의 목표로 삼고 추구한다면, 그가 추구하는 것은 개인적 차원의 목표가 아닐 수 없다. 이는 도교인의 경우에도 다를 수 없다. 따라서 도교는 "이기적 동기에서, 세속적 목표를 추구하는" 기복종교의 범주에 속하게 되는 것이다. 먼저 "이기적 동기"라는 점은 대승불교 사상과 비교할 때 분명해진다. 소승불교의 각(覺)이 도교의 불로장생과 같이 "개인적 이상"으로 해석될 수도 있지만,[34] 대승불교에 이르면 "비록 나는 해탈의 경지에 이르렀지만 대중이 모두 구제될 때까지 이승에 머물러 그들을 위하여 노력하겠다는" 보살정신이 전개되고, 바로 그 대승전통이 우리나라 불교의 주류를 이룬다. 여기서 도교의 불로장생은 불교의 보살정신이 지닌 보편적 범주에 미치지 못하는 점이 분명해진다. 그리고 도교사상이 "세속적"이라는 사실은, 유교사상과 비교할 때 역시 선명해진다. 예컨대, 공자의 사상은 불로장생을 추구하거나 이를 위하여 비법을 쓰는 것과는 실로 거리가 멀다. 공자의 사상이 현세적 특성을 지니고 있는 점은 분명하지만, 그 사상은 "사람이 사람답게 살기 위하여" 천지인 삼재라는 우주론적 맥락에서 윤리적 존재가 되어야 한다는 형이상학적 이상을 강조하고 있다. 이처럼 우주론적 윤리관의 이상을 지닌 유교적 세계관에서 볼 때, 불로장생은 한갓 개인주의적 욕심의 표현에 불과하게 된다. 이러한 까닭에 조선의 성리학자들이 도교를 배척하였던 것이다. 이처럼 동양의 대표적인 고전종교인 불교 및 유교와 비교할

---

34 소승불교가 대승의 보살정신과 같이 보편적 이상을 선명하게 천명하지는 못했지만, 적어도 개인적 수도에만 그치는 것은 아니었다. 왜냐하면 비록 사상체계는 개인주의적 성격을 완전히 벗어나지는 않았지만, 잘 짜인 교단 안에서 조직적으로 수도를 하는 신행체계가 정비되었기 때문이다. 따라서 소승불교인들은 누구나 불교종단의 체계 안에서 동일한 수련을 통하여 동일한 종교적 목표 "해탈"을 추구하기 때문이다. 이에 비하면 도교는 체계적인 공동체, 이른 바 교단이 발달되지 못했기 때문에, 이점에서도 소승불교와 동일시 할 수 없다.

때, 도교는 기복종교라는 사실이 드러난다. 요컨대 도교는 불교와 유교 같은 고전종교의 차원에 속하지 않는다.

여기서 우리는, "서론"에서 살펴본 바와 같이, 종교사가 ①고대기복 종교 ②고전종교 그리고 ③"세속화종교(世俗化宗教, secularized religion)"의 순서로 진행한다는 사실을 상기할 필요가 있다. 그런데 "세속화종교"는 두 종류로 나누어진다. 첫째는, 고전종교가 문화권을 형성하고 정치적 영향력을 행사하는 과정에서 세속화종교가 되는 경우이다. 기원전 5세기를 전후하여 나타난 유교, 불교와 같은 고전종교는 고매한 형이상학적 이상을 제시하고 세련된 우주론적 논리를 구사하기 때문에, 결과적으로 쉽게 문화권을 형성하였다. 그러나 이처럼 문화권을 형성하고 정치적 영향력을 행사하는 과정에서 "고전적 이상"을 상실하고 반대로 현세적 욕망을 추구하면서 기복종교의 옷으로 갈아입은 "세속화종교"로 변신하는 경우가 나타난다. 이러한 사례는 종교사에서 흔히 찾아볼 수 있다. 둘째는, 외형적으로는 고전종교를 따르면서도 내용적으로는 기존의 다양한 기복종교의 전통을 수용하여 하나의 새로운 복합적 기복종교로서의 세속화종교를 이루는 경우이다. 이러한 세속화종교는 주로 문화격변의 와중에서 새로운 종교운동으로 간혹 나타난다. 그 전형적인 예가 바로 도교이다. 결론적으로, 도교는 둘째 유형의 "세속화종교"이다.

도교는 유교와 도가의 고전사상이 이제 막 중국 사회를 주도하기 시작한 시점에서, 그 고전사상의 결정적인 영향을 받고 기존의 다양한 기복신행 습속을 모두 수용하여 하나의 복합형태의 기복종교를 형성하기 시작한 세속화종교이다. 여기서 세속화종교는 다름이 아니라 고전종교의 이상이, 위의 두 형태의 세속화종교 가운데 어느 쪽이든 상관없이, 세속적인 내용으로 사실상 대치되어 기복종교가 되어버린 경우를 의미한다.[35] 그런데 "세속화종교"는 본래부터 기복종교인 "고대종교"와는 다른 점이 있다. 고대종교는 본래부터 전적으로 기복종교인데 반하여, 세속화종교는 주변의 고전종교가 지닌 사상과 논리를 자신의 교리 안에 수용한 점에서 다르다. 그 대표적인 예가 역시 도교이다. 이러한 세속화된 기복종교로서의 도교가 기원전 3세기 중국의 전국시대 말 제(齊)나라에서 불로장생을 추구하는 신선사상으로 시작되었다.

도교는 춘추전국시대 말기의 독특한 시대적 상황에서 태어났다. 춘추전국시대는 한편으로는 열국이 분립하여 정치적으로는 혼란한 상황이 지속되면서도, 또 다른 면에서는 제자백가가 나타나 다양한 사상과 문화의 꽃을 피울 수 있었던 시대였다. 이처럼 혼돈과 도전이 뒤얽힌 상황에서 기원전 6-5세기 사이에 공자와 노자가 나타나 제자백가의 사상적 혼돈을 정리하기 시작했다. 기원전 4에서 3세기에 오면 맹자와 장자가 활동하였으며, 이때에는 특히 유교가 시대를 주도하는 위치에 이르렀다. 그리고 도가가 그 뒤를 따랐다. 여기서 유교가 사회윤리에 관한 긍정적 표현을 하는 반면, 도가는 부정적 표현을 하는 것에서는 서로 차이가 있지만, 유교와 도가는 세속적 욕망을 추구하는 기복을 멀리하고 고전사상의 고매한 이상을 추구하는 점에서 서로 같다. 그리고 유교와 도가가 중국의 전통중국문화를 유지하는 두 기둥의 역할을 하게 되었다. 그러나 진시황이 전국을 통일하기 전까지 춘추전국시대는 정치적 혼돈상황이 지속되었다. 요컨대, 이 시대는 정치적으로는 불안이 지속되면서도, 문화적으로는 고전사

---

35 다만, "세속(secular)"은 종교(religion)와는 상반되기 때문에 "세속종교"란 현존하지 않지만, "세속화(secularized) 종교"는 역사에 많이 나타난다.

상이 꽃을 피웠다.

춘추전국시대에 사람들은 정치현실에는 엄청난 실망에 빠져 있으면서
도 정신적으로는 시대의 혼돈을 극복하는 대안이 나타나기를 희망하면서,
결과적으로 실망과 희망의 갈등 와중에서 수세기를 지내게 되었다. 이러
한 갈등의 와중에서 유교와 도가가 그 대안을 제시하는데 주역으로 나타
났지만, 시대적 갈등이 전국시대의 끝까지 지속되었다. 왜냐하면 이러한
고전사상은 고매한 정신적 가치는 제시하지만, 그 가치가 당시의 혼돈의
극을 달리던 정치 상황을 바꾸기에는 현실적으로 힘이 너무 약했기 때문
이다. 이러한 현실적 제약 앞에서 인간에게는 또 다른 선택이 있다. 그것
이 신비주의적 해답이다. 이 시기의 정신적 갈등의 대안으로 불로장생이
라는 신비적주의적 해답이 등장하였다. 불로장생은 지배계층이나 서민층
을 막론하고 시대적 갈등으로부터 해방시켜주는 새로운 신비주의적 해답
이 되었다. 지배계층은 현실서 못다한 삶의 기쁨을 영원히 연장하고 싶었
고, 서민들은 정치적 혼돈에 대한 환멸에서 벗어나 새로운 삶의 기쁨을
추구하고 싶었다. 이러한 영원한 삶의 기쁨을 누리고 싶은 욕망이 종교적
형태로 표현된 결과가 신선사상인데, 그것은 언제나 방술(方術)을 동반했
기 때문에, 신선방술(神仙方術)이라고도 하는데, 그것이 기원전 3세기에 제
나라에서 본격적으로 등장하였다. 진시황이 불로초를 구해오라고 동남동
녀 수백 명을 동방으로 보냈다는 전설이 그 때에 불로장생의 욕망이 얼마
나 만연되었던가를 잘 말해준다. 그리고 이 전설은 불로장생이라는 시대
적 욕망이 신선사상이라는 종교적 신념체계를 창조했지만 아직 교단체계
를 갖추지 못한, 말하자면 비교단 종교의 상태에 있다는 사실 또한 말해
준다.

여기서 우리는 역사의 비밀 한 가닥을 보게 된다. 역사는 인간의 이기적 욕망과 고매한 꿈 사이의 상호관계에서 진행된다. 인간의 고매한 꿈이 신비주의적 옷을 입고 표현될 때 "도가"와 같은 고전사상이 나타났고, 반대로 인간의 욕망이 신비주의적 옷을 입고 표현될 때 "도교"와 같은 기복종교가 태어났던 것이다.

진나라에 이어 한나라 초기에 오면 황로사상 또는 황로지학(黃老之學)이 번성하였다. 황로사상은, 사마천(司馬遷)의 『사기(史記)』에서 요순(堯舜)과 같은 황제의 치세로부터 인간역사가 시작되었다는 기록에서 드러나는 것과 같이, 전설적 황제에 대한 절대 확신과 더불어 노자에 대한 존경심이 결합하여 하나의 종교적 신앙을 이루고 있다. 스승의 가르침을 그대로 실천하여 황금시대를 열었고, 노자는 무위자연이라는 완전한 통치기술을 밝혔다고 믿는 것이 황로사상이다. 그리고 황로사상은 언제나 현실적인 목표를 달성하게 하는 비법을 동반하기 때문에, 황실과 권력세력의 지원하에서 발전할 수 있었다. 결론적으로, 황로사상은 유교와 도가를 포함한 새로운 고전사상들이 새로운 시대를 열기 위하여 경합을 하던 시대에, 집권층의 "자기중심적" 욕망을 추구하는 기복종교의 성격을 갖고 태어났다.

진한 시대에 주로 황실이 신선사상과 황로지학을 지원하였기 때문에 이처럼 유리한 조건에서 도교의 사상과 수행이 발전될 수 있었다. 당시의 도교는 종단 조직이 구성되지 않은 이른바 비교단 종교였다. 신선사상, 곧 다른 말로는 불로사상은 영생을 원하는 "인간적 욕망"을 반영하는 점은 분명하지만, 그 욕망이 "사람이 사람답게 살아가는 데" 어떤 가치가 있는지 분명하지 않다. 반면에 공자와 노자의 고전사상에는 인간의 삶에 대한 형이상학적 가치가 명확하게 제시된다. 그리고 앞에서 언급한 바와 같이 황로사상에는 권력중심의 욕망이 스며있다. 한걸음 더 나아가서, 불로사상과 황로사상은 비법과 방술을 썼다는 점에서 고전종교 사상과 확실한 거리를 갖게 된다. 이처럼 불로장생과 황로지학이 결합하여 태어난 비교단 도교를 현대 용어로 "원형도교(原型道教)"라 말할 수 있다. 그리고 이러한 원형도교가 후에 교단을 구비하면서 교단 도교로 발전하게 된다. 이러한 비교단 원형도교가 진과 전한시대에 태어났다. 다시 말해서 이 시대에 태어난 신선방술과 황로지학이 교단을 갖춘 완전한 도교의 전신이었다.

자연발생적인 비교단 도교에서 교단 도교로 발전되는 시점에서 비로소 도교의 특성이 보다 명백하게 드러난다. 도교의 특성을 거시적인 안목에서 살펴보는 것이 효과적일 것이다. 도교는 인간의 현세적 욕망을 모두 충족시키는 상징으로서의 불로장생을 추구하면서 시작하여 후에 교단도교로 발전하였다. 그러는 과정에서 노자를 도교교단의 창시자라고 확신하고, 나아가 음양오행을 비롯한 춘추전국시대의 다양한 사상내용을 수용하였고, 특히 도가사상을 현재까지 교단 도교의 교리내용에 담고 있다. 이와 동시에 모든 도교는 방술과 기복행위를 하는 것이 기본이다. 그러므로 도교는 외견상으로는 도가사상을 내세우면서도, 내면적으로는 방술을 통하여 "화를 피하고 복을 추구하는" 기복행위가 주축을 이루는, 이른바 현세적 기복종교이다. 이러한 맥락에서 교단 도교를 살펴본다.

한 때 섬서(陝西)와 화북(華北) 지방에서 각각 하나씩 두 교단도교가 나타났다. 먼저 장릉(張陵)이 섬서지방에서 오두미교(五斗米教)를 창시했다. 오두미교는 노자를 교주로 삼았으며, 처음에 교문에 들어갈 때 쌀 다섯 말을 제출해야 한다는 점 때문에 오두미교라 불렀다. 이처럼 오두미교는, 그 주장의 객관성에는 분명히 문제가 있지만 노자가 교주라고 주장하며, 쌀 다섯 말을 바쳐야 입교한다는 조건을 명확히 밝힘으로써 교주와 신도의 개념 역시 선명하게 규정하고 있다. 여기서, 교단 종교와 비교단 종교의 차이를 상기할 필요가 있는 데, 비교단 종교는 본래 자연발생적인 종교이기 때문에 교주와 신도의 개념이 분명하지 않지만, 반대로 교단 종교는 분명하다. 이러한 점에서 오두미교는 교단도교가 분명하고, 한걸음 더 나가서 교단의 체제까지 갖추고 있기 때문에 교단도교라는 점이 한층 더 분명해진다. 다음으로 후한 영제(靈帝) 때 장각이 화북지방에서 태평도(太平道)를 창시하였다. 장각은, 후한 순제 때 산동출신인 간길(干吉)의 신비경험 내용을 담은 『태평청령서』에서 태평도의 교법을 찾았고, 나아가 스스로 대현량사(大賢良師)라 칭하고 황로사상을 제자들에게 교육하면서 교단을 이룩하고 키웠다. 이러한 태평도는 한마디로 신비한 방술에 근거하여 장생불사를 추구하는 교단 도교이다. 이 교단에서는 『태평경』에 따르면, 예컨대, 병의 치료, 선의 권장, 정신통일 수련(守一, 앉아서 정신통일), 그리고 천지인의 조화 등을 추구한다. 병의 치료가 제일 먼저 강조되는 한, 이 사상은 기복행위의 범위를 벗어나지 못한다. 따라서 태평도는 기복행위의 수단인 방술을 교단 신념체계의 내용으로 지니고 있으면서, 그 내용의 겉을 유교와 도가의 고전사상으로 포장하고 있다고 말해도 무방할 것이다. 이러한 태평도의 기복사상이 시대적으로 힘을 발휘할 수 있어서, 장각이 황하 이북 일대에서 황건적(黃巾賊)의 난을 일으킬 수 있었으며, 그 난에 참여했던 황건적들이 믿었던 종교가 바로 태평도이다. 우리는 지금까지 오두미교와 태평도가 거의 동시대에 나타난 첫 세대의 교단도교라는 점을 살펴봤다. 그리고 후한시대에 본격적으로 활동을 시작하던 불교의 종단운영을 보고 크게 영향을 받아 도교가 교단을 형성하였다는 점 또한 상기할 필요가 있다.

황건적의 난이 진정되면서 태평도 교단이 없어졌다. 그 후 오두미교는 『태평경』에 나타나는 천신의 뜻을 전달하는 '천사'라는 말을 쓰다가 한걸음 더 나아가서 천사도(天使道)라는 교단명으로 바꾸었다.[36] 천사도는 남북조시대에 사실상 도교를 대표하는 위치에 있었고, 그 후 "천사"가 교단을 통솔하는 전통이 오늘에 이르기까지 이어지고 있다.[37] 그리고 13세기부터는 정일교(正一教)라 불리기도 했으며 그 후 복잡하게 진행되었다.

지금까지의 논의를 정리한다면 다음과 같다. 도교는 우선 현세적 안목으로 불로장생을 추구하는 사상적 특성을 갖는다. 이러한 세계관의 맥락에서 도교는 아래의 세 가지 문화전통의 내용들을 담고 있다. 첫째, 중국 고대 민간신앙과, 둘째 도가, 역리(易理), 음양오행, 참위(讖緯), 의술(醫術), 점성(占星) 등과 같이 춘추전국시대에 나타난 사상체계와 방술, 그리고 관행이 모두 포용되었다. 셋째, 무속 신앙체계가 또한 포용되었다. 이처럼 도교는 대단히 복합적인 종교이다. 이를 종합하여 정리한다면, 도교는 현세적 차원에서 불로장생을 추구하면서 진·한대에 기능하던 모든 문화내용을 포용한 복합적인 종교이다. 또한 도교는, 종교학적 입장에서 말하자

---

36 오두미교가 태평도보다 먼저라는 견해가 일반적인데, 오두미교가 『태평경』에 있는 용어를 따라 "천사도"라 개명한 점에 주로 근거하여 태평도가 먼저 창건됐다는 주장이 있다. 이점은 좀 더 연구가 필요하다. 그래서 필자는 여기서 동시대에 태어났다고 했다. 그 시차는 한국종교사를 이해하는 데는 그리 중요하지 않기 때문이다.

37 20세기 이후 도교의 중심은 타이완이다. 거기에는 두 번의 사건이 있었다. 첫째는 17-8세기에 복건성(福建省)에서 대규모 이주민이 대만에 넘어간 일이며, 둘째는 1949년 제63대 선사(仙師)인 장언푸(張恩溥)가 그 곳으로 피난 온 것이다. 그 중 두 번째가 오늘 타이완이 도교의 중심이 된 결정적인 이유이다. 그리고 현재는 장위안셴(張源先)이 64대 천사로 있다.

면, 기존의 종교들을 포용하여 이루어진 유형의 세속화종교의 표본이다. 이러한 도교는 유교나 도가와 달리 방술에 의지하는 한 세속적 기복종교의 범주를 벗어나지 못한다.

2) 도교의 수용과 한국도교

이처럼 복합적인 도교가 우리나라에는 고구려 영류왕 7년(634)에 전래되었다. 삼국시대에서부터 고려를 거쳐 조선조에 이르기까지 우리나라에는 유교와 불교가 서로 경합적으로 각 시대를 주도하면서 한국의 고전문화를 형성하는데 주역을 담당했다. 그러나 도교는 기복의례를 중심으로 우리나라의 왕실과 민간에 전해졌는데, 늘 교세가 부진하여 사회의 주변으로 언제나 밀려있었다. 이 점은 한국종교사가 지닌 독특한 특성의 일면을 보여주고 있다. 예컨대 유교와 불교, 그리고 도교가 다 같이 한문을 받아들이는 과정에서 한국 사회에 수용되었는데 도교만 세력을 크게 펼 수 없었다는 데는 어떤 분명한 이유가 있을 것이다. 이러한 문제는 한국종교사의 특정한 시점에 국한되는 것이 아니라 종교사 전체를 통시적으로 관찰하는 안목을 요청한다. 이에 더하여 한국종교사 전체를 다루는 우리의 입장에서는 도교를 위한 지면의 할당에도 상대적인 제한이 필요하다. 따라서 우리는 여기서 한국도교를 고대서부터 시대별로 다루는 것 보다는, 전체적으로 다루고 있는 바이다.[38]

도교가 고구려 말에 들어와서 현재까지 교단을 형성하지 못한 상태에

---

38 또한 이러한 맥락에서 한국에 전래된 도교의 특성을 먼저 이해할 수 있을 때, 한국종교사에서 도교가 차지하는 특성이 이해될 수 있기 때문에, 우리는 앞에서 중국에서 도교의 성립과정을 다소 길게 살펴보았다.

있으면서, 각 왕조의 집권세력과 지식인, 그리고 민간신앙에도 큰 영향을 주었다. 그런데 앞에서 살펴본 바와 같이, 도교는 그 자체가 다양한 요인을 품고 형성된 하나의 복합적 기복종교이다. 이처럼 도교의 형성 자체가 복합적인 상태에서 교단이 없는 상태로 전래되었기 때문에, 그리고 한국사를 통하여 도교에 대한 이해가 사실상 입장에 따라 다른 해석의 결과를 보여주었기 때문에, 한국도교에 대한 이해 또한 복합적 혼선을 드러내고 있다. 이러한 혼선이 한국고대사 연구의 경우에서 어렵지 않게 보이는 데, 예컨대 단군신화와 신선사상을 "한국 도교"의 범주에 넣는 경우가 바로 그러한 경우이다. 여기서 우리는 도교의 범주를 좀도 선명하게 할 필요를 강조하게 된다. 도교는, 바로 앞에서 살펴본 바와 같이, 중국의 진한대에 불로장생의 꿈을 담은 신선사상과 황로사상을 주축으로 하고 당대에 퍼졌던 모든 방술과 기복사상을 품고 나타난 현세적 기복종교이다. 이러한 도교가 한국에 들어와서 한국의 전통인 단군과 신선전통을 수용한 형태의 도교로 발전될 수는 있다. 그런 경우라면 반드시 그 경위와 혼합의 정도를 밝힐 때만 단군과 한국적 신선사상이 도교라고 말할 수 있다. 이러한 점을 우리는, 먼저 도교가 한국에서의 시대적 전개과정을 살피고 나서, 한국도교의 문제를 생각해보기로 한다.

(1) 시대별 전개

한국에서 도교는 교단을 형성하고 유지하지 못하면서 다음과 같이 진행되었다. 도교는 제일 먼저 고구려 말경에 왕실에서 정치적인 의도로 수용하여 짧은 기간 동안 국교와 같은 대우를 했다. 그러나 신라에는 도교의 기록이 별로 없는데, 이는 불교가 신라의 국교의 위치에 있었기 때문이었을 것이다. 다음으로 고려시대에는 모든 종교가 자유롭게 신봉되었기 때문에 도교 역시 특유의 기복의례의 일종인 "재초"라는 기복의례를 하는 "과의도교"가 널리 보급되었다. 그리고 조선조에 들어오면 성리학자들이 "과의도교"까지 억압하여 결과적으로 도교는 다양한 형태의 기복신앙형태로 스며들게 되었다. 이렇게 스며든 도교의 기복신앙은 오늘에 와서 음양오행 같은 중국 고유의 우주론적 논리에 근거한 다양한 기복신행 형태로 전해지고 있다.

한국 도교는 624년(영류왕 7)에 당(唐) 고조가 고구려에 도사(道士)를 파견하여 천존상(天尊像)을 보내고 또 그가 「도덕경」을 강론하게 되었다는 데서 출발한다고 말할 수 있다. 그리고 『삼국유사』 권3 보장 봉로조에 인용된 『고려본기』의 기록에 의하면 7세기 전반에, 고구려인이 다투어 오두미교를 신봉했다고 전한다. 이처럼 고구려 말에 여러 가지 경로를 통하여 오두미교를 비롯한 도교가 고구려에 전파되었던 것이다. 그런 가운데 643년 연개소문이 마지막 임금 보장왕에게 중국에는 유불도 삼교가 다 있는데 고구려에는 도교가 없으니, 천하의 도술을 다 구비하기 위하여 도교를 들여오자고 건의하였다. 그리하여 당으로부터 숙달(叔達) 등 도사와 「도덕경」을 들여오고, 나아가 도교를 유교나 불교보다 우대하여 도교가 실질적으로 고구려 국교의 위치에 이르게 되었다. 이러한 종교정책으로 연개소문은 고구려의 정권을 성공적으로 확보하고 나아가 국력을 배양하여 수나라의 침략까지 막을 수 있었다. 그러나 이러한 고구려 말의 종교정책에 반감을 갖게 된 불교 승려 보덕(普德)이 백제 땅이던 완산주(完山州)의 고대산(孤大山)으로 이주하는 등 불교 측의 거센 반발이 일기도 했다.

신라에는 김유신(金庾信)과 그의 증손인 김암(金巖) 등이 도교 방술에 능통했다는 기록은 나타나지만,[39] 도교에 대한 국가차원의 정책적인 기사는 보이지 않는다. 그리고 도교의 기복의례인 재초(齋醮)가 행해졌다는 기록이 보이지 않는다. 이는 대승불교가 통일신라의 국교와 같은 기능을 하던 신라사회에서 도교가 크게 기능을 하지 못했다는 사실을 말해준다. 이보다는 통일신라 말에 당에 유학 갔던 지식인들이 수련도교(修鍊道敎)를 들여온 점을 주목할 필요가 있다. 예컨대 당에 유학 갔던 최승우(崔承祐)와 승려 자혜(慈惠)는 신라로 돌아와 후인들에게 도요(道要)를 전함으로써 중국의 수련도교의 도맥이 우리나라에 전해졌고, 이 도맥이 조선조까지 이어진다고 조선 중엽에 한무외(韓無畏)가 저술한 「해동전도록(海東傳道錄)」에서 기록하고 있다. 이 기록이 어느 정도 정확한가는 재론의 여지가 많다. 그러나 한국의 수련도교 전통을 이렇게 중국에 일방적으로 의탁하는 데는 심각한 재고의 여지가 있다. 이점은 조금 있다가 다시 살펴보기로 하겠다. 결론적으로, 신라의 경우는 "불로사상을 주축으로 하고 다양한 방술과 기복사상을 수용한 현세적 기복종교"로서의 정통도교가 아니라 그에서 파생된 수련도교의 일부만이 예시되고 있다는 사실이 드러난다.[40]

고려시대의 도교는 한마디로 재초(齋醮)를 중심으로 한 과의도교(科儀道敎)가 주류를 이루었다. 재초는 재양을 물리치고 복을 비는 양재기복(禳災祈福) 의례로서, 흉사(齋)나 길사(醮)를 막론하고 행해진다. 이러한 재초의례가 사회적으로 공식화된 의례체계를 과의(科儀)라고 하며, 고려조와 같은

---

39 『삼국사기』권41~43의 본전. 『삼국유사』 김유신조에 나타난다. 김유신은 등에 칠성문이 있는데, 이는 칠요(七曜)에서 정기를 받은 표시라 하여 생래적으로 신성성을 지니고 있다고 시사하는 등 그의 신성성에 관한 여러 사례를 보여준다.
40 백제 도교의 경우는 자료가 부족해서 여기서는 언급을 거르기로 한다.

왕국에서는 주로 왕실과 국가의 복덕을 비는 양재기복 의례의 내용을 갖게 되는데, 이러한 기복의례가 사회적으로 공식화된 형태를 과의도교라고 한다. 다시 말해서 과의도교는 도사중심의 의식을 통해서 재앙을 물리치고 복을 기원하는 도교의 공식의례이다. 이러한 의례에서 예컨대 복을 비는 초제(醮祭)의 초주(醮主), 곧 제주는 거의 대부분이 국왕이었음으로, 초제를 주관하는 사제는 국왕의 장수를 빌거나 국가를 재앙으로부터 안전하게 지켜달라고 기원하는 의례의 주관자 역할을 한다. 이 경우 초제는 처음부터 끝까지 의례의 주관자인 도사가 주역이 되고, 제주인 왕은 축복을 받는 대상이 된다. 따라서 초제는 왕이 참여하지 않는 상태에서 도사의 주관으로 진행되곤 하였던 것이다. 이는 과의도교가 바로 기복종교의 의례라는 사실을 말해준다. 이에 반하여 유교 및 불교와 같은 고전종교의 국가의례의 경우에는, 국왕은 국가의례에 참여할 뿐만 아니라 의례절차의 주역 역할을 하는 것이 원칙이다. 이와 반대로 예컨대, 고려와 조선조에서 심한 여름 가뭄에 비를 오게 하는 기우제를 하기 위하여 무당을 강제로 동원한 경우가 많았다. 이처럼 무당을 동원한 기우제와 같은 기복행위를 목적으로 할 때는, 국왕은 물론 참여하지 않았다. 이러한 맥락에서 볼 때, 고려시대의 과의도교는 기복종교의 의례가 주류를 이루었다는 사실이 분명해진다.

재초(齋醮)가 제8대 현종 때 시행되었다는 기록이 보이지만, 가장 성행한 시기는 제16대 예종 때였다. 예종은 열렬한 도교의 애호가로서 송나라 휘종(徽宗) 치하의 문물제도를 열심히 받아들였다. 그리하여 그는, 예컨대, 고려시대의 대표적 도교 학자인 이중약(李仲若)의 건의에 따라 복원궁(福源宮)을 건립하고, 또한 30여 차례나 재초를 시행하였다. 그리고 이중약은 도교경전을 편집한 『도장(道藏)』의 연구에 열중하는 과정에서 도장에 포함된 도교의술에 관한 연구도 하게 되었다. 이처럼 고려시대의 도교는 국가 중심의 과의도교와 더불어 도교의술에 관한 기록도 나타난다. 그리고 도교는 예컨대, 수경신(守庚申)과 같은 관습의 형태로 고려사회의 상하계층에 널리 전파하였으며, 이는 조선조에까지 지속되었다. 수경신은 경신일마다 잠을 자지 않고 밤을 새우는 관습인데, 그 이유는 인체 안에 삼시충(三尸蟲)이라는 눈에 보이지 않는 작은 벌레가 있고, 그 벌레가 60일마다 오는 경신일의 밤에 숙주가 잠든 사이에 몸을 빠져 나가 천제에게 그 잘못들을 고해바친다고 믿기 때문이다. 이처럼 고려의 도교는 국가중심의 과의도교를 유지하고, 도교의술을 발전시켰으며 그리고 생활습속에 널리 영향을 주기에 이르렀다. 그러나 수련도교에 관한 기록은 거의 발견되지 않는다는 점을 유의할 필요가 있다.

조선은 유교를 국교로 시작하였지만, 유교는 국가의 운영과 인간의 삶의 안정을 약속해주는 기복의 기능이 없는 점이 늘 중요한 문제로 남았다.[41] 그래서 조선에서도 사실상 국가안위를 위하여 어떤 형태로든지 기복의례가 요청되었다. 이런 관계로 성리학이 국가이념이었던 조선에서 과의도교가 축소되기는 했지만 왕실의 비호아래 명맥을 유지하였다. 1392년(태조 1)에 예조에서 송도에 있는 소격전 한 곳만 남겨놓고 고려조에 세웠던 재초 거행장소를 모두 폐쇄했으며, 1396년 한양으로 천도한 뒤 소격전을 영조하였다. 이어서 1417년(태조 17)에는 소격전의 책임자였던 김첨이 도교의 사전(祀典)을 정비하게 하였으며, 1466년(세조 12)에는 소격전을 소격서(昭

---

41 인류사회에서 기복을 극복할 수 있는 시대가 도래했는데, 그것은 ①의식주의 해결, ②의료보험, 그리고 ③기본교육을 국가가 보장해주는 이른바 사회보장제도가 실현되면서부터이다. 그 이전의 사회에서는 이른바 안정을 위하여 어느 형태로든지 기복이 요청되었다.

格署)로 개칭하여 도교의 재초를 거행하는 국가의 관서로 만들었다. 소격서에서는 옥황상제를 비롯하여 수백의 제신의 신위를 마련하고, 여러 계급의 도인들이 신분에 맞게 맡아서 제초의례를 지냈다. 그러나 조광조가 주도한 신진사류들이 소격서의 혁파를 주장하고 국왕의 천지신에 대한 제사를 끈질기게 반대하여 1518년(중종 13)에 재초 담당 관청인 소격서가 혁파되었다. 이때 조광조는 신진사류들을 대표하여 한낱 제후국에 지나지 않은 조선에서 하늘에 제사하는 것은 주제넘은 일이라 주장하였는데, 이는 유교가 국교였던 조선의 국왕으로서는 감당하기 어려운 공격이었다. 결과적으로 국가의 공식 도교의례장소인 소격서가 없어진 이후에도 강화도 마니산의 제천행사는, 참성초라는 이름으로 도교의 재초로 거행되었다. 이처럼 재초를 거행하는 과의도교가 공식적으로 제재를 받아서 조선 중기이후에는 그 명맥을 유지하기가 어려운 생태에 이르렀다.

우리는 지금까지 고려와 조선 도교의 중심을 재초의례를 통하여 양재기복을 추구하는 과의도교가 차지하고 있다는 사실을 살펴보았다. 한마디로 과의도교는 기복 의례가 제도화된 체계이다. 이러한 과의도교에는 ①기복사상을 내용으로 하는 "교리"와, ②기복사상을 실천하는 "의례"는 있지만, 완전한 종교현상을 구성하는데 없어서는 안 될 제3의 요인인 ③집단전통, 곧 "교단"이 빠져있다.[42] 과의도교가 고려는 물론이고 특히 조선 초기에 왕실로부터 상당한 지원을 받고 사회적 영향력을 어느 정도 유지하면서도 자신을 지킬 수 없었던 중요한 이유 가운데 하나가 바로 교단을 갖지 못한데 있었다. 다시 말해서 교단을 갖지 못했다는 점이 바로 한국 도교가

---

42 완전한, 또는 건강한 종교현상은 언제나 ①사상 ②실천 그리고 ③집단전통의 3요인으로 구성된다.

지닌 중요한 특성 가운데 하나이다.

　조선의 도교에서는, 고려의 경우와 마찬가지로, 과의도교가 중심역할을 하였다. 그러나 조선의 국교인 유교, 특히 성리학으로부터 압박을 받으면서 조선도교의 중심인 과의도교는 쇠퇴해져 갔지만, 또 다른 측면, 곧 ①수련도교, ②양생법 및 한의학, 그리고 ③민간도교의 3분야는 오히려 발전하였다. 말하자면 도교의 사상적 또는 교리적 측면은 성리학으로부터 본격적인 공격을 받아 쇠퇴해버렸지만, 도교의 실천적 측면은 사회적으로 응용되면서 더 활발해졌다. 첫째, 수련도교는 흔히 선교사상 전통을 지칭하는데, 이 문제는 조금 후 재론하기로 한다.

　둘째, 양생법 및 한의학 분야는, 도교가 원래 불로장생을 목적으로 하면서 건강관리를 위한 방법을 개발하였기 때문에, 자연히 도교의학으로 이어졌다. 예컨대, 불로장생을 추구하는 과정에서 심리적으로는 주술적인 방법을 믿어 의지하고, 물리적으로는 호흡조절법(調息)을 계발하고, 또한 익힌 곡식 안 먹기(辟穀) 등 실로 다양한 방법을 계발하게 되었다. 그러한 노력은 결과적으로 신선이 만들었다는 장생불사의 환약인 금단(金丹)에 이르렀다. 그런데 금단은 현실적으로는 생명을 끊게 하는 위험한 독성물이었기 때문에, 이러한 위험을 극복하는 길을 찾는 과정에서 연금술적인 외단(外丹)과 수련적인 내단(內丹)으로 나누어지고, 다시 내외단을 통섭(統攝)하는 방향으로 이론체계를 성립시켰으며, 이러한 과정에서 도교의학이 자리를 잡게 되었다. 이러한 도교의학은 이미 고려조에 들어와서, 앞에서 살펴본 바와 같이 이중약의 연구업적에서도 나타난다. 그리고 조선조에 와서는 도교의학에 근거하여 의학이 한층 더 체계적이고 정교하게 발달되었다. 그 대표적인 예가 1613년(광해군 5)에 간행된 허준(許浚)의 『동의보감(東醫寶鑑)

』이라 할 것이다. 이처럼 도교사상을 수용하고 발전한 한의학과 그 이론에 관하여 성리학자들도 관심을 갖고 수용하기에 이르렀던 것이다.

셋째, 민간도교는, 예컨대 앞에서 살펴본, 수경신(守庚申)이 좋은 예인데, 이는 "경신일"마다 잠을 안자는 습속으로 고려조에서 시작하여 조선조까지 이어졌다. 수경신은 십간(十干)·십이지(十二支)에 근거한 시간변화관, 옥황상제를 포함한 다양한 신과 귀신관 그리고 인간 숙명관이 포함된 하나의 복합적 운명결정론을 이루고 있다. 그렇게 결정된 운명 가운데 액운을 풀어서 복을 받게 하는 것이 도교의례의 기본목적이다. 이러한 도교적 양재기복 의례 가운데 우리의 민간신앙에 가장 크게 영향을 준 분야가 바로 별자리(星宿)에 관한 신앙이다. 특히 북극성과 북두칠성에 관한 신앙이 고려와 조선조에 퍼지면서, 예컨대 칠성이 민가에서 가신의 하나로 숭배되고, 특히 조선조 후기부터는 불교 사찰 안에 칠성각이 들어서게 되었다. 이들은 모두 도교의 성수신앙의 일환이다.

도교는 앞으로 다가올 일의 길흉을 예측하고 나아가 액(厄)을 물리치고 복을 구하는데 다양한 방법을 쓰지만, 거기에는 기본적으로 다음과 같은 두 가지 원칙이 있다. 하나는 신이나 귀신과 같은 인격을 지닌 "존재의 힘"에, 그리고 또 하나는 음양오행과 같은 "우주규범의 힘"에 의지하는 것이다. 인간이 미래를 예측하기 위하여 점을 칠 때 이러한 두 원칙 이외에 제삼의 선택은 없으며, 있다면 다만 이 둘의 다양한 형태의 혼합이 있을 뿐이다. 그런데, 도교의 경우 "존재의 힘"은 무속에서 왔으며, "우주규범의 힘"은 춘추전국시대에 정비된 중국의 전통사상에서 온 것이다. 이처럼 이들은 서로 다른 힘에 의지하지만, 점을 치고 양재기복하는 점에서는 서로 같다. 고전사상인 유학, 특히 조선시대의 성리학의 입장에서 볼 때 점치는 것 자체가 숙명론에 빠져서 고전적 이상을 추구하는 이성적 노력을 포기한 것을 의미한다. 따라서 유학자들은 일상생활의 다양한 사건에 관하여 재앙을 물리치고 기복을 추구하는 도교의 기복행위를 기피했던 것이다.

지금까지 우리는 한국도교의 역사를 조선조 초기까지 살펴보았다. 이를 시대별로 구별한다면, 첫째, 삼국시대는 중국으로부터 도교가 유입되었으며, 둘째, 고려에서 조선 초기에 이르는 동안은 의례중심의 과의도교가 성행했다. 그런데 조선중기 이후부터, 앞에서 우리의 논의를 미루어 두었던, "수련도교"가 성행하게 되었다. 셋째, 그러므로 조선중기 이후의 수련도교가 한국도교의 마지막 단계를 이루고 있다. 결론적으로 말해서, 조선 중기 이후에, 조선사회에 도교는 두 형태로 남아 있게 되었다. 하나는 민간도교라는 이름으로 민속에 스며들어 독립된 도교형태를 유지하지 못한 상태가 되었고, 다른 하나는 수련도교로서 주로 지식인들 사이에서 도교에 관한 논의와 수련의 대상으로 남아있게 되었다.

이처럼 다양한 도교 가운데 조선시대에 가장 활발하게 논의된 전통이 바로 수련도교였다. 수련도교는 선(仙)과 단(丹)에 근거하여 심신수련에 전념하는 점에서 기복의례를 하는 과의도교나, 기타 민간도교와는 완전히 다른 점이 있다. 그래서 조선의 유학자들이 다른 도교는 심하게 박해를 하면서도, 수련도교만은 무해하다고 여기거나 특히 지성인들 사이에 개인적 수련방법으로 수용하기도 했다. 퇴계가 그 대표적 사례라고 말할 수 있다.

조선시대 수련도교의 현황과 특성을 정확하게 이해하는데 가장 빠른 방법 가운데 하나가 아마도 수련도교에서 가장 대표적이면서도 서로 다른 입장을 지닌 두 책을 비교 검토하는 것일 것이다. 먼저, 수련도교에 관한 대표적 예로 1610년(광해군 2) 한무외가 쓴 『해동전도록(海東傳道錄)』을 들 수 있다. 이 책에 따르면, 우리나라의 수련도교, 곧 내단수련(內丹修練)의 도맥은 먼저 중국 안에서의 흐름에서 시작하여, 신라에서 조선에 이르는 우리나라 안에서의 흐름, 이렇게 두 체계가 연결된다. 중국의 경우 수련도교가 태상노군(太上老君), 곧 노자(老子)에서 시작하여 후한 때 『참동계(參同契)』의 저자 위백양(魏伯陽)으로 와서, 금대(金代)에 성립된 전진교(全眞敎)의 종조(宗祖)인 여동빈(呂洞賓)에게 도를 전하였으며 단학(丹學)의 시조로도 알려진 종리권(鍾離權)으로 이어졌다고 주장한다. 이처럼 우리나라 수련도교의 근원을 전진교에서 찾는데, 이는 우리나라 문화의 근원을 중국에 연결시키곤 하던 조선시대의 일반적 사유의 특성을 보여주고 있다. 이어서 신라 말의 최승우(崔承祐) 등이 당나라에 들어가서 종리권으로부터 단학을 전수받은 후 단학의 도맥은 최치원(崔致遠)에게 그리고 고려의 이명(李茗)과, 조선의 김시습(金時習), 서경덕(徐敬德), 홍유손(洪裕孫), 곽치허(郭致虛)를 거쳐 한무외까지 이어졌다고 주장한다.

이러한 도맥전승의 주장에서 우리는 두 가지 문제를 발견하게 된다. 먼저, 노자가 수련도교의 시조라는 주장은 역사적 사실의 객관적 판단에 근거하기보다는 주관적 주장에 지나지 않으며, 같은 맥락에서 중국에서 신라로 전수된 인맥과 특히 전수된 내용이 분명하지 못하다. 다음으로, 신라와 조선 시대 사이를 이어주는 인맥 역시 과정과 내용에 있어서 분명하지 못하다. 이를 종합해볼 때, 이러한 주장이 역사적 사실을 반영하기보다는 조선조 수련도교 집단이 지녔던 주관적 신념내용을 반영하고 있다고 보는 것이 더 설득력을 갖는다. 모든 종교적 신념이 역사적 사실을 정확하게 반영하지는 않으며 또 반드시 그럴 필요도 없다는 사실을 우리는 알고 있다. 따라서 이러한 주장의 역사적 사실 여부보다는, 이러한 주장을 하는 사람들이 간과하고 있는 점이 무엇인가에 우리의 관심이 쏠린다. 결론적으로 말해서, 우리나라 수련도교의 뿌리를 중국도교의 연원에서 찾으려는 논리에는 허점이 보인다는 사실을 거부할 수 없다. 이점은 다음에 다시 살펴보기로 한다.

다음에, 위와는 반대로 수련도교가 우리나라에서 시작되었다는 주장이 있다. 이에 따르면 도교의 기원이 우리나라의 신선사상에서 시작하였다고 한다. 이러한 주장은 당연히 우리나라의 단군신화를 비롯한 건국신화들이 신선사상의 현상들이라 판단하고, 이에 근거하여 중국의 도교가 해동 신선사상의 영향을 받았다고 주장하기에 이른다. 이러한 입장이 조여적(趙汝籍)의 『청학집(靑鶴集)』에서 밝힌 조선 단학(丹學)의 계보에서 잘 드러난다. 이에 따르면 우리나라 단학의 계보는 광성자(廣成子)에서 출발하여 명유(明由)로, 환인에서 환웅(桓雄), 단군, 문박(文朴), 영랑(永郞), 보덕(普德), 도선(道詵), 최치원(崔致遠), 위한조(魏韓朝) 그리고 편운자(片運子)를 거쳐 조여적 자신으로 이어졌다고 주장한다. 우선 이러한 주장은 신화적 인물과 역사적 인물을 같은 평면위에서 연결시킨다는 점이 두드러진다. 이러한 태도는 역사적 사실을 있는 그대로 이해하는 것이 아니라, 역사적 사실을 내면적 신념에 근거하여 주관적으로 재해석하는 것을 의미한다. 이러한 태도를 다른 말로는 교리적 재해석이라고 한다. 무엇이 이러한 교리적 선언을 하게 하는가를 생각해볼 필요가 있다.

위에서 본 바와 같이, "우리나라 수련도교"가 한무외는 중국에서 왔다고 주장하고, 반대로 조여적은 한국에서 발생했다고 주장한다. 수련도교의 "중국 도래설"과 "한국 자생설"이라는 상반되는 발생론을 제기하고 있는 것이다. 그럼에도 불구하고 수련도교의 주도자들은 수련도교의 내용과 의미에 있어서는 서로 동일한 입장을 갖고 있다. 그들은 신선사상과 단학을 동일한 것으로 간주하고 있으며, 이러한 전통을 수련도교라 지칭한다. 이러한 전통 안에서 수련도교가 우리 민족의 정신적 근원을 밝히는 관문이기 때문에, 그를 통해서 우리 민족의 정신적 근원을 찾으려는 노력에 집중한다는 점에서 서로 다르지 않다.

조선중기, 특히 임진왜란으로 인한 이념적 혼돈과 사회적 방황이 확산되는 과정에서 우리 민족에 대한 사랑과 애국심이라는 옷을 입은 신선사상, 곧 자기수련 전통이 새로운 종교운동으로 나타나게 된다.[43] 그것은 민족주의가 태동한 종교운동의 출발이었다. 이때 신선사상은 유불(儒佛)과 같은 전형적인 동양 고전종교가 아니라 "제3의 정신문화전통"을 의미하며, 바로 제삼의 전통이 한국인의 정신적 근원이라는 확신을 갖게 된 것이다. 이러한 확신을 조선 중기 이후 뿐만 아니라 현대의 수련도교와 수련에 관심을 가진 지식인들이 갖고 있다. 이러한 점은 예컨대, 『조선도교사(朝鮮道敎史)』를 쓴 이능화(李能和)에게서도 나타나고, 오늘도 많은 한국사상가들에서도 나타나고 있다.[44]

수련도교 또는 신선사상의 한국 자생설은 우리 민족의 오랜 단일민족의식과 그에 따른 민족문화의식을 반영하고 있다. 그런 점에서 수련도교의 우리 민족 자생설은 상당한 설득력을 지니고 있다. 그럼에도 불구하고 조

---

[43] 우리는 민족애와 애국심을 동일한 의미로 쓰는 데, 이러한 경우는 단일민족 국가이기 때문에 가능한 것이며, 한국 이외에는 쉽게 볼 수 없는 일이라는 점을 상기할 필요가 있다.

[44] 이처럼 "제삼의 정신문화전통"을 추구하는 태도가, 임진왜란 이후 곧 조선중기 이후의 종교운동의 변동을 일으키는 중요한 역사적 요인으로 나타난다.

선 시대 이후 오늘에 이르기까지 수련도교인들은 자신들의 종교경험 내용을 음양오행 등과 같은 중국 사상의 개념틀로 설명하고 있다. 자신의 종교적 경험내용을 중국 사상의 틀로 설명하면서, 자신의 종교가 한국자생 전통이라 주장하는 것은 논리적 모순이 아닐 수 없다. 이와 반대로 중국 수용설을 주장하면서 그 경험내용이 한국적이라고 주장하는 경우 역시 모순이 아닐 수 없다. 이처럼 자생설과 수용설이 모두 논리적 모순에 빠져있다. 결과적으로 신선, 또는 수련도교의 "한국 자생설"과 "중국 수용설"은 모두 논리적 모순을 지니고 있다는 사실이 드러난다. 이러한 모순이 어디서 왔는가? 이는 우리의 관심이 아닐 수 없다.

이를 위하여 지금까지 살펴본 바를 정리해보기로 한다. 우리나라의 도교는 실로 다양한 모습을 갖고 있어서 시각에 따라 다른 견해를 갖게 되지만, 우리는 앞에서 과의도교, 수련도교를 살펴보았으며, 앞으로 민간도교를 다루어볼 차례가 남았다. 이처럼 한국도교는 크게 3유형으로 나누어진다. 그런데 첫째, 수련도교는 다른 두 도교 유형인 과의도교와 민간도교가 지닌 기복중심의 성격을 갖지 않은 점에서 큰 차이를 보여준다. 둘째, 그리고 우리나라 도교는 앞에서 살펴본 바와 같이, 모두 교단을 지니지 못한 이른바 비교단 도교이다. 이 두 조건에 근거하여 볼 때, 특히 우리나라의 수련도교는 중국에 현재까지 존재하는 교단 도교와도 다르다. 결과적으로 "우리나라의 수련도교"는 우리나라의 다른 두 도교와도 다르고, 중국의 교단도교와도 다르다. 그렇다면, 수련도교의 실체가 무엇인가를 조명해야할 필요가 있다.

수련도교는 도교의 주류에서 벗어난 전통이다. 누누이 살펴본 바와 같이, 도교는 불로사상을 주축으로 하고 다양한 방술과 기복의례를 수행하는 현세적인 기복종교이다. 이와 비교할 때, 수련도교는 정통도교가 아니라, 정통에서 파생되어 도교의 일부만을 유지하고 있는 전통이라 할 것이다. 일반 도교의 특성이 기복의례에 집중하는데 있다면, 수련도교의 핵심은 어디까지나 수련의 이상에 있으며, 이는 곧 인간의 존재론적 완성을 추구하는데 있다. 수련은 기복과 본질적으로 다른 이상을 추구하는 현상이다. 수련은 기본적으로 육체적 훈련을 통하여 정신적 자유를 추구하는 과정이다. 자기와의 싸움에서 자신의 완성을 추구하는 훈련이다. 이러한 자기완성을 추구하는 전통, 곧 자기수련 전통은 우리 민족이 한문을 수용하기 훨씬 이전부터 지니고 있었다. 이점을 우리는 이미 앞에서 살펴보았다. 한문이 우리나라에 들어온 시기는 아마도 위만조선과 한사군이 교체되던 기원전 2~1세기경일 것이다. 따라서 고조선과 단군사상의 역사적 실존을 인정한다면, 적어도 한문이 들어오기 2천 년 전부터 우리 민족이 이미 자기수련 전통을 지니고 있었다. 그런데 한문을 쓰기 시작하면서 고유한 수련전통에서 경험한 내용을 한문으로 표기하고, 그러는 과정에서 특히 조선시대에 오면 송나라 때의 도장(道藏)에 나오는 용어를 빌어 한문으로 기록하기 때문에 결과적으로 중국도교의 내용으로 변모하기에 이른다. 이러한 과정을 거칠 수밖에 없었기 때문에, 결과적으로 조선의 수련도교인은, "중국 수용"과 "한국 자생"의 입장과 관계없이, 논리적 모순에 빠지게 되었던 것이다.

이러한 논리적 모순을 극복하는 길은 먼저 한문이 들어오기 전부터 내려오는 우리 민족의 수련전통의 실체, 곧 우리의 상고대 수련전통의 원형을 찾는 노력이 요청된다. 이 과정에서 한문개념을 도입하는 것은 혼돈을 연장하는 결과에 빠지게 된다. 그리고 그 원형이 한문 수용 이후, 특히 도장의 영향 이후에 지금까지 어떻게 변화하고 유지되었는가를 밝히는 작업이 요청된다. 이러한 노력이 결과적으로 우리 문화의 원형과 외부로부터 전래된 외래요인이 수용되고 혼합되면서 이어져 온 변화의 과정을 가려줄 것이다. 그러한 결과 위에서 문화적 선택을 하는 것이 바로 새로운 문화 창조의 작업이 되는 것이다. 그것이 바로 건강한 문화적 선택이다.

여기서 한 가지가 분명해진다. 한문 자료에 담겨있기 때문에, 그리고 그에 근거하여 해석한 것이 모두 우리 민족의 고유한 문화전통이라고 확신하는 태도는 우리 역사를 오도하고 있다는 사실이다. 한문 자료가 중요하지만, 그 자료가 중국 중심의 세계관에 입각한 기록이라는 점을 인정한다면 그에 대한 건강한 자료비판이 뒤따라야 하는 것은 당연한 것이다. 더 나아가서, 우리가 앞에서 살펴본 바와 같이 삼국시대의 문화는 오히려 북방문화가 먼저이고, 한문을 수용하면서 중국적인 요인으로 바뀌었다. 그런데 중국영향 이전의 우리 민족의 고대 문화전통을 보다 선명하게 보여주는 분야가 바로 "자기수련 전통"이라는 사실을 유념할 필요가 있다. 이러한 맥락에서 조선시대의 수련도교는 결국 고조선에서부터 오늘에 이르는 우리 민족의 자기수련 전통을, 한문을 받아들여서 중국적인 개념으로 설명하기 시작하면서 외현이 중국형식으로 변화하여 자기수련도교라는 이름을 갖게 되었다. 그러나 1990년대에 이르러 한국의 자기수련 집단은 도교라는 의식을 벗어나 우리 민족의 수련전통이라는 주장을 하기에 이른다.

여기서 한 가지 확인해야 할 점이 있다. 그것은 중국의 도교에도 "수련도교"의 요인이 없는 것은 아니다. 그러나 수련도교가 중국도교의 주류를 이루지 못하고 있는 것이 사실이다. 그리고 조선조 이후 우리나라에서는 수련도교가 가장 활발하게 논의되어왔으며, 그 전통이 21세기 현재까지 국선도 등을 비롯한 많은 "자기수련 훈련단체"를 낳게 하였던 것이다. 그리고 이러한 현재의 훈련단체들은 아직도 중국도교의 용어를 사용하면서도, 자신들의 훈련은 한국고유 전통을 지켜온다는 주장을 하고 있기 때문에 현재도 논리적 혼돈을 보여주는 상태에 있다. 따라서 앞으로 한국의 자기수련 전통 단체는 이러한 혼돈을 극복하기 위하여 새로운 길을 찾는 노력을 해야 할 필요가 있다. 그리고 한국 학계에서는 좀 더 체계적으로 이러한 혼돈의 역사적 과정과 현실, 그리고 내일의 전망을 명확하게 밝히는 연구에 집중해야할 것이다.

조선 중기까지, 수련도교를 제외하고, 과의도교와 민간도교가 한국도교의 주류를 이루고 있었다. 이 두 형태의 도교는 기복의례가 그 중심성격을 이루고 있다. 기복의례는 "이기적인 동기에서, 현세적 이익을 추구하는 행위이기 때문에" 근본적으로 보수적 성격을 지니고 있어서, 새로운 가치와 이상을 추구하는 신념체계의 개혁이 뒤따르지 않는다. 따라서 의례의 개혁과 그에 따른 신념체계의 혁신을 동반하지 않는다. 그러한 예를 우리는 무속 곧 샤머니즘에서 쉽게 볼 수 있다. 결과적으로, 한 종교전통이 ⓐ신념체계와 ⓑ실천체계의 발전적 변화가 없는 경우 ⓒ집단체계의 변동, 곧 교단의 형성이 이루어지지 않는다.[45] 이것이 바로 한국 도교가 교단을 갖지 못한 이유이다. 다시 말해서, 우리나라에는 처음부터 도교가 기복의례에만 매달렸기 때문에, 교리를 발전시키고 그렇게 발전된 교리의 내용을 실천으로 옮기는 교단을 가질 수 없게 되었던 것이다. 이처럼 교단이

---

45 여기에도 종교 현상을 형성하는 3요인 ①교리 ②의례 ③단체가 적용된다.

형성되지 못한 상태에서 기복의례를 주로 하는 과의도교만이 유지될 수 있었던 것이다. 과의도교 역시 조선중기 이후에 유학세력으로부터 탄압을 받게 되었을 때, 그 탄압에 저항할 수 있는 집단화된 세력체계로서의 교단이 없었기 때문에 쉽게 위축될 수밖에 없었다. 결과적으로, 기복종교로서의 도교는 조선중기 이후에 주로 민간도교로 이어지게 되었다.

여기서 민간도교는, 수련도교와 관변주위에서 행해지던 과의도교의 밖에서, 소재초복(消災招福)을 하면서 행해지던 다양한 형태의 기복적 미래예측 신행체계를 말한다. 이러한 신행체계에는 풍수지리, 천문과 역법에 근거한 각종 점복과 예측, 도교의학, 그리고 민간의 일상생활에 관련된 다양한 형태의 도교적 기복관행이 모두 포함된다. 전근대사회에서는 동서양을 불문하고 인간생활에서 기복이 절대적으로 요청되었다.[46] 이러한 맥락에서 민간도교는, 특히 조선조에서 국교인 유교가 기복의 기능을 다하지 못하는 상황에서, 조선조 국민이 지닌 기복적 욕구를 중국문화에서 수용하여 민간도교로 나타난 경우가 많다. 예컨대, 조선시대 대중이 매년 연말연초에 보는 정감록 등과 칠성각 등이 있다. 사실상 민간도교는 중국의 기복관행이 우리나라 민속으로 수용된 결과가 그 주류를 이루고 있다.

(2) 한국도교의 특성

지금까지 살펴본 바와 같이 우리나라에서 처음에는 과의도교가 활기를

---

46 현대사회에서 국가가 인간의 삶의 기본 요건인 ①의식주 ②의료 그리고 ③교육의 삼 분야에서 기본조건을 만족시켜주는 보장을 하는 것이 바로 사회보장제도이다. 사회보장제도는 인간 삶의 기본적인 품위를 보장해주는 것이다. 이러한 보장제도가 없던 전근대 사회에서 인간은 종교에 의지하여 기복을 했던 것이다. 따라서 전근대사회에서 기복은 인간의 삶에서 없어서는 안 될 관행이었다.

띠다가 다음에는 수련도교가 지식인들 사이에 퍼졌고, 후에는 민간도교가 다양한 형태로 오늘까지 이어지고 있다. 한국 도교사에 대한 거시적 시각에서 볼 때, 도교는 우리나라에서 한번도 사회적 주도력을 발휘해 본 적이 없다. 그 이유는 무엇인가? 이 질문에 대한 직접적인 대답은 바로 도교는 유교와 같이 고전적 세계관을 갖지 못했다는 것이다. 도교는 어디까지나 기복신행의 범위를 우리나라에서는 벗어나지 못했던 것이 사실이다. 고전사상의 세련된 세계관은 그 사상내용을 실천으로 옮기는 실천체계로서의 의례, 역시 고매한 이상을 추구하는 형태로 나타난다. 세련된 사상과 실천체계는 결국 그러한 신행의 집단체계, 곧 종단을 형성하게 마련이다. 결과적으로 도교는 고전적 세계관을 지니지 못했기 때문에, 교단 형성도 하지 못했고, 나아가 사회적 주도력도 지니지 못했던 것이다.

이점은 한국종교사 진행에 있어서 대단히 중요한 특성을 보여주고 있다. 서론에서 언급했듯이 한국종교사는 세계종교사의 집약적 축소판이다. 예컨대 중국문화를 대표하는 유교, 인도문화의 불교, 그리고 중동과 유럽의 유일신관인 기독교와 같은 세계고전종교가 모두 한국종교사에 들어와 공존하고 있다.[47] 그 외에도 예컨대 도교를 비롯하여 여러 비고전종교들이 해외에서 많이 들어왔지만 그들이 한국종교사에서는 한번도 주도적 위치에 들어서지 못하였다. 결과적으로 세계종교사의 고전적 세계관을 지닌 고전종교 이외에는 어떤 종교라도 한국에 들어와서 주도적 위치를 점유하는데 성공하지 못한다는 사실을 말해준다. 이 사실을 한국에서의 도

---

47 그리스와 로마의 인본주의는 종교가 아니라, 한국의 교육계에서 주도적 사상으로 기능하고 있다. 이처럼 고전사상은 4전통만 있고, 5번째는 없다. 따라서 한국 사회에는 세계의 고전사상이 모두 공존하면서 살아있는 기능을 하고 있다. 이러한 나라는 세계에서 한국 사회에만 존재한다.

교가 큰 목소리로 웅변해주고 있다. 한국종교사를 통하여 도교는 각 시대마다 기복적 요구에 순응하면서 양재기복을 하는 기복의례를 주도한 적은 있지만, 시대적 문화 창조의 역할은 처음부터 거리를 두고 있었다. 이처럼 지금까지의 한국종교사는 세계의 대표적인 고전종교를 모두 수용하면서, 또 다른 면에서는, 마치 수련도교에서 보았듯이, 우리나라의 고유정신 전통을 지켜오고 있다. 결과적으로 한국종교사는 우리 민족이 우리의 고유한 정신의 바구니 안에 세계의 고전종교를 모두 담아 수용하고 있다는 사실을 말해준다. 이처럼 외형적으로는 고전종교인 것처럼 보이면서도 내용적으로는 기복종교를 유지하고 있는 도교를 수용하는 과정을 통하여, 우리는 한국종교사에 나타난 우리 민족의 종교적 특성의 일면을 볼 수 있는 계기를 맞이하게 되었다.

5. 비교단 종교와 민간신앙, 그 전통과 민족의식

한국의 도교는 앞에서 살펴본 바와 같이 교단을 발전시키지 못하였다. 바로 이점이 도교가, 유교나 불교와 달리 한국에서 성장하지 못한 결정적 이유와 연결된다. 이는 역으로 교단을 갖고 있는 종교가 우리나라에 들어와서 크게 성장할 수 있다는 사실을 시사해주기도 한다. 그런데 우리나라에는 교단이 없는 종교가 역사적으로 광범위하게 퍼져 크게 성장한 사례가 있다. 샤머니즘, 곧 무속이 그 대표적 예이며, 무속과 같이 민간신앙에 속하는 종교전통이 그러한 사례에 속하게 된다. 이처럼 도교와 무속을 비교할 때, 비종단 종교 가운데에도 종교에 따라 사회적 영향력에 차별을 보이게 된다는 사실이 드러난다.

모든 종교는, 지금까지 누누이 언급한 바와 같이, 교리사상과 의례실천, 그리고 집단전통의 3요인을 모두 구비하여 비로소 종교기능을 하는 점에서는 다를 바 없다. 그리고 이러한 종교형성의 3요인에 관한 사항들을 기록한 문헌전통을 지닌 경우가 있고, 또한 문헌전통을 전혀 갖고 있지 못한 경우도 있다. 문헌전통을 갖지 못한 전형적인 사례가 샤머니즘, 즉 무속이다. 문헌전통을 가진 종교는 거의가 종단을 갖고 있는 이른바 교단 종교에 속한다. 그러나 문헌을 갖지 못한 종교는 모두 비교단 종교로 남아있다.

그런데 도교는 앞에서 살펴본 바와 같이 처음부터 도가의 문헌전통을 수용하고 중국에서 태어났다. 도가에는 풍부한 문헌전통이 있고, 그래서 중국에서는 오늘날도 도교가 교단을 갖고 있다. 그런데 우리나라의 도교도 역시 풍부한 한문문헌전통을 갖고 있으며, 스승으로부터 배운 문헌전통을 다음세대에 전수해 오면서도, 이렇다 할 교단을 지녀보지 못한 것이 사실이다. 결과적으로 한국의 도교는 교단유지에 성공하지 못했기 때문에 교단 종교라고 할 수도 없고, 그렇다고 샤머니즘과 같이 완전히 비교단 종교라 하기도 어렵다. 따라서 한국의 도교는 교단 종교와 비교단 종교의 중간에 위치하는, 말하자면 반교단(半敎團) 종교라 해야 할 것이다.

한국도교의 이러한 중간적 성격이 우리나라에서 역사적으로 성장하지 못한 결정적인 원인이라고 해야할 것이다. 삼국시대의 초기에 한문이 본격적으로 사회화되면서 유교와 불교가 우리나라에 고전문화를 정착시키기 시작하였다. 그런데 기복이 세속적 이익을 추구하는데 반하여, 고전종교는 본질적으로 초월적 가치관을 추구하는 강력한 규범적 성격을 지니고 있다. 이점은, 예컨대, 공자와 석가가 "이기적 동기에서 세속적 이익을 추구하는" 기복행위에 대하여 어떻게 생각했는지 상기해보는 것으로 충분하다. 그리고 도교가 원용하는 노자 사상은 공자와 석가의 사상 못지않게 기복과 같은 이기적 행위에서 멀리 떨어진 이상을 추구한다는 점 역시 부인할 수 없다. 그런데도 도교문헌은 기본적으로 기복신행을 그 주요 내용으로 담고 있다. 이러한 까닭에 유교와 불교의 고전종교 입장은 도교를 거부하게 된다. 이때 어떤 이는 불교 역시 역사적으로 기복을 크게 전해왔다고 강조하는 경우가 있을 것이다. 그러나 불교가 고려사회를 혼돈으로 이끌어간 것은 사실이지만, 앞에서 살펴본 바와 같이, 그처럼 혼돈스러운 고려불교에서 의천과 지눌이 대승불교가 추구하는 고전적 이상의 핵심을 지켰고, 그 전통이 오늘의 한국불교에까지 이어지고 있다. 이처럼 불교사의 핵심에는 기복을 넘어선 고전적 이상이 면면히 이어지고 있다. 조선의 유교 역시 이점에서 다를 바 없다. 이런 관계로 한국에서 도교의 문헌전통은 유교와 불교의 고전전통과 비교가 될 수 없는 상태에 있다. 다음으로, 기복적인 면에서도 도교는 대중의 일상생활에 정신적 안정을 주는데 있어서 무속과 비교할 수 없는 상태이다. 대중은 한문에 담긴 기복내용들보다는, 일상생활에서 맞이하는 어려움을 보다 더 한국인 정서의 맥락에서 이해하고 해결되는 것을 원한다. 그래서 예컨대 한국 민속에서는 "미륵"은 좋은 분이고 "부처"는 나쁜 존재라고 해석할 정도로 문헌전통과는 전혀 다른 현세적 해석을 하기에 이르렀다. 그만큼 우리의 대중은 고유한 민속적 정서를 지켜왔던 것이다. 이처럼 첫째, 도교는 우리나라에서 유불의 고전종교 사상과의 경쟁에서 밀려났다. 그리고 둘째, 도교는 민속전통의 고유정서에서도 밀려나게 된 것이다. 이러한 두 가지 이유로 말미암아 도교는 한국종교사에서 교단을 형성하지 못하였고, 나아가 크게 성장하지 못하게 된 것이다.

이처럼 도교가 우리나라에서 성장하지 못한 이유를 보면서, 다음과 같은 문제를 생각하게 된다. 외국에서 우리나라에 들어온 종교 가운데, 도교와 같이 교단 종교와 비교단 종교의 중간인 반교단(半敎團) 종교가 성공적으로 성장한 사례가 없다는 사실이 흥미롭다. 고전종교 전통이 아닌 종교가 우리나라에 들어와서 유교, 불교, 그리고 기독교와 같이 성장한 종교는 아직 없었으며, 앞으로도 그럴 것으로 여겨진다. 이처럼 한국종교사에는 흥미로운 점들이 줄지어 서서 앞으로의 새로운 연구를 기다리고 있다.[48]

미륵과 석가를 우리의 민속종교에서는 불교의 전통적 입장과 전혀 다르게 해석하고 있는 사실을 앞에서 보았다. 이는 한국의 민속종교가 불교와 달리 자신의 고유한 사유의 형식과 정서가 있다는 사실을 말해준다. 그 사유의 형식은 기본적으로 기복이며, 그 정서는 우리 민족의 주체의식, 곧 민족의식이었다. 이 두 가지 요소가 대중종교의 내면에 스며있다.

인류역사를 통하여 기복이 거부되거나 부정된 경우는, 첫째는, 기원전 5세기를 전후하여 나타난 고전문화이고, 둘째는, 18세기에 나타난 자연과학의 보급, 그리고 셋째는 20세기 초에 시작된 사회복지정책,[49] 이렇게 세 번 나타났다. 앞의 둘은 더 이상 언급할 필요가 없을 것이다. 세 번째의 사회복지정책은 세계 제2차 대전을 전후하여 본격적으로 실현되었는데, 이는 기본적으로 ⓐ최소한의 의식주 생활을 보장하고 ⓑ의료보험을 실시

---

48 예컨대 일본에서 들어온 일련정종이나 기타 외래 종교들이 해방이후에 한국에 전래되지만, 이들은 외래 신종교의 위치를 앞으로도 크게 벗어나지 못할 것으로 여겨진다.
49 사회복지정책은 볼셰비키혁명에 따른 소비에트 세력의 확산을 막기 위한 대안으로 북유럽국가들이 세계 제1차 대전과 제2차 대전 사이에 제도화하기 시작한 것이다. 제2차 대전 이후 소련이 주도하던 공산사회는 서방의 사회보장제도와의 경쟁에 져서 1990년 스스로 폐쇄하기에 이르렀다.

하고 나아가 ©교육의 보장을 실현하는, 3분야에서 인권을 보장하는 제도이다. 사회보장제도는 한마디로 모든 인간의 "삶의 기본적 품위"를 보장해 주는 사회적 제도이다. 이 제도는 인류가 삶의 기본적 품위를 지키며 살아갈 수 있는 길을 역사에 처음으로 열어주었다. 사회보장제도 이전의 사회에서 인간은 언제 어디서나 기복에 의지하지 않을 수 없었다. 그런데 종교는 삶의 어려움을 달래주는 희망은 주지만, 현실적으로 보장을 해줄 수는 없다. 그래서 우리나라 민담에도 "가난은 나라도 도와주지 못 한다"고 하였고, 이런 말을 되뇌면서 고전적 이상에 안주하지 못하던 현대 이전보다 정확하게는, 복지사회 이전의 대중은 어느 나라에서나 마찬가지로 모두 기복에 기대고 있었던 것이다. 결론적으로 말해서 복지사회 이전의 대중은 기복에 의지하는 것이 당연한 것이었다.

우리나라의 대중이 의지하던 종교적 사유의 형식이 기복적이라는 점은 당연한 일이다. 그러나 한국 대중신앙의 정서는 고유한 특성을 지니고 있다. 한국종교사에 나타나는 한국적 정서의 특성은 앞으로 거듭 살펴보고 나서 이 책의 결론부분에서 정리해보기로 한다. 그리하여 여기서는 비록 대중의 종교가 기복을 추구하면서도, 현세적 이익에만 머물러 있지 않고, 종교적 행위주체로서 대중의 자기인식이 반영되고 있다는 점에 관심을 갖고 살펴보기로 한다. 그러한 종교행위자의 주체의식이 바로 우리 사회 대중의 자기의식이며, 이러한 대중의 주체적 자기인식을 우리나라에서는 전통적으로 민족의식이라 불러왔다. 이러한 맥락에서 비교단 종교들 가운데 샤머니즘부터 살펴보기로 한다.

1) 샤머니즘

샤머니즘, 곧 무속은 한국종교사를 통하여 가장 대표적인 비교단 종교이다. 교단을 갖지 못했기 때문에 무속은 상고대로부터 현재에 이르기까지 민간신앙의 형태를 벗어나지 않고 있다. 한문을 통하여 우리 민족사에 유교와 불교의 고전문화가 수용되기 이전의 "상고대" 시대에는 무속이 중심종교의 역할을 하였다. 상고대의 무속에 관하여는 앞에서 이미 살펴보았다. 통일신라시대를 대승불교가 주도하고, 고려시대에 불교가 앞에 서면서도 유교, 도교, 그리고 전통적 민간신앙 등, 그때까지 존속했던 모든 종교전통들이 공존하는 이른바 혼돈의 시기에 들어섰다. 그리고 조선조에 들어와서 유교를 국교로 채택하고 불교에 박해를 가하면서도, 무속에 대한 공식적 정책은 처음부터 일관되지 못하였다. 그 이유가 무엇인가 자못 흥미로운 일이다. 유교가 대중의 기복적 욕구를 완전히 무시하지 못하는 한, 기복적 욕구를 충족시키기 위하여 손을 잡을 수 있는 종교가 바로 무속일 수밖에 없었던 것이다. 무속은 한국인의 정신세계에서 기복신행의 텃밭이기 때문이다. 그리고 동일한 이유가 지속되는 한, 무속은 한국 사회의 미래에도 남아 있게 될 것이다. 그렇다면 이는 한국문화사의 흐름을 정확하게 밝히기 위하여 무속의 이해가 매우 중요하다는 점을 말해준다.

무속을 포함하여, 앞에서 살펴본 바와 같이, 모든 종교전통의 특성을 정확하게 이해하기 위하여 무엇보다 그 종교전통의 세계관을 파악할 필요가 있다. 종교현상은 절대 신념 체계라는 사실을 우리는 이 책의 서두에서부터 강조했다. 이는 다시 말해서 종교는 자신의 고유한 세계관의 맥락 안에서 모든 사물을 판단하고 의미부여를 한다는 사실을 말해준다. 이러한 맥락에서 무속의 기본적 세계관이 영육이원론 하바롭스크라는 사실을 앞에서 살펴보았다. 한국무속에는 우리 민족이 경험한 모든 종교의 요인들을 다 수용하고 있어서 실로 복합적이고 다양한 모습을 보여준다. 예컨대 무속 굿의 상차림만 봐도, 여러 벌의 제상을 즐비하게 차려놓는다. 그만큼 무속은 다양한 내용을 담고 있는 것이다. 이처럼 다양하고 복합적인 성격을 지닌 무속의 본질적 특성은 영육이원론이라는 무속의 세계관에서 잘 나타난다. 그리고 무속의 세계관에 입각해서 볼 때, 타종교와 차별화되는 무속의 특성이 보다 명확하게 드러난다. 무속의 영육이원론은 "나의 정신"이 타인의 몸에 들어가고, "타인의 정신"이 내 몸에 들어와서 서로 바뀌어질 수도 있다는, 이른바 영육호환(靈肉互換)을 전제하고 있다. 이러한 영육호환 사상은 예컨대, 유교와 불교 같은 전형적인 동양의 고전종교의 정신과는 거리가 멀다. 그리고 기독교와 이슬람, 그리고 유대교와 같은 이른바 유일신관의 종교 사상에서 역시 자타의 상호호환을 전제로 한 영육이원론을 그 핵심으로 삼고 있지 않다. 도교의 일부 교리에서는 무속과 상통하는 점이 있기도 한데, 이점은 도교가 무속의 영향을 받고 태어났기 때문이다.

이러한 논의의 맥락에서 다음과 같은 몇 가지 사실을 확인할 수 있게 된다. 첫째, 무속의 특성이 "영육이원론"에 있다는 사실이다. 둘째, 무속의 특성은 접신현상의 직접 경험에 있다는 점이다. 무당은 흔히 "12거리"라 불리는 많은 굿의 과정에서 다양한 신과 접신하여 그때 접신된 신으로 행동한다. 이처럼 굿의 개별적인 "굿거리"는 여러 신들 가운데 특정한 신과 직접 접신하는 현장을 반영하는 과정이며, 이러한 개별 굿거리를 모두 종합하여 "무속의 굿"을 이루고 있다. 따라서 무당의 접신현상의 직접 경험을 반영하는 것이 무속의 두 번째 특성이라 말할 수 있다. 그리고 특히 무속을 믿는 사람들은 일상생활에서 다양한 형태의 접신경험을 하게 된다. 이처럼 접신현상의 직접 경험은 무속현상 일반에 널리 반영되고 있다. 셋째, 무속의 특성은 기복신행에 있다. 기복은, 지금까지 누누이 언급하였듯이, 현대 이전의 종교에는 언제나 동반되는 현상이다. 유교와 불교 같은 고전종교는 형이상학적 가치와 이상을 추구하는 것이 그 중심을 이루고 있다. 그러나 시간이 가면서 대중의 세속적 삶에서 피할 수 없는 기복적 욕구에 부응하는 과정에서 결과적으로 기복을 수용하게 된다. 그리하여 불교는 기복을 많이 수용하였고, 다음에 바로 살펴보는 바와 같이, 유교 역시 조선조에 와서 국가적인 차원에서 무속과 손을 잡고 기우제를 지내게 되었다. 이는 조선의 유교가 기복을 수용하였다는 사실을 말해준다. 특히 조선조의 억불정책 아래서 불교는 대승불교의 고전적 이상을 벗어나 기복의례에 깊이 빠지는 과정에서 무속의 영향을 크게 받았다. 다만 무속은 문자가 없기 때문에, 무속과 불교가 공유하는 기복의례가 모두 불교내의 변형으로 이해되는 경향이 있다. 무속은 한국종교사에서 가장 대표적인 기복신행의 전통을 이루고 있다고 말할 수 있다. 무속은 우리나라 역사를 통하여 기복신행의 텃밭의 역할을 하고 있다. 따라서 우리나라의 모든 종교가 기복화 과정에서 무속의 기복신행의 영향을 받게 된다.

[표 10] 무속전통의 구조적 특성

내적 특성:	①신념체계(세 계 관):	영육이원론 하바롭스크
	②실천체계(의례형식):	접신현상의 직접 경험
외형적 특성:	③행위양식(기복신행):	사회적 특성

논의를 종합하여 위와 같이 도표로 나타낼 수 있다. 무속전통은 그 신념

체계와 신행체계를 포함한 "내적 특성"과 대사회적인 "외적 특성", 두 면으로 살펴볼 수 있다. 무속전통의 내적 차원으로는 ①영육이원론의 세계관과 ②접신현상의 직접 경험, 이러한 두 특성을 지니고 있다. 그리고 무속 전통의 외적차원으로는 ③기복신행이라는 강력한 특성을 지니고 있다. 무속의 이러한 3대 특성은 무속이 출발한, 아마도 구석기시대로부터 지금까지 지속되어 왔다. 말하자면 인간의 종교사 가운데 가장 오랜 역사를 가진 종교전통으로서 무속, 즉 샤머니즘은 그 오랜 역사적 과정을 통하여 외부로부터 많은 영향을 받으면서 많은 신들을 수용하면서도 그 ①신념체계와 ②실천체계 그리고 ③행위양식의 삼차원에 있어서 원형을 그대로 유지하여 왔다. 문자를 지니지 않은 상태에서 이처럼 장구한 시간을 거치면서도 그 원형을 그대로 유지하고 있다는 사실은 참으로 놀라운 일이다.[50]

무속은 그 원형을 유지하면서도 외부에 대하여 대단히 개방적인 태도를 지니고 있다. 무속 굿에는 보살과 대감 등을 비롯한 많은 신들이 나타나고, 나아가서 "바리공주"신화를 비롯한 무속 신화에는 더 많은 무속 밖의 요인들이 나타난다.[51] 한마디로 무속은 주변문화에 대하여 대단히 개방적이다. 이처럼 무속은 한편으로는 원형을 지키면서도 또 다른 한편으로는 외부 문화에 대하여 개방적으로 수용하는 양면성을 유지하고 있다. 전통의 유지와 외부문화에 대한 개방적 수용, 이러한 이율배반적인 태도를 무속

---

50 여기에는 ①문화현상으로서의 "샤머니즘 전통"의 특성도 있겠지만, ②인간의 기복적 욕구의 구조적 특성의 두 측면의 상호관계에서 나타나게 되었다고 생각된다. 이점은 앞으로 흥미로운 연구과제로 남는다.

51 경기도 무조(巫祖)신화인 바리공주 신화는 조선왕조의 문화를 전적으로 반영하고 있지만, 무조의 탄생에 대한 신화적 내용은 조선조 이전서부터 내려오는 신화적 사유형식을 반영하고 있다.

은 고대로부터 지금까지 지켜왔다. 전통의 유지와 외부에 대한 개방적 수용, 이러한 양면의 조화를 추구하는 태도가 한국인의 종교적 심성의 특성을 이루고 있다.[52] 이는 무속적 사유가 한국민족의 전통적 종교사유의 형식에 크게 영향을 주었다는 사실을 말해준다.

무속 세계관의 원형은 물론 단군조선 이전부터 내려왔지만, 그 세계관의 사상적 측면을 표현하는 무가와 신화, 그리고 실천적 측면을 드러내는 굿거리의 의례는 조선시대에 정비되어 현재까지 내려왔다. 이점은 현재의 서울 굿에 나오는 복색에 조선조 왕실 의상이 주로 나타나는 사실에서도 쉽게 확인된다. 따라서 한국 무속의 어제와 오늘을 체계적으로 이해하는데 조선조의 무속이해가 매우 중요하다.

최근의 조선조 무속에 관한 대표적 연구에 의하면, 조선 초기에는 조정에서 기우제와 같은 국가 공식의례에 무속을 참가시켰으나, 후기에 오면 유교의 제례를 정비하면서 무속을 국가공식 의례에서 배재하게 된다.[53] 이 연구에 따르면 조선조에서 유교와 무속은 각각 "공식종교"와 "민속종교"로서 상호관계에 의하여 조선의 종교사가 진행되었다. 이를 우리가 지금까지 써온 개념으로 말하자면, 유교는 교단 종교로서 조선의 국교의 위치에 있는데 반하여, 무속은 비교단 종교로서 민속의 일환으로 존재하였

52 필자 외, 『한국인의 종교관: 한국정신의 맥락과 내용』 종교학총서1(서울대학교출판부, 2001), 제3부-5장, 한국 종교관의 구조: 175-180쪽 참조. 예컨대 대승불교의 참 모습을 당나라의 불교가 지니고 있었는데, 그 모습은 한국의 대가람에 남아있고, 한국의 성균관에서 공자묘가 있는 곡부에 가서 1991년에 공자에 대한 제사인 석전제를 가르쳐 주고 왔을 정도로 한국종교인은 자신들의 종교전통의 순수성을 열성적으로 지키는가 하면, 또 한편으로 한국인은 여러 종교를 고루 수용하는 대단한 표용성도 있다. 이 양면성의 조화를 추구할 때 진정한 한국인의 "멋"이 드러난다.

53 최종성, 『조선조 무속 국행의례 연구』(일지사, 2002.5).

다. 조선조의 유교, 곧 성리학은 매우 세련된 형이상학체계를 이념으로 지니고 있었기 때문에 기복을 초월한 가치를 추구하였다. 따라서 조선조는 처음부터 무속을 금압(禁壓)하였다. 그러나 성리학은 기복적 요청에 대한 대안이 없기 때문에, 민중과 조정이 어려움을 당할 경우에도, 윤리적인 각성 이외에 그 어려움을 극복하기 위한 현실적인 방법이 없었다. 그럼에도 불구하고 예컨대 가뭄과 같은 천재지변은 뜻하지 않게 닥쳐오게 마련이고, 이러한 재앙을 극복하기 위하여 당시에는 기우제 등을 통하여 기복에 의지하는 길밖에 없었다. 이에 더하여 우리 민족에게는 아득한 고대로부터 기복을 주도한 전통이 바로 무속이었다. 따라서 조선조 초기에 무속과 손을 잡게 된 것이었다. 조선왕조는 한편으로는 무속을 금압하면서도, 또 다른 한편으로는 국무(國巫)를 임명하고 그를 통하여 공식적 기우제(祈雨祭)를 지내는 등 무속에 대한 이중적이고 혼돈스러운 태도를 보였다. 그러나 후기에 오면 유교의 의례체계를 보다 세련되게 정비함으로써, 유교라는 국교의 체제종교의 기준에 입각하여 무속이라는 민속종교를 국교인 유교와 완전히 분리하게 된다. 말하자면 초기에는 무속을 금압하면서도 수용하는 혼돈된 태도를 지니다가, 후대에 오면 무속을 유교로부터 완전히 분리하는 정책을 썼다.

이러한 분리정책은 조선조 문화정책의 정비된 모습을 보이는 것이 사실이다. 그러나 그러한 정책의 배후에는 조선사회의 구조적 이중성이 드리워져 있다. 조선 조정에서 무속을 정책적으로 배제한 것은 사실이다. 그러나 무속은 예컨대, 궁중은 물론이고 양반가문과 서민 생활에서 기복적 욕구를 직접 충족시켜주는 주역을 담당한 점에서 예나 다름이 없었다. 무속은 조선사회에서 기복의례의 실체로 남아 있었다. 이처럼 조선사회가 진행됨에 따라 무속은 대중의 민속형태로 더 깊이 자리잡게 되었던 것이다.

무속이 조선 초기에 기복의례를 공식적으로 수행하면서 전통적인 산신제에도 깊이 관여하였으며, 민간신앙의 기복의례에도 중심역할을 하였다. 그리고 중국에서 성황제(城隍祭)가 들어와 우리 민속에 크게 전파되었다.[54] 성황은 흔히 "서낭"이라 불린다. 조선조를 창건하면서 나라의 안녕을 위하여 태조는 1393년(태조 2) 2월에 명산대천과 해도(海島)에 있는 서낭신에게 호국공(護國公)과 계국공(啓國公) 그리고 호국백(護國伯)의 작위를 내렸고, 나머지는 모두 호국신(護國神)이라 불렀다.[55] 그리고 나라가 안정이 되자 세종은 1437년(세종 19)에 작위를 모두 떼어 버렸다. 그 후 성황당은 서낭당이라 불리며 전국에 민속의례의 일환으로 남아있는데, 대부분의 경우에 그 지역의 지역장을 중심으로 한 지역유지 집단과 그 지역의 무당이 서로 독립적으로 서낭제를 치르는 경우도 있고, 가끔은 이들이 서로 협동하는 경우도 있다. 아마도 중국에서 들어온 전통이 강한 지역은 무당이 지역유지 집단으로부터 배재되고, 그렇지 않은 경우에는 무당이 의례집전을 전담하게 되는 것으로 여겨진다. 여기서 지역유지 집단이 주도하는 경우는 한문으로 기록된 제차를 따르기 때문에 중국 전통을 유지한다고 할 수가 있지만, 그 경우에도 좀 더 상세하게 가려내야 할 문제들이 있다. 예컨대

---

54 성황당의 중국도래설에 대한 연구는 과거에도 있었지만, 서영대의 최근 연구는 한국과 중국의 자료를 모두 종합하여 매우 체계적으로 연구되어 설득력을 지니고 있다.

55 호국공(護國公): 송악(松嶽)의 성황. 계국공(啓國公): 화령(和寧), 안변(安邊), 완산(完山)의 성황. 호국백(護國伯): 지리산, 무등산, 금성산, 계룡산, 감악산, 삼각산, 진주의 성황. 한우근, 「조선 초기에 있어서 유교윤리의 실천과 신앙·종교」, 『한국사론』 권 2, 1976.8, 183쪽.

서낭신과 서낭당이라는 명칭이 한문에서 온 것은 분명하지만, 그 의례의 내용이 지역 산신에 대한 제사라는 점을 인정한다면, 우리 민족의 고유한 지역신과 산신에 대한 전통적인 의례와 어떤 형태로든 혼합되었을 것이다. 어떤 경우든, 서낭신이 무속 신관의 범주 안에서 이해되고 있다는 사실 또한 부인할 수 없다. 이와 같은 맥락에서, 한국의 산신제의 의례 대상인 산신(山神) 역시 우리 민족의 전통적 무속 신관념의 일환에 속한다.[56] 이처럼 무속은 특히 신의 개념에 관계하는 한 다양한 민속의례에 고루 영향을 주고 있다. 다시 말해서, 무속은 민속신앙에 신관의 내용을 제공하고 있다.

이러한 조선조의 무속은 몇 가지 중요한 문제를 시사하고 있다. 첫째, 무속은 유불과 같은 고전사상과 대치되는 기복종교이다. 그런데 기복에는 근본적으로 신관에 근거한 기복과, 우주규범에 근거한 기복의 두 가지 형태가 있다. 먼저, 무속은 신관에 근거하여 기복행위를 하는 이른바 신중심의 기복전통이다. 다음으로, 중국의 고대사상은 음양오행과 같은 우주규범의 원리에 따라 세상만사가 생성변화한다는 신념을 갖는 이른바 우주규범에 근거한 기복전통이다. 그 중에 신중심의 기복행위는 거의가 무속의 영향을 받고 있다. 기복 중심의 무속은 사회가 혼돈스러울 때 대중에게 마음을 달래주는 기능을 한다. 그러나 객관적이고 거시적인 기준에서 볼 때, 기복은 그것이 어떤 형태이든 관계없이, 대중의 생활과 사회가 혼돈에서 벗어나지 못하게 묶어주는 결과를 초래하기도 한다.

---

56 산신은 "구체적인 산"에 존재하는 독자적인 개별 신을 의미한다. 현존하는 산이 먼저 전제되고, 그 산에 독자적이고 개별적인 영적 존재로서의 "산신"이 거처한다. 이는 "산과 산신"의 관계가, 마치 인간의 "몸과 영혼"의 관계와 같이, 영육이원론적 하바롭스크라는 무속 세계관으로 이해되고 있다는 사실을 말해준다.

둘째, 유교가 국교였던 조선조는 이러한 무속의 기복에 대하여 세 번의 정책변경을 해야 했다. 먼저, 건국초기에는 사회통합을 위하여 국무를 두어 무속의 기복의례를 제한적으로나마 수용하였으며, 다음으로 시간이 지나면서 무당이 공식행사에 참여하는 것을 막으면서도 극심한 가뭄에 무당이 기우제에 참여하도록 하는 등 이중적이고 혼돈스러운 정책을 유지하다가, 끝으로 유교의 의례체계를 정비하면서 공식의례에서 무당을 완전히 배제하기에 이르렀다. 이처럼, 유교를 국교로 채택한 조선조는 한편으로는 유교가 결여하고 있는 기복행위의 필요성을 무속에서 빌려오면서도, 중심에서는 성리학의 이상을 추구하려는 노력을 지속하였다. 이러한 과정에서, 무속 의례를 공식행사에서 배제하자는 성리학자들의 주장을 받아들이게 되어 이러한 이중성은 시간이 가면서 정리되었다. 그런데 이러한 이중성의 정리는 또 다른 문제를 조선조에 넘겨주었던 것이다. 조선의 공식행사에서는 무속을 제거했지만, 국민대중의 생활은 물론이고 양반가정과 심지어는 궁중에서도 무당이 굿을 통하여 각종 기복행사를 하였다. 이처럼 조선 중기 이후 세 번째의 정책변화는 결국 조선의 정치체제와 국민대중문화, 체제문화와 민속 문화의 간격을 크게 벌려놓은 결과에 이르렀다. 동일한 시대와 사회에서 체제와 민속의 문화적 격차를 벌려놓은 것은, 그 후 한국문화의 흐름에 큰 영향을 드리우게 하였다. 이는 결과적으로 조선조 후기에 대중문화의 변혁운동으로 이어지게 된다.

셋째, 이처럼 공식체제문화와 대중문화를 분리하게 된 데는, 무속과 유교가 서로 다른 종교적 기능을 갖고 있는데 근본적인 원인이 있었다. 무속은 주지하는 바와 같이 대표적인 기복 종교였으며, 이에 반하여 유교는 대표적인 고전 종교로서 대중이 현실생활에서 갖게 되는 기복적 욕구를 충당해주는 대안과 방법을 전혀 갖추지 못하고 있다. 유교는 국민 대중에게 모두 윤리적 이상을 실천하라는 교훈을 준다. 그러나 그 교훈이 어려운 삶의 현실에서 시달리는 대중의 마음에 안정을 주기에는 너무 거리가 있게 마련이다. 그러므로 조선에서 무속은 정부로부터 수용되었다가 배척당하는 정치적 대우를 받았지만, 대중으로부터는 처음부터 마지막까지 국민 대중이 심리적 안정을 얻기 위하여 의존하는 대상이 되었다. 이처럼 조선의 무속은 기복과 고전적 이상 사이에 드리워진 큰 격차를 보여준다. 그런데 바로 그 격차가 종교사의 흐름에 어떤 의미를 갖고 있는 것인가 우리 스스로 자문하게 한다.

넷째, 조선조에서 유교가 제도적으로 무속을 배척했는데도 현실적으로 대중은 무속에 의지했다는 사실은, "기복"이 역사적으로 어떤 의미를 지니고 있는가의 문제를 제기한다. 기복은 흔히 선 아니면 악으로 해석된다. 예컨대 무속인과 민속전통을 연구하는 사람들은 기복행위를 옹호하는 입장에 선다. 그러나 기복을 악으로 이해한 경우는 역사적으로, 고전사상의 전개, 자연과학의 대두, 그리고 복지사회의 실현, 이렇게 세 번의 역사적 단계로 나타났다. 고전사상의 입장에서 기복은 지나치게 세속적이고, 자연과학의 입장에서는 미신이며, 복지사회의 입장에서 기복은 현실적으로 아무 것도 보장하지 못하는 허구이다. 그런데 인간은 영원히 꿈을 추구하는 존재이기 때문에, 세속적 욕망이 모두 충족되기를 바란다. 세속적 욕망의 만족을 위하여 인간이 기대는 것이 기복이다. 여기서 꿈은 인간의 존재론적 이상을 의미하고, 욕망은 이기적이고 세속적인 욕심을 의미한다. 고전사상, 자연과학 그리고 복지사회의 이상에서 볼 때, 기복이 인간을 오도하는 허구인 것이 사실이다. 그러나 예컨대 따끈한 저녁 식사 한 그릇을 하고 싶은 것과 같은 소시민적 욕망은 "악한 것"이 아니라 오히려 아름다운 것으로 언제나 존중되어야 할 것이다. 그렇다면 인간의 자기중심적 욕망을 추구하는 이른바 "기복"은 상황에 따라 그 행위의 선악이 달리 드러나게 되는 것이다. 기복행위를 하는 상황에 따라, 그 행위가 이기적 동기에서 세속적 욕망을 추구하는가, 아니면 실존적 차원에서 소시민적 욕망을 추구하는가가 결정된다. 크게 봐서 복지사회가 구현된 상황에서 기복은 그 정당성이 점점 쇠퇴되어가는 것이 사실이다. 따라서 현대 이전 사회에서의 기복행위는 선악의 기준에서 벗어난, 제삼의 기준, 곧 당시의 사회문화적 상황에 근거하여 평가 해석되어야 할 것이다.[57]

앞에서 언급한 기복을 거부한 3번의 단계는 결국 한국종교사에서 샤머니즘을 거부하는 3단계와 동일한 현상으로 나타난 것이 사실이다. 그중에 제1 그리고 제2단계가 조선조에서 잘 드러난다. 그리고 제3단계는 20세기 말서부터 드러나기 시작하기 때문에, 이는 앞으로 현대종교를 다루면서 다시 살펴보기로 하자.

조선시대의 무속은 하나의 종교전통으로서의 기능 못지 않게, 한문 이전시대인 상고대로부터 이어오는 고대문화의 전수매체로서의 역할을 크게 담당하였다. 한문시대에 들어오면서 그 전시대의 한국고유 전통들이 모두 한문의 의미맥락으로 해석되었기 때문에 한국의 고유성이 한문내용으로 변형될 수밖에 없었다. 이에 반하여 무속은 한문 이전부터 전해오는 우리 민족문화의 고유성을 지켜왔다. 예컨대 무속은 신화적 사유를 지켜

---

57 기복은 분명히 첫째, 고전문화의 기준에서는 극복되어야 할 과제이기도 하고, 둘째, 대중의 역사적 현실의 기준에서는 필요한 것이기도 하다. 그러나 이러한 기준에 대한 객관적이고 포괄적인 판단이 곧 종교사 이해의 원숙성을 결정한다고 말할 수 있다.

오면서 민족의 전통적 신념체계를 지켜왔고, 고유한 의례체계를 전수하여 오면서 민족문화의 전통적 행위양식을 지켜오는 주역을 담당하였다. 한마디로, 조선조 이후 무속은 민족문화의 고유한 전통을 전수하는 주역의 기능을 하였다. 이러한 관계로, 오늘에 와서 보면, 무속은 우리 민족의 전통음악, 미술, 그리고 신화 등 각 분야의 고유 전통문화를 전수하는 역할을 하였다.

지금까지의 논의를 종합한다면, 조선조 이래 무속은 소시민적 욕망을 달래주고 또한 민족의 고유 문화전통을 전수하는 두 가지 역할을 하였다. 첫째, 무속은 우리 민족문화사에서 기복행위의 텃밭으로서 소시민적 욕망을 달래주는 주역을 담당하였다. 그러나 무속의 의례인 굿에는 신화, 음악, 그리고 미술 등이 다양한 형식으로 표현되고, 그러한 표현의 내용에는 인간의 현실적 삶의 맥락에서 경험되고 기대되는 모든 문제들이 다 포함되어 있다. 둘째, 무속은 이러한 소시민의 고유 문화전통을 구성하는 분야를 모두 수용하여 다음 세대로 넘겨주는 고유 문화전통의 전수매체 역할을 하였다. 특히 21세기에 들어선 현재까지도 무속은 무문자전통에서 벗어나지 못하고 있는 상태이기 때문에, 지금까지 무속은 한문전통에서 벗어난 우리 민족 고유 문화전통을 전수하는데 가장 중심적 역할을 감당하였다. 이처럼 문자화된 교리가 형성되지 못했을 뿐만 아니라 교단도 형성하지 못한 상태를 유지하는 무속은 현재까지 상고대의 원형을 유지하고 있다. 종합컨대 소시민적 욕망과 비교단 종교라는 두 가지 특성을 무속은 현재까지 지켜오고 있다.

소시민적 욕망을 추구하는 대표적인 형태가 바로 기복이다. 기복의 텃밭 역할을 해온 무속은 아직까지 교단을 지니지 못하고 있다. 이러한 무속이 교단 종교가 된다면, 문자화된 교리체계가 구조화되고, 나아가 교단 내에서의 사상논쟁을 통하여 교리의 수정이 이루어지기 시작할 것이다. 그런데 무속이 현재까지와 같이 무문자전통을 지켰기 때문에 오히려 "무속의 원형"이 잘 지켜질 수 있었다고 말할 수 있다. 이러한 관계로 현재까지와 마찬가지로 소시민적 욕망이 기복행위로 표현될 수밖에 없는 사회적 조건이 유지되고, 현재까지와 마찬가지로 무문자전통이 유지되는 한, 미래에도 무속은 한국 사회에 존재하게 될 것이다.

거시적인 안목으로 볼 때, 기복의 신행(信行)은 문화적 정당성이 점점 흐려져 가고 있는 것이 사실이다. 그러나 인간 삶의 현실에서 절실하게 요구되는 소시민적 욕망은 인간사회에서 사라지기 어려울 것이다. 이처럼 소시민적 욕망이 존재하고, 또 그러한 현실적 욕망을 충족하기를 원하는 한 기복신행이 나타나게 된다. 한국의 문화전통에서 그것은 어떤 형태로든 무속의 옷을 입고 나타나게 되거나 무속과의 친화력을 지닌 형태로 표현될 것이다. 여기서 우리는 앞으로 무속의 연구가 단순히 무속의 전통에 대한 이해의 범주를 넘어 무속과 한국인의 기복신행의 전통, 그리고 미래사회의 구조적 변화라는 3요인의 상호관계의 맥락을 주시할 필요가 있다는 사실을 깨닫게 된다. 이러한 삼중맥락에서 전통 음악, 미술, 그리고 문학과 같은 민족 고유 문화전통들이 우리에게 새로운 의미를 지닌 채 새롭게 다가서게 된다.

2) 하늘사상

비교단 종교의 두 번째는 전통은 "하늘사상"이다. 하늘사상은 한국종교사에서 아득히 먼 상고대에서부터 나타나며, 그 신앙의 대상을 역사적으로 하느님, 한울님, 하나님 등과 같이 한국어의 "하늘"에서 파생된 다양한 형태로 불렀으나,[58] 그 표준어는 "하느님"이다. 우리는 표준어를 따라 "하느님"이라 부르기로 한다. 우리 민족의 전통적인 "하느님"은 하늘에서 "우리" 인간의 삶과, 특히 "우리 민족"의 운명을 주재하는 주재신(主宰神)이다.[59] 이러한 주재신은 하늘신, 지고신 또는 "멀리 있는 신(deus otiosus)"의 형태로 고대사회에 나타나는 보편적인 신관이다. 이러한 한국민족의 전통적인 "하느님"은 중국의 천사상이나, 서양에서 온 기독교의 유일신관과도 구별된다. 한국민족의 하느님이 고대사상의 보편적 특성을 반영하는데 반하여, 중국의 천사상과 기독교의 유일신관은 각각의 고유한 고전 문화전통의 세계관을 반영하는 데서 그 일차적인 차이가 드러난다.

먼저 중국에서는 중국고유의 형이상학체계에 근거하여 하늘(天)의 주재자를 상제나 천제, 옥황상제나 황천상제 등으로 부른다. 이렇게 부르는 중국의 천(天)은 자연현상으로서의 "하늘"에 대한 인간의 직접 경험 내용을 상징한 것이 아니라, "하늘"을 중국고전사상의 세계관으로 재해석한 것이다. 이러한 중국의 세계관에 따르면, 하늘과 땅과 인간(天地人)이라는 3요인의 상호관계 안에서 세상의 모든 사물의 질서가 유지되고 있다. 이러한

---

58 이러한 전통의 맥락에서 기독교에서도 "하느님"이라 했는데, 1960년대 말 이후 "하나님"이라 부르는 전통이 생겼다. 이는 일차적으로 평안도 피난민들이 1950년 한국전쟁을 계기로 남하하여 남한기독교의 대세를 이루게 되면서, "하나님"이라는 평안도의 사투리를 쓰기 시작하면서 시작되었다.

59 무속의 세계관이 "영육이원론"이란 점을 상기한다면, 무속과 하늘이 주재신관은 서로 다른 세계관을 갖고 있다는 점을 알 수 있다. 그러므로 이 양자가 하나의 종교관이라고 할 수는 없다. 다만, 상고대로부터 이 두 종교 사상이 내려오면서 필요에 따라 혼합된 형태로 내려오기는 했다. 그러나 두 전통의 세계관의 차이를 인식할 때 역사적 사실들이 좀 더 세밀하게 조명될 수 있을 것이다.

형이상학적 세계관에 근거할 때, 하늘과 인간은 그 본성이 합일된다는 사상을 갖게 되고, 나아가 "하늘이 곧 진리(天卽理)"라는 확신에 이르게 된다. 이러한 중국의 천사상은, 고대 사회에서 보편적으로 나타나던 지고신관이 중국고유의 본체론적이며 형이상학적 세계관으로 재해석된 결과이다. 그 것은 한마디로 중국고유의 고전문화 현상의 산물이다.

이처럼 중국의 천사상이 "하늘과 인간이 합일"한다는 내용은 대단히 세련된 고전문화의 사상이어서, 중국 밖에서 "지고신" 관념을 가진 사회의 사람들에게는 익숙하지 않은 사상내용이다. 그리고 하늘이 곧 진리라는 확신은 고도의 형이상학적 논리체계에 근거할 때만 접근이 가능한 대용이다. 이에 반하여 한국의 "하늘사상"은, 형이상학체계가 아니라, 경험세계에서 공유하는 "하늘"의 의미가 상징화된 현상이다. 하느님은 인간이 따르지 않으면 안 될 자연의 신비로운 절대적 힘을 주재하는 존재, 곧 우주의 주재자이다. 이처럼 우주의 주재자로서의 하느님은 천신과, 하늘의 존재라는 점에서는 유사하지만, 그 존재의미에 있어서는 전혀 다르다. 천제는 형이상학적 해석의 대상이고, 하느님은 인간의 직접 경험의 대상이다. 그 차이는 사회와 문화의 모든 면에서 드러나게 된다.

다음으로 주재신으로서의 "하느님"은 기독교의 "유일신 하느님"과도 다르다.[60] 여기서 용어의 개념적 혼돈을 피하기 위하여 "유일신 하느님"을 "유일신"이라 부르기로 한다. 기독교적 유일신관에 따르면 인간은 유일신,

---

60 여기서 유일신관을 논하는 데는 두 가지 이유가 있다. 첫째는, 18세기 이후에야 본격적으로 들어오는 가톨릭, 곧 "기독교의 유일신관"과 한국의 "고유 하느님관"과의 비교할 계기를 앞으로 갖기 어렵기 때문이다. 둘째는, 우리의 전통적 고유 하느님관의 특성이 기독교의 유일신관과 비교될 때, 비로소 그 유사성과 차이성이 분명하게 드러날 수 있기 때문이다.

곧 절대자(絶對者) 앞에 섰을 때, 비로소 진정으로 인간다워진다. 왜냐하면 절대자 앞에서 비로소 인간은 자신의 존재론적 한계성을 발견하고 나아가 실존적 구원을 염원할 수 있게 되기 때문이다. 이처럼 절대자로서의 유일신은 형이상학적이고 실존적 세계관 안에서 인간이 추구하는 구원의 주관자이다. 역사적으로 말하자면 유일신관은 마르둑신과 같이 고대 중동사회에 있던 주재신이 "절대자 유일신"으로 발전한 결과이다.[61] 여기서, 한국의 "하느님"에는 기독교의 유일신과 같이 우주의 창조와 구원의 절대자개념에 담긴 실존적이고 형이상학체계가 내재되지 않았다는 사실이 분명해진다. 더구나, 같은 주재자로서의 마르둑신에서 보이는 천계의 다양한 신들을 주재한다는 점도 보이지 않는다. 한국의 "하느님"은 신비로운 하늘에서 자연의 절대적 힘이 상징적으로 인식된 내용이다.

끝으로 불교에서의 천은 범어(Sanskrit)의 단어인 데바(deva)의 번역으로서 신적 존재라는 뜻이다. 예컨대, 십이천은 십이 천신과 같은 이상적 존재를 의미한다. 그리고 불교의 세계관에서 자연현상으로서의 하늘은 다른 삼라만상과 마찬가지로 "생겨나고 존재하다 사라지는" 하나의 현상일 뿐이다. 이처럼 불교 문헌에서 특히 한문으로 표기된 천은 "하늘"과 직접 관계된 개념이 아니라 신적 존재를 상징하는 의미를 지니기 때문에, 우리의 논의에서 벗어나 있다. 따라서 우리는 본래의 논의로 다시 돌아갈 필

---

61 마르둑(Marduk)은 많은 신들을 통치하는 "주재신"이었으며, 이러한 주재신이 고대 중동 사회에 만연되었다. 이러한 상황에서 유대인들이 바빌로니아에 포로로 끌려갔을 때는 유대인의 여호와(Jehovah)는 그들의 민족 신이었지만, 유대민족이 바빌로니아에서 팔레스티나로 마지막으로 돌아오게 된 BC 515년경에는 여호와 신이 유일신(唯一神)으로 성격변화를 일으키게 되었다. 이 변화는 바빌로니아를 멸한 페르시아의 종교였던 조로아스터교의 보편주의적 종말론사상의 영향을 유대교가 받은 데서 비롯되었다는 것이 일반적인 해석이다.

요가 있다.

　중국의 천사상, 그리고 기독교의 유일신관과 우리의 하늘사상을 비교할 때, 우리의 고유한 "하늘사상"은 자연으로서의 하늘이 보다 순수한 형태로 경험된 내용이 상징화된 결과라는 점이 두드러진다. 다시 말해서 중국의 천사상과 기독교의 유일신관이 각각의 형이상학체계에 근거하여 서로 독자적인 고전적 세계관을 제시하고 있는데 반하여, 우리의 "하느님" 사상은 자연현상으로서의 하늘의 신비를 인간의 경험세계에서 인식한 내용을 상징적으로 표현하고 있다. 따라서 천신관과 유일신관이 본질적으로 고전적 세계관을 통한 하늘의 재해석을 그 특성으로 보여주고 있는데 반하여, 우리의 "하느님"사상은 "순수한 경험성"에 그 특성이 있다는 결론에 도달하게 된다.

　여기서 한국의 종교사에는 "하늘"에 관하여 서로 다른 형이상학적 해석의 체계와 그리고 순수 경험적 차원의 체계가 공존한다는 사실이 드러나고 있다. 그래서 여러 문제가 또한 발견된다. 그중에 다음과 같은 한 가지만 살펴보기로 하자. 예컨대, 형이상학적 세계관은 우선 세련되고 강력한 문화전파력을 지녔기 때문에 고전문화를 형성하는데 역사적으로 크게 공헌하였던 장점을 갖고 있다. 그러나 고전종교는 기본적으로 자신의 세계관이 절대 신념 체계라고 확신하기 때문에, 타종교를 포함한 사회 전체를 자신의 세계관으로 개종시키려는 의도를 갖는 것 또한 사실이다. 이러한 절대주의적 사상태도는, 결과적으로, 현대 자연과학의 지식과 더불어 어떤 사상도 절대적일 수 없다는 상대주의적 시각을 갖게 된 20세기에 오면, 인간 사회를 혼돈과 갈등으로 몰아가는 주범이라는 논리적 공격을 피할 수 없게 되었다. 특히 현대의 다종교상황에서 공존하고 있는 고전종교가 자신의 세계관이 절대적이라고 강조하는 것은 객관적으로 받아들여지지 않는 상태에 이르렀다. 그리하여 고전종교는 현대사회에 와서 그 세계관의 절대성을 주장하는 것이 단점이라는 공격을 받는 추세에 이른다.

이와 반대로, 하느님 사상은 "순수한 경험적" 차원에서 하느님의 신비력을 믿고 따르기 때문에, 문화적 설득력과 사회적 통제력이 고전종교 사상에 비하여 약한 단점을 지니는 것이 사실이다. 그러나 그 반면에 하느님 사상은 타종교를 개종시키려는 의도를 갖지 아니하고, 오히려 타종교가 지닌 종교적 신비경험을 자신이 경험한 신비경험과 동등하게 중요한 것으로 인정하는 경향을 갖는다. 따라서 하늘 사상을 믿는 사상은 "타종교인"에게서 "나의 모습"을 발견하게 되고, 그리하여 "내가" 타종교인과 갈등과 마찰을 갖기보다는 친근감을 갖게 된다.

이러한 관계로 한국민족은 전통적으로 자신의 종교적 신념에 충실하면서도, 타종교에 관용적인 태도를 지니는 특성을 갖고 있다. 예컨대, 서론에서 지적한 바와 같이, 한국 사회에는 유교, 불교, 그리고 기독교와 같이 대표적인 세계종교가 모여 있고, 이에 더하여 많은 한국민족종교들이 있으며, 나아가 구석기시대부터 내려오는 무속, 곧 샤머니즘이 공존하고 있어서, 실로 세계 어느 사회보다 많은 종교 전통들이 공존하는 가장 대표적인 다종교사회를 이루고 있다. 그러면서도 이러한 한국의 다종교사회에서 본격적인 종교분쟁이 일어나지 않았다. 한국민족의 역사에는 다종교상황이 고대로부터 현재까지 지속되었음에도 불구하고, 종교 때문에 왕조는 바뀌었어도 민족이 분열되어본 적이 없다. 그리고 현재 세계에서 가장 대표적인 다종교상황에 살고 있기 때문에, 한국인은 가정 안에서 종교적 갈등은 경험하면서도, 종교 때문에 가족이 분열되는 것을 바라는 사람은 아무도 없다. 이처럼 한국인은 자신의 종교에 충실하면서도 타종교에 관용적인 태도를 지니는 역사적 전통을 지니고 있다. 이 역사적 전통은 한국민족이 고대로부터 바로 "하느님 사상"을 "순수 경험적 차원"에서 지켜왔기 때문에 가능하였던 것이라고 말할 수 있다.

하느님 사상이 고대사회에 보편적으로 나타나는 것은 사실이다. 그러나 한국민족은 타민족이나 타지역에 나타나는 보편적 하느님 사상과는 다른 특성이 있다. 예컨대, 한국민족은 한편으로는 세계의 고전문화를 2천여 년에 걸쳐 장기간 동안 수용하면서도 다른 한편으로는 민족의 전통적 "하느님 사상"을 지켜왔다. 이처럼 우리 민족은 외래종교에 대한 관용적 태도와 동시에 민족의 고유 종교전통의 수호라는 상반되는 두 태도를 동시에 유지하면서, 그 두 태도의 "조화"를 지켜왔던 것이다.[62] 이점에서 한국민족의 '하느님' 사상의 특성이 스스로 드러난다.

유교, 불교와 같은 고전사상은 절대 신념 체계이기 때문에, 고대사상인 하느님에 비하여, 타종교에 대한 관용성이 없다. 첫째, 그러므로 한국인이 외래문화에 대하여 관용적이라고 하는 점은 바로 민족의 고유전통인 "하느님"사상이 역사적으로 사상적 주축을 이루고 있기 때문이라는 사실을 말해준다. 이때 고유전통인 하느님 사상은, 유불의 외래 고전사상과 비교하여, "우리 민족 전통"을 강조하는, 이른바 민족의 정체성과 주체의식을 두드러지게 반영한다. 둘째, 고대로부터 장구한 기간 동안 고전사상을 지녀오면서 우리 민족은 고전적 사유의 특성인 논리적 사유와 순수 이상의 추구에 헌신하는 태도, 곧 이성적 태도를 지니고 있다. 셋째, 앞의 두 측면

---

62 특히 "감성"과 "이성" 사이의 경험적 차원에서의 조화가 "멋"으로 나타난다는 점을 참고한다.

을 종합 비교할 때, 하느님 사상은 한국민족주의의 주체적 인식의 틀이면서 동시에 감성적 측면을 반영하는데 반하여, 유불의 고전종교는 우리 민족이 고전적 이상과 논리적 판단의 전통과 친숙해지면서 이성적 사유의 태도를 갖는데 기여했다고 말할 수 있다. 결과적으로 한국인의 사유는 고대 종교전통이 상징하는 "감성적" 측면과 고전 종교전통이 대표하는 "이성적" 측면이 조화를 이루고 있는데, 그 조화는 우리 민족의 고유 전통인 "하느님 사상"의 맥락에서 이루어지고 있다. 이처럼 우리 민족의 사유의 특성을 드러내는 "하느님 사상"은 경험적 차원에서 이루어진다는 점에서 고전사상과 다르고, 또한 이성과 감성의 조화를 추구한다는 점에서 일반 고대종교에 나타나는 "지고신"과도 다르다는 점이 분명해진다. 결과적으로 "하느님 사상"은 한국민족의 고유한 사유의 틀이 지닌 경험적 사유의 맥락의 특성을 잘 보여준다.

이러한 한국민족의 고유한 하느님 사상은 역사적으로 복잡한 과정을 거치면서 오늘에 이르렀다. 한문이 공식기록문자로 사용되면서 "하느님"이라는 말은 기록에서 사라지게 되었던 것이다. 그러나 "하느님"은 한국인의 일상생활에는 언제나 생생하게 남아있었다. 따라서 "하느님"의 개념은 민족의 실생활전통에서는 강력하게 살아있으면서도, 문헌전통에서는 "천제"나 "상제"로 기록되었기 때문에, 우리 민족의 고유한 하느님사상의 내용은 사라지고 한문체제에 담긴 중국의 천사상의 일환으로 전달되게 되었다.

한국민족이 한문을 사용하기 시작한 시기는 주지하는 바와 같이 한나라가 위만조선(衛滿朝鮮)을 멸망시키고 한사군(漢四郡)을 설치하였던 기원전 108년을 전후해서부터이다. 그러니까 그것은 정확하게 기원전 2세기를 넘을 수 없었다. 그때부터 우리 민족은 한문을 기록매체로 받아들이기 시작하였으며, 한문을 통하여 삼국이 고전문화를 수용하면서 국가체제를 정비하게 되었다. 바로 이때 한문이 비로소 사회적 공식 기록매체의 역할을 시작하였던 것이다. 따라서 한문이 본격적으로 공식 기록매체로 기능하기 시작한 때는 기원전 2세기경이었다고 할 것이다. 그러므로 기원전 2세기경부터는 그 이전의 한국민족의 고유전통으로서의 "하느님"에 대한 사상과 의례가 모두 "천"이나 "상제"로 기록되었다. 그런데, 한문기록은 한문이 담고 있는 중국 문화전통을 반영하기 때문에, 한문으로 쓴 기사에는 "하느님"이 담고 있는 한국민족의 고유한 정신문화의 내용이 온전하게 전달되지 못하는 경향이 있다.

특히 유교가 국교였던 조선조에 오면서 천신(天神)의 형이상학적 해석틀로 하느님을 해석하는 경향이 짙게 나타난다. 그리하여 마치 "천신"의 해석이 곧 고유전통의 "하느님"의 의미를 밝히는 작업으로 여겨지면서, 사실상 하느님의 고유성이 적어도 문헌연구의 영역에서는 사라지기에 이르렀다. 결국 하느님은 문헌연구를 관장하는 지성계에서는 사라지고 오직 민간의 실생활과 의례에서만 살아 남아있었다. 이 모두가 한문사용에서 비롯된 후유증이었던 것이다.

이러한 까닭에, 예컨대 우리가 앞에서 살펴본 바와 같이, 일연은 삼국유사에서 "환인"의 언어적 의미를 천(天)이나 천제(天帝)라 하지 않고 인도 용어인 "제석" 곧 인드라신이라고 밝히게 되었던 것이다. 한문으로 쓰는한, 하늘이나 하늘님을 천(天)이라는 용어를 쓰지 않을 수 없었기 때문에, 한글이 없었던 일연 당시에, 그는 인도의 하늘신 "인드라"라는 용어를 쓸 수밖에 없었다. 한마디로 일연은 한국민족의 "하느님"은 중국의 천제나 상제와는 다르다는 사실을 명확하게 인지하고, 그 대안을 "인드라"라는 인도어에서 찾은 것이다. 그 외에도 "하느님"에 제사를 지낸 기록은 많이 나타난다. 예컨대, 가락국기(駕洛國記)에 나오는 황천(皇天)이라는 호칭은 "하느님"을 한문으로 기록한 것이 아닐 수 없다. 그 외에도 고구려의 동맹(東盟)은 "하느님"에 대한 제사였으며, 부여의 영고(迎鼓)와 예(濊)의 무천 등이 모두 하늘에 대한 제사를 지내는 것이었다. 이처럼 한국민족은 한문을 쓰기 훨씬 오래전부터 하늘사상을 지니고 하늘에 제사하는 고유한 전통을 지니고 있었다.

결론적으로 말해서, 우리 민족 고유전통의 "하느님"은 자연현상으로서의 하늘이 지닌 신비스러운 힘과 능력이 상징화된 인격적 존재라는 점에서, 고전문화 이전의 고대 및 원시 사회에 나타나는 일반적 "지고신 또는 하늘신"과 다를 바 없다. 그러나 우리의 "하느님" 사상은, 앞에서 살펴본 바와 같이, 하느님이라는 개념에 들어있는 "감성적 측면과 이성적 측면을 경험적 차원에서 조화를 추구한다"는 점에서 일반적인 지고신과 다르고, 나아가 고전 종교의 신관과도 다르다.

세계사적 맥락에서 볼 때, "하늘신"의 이해가 두 번의 결정적인 변화의 계기를 맞이하였다. 첫째는, 기원전 5세기를 전후하여 나타난 고전문화의 등장이었다. 고전문화의 등장을 계기로 그 이전의 "하늘 신"이, 그와 다른 의미를 지닌 고전종교의 천신(天神)으로 새롭게 해석되어 새로운 존재로 등장하게 되었다. 그리고 그 후 고전적 천신이 세계문화사를 주도하였다. 둘째, 자연과학의 발전과 특히 20세기 후반 공산주의가 무너지면서, 전세계적으로 정치이념과 종교를 포함하여 "특정한 세계관"이 사회를 주도하는 데서부터 벗어나기 시작한 역사적 경향이다. 이념적 주도권이나 대립이 21세기 이후에 세계문화사에서 주도력을 잃게 되면서, 세계 사회는

기술과 경제력의 경합으로 전환되고 있다. 따라서 21세기 중반 이후에는 지구촌의 문제가 바로 형이상학적 이념을 벗어난 "경험적 차원의 대안"이 더 설득력을 갖기 시작하였다.

한국민족의 "하느님"사상이 경험적 차원에서 다종교상황의 질서를 유지하는데 중심역할을 한다는 사실을 직시할 필요가 있다. 그 유례를 찾을 수 없는 다종교상황에도 불구하고 한국 사회 다종교상황의 질서가 유지되고 있다. 이러한 다종교상황 질서에 관하여 밝혀져야 할 내용이 많이 남아 있다. 그러나 한국 사회의 다종교상황에 대한 이해가 곧 우리 사회가 지향해야할 내용을 이해하는 것이다. 이러한 맥락에서, 다종교상황의 발전은 곧 한국 사회의 발전을 기약하는 것이며, 동시에 다종교상황의 혼란에서 벗어나지 못하는 지구촌의 내일을 기약하는 의미를 지니고 있다. 지금까지 살펴본 바를 종합컨대, 전통적인 하느님 사상의 "순수 경험적 특성"에 대한 이해는 곧 21세기 다종교상황에 새로운 다원주의 실천원리를 제시하는 약속을 드리우고 있다.[63]

3) 자기수련 전통

비교단 종교의 세 번째는 자기수련 전통이다. 자기수련 전통은 앞에서 살펴본 무속과 하늘사상과 더불어 한국종교사에 나타나는 비교단 종교에 속하면서도, 그들 가운데 가장 집단성이 약한 특성을 지니고 있다. 예컨대 무속에는 무속사회를 주관하는 무당이라는 사제(司祭)가 있어서 그를 중심으로 사실상 무속신앙 집단이 형성되고 있으며, 하늘사상은 민속행사의

---

63 한국의 다종교상황의 문제에 대한 대안의 제시는, 국내 문제 뿐만 아니라 21세기 지구촌의 다종교 및 다원주의 문제에 대한 대안을 제시하는 결과에 이를 것이다.

경우에는 지역단위로, 그리고 거국행사의 경우에는 우리 민족 단위로 의례가 진행될 정도로 공동체의식에 기반을 두고 있다. 이에 반하여, 자기수련 전통은 기본적으로 "개인이 자신과의 싸움에서 승리하여" 자신의 내면적 통일을 추구하는 것이 기본적 특성을 이루고 있기 때문에, 앞의 두 전통과 비교할 때, 집단성보다는 개인성이 상대적으로 강하다.[64] 인간은 많은 꿈을 지니고 살아간다. 그 가운데 하나가, 인간이 자신의 내면적 갈등을 극복하고 통일된 자신을 새롭게 되찾으려는 꿈을 추구하는 것이다. 그러한 노력이 아득한 과거에서부터 오늘에 이르기까지 지속되어 하나의 전통을 이루고 있는 것이 곧 자기수련 전통이다.

이러한 자기수련 전통은, 앞에서 살펴보았듯이, 우리 종교사의 고대로부터 나타난다. 예컨대 고구려 벽화에 그려진 "씨름"과 수박도, 곧 "맨손겨루기"는 고대사회에 나타난 자기수련 전통 현상의 일환이다. 씨름과 맨손겨루기는 겉으로는 일종의 체력 대결로 보이지만, 이러한 체력 대결은 고대 무사가 보다 활달한 체력을 유지하기 위하여 절대로 필요한 자기수련의 일환이다. 바꾸어 말해서, 체력훈련은 무사의 자질을 유지하기 위한 절대적인 조건이다. 무사가 자기 안에 있는 자연인의 욕심을 극복하고 진정한 무사의 꿈을 추구하는 노력이 곧 체력훈련이다. 씨름과 맨손겨루기는 바로 이러한 무사의 꿈을 추구하는 자기수련 전통이 고구려와 그 이전의 고대 우리 민족의 역사에 있었다는 사실을 말해주고 있다.

우리는 여기서 먼저 씨름에 관하여 살펴볼 필요가 있다. 첫째, 중국에는

---

64 자기수련 전통은 기본적으로 수련의 방법과 이상을 포함한 수련이념을 스승으로부터 제자로 전해지면서, 말하자면 이념집단을 형성하게 된다. 이러한 이념집단이 후에 문헌전통으로 전환되면서 고전문화를 형성하는 주역으로 나타나기도 한다.

씨름이 현재까지도 없다는 사실을 기억할 필요가 있다. 둘째, 기원전 7세기경의 스키타이 유품 가운데 "허리띠 쇠고리"에 씨름을 하는 그림이 나온다. 셋째, 고구려 씨름의 그림에는 한국인의 얼굴을 한 사람과 코가 유난히 크게 강조되어 서역인이 분명한 두 사나이가 대결하고 있다. 이 3요인을 종합할 때 우리는 중요한 사실을 확인할 수 있게 된다. 우선, 고구려 이후 현재까지 한국인이 즐기고 있는 "씨름"은 중국문화와는 관계가 없다는 사실이 분명해진다. 오히려 우리 민족이 즐기는 "씨름"은 스키타이족이 활동하던 영역의 문화교류를 통하여 익혀온 문화유산이라는 사실이 분명해진다. 스키타이는 중국의 서쪽으로는 신강성을 포함하여 멀리 광활한 중앙아시아 전체를 지칭하는 서역과, 북쪽으로는 황하강 이북의 몽고와 시베리아를 포함한 아시아의 북방, 이 두 영역을 포함한 "서·북아시아" 전역에서 활동하였다. 스키타이는 중동의 찬란한 고대문화를 서쪽으로는 유럽에 그리고 동쪽으로는 서·북 아시아에 전해주는 역할을 하였다. 이러한 맥락에서, 고구려의 "씨름 그림"은 우리 민족이 고대로부터 중국을 넘어, 광활한 서·북아시아, 좀 더 강조한다면 유라시아대륙 전역에서 이루어졌던 문화교류의 혜택을 적극적으로 누려왔다는 사실을 말해주고 있다. 또한 "맨손겨루기" 역시 같은 메시지를 우리에게 전해주고 있다. 다만 맨손겨루기의 모습은 진시황제의 묘에서도 나오는데, 이는 스키타이의 영향을 받은 지 수세기 후에 진시황제의 군사체계에 수용된 결과라고 할 것이다. 종합하건데, 우리 민족의 고대문화는 중국의 범주를 넘어 고대에 이루어지고 있었던 유라시아 문화교류에 직접 동참했다는 사실을 "씨름"과 "맨손겨루기"의 그림이 실증하여주고 있다.[65] 끝으로 고구려인이 서역인과 더불어 씨름과 맨손겨루기를 즐기던 시대에, 고구려가 크게 관심을

집중하면서 상대해야할 해외세력은 중국의 중원에 있지 아니하고, 오히려 그 북방에 있던 돌궐(Turk)제국이었다. 이 시기는 한나라가 멸망한 이후 수나라가 탄생할 때까지의 기간인데, 이 기간에 중국은 오호십육국(五胡十六國)으로 갈라져 혼돈이 지속되었기 때문에, 고구려가 경계해야만 할 세력이 중국에는 존재하지 않았던 것이다. 이처럼 고구려는 서·북아시아 문화를 폭넓게 수용하면서, 중국과는 무관하게, 독자적인 자기수련 전통을 이룩하고 또 지킬 수 있었던 것이다.

그런데 우리 민족이 한문을 쓰기 시작하면서, 한문 사용 이전에 이룩한 고대문화를 해석하는데 중요한 문제를 갖기 시작하였다. 표의문자인 한문으로 표기할 때, 한문이 지닌 고유한 의미를 동반하기 때문에, 객관적인 기술이 매우 어렵게 된다. 따라서 우리 민족의 고대문화를 한문으로 기록하기 시작하면서 한문문화의 상징체계와 사상의 색채를 지니게 되었다. 결과적으로 한문으로 쓴 기록은 우리 민족의 고유사상과 문화를 한문에 담긴 중국문화의 일환으로 바꾸는 결과에 이르게 하였다. 이러한 중국화의 과정은 특별히 유교가 국교였던 조선조에 오면서 더욱 심화되었다.

자기수련 전통은 역사적으로 볼 때, 크게 두 단계로 발전하였다. 첫 단계는, 앞에서 살펴본 바와 같이, 무사들의 심신수련을 통한 수련형태이다. 이러한 초기의 심신수련은 곧이어 내면적 자아의 계발을 위한 수련으로 이어지면서, 이른바 호흡법 또는 기식법을 통하여 진아(眞我)를 계발하는 둘째 단계로 발전된다. 첫 단계는 더 이상 논할 필요가 없을 것이다. 기식법을 통하여 진아를 계발하는 둘째 단계에서 가장 먼저 나타난 전통이

---

65 같은 맥락에서, 타클라마칸의 벽화 역시 고구려가 적극적으로 중앙아시아의 서쪽까지 외교관을 파견했다는 사실을 보여준다.

인도의 요가이다. 요가의 기식법이 불교에서는 참선으로 이어졌고, 중국에서는 내단과 외단을 포함한 단학(丹學)으로 나타난다. 자기수련 전통이 제2단계에 이르면서 "육체와 정신"으로 구성된 인간의 자아를, 세련된 논리와 세계관으로 해석하면서 보다 다양한 형태로 전개되기에 이른다. 그러나 요가, 참선, 그리고 단학이 모두 육체적 욕망을 극복하고 진아를 구현하려는, 현대어로 말하자면 진정한 존재론적 자아를 되찾으려는 점에서는 동일하다.

이러한 관계로, 한문을 쓰기 시작하면서 우리 민족의 고유한 자기수련 전통의 현상과 자료를 단(丹)이나 선(禪)으로 기술하고 설명하기에 이른다. 특히 조선조에 오면 선으로 설명하는 것은 상대적으로 점점 적어지게 된다. 이러한 과정에서 우리 민족이 고대로부터 전수해오는 자기수련 전통은 결과적으로 기록에서 멀어지게 되지만, 조선조 후기 문헌자료에 단이 주도적으로 나타게 되었다고 말할 수 있다. 이와 관련하여 한 가지 분명한 사실을 집고 넘어가야 할 필요가 있다. 조선조에서 기록된 내용들은 모두 중국의 전통과 관계가 있거나 중국 전통이 전수된 결과로 나타나지만, 한문으로 기록된 문헌 밖에서는 우리 민족의 고유한 "하느님"뿐만 아니라 "자기수련 전통" 등이 살아 기능하고 있었던 것이다. 그러므로 특히 조선조 이후 한국의 문화전통에는 "문헌자료"와 "사회현실"이 각각 독립하여 나란히 병존하고 있다는 사실을 우리는 직시할 필요가 있다. 다시 말해서, 우리 민족은 우리의 고유한 "하느님"을 믿고 또한 고유한 "자기수련 전통"을 실천했는데, 이들은 모두 기록 외부의 현실에서 실행되고 있었다. 따라서 한문으로 기록된 결과는 현실을 반영하지 못하고 있다고 말할 수 있다.

문헌기록에만 의존하여 하느님 사상이나 자기수련 전통을 논의하는 것

은 사회현실에서 살아 기능하는 고유문화 전통은 무시하는 결과에 이르는 것이다. 이처럼 문헌기록에만 의존한 한국문화의 이해는 한국문화의 반쪽만 이해한다는 의미를 지닌다. 이에 더하여, 우리 논의의 현재 주제인 "자기수련 전통"을 문헌에만 의지하여 이해하려 할 때, 반쪽만 이해하는 제약성에다 혼돈을 초래하는 결과까지 합쳐서 건강한 이해를 어렵게 하는 결과에 이르게 되는 것이 분명해진다.

자기수련은 어차피 신비경험의 경지에까지 이르렀을 때 비로소 삶에 대한 새로운 세계가 열린다. 신비경험은 상식논리를 넘어선 경지의 경험을 말한다. 그러므로 고도의 분석적 전문지식에 근거하지 않은 상태에서 신비경험의 내용과 메시지를 이해하고, 특히 그러한 이해를 다른 사람에게 전하려 할 때, 대부분의 경우 이해자의 자기주장에 입각하여 이해한 내용을 전달하는 방향으로 치닫는 경우가 대부분이다. 결과적으로 자기수련 전통을 전수하는 과정이 성리학이나 대승불교의 참선과 같이 세련된 고전사상 전통에 엄격하게 의지할 경우에는 문제가 없지만, 그렇지 아니하고 고전적 엄격성을 벗어나서 신비경험의 내용을 해석한 결과를 전수하는 경우에는 혼돈이 뒤따르게 마련이다.

이러한 혼돈이 선가(仙家)사상에서 나타난다. 예컨대 유교와 도가가 대표하는 중국 고전사상은 이른바 천지인 삼재의 세계관에 담겨있다. 중국의 고전적 세계관은 천(天)의 본성이 인간에 내재되었으며, 나아가 사회역시 천의 뜻이 구현되는 질서라고 가르친다. 이러한 관계로, 중국의 고전적 형이상학의 맥락에서는 천과 인간의 본성이 서로 통한다는 의미에서 천인합일을 주장할 수 있다.[66] 그런데, 도교의 단학에서도 중국의 고전사상의 세계관을 이념적으로는 따르고 있으며, 따라서 천인합일 사상을 수

용하고 있다. 그러나 이 경우에는 아무래도 논리적인 모순이 따르게 된다. 예컨대, 단학은 고대로부터 내려오는 불로장생을 추구하는 것이 그 중심을 이루고 있으며, 불로장생의 비밀을 체득한 사람을 신선이라 한다. 중국 사상이 모두 비슷한 논리를 제기하기 때문에, 이 경우 인도의 예를 드는 것이 한층 우리의 논의를 분명하게 할 것이다. 인도의 고전사상에서 범아일여(梵我一如)는 우주의 주체인 브라만과 자아의 주체인 아트만이 "둘이 아니다"는 내용인데, 이는 사실상 "천인합일"과 같은 내용이다. 그러나 그 내용은 그 내용을 담은 맥락에 따라 의미가 달라진다. 예컨대, 중국의 고전적 세계관의 입장에서는 천인합일을 말할 때, 천과 인의 본성이 동일한 근거를 인간관계의 이상적 질서인 "윤리적 가치"에 근거하여 전개하고 있다. "윤리적 가치"가 개인적 차원에서는 덕(德)이며 지상질서의 차원에서는 윤리, 또는 도덕인 것이다. 그런데 인도의 사상에서는 인간관계의 가치인 "윤리" 역시 인과론의 원리라는 인연연기(因緣緣起)에 근거하여 나타나는 한 현상에 불과하다. 이처럼 개념의 언어적 용어는 비슷하지만, 사상의 내용에 있어서는 중국의 천인합일이 인도의 범아일여와는 완전히 다른 내용을 지니고 있다는 사실이 분명해진다. 이와 마찬가지로, 유교와 도교에서 천인관계를 동일한 용어로 쓰는 경우에도 서로 완전히 다른 내용을 말하고 있는 것이다. 예컨대, 불로장생을 추구하는 도교의 신선사상에는, 인도사상과 마찬가지로, 지상질서의 실현을 이상화하려는 꿈이 빠져있다. 같은 맥락에서, 비록 선가에서 중국고전의 용어를 쓰고 있지만, 공맹 사상에서

---

66 『중용(中庸)』에 "인간 존재의 본질인 성(性)이 천명(天命)과 동일하다(天命之謂性)"는 사실을 밝힌다. 따라서 공자 이후 모든 유학적 논의가 형이상학적 차원으로 전개되면, 언제나 천인합일 사상은 일대 전제가 된다.

성리학으로 이어지는 유학전통이 윤리적 인간관계의 맥락에서 "사람이 사람답게 살아가는" 고전적 이상을 추구하는 것과는 달리, 신선사상은 개인의 불로장생이라는 다분히 자기중심적인 이상을 추구하는, 그래서 다분히 기복적 성격을 담은 사상과 실천체계를 갖는다는 점에서 서로 다른 내용을 지니고 있다.

이처럼 엄격한 중국 고전사상의 틀을 벗어나서 단순히 천인합일사상만을 받아들이는 경우에 쉽게 선가(仙家)사상이 나타날 수 있다는 사실을 살펴보았다. 여기서 한국 선가에 관하여는 지금까지의 문헌전통에 의지한 이해에 머물지 말고, 좀 더 현실에 대한 체계적인 안목으로 접근할 필요가 있다는 사실을 지적하게 된다. 이는 앞으로 흥미로운 연구를 기다리는 문제가 아닐 수 없다.

이러한 맥락에서, 우리는 한무외의 『해동전도록(海東傳導錄)』과 조여적의 『청학집』과 같이 잘 알려진 조선조의 자기수련 전통에 관한 문헌에 관하여 잠깐 살펴볼 필요가 있다.[67] 먼저 『해동전도록』은 그 도맥이 노자에서 전진교로 이어지고, 다시 신라말의 최승우가 중국에 들어가 그 도를 배우고 돌아와 최치원으로, 다시 고려의 이명으로 이어져서 조선의 김시습을 거쳐 필자인 한무외에까지 이르는 계보를 밝히고 있다. 이는 단학이 중국의 전진교(全眞敎)에서 시작되어 오늘에 이르렀다고 말하는 것이다. 이에 반하여, 『청학집』은 도맥의 주 흐름이 광성자(廣成者)에서 시작되어 환인—황웅—단군을 거쳐 최치원으로, 그리고 다시 위한조를 이어 필자인 조여적

---

67 한무외의 『행동전도록』은 1610년(광해군 2)에 쓴 도가, 또는 선가의 책으로서, 인조 (1623-1649) 때 어떤 승려가 지니고 있던 것이 세상에 알려지게 되었다. 조여적의 『청학집』은 청학상인 위한조를 중심으로 한 선인들의 행적을 잡기형식으로 쓴 것으로, 그 등사본이 규장각 등에 있으며, 1976년 영인본으로 발간되었다.

에 이른다고 한다. 그런데 이 도맥의 시조인 광성자는 중국 상고대 전설의 황제가 찾아가 도를 물었다는 도인이이기 때문에, 그는 사실상 상징적인 시조의 의미를 지닌다. 따라서 『청학집』에서 제시하고자 하는 도맥의 기원과 전수는 사실상 한국민족사의 흐름에서 시작되고 또 전해진다는 견해를 말하고 있는 것이다.

여기서 한 가지 중요한 사실이 드러난다. 도맥이 『해동전도록』에서는 중국에서 유래하여 전수되었다는 입장을 분명히 하는데 반하여, 『청학집』에서는 우리 민족 안에서 시작되었다는 입장을 보여준다. 이처럼 두 입장의 차이가 분명하게 드러난다. 그런데 『청학집』에서는 사실상 한국 고유의 도맥을 강조하면서도, 도맥의 기원을 "광성자"를 빌어 중국과 연결시키고 있는 점에 주의를 기울일 필요가 있다. 이는 도맥이 환인으로부터 시작되었다는 내용을 말하면서도, 중국의 상고대 신화와 연결시키고 있다. 다시 말해서, 분명히 우리 민족의 고유한 자기수련 전통을 주장하면서도 중국의 상고대 전설적 도인에 연결시키는 이중성을 보여주고 있는 것이다. 이 책의 필자 조여적은 한문으로 선가(仙家)라 기록하던 우리 민족의 고유한 자기수련 전통을 한문전통의 상고대 전설적 존재와 연결시키고 있는 것이다. 여기서 한문사용이 어떤 결과를 가져다주는지 다시 한 번 더 드러나고 있다.

조선 시대에 선가라 기록된 현상을 여기서 우리는 자기수련 전통이라 부르고 있다. 그런데 선가에는 『해동전도록』에 기록된 바와 같이 수·당을 통하여 들어온 중국도교 계통의 자기수련 도맥이 있고, 따른 한편으로는 『청학집』에서 제시하는 바와 같이 우리 민족의 고유한 자기수련 전통이 있다.[68] 이처럼 우리 민족의 고유한 자기수련 전통을 주장하는 경우에

도 한문문화의 압력으로 인하여 선가의 시조를 중국의 신화적 내용에 기대게 되었다. 그만큼 한문문화의 외압이 컸다는 사실을 말해준다.

우리는 이미 앞에서 고구려의 벽화들을 통하여, 우리 민족이 상고대로부터 중국을 넘어 서역인들과 씨름도 하고 맨손겨루기도 하는 등 초기형태의 자기수련 전통을 지니고 있었다는 사실을 살펴보았다. 고구려가 372년(소수림왕 2)에 중앙에 태학이라는 국립학교를 처음으로 세워 상류계급의 자녀들에게 경학, 문학, 무예 등을 교육하기 시작하였다는 사실이 우리 민족이 한문을 본격적으로 교육받고 쓰기 시작한 사회적인 과정을 짐작하게 하는데 크게 도움을 준다. 정치외교적인 분야를 제외하고, 한문이 본격적으로 사회적 기록체계로 널리 사용되기 시작한 것은 태학이 세워진 시기를 크게 벗어나지 않을 것이다. 그런데 태학이 설립되기 훨씬 전부터 고구려인은 우리와 같은 우랄알타이어족이 살고 있던 멀리 북방의 민족들과 자기수련 전통의 대결을 즐기면서 살았던 것이다. 여기서 한 가지, 기원전 10세기경 신강성, 몽고, 그리고 시베리아지역에 광범위하게 들어와 활동을 하던 스키타이족이 즐기던 "씨름 그림"이 우리 민족은 이미 고조선시대에부터 씨름을 즐겼다는 사실을 말해준다. 상고대에 북방민족과의 관계에서 우리 민족이 탄생되었고 또한 고조선이 건국되었기 때문이다. 따

---

68 그 외에 제3의 입장은 도가의 시조가 우리 민족의 지도자였으며, 따라서 도가는 완전히 우리 민족 전통이라 한다. 선가를 주장하는 단체들이 의지하는 여러 자료 가운데 "환인이 도맥의 개조"라고 주장하는 『백악총서』가 잘 알려져 있다. 그러나 이 문제에 관하여는 논의를 미루어 두려한다. 그 이유는 첫째, 자료의 객관적 타당성에 대한 논증이 좀 더 필요하고, 둘째, 비록 그 자료를 여기서 수용한다 해도 우리의 전체 논의에서 크게 벗어나지 않는다. 왜냐하면, 제2의 태도는 제3과 근본적으로 같은데, 다만 한문문화의 압력을 반영한다는 점만 다르고, 바로 한문문화의 압력을 조명하는 것이 우리가 여기서 하는 작업이기 때문이다.

라서 우리 민족은 그 출발에서부터 북방민족과의 관계를 유지하면서 씨름을 비롯한 다양한 형태의 자기수련 전통을 유지하고 또 발전시켜왔던 것이다.

그런데 고려 말과 조선조에 오면서 특히 자기수련 전통의 분위기가 바뀌게 되었다. 송대에 갑자기 도교의 문헌이 출판되어 우리나라에 빠르게 소개되면서, 고려의 말과 조선의 초기에 우리나라의 자기수련 단체에 커다란 변화가 일어나기 시작하였다. 먼저 새로운 문헌을 수용하면서 "중국 도교 계통"이나 "우리 민족의 고유"의 자기수련 전통을 불문하고 수련의 방법과 의미 등을 기록하기 시작하였다. 그 기록은 물론 한문이었고, 따라서 "우리 민족 고유"의 수련전통 역시 한문으로 기록하면서 중국수련의 방법과 정신으로 내용이 채워지기 시작하였다. 그 결과 21세기로 들어오는 현재, 한국고유 수련전통들이 청대의 한문용어를 쓰고 있으며, 따라서 중국도교의 이념에서 벗어나지 못하면서도 한국 고유의 수련전통이라는 사실을 강조한다. 그만큼 한국 고유의 수련전통 집단은 자기정체성을 확인하기 위하여 심각한 내적 갈등과 고통을 지니고 있는 것이다. 『청학집』의 필자 조여적이 보여주는 혼돈과 갈등이 바로 이러한 결과였고, 현재의 자기수련 전문가들이 당면한 갈등 역시 조여적이 가졌던 고민이 되살아나고 있는 결과라고 말할 수 있다. 결과적으로, 우리 민족의 고유한 자기수련 전통을 되살리는 길이 있다면, 이는 오직 오랜 한문의 압력에서부터 벗어나는 것이라는 사실을 조여적이 말해주고 있다.

4) 비교단 종교의 결론–민족문화 주체의식
조선조 전기의 종교현상 가운데, 우리는 무속, 하느님 사상, 그리고 자

기수련 전통의 3분야를 각각 살펴보았다. 이들 3분야는 우리 민족의 고유 전통문화를 형성하는데 기반을 이루고 있다. 따라서 이 3분야에 관한 연구를 적극적으로 전개할 때, 우리 민족의 전통문화에 대한 건강한 이해가 가능해지고 나아가 우리 문화가 활력을 갖고 발전할 수 있는 길이 열리는데 크게 기여할 것이다. 그러한 연구를 위하여 무엇보다 객관적이고 포괄적인 안목이 요청된다. 이 3분야는 모두 종교적 현상이다. 전에도 여러 번 강조했듯이, 종교는 가장 복합적인 문화형태이기 때문에, 이러한 복합적 현상을 있는 그대로 이해하기 위하여 무엇보다 포괄적인 안목이 요청된다. 예컨대 종교를 철학, 사회, 문화, 역사, 또는 교리학적 측면만 각각 독립하여 연구하는 경우 종합형태로서의 종교현상의 일부분만 조명하는 결과에 이른다. 따라서 종교를 있는 그대로의 "종교 자체"로 이해하기 위하여 객관적이면서 포괄적인 접근이 필요하다. 따라서 우리는 한국종교사에 나타나는 중요한 비교단 종교에 관하여 조선조 초기의 시대를 중점적으로 택하여 객관적이고 포괄적인 안목으로 이해하려 노력하였다. 이러한 우리의 이해를 아래와 같이, 종교전문가, 문헌전통 그리고 의례의 3요인을 근거로 각 종교전통의 특성을 비교해보기로 한다.

비교단 종교	종교전문가	문헌전통	의례(집단/개인)
① 무속	○ (무 당)	X	공통
② 하느님 신앙	△ (불분명)	X	집단
③ 자기수련 전통	△ (불분명)	△	개인

먼저 무속은 "무당"이 무속의례인 굿을 집행하는 사제이다. 나아가 사제

로서의 무당은 신내림을 통해서 "신어머니", "신아버지"로부터 공식적으로 사제 신분을 전수받는다. 이처럼 무당은 분명히 종교전문가인 사제의 속성을 공식적으로 부여받고 또 행사하고 있다. 그리고 무속의 굿은 "종교적 의례"의 기능을 하고 있으며, 굿은 기본적으로 부락이라는 지역공동체의 행사로 치러지는 것이었다. 그러나 현대사회에서는 가정공동체의 단위로 굿이 집행되고 있다. 어떤 경우이든지 무속의 굿은 기본적으로 공동체 행사의 성격을 지니고 있는 것이 사실이다. 이처럼 무속은 무당이 분명한 종교전문가로서의 사제직을 수행하고 있다는 점과, 무속의 의례인 굿이 공동체적 성격을 지닌다는 사실을 보여주고 있으며, 이 두 가지 사실은 무속이 종교전통이 지녀야할 기본 조건을 충분히 갖추고 있다는 점을 말해주고 있다. 다만 무속에는 문헌전통이 결여되어 있어서 그에 따르는 문제들을 안고 있다는 사실을 이 도표가 제시한다. 무속은 기본적으로 교리체계의 근거인 경전이 없어서 무속의 신념체계가 의례에 담겨 전수되고 있다. 따라서 외부로부터 무속에 대한 교리의 공격이 있을 경우 무속의 사제인 무당은 교리논쟁을 통하여 대응하기보다는 오히려 굿의 의례에서 보여주는 신비한 능력을 입증하여 무속 신념체계의 신빙성을 강조하게 된다. 다시 말해서, 무속은 그 교리의 타당성을 신비경험의 효험에 의지하기 때문에, 논리적이고 이성적인 설득력이 없다는 점이 가장 큰 단점으로 나타난다. 다음으로, 무속은 문헌전통이 없어서 사제양성의 과정에서 문헌전통에 근거한 지성적 훈련이 이루어지지 않기 때문에 교리의 시대적 발전이 이루어지지 않은 점이 단점으로 남는다.

다음으로 "하느님 사상"은 우선 종교전문가가 불분명하다. 하느님 사상은 유교와 불교가 전수되기 전부터 현재까지 민간신앙의 맥락에서 면면히

이어져 내려오는 것이 사실이다. 이러한 고유 전통적인 신념체계가 우리 민족의 정서 안에 자리 잡고 있다가, 계절이 되면 지역공동체의 행사로 하늘에 대한 제사가 이루어졌다. 이러한 하느님 사상은 사계절이 분명한 한반도 온대지역의 농경사회에서 나타나는 일반적인 하느님 또는 지고신 사상이다. 이는 한마디로 상고대 사회의 일반적 하느님 현상이다. 이러한 하느님 사상은 고대 및 원시사회에서는 지역 공동체가 하느님 제사의 제사장이 되지만, 우리의 경우는 한문을 쓰기 시작하면서 이미 "지고신"으로서의 하느님의 특성이 흐려지고 기록상으로는 천신으로 변하여서, 유교적 세계관의 맥락에서 "하느님"을 생각하게 되었다. 이때부터 하느님에 대한 제사의 내용이 달라지고, 제사의 사제 직책을 누가 감당하는가가 새로 결정되곤 하였다. 따라서 "하느님 사상"은 주로 민속행사의 일환으로 나타날 때는 마을 공동체의 장이 되지만, 적어도 조선조에 들어와서 공식행사의 경우에는 행정기관장이 사제직을 맡는 것이었다. 결과적으로 하느님 사상 전통의 경우 종교전문가로서의 사제에 대한 기준이 매우 불분명해진다. 그리고 유교의 천신에 대한 기록은 많이 나타나지만, "하느님 사상"은 문헌에서는 사실상 사라지게 되었다. 결과적으로 하느님 사상은 문헌전통에서는 사라지면서 우리 민족의 민속전통 안에서는 살아 남아있는 이중구조로 현재까지 전해오고 있다.

끝으로 자기수련 전통은, 적어도 20세기 중반 이전에는,[69] 특수 전문인

---

69 1960년대에 한국 사회는 근대화에 획기적인 계기를 맞이하였다. 다양한 분야에서 각기 대단위 사회운동이 일어나기 시작했는데, 그 가운데 자기수련 전통에서도 태권도가 대단위 대중운동으로 일어났고, 이어서 한국고유 자기수련 전통으로 국선도를 위시하여 여러 수련단체들이 형성되면서, 비로소 수련단체의 체제가 갖추어진 단계에 이르게 되었다

들에 의하여 다음 세대로 전수되곤 하였다. 이러한 자기수련 전통이 20세기 이전에는 소수의 수련인들이 모여 수련을 하는 일종의 정신적 수련단체와 같은 특성을 지녔기 때문에, 수련인들은 일종의 사제지간과 같은 형태의 서열관계만 갖고 있었다. 그러한 상태에서, 특히 수련단체의 조직이 분명하지 않기 때문에, 이러한 수련에 가담한 사람 가운데 그 단체의 총책임 스승을 제외하고는 누가 사제와 같은 전문인이고, 누가 비전문인인지 구별하기가 쉽지 않은 상태였다. 따라서 종교전문가가 없는 것은 아니었지만, 구별이 불분명한 상태로 유지되었다. 이러한 상태에서 다양한 집단들이 각각 한국고유의 자기수련 전통을 전수하고 수련하려고 노력하였다. 그 노력은 송나라에서 온 한문으로 된 도교경전들을 해석하면서 수련의 방법과 의미를 개발하였기 때문에, "하느님 사상"이나 "무속"과 비교할 때 자기수련 전통이 문헌전통에 크게 의존하고 있었다. 그러나 앞에서 살펴본 바와 같이, 한문 문헌전통에 의지하는 것은 우리 고유 전통을 한문에 담긴 세계관으로 재구성하는 결과를 가져오기 때문에, 고유전통을 살리지 못하고 오히려 묻어버리는 결과에 이르게 한다. 종합하건대, 자기수련 전통은 전문가가 무속과 같이 분명하지는 못하고, 하느님 사상보다는 전문가의 존재가 부각되지만 전문가 집단의 개념이 매우 약하다. 그리고 문헌전통은 무속과 하느님 사상과 비교하여 크게 친화력을 지니고 있지만, 그 전통이 오히려 한국고유전통을 흐리게 하는 결과를 가져왔다. 수련과 의례는 무속이나 하느님 사상과 비교할 때, 집단성격보다는 개인의 수련 과정과 그 결과가 중요하기 때문에 일차적으로는 개인 성격이 강하다. 여기서 수련전통이 개인 성격이 강하다는 것은 무속과 하느님 사상과 비교하여 그러하다는 상대적인 판단의 결과를 말하는 것이다.

6. 조선 전기 종교의 종합

조선전기는 역사적으로 그 유례를 찾기 어려운 전형적인 고전사회를 창조했던 시기였다. 정도전을 중심한 성리학자들이 중심이 되어 조선왕조의 정치적 이념을 세련된 성리학 사상에서 찾고, 그 법제화의 개념과 방향을 먼저 정하고 개국하였다고 말할 수 있다. 이처럼 처음부터 고전사상에 근거한 사회계획에 입각하여 개국한 왕조는 다시 찾기 어렵다. 이러한 점은 왕정의 정치현장인 어전회의에서도 드러난다. 조선의 어전회의는 성리학적 유교이념이 정치적 판단의 기준이었기 때문에, 국왕의 정치적 판단과 결정에 대하여 신하가 보다 적극적으로 조언하고 비판할 수 있는 권한을 행사할 수 있었다. 따라서 어전회의에 사색당파가 나타날 수 있었던 것이다.

조선왕조는 유교를 국교로 수용하면서 시작되었다. 특히 당시의 유교인 성리학은 매우 세련된 고전사상이었기 때문에, 조선조의 문화는 처음부터 잘 정비된 고전사상에 근거한 사회 및 문화정책을 전개하였고, 그에 따라 조선 전기는 실로 자랑스러운 역사를 전개할 수 있었다. 성리학적 이념이 국정의 방향을 결정하여 주고, 또한 성리학의 교훈이 국민 개인생활의 꿈과 이상을 채워주었다. 유학은 조선전기의 사회운영과 국민의 삶의 내용을 성공적으로 충족시키고 또한 규제하는 기준이 되었다. 이처럼 조선전기는 전형적인 유교국가가 되었다.

유교왕국으로서의 조선조는, 고려와는 비교가 되지 않게, 유교이념에 의하여 사회통합을 이루었으며, 이로써 우리 민족의 역사에서 다시없는 전형적인 고전왕조의 면모를 보여주었다. 모든 정책은 형이상학적 성리학

의 이념에 근거하여 결정하는 것이 원칙이었고, 국민의 생활도 유교의 형이상학적 이념으로 꿈을 담고 있었다. 이러한 성향이 조선조의 높은 학구열에서 가장 잘 드러난다. 공부를 해서 과거시험에 합격하여 공인이 되는 것이 유교가 권장하는 바이며, 이러한 교육과정을 조선시대에 국민들이 철저하게 수용하였다. 한마디로 조선조는 유교이념을 가장 완벽하게 수용하고 나타난 고전사회였다. 이러한 맥락에서, 앞에서 살펴본 바와 같은 유학의 발전이 있었다. 이러한 유학의 발전은 조선사회가 중국의 사상을 일방적으로 수용하는 단계를 넘어, 유학의 한국화와 더불어 유학의 새로운 발전을 유도하기도 하였다. 특히 청나라에서 유학의 발전에 여러 가지 문제로 지체되고 있는 동안, 조선에서 독자적인 유학의 발전을 도모할 수 있었다.

이러한 맥락에서 퇴계와 율곡 같은 창조적인 성리학자들이 조선전기의 마지막을 장식하기에 이르렀다. 그리고 퇴계와 율곡은 각각 독자적인 사유의 맥락에서 자신의 사상을 전개하면서, 동일한 이념적 태도를 보여주는데, 그것은 조화였다. 여기서 조화는 형이상학적 논리의 귀결이 아니라, 현실과 이상 사이의 괴리를 메우는 경험적 차원의 조화이다. 이러한 면에서 조선 전기의 유학은 실로 중국의 성리학을 한 걸음 벗어나서 한국적 사유의 특성을 드러내보였다. 조선 전기의 유학은 여러 가지 면에서 우리 민족의 정신문화를 한층 더 세련된 단계로 이끌었다.

불교는 조선건국 당시부터 박해의 대상이 되었다. 따라서 불교는 국정에 참여할 수 없었을 뿐만 아니라, 사실상 자유로운 포교활동을 할 수 없는 상태였다. 이러한 상태에서 조선의 불교에서 교학은 점점 더 멀어져가고, 선종에 더욱 치우치게 되었다. 교학은 서적의 출판을 비롯하여 많은 인원

이 주기적으로 투입되어야 하는 강론 등과 같은 행사를 해야 하기 때문에 대단히 방대한 운영비가 필요하다. 따라서 전근대 왕조사회에서는 왕실의 적극적인 원조가 없이는 불교의 교학이 활발하게 일어날 수 없었다. 불교를 박해하던 조선조에서 교학의 발전은 처음부터 불가능했기 때문에, 조선의 불교가 선종에 치우칠 수밖에 없었던 것이었다. 이처럼 조선조에 들어오면서 선종 중심의 불교가 이어졌음에도 불구하고, 고려의 불교에서 나타났던 바와 같이, 조선의 선사들은 교학의 필요를 강조하는 태도를 보여주었다. 이는 한국의 불교가 고려와 조선을 통하여 동일한 특성을 보여주고 있다는 사실을 말해준다. 그것은 교학과 선의 조화를 추구하는 것이었다. 이러한 교와 선의 조화 추구가 바로 조선정부로부터 체계적인 박해로 인하여 실로 감당하기 어려운 조선 전기에도 나타났다는 점이 많은 것을 시사해주고 있다. 한국불교는 대승불교의 두 기둥인 교와 선의 조화를 통하여 대승불교의 원형을 추구하는 태도를 유지하였다. 이는 한국불교가 지닌 고유한 특성이라 아니할 수 없다.

바로 앞에서 언급했던, 조선 성리학 역시 조화를 추구하는 것이 특성이라는 점을 상기한다면, 우리는 여기서 조선전기라는 동일한 시대에, 가해자인 유교와 피해자인 불교가 비록 서로 다른 맥락에서이지만, 조화를 추구하는 점에서 다르지 않다는 사실을 확인하게 된다. 따라서 조화를 추구하는 것이 한국 종교사상의 공통점이라고 말할 수 있다. 물론 여기서도, 조화가 형이상학적 세계관의 맥락 안에서의 조화가 아니라, 현실과 이상 사이의 괴리를 극복하는 경험적 차원의 조화를 의미한다.

조선조를 통하여 불교가 체계적인 박해를 받는 과정에서 현실적으로 생존을 위하여 불교사찰에서 산신각과 같은 우리 민족의 전통적 민속신앙

을 수용하기도 하였다. 이처럼 민속신앙을 사찰에 정식으로 수용한 불교는 그 외의 많은 분야에서 기복신행을 수용하여 대중의 기복욕구를 충족시키면서 조선 5백년의 어려운 시대를 보내야 했다. 특히 불교는 교학이 아니라 참선의 실천에 중점을 두었기 때문에, 기복으로 기울어지는 불교에 대한 날카로운 반성과 그 대책을 논의하지 못하였다. 결과적으로 시간이 갈수록 대중의 불교에 대한 기대와 더불어 불교 교단이 기복 불교의 모습을 점점 더 드러내게 되어다.

조선조를 통하여 중국으로부터 들어온 세 번째의 종교전통이 바로 도교이다. 그러나 도교는 중국에서부터 그 정체가 선명하게 드러나지 않고 매우 복합적인 모습으로 나타났다. 예컨대 한대에 교단도교가 나타나기도 했지만, 그보다는 유교의 전통, 특히 성리학의 이념적 틀 밖에 있는 모든 중국의 신화적 우주관이 도교라는 이름 안에 수용되었다. 따라서 도교는 교단도교와 도교사상 일반으로 나누어 볼 수 있는데, 한국사에는 교단도교가 들어와 성공적으로 활동하지 못하고, 도교사상 일반에 속하는 내용들이 들어왔다.

그러한 도교사상 일반에 속하는 내용은 삼국시대 초기 한문을 수용하면서부터 우리 민족의 종교사에 스며들게 되었다. 그런데, 우리 민족이 한문을 받아들이기 이전부터 지녀온 사상들도 한문으로 기록하는 과정에서 사실상 중국의 내용들로 변하게 되었다. 이러한 과정에서 한국의 도교인들 역시 그들의 종교경험을 한문으로 기록하면서, 한문에 담긴 중국적 내용으로 적으면서도 그들의 메시지가 중국과 다르다고 주장하게 되었다. 이러한 문제점들을 밝히기 위하여 우리는 한문을 사용할 때 오는 문제들을 집어보는 작업을 하였다. 이러한 작업은 앞으로 한국의 종교와 문화를

연구하는데 있어서 깊은 관심과 노력을 집중해야 할 과제가 아닐 수 없다.

예컨대, 우리가 살펴본 "자기수련 전통"은 우리 민족의 문화전통 가운데 하나지만, 지금까지 많은 사람들이 도교현상의 하나로 오해하는 경우가 많다. 앞에서 우리는 무속, 하늘 사상, 그리고 자기수련 전통, 이 3분야가 고전문화가 아니라 그 전부터 내려오는 우리 민족의 고유전통에 속한다는 사실을 살펴보았다. 이들은 말하자면 비교단 종교로서 적어도 조선 사회에서 문헌전통 밖에서 존재하여 왔지만, 20세기에 들어서면서는 한국의 고유종교와 문화전통에 관한 이해가 요청되면서 이들에 대한 새로운 연구의 필요성이 점점 더 커지고 있다.

조선전기에 유교의 고전문화가 조선조를 본격적으로 고전사회로 구성하였다. 그러나 그러한 역사적 과정의 이면에는, 교단을 갖지 않은 이른바 비교단 종교들이 남아 민족 전통의식을 강조하면서, 우리 민족이 중국 전통에 빠지는 것을 경계하고 나아가 민족주체의식을 지켜왔다. 이러한 비교단 종교가 조선조 사회를 통하여 문헌전통 밖에서 존재하여왔지만, 20세기에 들어서면서 한국고유 종교와 문화전통에 대한 이해가 요청되면서 새로운 연구가 점점 더 필요해지고 있다. 이처럼 조선조 전기에 두 흐름의 중요한 종교문화 운동이 있었다. 역사의 표면에서는 유교를 통하여 대표적인 고전왕국을 창조하였다. 그처럼 놀라운 고전왕조의 고전문화를 창조하는 과정에서도, 역사의 이면에서는 민족의 전통문화를 지키는 비교단 종교들이 민족전통의식을 보존하고 전파하는 기능을 하고 있었다.

제7장

조선 후기의 종교

1. 조선 후기의 개관

　제2차 문화충격기는 한국종교사에서 두 번째로 일대 격변을 가져온 역사적 시대였다. 이 시기를 통하여 동아시아의 역사는 더 이상 전통적인 동양문화에만 머물지 않고 세계문화의 일환으로 전환되기 시작하였다. 조선사회 역시 이러한 세계사의 변화에서 독립되어 존재할 수가 없었다. 제2차 문화충격기를 통하여 한국종교사는 이른바 본격적인 다종교사회로 진입하게 되었다. 그리하여 동양의 전통적인 유불선 삼교와, 서양에서 들어온 천주교와 개신교를 포함한, 기독교가 한국 사회에 뿌리를 내리기 시작하였다. 이에 더하여, 한편으로는 서교인 기독교에 저항하면서, 또 다른 한편으로는 동양의 유불선 삼교에 만족하지 못하고 민족정체성을 되찾기 위하여 새로운 종교운동이 전개되기 시작하여 이른바 한국민족종교들이 역사에 나타나기 시작하였다. 이처럼 조선후기에 일어난 제2차 문화충격기는 종교는 물론이고 사회와 문화 전반에 있어서 일대 격변을 불러온

시기였다. 이 시기는 그 이후 현대 한국의 종교와 문화를 형성하는 기반을 이루고 있다. 이러한 제2차 문화충격기에 대한 이해는 한국종교사의 과거와 현재를 이해하는데 가장 기본적 자료와 시각을 갖게 해준다는 점을 직시할 필요가 있다.

조선 후기는, 16세기 후반에 시작하여 20세기 초기에 이르는 약 3세기에 걸친 시기가 조선종교문화의 후기를 이루고 있다. 이 시기는 크게 봐서 조선전기에 건국한 전형적 고전왕조의 시기를 지나, 임진과 병자의 양란을 거치고 나서 조선조가 끝나는 과정으로 이어진다. 이 과정은 외부로부터의 자극과 그에 대한 내부로부터의 반응이라는 두 측면으로 진행되면서 전체적으로는 조선조 후기의 혼돈으로 이어졌다.

조선 후기는 서세동점이라는 외부로부터의 자극을 받게 된 시기였다. 거시적인 안목으로 볼 때, 일본이 서양문물을 조선보다 먼저 수용하고 군사력을 신무기인 조총으로 새롭게 편성하였기 때문에 임진왜란을 일으켰던 것이었다. 종교적인 측면에서 볼 때, 서세동점의 추세는 가톨릭교회가 서양 군사력의 보호를 받으면서 인도를 거쳐 중국과 일본에 전파되면서부터 시작되었다. 예컨대 임진왜란 동안에 일본군을 따라 스페인 신부가 조선에 들어왔지만, 조선에 천주교를 전파하지는 못하였다. 이러한 사실들은 임진왜란이 서세동점이라는 역사적 흐름의 맥락에서 일어나면서 수반했던 여러 측면을 잘 시사해주고 있다.

임진왜란 이후 중국을 통하여 조선사회에 다양한 서역의 문화가 소개되었는데, 그 가운데 하나가 천주교였다. 이러한 서세동점의 추세에서 일어난 임진왜란은 결과적으로 조선조 전기에 일으켜 놓은 고전사회의 질서를 와해시키는 계기를 제공해 주었다. 임진왜란과 병자호란을 거치고 "조선

조 후기"에 오면, 조선조의 행정 관료를 객관적 기준에 의하여 선발하던 과거제도를 포함한, 조선 사회의 기본구조를 이루고 있던 양반과 상인의 신분질서 등이 뇌물에 의하여 흔들리게 되었다. 결과적으로 조선조 사회의 전형적 고전질서가 와해되어가고 있었던 것이다. 이처럼 조선조 후기에 나타난 외부로부터의 자극은, 조선조 전기에 창조한 고전문화가 와해되는 결과로 이어지고 있었다.

조선조 초기에 유교가 국교로 등장하여 조선 사회를 전형적인 유교체계로 만들었지만, 양란 이후의 사회 윤리적 혼돈과 질서의 문란은 조선사회의 근본적 문제를 노출시켰다. 그 문제의 핵심은 조선사회가 큰 외부의 충격을 받았을 때, 특히 서민계층이 시대적 충격을 이겨낼 수 있도록 안내하는 힘을 제공하는, 이른바 "통합적 가치관" 또는 세계관을 제공하지 못했다는데 있었다. 이러한 통합적 힘은, 현대사회 이전에는 언제 어디서나, 그 사회를 주도하는 종교적 세계관이 그 역할을 담당하였다. 이러한 사실은 세계문화사에서 쉽게 확인할 수 있다. 조선을 건국할 때, 고려 말의 대표적 이념집단이었던 유학자들은 그들의 이념적 공약에 근거하여 문화적 결집력을 발휘함으로써, 세계문화사의 대표적 고전왕조인 조선을 건설할 수 있었던 것이다. 그러나 양란에 의하여 사회질서가 와해되고 문란해진 상황에서, 유교적 이념은 조선 후기의 난국을 수습하는 힘을 발휘하지 못하였다. 이처럼 조선 후기 사회가 난국에서 벗어나지 못한 데는 유교의 사회적 특성과 무관하지 않다.

첫째, 조선 후기에 유교가 역사적 난국을 극복하는데 성공할 수 없었던 가장 중요한 이유는 유교가 기복의 기능을 발휘할 수 없었다는 데 있었다. 유교는 기복을 행사할 수 없는 유일한 종교이다. 조선조의 사회질서를 창

조하는 과정에서 유교는 도덕적 이념에 입각하여 새로운 시대의 사회적 희망을 제시하고, 그에 근거하여 국가와 대중을 이끌어갈 수 있었다. 그리하여 세계문화사에서 대표적인 고전왕국을 창조하였다. 다시 말해서, 유교의 고전적 세계관에 근거하여 사회와 문화를 통합한 결과가 조선왕조였다. 그런데 양란 이후에 사회질서가 파괴되고 도덕적 가치관이 타락한 상황에 허덕이게 된 국민은 무엇보다 기복행위와 같은 감각적 위로가 절실히 필요하였다. 기복은 위급한 상황에서 현실적 욕망을 추구하는 관행이다.[1] 따라서 양란 이후의 조선사회의 국민은 마음의 위로라도 받을 수 있는 기복행위가 절실했던 것이었다. 그러나 유교의 교리에는 이러한 대중의 기복적 욕구를 달래줄 방법이 없기 때문에, 위기에 처한 국민에게도 기복적 욕구를 억제하고 오직 윤리적 규범을 따르고 철저하게 지킬 것을 강조하기에 이른다. 따라서 국민의 대다수는 조선사회의 구조와 질서에 대한 신뢰를 지키지 못하고, 현실적인 어려움을 극복할 수 있는 욕망을 찾아 정신적인 혼돈과 방황에 빠지게 되었다. 이처럼 국민이 임진왜란 이후의 사회적 혼돈과 방황에서 헤매는 상황에서 『정감록』과 같은 비결신행 (秘結信行)사상이 나타났으며, 이러한 비결신행사상의 일부는 19세기 중엽에 이르러 우리 민족의 주체의식을 고취하는 이른바 "한국민족종교"운동으로 이어지게 되었다.[2]

---

1 기복은 "이기적 동기에서, 세속적 욕망을 추구하는 행위"를 의미한다. 따라서 기복이 종교행위의 이상을 의미하지는 않지만, 어려운 현실에 처한 종교인이 그것에 정신적으로 매달리지 않을 수 없다. 따라서 산업화 이전의 사회에서 절대다수의 종교들이 기복을 수용하지만, 산업화를 이룩한 현대사회에서 건강한 종교들은 기복을 극복하려는 지성적 노력을 경주하기에 이른다.

2 "한국민족종교"는 해방이후에 붙여진 명칭이다.

둘째, 왕실과 양반을 포함한 "지배계층"은 조선조의 마지막 날까지 유교를 국교로 신봉하면서도, 양란이후의 사회문화적 불안을 극복할 수 있는 대안을 제시하지 못하였다. 임진왜란 이후 조선조가 망하는 날까지 약 3세기 동안에 사회적 혼돈이 많이 야기되었다. 이러한 상황에서 지배계층을 구성하는 다양한 집단이 그 시대의 혼돈을 극복하기 위하여 각기 독자적으로 대안을 제시하는데 집중하였다. 그들은 모두 서로 다른 입장을 취하면서도, 자신들이 그 시대에 유교 정신을 가장 올바르게 제시한다는 절대확신을 갖고 있었기 때문에, 결과적으로 유학파들 사이의 갈등과 대결을 유발하게 되었다. 다시 말해서, 유학파들은 다른 유교세력들과 손을 잡고 사회를 통합하는 힘을 찾지 못하고, 오히려 유학계의 분열을 유도하고 말았다. 그래서 조선 후기의 유학적 논의는 사회적 불안을 극복하는데 도움이 되지 못하였다.

이처럼 조선 후기의 유학에는 양면의 어려움이 드러나기 시작하였다. 먼저 현실적이고 직접적인 어려움을 비록 임시적으로나마 무마할 수 있는 길이 있다면 그것이 기복인데, 유교는 이러한 임시방편마저 갖지 못하였기 때문에, 조선 후기의 어려운 시기에 국민대중의 마음을 안정시킬 수 없었다. 따라서 조선 후기의 국민은 당시의 어려운 현실에서 혼돈을 벗어날 길이 없었다. 또 다른 면에서, 조선의 왕실과 지배세력 역시 국민을 충분히 설득하고 이끌어갈 준비가 전혀 없었다. 이러한 양면의 이유로 말미암아, 후기 조선사회는 극복하기 어려운 혼돈으로 빨려 들어갈 수밖에 없었다. 결과적으로 조선 후기는 세련된 성리학의 문화전통과 대중의 생활현실 사이에 괴리가 점점 깊어가고 있었던 것이다.

이러한 조선 후기의 혼돈상황에서 조선왕조에 대한 불신이 대중의 의식

에 자리하기 시작하였다. 임진왜란 이후에 이러한 사회적 불신이 구체적으로는 『정감록』과 같은 형태의 비결신행에서 나타났다. 다시 말해서, 양란이후에 내일을 예측하는 신비스러운 믿음의 현상들이 많이 나타났는데, 이를 한데 묶어서 우리는 비결신행이라 부르기로 한다. 이 시대의 비결신행 전통은 흔히 반(反)조선왕조의 이념을 보여준다. 예컨대 『정감록』에 따르면 조선조는 망하고 새로운 왕조가 순차적으로 나타난다는 것이다. 따라서 조선조의 입장에서 비결신행은 역적행위로 단죄하고 처단하였다. 그러나 이러한 비결신행의 전통은 대중 안에 스며들어 오늘에까지 이르게 되었다. 대중의 입장에서는, 조선의 왕조와 지도층과는 반대로, 이러한 비결신행의 신념체계 안에서 조선 후기에 일어난 사회적 혼란을 넘어 새로운 시대를 꿈꾸기 시작하였다. 그러한 "새로운 꿈"이 비결신생의 사유전통의 맥락 안에서 전개되기 시작하였다. 그 결과 1861년 최수운에 의하여 동학이 일어났다. 최수운은 개벽사상을 선포하면서 "새 시대"가 오는 날 "한반도가 새 세상의 중심이 되고" "한민족이 세세상의 주역이 된다고" 주장하였다. 이처럼 최수운 이후의 한국자생 신종교들을 후에 통칭하여 한국민족종교라고 이르게 되었다. 한국민족종교 운동은 곧 이어 한국 민족주의 사관을 찾는 일에 자극을 주었고, 주지하는 바와 같이 비록 조선조 이후의 일이지만, 일제 때 3·1운동의 주역을 담당하기에 이르렀으며, 일제 말기에는 만주와 중국대륙에서 항일독립운동에도 주역을 담당하였다. 이처럼 조선후기에 이르러 우리 민족은 민족주의 종교운동을 전개하기 시작하면서, 우리 민족의 문화전통에 대한 주체적 사상과 운동을 추구하는 주도적 세력으로 나타나기 시작하였다.

이러한 민족주의적 종교운동은 처음부터 서교의 도래에 대한 반동으로

일어났던 것이다. 조선 후기의 종교사에서 천주교의 "수용"과 아울러 "박해"는 실로 충격적 사건이었다. 한국의 천주교, 곧 가톨릭교회는 사실상 한국인들이 스스로 신앙고백을 하고 교회를 결성하였다가, 후에 북경의 천주교 주교좌로부터 시정을 받고 다시 인정을 받는, 한마디로 그 유례를 찾아보기 어려운 역사적 사건을 보여주고 있다. 천주교에 담긴 기독교는 그때까지 한국인이 경험하지 못하였던 종교적 세계관을 전해주었다. 그리고 앞 장에서 언급하였듯이, 조선은 유교를 국교로 신봉하던 사회였기 때문에, 유교적 세계관의 핵심을 이루고 있는 조상숭배를 거부하는 천주교를 정면으로 박해하지 않을 수 없는 상황이 벌어진 것이다. 따라서 천주교는 순교자를 낼 수밖에 없었다. 그래서 조선 후기의 종교사에는 험한 상황이 기다리고 있었던 것이다.

이러한 상황에서 개신교, 곧 프로테스탄트 교회는 사실상 조선 말기에 들어오면서, 천주교가 당했던 것과 같은 박해의 대상에서 스스로 피해갈 수 있었다. 이 시기에 개신교는 주로 미국의 선교사들이 선교단체를 이루고 있었기 때문에, 조선조 말기의 왕실에서는 일본세력을 견제하는 의미에서도 개신교 선교사들을 우대하는 정책을 썼던 것이다. 따라서 개신교는 처음부터 우리나라에서 비교적 큰 저항 없이 선교할 수 있었고 나아가 성장할 수 있었다.

그리고 불교는 당시에 국교였던 유교의 억압에서 완전히 벗어나지 못한 상태였기 때문에, 조선 전기에 언급했던 여러 가지 문제들을 완전히 벗어버릴 수 없는 상태에 있었다. 따라서 이 장에서는 조선 후기에 있었던 불교의 문제들 가운데 현재의 한국불교를 이해하는데 중요한 부분만을 선별하여 살펴보기로 하겠다.

끝으로 무속을 포함한 민속은 조선 후기에 실로 다양한 변화가 일어났다. 그러나 우리는 이 책에서 그 개별적 문제들에 대한 고찰을 하기 보다는, 조선조 후기에 무속과 민속의 세계에서 일어났던 주요 변화의 실태와 과정에 관하여 집중적으로 조명하고 살펴보기로 한다.

종합컨대, 우리는 조선조 후기에 오면서 유교가 국교의 기능을 다 수행할 수 없는 상황에 도달하는 과정을 살펴보고, 그와 관련하여 한국민족종교가 나타나는 과정, 그리고 외래종교인 가톨릭과 개신교가 들어오는 과정에서 일어났던 역사적 상황을 살펴보기로 한다. 이러한 사건들을 통하여 우리는 결과적으로 우리 민족이 전통적으로 지켜온 종교적 세계관이 어떤 특성을 지녔으며, 나아가서 그러한 세계관의 구체적인 내용을 살펴보는 계기를 갖게 될 것이다. 이러한 맥락에서 이 시기에 불교가 당면했던 문제들과, 무속 및 민속 전통에서 일어났던 일들 가운데 한국 전통문화를 이해하는데 직결되는 문제들을 가려서 살펴보기로 한다.

2. 유교 국교기능의 변화

양난을 거치고 나서 조선 사회가 혼돈에 빠져 들어가고, 그에 따라 유교세력마다 새로운 대안을 제시하는데 힘을 경주하게 되었다. 그 결과로 조선 후기의 유학세력은 전기와는 다른 형태의 유학파간의 대립이 나타나게 되었다.

조선 전기의 유학자들은 유교적 이념을 새로운 국법체제에 실어서, 명실 공히 유교적 이상을 새로운 나라에 실현하려는 작업을 하였던 것이다. 바꾸어 말해서, 이 시기에는 유교적 이념으로 새로운 이상사회를 창조하

려는 노력을 하였다. 우리는 이러한 운동을 종교적 개혁이라 말할 수 있다. 종교개혁운동은 언제나 (1)개혁의 정신과 이념은 기존의 종교전통의 신념체계 안에서 찾으나, (2)개혁의 사상적 내용과 현실적 대안은 시대적 요청에서 찾는다는 두 측면을 모두 지니는데 그 특성이 있다. 우리는 이러한 조건을 갖춘 개혁운동만이 비로소 성공한다는 역사적 사실을 어렵지 않게 확인할 수 있다.[3] 그러나, 조선후기의 유교운동은 당시의 혼돈과 갈등을 극복하기 위하여 과거의 질서를 다시 재현하려는 의도를 갖고 있었다. 한마디로, 어려운 현실을 극복하기 위하여 당시 유교사회의 쇄신을 각 학파의 입장에서 제시하였다. 이러한 후기의 운동을 우리는 종교개선이라 할 것이다. 그런데 "종교개혁운동"이 사회적 개혁을 주도할 수 있다면, 이와 반대로 "종교개선운동"은 종교자체의 내적 개선을 추구하는 운동의 특성을 지니게 된다. 조선 전기의 운동이 사회개혁운동으로 이어지는데 반하여, 조선 후기의 운동은 "유교의 내적"개선운동의 의미를 지닌다. 조선조 후기의 지도 계층은 유교의 내적 개선을 각각 추구하였다. 그들의 목표는 유교가 국교로서의 기능을 활성화할 수 있는 길을 각자의 입장에서 추구한 것이다. 따라서 유교가 국교의 위치를 차지한다는 점에서는 공동의 목표를 공유하고 있으면서도, 각 학파는 독자적인 대안을 제기하였기 때문에, 결과적으로 다양한 학파가 나타나게 되었고 그들 사이의 대립과 갈등이 노출되기에 이르렀다.

---

3 이러한 예는 BC 2~3세기의 용수에 의하여 유도된 소승에서 대승불교로의 개혁, 남송의 주자에 의하여 제기된 신유학, 곧 성리학, 그리고 마르틴 루터(Martin Luther, 1483-1546)의 종교개혁, 이러한 세 가지 역사적 사례들에서 잘 드러난다. 이러한 종교개혁운동의 조건을 갖추지 못한 종교운동은 사회적 변혁을 이끄는데 성공하지 못한다는 사실을 역으로 말해주고 있다.

이러한 대립과 갈등의 혼돈상황에도 불구하고 각 유학파는 현실을 극복하려는 의도와 각성을 지닌 점에서 서로 다르지 않았다. 따라서 모든 유학자는 적어도 유교가 절대 신념 체계라는 사실에 대한 절대확신을 갖고 있다는 점에서는 서로 다를 바가 없었다.[4] 유학자를 포함하여 유교를 절대 신념 체계로 절대확신하는 사람이 곧 유교인이다. 이러한 유교인들은 조선 후기에는 적어도 다음과 같은 세 유형을 이루고 있었다. 첫째는 유교의 보수전통주의이고, 둘째는 개혁주의이며, 셋째는 중간 입장이다. 이러한 3유형의 유교적 흐름이 나타나면서, 조선조 후기의 유교가 급격한 변화의 과정을 맞이하게 되었다.

첫째, 조선 후기 유교의 주류는, 조선 전기에 이룩한 유교문화와 사회질서를 당시에 재현하려는 보수 세력이었다. 조선 전기의 유교가 새로운 이념으로 새로운 고전문화를 창조하는 능동적이고 창조적인 태도를 지닌 데 반하여, 임진왜란 이후에 오면 사회전체가 큰 혼란에 빠져버린 시대적 상황을 극복하는 대안으로 조선전기에 이룩한 사회질서를 복원하려는 태도를 보여준다. 이는 한마디로 전기와 비교할 때, 수동적이고 보수주의적 태도를 지닌 것이다.

여기서 우리는 다음과 같은 두 가지 점을 상기할 필요가 있다. 먼저 유교가 국교인 한, 국교가 지닌 보수주의 특성을 완전히 벗어날 수는 없다는 점이다. 그러나 조선 전기는 새로운 유교질서를 창조하기 위하여 능동적이고 창조적인 태도를 유지하려고 한데 반하여, 조선 후기에 오면 유교

---

4 이처럼 유교가 궁극적 가치이며 절대 신념 체계라는 절대확신을 갖는 사람에게 유교는 종교이다. 왜냐하면, 이러한 절대확신을 현대어로 "종교"현상이라 하기 때문이다. 유교가 절대 신념 체계가 아니라는 사실을 밝히지 않은, 한 유교가 종교가 아니라는 주장은 타당성을 인정받을 수 없다.

는 점점 더 수동적이고 보수주의적 태도를 지니게 되었다. 다음으로, 조선의 유학은 송대의 주자학에 근거하고 있는데, 주자학은 특히 중국의 정통 사상(華)과 주변의 외래사상(夷)을 엄격하게 구별하는 태도를 지니고 있기 때문에 배타적인 보수 성향을 짙게 지니고 있다. 따라서 조선조의 유교는 대외관계에 있어서는 기본적으로 배타적인 보수성을 지니고 있었다. 이들을 종합컨대, 조선후기 유교의 사상적 주류는 수동적이고 보수주의적 성격을 지니고 있었다. 그리고 거시적으로 볼 때, 조선 후기의 유교는 양난 이후 혼돈에 빠진 사회를 조선전기의 기준으로 복원하려는 보수주의적 성향을 지니고 있었던 것이다. 이러한 보수주의적 유학의 전통들은 비록 서로 다른 입장을 견지하고 있으면서도 송대 성리학 전통을 지키는 점에서 서로 다르지 않다. 이러한 유학파들의 동일성에 근거하여 보수주의적 유학파들을 통칭하여 도학이라 하였다.

둘째, 조선 후기 개혁주의 유학운동을 실학(實學)이라 부른다. 실학운동은 보수주의적 성향을 지닌 조선 후기의 유교 안에서, 중국을 통하여 서양 문물을 새롭게 수용하면서 일어난 사상운동이었다. 실학운동은 새로운 의례나 실천규범을 제시하여 새로운 종교운동을 완성하는 단계에 이르지 못한 상태에서, 끝까지 새로운 사상운동을 추구하는 과정에 머물러 있었다. 그 과정에서 실학은 조선 후기 유학의 변형 가운데 하나의 중요한 흐름을 보여주고 있다.

셋째, 중간입장은 조선 후기 사회의 주도적 위치에 있던 유학의 보수 세력과 개혁적 실학의 중간에 있는 세력이다. 한마디로 이들은 보수주도 세력과 같이 조선사회의 운영의 위치에 있지도 아니하고, 실학자들과 같이 첨단 학문단체에 속하지도 않은, 말하자면 조선 후기 유교문화의 대중

곧 "유교대중"이라 할 것이다. 일반적으로 종교의 대중은 특별한 계기가 주어지지 않는 한, 시대적 흐름을 따라가는 성향을 지닌다. 유교가 국교였던 시대에 조선의 대중은 모두 유교인이었다고 할 수 있다. 그러나 조선후기에 사회적 변동이 일어나는 과정에서 대중이 어느 때는 비결신행을 따르기도 하고, 어느 때는 서학에 기울기도 하고, 또는 동학운동에 참여하기도 하였다. 그리고 유교의 의례와는 전혀 다른 내용을 실천하는 다양한 민속의례에 참여하는 사람들 역시 모두 대중이었다. 이처럼 조선후기의 대중은 유교인이면서 동시에 다양한 가능성을 열어놓고 있었다. 결과적으로 조선 후기는 문화적 변동기에 나타나는 혼돈의 시기에 있었던 것이다. 이러한 시대에 대중은 시대적 흐름에 방관자적 입장을 취하고 있었다고도 말할 수 있고, 시각에 따라서는 새로운 가능성을 선택하려는 태도를 취하고 있었다고도 말할 수 있다. 이러한 조선후기 대중의 종교적 흐름은 조금 후에, 유교 외부에서, 관찰하기로 한다.

위의 세 입장을 종합컨대, 우선 나라가 끝나는 날까지 조선 전기의 질서를 되찾으려는 일의 주역을 감당하였던 것이 성리학 세력이었다. 이에 반하여 다가오는 새 세상을 준비하려는 개혁세력은 실학운동으로 나타났다. 따라서 우리는 유교계의 변동을 이해하기 위하여 보수적 성리학과 개혁적 실학의 관계를 중심으로 살펴볼 필요가 있다. 그런데 이처럼 보수와 개혁이 양립하는 현상은 사실상 조선 건국의 초기부터 나타났다. 앞에서 살펴본 바와 같이 성리학에 근거하여 조선을 건국하는데 공헌을 한 훈구파와 그에 거리를 두고 학문을 하던 의리파가 서로 대립하던 전통이 조선 초기부터 조선 후기까지 이어지고 있었다. 그러면 조선 후기 유학의 보수와 개혁의 관계를 살펴보기로 한다.

1) 유학의 보수전통과 도학

임진왜란과 병자호란을 지나고 난 이후의 이른바 "조선 후반기"는 그 이전의 전반기와는 전혀 다른 사회 문화적 상황에 이르렀다. 먼저 조선 전반기는 유교가 처음부터 사회 및 문화 질서를 새로 창조하고, 나아가 유교 이념이 사회를 통합하는 기능을 발휘할 수 있었다. 유교가 국가체제를 성공적으로 정비하였기 때문에 사회통합이 이루어졌던 것이다. 그러나 중기의 양란, 곧 임진왜란과 병자호란을 거치면서 조선 후기 정신문화, 또는 종교문화는 완전히 혼란 상태에 빠졌으며, 결과적으로 유교가 사회 문화적 통합의 기능을 상실하고 말았다. 한마디로 사회가 혼돈과 분열로 치닫게 되었다.

조선 후기 사회가 혼돈과 분열로 치닫게 된 까닭은 무엇보다 양난의 후유증에서 벗어나지 못한 데 있었다. 다시 말해서, 조선왕조가 효과적인 정책을 썼다면 최소한도 사회를 전기와 같은 상황으로 다시 되돌릴 수도 있었을 것이다. 그러나 조선왕조의 국교였던 유교가 양난이후에 분열된 사회를 충분히 재통합시킬 수 있는 기능을 발휘할 수 없었기 때문에, 조선조가 망하는 날까지 사회적 혼란이 지속되었다고 할 수 있다. 그러나 우리는 조선 후기의 유교가 사회통합의 기능을 상실한 이유를 조금 더 자세하게 살펴볼 필요가 있다.

유교는 첫째, 앞서 살펴본 바와 같이, 예컨대 불교나 조선 말기에 들어온 가톨릭과 개신교를 포함한 기독교가 지닌 기복의 기능을 충분하게 구비하지 못하고 있다. 그런데 조선 후기와 같이 사회문화적 혼돈에 빠진 상황에서 대중은 한층 더 현실적 어려움에 시달리기 때문에, 기복적 차원에서 그들의 마음이라도 달래주어야 할 필요가 있었다. 그러나 유교는 오

직 부모에 효도하고 국가에 충성을 다하라는 사회 윤리적 덕목을 강요하
는데서 벗어나지 못하기 때문에, 어려운 현실에 시달리는 대중의 마음을
유교가 결코 다스려주지 못하였다. 결과적으로 조선 후기사회에서 대중은
고매한 성리학적 원리에 의하여 운영되는 사회질서로부터 무의식적으로
일탈하지 않을 수 없었던 것이다. 이처럼 기복적 기능을 충분히 갖추지
못한 유교는 조선 후기에 와서 방황하는 대중의 마음을 유교적 이념으로
통합시킬 수 없는 상황에 이르게 된다.

둘째, 조선의 유학은 성리학으로써, 이는 고매한 형이상학적 이상을 지
니고 있으며, 이에 더하여 오랜 중국의 유학 사상사에서 가장 세련된 논리
체계를 구비하고 있다. 한마디로 성리학은 세계종교사에서도 가장 세련된
고전 종교사상 가운데 하나이다. 이러한 성리학은 인간을 세련된 논리로
사유하는 드넓은 영성적 세계에 이르는 길로 안내한다. 그리하여 유학자
들이 스스로 그들이 추구하는 성리학을 도학(道學)이라 하였다. 도학의 눈
에는 사회질서에 담겨진 이상과 그 이상이 사회에 구체적으로 작용하는
원리가 일차적으로 보이기 때문에, 도학자는 그러한 형이상학적 문제에
관심을 집중하게 마련이다. 그리하여 도학은 인간 삶의 이상을 추구하는
영성적 수행의 길을 제시하는 성격을 지니게 된다. 이처럼 인간과 사회의
영성적 이상을 제시하는 점에서 도학이라 불리던 성리학은 동양문화사에
서 중요한 공헌을 하였다. 그러나 도학은 사회의 현실적인 문제를 해결하
는 데는 관심이 멀다는데 문제가 있다. 따라서 양난 이후에 조선 후기사회
가 갖게 된 그토록 심각하고 많은 구체적인 문제들을 해결하는데, 도학은
별로 도움이 되지 못하였던 것이다.

이와 같이 조선의 유교는 먼저, 기복의 기능을 갖지 못하여 대중의 호응

을 직접 창출하지 못하였다. 그리고 유교의 교단이 왕국의 청치체제로 확대되었기 때문에 학파가 쉽게 갈라지고 전국이 쉽게 학파간의 싸움에 말려들게 되었다. 이 두 가지 이유가 유교가 조선 후기에 사실상 사회를 통합할 수 없게 하였던 것이다.

그럼에도 불구하고 유학자는 한마디로 혼돈에 처한 나라를 구하기 위하여 구체적인 대안을 제시해야 하는 책임을 지지 않을 수 없었다. 왜냐하면 조선의 유학자는 단순한 지식인이 아니라 "유교국가의 성직자"였기 때문이었다. 조선 왕조는 처음부터 성스러운 유교이념을 사회에 실현하려는 목표를 지녔으며, 그 성스러운 목표를 실현하기 위하여 유학자들은 유교국가의 성직자로서 구체적인 대안을 제시하는 의무를 지니고 있었던 것이다. 따라서 유학자들은 그들이 속한 유학파를 통하여 정치현실에 참여하게 되었다.

그런데, 당시의 조선 유학은 성리학으로서 복잡한 현실문제들을 형이상학적 세계관의 틀 안에서 총체적으로 조명하고 그 해답을 제시하는 데는 탁월하지만, 다양한 현실문제에 대하여 구체적인 대안을 개별적으로 제시하는 데는 커다란 한계가 있었다. 성리학은 다음과 같은 두 가지 특성을 지니고 있었기 때문이다.

첫째, 전형적인 형이상학체계로서의 성리학은 사유인의 이념적 정체성을 확인하고, 그렇게 주어진 정체성을 확인하는 데 관심을 보다 집중하는 성향이 있다. 이러한 태도와 관심은 결과적으로 전통적 세계관 안에서 이어져 오는 사상적 정체성을 확보하는 것이 보다 중요한 문제로 여기게 된다. 따라서 성리학은 유교라는 이념적 정체성에 보다 크게 관심을 집중하는 보수적 특성을 지닌다. 한마디로, 성리학은 유교의 교의학적 전통을

준수하는 보수적 특성을 유지한다.

둘째, 성리학은 유교라는 종교전통의 주류 사상체계였기 때문에 유교의 세계관을 세상에 실현하려는 의도를 갖는다. 성리학은 송대 이후에 새롭게 갱신한 유교의 정통사상이다. 이러한 성리학의 이념에 근거하여, 조선조를 건국하고 또 운영하였다. 조선의 통치이념은 유교이며, 조선은 유교국가였다. 그러므로 조선 왕실은 "유교교단의 본부"이고, 지방조직은 교단의 산하단체의 의미를 지닌다. 중앙정부와 지방조직에서 일하는 공무원들은 과거시험의 합격자들이기 때문에 유교의 학문으로 훈련을 받았다. 따라서 이들은 유교전통의 교리학자라는 특성을 지닌다. 이러한 관계로 유학계는 사제단의 의미를 지니고, 유학자는 사제의 의미를 지녔던 것이다.

이처럼, 성리학은 보수적이며 성리학자는 사제라는 두 가지 사실이 여기서 분명해진다. 그리고 이 두 가지 요인을 종합할 때, 성리학은 현실에 대한 구체적인 대안을 찾아 제시하는 것보다는, 이념적이고 교리적인 관심에 근거한 세상의 해석이 한층 더 강조되는 까닭이 분명해진다. 성리학의 학파들은 조선 후기 사회가 안고 있는 다양한 문제들에 관하여, 자기 학파의 의견에 입각하여 문제의 해답을 제시하기 때문에, 다른 학파와 이념논쟁을 벌이게 되었다. 이러한 이념 논쟁은 다양한 현실적 문제들의 구체적인 해결을 찾는 일보다는, 상대방 학파와 이념적 우열을 가리려는 논쟁으로 이어지면서, 결과적으로 "당쟁"을 전개하게 되었다. 그래서 조선조 후반기는 당쟁의 시대라 부르게 된다.

당쟁은 예컨대 연산군 말기에도 일어났지만, 본격적으로 정권쟁탈을 위한 당쟁이 일어난 것은 1575년(선조 8) 동서분당(東西分黨)을 기점으로 시작하였으며. 이러한 당쟁이 사실상 조선 말기까지 지속되었다. 조선후반기

의 정권쟁탈전은 주로 노론(老論), 소론(小論), 남인(南人), 북인(北人)의 사색당파(四色黨派)가 주역을 담당하였다. 그리고 사색이라는 명칭이 부여된 것은 인조와 효종 시대였다. 노론과 소론은 서인(西人)에서 그리고 남인과 북인은 동인(東人)에서 각각 분열되었다. 북인은 대북(大北)과 소북(小北)으로 갈라졌지만, 인조반정으로 서인이 정권을 잡은 이후 대북은 거의 전멸되었기 때문에 소북이 간신히 명맥을 유지하였다. 따라서 사색당파의 북인은 곧 소북을 의미한다.

이처럼 사색당파가 조선후반기의 정치적 각축전을 담당하였던 것이다. 그리고 이러한 사색당쟁은 두 측면을 보여준다. 첫째는 사색당쟁은 사회분열의 주원인이었다는 사실이었으며, 둘째는 우리 민족이 전근대사회에서 상호 무력투쟁을 회피하게 하였다는 사실을 말해준다.

사색당쟁은 양난 이후의 조선 후반기 사회를 한층 더 분열시키고 문화질서를 한층 더 혼돈으로 이끌어갔다. 여기서 사색당쟁이 엄청난 혼돈에 빠진 당시의 조선사회를 유교적 이념에 근거하여 재통합하는 작업을 하지 못했다는 사실을 재론할 필요가 없을 것이다. 오히려 우리는 사색당쟁이 유교가 지닌 고유한 특성 때문에 역사적으로 나타났다는 사실을 살펴볼 필요가 있다.

타종교와 마찬가지로, 유교 역시 종교가 지닌 ①사상 ②의례 ③집단전통의 3요인을 모두 지니고 있다. 조선조에서 유교가 ①사상과 ②의례의 전통에 근거하여 불교를 박해하던 사실이 잘 알려졌기 때문에 여기서 이를 재론할 필요가 없을 것이다. 그런데 유교의 "③집단전통"만큼은 우리가 다시 검토해봐야 할 점이 있다. 종교의 집단전통은 한마디로 교단을 의미한다. 유교의 교단이 쉽게 드러나지 않기 때문에, 유교가 종교가 아니라고

생각하는 경향이 있다. 조선에서 유교의 집단전통 곧 "교단"이 쉽게 드러나지 않는 것이 사실이다. 유교의 교단이 무엇인가 물어볼 때, 한마디로 말하기가 쉽지 않다. 왜냐하면 유교의 교단, 곧 "집단전통"은 가문의 혈연관계, 학문 중심의 학파, 그리고 사회적 질서와 통치의 중심인 국가라는 세 전통이 공존하면서, 그들 셋이 각각 유교의 교단전통의 기능을 나누어 행사하기 때문에, 마치 유교에는 교단이 없는 것같이 보이기도 한다.

그러나 개인적 차원에서는 가문이 집단전통의 기능을 하고, 국가적인 차원에서는 왕실이 집단의 기능을 하는데, 사회적 차원에서는 유학파가 집단전통의 기능을 하였다. 한마디로 가문과 학파, 그리고 왕실이 각각 교단의 기능을 한 것이다. 그런데, 가문과 국가 사이에서 정치적 세력으로 담당하던 사회적 실체가 바로 유학의 학파들이었다. 유학파들은 고유한 인맥을 유지하면서 국가통치세력의 확보를 위한 경쟁의 주체역할을 했으며, 결과적으로 조선 후반기의 당파경쟁이 사회를 혼돈스럽게 이끌어갔던 것이다. "가문"과 "학파"와 그리고 "국가"라는 3분야가 유교의 종교전통을 구성하는 "3대요인"을 형성하고 있으며, 이들이 근본적으로 상호보완관계를 이루고 있는 하나의 집단전통이 다름이 아니라 "유교교단"이다. 다시 말해서, "유교교단"은 곧 가문, 학파, 그리고 국가라는 "3대 요인"을 통합한 복합현상을 이루고 있었다. 이처럼 유교의 사상적 이념과 실천적 윤리관을 담은 집단전통의 역사적 실체가 바로 유교교단이다.

유교의 교단은 "3대요인"을 통합한 복합적 실체를 이루고 있다는 복합적 교단의 내용은 공자 이후 중국의 역사를 지배한 유교의 세계관에 담겨 있는 "이상 사회의 운영체계"와 "종교적 이상"이 서로 동일한 데서 비롯된 것이다. 예컨대 불교와 기독교의 종교적 세계관에서는 "세속의 질서"와

"성스러운 질서"가 서로 다른 차원을 이루고 있다. 이와는 달리 중국의 천지인 삼재의 세계관에서는 성속이 본질적으로 차별되는 것이 아니라, 다만 질서의 정도 차이에 의하여 구별된다. 이처럼 세속 질서와 성스러운 질서가 사회질서의 운영 차원에서 결정되는 것이기 때문에, 왕정의 통치 질서 자체가 유교의 이상을 실현하는 사회적 실체이다. 다시 말해서, "왕 정의 통치 질서"라는 사회적 실체가 바로 유교교단이다. 그러한 왕정은 학계의 학풍과 국민의 가정생활을 모두 통합한 현상이기 때문에 조선의 유교교단은 "복합적인 왕정체제"를 의미한다. 이러한 맥락에서, 우리는 "조선의 왕정체제(王政體制)가 당시의 유교교단"이라고 단순화해서 말할 수 도 있다.

위에서 살펴본 바와 같이, 조선시대의 유교는 그 교단의 실체가 매우 복합적이어서 쉽게 드러나지는 않지만, 지금까지 우리는 다음과 같은 사 실을 파악할 수 있었다. 유교의 입장에서 볼 때, (a)유교의 이념은 절대 진리이며 (b)그 윤리관은 절대가치를 지니고 있기 때문에, (c)왕정이 이를 지상에 실현하는 책임을 져야 한다는 확신을 갖고 있었다.[5] 이러한 절대 확신을 추구하는 사회적 실체가 바로 조선 왕정체계였다. 이에 근거하여, 왕정체계가 바로 조선조의 유교 교단이라는 사실을 다시 한번 더 확인하 게 된다.

끝으로, 위에서 살펴본 바와 같이 조선조의 사색당쟁이 조선사회에 분 쟁을 가져온 주범이었으며, 그로부터 조선 후반기의 사회적 혼돈을 야기 했던 것이 사실이었다. 그런데 당쟁은 바로 유교의 이념적 특성에 근거해

---

5 위의 3요인은 곧 종교현상의 3구성요인을 반영한다.

서 나타났던 것이다. 따라서 조선의 사색당쟁이 지닌 문화적 특성을 우리는 다시 조망해 볼 필요가 있다.

둘째, 조선 당파간의 경쟁과 싸움은, 당시 지식인들의 무력투쟁이 아니라 어전회의에서 공식적 논쟁을 통하여 정치경쟁을 전개했다는 사실이다. 조선 후반기의 3세기 동안 당쟁이 여러 형태로 계속되었기 때문에 사회혼란이 한층 더 심각하게 진행되었다는 사실을 부인할 수 없다. 결과적으로 사색당쟁이 조선 후반기 사회의 혼란을 가중시킨 것이 사실이다. 이처럼 부정적인 현상으로만 드러나는 사색당쟁에도 우리가 지금까지 흔히 지나쳐버린 중요한 점이 담겨있다. 그것은 유교이념이 조선의 정치경쟁에서 드러난 고유한 특성이라는 점이다. 그 특성이 조선의 지성인 사회가 지닌 고유한 특성의 일면을 보여주고 있다.

요컨대, 사색당쟁은 유교학파들 사이에서 일어난 정권쟁탈전이었다. 그리고 그 정쟁은 사실상 정권을 쟁탈하기 위하여 반대당을 정치권에서 몰아내거나 더 나아가 반대세력을 정죄하여 사형으로 이끌어 갔다. 이러한 모든 과정에서 정쟁을 이끌어가는 명분은 유교적 이념에 근거하여 올바른 정치적 대안을 제시하는데 있었다. 그러나 그 과정에서 승리와 패배는 정치적 명분의 대결에 의해서 결정되기보다는, 사실상 정치세력의 우열에 의하여 가려졌던 것이 조선 후반기 당쟁의 현실이었다. 이러한 유형의 당쟁은 왕권 아래에서 정치권력을 차지하는 세력 사이의 대결에 불과하였다.

이처럼 왕권 아래서 정치권력을 차지하기 위한 세력대결을 하는 데는 기본적으로 두 가지 유형이 있다고 할 수 있다. 첫째는 모든 수단을 다 동원하여 상대방 정적을 누르고 승리하는 길이다. 이런 경우에는 무력을 써서 상대방 세력을 죽여서라도 세력을 쟁탈하는 것이 흔하게 나타났다.

그러한 예가 일본이나 중국, 그리고 유럽 지역의 중세 사회에서 흔히 나타났다. 그러나 조선의 왕권 안에서는 사병을 동원하여 상대방을 살인하면서까지 정권을 쟁탈하는 것이 결코 전형적인 형태는 아니었다. 둘째는 왕정체제 안에서 정치적 대결로 상대방을 누르고 정권을 차지하는 이른바 정치적 정권쟁탈전이다. 결론적으로, 정치적 정권쟁탈전이 조선 후반기의 전형적 형태였다. 우리는 여기서 정치적 정권쟁탈전을 좀 더 살펴볼 필요가 있다.

조선 후반기의 사색당쟁은 한마디로 전형적인 정치적 정권쟁탈전의 형태를 보여준다. 정권을 차지하기 위하여, 어전회의에서 상대방의 잘못을 공격하여 처벌하고 정권을 차지하는 것이 전형적인 과정이었다. 이러한 어전회의 과정에서 보여준 조선 후기의 정치적 정권쟁탈전은 모두 몇 가지 중요한 공통점을 지니고 있었다.

먼저, 조선 후반기에 어전회의를 통하여 정치적 정권쟁탈을 전개하였다는 사실은 다음과 같은 중요한 점을 시사한다. 그것은 이 시대에 어전회의에 참가한 세력은 모두 유교에 대한 절대확신을 지닌 이른바 유교세력이며 유교신자라는 사실이다. 왜냐하면 양난이후 그토록 어려운 사회적 상황이 3세기 동안이나 지속되는 사이에, 유교세력이 아닌 집단이 어전회의에 참가하였다면, 그 외래 세력이 조선조의 존재자체에 위협을 주었을 가능성이 농후하였지만, 그 기간 동안 조선의 존재를 위협하는 위험이 왕정체제 내부로부터 터져 나온 적이 없었다는 사실이 이를 말해준다. 그러므로 어전회의에 참여했던 세력이 모두 유교교파에 속한 유교인이기 때문에, 유교를 국교로 삼고 있는 조선의 근본 질서를 존중하였다. 그래서 그들은 조선왕정의 체제에 대한 절대가치를 인정하고, 그 안에서 정권쟁탈

전을 모색하였던 것이다. 결과적으로, 어전회의에 참여했던 세력들은 모두 당시의 유교학파, 곧 "유교교파"들이었다. 교파는 물론 유교종단을 구성하는 중요 세력이다. 앞에서 살펴본 바와 같이, 가문－혈연과 학파－단체가 모두 포함된 종합체가 바로 "왕정체제"인데, 이 왕정체제가 곧 조선조의 유교교단을 이루고 있었다. 결론적으로, 정권쟁탈전을 하고 있던 사색당쟁은 "유교적 왕정체제"에 대한 절대확신을 담은 전형적인 유교 세계관의 틀 안에서 일어났던 것이다.

다음으로, 유교 세계관의 틀 안에서 일어난 정권쟁탈전이었기 때문에, 사색당쟁은 상호 대결의 과정에서도 유교적 사유의 특성을 반영하여, 상대방을 직접 사멸하는 것보다는, 정치적 경쟁의 길을 택하였던 것이다. 이처럼 정권쟁탈전에 몰입하는 것 역시 유교의 고전사상을 온전히 반영하는 것은 아니다. 왜냐하면 사색당쟁과 같은 정권쟁탈전은 우주의 질서를 지상에 실현하려는 유교의 고전사상을 국가사회의 통치에 반영하려는 것보다는, 자기 집단이 정권을 차지하겠다는 이른바 "집단적 이기심"이 발동된 현상이기 때문이다. 그것은 한마디로 집단적 이기심을 표현하는 기복적 태도이다. 종합컨대, 이는 고전적 이념의 이름아래 세속적 이익을 추구하는 이른바 중세적 변형이라고 말할 수 있다. 여기서 잠깐 중세현상에 관하여 되살펴볼 필요가 있다. 중세는 한마디로 고매한 고전문화의 이름을 앞세우고 세속적 이익을 추구하는 시대를 말하며, 그러한 시대를 중세라 한다.[6] 중세는 한마디로 고전문화가 타락된 시대이다. 문화의 외형은 고전적이면서 내용은 사실상 기복적인 상태에 있는 혼돈상태가 바로 중세

---

6 윤이흠, 『세계종교사』(집문당, 2008). 1-1. 세계종교의 4단계 변화.

문화의 특성이다. 조선조 후반의 사색당쟁이 바로 이러한 혼돈의 상태에서 일어난 정치현상이었다.

임진왜란의 결과로 시작되는 조선 후반기는 사회와 문화가 전체적으로 중세의 혼돈에 빠진 상황에 이르렀다. 이러한 상황에서도 조선의 유학세력은, 직접 사병을 동원하여 상대방 세력을 살인하여 제거하는 방법을 취하지 않고, 어전회의를 통한 정치적 정권쟁탈전을 택하였다. 이는 고전문화가 타락한 중세에서 선택할 수 있는 두 가지 방법 가운데 비교적 바람직한 것을 택한 것이다. 조선 후반기는 유교세력이 타민족이나 국가가 보여준 중세 상황과 비교할 때, 비교적 바람직한 중세의 정치풍토를 선택하였다고 할 수 있겠는데, 그것이 바로 사색당쟁이었다.

지금까지 우리는 조선의 사색당쟁이 한국민족이 분열을 좋아하는 특성을 반영하는 것이라고 여기면서 민족성을 비하하거나 자책하는 태도에 익숙해왔다고 할 수 있다. 이러한 경향은 일제 이후의 연구에서 비롯되었던 것이다. 그러나 이러한 비하나 자책은 한 가지 사실을 간과한데서 오는 것이라는 점이 분명해진다. 이러한 이해와 주장은 기본적으로 중세현상이 지닌 본질을 파악하지 못한데서 오는 점이라는 사실을 부인할 수 없게 되었다.

중세의 조선 유학세력이 선택한 것이 있다면, 그것은 어전회의를 통한 정치적 정권쟁탈이었다. 이 방법은 중세적 상황에서 유교의 고전적 메시지를 조금이라도 유지하려는 태도의 결과라는 점이 분명하다. 태조 때부터 어전회의에서 신하들이 임금에게 자신들의 의견이 옳은 일이라고 강하게 주장하는 전통을 지니고 있었다. 그래서 유교정신의 범주 안에서는 어전회의가 매우 자유롭게 진행되었고, 때로는 임금이 여론의 수세에 몰리

는 경우도 있었다. 이러한 어전회의의 자유로운 전통은 조선의 태조에서 부터 시작되었다. 그러한 점에서 조선은, 앞에서 지적한 바와 같이, 유교의 정신을 사회에 실현하는데 있어서 가장 전형적인 이상적 왕국이었던 것이다. 이러한 맥락에서, 조선의 사색당쟁이 나타났고 또 유지되었던 것이었다. 이렇게 볼 때, 사색당쟁이 우리 민족의 분열성을 반영한다고 주장하면서 사색당쟁을 비판적으로 공격하는 것은, 역사적 현실을 간과한데서 비롯된 것이라는 사실을 염두에 둘 필요가 있다.

끝으로 우리는 사색당쟁이 우리 민족의 특성이나 또는 단점을 반영하는 것이 아니라, 어느 민족이나 중세적 혼돈에 빠졌을 때 반영할 수 있는 사건이라는 사실을 이해하게 된다. 그래서 우리는 중세적 혼돈에 빠진 상태에서 유교세력이, 상대방을 살해하기보다는, 조선조의 전통인 어전회의를 통하여 정적을 물리치는 선택을 지켜왔다는 점은, 중세의 혼돈상황에서도 조선의 유학자들이 유교적 이상을 지키려는 지성적 각성을 포기하지 않았던 결과라는 것을 이해하게 된다.

지금까지 우리는 양난 이후의 조선 후반기에 당대의 국교인 유교를 대표하는 성리학이 드러낸 역사적 특성을 객관적 안목으로 살펴보았다. 한마디로 성리학은 조선 후반기에 조선 사회 전반이 맞이하였던 엄청난 역사적 변동에 체계적으로 대응하여 유교사회의 질서를 재정비하는데 성공하지 못하였다. 그러나 조선 후반기에도 유교가 국교였기 때문에 유교 안에서 새로운 시대의 새로운 대안을 제시하지 않으면 안 되었다. 그래서 조선 후기에 신유학인 실학이 나타나게 되었다.

2) 신유학 실학의 대두

사색당파가 의지했던 성리학은 하나의 우주론적 형이상학체계로서는
훌륭하지만, 조선 후기와 같이 국내외로 혼돈이 가중되어가는 변화의 상
황에서 현실적 문제들에 대한 구체적인 대안을 제시하는 데는 도움이 되
지 못하였다. 한마디로 조선 후기에 있어서 성리학은 공리공론(空理空論)에
빠져 있었다. 그리하여 성리학은 사색당파 싸움의 이론적 도구로 사용되
었으며, 그래서 조선 후기 사회의 혼돈을 가중시키는 결과를 초래하였던
것이다. 성리학이 주류를 이루고 있었던 조선 후기의 유교는 당시의 시대
적 흐름과 거리가 벌어지기 시작하였다. 그러나 유교 안에도 시대에 대응
하는 세력이 아주 없었던 것은 아니었다. 예컨대 조선 전기부터 이미 유학
계 안에 공리공론을 떠나 현실적인 문제에 대한 대안을 추구하는 이른바
실사구시(實事求是)의 학문을 추구하는 흐름이 있었는데 이를 실학(實學)이
라 하였다.

실학파는 반계 유형원(磻溪 柳馨遠, 1622~1673)으로부터 시작하였으며, 성
호 이익(星湖 李瀷, 1681~1761)이 그 뒤를 이었다. 유형원은 재야학자로서 전
라도 부안군 우반동에 20여년 은거하면서 그의 주저인 「반계수록(磻溪隨錄)
」(26권 14책)을 집필하였다. 유형원은 그의 저서에서 전제(田制)와 재정경제,
관료제도와 정부기구, 군사제도와 교통제도의 운영 등 실로 다양한 현실
적 사회문제들을 구체적으로 분석하고 그 개선의 대안을 제시하였다. 이
처럼 유형원은 구체적으로 현존하는 사회적 문제와 제도에 관한 개혁에
학문적 관심을 집중하였다. 한마디로 그는 성리학의 형이상학적 해석의
차원을 완전히 벗어나서, 실사구시의 모범을 보여주고 있는 것이다. 이러
한 점에서 유형원이 실사구시를 추구하는 실학의 비조이다. 그리고 이러

한 유성원의 학풍을 이익이 계승하여 평생 연구한 결과를 「성호사설(星湖僿說)」(30권 30책)에 실었는데, 그 내용이 천지문(天地門), 만물문(萬物門), 인사문(人事門), 경사문(經史門), 시문문(詩文門)의 5문으로 분류하여 각 분야마다 정확한 고증을 하고 대안을 제시하고 있다. 이처럼 이 책 역시 구체적인 사회문제를 정확하게 밝히고 비판하면서 그 대안을 제시하는 실학의 학풍을 정립하였다. 그리고 한걸음 더 나아가, 이 책의 내용은 근대사 연구에도 귀중한 자료가 된다는 점을 기억할 필요가 있다. 이처럼 「반계수록」과 「성호사설」의 내용에서 우리는 유형원에서 비롯된 실사구시의 사상이 이익으로 이어졌다는 사실을 확인할 수 있게 된다. 유형원과 이익은 그들의 저술을 통하여 각각 조선조의 사회적 문제를 구체적으로 비판하고 그에 근거하여 장래의 대안을 찾으려 노력하였다는 점에서 서로 다르지 않다. 종합컨대 유형원이 실학을 시작하고 이익이 새로운 학문을 받아들여 대성하였던 것이다.

시대적 요청에 대응하여 실학이 일어난 시기는 임진왜란과 병자호란이 일어난 후였다. 그리고 실학이 가장 왕성했던 시기는 영조와 정조 때인 18세기였다. 이 시기에 본격적으로 활동하여 대성한 실학자가 성호 이익이었으며, 그의 제자들이 성호학파를 이루었다. 성호학파는 임진왜란 이후 일어났던 조선사회의 혼란과정에서 성장하게 되었다.

임진왜란 이전에 중국에는 이미 천주교와 서구과학문명이 들어왔고, 당시에 중국에 왕래하던 외교사절들을 통하여 이러한 새로운 서양문물이 조선사회에 전해졌다. 중국 사절단 가운데 이수광(李睟光)은 중국에 3번이나 다녀오면서, 그가 보고 접한 서양 신문화를 그의 저서인 『지봉유설(芝峰類說)』 등에 소개하였다. 이처럼 청나라와 교통하면서 전해받은 서양의 신

문화에 깊은 관심을 가진 당시의 진보적 지성인들이 신문화를 연구하는 북학파(北學派)를 이룩하였다. 그리고 청나라로부터 서양의 신문화와 더불어 천주교를 소개받은 우리나라 사람들이 스스로 천주교인이라 고백하는 일이 일어나면서, 한국의 천주교가 시작되었는데, 이 점은 앞으로 다시 살펴보기로 한다. 그리고 서양의 신문화와 천주교에 관한 관심이 하나로 어울려 서학(西學)이라는 이름의 새로운 친서방운동이 나타나기도 하였다. 이러한 운동들이 모두 우리가 지금 논하고 있는 실학을 탄생시킨 배후이며 동시에 초기 실학이라고 말할 수 있다.

인조에서 경종에 이르는 시기에 청나라로부터 고증학(考證學)이 들어오면서 실학은 본격적으로 발전하여 역사, 지리, 천문, 그리고 농법 등의 여러 분야에서 획기적인 성장을 하였다. 홍대용(洪大容), 박지원(朴趾源), 박제가(朴齊家) 등의 북학파는 청나라로부터 서양 과학문명을 적극적으로 수용하여 사회를 개선해야 한다고 강조하였다. 그 중에서 박제가는 민생문제의 해결을 강조하면서 『경세제국론(經世濟國論)』이라는 탁월한 책을 통하여 훌륭한 정책을 제시하였다. 역사와 지리 분야에서 김정호(金正浩)는 잘 알려진 「대동여지도(大東輿地圖)」 등을 출간하였고, 나아가 언어의 분야에서는 신경준(申景濬)의 「훈민정음운해(訓民正音韻解)」를, 그리고 유희는 「언문지(諺文志)」 등을 저술하였다. 그리고 정조 때 실학의 대학자인 다산 정약용은 그의 명저인 「목민심서(牧民心書)」와 「경세유표(經世遺表)」, 그리고 「흠흠신서(欽欽新書)」를 썼고, 이들을 포함한 그의 저술을 모두 수록한 508권의 대저서 「정다산전서(丁茶山全書)」가 후에(1936) 출판되었다. 이 전서에는 다산이 전통적인 유교 경학에 대하여 전면적으로 검토하고, 나아가 정치, 경제, 역사, 지리, 의약, 언어, 등 실로 다양한 분야의 구체적 문제들에 대

하여 고증과 검증을 하고 그것을 체계적으로 정리하는데 심혈을 기울였다. 따라서 다산의 저술은 한마디로 조선조 말기의 연구에 가장 중요한 자료가 된다.

이처럼 우리는 바로 위에서, 실학이 그 전성기였던 18세기에 이르러 실로 다양한 분야로 확산되어 다방면에서 새로운 문화변혁을 추구하였다는 사실을 알게 되었다. 조선 후기에 이르러 유교 안에서, 전통적인 성리학에서 벗어나 새로운 학문연구를 통하여 문화와 사회의 변혁을 추구한 운동은 모두 실학에 속한다고 말할 수 있다. 그럼에도 불구하고 실학은 조선후기에 흩어져가는 사회질서와 쇠약해가는 국운을 되살리는데 성공하지 못하였던 것 역시 사실이었다. 그렇다면 우리는 여기서 새로운 문제를 만나게 된다. 시대의 요청에 그토록 민감하게 대응하면서 다양한 방면에서 새로운 개혁과 변화를 추구하던 성리학이 조선의 사회와 문화를 되살리는데 성공하지 못한 이유가 무엇인가? 실학은 사실상 성리학의 실패에 대한 대안이라고 스스로 주장하는 운동이었다. 그렇다면 실학의 본래 의도가 구현되지 못한 것이 분명하다. 그 이유가 무엇인가 우리는 스스로 묻게 된다.

실학은 그 연구의 관심과 사유의 방법론이라는 양면에서 조선조의 주도적 사상체계인 성리학과 다르다. 우선 실학은 정치, 경제, 행정, 역사, 지리 등의 다양한 분야에서 현실적이고 구체적인 문제들을 개선하려는 의도를 갖고 있다. 그러한 의도를 추구하는 사유의 방법론은 구체적 문제들을 고증과 논리적 검증을 거쳐 객관적인 차원에서 현실을 이해하고 나아가 그 해답을 찾는 이른바 근대 경험적 방법을 택하였다. 실학은 서세동점이라는 시대적 상황에서 나타난 시대사상의 특성을 지니고 있는 것이다. 그리고 당시의 진보적 지식인 사회는 조선 후기의 시대적 상황을 개혁하는데

적극적인 관심을 갖고 참여하려 하였다. 반대로 조선사회의 보수 주류세력인 성리학은 실학을 경계하고 있었다. 결과적으로 조선이 끝나는 날까지, 실학은 조선 유교사회의 주변세력으로 남아있었던 것이다. 실학이 이처럼 주변세력을 벗어나지 못한 것은 다음과 같은 몇 가지 이유에 있다.

첫째, 앞에서 살펴본 바와 같이, 조선 후기에 다양한 분야에서 일어난 개혁운동들을 모두 실학운동이라 불렀기 때문에, 실학의 내용이 사실상 분명하지 못한 점이 많다. 실학의 이름으로 사회개혁의 필요성을 다방면에서 야기시켰던 것은 사실이지만, 그 다양한 세력들을 통합하여 구체적으로 사회개혁의 과정으로 이끌어가지 못하였다. 실학 자체가 아직 정비되지 못한 상태였기 때문에, 당시의 다양한 시대적 문제에 관하여 개별적으로 대안을 추구하고 있었다고 말할 수 있다. 이러한 상황은 조선이 끝나는 날까지 지속되었다. 먼저 실학은 자체가 국가사회를 통합적으로 이끌만큼 통일된 사상체계를 이룩하지 못하고, 다음으로 그러한 사상에 공감하는 지성인들이 결합하여 사회 개혁을 주도할 만큼의 충분한 개혁세력을 규합하지도 못하였다. 그래서 실학은 사회개혁을 주도할 준비가 되지 못한 상황에 있었다. 하나의 사상이 국가를 변혁시키기 위해서는 최소한 새로운 사상의 원숙성과 그 새로운 사상을 수용할 사회적 여건, 이러한 두 가지 조건이 필요하다. 그런데 실학의 경우에는 사상의 원숙성이 인정된다 하여도 사회적 여건은 준비가 되지 못하였다. 예컨대 가장 세련된 다산의 사상은 그 자체로서는 매우 탁월하지만, 사회를 운영하는 힘을 발휘할수는 없었다. 왜냐하면, 그의 사상이 국가정책으로 채택되기 위해서는 더많은 지성인들이 호응하여 사회세력을 형성할 수 있을 때 비로소 유교의보수 세력을 충분히 견제하고 사회운동을 주도할 수 있게 된다. 그러나

현실은 그의 사상이 당시의 사회를 개혁할 수 없었다. 한마디로 당시의 사회적 여건은 다산을 비롯한 실학을 사회적 주도세력으로 수용하지 않았다.

둘째, 실학은 조선 후기 사회를 변혁시키는 데 부적절한 성격을 지니고 있었다. 실학은 다분히 근대사상의 일환이었기 때문에, 유교의 형이상학적 세계관을 지닌 조선의 주도사상인 성리학을 대체할 수 없는 약점이 있다. 만약 그러한 대체가 가능하다면, 조선조 자체를 거부하는 이른바 역성혁명을 통해서만 가능할 것이다. 왜냐하면, 조선조는 유교를 국교로 삼는 왕조이기 때문이다. 성리학은 조선을 건국한 유교사상이었기 때문에, 비록 조선 후기에 와서는 국민대중의 호응은 받지 못했지만 조선의 왕정체제를 호응하는 주도적 사상이었다. 그러나 실학은 기본적으로 근대의 경험주의 사상에 기반하고 있기 때문에, 조선왕정체제의 절대성을 보호하기보다는 거부할 가능성이 더 많다. 따라서 실학은 조선왕조체제의 질서 안에서 사회변혁을 주도하기에는 부적절한 성격을 지니고 있었다.

3) 조선 후기 유교의 종합

임진왜란부터 1910년 조선의 종말까지 조선왕조의 국교는 유교였고, 그 유교를 성리학이 대표하고 있었다. 그러나 성리학은 유교가 조선을 건국하던 조선의 전기와는 달리, 나라의 안과 밖 모든 면에서 혼돈에 빠지게 된 조선 후기에는 사회를 통합하여 이끌어가는 주도적 힘을 발휘하지 못하였다. 임진왜란 이후 국내에서는 정치와 경제 등 모든 면이 혼돈에 빠지고, 중국을 통하여 서방 문화가 소개되면서 정신문화의 차원에서도 새로운 충격을 받게 되었다. 이처럼 국내외의 변화가 소용돌이치는 상황에서

성리학은 사색당쟁에 빠져서 국내정치 상황을 유교적 이념에 근거하여 통합해서 난국을 극복하지 못하고 오히려 혼돈에서 헤매게 하였다.

이러한 시대적 상황에 민감하게 반응하면서 나타난 운동이 실학이었다. 그러나 실학은 앞에서 살펴본 바와 같이 실학 안에서 통일된 정비가 이루어지지 못한 채, 사회와 문화의 다양한 분야에서 개별적으로 실사구시의 학문과 예술을 추구하였다. 이렇게 다양한 분야에서 독립적으로 개별분야의 고유한 관심을 추구한 결과, 실학이라는 구호아래 신문화의 다양성을 드러내면서도, 새 시대 문화운동의 통일성을 추구하지 못하였다. 결과적으로 실학은 사회에 힘을 발휘하지 못한 상태에 머물게 되었다. 다시 말해서, 실학은 서양 문화를 일방적으로 수용하면서 동반하게 되는 사회문화적 혼돈을 극복할 수 있는 준비를 갖지 못한 상태였다. 결과적으로 실학은 사회를 이끌어가는데 필요한 인력을 충분히 규합하지 못하였기 때문에, 비록 그 사상이 탁월하다고 해도 조선 후기 사회를 개혁할만한 힘을 충분히 갖추지 못한 상태였다. 이처럼 실학은 성리학이 보여주었던 형이상학적 공리공론을 거부하고 실사구시를 추구하였지만, 그 역시 조선사회의 개혁을 실현시키지 못하였다.

결과적으로 비록 실학이 성리학의 공리공론을 공격하면서 시대적 대안으로 등장하였지만, 조선 후기의 사회문화적 상황에 상대적으로 영향을 더 줄 수 있었던 사상은 역시 성리학이었다. 따라서 우리는 조선 후기의 유교전통이 가진 시대적 문제들을 성리학과의 관계에서 살펴볼 필요가 있다.

조선 후기 사회의 주도적 위치를 지키고 있던 성리학은, 새롭게 밀려오는 서양 문화와 근대사상의 영향을 수용하든가 아니면 극복하고 다시 조

선전기와 같이 사회를 통합시키든가 하는 두 가지 가운데 하나를 택해야 했다. 이러한 상황에서 성리학은 유교적 세계관에 근거하여 새로 들어오는 신문화를 거부하는 보수적 태도를 고수하면서, 결과적으로 실패하였다. 여기서 우리는 성리학이 사회통합에 실패한 원인의 몇 가지를 살펴볼 수 있다.

첫째, 성리학은 사회통합을 위하여 효과적인 역할을 하지 못하였는데, 이는 주로 유교의 "교단 개념"이 명확하지 않은데 있었다. 이를 위하여 우리는 성리학과 유교교단의 문제를 먼저 살펴볼 필요가 있다. 우선 성리학은 유교의 고유한 세계관을 설명하는 신념체계라는 사실이 분명하고, 그래서 성리학은 유교의 교리사상(教理思想) 또는 교리학이다. 이러한 유교의 종교적 세계관에는 (가)사상 (나)실천 또는 예(禮) 그리고 (다)교단의 3요인을 포함한다. 첫째, 성리학이 유교사상을 형이상학체계로 설명하고 있다는 사실을 재론할 필요가 없을 것이다. 둘째, 성리학은 유교의 이상을 실천하는 예를 강조하고 또 형이상학체계로 설명한다. 이처럼 사상과 예가 성리학에 담겨졌다는 사실은 우리 모두가 쉽게 이해하고 있다. 셋째, 끝으로 성리학이 설명하는 대상인 유교의 세계관에는 집단전통인 이른바 교단이 포함되어있다. 이러한 성리학의 사상과 실천체계는 하루 아침에 나타난 것이 아니라, 공자이후 계속되는 유교의 집단전통 안에서 정비되면서 나타났다. 사상과 실천체계가 둘 다 집단전통 안에서 나타나고 또 기능하는 것이다. 이렇게 "사상"과 "실천" 그리고 "집단전통"이 종교현상을 구성하는 세 측면이다. 이러한 집단체제의 전통을 일반종교의 용어로는 "교단"이라 한다. 그런데, 특별히 유교의 경우는 교단이 (1)혈연과 (2)학연 그리고 (3)왕정체제와 같은 세 요인으로 구성되어 있기 때문에, 외부에서

볼 때는 매우 복잡하게 보임으로 하여 "교단이 없다"고 이해하는 경우가 흔하다.

그러나 조금만 침착하게 보면, 먼저 가정과 친족의 혈연에 따라 유교의 례를 엄하게 지내고, 다음으로 학연과 지연, 그리고 직업 및 계층 등의 다양한 사회관계에 따라 의례를 지키고, 끝으로 나아가 국가적으로는 왕정체제가 국가사회의 종합적 의례단위가 된다. 그런데 여기서 (2)"학연"은, 혈연과 왕정체제를 제외한 모든 사회적 관계, 예컨대 지역적, 직업적, 그리고 사회계층 등을 포함한 넓은 개념이다. 그런데, 조선후반기의 사색당쟁은 주로 학연에 근거한 세력들 사이에 정치적 갈등이 노출된 결과이기 때문에 우리는 여기서 학연이란 용어를 쓰고 있다. 이러한 맥락에서 유학파들은 조선의 국교인 유교에 대한 절대확신을 갖고, 조선왕조의 정치에 참여하였다. 그들은 유교에 대한 절대확신을 가졌기 때문에, 조선왕조의 존재를 거부하지 않았다. 따라서 정치에 참여하는 것은 조선의 유학자들에게는 유교지성인이 사회와 역사에 대한 의무를 수행하는 의미를 지니고 있다. 그러나 정치의 참여현장에는 언제나 정치권력을 추구하는 과정에서 경쟁과 견제가 있게 마련이다. 따라서 사색당쟁은 유교국가인 조선의 정치현실에서 일어났던 것이다. 그런데 조선의 왕정체제는 유교라는 국교의 이상을 추구하는 왕정이었기 때문에, 왕권의 존재이유를 유교의 이상에서 찾았다. 조선의 어전회의에서는 유교의 이념에 근거한 주장이라면 왕에게 반대의사를 당당하게 밝히고 심지어는 왕을 공격하기도 하였다. 이처럼 어전회의에서 신하가 자유롭게 왕을 공격하는 경우는 조선조 밖에서는 찾아보기 어렵다. 바로 이러한 이유 때문에, 조선 후반기에 오면 사색당쟁이 나타났던 것이다.

이처럼 사색당쟁이 나타나 어전회의가 혼돈을 보여주게 된 까닭은 조선시대의 국교인 유교 교단으로써의 왕정체제 안에서, 유학자들이 조선의 유교사상을 대변한다는 기능이 인정되었기 때문에 나타나게 되었던 것이다. 다시 말해서 어전회의는 기본적으로 "왕정체제"의 권위를 대표하는 유교의 국가차원의 교단의 행동이었다. 그런데 그 교단 안에 그 교단을 상징하는 왕의 존재와, 유교이념을 상징하는 유학의 양심이 나누어져서 상호 갈등과 대립을 보여주고 있는 결과가, 조선조에서는 사색당쟁으로 나타났던 것이다. 이러한 맥락에서, 조선의 사색당쟁은 곧 임금이 상징하는 왕정체제와, 유학파가 상징하는 유교사상의 양심이 서로 갈등을 일으킨 역사적 현상이라 할 것이다. 종합컨대 이는 조선이 유교교단의 세 측면 가운데 혈연관계를 제외하고, 국가차원의 "왕정체제"와 학연차원의 "교학단체" 사이의 갈등과 불협화음이 사회적으로 드러난 결과라고 말할 수 있다.

둘째, 양난 이후 조선사회는 다방면에서 혼란스러워져 감에 따라 국민대중은 점점 더 어려움과 혼돈에 빠져갔기 때문에, 그들은 점점 더 기복에 의존하면서 그들의 어려움을 스스로 달래려 하였다. 대중의 기복을 향한 움직임이 크게 일어났지만, 당시 사회의 주도세력이었던 성리학은 대중 안에서 일어나는 새로운 움직임에 아무런 영향력을 드리울 수가 없었다. 유학은 당시 대중의 삶의 혼돈과 어려움에 아무런 도움이 못되었다. 결과적으로 조선의 전통적 유교사상과 그에 근거한 왕정체제는, 새로운 국민대중의 정신세계로부터 점점 거리가 벌어지기 시작하였다. 그래서 조선왕조의 권위는 제도적으로는 지속되었지만, 사회와 문화 현실의 이면에서는 전혀 새로운 사회문화적 움직임이 싹터 사회에 퍼져나가기 시작하였던 것이다.

이처럼 우리는, 양난 이후 조선 후기에, 조선의 국교였던 유교가 첫째는 유교의 집단체제인 교단의 개념이 복합적이어서 사회통합에 어려운 점이 있었다는 점과, 둘째는 유교가 기복적 기능을 발휘할 수 없었기 때문에 어려움에 빠져있었던 국민 대중을 위로할 수 없었음으로 조선의 왕조체제와 국민대중의 민심이 점점 갈라져 가고 있었다는 점을 살펴보았다. 이처럼 조선의 전반기와는 달리 후반기에는 유교가 사회통합의 기능을 사실상 잃어가고 있었다. 유교가 이처럼 사회통합의 기능을 잃게 된 데는, 첫째, 외적으로는 임진왜란 이후의 시대적 변화가 엄청난 사회변화를 가져온데 있었고, 둘째, 내적으로는 유교, 특히 성리학이 고전사상을 끝까지 유지하면서 "기복"을 할 수 없었기 때문에 혼돈에 빠진 국민 대중을 위안해줄 방법이 사실상 없다는데 있었다. 이러한 두 가지 이유가 조선 후기에 유교가 사회를 통합하는 힘을 잃게 된 중요한 까닭이었다.

유교가 지닌 이러한 구체적인 두 가지 이유는 결과적으로 조선조가 망하는 과정에서 유교가 국가를 구원하는 힘이 되지 못한 원인이 되기도 하였다. 19세기 말과 20세기 초에 유교는 종교로서 교단체계가 있는데도 불구하고, 조선왕조가 마지막 위기에 처할 때 구체적인 종교교단이 지닌 단체와 조직의 기능이 동원되지 못하였다. 이점은 앞으로 조선의 사회와 문화를 객관적으로 이해하고 분석하는 데 흥미로운 과제가 될 것이다.

3. 조선 후기의 불교

1) 조선불교 후기의 다양한 변화

임진왜란 이후, 조선 후기 불교는 다양한 모습을 보여준다. 우선 불교를

사회적으로 폐쇄하려 의도했던 전기와는 달리, 후기에 오면서 불교를 "천시하는 태도"로 전환하면서 불교에 대한 핍박이 다양하게 나타났다. 예컨대, 임진왜란 이후에 남한산성과 북한산성을 포함하여 중요한 산성을 복원하고 지키는 일을 불교의 승려들에게 맡겼으며, 승려들로 하여금 종이와 신 등을 만들어 관가와 유생들에게 바치도록 하는 등, 승려들을 천인취급을 하였다. 특히 제18대 현종(1659-1674)은 즉위하면서 양민이 출가하여여승이 되는 것을 금하고 이미 여승이 된 사람은 환속할 것을 명하는 등, 불교의 자율성을 인정하지 않는 태도를 보였다. 또한 제21대 영조(1724-1776)는 1751년에 승려의 도성출입을 금하였다. 그리고 제22대 정조(1776-1800)는 불교를 신봉하여 불교를 옹호하는 정책을 쓴다고 하면서도, 철저하게 이기적인 기복 불교를 신봉하였다. 이 시기에 왕족과 집권 귀족들이 불교를 신앙하는 경우는 기복신앙을 벗어나지 못하는 경우가 대부분이었다. 종합컨대 조선 후기에 불교 탄압정책이 승려들에게 강하게 내려졌기 때문에 고승들은 산속으로 되돌아가지 않을 수 없었다. 특히 왕실과왕족을 포함하여 권력을 가진 귀족들이 불교를 신봉하는 경우에도, 불교본래의 정신과 신행에서 멀리 떨어진 기복신앙에 치중되었기 때문에, 이러한 상황에서 불교의 사회적 재활에 희망을 갖는 것이 불가능하다고 여겨서 산으로 되돌아가게 된 것이었다.

다시 말해서, 조선 후기에 들어서면서 뜻있는 고승들이 은둔적 태도를갖게 되었다. 은둔적 태도는 곧 임진왜란 때 휴정을 비롯한 승려들이 적극적인 사회참여를 통하여 세속을 구하려는 대승불교의 "보살정신"이 뒤로물러난 상태를 의미한다. 조선후기에는 임진왜란 때와 같이 불교가 사회참여를 할 수 있는 상황이 못 되었다. 결과적으로 불교는 이러한 상황에서

기복행위를 크게 받아들이게 되었던 것이다.

기복은 불교의 전유물이 아니고 모든 종교에 공통적으로 나타난 현상이다.[7] 기복에 치우치는 경향은, 결국 조선후기 불교로 하여금 대승불교의 사회적 상징인 보살정신의 쇠퇴를 가져오게 하였다. 이러한 상황에서 조선 후기의 불교는 참선(參禪), 교학(敎學), 그리고 염불(念佛)의 3유형의 수행 전통을 갖게 되었다. 불교가 이처럼 삼중 신행체계를 갖게 된 데는 불교수행과 사회적 조건과의 관계에서 비롯된다. 예컨대, 전근대 사회에서 교학이 활발하게 전개되기 위해서는 무엇보다 출판이 자유롭고 원활하게 이루어져야 한다. 이 시기의 출판에는 많은 인력이 투입되어야 하기 때문에 엄청난 자금이 필요했다. 따라서 전근대 사회에서는 무엇보다 왕실의 지원이 없는 자유롭고 원활한 불교의 출판은 불가능하였다. 이것이 고려에서도 교학이 불교의 주도적 위치에 오르지 못한 중요한 이유였으며, 따라서 조선조의 경우는 말할 나위도 없었다. 다음으로 참선의 경우는 교학과는 달리 대승신앙의 "수행"에 중심을 두고 있다. 그리하여 참선이 주류를 이룰 때는 언제나 불교계가 사회에 논리적 설득력을 행사하는 데는 한계가 나타난다. 예컨대, 조선조를 건립한 성리학자들이 불교의 비사회적 윤리성에 근거하여 불교를 공격하고 한걸음 더 나아가 탄압을 할 때, 성리학자들의 논리적 공격에 대응하는 논리적 반격 없이 선수행(禪修行)만으로 세태를 바로잡을 수는 없기 때문이다. 특히 불교가 탄압의 대상으로 되어버린 상황에서는 더욱 더 그러하다. 결국 교학의 쇠퇴가 불교를 이러한

---

7 기복은 "이기적 동기에서, 세속적 욕망을 추구하는 행위"라 정의 된다. 따라서 ①이기적이고 ②세속적이라는 두 조건이 종교적 신념에 담긴 현상이 기복이다. 이와 반대되는 현상이 불교, 유교, 그리고 기독교와 같은 이른바 고전종교 현상이다. 기복은 서양 말로는 magic으로 번역되지만, 기복의 의미를 완전히 전하지는 못한다.

결과에 이르게 하였던 것이다.

교학과 참선은 대승불교를 형성하고 지탱하는 두 기둥이다. 따라서 앞에서 살펴본 바와 같이, 고려의 의천과 지눌이 각각 교와 선을 대표하면서도 두 사람이 하나같이 교와 선의 상호 의존적 관계를 강조하였다. 그리고 지눌 이후에 선종이 고려 불교의 주류를 이루게 되었으며, 이러한 전통이 조선의 불교로 이어졌다. 다시 말해서, 처음부터 조선불교의 주류는 교종이 아니라 선종이었다. 선종이 주류를 이룬 시기에, 특히 조선에서와 같이 외부로부터 거센 압력을 받고 있는 경우, 그 시대의 선종은 은둔정신(隱遁精神)으로 기울어질 가능성이 더 높아진다. 그런 가운데 조선 후기로 오면서 점점 더 선종의 주도가 깊어가게 되었고, 그에 따라 대승불교의 이상을 사회에 적극적으로 전파하려는 내적인 동기와 외적 활동이 동시에 약화되었다. 이처럼 대내외적 동기가 약화된 종교집단에게는 흔히 제삼의 대안으로 기복이 등장하게 되는 경향이 있다. 결과적으로. 조선 후기 불교가 보다 기복적 성향을 안게 되었던 것이다.

대승불교의 전통 안에서 기복성향을 수용한 신행형태가 바로 염불이다. 그리하여 조선 후기불교는 선학, 간경(看經) 그리고 염불의 삼문을 이루는 불교수행이 형성되었다. 다시 말해서, 조선 후기에 이르면서 우리나라의 대승불교의 전통적 신행(信行)은 선, 교 그리고 염불의 세 형태로 나누어져서 후대로 내려오게 되었고, 그에 따라 오늘도 사찰 안에 선당, 법당 그리고 염불당이 각각 독립해서 자리 잡게 되었다. 이처럼 대승불교 전통 안에서 선, 교, 염불의 삼문이 공존하게 된 것은 불교가 기복화되어가는 과정에서 나타난 결과라고 말하지 않을 수 없다. 왜냐하면 선과 교는 그 본래의 정신 어디에도 기복이 기댈 수 없는 고전적 이상을 추구하는 신행의 형태

이기 때문이다.[8]

이처럼 불교 신행이 세 분야로 나누어지는 동안 불교 안에 또 하나의 분화가 일어났다. 조선후기에 참선과 염불을 하는 승려를 수좌(首座)라 하고 경을 공부하는 승려를 강사(講師)라 했다. 그런데 수좌와 강사는 산중의 사암에 은둔해 있으면서 사원의 사무와 관가나 유생들이 부여하는 일을 맡는 것을 불명예로 여겼다. 따라서 사원을 운영하면서 관가와 실무적인 사무를 보는 승려들이 나타나기 시작했다. 그리하여 실무적인 사무를 보는 승려들을 사판승(事判僧)이라 했고, 수좌와 강사를 포함한 승려들을 이판승(理判僧)이라 했다. 이판승이 사판승을 무시하는 관계가 나타나면서 "이판사판"이라는 개념까지 전해지게 되었다. 이 역시 조선 후기의 불교가 관가와 유생들로부터 엄청난 핍박을 받게 된 결과로 나타난 현상이었다.

이처럼 불교가 지속적으로 탄압을 받아가는 과정에서 이 시기에 독특한 현상들이 나타난다. 먼저, 유불도(儒佛道) 삼교의 일치를 주장하는 사상적 움직임이다. 이 분야의 선구자들에는 수초(守初, 1590-1668), 성총(性聰, 1631-1700), 수연(秀演, 1651-1719) 등이 있는데, 이들은 유불도 삼교가 추구하는 진리 자체는 다를 바 없는 것이기 때문에, 예컨대 유교의 입장에서 불교를 박해하는 것은 도를 벗어나는 잘못이라고 지적한다. 이처럼 지속적인 탄압을 받고 있는 불교 안에서 삼국시대로부터 이어지는 삼교일치(三敎一致) 사상을 근거로 발언하는 점이 주목된다. 다음은, 고성염불(高聲念佛)로 하루의 일과를 삼는 미타정토신앙이 널리 유행하였다. 이처럼 불교 안에

---

8 여기서 고전적 이상이란, ①이기적 동기에서 ②세속적 욕망을 추구하는 기복에 반대되는 것을 의미한다. 자아를 부정하는 부처님의 가르침에는 기복이 스며들 여지가 없다. 바로 그 이상을 추구하는 대승불교의 두 전통, 선과 교에 담긴 고전적 이상 역시 기복을 넘어서고 있다.

서는 삼교일치 사상에 근거하여 불교탄압의 부당성을 지적하는 사상적 움직임이 있는가 하면, 고성염불로 하루를 보내는 감성적인 신행운동이 널리 유행하는 등 실로 다양한 모습을 보여준다.

조선조 후기에 불교의 사찰 안에 전에 없던 일들이 나타났다. 이 시기에 한국의 고유민간 신앙과 도교 등의 불교 밖의 기복종교 신행이 수용되었다. 예컨대 산신(産神), 역신(疫神), 명신(命神), 음양오행(陰陽五行)과 칠성(七星) 신앙 등 무속과 전통 민속신앙이 이 시기에 불교에 들어오게 되었다. 이들은 모두 불교가 기복화되는 과정에서 뿌리박게 된 것이다. 이러한 과정에서 조선 후기에 오면 산신각(山神閣)이 불교사찰의 경내에 들어와 앉게 된다. 이 모두가 당시의 불교가 수도와 교화보다는, 서민과 귀족이 원하는 기복을 더 추구했기 때문에 일어난 결과이다. 물론 그것은 오랜 탄압 속에서 당시의 불교가 살아남기 위한 임시 방편이었던 것도 사실이다. 그럼에도 불구하고 이 어려운 시대에 수용된 기복전통은 그 후 오늘까지 한국불교계가 벗어나지 못하는 불행을 안겨주게 되었다.

조선불교의 후기는, 앞에서 살펴본 바와 같이, 실로 다양한 형태의 변화를 보여주고 있다. 먼저, 조선불교의 주류 안에서 선학, 간경, 그리고 염불과 같이 3유형의 신행으로 나누어지는가 하면, 그렇지 않아도 어려운 불교교단 안에서 승려들이 이판과 사판으로 갈라져 교단내부의 갈등이 증폭되었다. 또한 삼교일치를 주장하는 사상운동에서부터 대단히 감성적인 고성염불에 이르는 다양한 형태의 사상과 신행의 움직임이 불교내부에서 일어나고 있었다. 이에 더하여, 어려운 탄압이 지속되는 가운데서 살아남기 위하여 불교계가 무속과 민속전통과의 관계에서 기복 의례를 수용하고 또 발전시켰다. 이처럼 불교는 조선 후기에 대단히 다양한 형태로 갈라졌

다. 그 모두가 장기간의 탄압을 받으며 어렵게 지내는 과정에서 나타났던 결과였다. 다시 말하자면, 너무 어려운 상황에서 불교가 그만 수도와 교화에 정진하는 대승불교 자신의 본래 모습을 지키지 못하고 각자의 입장에서 기복에 치우치다 보니까 분열되어 버렸던 것이다.

이처럼 흩어지고 혼돈에 빠진 조선 후기의 불교에서, 불교 본래의 모습을 지켜온 전통은 역시 선종이었다. 조선 후기에 와서 선종은 두 가지 모습을 지니고 있었다. 첫째, 체계적 배불정책이 지속되던 조선 후기의 사회에서 선종을 포함한 불교는 조선사회의 중심권 밖에 있는 이른바 주변문화의 성격을 벗어날 수 없었다. 둘째, 그러나 불교전통 안에서 선종은 대승불교 정신을 이어가는 중심 세력이며 교단이었다. 이러한 조선후기 선종의 중심에 바로 서산대사 휴정이 자리 잡고 있다.

2) 조선불교의 맺음

조선은 유교를 국교로 정하고 출범하였기 때문에, 불교는 당연히 처음부터 박해의 주요 대상이었다. 조선의 불교는 따라서 박해의 압박에 밀려 스스로를 지키기도 어려운 상황을 5세기나 지나야 했다. 이처럼 긴 역사적 과정에서 임진왜란을 계기로 조선불교는 큰 변화를 보여주고 있다. 그리하여 전체적으로는 조선불교가 임진왜란을 전환기로 하여, 그 전기와 후기로 나누어진다. 이를 아래의 도표와 같이 정리할 수 있을 것이다. 이도표에 표시된 바와 같이, 조선왕조는 계속해서 불교탄압정책을 거두지 않았고, 이에 대하여 불교계에서는 불교를 지키기 위하여 정부정책에 대한 새로운 대응책을 시대마다 보여주고 있다.

[표 11] 조선의 대불정책과 불교계의 대응

	조선의 불교정책	불교의 시대적 대응
전기	극심한 배불정책	도맥 유지의 노력
전환기	불교탄압 정책	불교의 사회적 승인 확보 노력
후기	불교탄압 정책	불교의 다양화와 혼돈

요컨대, 조선의 불교정책은 언제나 불교를 탄압하는 것이 기본이었다. 특히 조선의 건국초기에는 성리학을 근거로 한 유교국가 체제를 정비하는 것이 사회적 제일의 목표였기 때문에, 불교를 배척하는 강한 정책을 썼으며, 이로 말미암아 불교는 존망의 위협을 당하게 되었다. 이러한 위기의식이 선교 정심(淨心)과 지엄 두 고승으로 하여금 산간에 가서 나무를 베어팔면서 선교의 맥을 지키게 했던 것이다. 이처럼 조선 전기의 불교계는 사라져가는 불교를 지키고 후대에 전해주는 이른바 도맥을 지키는 것이 이 시대의 가장 중요한 과제였다. 이러한 불교의 위기는 임진왜란이 일어나면서, 서산대사 휴정을 중심으로 승군을 형성하여 왜군을 물리치는데 공헌하였고, 그에 따라 정부가 승군활동을 높이 평가함으로써 불교가 사회적으로 인정되는 결과에 이르렀다. 그럼에도 불구하고 불교에 대한 박해는 지속되었다. 따라서 "전기"의 강력한 배불정책이 임진왜란 이후의 "후기"에 와서는 불교에 대한 "억압정책"으로 전환되었다.

이러한 변화를 통하여 조선의 불교는 후기에 와서도 불교가 임진왜란 때와 같이 사회에 참여하는 것이 불가능한 상황이어서 뜻있는 불교 승려들이 입산수도 하고, 이에 따라 불교는 전체적으로 기복에 기울었다. 이러한 상황에서 불교 안에서도 기복으로부터 벗어나는 전향이 나타나기도

하였지만, 조선 후기에 들어와서 무속을 포함한 전통적 민속종교의 요인들이 불교로 들어오게 되었으니 예를 들어 불교사찰안에 산신각이 들어선 것이 그것이었다. 이처럼 조선 후기에 오면 불교가 구심점을 잃고 다양한 모습을 보여주게 된다. 오랜 불교탄압정책으로 인해 사회적 조건에 순응하기에 바빠서, 불교적 이상을 보존하면서 교단의 자기 통제력을 상실하고 그에 따라 구심점도 잃게 되면서 불교가 다양화되었고, 또한 기복 불교로 흐르게 되었다.

이처럼 조선의 불교가 겉으로는 중심을 잃고 다향한 모습의 기복 불교로 전환하는 와중에서도, 전기의 정심에서 전환기의 휴정으로 이어졌던 조선 선불교 고승들의 고귀한 전통이 조선 후기 불교는 물론이고 현재에 이르기까지 살아있다. 그들은 먼저, 현실에 지지 않고 진리를 추구했으며, 다음으로 선교통합을 주장하였다. 그들이 현실에 지지 않고 진리를 추구했다는 것은 곧 세속적 이익을 추구하는 기복에 빠지지 않고, 불교 이상을 추구했다는 것을 의미한다. 그리고 그들의 선교통합 사상은 고려의 의천과 지눌의 선교합일(禪敎合一)의 사상을 기본적으로 이어받았다. 선과 교의 합일사상은 우리의 불교에서 유독 강조되는 것으로, 한국 불교사상의 특성을 이루고 있다. 요컨대, 그토록 험한 탄압정책에 오랜 동안 시달리면서 겉으로는 불교교단도 보이지 않는 상태에서 다양한 형태의 기복 불교로 모습을 바꾸면서도, 조선불교는 보이지 않게 안으로는 한국 불교사상의 특성을 뚜렷하게 지켜왔다.

4. 조선 후기의 대중종교와 비결신행

1) 조선 후기 종교상황의 급변

(1) 유교 국교권위의 위축

임진왜란과 병자호란의 "양란"을 거치고 나서 조선 후기 사회는 일대 혼돈에 빠지게 되었다. 양난을 통하여 조선의 유교정부는 외부로부터의 군사적 침입에 체계적으로 대응하지 못하였다는 점이 드러나면서, 자연히 정부의 권위가 훼손되었다. 조선은 유교를 국교로 섬기는 유교왕조였기 때문에, 조선정부의 권위가 훼손된 것은 바로 유교의 정신적 권위에 대하여 회의를 품게 되는 사회적 풍조를 동반한 것이었다. 이러한 일련의 변화가 임진왜란을 거치면서 반조선왕조 사상이 나타나기 시작하였다. 그 대표적인 현상으로『정감록』과 같은 이른바 "비결신행(秘訣信行)" 전통이 이 시기에 크게 나타났으며, 이 전통은 조선 후기의 종교상황을 크게 변화시켰다. 이러한 조선 후기 변화는 사회상황과 종교상황의 두 측면으로 나타난다.

먼저, 조선 후기 사회상황의 변화는 유교권위의 하락으로 나타났다. 조선후기에도 정부는 조선전기와 동일한 정치적 이념을 지니고 있었다. 조선 전기의 정부는 우리나라뿐만 아니라 세계종교사에서도 찾아보기 어려운 "유교국가"의 창조적 질서를 세워서 이룩하였다. 그러한 조선정부는 그 후기에 와서도 서세동점이라는 새로운 역사적 흐름을 무시하고 기존의 질서를 유지하려는 극우 보수주의 정책을 견지하였다. 이러한 조선정부의 보수적 태도는 새 시대의 흐름에서 사회를 낙후되게 하였다. 따라서 유교의 권위가 사회의 여러 면에서 하락하게 되었던 것이다. 한마디로, 조선

후기의 국내외 상황은 당시의 정부의 권위를 하락시켰다. 이러한 현상은 정부와 대중의 시대적 대응태도가 각각 다른데서 비롯되었다. 조선정부는 유교전통의 극보수주의를 견지하는 데 반하여, 대중은 사회변화에 적응하여 생존하려는 태도를 갖고 있었기 때문에, 이 양자 사이에는 근본적인 갈등이 있었다. 이러한 갈등은 기본적으로 당시에 서양으로부터 들어오는 새로운 문화와 그에 따르는 사회적 변화를 수용하는 태도가 서로 다른데서 나타나게 되었다.

임진왜란 이후에는 중국으로부터 서양문물이 조선에 많이 소개되었다. 그런데 임진왜란 이전 일본은 서양인들로부터 배운 새로운 조총 무기를 갖고 있었기 때문에, 이에 힘을 얻어 조선을 침공할 수 있었다. 이와 비교하면, 당시의 조선정부는 유교적 보수주의에 안주하면서 서양문물을 수용하지 않았다는 사실을 말해준다. 이처럼 조선정부가 유교의 전통적 보수주의를 고수하였기 때문에 임진왜란을 피할 수 없게 되었던 것이다. 그리하여 유교의 정신적 권위가 조선 전기에 비하면 크게 하락하기에 이르렀다. 유교권위의 하락은, 곧 살펴보게 될, 이른바 당시에 일어났던 "반조선왕조 사상"이 등장하여 사회의 변화를 추구하던 흐름이 잘 말해준다.

다음으로, 조선 후기의 종교상황은 제도적으로는 유교가 국교였지만, 해외로부터 가톨릭교회가 들어오고 또한 국내에서는 천도교를 중심으로 한 이른바 한국민족종교가 생겨나면서 현대적 다종교상황이 이루어지기 시작하였다. 다종교상황은 국교인 유교의 권위가 상대화되게 하였다. 따라서 조선 정부는 국교인 유교를 지키기 위하여 노력하였다. 그러나 천주교를 비롯하여 외부로부터 새로운 종교관과 세계관이 들어오는 것을 막을 수가 없었다. 이에 더하여, 당시의 정부로서는 대중생활의 빈곤과 사회적

혼돈을 유교에 근거하여 퇴치할 수가 없었다. 따라서 조선 후기의 사회는 시간이 갈수록 사회적 불안과 혼돈이 가중되어 갔던 것이다. 그리하여 조선후기에는 『정감록』과 같은 반조선왕조 사상이 일어나고, 밖으로부터는 가톨릭교회가 들어오고, 또한 19세기 중엽에 이르면 한국민족종교의 시작인 천도교(동학)가 일어나면서 실로 전에 없던 다종교상황을 이루게 되었다. 종교는 절대 신념 체계이다. 따라서 다종교상황은 곧 절대 신념 체계들 사이의 갈등과 마찰이 동반되게 마련이다. 조선전기에는 국교인 유교가 불교와 민족문화전통 안에서 싹튼 종교들을 견제할 수 있었기 때문에, 유교국가로서의 통일된 문화를 창조할 수 있었지만, 조선 후기에 오면 양란 이후 유교가 국교로서의 기능을 성공적으로 행사하지 못하였기 때문에 다종교상황에 노출되게 되었다. 그리고 이렇게 노출된 다종교상황을 조율할 수 있는 대안이 없었기 때문에, 조선 후기의 다종교상황은 다양한 절대 신념 체계가 노출된 상태인 이른바 "다종교혼돈 상황"에 빠지게 되었다. 따라서 조선 후기 사회는 시간이 갈수록 정신적 가치관의 혼돈이 가중되어갔다.

　이러한 시대적 혼돈의 맥락에서 가장 근저에 있던 것이 바로 "『정감록』"과 같은 "풍수도참설(風水圖讖說)"이었다. 『정감록』은 한마디로 조선이 망하고 정씨의 새로운 왕조가 나타난다는, 이른바 도참의 신비주의 논리에 담긴 반조선왕조 사상이다. 이러한 반조선왕조 사상에 대중의 시대적 불만과 두려움이 담기면서 그것은 조선 후기의 민족문화형성에 크게 작용하기 시작하였다. 그 결과의 하나가 동학을 중심으로 한 민족종교의 탄생이었다. 이러한 민족종교는 20세기에 들어서면서 항일운동에 대중을 수용하는 한국민족주의의 중심세력이 되었다.

(2) 다종교의 혼돈 상황

조선 후기에 서양의 새로운 문물을 수용하기 시작하면서, 조선의 국교
인 유교가 전기와 같이 역사적 흐름을 완전히 주도하는 것이 불가능해지
기 시작하였다. 천주교가 전래하여 조선사회 안에 존재하기 시작하는 것
을 유교가 막을 수가 없었다. 동시에 『정감록』과 같은 비결신행 사상이
나타나 반조선왕조 사상을 대중에게 심기 시작하고, 드디어 동학과 같은
민족종교가 나타나게 되었다. 이처럼 유교가 국교인 상황에서 다종교상황
이 싹트고 있었다. 한마디로 조선 후기는 "혼돈스러운" 다종교사회였다.

이러한 상황에서도 불교와 도교는 국교인 유교의 통제에서 벗어날 수가
없었다. 이들은 동양종교이기 때문에, 천주교의 경우와 같이 국외로부터
조선정부에 압력을 가하면서 보호를 해줄 세력이 없었던 것이었다. 이러
한 상황에서 동양의 전통종교인 불교와 도교는 서로 다른 문제점을 지니
게 되었다.

① 불교

불교는 전통적인 고전종교의 하나로서 조선조에 와서는 정부가 조직적
인 배불정책을 실시함으로써 사실상 정상적인 성장을 할 수가 없었다. 그
러한 배불정책은 조선 후기에도 마찬가지로 지속되었기 때문에 불교는
위축상태를 벗어날 수 없던 것이다. 조선시대에 불교가 얼마나 어려웠던
가 하는 사정은 오늘도 한국 불교사찰의 경내에 서있는 산신각(山神閣)이
말해주고 있다. 산신각은 원래 불교와는 아무런 관계가 없는 것으로, 조선
시대에 들어오면서 모든 사찰 경내에 자리 잡게 된 것이었다. 산신각은
산신신앙을 전제하고 있는데, 산신은 한국민족의 오랜 전통적 신앙에 뿌

리를 두고 있다. 우리 민족은 고대로부터 산신숭배의 전통을 지녀왔기 때문에 산신당(山神堂)과 그와 유사한 이름으로 불리는 산신숭배 의례의 장을 마을마다 지니고 있었다. 불교 사찰 경내의 산신각 역시 이러한 산신숭배의 의례장인데, 다만 사찰 내의 건물은 주로 전(殿)이라 하지 않고 각(閣)이라 하여 불교외부에서 온 것이라는 사실을 밝히고 있다. 이처럼 불교와는 경전상의 교리전통으로 아무런 관계가 없는 산신사상이 불교에 들어오게 된 것이다.

이처럼 산신사상이 조선 시대에 사찰 안으로 들어오게 된 것은 불교가 핍박을 받으면서 여러 면에서 위축되었기 때문에 나타난 결과였다. 산신각은 한마디로 우리 민족의 민속전통이며, 특히 산신의 보호를 받기 위한 기복신앙이다. 따라서 조선 조정의 지속적인 핍박으로부터 사찰을 보호하기 위한 방법으로 우리 민족의 전통적인 민속신앙의 하나인 산신사상을 사찰의 경내에 받아들인 것이다. 그리고 산신각을 주로 경내의 한 끝에 위치시킴으로서 산신사상이 외부로부터 들어온 외호신(外護神)이란 사실을 밝히고 있다. 종합컨대 산신각은 조선의 불교가 받은 핍박을 극복하기 위하여 국민에게 가장 가까운 산신신앙을 경내에 수용하여 더 많은 대중과 가까운 관계를 맺기 위하여 취한 의식적 결정의 결과이다.

산신각을 통하여 우리는 조선의 불교가 조정으로부터의 불교탄압을 벗어날 수는 없는 상황이었기 때문에, 불교가 대중에게 가까이 가는 방향을 선택하지 않을 수 없었다는 사실을 보게 된다. 그 결과는 불교가 기복을 크게 수용하게 된 것이다. 기복은 사찰을 유지하고 운영하는 데는 결정적인 도움이 된다. 그러나 반대로 기복의 확산은 불교종단의 운영, 승려의 교육과 수도, 특히 나아가 불교인의 사회생활에는 결정적인 약점을 지니

게 된다. 그것은 고전적 이상의 상실인 것이다.

이처럼 조선 후기에 있어서 불교는 조정으로부터의 지속적인 핍박을 벗어나 자립하기 위하여 사회적으로 존속할 수 있는 여력을 확보하기 위해 노력하였으며, 이러한 맥락에서 산신각을 사찰 안에 받아들였다. 이외에도 불교는 조선 후기에 살아남기 위하여 사회와 타협을 한 사실이 허다하다. 그러나 우리는, 지면을 줄이기 위하여, 여기서 가장 선명하게 드러나는 산신각의 사례 하나를 통하여 조선시대의 불교가 사회와 타협하는 현상을 지적하는 것으로 만족하기로 한다. 이러한 추세는 한마디로 조선 후기의 불교가 기복현상이 주도적인 모습을 이루도록 하였다. 나아가서, 이러한 모습은 현재의 불교도 기복 위주의 흐름을 유지한다는 점에서 크게 다르지 않다.[9]

이와 또 다른 면에서, 조선 후기의 불교는 고전적 이상을 추구하는 운동을 지속하고 있었다. 그것은 조선 후기의 대가람에서 참선(參禪)전통을 유지하는 형태로 나타났다. 종합컨대, 조선의 불교가 겉으로는 기복을 추구하면서 세속화되었지만, 그 안에는 대승불교의 이상을 유지하려는 노력이 살아있었다. 조선 후기에 불교가 살아남기 위하여 세속과 타협하는 신앙형태가 이른바 기복으로 나타났던 것이다. 이와 반대로 대승불교의 이상을 추구하는 선택으로 참선전통을 지켰던 것이다. 이처럼 조선 후기의 불교는 기복이 주도적인 흐름을 유지하면서 참선에 담긴 대승불교의 이상이 살아있었다고 말할 수 있다. 여기서 우리는 고려의 불교가 "교학과 선"의

---

9 이 점은 특히 1990년대부터 지금까지 각종 입학시험 때에, 불교사찰 경내에 학생들의 이름이 가득히 걸려있는 사실이 잘 말해준다. 이러한 기복적인 태도는, 비단 불교뿐만 아니라 기독교에서도 입학생들을 위한 각종 기복행사가 이루어지고 있다. 한마디로 1990년대 이후 한국의 종교들은 점점 기복추구가 중심을 이루고 있다.

조화를 추구하였던 것과 마찬가지로, 조선 후기의 불교 역시 현실적으로 살아남기 위한 "기복"과 대승불교의 이상을 "선"에서 추국하는 양자의 "조화"를 잃지 않고 있었다는 점을 기억할 필요가 있다.

바꾸어 말해서, 조선 후기의 불교는 박해로 말미암아 잃어버린 불교의 정체성을 되찾기에도 급박한 상황에 있었기 때문에, 당시의 시대적 상황을 개선하는데 공헌할 수 있는 여력이 없었다. 조선 후기 사회는 국교인 유교가 권위를 상실하기 시작하면서 정신적 주도권이 흩어지게 되었고, 그 결과로 사회적 혼돈이 커져가고 있었다. 이러한 상황에서 불교는 자신의 정체성을 사회에 확립하는 문제가 다급하였기 때문에, 사회와 역사의 개선에 공헌할 수 있는 여력을 갖지 못한 상태에 있었다. 결론적으로 당시의 불교는 조선의 다종교상황을 형성하는 한 종교전통으로 남아있었다.

② 도교

도교는 우리나라에 들어와서 처음부터 조선 후기에 이르기까지 교단을 형성하지 못한 상태로 있었기 때문에 불교와 같이 교세를 성장시킬 수 없었다. 그러한 상태에서 음양오행이나 주역과 같은 중국의 전통적인 우주론적 규범에 근거하여 기복을 관장하는 경우에는 모두 도교라고 하는 경향이 지금까지 이어져 왔다. 특히 조선 후기에 이러한 형태의 종교사상이 활기를 띠우면서 풍수지리를 위시하여 다양한 도교적 신행이 활발해지기 시작하였다.

세계 종교사를 통해서 살펴볼 때, 서양종교는 주로 신을 말하고, 동양종교 특히 도교에서는 신선을 말한다. 신선은 본질적으로 인간이 신의 경지에 도달한 존재이다. 따라서 도교에서 인간과 신선, 곧 "신적 존재"는 본질

적으로 다르지 않다. 이점은 천지인 삼재에 근거한 중국의 전통적 우주론의 범주에 속하는 종교에서는 모두 동일하다. 그러므로 유교 역시 인간의 본질은 하늘의 본질과 서로 상통한다고 보고 있다. 이러한 중국 고유의 세계관의 맥락에서 볼 때, 신(神)은 인간과 다른 존재라는 고정개념이 아니라 정신(精神 또는 神明)이나 신령(神靈)과 같은 현상으로 변화하여 나타난다고 믿는다. 이처럼 신이 다르게 인식되는 것은 신이라는 현상이 근본적으로는 기(氣)와 본질적으로 관계가 있다고 생각하기 때문이다. 한걸음 더 나아가서, 이러한 기(氣)사상은 음양설과 연결되어 역동적인 중국의 세계관으로 모습을 갖추게 된다.

도교는, 고전전통인 도가사상이 우주질서의 진실을 밝히는 것과 달리, 현실생활에 이익이 되는 것을 추구하는 기복에 그 관심을 집중하고 있다. 따라서 도교는 음양설에서 음의 기운을 배제하고 양의 기운을 존중한다. 이러한 맥락에서 도교는 음양설에서 짝수를 음, 그리고 홀수를 양으로 보고, 음보다 양을 중요하게 생각하며 나아가서 양의 홀수 가운데서도 아홉 숫자(九)가 "양중의 양"이라고 하여 가장 중요하다고 강조한다. 이처럼 도교는 중국 사상사에 나타나는 모든 전통들을 품어서 인간의 현세적 삶에서 이로움을 추구하는 이른바 기복형태로 전환하고 있다.

이러한 도교사상에 나타나는 전형적인 현상의 하나가 장생술(長生術)이다. 도교는 도사들이 양생술을 연마하여 불로장생을 구현하기 위하여 나름대로 방법을 고안하였다. 이러한 양생술 가운데 가장 흔히 알려진 것이 와덕충(窪德忠)의 이름으로 전해지는 벽곡(辟穀), 복이(服餌), 조식(粗食), 도인(導引), 방중(房中)의 다섯 가지 방법이다. 이 가운데 벽곡과 복이는 몸 밖으로 연마하는 외단(外丹)이고, 나머지는 몸 안에서 연마하는 내단(內丹)이라

한다. 내외단 그 어느 쪽이든 도교의 수행에는 '기(氣)'를 활용하는 것이 필수적이다. 따라서 예컨대, 외단법에 속하는 복이(服餌)를 하는 경우에도 반드시 내단에서 행하는 조식(調息)과 행기(行氣)를 해야 한다. 이처럼 동양의 고전적 우주론의 핵심 논리체계인 "기(氣)"가, 도교의 현실적 세계관에 담기면서 장생술과 같은 구체적이고 현세적인 실천사상을 낳게 되었다.

조선 후기에 들어서면서 이러한 도교사상이 단전(丹田)운동을 비롯하여 풍수지리, 음양오행 등에 근거한 각종 점술 등으로 나타났다. 이 가운데 단전호흡을 중심으로 한 자기수련법은, 앞에서 살펴본 고구려벽화에 나타나는 바와 같이, 중앙아시아를 통한 문화교류를 통하여 중국과의 관계 이전부터 우리 민족이 지니고 있었던 전통이 있었다. 다만 이러한 고유전통이 조선 후기에 기록으로 남길 때는 한문으로 표기되었기 때문에, 특히 한문의 개별 문자가 지닌 고유한 의미들에 의하여 그 내용이 중국전통인 것과 같이 나타나게 된 것이다. 따라서 우리 문화의 고대전통은 사라지고 중국문화의 후속과 같이 보이게 하였다.

결과적으로 조선 후기에 도교는 다양한 형태로 조선사회에 영향을 주었다. 그러나 이 시대에 우리나라에서 도교는 중국에서와는 달리 교단을 형성하지 못하였기 때문에, 다양한 방면에서 기복행위에 도교문헌을 통한 원리형태로 지원을 하면서도, 특정한 분야에 주도적인 영향을 주지는 못하는 상태에 있었다. 다시 말해서 도교는 우리나라에서 특정한 신행집단를 통하여 체계적으로 수행되고 전수되지 못하였다. 도교는 우리나라에서 교단을 지니지 못했기 때문이었다.

도교가 교단을 지니지 못했기 때문에, 조선에서 다양한 방면의 기복행위에 한문의 문헌적 뒷받침을 해주었던 것이다. 그러나 앞에서 지적한 바

와 같이, 도교문헌에 나오는 이론이 조선의 기복종교사상의 신행을 통일시키지는 못하였다. 그 이유는 기복행위의 다양성에 비교하여 도교사상의 폭이 좁기 때문이었다. 미래를 예측하는 종교행위는 다음과 같은 세 가지 방법이 있다. 첫째는 시간요인에 의하여 미래를 예측하는 이른바 ①시간적 예측, 다음으로는 공간요인에 의하여 미래를 예측하는 ②공간적 예측 그리고 끝으로는 신의 의지에 의하여 인간의 운명이 좌우된다는 ③신관적 예측, 이렇게 3방법으로 크게 나누어진다. 시간적 예측은 동양에서는 세상이 도(道)라는 이름의 "우주규범"에 의하여 규칙적으로 변한다는 사실을 신봉하는 데서부터 시작된다. 인간의 삶 역시 우주규범의 변화법칙을 따르기 때문에, 세상이 변하는 법칙인 도를 알게 되면 내일 우리에게 일어날 일을 예측할 수 있게 된다. 이처럼 우주규범의 시간적 변화에 근거하여 내일을 예측하는 것을 우리는 "시간적 예측"이라 하기로 한다. 다음으로 우주규범이 각각의 공간적 위치에 따라 다른 형태로 그 영향력을 나타내게 되는데, 각 지역의 공간적 특성에 따라 인간에게 이로움과 해로움을 각기 달리 전하게 되기 때문에, 이러한 해당지역의 특성을 파악할 때 이로운 지역을 선별할 수 있다는 미래의 예측을 우리는 공간적 예측이라 하기로 한다. 끝으로 인간의 운명을 좌우하는 것은 신이기 때문에 신의 의사를 예측하는 것이 중요한데, 그러기 위하여여는 신이 인간에게 친근한 마음을 지니도록 신의 의사에 순종하는 것이 곧 인간이 좋은 미래를 예측하는 길이 된다. 이를 신관적 예측이라 하기로 한다. 이처럼 3가지 미래예측 방법 가운데 도교는 주로 ①시간적 예측과 ②공간적 예측의 두 방법에 의존한다. 이것은 원론적인 말이고, 물론 도교라고 주장하는 종교 신행에서 ③신관적 예측도 동반하는 경우가 있다. 그러나 신관적 예측은 도교의

전통적인 관점은 아니다. 왜냐하면 도교의 핵심은 음양오행설과 신선사상 등이기 때문에, 도교사상 안에서는 신이 신선의 의미로 변하는 것이 원칙이기 때문이다.

조선 후기에 들어와서 도교사상이 우리나라의 민속에 다양한 측면으로 스며들었다. 그러나 우리나라의 민속에는 신관이 분명하게 유지되고 있다. 이는 곧 도교가 우리 민속에 있어서 각종 행위의 외형과 각종 명칭에 영향을 주기는 하였지만, 그 내용에는 크게 영향을 주지 못했다는 점을 말해준다. 이점은 우리나라의 무속 굿에 도교의 요인들이 신의 명칭이나 신화 등에 많이 들어와 있으면서도, 그 내용에 있어서는 "영육이원론"이라는 무속의 고유 사상이 조금도 흔들리지 않고 있다는 점에서 잘 드러난다. 다시 말해서 조선시대의 도교는 사실상 무속의 외형적 신화나 신의 명칭에는 영향을 주었지만, 무속의 세계관이나 사상에는 전혀 변화를 주지 못하였다.

조선 후기에 도교가 무속에 크게 영향을 주지 못하였다는 것은, 곧 우리 민속에 근본적인 영향을 주지 못했다는 점을 말해준다. 도교가 고구려 시대에 들어와서 조선 후기에 이르는 오랜 시간동안 우리나라에서는 사회와 문화를 주도하는 위치에 있지 못하고 언제나 주변의 종교로 남아 있었다. 그러는 과정에서 특히 조선 후기에 이르러 기복행위에 대한 이론적 근거를 다시 한번 제시하기에 이르렀다. 그 대표적인 결과로 임진왜란 이후에 『정감록』과 같은 도참사상(圖讖思想)이 일어났던 것이다.[10] 정감록은 "어느

---

10 도참(圖讖)은 음양오행, 풍수지리, 천인감응, 부서설(符瑞說) 등을 모두 혼합하여 천변지이(天變地異)를 설명하는 체계로서, 중국의 주나라 말기의 혼란기에 나타나서 우리나라에는 신라말기와 고려 초기에 전래되었다.

때"에 "어디에서" 한 왕조가 망하고 다음의 왕조로 바뀐다는 예측을 하고 있다. 이는 "시간적" 그리고 "공간적" 예측을 종합하여 한마디로 "역사적 변천"을 예측하고 있는 것이다. 이러한 역사적 예측에는 물론 과거와 현재, 그리고 미래의 역사적 흐름에 대한 관점에 근거를 하고 있지만, 그 안에는 조선의 백성과 우리 민족의 삶의 공간이라는 한반도에 대한 애정과 관심이 깊이 깔려 있다. 다시 말해서 정감록에는 단순한 시간과 공간을 종합한 세상의 변화가 아니라, 한국민족, 곧 우리의 과거와 현재, 그리고 미래에 대한 애착이 깔려 있다는 점에서, 단순한 미래예측을 하는 점복사상과 근본적으로 다른 점이 있다. 이러한 점에서 정감록은 도교 논리의 사유형식을 수용하면서도 그 안에 민족의식이 담겨있는 사상이었던 것이다. 한마디로 민족의 역사적 변천에 대한 애정과 관심이 깔려 있다.

이처럼 도교는 조선후기의 다양한 민속전통과 특히 반조선왕조 사상을 지녔던 정감록사상에 들어와 논리적 설명체계의 역할을 하였지만, 막상 민속분야와 정감록 설명의 결과는 도교 사상과 같지 않았다. 다시 말해서 도교는 조선 후기의 민속과 특히 정감록 사상에게 외형적 기술의 논리형식을 제공해주지만, 정감록에 담긴 내용은 우리 민속전통의 내용과 또한 조선 후기 우리 민족이 당면했던 사회정치적 현실에 대한 인식을 적나라하게 드러내고 있다. 따라서 도교는 이 경우에도 우리 문화사의 외형적 요인으로 작용하고 있었다. 그것은 특히 한문을 당시의 기록수단으로 쓰고 있던 상황에서 나타났던 것이다. 한문으로 기록된 경전에 의하여 현실을 해석하고, 또 그렇게 해석된 결과를 한문으로 기록한 내용은 우리 민족이 경험하고 추구하는 실제의 내용과의 사이에는 큰 차이가 있었던 것이다.

위에서 논의한 것을 종합하면 다음과 같은 결론에 이른다. 우선 조선

후기의 불교는 정부로부터의 탄압에서부터 자신을 지키기 위하여 기복에 빠지면서도 대승불교의 이상을 추구하는 이중의 노력을 하고 있었다. 또한 도교는 조선사회의 다양한 기복행위에 음양오행 등의 우주론적 이론 틀을 제공하면서 다방면으로 영향을 주었지만, 당시 우리나라의 민속과 종교는 오히려 한국의 전통적인 내용을 그대로 담고 있었다. 그러므로 조선 후기에 있어서, 불교와 도교, 그리고 민속종교의 삼자 관계를 보면, 우리의 민속이 불교와 도교로부터 크게 영향을 받은 것 같지만, 실제로는 우리 민족의 전통적 세계관을 그대로 유지하고 있다는 사실을 부인할 수가 없다. 이처럼 전통적인 동양종교들만 보아도 조선의 후기사회는 다양한 종교가 공존하는 다종교사회이면서도, 다종교상황의 내용은 대단히 복합적이라는 사실을 알 수 있게 된다. 조선 후기 사회는 한마디로 다종교의 복합적 사회였다. 그리고 그것은 결론적으로 말해서 가치관이 혼돈스러운 시대였다.

2) 민족정신의 대두

당쟁이 발생하면서 유교는 성공적으로 사회통합을 이룩하여 외부로부터의 군사적 침략에 미리 준비할 수 없었기 때문에, 임진왜란과 병자호란과 같은 일대 재앙을 맞이하게 되었다.

이러한 재앙을 맞이한 이후 사회 안에 두 가지의 새로운 변화가 나타났다. 하나는 유교가 국교인 조선왕조를 거부하는 이른바 반조선왕조 사상이 나타난 것이다. 그런데 이러한 반조선왕조 사상은, 조선조가 망하고 새로운 왕조가 나타난다는 역사변화에 관한 사상에 근거하고 있었다. 앞으로 새로운 왕조를 기대하는 사상은 정치적 혁명을 기획하는 것보다, 오

히려 선험적인 우주론의 원리에 근거하여 역사가 진행된다는 일종의 신비사상에 근거하고 있다. 그리하여 이러한 신비사상에 근거한 현실해석이 급속하게 사회에 전파되었다. 결과적으로 사회적으로는 새로운 왕조의 도래를 기다리는 신비사상이 활기를 얻게 되면서, 조선이 창건한 문화와 사회질서마저 저주하는 형태로 나타나기에 이른 것이었다. 조선 말기에 나타난 민속놀이와 음악, 특히 전라도의 "창"과 "사물놀이" 등에 양반을 비난하는 내용들을 담고 있다는 점이 이를 말해준다.

이처럼 반조선왕조 사상이 힘을 갖게 된 것은 정감록과 같은 비결신행이 당시 대중의 욕구와 시대적 상황을 연결하여 그 대안을 제시하였기 때문이었다. 조선 후기는 실로 혼돈스러운 시대였다. 유교는 외부로부터 군사적 공격과 나아가 천주교와 같은 종교의 유입을 적극적으로 막으려 하였으나 현실적으로 막을 수 없었다. 따라서 유교의 권위가 날이 갈수록 위축되었다. 불교는 유교로부터의 억압을 벗어나는 것이 무엇보다 중요한 것이었기 때문에 시대적 상황의 개선에 기여할 여력이 없었다. 이러한 상황에서 서양의 신문화가 지속적으로 조선에 소개되었고, 동시에 천주교인이 늘어나고 있었다. 그리고 조선의 말기에는 동학이 발생하여 자리를 잡고 이어서 또 다른 한국자생 민족종교가 나타나기 시작하였다. 이러한 다종교상황은 조선사회에 전에 없던 가치관의 혼돈을 가져다주었던 것이다. 이에 더하여 극동의 정치 상황에서 조선의 위상이 점점 더 위태로운 방향으로 진행되었다. 이처럼 조선 후기는 어느 모로 보나 사회적 불안과 문화적 혼돈이 가중되어 가고 있었다.

앞에서 언급한 바와 같이, 아득한 고대로부터 조선 중기까지 우리 민족의 의식을 사로잡았던 것은 무속이었다. 그리고 삼국시대에 풍수도참 사

상이 우리 민족의 기복사상을 한층 더 복합적인 상태에 이르게 하였다. 이러한 상황에서 조선사회의 대중이 정감록과 같은 비결신행이 제시하는 "지금 새로운 시대가 도래한다"는 메시지에 관심을 갖고 집중하게 되었다. 조선 후기의 사회가 시간이 갈수록 더 근본적인 어려움과 혼돈으로 이어졌기 때문에, "새 시대의 도래"와 "새로운 세상의 전개"를 제시하는 시대적 메시지는 이 시대의 대중에게는 새로운 꿈과 희망을 제시하기에 이른 것이었다. 정감록 자체는 중국에서 온 도참사상의 틀을 지니고 있지만, 그 안에 담긴 내용은 조선왕조가 지니고 있던 모든 문제들을 극복한 새로운 시대가 온다는 메시지가 그 핵심을 이루고 있다. 따라서 정감록을 통하여 대중은 자신들이 당하고 있는 어려움을 뒤로하고 새로운 왕조가 와서 그들이 잘 사는 꿈이 이루어지기를 희망하게 되었다. 다시 말해서, 정감록에 담긴 내용과 메시지는 당시에 우리 민족이 지녔던 고유한 정신경험을 반영하고 있다. 이처럼 정감록은 그 체제의 신비론적 혼돈스러움 때문이 아니라, 조선조가 망하고 새로운 왕조가 나타나면서 사람들이 더 잘살게 된다는 이른바 새 시대의 희망을 제시하기 때문에 대중이 이에 몰입할 수 있었던 것이다.

이러한 정감록사상은 그 자체가 지닌 도참사상의 성격보다는 조선조와는 다른 시대와 사회에 대한 새로운 희망을 제시하는 대목이 조선 후기의 문화변혁을 일으키는 중요한 계기를 제공할 수 있었다. 이미 정감록에 빠진 사람은 조선 후기의 유교나 불교의 메시지로부터 멀어지게 되었으며, 그렇다고 지금 막 들어와서 사회에 문제를 일으키고 있는 천주교에도 가까이 갈 수 없었다. 다시 말해서 정감록의 메시지를 받아들인 사람들은 조선조가 끝나고 새로운 왕조가 도래하되, 그 사회는 유교나 불교도 아니

고 그렇다고 가톨릭이 주도하는 사회도 아닌 나라를 꿈꾸고 있었던 것이다. 그 대안은 결국, 한국의 민족주의가 주도하는 나라가 아닐 수 없었던 것이다.

결론적으로, 임진왜란 이후부터 조선조의 종말까지, 대중과 일부 지성계층은 우리의 민족주의가 주도하는 사회의 도래를 꿈꾸었던 것이다. 그러한 민족주의의 꿈이 비록 정감록과 같은 비결신행의 논리에 담겨있었지만, 당시에 그러한 비논리적인 체계에 담아 대중에게 전파하지 아니하고는 사실상 전파가 불가능한 상황이라는 점을 고려할 필요가 있다. 그리하여 정감록은 한국민족종교의 형성에 자극을 주었으며, 민족종교가 우리 민족주의의 주류를 이루었다는 점을 상기하게 할 때 이를 쉽게 이해할 수 있다. 이러한 맥락에서 이제 정감록을 살펴보기로 한다.

3) 『정감록』과 대중의 민족의식

『정감록』은 도참설(圖讖說), 또는 참위설(讖緯說)[11]에 관한 책으로 임진왜란 이후에 나타났다는 것이 일반적인 견해이다. 『정감록』의 출현 시기를 이렇게 판단하는 이유는 다음과 같다. 먼저 조선 초기부터 서운관(書雲觀)에 소장하였던 음양서나 참위서는 물론이고 민간에서 사장(私藏)했던 참위서 등의 목록들까지 모두 『조선왕조실록』에 기록하였다. 그 후 조정에서는 이 책들이 혹세무민하는 것이라 판단하여 임진왜란이 일어나기 한참 이전에 이들을 모두 분서(焚書)하게 하였는데, 그 분서목록에는 『정감록』이 나타나지 않는다. 그러다가 제16대 인조 때의 문헌에 비로소 『정감록』

---

11 도참설은 참위설(讖緯說)이라고도 하는데, 이는 음양오행사상에 입각하여 경서(經書)를 해석하여, 세운(世運)과 인사(人事)의 앞날을 예언하는 것을 말한다.

이란 서명이 나타난다.[12] 이러한 기록 자료들을 종합하면, 『정감록』이 임진왜란 이후에 나타났다는 사실이 드러난다. 만에 하나, 이 책이 임진왜란 이전에 나타났다고 해도, 그 서명이 분서목록에 없었다는 것은 『정감록』이 당시에 사회적으로 별 의미가 없었다는 사실을 말해준다.

『정감록』이 당시에 사회적으로 의미가 있었다면, 분서목록에서 결코 제외될 수는 없게 마련이다. 따라서 이들을 종합컨대, 『정감록』이 임진왜란 이후에 나타났다는 결론에 이르게 된다. 임진왜란 이후 사회적 혼란과 어려움이 점점 더 깊어감에 따라, 새로운 왕조가 나타나서 시대적 어려움을 극복하여 주기를 대망하는 민간신앙이 난해한 도참설의 형식에 담겨 사회적으로 표현된 것이 바로 정감록이었던 것이다.

여기서 도참설은 음양오행과 풍수지리 등의 전통적인 동양의 우주론적 이론을 모두 종합하여 천변지이를 설명하는 체계로서, 민간에 유포되어 시대의 변천을 예언하게 하였다. 이에 비하여, 참위설은 국가나 왕조의 성쇠를 점치게 하는데,[13] 그 때 이론적으로는 음양오행과 역경에 근거한다. 따라서 참위설은, 정통 유학의 입장에서 볼 때, 역(易)에 근거하여 점복화한 일종의 사설(邪說)이라고 말할 수 있다. 결국 도참과 참위, 양자는 앞으로 나타날 일을 예측하는 길을 열어주는 점에서 서로 다를 바가 없으

---

12 신일철, "정감록, 해제" 『한국의 민속·종교 사상』, 267~288쪽. 삼성출판사(1983). 275쪽.
　　"정감록"이란 용어는 세종과 성종 때의 분서목록에는 보이지 않고, 『인조실록』에 있는 초포조입(草浦朝入), 계룡건도(鷄龍建都)에 나타난다.

13 참위는 중국의 전한 말 애제-평체(哀帝-平帝) 때 생겼으며, 후한의 장형(張衡)이 주장한 것으로 전해진다.
　　참(讖)은 은화(隱話)와 예언(豫言)을, 그리고 위(緯)는 육경을 기설(奇說)로 해석하여 경서(經書) 안에 숨어있는 신비를 설명하는 것이다. 대체로 참위(讖緯)는 국가나 왕조의 성쇠를 점치는 것을 말한다.

며, 한걸음 더 나아가 양자는 상호의존적이었다. 이처럼 도참설과 참위설이 서로 혼합된 상태로 나타난 현상을 우리는 이 글에서 비결신행(秘結信行)이라 부르기로 한다. 그런데 이러한 비결신행 체계를 담고 있는 『정감록』의 내용은 "조선 후기" 곧 제2차 문화충격기 이후 자료로서 모두 필사본으로 전해지고 있으며, 조선 말기 이후에 와서 인쇄본으로 나온 것도 있다.[14] 우리는 이 글에서, 정감록에 나오는 사건과 사상을, 도참과 참위에 구애받지 아니하고, 비결신행이라는 종합적인 형태의 일환으로 살펴보기로 한다.

『정감록』의 주 부분은 "감결(鑑訣)"이며, 그 내용은 정(鄭)과 심(沁) 두 사람이 대화를 하는 것으로, 그 형식은 주로 심이 질문을 하면 정이 대답하는 것으로 이어진다. "감결"은 시작부터 매우 짧은 문단들로 이어지고 있는데, 그 세 번째 문단에 다음과 같은 내용이 담겨있다.

> 정(鄭)이 말하기를 "곤륜산(崑崙山)에서부터 내려온 산맥이 백두산에 이르고, 원기(元氣)가 평양에 이르렀으나 평양은 이미 천년의 운수가 지나고 송악(松岳)으로 옮겨져서 5백년 도읍할 땅이 되지만, 요사한 중과 궁희(宮姫)가 난을 꾸미고 땅기운이 늦어서 기력이 쇠약해지고 하늘 운수가 막혀지면 운수는 한양(漢陽)으로 옮길 것이다."   (밑줄은 첨가)

---

14 신일철, 상동. 1.규장각본 『정감록』 필사본. 2.김약술 소장본 『정감록』 필사본. 3.김용주 발행 활자본 『정감록』-조선도서주식회가 발행. 4.등사본 〈조선비결전집(朝鮮秘訣全集)〉. 5.활자본 『비란정감록진본(批難鄭鑑錄眞本)』. 6.자유평론사 판 『정감록』 일본인 호소이하지메(細井肇編) 편 등. 이 가운데, 우리는 신일철이 번역한 "규장각본"을 사용하고 있다.

정은 이와 같이 심게 우리나라의 역사가 고조선을 상징하는 "백두산"에서 "고구려"의 평양을 거쳐, 고려의 송악(개성)을 지나 당시의 조선조 한양(서울)으로 이어진다고 말하고 있다. 그에 앞서 우리 민족의 기원인 "백두산이 곤륜산(崑崙山)으로부터 내려왔다"고 한다. 그런데, 이점은 우리가 그냥 넘어갈 수 없는 중요한 문제를 제시하고 있다.

곤륜산맥은 티베트 고원의 서북쪽 연변을 이루면서, 티베트 고원과 중앙아시아의 내륙 평원을 가르고 있다. 이러한 곤륜산맥은 백두산으로부터 출발하면 먼저 넓은 만주 벌판을 지나, 방대한 중국 내륙 평원을 거쳐, 거대한 신장성 사막을 지나야 비로소 닿을 수 있는 먼 곳이며, 더욱이 그 멀고 먼 길은 모두 상상하기도 어려운 평원으로 이어진다. 그러므로 정감록의 주인공 정씨는 분명히 곤륜산의 지리적 위치를 무시하고 말하고 있는 것이다. 구태여 그의 입장을 두둔한다면, 그는 현존하는 공간개념이나 사실을 무시하고 모든 사물을 "주관적이고 상징적인" 형식으로 인식하고 있다는 점을 보여준다. 결과적으로, 정감록의 기록은 대단히 주관적인 가치관에 입각하여 사물을 인식하고 또 평가하고 있다는 사실이 분명해진다. 정감록은 하나의 주관적이고 신비주의적인 안목으로 세상을 해석하고 있는 것이다.

이러한 주관적 신비주의가 지닌 안목으로 정은 세상에 앞으로 일어날 일을 예언하고 있다. "어떤 해를 거쳐 아무 해가 되면, 지각(知覺)이 있는 사람은 살고, 지각이 없는 사람은 죽는다"고 말한다. 그리고 사회질서가 바뀌고, 하늘의 별자리가 바뀌는 그 날이 오면 "대중화(大中華) 소중화(小中華)가 함께 망할 것이다"고 지적한다. 이처럼 정은 중국과 조선을 포함한 동양사회가 함께 망하는 비극을 분명히 경고하고 있다. 정감록은 이처럼

경고하면서, 다시 말한다.

신년(申年) 인천·부평 사이에 밤에 배 천척이 닿고, 안성·죽산 사이에
쌓인 송장이 산과 같고, 여주·광주 사이에 사람의 그림자가 영영 끊어지
고, 수성(隋城—현재: 수원) 당성(唐城—현재: 南陽) 사이에 흐르는 피가 내를 이루
고, 한강 남쪽 백리에 닭과 개의 울음소리가 없고, 사람의 그림자가 아주
끊어질 것이다.

이처럼 극단적인 비극이 우리 사회에 수원을 중심으로 한반도 중부지역
에 덮친다는 예언을 한다. 그리고 이러한 비극의 경고는 정감록의 구석구
석에 나타나는데, 주로 경기도에서 황해도와 평안도 그리고 함경도를 포
함한 이른바 한반도 중부 이북지방 전역이 재난을 맞아 쑥대밭이 된다고
알린다. 그런데 이처럼 어려움을 피할 수 있는 지역이 있으니, 그것이 이
른바 십승지(十勝地)이며,[15] 그곳에 가서 살면 역사의 비극을 피할 수 있다
고 한다. 십승지는 우리 민족이 살고 있는 한반도 전체 가운데 열 곳에
불과하다. 그리고 십승지는 모두 경기도 이남에 위치하는 것으로 보아,
정감록의 십승지 사상은 "남조선사상"이라는 사실이 드러난다.

이러한 남조선사상은 한성(漢城, 서울)에 세운 이씨 조선이 망하고 새로운
정씨 왕국이 남조선에 세워진다는 예언을 하고 있다. 임진왜란 말년(1589)
에 대동계(大同契)라는 조직이 "이씨망(李氏亡) 정씨흥(鄭氏興)"을 파자(破字)하

---

15 제1승지: 풍기예천(豊基·醴泉), 2승지: 안동 화곡(華谷), 3승지: 개령(開寧)·용궁(龍宮), 4
승지: 가야(伽倻). 5승지: 단춘(丹春 혹은 公州), 6승지: 공주(公州) 정산(定山), 마곡(麻谷),
7승지: 鎭川, 木川, 8승지: 봉화(奉花), 9승지: 운봉(雲峰)·두류산(頭流山)이니 이곳은 영
원히 살 곳이다. 10승지: 태백산(太白山)과 소백산(小白山)이니 영원히 살아남을 땅이다.

여 "목자망(木子亡) 존읍흥(尊邑興)"이라는 비어를 대중에 널리 유포하였는데, 이는 한마디로 "이씨가 망하고 정씨 왕조가 일어선다"는 것이다.[16] 이처럼 임진왜란 경에는 이미 새로운 왕조의 도래를 예언하는 운동이 남조선사상의 형태로 유포되고 있었다. 이러한 남조선사상에 근거하여 정감록은 계룡산이 정씨가 8백년 도읍할 땅이라고 예언하고 있다.[17]

지금까지 살펴본 바를 종합하면, 조선조가 망하고 계룡산에 도읍을 정하고 정씨 왕조가 선다는 것이 정감록의 핵심 메시지이다. 이러한 메시지를 제시하는 과정에서 정감록은 몇 가지 고유한 의도를 보여주고 있다. 첫째, 정감록은 한반도의 산맥과 지리적 조건들을 소상하게 밝히면서, 재앙을 주는 지역과 평온을 허용하는 지역을 각각 구별하여 밝히고 있다. 그러한 과정에서 정감록은 한반도의 지리적 조건에 비상하게 애정 어린 관심을 갖고 있다.

둘째, 정감록은 각 지역의 조건을 밝히는 것은 지역조건 자체가 아니라 해당 지역에 사는 백성들이 재앙을 피하고 안정을 찾을 수 있도록 안내하는 의도가 있다. 비록 "그러나 먼저 들어가는 자는 되돌아오고, 중간에 들어가는 자는 살고, 나중에 들어가는 자는 죽을 것이다"고 말하는 것처럼

---

16 정여립(鄭汝立)이 1589년(선조22) 대동계(大同契)라는 비밀결사를 만들어 모반하려하다 외부에 알려지자 자살하였는데, 대동계 사람들이 "이씨망(李氏亡) 정씨흥(鄭氏興)"이란 예언을 파자형식으로 대중에게 널리 전파하였다. 이들에 따르면 李는 "木과 子"로 그리고 鄭자는 "尊과 邑"자로 구성되었다고 파자(破字)하면서, "목자망 존읍흥(木子亡 尊邑興)"은 바로 李씨 조선이 망하고 鄭씨 왕국이 일어난다는 뜻이라고 한자의 자획을 풀어서 주장하고 있다.

17 신일철, 상동, 281. "내려온 산맥의 운수가 금강산으로 옮기어, 태백산(太白山) 소백산(少白山, 順興에 있음)에 이르러 산천이 기운을 모아 계룡산으로 들어가니, 정(鄭)씨의 8백년 도읍할 땅이요, 원맥은 가야산으로 들어가니 조(趙)씨의 천년 도읍할 땅이요, 전주는 범(范)씨가 다시 이어날 땅인데, 나머지는 자세하지 않아서 상고할 수 없다."

정답에 대한 논리적 회피의 흔적을 보여주기도 하지만, 그 중심 의도는 백성들이 국난을 피할 수 있게 하려는 신비주의적 태도에 있다는 점은 부인할 수 없다.

셋째, 정감록은 "소중화 대중화가 같이 망한다"고 말하면서 동아시아의 시대적 위기의식을 갖고 있다는 점을 잘 드러내 보여준다. 정감록이 나타나던 임진왜란 이후의 시대는 이미 동아시아에 서양의 문물과 세력이 들어오면서 혼돈스러운 상황으로 빠져들고 있었는데, 이러한 시대적 의식을 잘 보여준다.

넷째, 정감록은 조선 후기의 사회적 혼란이 지속되던 시기에 십승지 사상과 같은 대안을 제시함으로써, 국민 대중으로부터 "재난을 피할 수 있는 시간과 장소"를 알아서 이주하라는 계기를 마련해주고 있다. 그리하여 정감록 이후에 조선후기의 백성들은 십승지로 이주하는 경우가 많이 나타났으며, 이러한 경향은 일제하에서 안정을 찾기 위하여 예컨대 평안북도 사람들이 안동으로 이주한 경우가 있었다.[18] 이처럼 다양한 특성을 지닌 정감록은 후에 역사적으로 많은 영향을 주게 되었다.

정감록의 핵심은 이씨 왕조가 망하고 정씨 왕조가 계룡산에 선다는 것이다. 그것은 새 시대를 기대하는 사상이다. 새 시대를 맞이하기 위하여 십승지에 들어가야 하는데 계룡산을 포함하여 그곳은 "궁궁(弓弓)"한 곳이라 한다. 궁(弓)은 활을 의미하기 때문에, 궁궁은 곧 "활활"한 곳으로 평지를 지적한다는 견해도 있다. 따라서 십승지는 모두 깊은 산도 아니고 물가도 아닌 평지에 있다. 그러나 "궁궁"이 이처럼 평지개념에만 국한된 것이

---

18 필자는 평안북도 출생인데, 그 지역사람들이 일제말기에 십승지의 하나인 안동지방으로 이주한 경우가 많았다. 이는 앞으로 연구해 볼 필요가 있는 문제이다.

아니라 궁극적인 의미도 포함하고 있어서, "궁궁"은 이상향의 조건을 의미하기도 한다. 그런데, "소중화 대중화가 함께 망한다"는 위기의식을 갖고 있던 당시에 이상향을 추구하는 것은 당연하면서도 절실한 요청이었다.

이처럼 소중화 대중화가 함께 망하는 상황에서는 유불도 어느 것도 그 대안이 되지 못하였다. 따라서 이러한 시대적 위기의식을 갖게 된 조선 후기의 대중은 스스로 정체성을 확인하지 않으면 안 되었다. "대중화 소중화가 함께 망한다"고 주장하는 정감록은 이제 대중으로 하여금 스스로 주체의식을 갖도록 자극하여 주었던 것이다. 그리고 한반도의 구석구석을 소상하게 평가하는 정감록은 당시의 대중으로 하여금 스스로 한반도와 그 곳에 살고 있는 민족에 대한 애정과 책임을 느끼게 자극하였다. 결과적으로 정감록은, 비록 그것이 신비주의적인 논리에 담겨 있었지만, 조선 후기의 대중으로 하여금 민족주체의식을 갖도록 하는데 공헌하였던 것이다. 이러한 정감록의 공헌은 곧 최제우로 하여금 천도교를 창시하면서 "궁궁"을 논하고 "대중화 소중화가 함께 망한다는"시대적 의식을 갖게 하였다. 이처럼, 정감록은 분명히 조선 후기의 신비주의적인 예언서이기 때문에 그에 담긴 논리와 표현은 비현실적이라는 지적을 받게 되지만, 그 논리 뒤에 있는 "새 시대의 대망"에는 민족과 한반도에 대한 애정이 담겨있고, 그러한 민족과 한반도에 대한 애정이 곧 새로운 민족주의를 형성하는 기반이 되었으며, 이러한 새로운 민족주의가 이어서 새로운 "한국의 민족종교가" 태어나는데 결정적인 공헌을 하였던 것이다.

4) "대중종교와 비결신행"의 맺음

조선 후기는, 앞에서 살펴본 바와 같이, 사회적으로는 극도로 불안하고

문화적으로는 기준을 잃고 혼동에 빠지고 말았다. 이처럼 불안하고 혼돈스러운 상황은 조선의 국교였던 유교가 사회적 통합능력을 상실하게 된데서 일어난 결과였다고 말할 수 있다. 그리고 이 시대의 불교는 자신의 사회적 존속을 위하여 총력을 기울여도 어려운 상태였기 때문에 사회불안을 극복하는데 기여할 만한 여력이 없었다. 그리고 도교는 처음부터 우리나라에서는 교단을 갖지 못하였기 때문에 사회개혁에 체계적으로 관여할 수 없는 상태에 있었다. 또한 천주교는 당시에 막 들어오면서 조선사회에 혼돈을 일으키는데 주역의 몫을 차지하고 있었다. 이처럼 조선 후기의 기성종교들은 모두 당시의 사회적 혼란과 문화적 혼돈을 극복하고 사회적 통합을 이끌만한 여력이 없는 상태에 있었다.

한마디로 조선 후기 사회는 주도적 가치관의 부재상태에 이르렀기 때문에 사회적 혼돈이 야기되기에 이르렀다. 사회적 혼란은 언제나 그 사회의 주도적 가치관이 사라진데서 비롯된다. 또 다른 면에서 사회적 혼란은 오히려 많은 가치관들이 공존하는 데서부터 일어나는 것이라 말할 수도 있다. 결론적으로 말해서 주도적인 종교가 없는 상태의 다종교사회에는 가치관의 혼란이 야기되게 마련이다.

그러한 경우에는 두 형태의 사회적 문제가 나타나게 된다. 첫째 문제는 제도종교와 관련된 다양한 제도권의 권력계층과 사회적 단체들 사이의 경쟁이 야기되면서 사회적 혼돈이 심화되는 것이다. 이러한 현상은 모두 주도적 가치가 부재한 사회에서 일어나게 된다. 조선 후기에 당파경쟁이 일어나고 삼정의 문란으로 이어지면서 사회적 혼란이 극심하게 야기된 것은, 모두 유교가 강력한 사회통합력을 행사할 수 있는 국교의 권위를 상실하면서 일어난 현상이었다. 결과적으로 사회의 주도적 가치관이 상

실되어가는 상태에서 기성종교와 그에 연관된 사회 제도권의 상류계층은 기득권의 세력경쟁의식에 휘말리면서 사회적 혼돈이 한층 더 심화된 것이다.

둘째 문제는 이처럼 사회적 혼돈이 심화되어감에 따라 점점 더 어려운 상태에 빠지게 되는 사람들은 이른바 국민 대중이라는 사실이다. 조선 후기의 대중에게 기성종교의 세계관에 입각한 삶을 유지하기가 너무나 어렵게 되었다. 예컨대, 먹고 살기도 힘든 상황에서 탐관오리로부터 갖은 수탈을 당하는 상황에서, 삼강오륜을 지켜야 한다는 유교의 교훈이 대중의 삶의 현장에서 더 큰 부담만을 가중시키게 되는 것이다. 모든 기성종교들은, 현실의 어려움을 "참아서 극복하라"는 메시지를 전한다. 그런데 조선 후기의 대중은 이러한 메시지가 틀렸다고 판단해서가 아니라, 그들 삶의 현장에서 "참아서 현실을 이겨내라는" 메시지가 그들을 한층 더 힘들게 하는 것이라는 사실을 직시하게 되었던 것이다. 따라서 대중은 그때까지의 모든 기성종교의 메시지와는 다른 새로운 무엇을 갈구하기에 이르게 되었다.

기성종교가 기본적으로 "사람이 사람답게 살아가게 하기 위하여 제시하는 길"은 사실상 대중의 입장에서 볼 때, "오래 참아서 이겨라"는 이념적 강요를 의미하는 것에 지나지 않았던 것이다. 따라서 대중은 기존의 기성종교가 제시하는 것과는 다른 새로운 메시지를 갈구하게 되었다. "오래 참으라"는 기성종교와 다르게 곧 다가올 "밝은 내일"을 약속하는 새로운 메시지를 대중은 갈구하였다. 그 새로운 메시지는 결국 신비주의적 성격을 띠게 되었다. 신비주의적 메시지는 언제나 열정적으로 열망하면 그 열망이 극적으로 이루어진다는 확신을 갖게 한다. 역사의 현실에서 어렵고

힘든 삶을 살아가는 대중은 신비주의적 약속에서 자신들의 밝은 내일을 발견하게 되는 것이다.

여기서 우리는 첫째, 기성종교와 둘째, 대중의 염원 안에 잠재되어 있는 종교, 이렇게 두 가지 형태의 종교가 조선후기에 공존하고 있었다는 사실을 보게 된다. 기성종교는 사회적으로 드러난 교단, 또는 종교조직을 갖고 있으며, 이러한 종교를 체제종교라 하고, 대중의 염원 안에 잠재하면서 사회적 가치관으로 숨어있는 종교를 잠재적 종교라고 한다.[19]

대중의 염원은 잠재종교 전통으로 이어지고 또 새로운 시대적 메시지 역시 잠재종교의 형태로 대중이 받아들였다. 기성의 체제교단 종교는 잘 짜인 조직과 세련된 교리내용을 전하는 기능을 하지만, 잠재종교는 체계적인 조직이 없기 때문에 대중의 마음속에 잠재된 형태로 다음 세대로 그 신념체계를 전한다. 대중의 마음은 세련된 신념내용을 체계적으로 전달할 수가 없다. 따라서 대중의 마음에 살아서 열망하는 신념의 내용은 신비주의적 형태를 띠게 마련이다. 왜냐하면, 대중의 염원은 체계적으로 설명이나 해설을 할 수 없고, 다만 열정적으로 갈망할 때 새 시대가 극적으로 도래한다는 확신에 머무르기 때문이다. 이처럼 "설명할 수 없는 확신"

---

19 교단 종교는 종교의 집단체제를 지녔다는 의미로 체제종교, 또는 사회조직으로 들어났다는 의미로 현현종교(顯現宗敎)라고도 하고, 사회에 드러나지 않고 대중의 마음 안에 잠재된 종교는 종교체제를 갖지 못했다는 의미에서 비체제종교, 또는 사회적으로 드러나지 않고 존재한다는 의미로 잠재종교라고도 한다. 비체제종교의 대표적인 현상이 무속이며, 민속 의례 전통이다. 그런데 흔히 유교를 종교가 아니라고 주장하는 경우가 많은 데, 이는 교단과 같은 사회조직을 가진 현상만 종교라고 생각하는 태도에서 비롯되는 것이다. 유교는 조선조의 국교였기 때문에, 조선조 왕정체제 자체가 유교의 교단 체제의 의미를 지니고 있었으며, 나아가 혈연과 가족 관계가 곧 유교조직의 일환이다. 그런데 조선조가 끝난 이후에 국교의 권위가 완전히 상실되면서, 유교는 체제종교의 위상에서 "사회적 잠재 종교"로 전환된 것이다.

은 곧 신비주의적 성격을 띠게 된다.

요컨대, 조선 후기의 대중은 더 이상 교단 종교의 메시지에 안주하지 않고 새로운 시대의 새 희망을 열망하고 있었는데, 그 신념의 내용은 대단히 신비주의적 성격을 지니고 있었다.

이러한 신비주의적 열망은 결국 유교나 불교와 같은 고전적 교단 종교의 체제사상을 거부하고 전통적 형이상학 이념으로부터 탈피하였다. 이처럼 전통적 체제종교의 이념을 벗어나서 민중은 그들이 그들 자신의 안녕과 그들이 살아가는 땅, 한반도의 안정을 꿈꾸었던 것이다. 한마디로 그들은 유교와 불교를 벗어나 우리 민족의 정체성을 추구하였다. 그들은 우리 민족의 정체성에 근거하여 민족과 그들의 삶의 터전인 한반도의 안녕과 발전을 보장하는 새 시대의 도래를 꿈꾸었던 것이다. 그 꿈은 바로 한국민족주의와 다름이 없다.

이러한 민족주의 이념이 임진왜란 이후에 새로운 형태로 나타나기 시작하였는데, 그 이념은 신비주의적 논리를 지니고 있었다. 이 시대의 신비주의 논리는 "새로운 시대"의 도래라는 일종의 종말론의 내용을 지니고 있었다. 종말론은 기본적으로 영겁회귀(永劫回歸)형과 직선형이라는 두 가지 형태의 우주론적 시간관으로 나타난다.[20] 동양의 시간관에 의하면, 사계절이 영원히 순환하는 것과 같이, "새 세상"도 "과거의 세상"이 끝나고 나서 나타나는 순환의 원리에서 벗어나지 않고 도래한다. 이에 반하여 직선적 시간관에 의하면, "새 세상"은 지금까지 겪어보지 못한 전혀 새로운 세상이 단 한번 나타난다고 믿는다. 영겁회귀형이 동양사에 나타나는 우주론

---

20 저자, "한국종교를 보는 건강한 눈", 『민족종교의 개벽사상과 한국의 미래』, 한국민족종교협의회(2004).

적 시간관이라면, 직선형은 조로아스터교에서 시작하여 기독교 같은 서양사의 우주론적 시간관이다. 조선 후기의 "새 시대"에 대한 열망은 동양적 영겁회귀의 우주론적 시간관을 지니고 있다. 특히 한문문화권에서는 영겁회귀의 우주론적 시간관을 주역과 음양오행 등을 포함한 이른바 상수학(象數學)의 원리에 따라 풀어 나가기 때문에, 조선 후기의 신비주의 역시 상수학의 논리를 따른다. 그 대표적인 현상이, 우리가 바로 앞에서 살펴본, 이른바 정감록이다.

상수학의 논리는 우주론적 시간관의 일환이기 때문에, 그 자체에 민족주의적 성격이 들어있지 않다. 그러나 정감록에는 우리 민족과 한반도에 대한 애정을 담은 이른바 민족주의가 스며있다는 사실을 우리는 앞에서 살펴보았다.

이처럼 조선 후기의 대중은 유교와 불교의 교단체제 종교의 이념에서 벗어나, 새로운 시대를 열망하면서 신비주의적 논리를 지니고 있으면서도, 신비주의적 논리에 머물지 않고 새로운 민족주의 이념을 창조하였다. 신비주의 옷을 입고 대중 안에 잠재되었던 민족주의 이념은 이제 18세기 중엽에 오면 이 시기에 태어난 새로운 한국자생 신종교, 곧 민족종교를 낳게 된다.

5. 한국 자생 신종교, 한국민족종교

한국자생 신종교들은 조선 중기 이후로부터 이어져 온 비결신행의 전통이 내장하고 있던 민족주의를 기반으로 하여 새로운 종교운동으로 나타나게 된 것이었다. 그들은 대체로 민족의 얼을 지키고 민족사의 영광을 찾으

려는 사상적 동기를 갖고 있으며, 1945년 이후에 그들 스스로 민족종교라고 부르고, 이에 종교학계에서도 그 사상적 특성을 존중하여 이 용어를 쓰게 되었다.[21] 한마디로 한국민족종교는 민족적 정체감과 문화적 주체의식을 중요한 사상적 내용으로 삼고 있는 한국 자생종교들을 이른다.

최제우가 동학을 창교한 1860년이 근세 민족종교 탄생의 효시라고 흔히 말하고 있다. 동학의 탄생은 한국 종교사에 커다란 변화를 가져왔다. 예를 들어 첫째, 동학 이후에 동학의『동학경전(東學經典)』의 내용을 의식하고 그것을 수용하든가 또는 교정한 내용의 교리를 담은 신생종교들이 태어나기 시작하였다. 강일순의 증산교(甑山敎)가 대표적인 그 예이다. 둘째, 동학은 모두 서양에서 들어온 이른바 서교에 관하여 강한 반응을 보이면서 서교의 단점을 극복한 것이 동학이라는 태도를 보이는 데, 그 후 한국 자생종교들이 동학의 이러한 사상적 모델을 따르고 있다. 셋째, 서교에 대한 인식은 동양이 쇠퇴하고 있다는 역사적 인식을 동반하고 있으며, 이러한 맥락에서 강력한 반중화사상을 나타내고 있는 동학사상을 그 이후 종교들의 사상적 전형을 이루고 있다. 넷째, 동학 이후의 종교들은 한국의 국토가 중심이 되고 한국 민족이 주체가 되어 후천개벽을 맞이하게 될 것이라는 신념을 갖는다. 이처럼 한반도가 세계의 중심이 되고 한민족이 내일 세계사의 주역이 된다는 신념체계를 갖는 신종교의 탄생이 동학으로부터 본격적으로 출발하였던 것이다.

이러한 종교사상의 출현을 우리는 근세 민족종교의 효시로 볼 수 있다. 그러나 위에서 언급한 동학사상의 내용들이 이미 정감록에 그대로 담겨있

---

21 윤이흠, 「민족종교의 사회적 변화에 대한 대응」, 『한국종교연구』권2, 집문당, 1988, 131쪽.

으며,[22] 북애자(北厓子)의 『규원사화(揆園史話)』에 역시 같은 사상적 숨결이 실려 있다.[23] 적어도 조선중기 이후에는 서력동점(西力東漸)의 역사적 흐름의 인식에 근거한 민족주체사상을 담은 종교적 신념체계가 면면히 흐르고 있다. 다만, 그러한 신념체계들이 종교조직의 틀에 담겨지기 시작한 것이 동학운동이라고 보아야 할 것이다. 말하자면 동학은 19세기 중엽까지 민족정신사의 심층에서 흐르고 있던 민족주체의식을 종교적 체계로 결집시키는 교두보를 이루게 된 것이다.

19세기 중엽에 민족문화의 주체적 인식이 조직화된 종교운동으로 나타나게 된 데는 몇 가지 이유를 생각할 수가 있다. 먼저 서교, 곧 천주교의 치밀한 조직력에 대한 반응으로 새로운 종교운동이 일어났다는 점을 들 수 있다. 이 당시 신종교 운동은 유·불·선의 동양고전종교 사상들이 동양의 운명과 함께 쇠퇴운세에 들어섰다는 인식을 갖고 있었다. 신종교 운동은 자연히 동양과 서양에 대한 양면의 저항운동의 성격을 지니고 있었다. 이러한 민족주의적 저항의식이 내일의 이상사회에 대한 열망으로 나타나는 후천개벽과 같은 강렬한 역사관과 합하여 전에 볼 수 없었던 교단 조직을 형성하게 되었을 것으로 여겨진다.

---

22 윤이흠, 「동학운동의 개벽사상」, 『한국종교연구』권2, 150쪽.

23 한영우, 「17세기 반존화적(反尊華的) 도가사학(道家史學)의 성장-북애자(北厓子)의 『규원사화(揆園史話)』에 대하여」, 『한국의 역사인식』상, 창작과 비평사, 1976.

한국의 종교와 종교사

후기

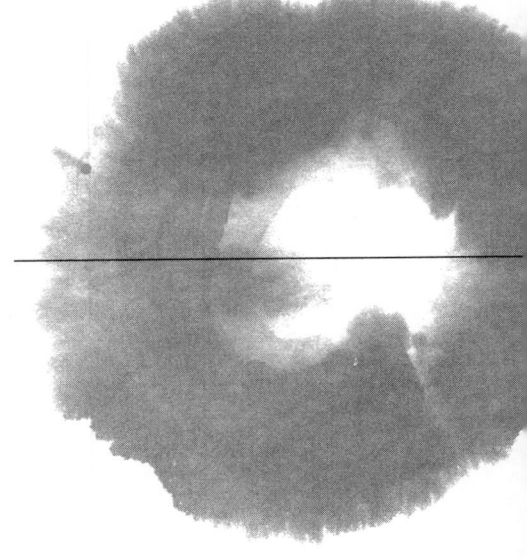

—— 후기 ——

  이 책은 은사이신 윤이흠 선생님의 유고집입니다. 선생님께서는 항상 입버릇처럼 퇴임 후 한국종교사와 세계종교사를 저술하실 것이라고 말씀 하셨습니다. 그리고 한국종교사를 집필하시던 중 갑자기 유명을 달리하셨 습니다. 평소 선생님의 의도를 알고 있었던 관계로 선생님의 사후 선생님 께서 사용하셨던 컴퓨터를 조사해 본 결과 이 원고가 발견되었습니다.

  그러나 원고는 조선 후기 부분도 완결이 되지 않은 상태였습니다. 그래 서 이 글을 출판을 해야 할지 망설이게 되었습니다. 그러나 선생님의 집필 노력, 그리고 한국 종교학계를 위해 원고를 그대로 사장시키는 것이 너무 아쉽다는 생각에 이르게 되었습니다. 그래서 결국 출판을 결심하게 되었 습니다. 다행히 마침 박문사의 윤석현 대표님께서 미완의 원고임에도 흔 쾌히 출판을 허락해 주셔서 쉽게 일이 진행될 수 있었습니다.

  선생님의 원고는 조선후기 천주교사 부분에서 중단되었습니다. 따라서 이 책은 조선 후기까지 서술되었지만, 천주교사 부분은 제외된 상태입니 다. 선생님의 의도를 살리기 위해 최대한 원고를 손대지 않는 쪽으로 하였

습니다. 다만 조선 시대는 제목을 원고와 다소 다르게 재배치하여 편집하였습니다. 그러나 전체적인 내용은 선생님께서 집필하신 그대로의 내용입니다. 교열조차도 최대한 피하고 교정에만 충실하도록 하였습니다.

이 책이 빛을 볼 수 있도록 흔쾌히 출판을 허락해주신 윤석현 대표님께 다시 한 번 지면을 빌어 감사의 말씀을 전합니다.

윤용복
한국종교사회연구소 소장

저자 **윤이흠** 1940. 5. 12.(평안북도 박천) ~ 2013. 3. 20.

경동중·고등학교 졸업

서울대학교 종교학과 졸업

밴더빌트 대학 종교학과 석사(M.A.)

노스웨스턴 대학 종교학 박사(Ph.D.)

한국정신문화연구원 교수

서울대학교 교수

한국종교학회 회장

한국종교사회연구소 소장

서울대학교 명예교수 등

저서 『현대종교학방법론의 과제』, 『한국종교연구』 1~6권, 『일제의 한국민족종교
말살책: 그 정책의 실상과 자료』 등

공저 『상황과 종교』, 『전환기의 한국종교』, 『사회변동과 한국의 종교』, 『1945년 이
후 한국종교의 성찰과 전망』, 『한사상과 민족종교』, 『한국의 종교와 종교법』,
『한국인의 종교』, 『단군: 그 이해와 자료』, 『한국인의 종교관: 한국정신의 맥
락과 내용』, 『고려시대의 종교문화: 그 역사적 상황과 복합성』, 『민족종교의
개벽사상과 한국의 미래』 등

번역 『종교학: 그연구의 역사』(공역), 『종교와 예술』, 『세계종교사』 등

유 고 집

한국의 종교와 종교사

초판발행 2016년 12월 21일
2판발행 2017년 09월 27일

저   자 윤이흠
발 행 인 윤석현
책임편집 이신
발 행 처 박문사
　　　　　Address: 서울시 도봉구 우이천로 353 성주빌딩 3F
　　　　　Tel: (02) 992-3253(대)　　　Fax: (02) 991-1285
　　　　　Email: bakmunsa@daum.net
　　　　　Web: http://jnc.jncbms.co.kr
등록번호 제2009-11호

ISBN 979-11-87425-19-9 93200　　　　　정가 40,000원